O
NegocadoR
3ª EDIÇÃO

CB011410

O Negociador

3ª EDIÇÃO

LEIGH L. THOMPSON

Tradução
Carlos Tasso Eira DeAquino

Revisão Técnica
Patricia da Cunha Tavares
Doutora em Administração pela FGV-SP
Professora da EAESP-FGV e do IBMEC-SP

Respeite o direito autoral

© 2009 by Pearson Education do Brasil

Todos os direitos reservados. Nenhuma parte desta publicação poderá ser
reproduzida ou transmitida de nenhum modo ou por algum outro meio,
eletrônico ou mecânico, incluindo fotocópia, gravação ou qualquer outro tipo
de sistema de armazenamento e transmissão de informação,
sem prévia autorização, por escrito, da Pearson Education do Brasil.

Diretor editorial: Roger Trimer
Gerente editorial: Sabrina Cairo
Supervisor de produção editorial: Marcelo Françozo
Editor: Jean Xavier
Preparação: Cristiana Ferraz Coimbra
Revisão: Rodrigo Kalamar e Carmem S. da Costa
Capa: Newton Cesar
Projeto gráfico e diagramação: Globaltec Artes Gráficas

Dados Internacionais de Catalogação na Publicação (CIP)
(Câmara Brasileira do Livro, SP, Brasil)

Thompson, Leigh L.
O negociador / Leigh L. Thompson ; [tradução Carlos Tasso Eira DeAquino]. -- 3. ed. -- São Paulo : Pearson Prentice Hall, 2009.

Título original: The mind and heart of the negotiator
ISBN 978-85-7605-193-0

1. Negociação 2. Negociação em negócios
I. Título.

08-10076   CDD-658.4052

Índice para catálogo sistemático:
1. Negociação : Administração executiva 658.4

Direitos exclusivos cedidos à
Pearson Education do Brasil Ltda.,
uma empresa do grupo Pearson Education
Avenida Francisco Matarazzo, 1400
Torre Milano – 7o andar
CEP: 05033-070 -São Paulo-SP-Brasil
Telefone 19 3743-2155
pearsonuniversidades@pearson.com

Distribuição
Grupo A Educação
www.grupoa.com.br
Fone: 0800 703 3444

Aos amores de minha vida:
Bob, Sam, Ray e Anna

Sumário

PARTE 1: FUNDAMENTOS DA NEGOCIAÇÃO 1

CAPÍTULO 1 Negociação: a mente e o coração 1

Negociação: definição e escopo 2
Negociação como uma competência essencial da gestão 3
    Natureza dinâmica dos negócios 3
    Interdependência 3
    Concorrência 4
    Era da Informação 4
    Globalização 5
A maioria das pessoas é de negociadores ineficazes 5
Armadilhas da negociação 5
Por que as pessoas se tornam negociadores ineficazes 6
    Feedback falho 6
    Satisficing 7
    Incompetência auto-alimentada 7
Derrubando mitos sobre a negociação 8
    Mito 1: Negociações são somas constantes 8
    Mito 2: Você precisa ser rígido ou afável 8
    Mito 3: Bons negociadores nascem assim 9
    Mito 4: Experiência é uma grande mestra 9
    Mito 5: Bons negociadores assumem riscos 9
    Mito 6: Bons negociadores confiam em sua intuição 9
Objetivos de aprendizagem 10
A mente e o coração 11

CAPÍTULO 2 Preparação: o que fazer antes da negociação 12

Auto-avaliação 13
    O que eu quero conseguir? 14
    Qual é minha alternativa para obter um acordo nesta situação? 15
    Determine seu ponto de reserva 16
    Esteja consciente dos pontos focais 18
    Cuidado com os 'custos perdidos' 19
    Não confunda seu ponto-alvo com seu ponto de reserva 19
    Identifique todas as questões envolvidas na negociação 19
    Identifique alternativas para cada questão 20
    Identifique pacotes equivalentes de ofertas 20
    Avalie sua propensão ao risco 21
    Efeitos de propriedade 24
    Eu vou me arrepender desta decisão? 24

Violações do princípio da coisa certa   25
Possuo um nível de confiança adequado ?   26
Avaliando a outra parte envolvida   26
   Quem são as outras partes?   26
   As partes são monolíticas?   27
   Mix de questões   27
   Interesses e posição de outras partes   27
   As MASAs de outros negociadores   27
Avaliação da situação   27
   A negociação é um processo de etapa única, de longo prazo ou repetitivo?   28
   As negociações envolvem recursos escassos, ideologias ou ambas as coisas?   28
   A negociação é decorrente de necessidade ou oportunidade?   29
   A negociação é decorrente de uma troca ou de uma situação de disputa?   29
   Efeitos de ligação estão presentes?   30
   Um acordo é necessário?   30
   É legal negociar isto?   31
   A ratificação é necessária?   31
   Existem limitações de tempo ou outros custos envolvidos ligados ao tempo?   32
   Os contratos são oficiais ou oficiosos?   33
   Onde as negociações acontecem?   33
   As negociações são públicas ou privadas?   34
   Existe a possibilidade de intervenção por parte de terceiros?   34
   Que convenções orientam o processo de negociação (como, por exemplo, quem faz a primeira oferta)?   35
   As negociações envolvem mais de uma oferta?   35
   Os negociadores se comunicam de forma explícita ou tácita?   35
   O diferencial de poder é um fator existente entre as partes envolvidas?   36
   Existem precedentes importantes?   36
Conclusão   36

CAPÍTULO 3   Negociação distributiva: dividindo o montante   38

A zona de barganha e a dança da negociação   39
   Excedente de barganha   41
   Excedente do negociador   41
Estratégias para dividir o montante   42
   Estratégia 1: Avaliar sua MASA e melhorá-la   43
   Estratégia 2: Determinar seu ponto de reserva, mas não revelá-lo   43

Estratégia 3: Pesquisar a MASA da outra parte e estimar seu ponto de reserva   45

Estratégia 4: Definir altas aspirações (ser realista, mas otimista)   45

Estratégia 5: Faça a primeira oferta (se você estiver preparado)   46

Estratégia 6: Reancore-se imediatamente se a outra parte abrir a negociação   48

Estratégia 7: Planeje suas concessões   48

Estratégia 8: Use uma lógica que pareça objetiva para embasar suas ofertas   49

Estratégia 9: Apele para normas de justiça   49

Estratégia 10: Não caia no truque de 'dividir ao meio'   50

Perguntas mais freqüentes   50

Devo revelar meu ponto de reserva?   50

Devo mentir sobre meu ponto de reserva?   51

Devo tentar manipular o ponto de reserva da outra parte?   52

Devo fazer uma 'oferta final' ou comprometer-me com uma posição?   52

Salvar a imagem   52

O poder de ser justo   53

Vários métodos de divisão justa   53

Regras de tratamento justo para situações específicas   54

Comparação social   55

O princípio da eqüidade   57

Restaurando a eqüidade   58

Justiça processual   60

Tratamento justo ou justiça nos relacionamentos   60

Egocentrismo   61

Divisão sábia do montante   65

Consistência   65

Simplicidade   65

Efetividade   65

Capacidade de justificar   66

Consenso   66

Generalização   66

Satisfação   66

Conclusão   66

CAPÍTULO 4   A negociação 'ganha-ganha': aumentando o montante   67

O que é uma negociação ganha-ganha, afinal?   68

Sinais reveladores do potencial de 'ganha-ganha'   69

A negociação pode abranger mais de uma questão?   69

Outros pontos podem ser incluídos? 69
Podem ser feitos acordos laterais? 70
As partes têm preferências diferentes em relação aos aspectos de negociação? 70
Um modelo piramidal 70
Os erros mais comuns no processo de aumento do montante 72
Falso conflito 72
Percepção do montante de tamanho fixo 72
Estratégias que não funcionam de verdade 73
Empenho em atingir um acordo ganha-ganha 73
Chegar ao meio termo 74
Focar em um relacionamento de longo prazo 74
Adotar uma direção cooperativa 74
Gastar um tempo extra para negociar 74
Estratégias que funcionam 75
Construir confiança e compartilhar informação 75
Fazer perguntas diagnósticas 75
Fornecer informações 78
Desmembrar as questões 79
Preparar pacotes de acordos, não ofertas referentes a uma única questão 79
Fazer várias ofertas simultaneamente 79
Estruturar contratos contingenciais tirando proveito das diferenças 82
Acertos pré-acordo (APA) 84
Busca de acertos pós-acordo 85
Uma estrutura estratégica para fechar acordos integrativos 85
Avaliação de recursos 86
Avaliação de diferenças 86
Ofertas e *tradeoffs* 87
Decisão de aceitação/rejeição 87
Prolongamento da negociação e renegociação 87
Não se esqueça de reivindicar 87
Conclusão 88

PARTE 2: HABILIDADES AVANÇADAS DE NEGOCIAÇÃO 89

CAPÍTULO 5 Desenvolvendo um estilo de negociação 89
Negociadores inflexíveis *versus* gentis 89
Motivação-Abordagem-Emoção 90
Motivações 91

Avaliando seu estilo motivacional   91
Questões estratégicas referentes ao estilo motivacional   94
Abordagem   98
Avaliando sua abordagem   100
Questões estratégicas relativas às abordagens   104
Emoções   111
Avaliando seu estilo emocional   112
Conselho estratégico para se lidar com emoções na mesa de negociação   117
Conclusão   119

CAPÍTULO 6   Estabelecendo confiança e construindo um relacionamento   121

O lado humano do ganha-ganha   121
A confiança como pilar da negociação   123
Três formas de confiança em relacionamentos   123
Construindo a confiança: mecanismos racionais e deliberados   126
Construir a confiança: estratégias psicológicas   129
O que leva à falta de confiança?   134
Recuperando a confiança perdida   135
Reputação   137
Relacionamentos em negociações   139
Negociando com amigos   140
Negociando em nossa vida profissional   143
Quando em negócios com amigos e familiares   145
O essencial sobre relacionamentos   147
Conclusão   147

CAPÍTULO 7   Poder, persuasão e ética   149

Sua MASA é a fonte mais importante de poder numa negociação   150
Explorando o seu poder   151
Informação   151
Status   152
Redes sociais de relacionamento   155
Aparência física   155
Os efeitos do poder sobre quem tem menos poder   156
Os efeitos do poder sobre quem detém o poder   156
Táticas de persuasão   157
Duas rotas para a persuasão   157
Táticas de persuasão da rota central   158
Táticas de persuasão da rota periférica   161

Negociação ética   164
　　Mentir   164
　　Outras estratégias questionáveis de negociação   166
　　Delitos de omissão e comissão   168
　　Os custos de mentir   168
　　Sob quais condições as pessoas se envolvem em uma fraude?   169
　　Viés psicológico e comportamento antiético   169
Conclusão   171

CAPÍTULO 8 **Criatividade e resolução de problemas em negociações   172**

Criatividade na negociação   172
　　Teste sua própria criatividade   173
Qual é seu modelo mental de negociação?   173
　　Regateio   173
　　Análise de custo-benefício   177
　　Jogador   177
　　Parceria   177
　　Resolução de problemas   177
Acordos criativos de negociação   178
　　Fracionar problemas em partes solucionáveis   178
　　Descobrir diferenças: Alinhamento e realinhamento de questões   178
　　Aumentar o tamanho do montante   179
　　Conexão entre partes separadas (*Bridging*)   179
　　Corte de custos   179
　　Compensação não específica   180
　　Estruturar contingências   180
Ameaças à solução eficaz de problemas e à criatividade   183
　　O problema do conhecimento inerte   183
　　Heurística da disponibilidade   186
　　Caráter representativo   187
　　Ancoragem e ajuste   188
　　Causa não garantida   188
　　Perseverança na crença   189
　　Correlação ilusória   189
　　Mundo justo   189
　　Viés de retrospectiva   190
　　Rigidez funcional   190
　　Efeito de endurecimento   191
　　Atenção seletiva   191
　　Excesso de confiança   191

Os limites da memória de curto-prazo   192
Estratégias criativas de negociação   192
   Vários caminhos levam a Roma (e uma compreensão de *expert*)   192
   Feedback   193
   Modelos de criatividade   194
   Incubação   195
   Modelo racional de resolução de problemas   196
   Fluência, flexibilidade e originalidade   196
   Brainstorming   197
   Pensamento convergente *versus* divergente   198
   Raciocínio dedutivo   198
   Raciocínio indutivo   199
   Fluxo   201
Conclusão   201
Estudo de caso   205

PARTE 3: APLICAÇÕES E CENÁRIOS ESPECIAIS   209

CAPÍTULO 9   Múltiplas partes, coalizões e equipes   209
Analisando negociações com várias partes envolvidas   210
Negociações multipartes   211
   Principais desafios de negociações multipartes   212
   Estratégias principais para negociações multipartes   217
   Coalizões   219
   Principais desafios da coalizão   219
   Estratégias para maximizar a eficácia de coalizões   224
Negociação entre partes principais e agentes   225
   Desvantagens do uso de agentes   226
   Estratégias para trabalhar de modo eficaz com agentes   229
Relacionamentos com representados   230
Desafios para relações com representados (ou constituintes)   231
   Estratégias para melhorar o relacionamento com os representados   232
Negociação em equipe   233
   Desafios enfrentados em uma equipe de negociação   234
   Estratégias para melhorar as negociações em equipe   236
Negociação intergrupal   236
Desafios das negociações intergrupais   237
Estratégias para otimizar negociações intergrupais   239
Conclusão   242

CAPÍTULO 10   Negociação transcultural   244

    Aprendendo sobre as culturas   245
        Definindo cultura   246
        A cultura como um iceberg   246
    Valores culturais e normas de negociação   247
        Individualismo *versus* coletivismo   247
        Igualitarismo *versus* hierarquia   256
        Comunicações diretas *versus* indiretas   259
    Desafios fundamentais da negociação intercultural   261
        Aumentar o tamanho do montante   261
        Dividir o montante   262
        Valores sagrados e *tradeoffs* envolvendo tabus   262
        Marcação viesada do conflito   265
        Etnocentrismo   265
        Viés de afiliação   267
        Percepções falhas de conciliação e coerção   267
        Realismo ingênuo   267
    Indicadores do sucesso em interações interculturais   268
    Conselho para negociações transculturais   269
        Prever diferenças em estratégias e táticas que possam causar mal-entendidos   270
        Analisar diferenças culturais para identificar valores que aumentem o tamanho do montante de barganha   270
        Reconhecer que a outra parte pode não compartilhar sua visão daquilo que constitui o poder   270
        Evitar erros de atribuição   270
        Descobrir como demonstrar respeito em outra cultura   271
        Conhecer suas opções para a mudança   272
    Conclusão   273

CAPÍTULO 11   Negociações tácitas e dilemas sociais   274

    O negócio como um dilema social   276
        Descentralização   276
        Alianças estratégicas   276
        Especialização   277
        Concorrência   277
    Mitos comuns sobre a tomada de decisão interdependente   277
        Mito 1: "É um jogo de perspicácia: eu posso ser mais esperto do que eles"   278
        Mito 2: "É um jogo de força: mostre a eles que você é 'duro na queda'"   278
        Mito 3: "É um jogo de sorte: torça pelo melhor"   278

O dilema do prisioneiro   278
    Cooperação e deserção como escolhas unilaterais   279
    Análise racional   280
Dilemas sociais   286
    A tragédia do campo comunitário   288
    Tipos de dilema social   289
    Como construir cooperação em dilemas sociais   292
    Como incentivar a cooperação em dilemas sociais quando as partes envolvidas não deveriam conspirar   298
Escalada de compromisso   299
Evitar a escalada de compromisso em negociações   302
Conclusão   303

CAPÍTULO 12   Negociando via tecnologia da informação   304

Modelo lugar-tempo de interação social   305
    Comunicação frente a frente   305
    Mesma hora, lugares diferentes   308
    Horários diferentes e mesmo lugar   309
    Lugares diferentes e horários diferentes   309
Tecnologia da informação e seus efeitos sobre o comportamento social   312
    Status e poder: o efeito do 'fraco que se transforma em forte'   313
    Redes sociais   315
    Assumindo riscos   316
    Rapport e normas sociais   317
    Paranóia   317
Estratégias para melhorar negociações mediadas por tecnologia   318
    Experiência inicial frente a frente   318
    Videoconferência/teleconferência de um dia   318
    'Papo furado'   319
Conclusão   320
Estudo de caso   320

Referências 322

Índice remissivo   348

Prefácio

Este livro é dedicado a negociadores que desejam melhorar sua capacidade de negociar — seja em negócios multimilionários ou interações pessoais. Muitos livros já tratam dos problemas ligados à negociação, então por que mais um? Se eu tivesse que citar uma única razão para ter escrito um livro sobre este assunto já tão saturado, seria: "a ciência da negociação pode ajudar as pessoas a aperfeiçoar consideravelmente sua capacidade de negociar melhores acordos em termos econômicos e também psicológicos". Em outras palavras: você pode aprimorar seus resultados financeiros e se sentir mais confortável consigo mesmo e com as pessoas com quem lida. Este livro contém uma integração de teoria, pesquisa científica e exemplos práticos. Outrossim, estes exemplos — selecionados a partir de centenas de negociações do mundo real envolvendo pessoas de várias empresas — ilustram tanto as habilidades de negociação eficazes quanto as ineficazes.

A seguir, listamos o que você pode encontrar nesta obra:

- **Estudos de casos ilustrativos e negociações da vida real**: Incluímos vários exemplos e casos reais de negociação em contextos gerenciais e executivos. Cada capítulo começa com uma análise de caso (normalmente retirado do mundo dos negócios, mas algumas vezes da área governamental, comunitária ou pessoal). Muitos dos tópicos tratados nos capítulos são complementados com ilustrações e exemplos retirados de negociações reais, tanto contemporâneas como históricas. Não uso esses exemplos para *provar* uma teoria; pelo contrário, eu os uso para *ilustrar* como muitos dos conceitos apresentados aqui foram concebidos a partir de situações reais.
- **Abordagem baseada em habilidades**: Oferecemos várias dicas práticas para o gerente e o executivo. Um bom exemplo é o Capítulo 4, sobre negociação integrativa. Fornecemos uma série de princípios práticos já testados para aumentar o valor de acordos negociados. Além disso, vários alunos e clientes nos escreveram, indicando como eles utilizaram essas ferramentas em negociações reais em sua vida profissional. Esses exemplos também estão inclusos no livro.
- *Insight* **pessoal**: Incluímos várias idéias que os negociadores podem usar para testar sua própria intuição e abordagem. Por exemplo, o Capítulo 5, "Desenvolvendo um estilo de negociação", capacita os negociadores a avaliar seu estilo 'instintivo' de barganha e oferece sugestões de como desenvolver ainda mais seu repertório de barganha. E o Capítulo 10 fornece uma análise profunda das diferenças culturais, de modo que o negociador possa entender melhor seu próprio estilo cultural e os estilos das outras pessoas.
- **Habilidades sofisticadas de barganha**: A segunda e a terceira partes do livro tratam das situações complexas, mas ainda assim bastante freqüentes, de negociação, como as que envolvem agentes, mediação e arbitragem, as realizadas por e-mail e conferências telefônicas, as negociações com empresas concorrentes e, é claro, as transculturais.

Cada capítulo desta edição tem uma seção de abertura que ilustra uma negociação do mundo real e apresenta diversos exemplos do mundo dos negócios bem como os resultados mais importantes de mais de 200 artigos científicos sobre negociação. Pude me beneficiar bastante do aconselhamento, dos comentários e das críticas oferecidas por meus alunos e colegas e espero que eles continuem me oferecendo seus conselhos, de modo que eu consiga melhorar ainda mais este livro.

A pesquisa e as idéias presentes neste livro vêm de um grupo valoroso de estudiosos nos campos da psicologia social, do comportamento organizacional, da sociologia, negociação e psicologia cognitiva. Minha pesquisa, pensamentos e forma de escrever foram fortemente inspirados pelas seguintes pessoas: Wendi Adair, Cameron Anderson, Linda Babcock, Max Bazerman, Kristin Behfar, Terry Boles, Jeanne Brett, Susan Brodt, Karen Cates, Hoon-Seok Choi, Gary Fine, Craig Fox, Adam Galinsky, Wendi Gardner, Dedre Gentner, Robert Gibbons, Kevin Gibson, James Gillespie, Rich Gonzalez, Deborah Gruenfeld, Reid Hastie, Andy Hoffman, Peter Kim, Shirli Kopelman, Rod Kramer, Laura Kray, Terri Kurtzburg, Geoffrey Leonardelli, John Levine, Allan Lind, George Loewenstein, Jeff Loewenstein, Deepak Malhotra, Beta Mannix, Kathleen McGinn, Vicki Medvec, Tanya Menon, Dave Messick, Terry Mitchell, Don Moore, Michael Morris, Keith Murnighan, Janice Nadler, Maggie Neale, Kathy Phillips, Robin Pinkley, Ashleigh Rosette, Nancy Rothbard, Elizabeth Seeley, Marwan Sinaceur, Harris Sondak, Tom Tyler, Leaf Van Boven, Kimberly Wade-Benzoni, Laurie Weingart e Judith White. No livro *O negociador*, uso o pronome 'nós' porque grande parte de meu pensamento foi influenciado e moldado por este grupo de estudiosos eminentes.

A revisão deste livro não teria sido possível sem a dedicação, organização e habilidades editoriais de Sean McMillan, que criou o layout, organizou centenas de versões provisórias, preparou os números e pesquisou muitos estudos de caso para este livro.

Neste livro, eu trato do 'poder da situação' e de como o ambiente tem uma forte influência em nosso comportamento. A Kellogg School of Management é um dos ambientes mais dinâmicos e apoiadores dos quais já tive o prazer de fazer parte. Em particular, o Diretor Dipak Jain e os Diretores Associados Robert Magee e Robert Korajczyk apoiaram fortemente a minha pesquisa e minhas atividades de ensino, além de fornecerem grande liderança intelectual e pedagógica. Sou particularmente grata à minha visionária e maravilhosa colega, Jeanne Brett, que criou o Centro de Pesquisa de Resolução de Disputas (*Dispute Resolution Research Center — DRRC*) na Kellogg em 1986, e à Hewlett Foundation, por seu generoso suporte ao DRRC. Os fundos do programa Decision Risk and Management Science da National Science Foundation tornaram possível a realização de diversas pesquisas discutidas neste livro. Também gostaria de agradecer pela quantia recebida do Citigroup Research Council, que tornou possíveis muitos dos estudos sobre aprendizagem e negociação revisados neste livro.

Este livro é o resultado do trabalho árduo da equipe de pessoas que foi citada aqui, cujos talentos são diversos, amplos e extraordinários. Sou eternamente grata a meus colegas e alunos e estou muito feliz pela forma como eles entraram em minha vida e neste livro.

Visão Geral

Este livro é dividido em três partes principais. A primeira trata dos fundamentos da negociação — os princípios fundamentais e o trabalho necessário para se obter uma negociação eficaz. O Capítulo 2 conduz o gerente por estratégias eficazes de preparação para a negociação. O Capítulo 3 discute as habilidades da negociação distributiva ou como alocar recursos de forma otimizada para favorecer o resultado da própria pessoa — um processo chamado de 'divisão do montante'. O Capítulo 4 é provavelmente o mais importante de todo o livro: ele se concentra na negociação 'ganha-ganha' ou, mais formalmente, negociação integrativa. Esta parte criativa da negociação envolve a expansão do montante de recursos para oferecer a possibilidade de se obter mais ganhos.

A segunda parte trata das habilidades avançadas e especializadas de negociação. O Capítulo 5 concentra-se na avaliação e no desenvolvimento de um estilo próprio de negociação: convida os leitores a avaliar honestamente seu próprio estilo de negociação em três dimensões: motivação, abordagem e emoção. O negociador pode avaliar com precisão seu estilo e suas limitações, bem como aprender a avaliar os estilos adotados por outros negociadores. O Capítulo 6 foca no estabelecimento da confiança e na construção de um relacionamento: examina relações profissionais e pessoais e como a confiança é desenvolvida, quebrada e restaurada. O Capítulo 7 discute poder, persuasão e táticas de influência: aborda o tópico da persuasão e da influência sob o prisma de como isso acontece na mesa de barganha, e também lida com a importante questão da ética na negociação. No Capítulo 8, o foco é a resolução de problemas e a criatividade: oferece estratégias para se aprender como pensar fora de padrões preestabelecidos e apresenta técnicas para se usar a criatividade e a imaginação em uma negociação.

A terceira parte trata das situações especiais em uma negociação. O Capítulo 9 examina as complexidades das negociações que envolvem diversas partes, como os incentivos conflitantes tal como ocorrem na mesa de negociação; as coalizões, regras de votação e como alavancar a posição de barganha de uma pessoa ao se negociar com várias partes. O Capítulo 10 concentra-se na negociação transcultural e trata dos principais valores culturais e das normas de negociação para uma gama de diferentes nacionalidades, com alguns conselhos para negociações transculturais. O Capítulo 11 lida com dilemas ou situações nas quais os negociadores fazem escolhas num contexto de motivações mistas, em que a cooperação envolve desenvolver a confiança com a outra parte e a competição inclui uma tentativa de se aumentar a própria parcela de recursos, além de analisar a natureza dos dilemas sociais e a forma como se deve negociar com sucesso as situações que envolvem vários tipos de dilemas. O Capítulo 12 concentra-se na tecnologia da informação e em seu impacto sobre a negociação, e usa um modelo lugar-tempo de interação social para examinar os desafios e oportunidades de negociação tal como acontecem na era da informação.

Finalmente, quatro apêndices fornecem uma gama de materiais adicionais[*]. O Apêndice 1 convida os leitores a examinarem a racionalidade de suas crenças e preferências de negócios. O Apêndice 2 oferece um curso rápido sobre detecção de mentiras e comunicação não verbal tal como ocorrem em uma negociação. O Apêndice 3 revisa os fundamentos da intervenção por uma terceira parte e o Apêndice 4 fornece dicas e uma planilha para negociar uma oferta de emprego.

Edição brasileira

Esta edição brasileira apresenta dois estudos de caso escritos por um professor da área, que aborda conceitos apresentados no livro.

Material de apoio

No Site de Apoio deste livro (www.grupoa.com.br), professores e estudantes têm acesso a materiais adicionais que facilitam tanto a exposição das aulas como o processo de aprendizagem.

Para professores:

Manual de soluções (em inglês): esse material ajudará o professor a construir um curso de maneira dinâmica.

Apresentações em PowerPoint: os arquivos contêm os principais pontos abordados na obra

Esses materiais são de uso exclusivo para professores e estão protegidos por senha. Para ter acesso a eles, os professores que adotam o livro devem entrar em contato através do e-mail divulgacao@grupoa.com.br

Para estudantes:

Apêndices: quatro apêndices complementam o conteúdo abordado na obra.

Exercícios de múltipla escolha: exercícios adicionais elaborados especialmente para testar o conhecimento dos estudantes.

---

[*] Os apêndices estão disponíveis no site de apoio do livro.

CAPÍTULO

PARTE 1
FUNDAMENTOS DA NEGOCIAÇÃO

1 Negociação: a mente e o coração

"Antes da ameaça de estrangulamento e morte, a negociação [entre David M. Colburn da America Online e os executivos da Music Boulevard] começou de forma bastante inocente. Colburn permanecia quieto enquanto [seu sócio nos negócios, Myer] Berlow revisava o acordo proposto. Colburn e Berlow já haviam estudado todos os números: a Music Boulevard, um serviço de música on-line, pagaria 8 milhões de dólares ao longo de três anos para colocar anúncios na AOL. [Entretanto, Berlow de repente viu o acordo de uma forma inteiramente diferente:] se a Music Boulevard fizesse uma Oferta Pública Inicial de ações – IPO (do inglês, *Initial Public Offering*) – e sua empresa controladora, a N2K Inc., já havia dado entrada em uma declaração de registro na Securities and Exchange Commission – SEC (Comissão de Valores Imobiliários – CVM) para fazer exatamente isso –, um acordo de propaganda com a AOL valeria muito mais do que os 8 milhões. [Berlow começou a pensar que aqueles executivos da Music Boulevard sentados na frente dele] ganhariam, pessoalmente, milhões de dólares com a IPO [que não seriam compartilhados com a AOL]. Berlow, então, rasgou silenciosamente a página do contrato que declarava o preço do acordo: assim o número de 8 milhões simplesmente desapareceu [e ele o substituiu pelo valor de 16 milhões]. Os executivos da Music Boulevard se espantaram, pois, afinal de contas, a reunião em curso representava a revisão final de um contrato que já havia sido verbalmente acordado. Colburn olhou para seu parceiro e tentou salvar a situação repetindo o valor de 8 milhões. Berlow, no entanto, insistiu que o preço deveria ser de 16 milhões de dólares e, nesse momento, anunciou que precisava ir ao banheiro e pediu a seu sócio, Colburn, que o acompanhasse. Durante a conversa dos dois no banheiro, Berlow explicou sua linha de raciocínio e se irritou com Colburn por não ter sacado suas dicas. 'Como você f*** a venda, David, você terá de tirar de seu próprio bolso cada centavo abaixo dos 16 milhões de dólares e me pagar'. Nesse ponto, tomado pelo ódio, Colburn agarrou Berlow pelo pescoço e o lançou contra a parede, gritando: 'Vou matar você!'. Berlow começou a chorar de rir ao imaginar o que os executivos durões da Music Boulevard pensariam ao ver em seu rosto as marcas da agressão feita por seu próprio sócio. Colburn e Berlow voltaram para a sala de reunião e conseguiram um acordo de 18 milhões de dólares." (*Washington Post*, 15 jun. 2003)

Negociações normalmente não envolvem violência física e a maioria de nós não trata de negócios que valem 18 milhões de dólares. Entretanto, algo em que os estudiosos e profissionais de negócios concordam de forma consensual é que todas as pessoas negociam quase que diariamente. O livro *Getting to Yes* (*Como chegar ao sim*), de Fisher & Ury (1981), começa declarando: "Goste ou não do fato, você é um negociador... Todas as pessoas negociam alguma coisa todos os dias" (p. xvii). De forma similar, Lax e Sebenius (1986) no livro *The Manager as Negotiator*, dizem que "negociar é um meio de vida para os gerentes (...) quando estes lidam com seus superiores, conselhos diretivos e até mesmo legisladores" (p. 1). G. Richard Shell, autor do livro *Bargaining for Advantage* (1999) (*Negociar é preciso*), afirma: "Todos nós negociamos muitas vezes em um dia" (p. 6). Herb Cohen, autor do livro *You Can Negotiate Anything* (1980), sugere que "o seu mundo é uma mesa gigante de negociação" (p. 15). Talvez essas declarações indiquem por que um artigo recente sobre negociação alertou que "não importa o quanto você considere que a negociação faça parte de sua vida, ainda assim você a está subestimando" (*Inc.*, 1º ago. 2003a, p. 76). Acreditamos que a *negociação é sua ferramenta fundamental de comunicação e influência* dentro e fora de sua empresa. Toda vez que você não é capaz de atingir seus objetivos (sejam eles uma fusão empresarial desejada ou um jantar social) sem a cooperação de outros, você está negociando. Neste capítulo, apresentamos evidências impressionantes (e perturbadoras) de que a maioria das pessoas não aproveita seu potencial de negociação. A boa notícia é que você pode fazer algo para mudar essa realidade.

O propósito único deste livro é melhorar sua capacidade de negociar nos contextos que são mais importantes para você, por isso apresentamos informações por meio de uma combinação de estudos científicos de negociação com casos reais de negócios. E, caso você esteja imaginando isso, nem tudo é simples bom senso. Afirmamos que a ciência é a base para as melhores práticas tratadas neste livro. Nosso foco principal são as negociações empresariais, pois seu entendimento ajuda as pessoas a se tornarem negociadoras mais eficazes em sua vida pessoal (Gentner, Loewenstein & Thompson, 2003).

Neste livro, privilegiamos três habilidades principais de negociação: (1) criar valor (também conhecida como negociação ganha-ganha); (2) reivindicar valor (também conhecida como permanência no mercado); e (3) construir confiança (também conhecida como sustentabilidade no longo prazo). Ao final deste livro, você terá desenvolvido um modelo mental que lhe permitirá saber o que fazer e dizer em negociações das quais participe. Mais do que isso, o fato de ter um modelo mental (assim chamado por Van Boven & Thompson) significa que você poderá se preparar de forma eficiente para negociar e aproveitar a tranqüilidade mental decorrente de se ter um plano de ação. As coisas podem nem sempre ocorrer como planejadas, mas seu modelo mental o capacitará a fazer atualizações de forma eficaz, sempre que necessário e, mais importante, a aprender com suas próprias experiências.

NEGOCIAÇÃO: DEFINIÇÃO E ESCOPO

Neste livro, usamos a seguinte definição prática de negociação: *negociação é um processo interpessoal de tomada de decisão, necessário sempre que não podemos atingir nossos objetivos por conta própria. As negociações não incluem somente reuniões individuais de negócios, mas também aquelas que envolvem múltiplas partes, diversas empresas e acordos multimilionários*. Sejam elas simples ou complexas, as negociações podem ser resumidas a pessoas, comunicação e influência. Mesmo os acordos empresariais mais complexos podem ser simplificados em um sistema de relacionamentos um a um.

As pessoas negociam em sua vida pessoal (por exemplo, com seus cônjuges, filhos, professores, vizinhos etc.) assim como em sua vida profissional. Assim, o alcance do tema negociação abrange desde interações pessoa-pessoa até aquelas extremamente complexas envolvendo múltiplas partes ou diversas nações. No mundo dos negócios, as pessoas negociam em variados níveis e contextos

– dentro de um departamento ou unidade de negócios, entre departamentos, entre empresas e mesmo entre diferentes setores da economia. Por isso, os gerentes devem ter um bom entendimento sobre negociações, de modo a serem eficazes ao negociar dentro de todos os tipos de ambientes de negócio, bem como entre si.

NEGOCIAÇÃO COMO UMA COMPETÊNCIA ESSENCIAL DE GESTÃO

As habilidades de negociação são cada vez mais importantes para executivos, líderes e gerentes no mundo dos negócios. As cinco principais razões que justificam a importância das habilidades de negociação são: (1) natureza dinâmica dos negócios, (2) interdependência, (3) concorrência, (4) era da informação e (5) globalização.

Natureza dinâmica dos negócios

Mobilidade e flexibilidade são imperativas no novo mundo do trabalho. A maioria das pessoas não permanece no mesmo trabalho que assume logo após ter saído da faculdade ou receber um título de MBA; além disso, a maioria das pessoas não terá o mesmo trabalho de seus predecessores. De acordo com o U. S. Department of Labor (Ministério do Trabalho dos Estados Unidos), a pessoa nascida nos últimos anos da geração de *baby boomers* teve, em média, cerca de dez diferentes trabalhos entre seus 18 e 36 anos, com dois terços dessas posições tendo sido assumidos antes dos 28 anos de idade. A natureza dinâmica e mutante dos negócios implica que as pessoas negociem e renegociem sua permanência em organizações durante toda a sua carreira. O advento de estruturas descentralizadas de negócios e a ausência de tomada de decisões hierarquizadas fornecem novas oportunidades para os gerentes, mas também impõem desafios intimidantes. As pessoas devem criar possibilidades continuamente, integrar seus interesses com os de outros e reconhecer a inevitabilidade da concorrência, tanto dentro das empresas quanto entre elas. Os gerentes devem estar em alerta quase constante para negociar oportunidades. De acordo com Linda Greene, vice-chanceler associada para assuntos acadêmicos na University of Wisconsin–Madison, "muitos eventos importantes, essenciais para o sucesso e a satisfação profissionais, acontecem todos os dias no ambiente de trabalho e nem sempre são anunciados com antecedência" (*The Capital Times*, 1º jan. 2000, p. 1E). Na verdade, a negociação entra em cena quando pessoas participam de reuniões importantes, conseguem novas atribuições, comandam uma equipe, participam de um processo de reorganização e definem prioridades para suas unidades de trabalho. Negociar deveria ser natural para o gerente de negócios, mas isso freqüentemente não acontece.

Interdependência

A interdependência cada vez maior das pessoas dentro das organizações, tanto lateral quanto hierarquicamente, faz com que elas precisem saber como integrar seus interesses e seus trabalhos entre diferentes unidades de negócios e áreas funcionais. Por exemplo, quando a Chrysler e a Mercedes-Benz se fundiram em 1998, existia grande relutância entre diferentes grupos na empresa em usar sinergias. Nos primeiros anos, os executivos da Mercedes guardavam a sete chaves suas peças e projetos por medo de desgastar a mística da empresa. E os engenheiros da Chrysler tentavam preservar alguma independência, mesmo que isso representasse reinventar a roda (*The Wall Street Journal*, 12 mar. 2003). Essa relutância ocorre não somente dentro de empresas, quando pessoas de diferentes departamentos e unidades integram seu conhecimento para criar um produto ou serviço, mas também entre pessoas de diferentes empresas, como no caso de alianças estratégicas. O grau cada vez maior de especialização e *expertise* faz com que as pessoas dependam mais e mais de outras para fornecer os componentes de um serviço ou produto completo. Não é sensato presumir que os outros disponham de estruturas de incentivo semelhantes, portanto os gerentes precisam saber como promover seus próprios interesses ao mesmo tempo que criam valor agregado para suas organizações. Essa tarefa requer negociação. Por exemplo, consideremos a decisão estratégica da Best Buy, loja de eletrônicos que responde por cerca de 10 por cento de todos os computadores pessoais vendidos nos Estados Unidos, de desenvolver sua marca própria de PCs em 2002 (*Business 2.0*, 1º ago. 2003a). Antes do lançamento de seu PC, a Best Buy estava muito preocupada, pois, uma vez que os PCs representavam 9 por cento de todas as suas vendas, os principais fabricantes de computadores existentes – Compaq, HP, Sony, Toshiba e outros – teriam condição de ditar os termos de fornecimento. Além disso, se a recessão levasse ao fechamento de uma dessas empresas, os buracos na linha de produtos oferecidos pela Best Buy poderiam fazer com que os consumidores passassem a procurar outros fornecedores ou sua concorrente, a Dell. Assim, ao entrar no mercado, a Best Buy competiria com as mais poderosas empresas dos negócios altamente competitivos da indústria de baixa margem de PCs – empresas que até então eram fornecedoras da Best Buy.

Concorrência

Os negócios estão cada vez mais competitivos. Cerca de 40 mil empresas abriram falência em 2002 nos Estados Unidos, um aumento de 10,7 por cento em relação ao ano anterior (*Associated Press*, 16 mai. 2002). Cinco das oito maiores falências já ocorridas nos Estados Unidos aconteceram em 2002, de acordo com o BankruptcyData.com – e esses dados não incluíram a quebra da Enron, em dezembro de 2001 (*Associated Press*, 15 jan. 2003). Na economia atual, algumas poucas grandes empresas estão surgindo como protagonistas nos maiores mercados. Esses líderes de setor normalmente desfrutam de vastas economias de escala e são capazes de obter lucros enormes; os perdedores são freqüentemente deixados com uma parcela ínfima de mercado, que dirá com um produto comercializável (Frank & Cook, 1995). Consideremos a oferta hostil feita em 2003 pela Oracle para comprar sua concorrente no desenvolvimento de software, a PeopleSoft, que extinguiu uma fusão previamente anunciada entre a própria PeopleSoft e a J. D. Edwards (*Business 2.0*, 1º ago. 2003d). Como colocou o analista de software do Deutsche Bank Brian Skiba, "a indústria do software tornou-se mais darwiniana. Ao longo dos próximos cinco anos, o grande se tornará maior e o pequeno desaparecerá" (p. 90). Larry Ellison, da Oracle, declarou sem rodeios que mais de mil empresas na área de tecnologia devem morrer e, um mês antes de fazer essa oferta pela PeopleSoft, mapeou metodicamente todas as possíveis fusões em sua indústria.

Essa realidade significa que as empresas devem ser especialistas em ambientes competitivos. Os gerentes precisam não somente agir como defensores de seus produtos e serviços, mas também devem reconhecer a concorrência que é inevitável entre empresas e, em alguns casos, entre unidades de uma determinada empresa. Entender como navegar neste ambiente competitivo é essencial para negociações bem-sucedidas.

Era da Informação

A Era da Informação também oferece oportunidades e desafios especiais para o gerente agir como negociador. Ela criou uma cultura de disponibilidade 24 horas por dia, sete dias por semana. Com uma tecnologia que torna possível se comunicar com pessoas em qualquer lugar do mundo, espera-se dos gerentes que sejam capazes de negociar de forma quase imediata. A tecnologia computacional, por exemplo, aumenta as obrigações de uma empresa e sua capacidade de agregar valor para seus consumidores. Antes de 2001, 80 por cento das transações na Starbucks eram conduzidas com cédulas e moedas. Dentre outras coisas, essa forma de relação comercial significava que a Starbucks não tinha qualquer conhecimento sobre os seus clientes – os mais de 3 milhões de pessoas que diariamente gastavam mais de 3 dólares por uma xícara de café (*Business 2.0*, 1º ago. 2003b). Os negócios reincidentes

– ou o fato de que os viciados em café retornam mais de 16 vezes em um único mês – deveriam ser o cerne do foco da Starbucks em seus consumidores. Entretanto, quando você não conhece seus consumidores, fica mais difícil atendê-los. Para capitalizar sobre o poder da Era da Informação e dar aquele algo mais a seus consumidores, a Starbucks lançou um cartão plástico pré-pago em 2001. Dentre outras coisas, o cartão permitia à Starbucks entender seus consumidores, assim como agregar ofertas como, por exemplo, um pacote grátis de 250 gramas de café.

Globalização

A maioria dos gerentes deve habilmente cruzar fronteiras culturais de modo a conduzir seus negócios. Deixando de lado as questões óbvias sobre moeda e idioma, a globalização apresenta desafios no que se refere a diferentes normas de comunicação. Os gerentes precisam desenvolver habilidades de negociação que possam ser empregadas de forma bem-sucedida com pessoas de diferentes nacionalidades, origens e estilos de comunicação. Conseqüentemente, os negociadores que tenham desenvolvido um estilo de barganha que funcione somente com um subconjunto restrito do mundo dos negócios sofrerão, a menos que ampliem suas habilidades de negociação para trabalhar eficientemente com pessoas de diferentes unidades funcionais, indústrias e culturas (Bazerman & Neale, 1992). É um grande desafio desenvolver um conjunto de habilidades de negociação que seja genérico o bastante para ser usado em diferentes contextos, grupos e continentes, mas suficientemente especializado para fornecer estratégias comportamentais significativas em uma determinada situação. Este livro fornece tais habilidades para os gerentes.

A MAIORIA DAS PESSOAS SÃO NEGOCIADORES INEFICAZES

Sobre as pessoas serem negociadores eficazes ou não, gestores e acadêmicos freqüentemente têm posições divergentes. Muitas pessoas se julgam eficazes no momento de uma negociação. Elas acreditam que a maioria de seus colegas é, por outro lado, bastante ineficaz na mesa de negociações. Entretanto, nosso desempenho fala mais alto do que nossa capacidade autoproclamada. A maioria das pessoas fica freqüentemente muito abaixo de seu potencial na mesa de negociações, se compararmos seu desempenho com o obtido em simulações realistas de negociações empresariais (para mais detalhes, ver Neale & Bazerman, 1991; Thompson & Hrebec, 1996; Loewenstein, Thompson & Gentner, 2003). Vários executivos de negócios descrevem suas negociações como sendo do tipo ganha-ganha para depois descobrir que deixaram centenas de milhares de dólares sobre a mesa. Menos de 4 por cento dos gerentes conseguem resultados do tipo ganha-ganha quando testados (Nadler, Thompson & Van Boven, 2003) e a incidência de resultados do tipo totalmente perde-perde é de 20 por cento (Thompson & Hrebec, 1993). Somadas a esses dados, nossas investigações científicas controladas (de agora em diante referidas neste livro como CSIs – do inglês, *Controlled Scientific Investigations*), as quais permitem que acadêmicos façam inferências sobre relações diretas de causa e efeito, indicam que a maioria dos negociadores perde dinheiro na mesa de negociações. Consideremos outro exemplo: mesmo em questões nas quais as pessoas estão em perfeito acordo, elas deixam de perceber isso em 50 por cento das vezes (Thompson & Hrebec, 1996). Mais do que isso, reforçamos em vários pontos ao longo deste livro que a negociação eficiente não diz respeito apenas a dinheiro – relacionamento e confiança também são igualmente importantes.

ARMADILHAS DA NEGOCIAÇÃO

Em nossa pesquisa, observamos e documentamos quatro principais falhas na negociação:
1. **Deixar dinheiro na mesa de negociações** (também conhecida como negociação 'perde-perde') ocorre quando os negociadores deixam de reconhecer e explorar o potencial para o 'ganha-ganha'.

2. **Concordar com muito pouco** (também conhecida como 'a maldição do vencedor') ocorre quando os negociadores fazem concessões muito grandes, resultando em um pedaço muito pequeno do total da barganha.
3. **Sair da mesa** ocorre quando os negociadores rejeitam termos oferecidos pela outra parte que são claramente melhores do que qualquer outra opção disponível para eles. (Algumas vezes essa falha é decorrente do excesso de confiança ou arrogância; outras vezes é puramente resultante de avaliação equivocada.)
4. **Chegar a um acordo pior que a alternativa** (também conhecida como 'viés de acordo') ocorre quando os negociadores se sentem obrigados a chegar a um acordo mesmo que os termos finais não sejam tão bons quanto os de outras alternativas.

Este livro ensina você a evitar esses erros, criar valor na negociação, conseguir sua parcela da barganha, chegar a um acordo quando vale a pena fazê-lo e reconhecer rapidamente quando um acordo não é uma opção viável em uma negociação.

POR QUE AS PESSOAS SÃO NEGOCIADORES INEFICAZES

Os impressionantes exemplos de resultados do tipo perde-perde, a maldição do vencedor, a saída da mesa de negociações e o viés de acordo levantam a questão de por que as pessoas não são mais eficientes na mesa de negociações. Pelo fato de a negociação ser tão importante para o sucesso pessoal e profissional, é bastante surpreendente que a maioria das pessoas não negocie bem. Falando francamente: não faz nenhum sentido as pessoas terem desempenho tão ruim em algo que é tão importante para sua vida pessoal e profissional. O motivo não é falta de motivação ou inteligência por parte dos negociadores. O problema tem sua origem em três questões fundamentais: feedback falho, *satisficing* e incompetência auto-alimentada.

Feedback falho

A maioria de nós tem muitas oportunidades para negociar, mas pouca chance de aprender como negociar de forma eficaz. Como veremos, sem dúvida alguma o componente mais importante do aprendizado é o feedback. Três coisas sobre o feedback são fundamentais: precisão, rapidez e especificidade. O problema não é a falta de experiência, mas sim de feedback oportuno e preciso. Mesmo aquelas pessoas que têm experiências diárias de negociação recebem pouco feedback sobre a eficácia com que negociam. A ausência dele leva a dois vieses humanos que impedem ainda mais que os negociadores se beneficiem de suas experiências da melhor forma. O primeiro problema é o *viés de confirmação*, ou a tendência de as pessoas verem o que querem ver ao avaliar seu próprio desempenho. O viés de confirmação leva as pessoas a buscarem informação de forma seletiva e que confirme o que elas acreditam ser verdade. Embora possa parecer absolutamente inofensivo, o viés da confirmação resulta em uma visão míope da realidade e pode atrapalhar a aprendizagem. Consideremos, por exemplo, a investida desastrosa do matemático John Allen Paulos no mercado de ações (*The Guardian*, 17 jul. 2003). No início, ele investiu somente um ganho inesperado, mas lentamente começou a gastar mais e mais de suas economias. Apesar de Paulos saber tudo sobre lógica e racionalidade, ele acabou sendo vítima de seu hábito de inventar razões para justificar suas compras e ignorar informações que não as corroborassem.

Um segundo problema relacionado à ausência de feedback relevante e diagnóstico é o *egocentrismo*, que é a tendência de as pessoas verem suas experiências de forma lisonjeira ou satisfatória para si mesmas. Essa visão potencialmente imprecisa pode aumentar a auto-estima de um gerente;

no entanto, no longo prazo, presta um grande desserviço por impedir que ele aprenda eficazmente. Por exemplo, o egocentrismo e a alienação da realidade certamente influenciaram os executivos do Citigroup e do J. P. Morgan Chase & Co. a manipular fluxos de caixa na Enron (*BusinessWeek*, 11 ago. 2003a). A idéia de que eles poderiam desorientar os acionistas da Enron e minimizar a percepção do risco de serem acusados de fraude foi provavelmente alimentada por crenças injustificadas acerca de seus papéis. O egocentrismo também desempenhou um papel importante nas negociações da American Airlines, em abril de 2003, nas quais a falência foi por pouco evitada. A American Airlines dizia que teria de fazer um corte anual de 1,8 bilhão de dólares de todos os seus grupos de empregados como parte de um esforço de 4 bilhões de dólares para reestruturar a empresa. A empresa aérea estava perdendo 5 milhões de dólares por dia. Os três principais grupos envolvidos (o sindicato dos pilotos, os comissários de bordo profissionais e o sindicato dos trabalhadores em terra e de transporte) achavam que mereciam receber mais do que os outros (*Dallas Morning News*, 3 abr. 2003).

Satisficing[1]

A segunda razão pela qual as pessoas decepcionam em uma negociação é devida à tendência humana de *satisfice* (Simon, 1955). De acordo com o ganhador do Prêmio Nobel Herb Simon, *satisficing* é o oposto de *otimizar*. Em uma situação de negociação é importante otimizar as próprias estratégias através da definição de altas aspirações e da tentativa de se conquistar o máximo possível; por outro lado, quando as pessoas decidem 'satisfazer' elas se contentam com menos do que poderiam conseguir. Por exemplo, a Anchor Bay obteve 10 milhões de dólares em financiamentos para o empreendimento da Storm Ventures e da Venrock Associates. O CEO da Anchor Bay, Laurence Thompson, comentou que essa foi exatamente a avaliação por eles solicitada, podendo isso significar que "talvez não tenhamos pedido o suficiente" (*Private Equity Week*, 9 jun. 2003). No longo prazo, *satisficing* (ou a aceitação da mediocridade) pode ser prejudicial tanto para indivíduos quanto empresas, especialmente quando uma gama de estratégias e habilidades eficazes de negociação poderia ser empregada, sem muito custo, para aumentar enormemente a lucratividade. (Discutiremos estas estratégias em detalhe nos próximos três capítulos.)

Incompetência auto-alimentada

Para conquistar e manter eficácia no mundo dos negócios, as pessoas devem ter uma boa visão de suas limitações. O mesmo é válido para a negociação. Entretanto, a maioria das pessoas está "feliz com a falta de consciência sobre a própria incompetência" (Dunning, Johnson, Ehrlinger & Kruger, 2003, p. 83). Além do mais, isso cria um ciclo em que a falta de habilidades as priva não somente da capacidade de reagir corretamente, como também da *expertise* necessária para suspeitar que essas reações não estejam ocorrendo. Como exemplo, Dunning e seus colegas examinaram a questão de se alunos submetidos a um teste têm alguma noção de seu desempenho. Os alunos foram agrupados em quatro quartis de acordo com seu desempenho. O quartil de desempenho mais baixo superestimou em muito seu desempenho no teste. Apesar de, na realidade, obterem notas em torno de 12 por cento, eles estimavam seu desempenho em algo próximo a 60 por cento de aproveitamento. Esse exemplo não representa um caso isolado, de acordo com Dunning. As pessoas superestimam sua pontuação relativa à dos outros em torno de 40 a 50 pontos (Kruger & Dunning, 1999). Além do mais, o problema não pode ser atribuído à falta de incentivos. Esse padrão de superestimação aparece mesmo após as pessoas receberem promessas de recompensas financeiras por avaliações precisas de seus desempenhos (Ehrlinger, Johnson, Banner, Dunning & Kruger, 2003).

Relacionado ao princípio da ignorância auto-alimentada está o fato de as pessoas relutarem em mudar seu comportamento e experimentar novos cursos de ação, devido aos riscos associados à experimentação.

---

1. *Satisficing* pode ser entendido como o processo decisório que atenda aos requisitos mínimos necessários para ser satisfatório. (N. da R.T)

Em suma, o medo de sair perdendo faz com que as pessoas evitem experimentar a mudança. Em vez disso, os negociadores racionalizam seus comportamentos de modo a perpetuá-los. O medo de cometer erros pode resultar na incapacidade do gerente de melhorar suas habilidades de negociação. Neste livro, removemos o risco da experimentação através da apresentação de exercícios variados e demonstrações claras de como a mudança no comportamento de uma pessoa pode levar a melhores resultados em uma negociação.

Argyris (2002) sugere que as pessoas podem diagnosticar sua incompetência e aumentar sua eficácia se elas se engajarem em uma aprendizagem de dois ciclos. Infelizmente, esse não é o processo de aprendizagem praticado pela maioria. *A aprendizagem de um ciclo* ocorre quando erros são corrigidos sem se alterar os valores subjacentes e direcionadores (por exemplo, os princípios fundamentais da negociação). *A aprendizagem de dois ciclos* ocorre quando erros são corrigidos através da mudança dos valores direcionadores e, então, das ações. Sebenius em seu artigo sobre os 'seis hábitos dos negociadores simplesmente eficazes', enfatiza de forma bastante clara a necessidade de se trabalhar com as suposições corretas: "Entender os interesses da outra parte e dirigir a decisão de modo que o outro lado concorde por suas próprias razões é a chave para simultaneamente criar e reivindicar o valor de uma negociação" (p. 88). Nesse sentido, convidamos os gerentes a se tornarem aprendizes ativos para compreender seus próprios valores quando o assunto é negociação.

DERRUBANDO MITOS SOBRE A NEGOCIAÇÃO

Quando estudamos teorias e crenças de gestores sobre negociação, freqüentemente nos surpreendemos em constatar que, elas operam com fundamentos falsos. Antes que comecemos nossa jornada rumo ao desenvolvimento de uma estratégia de negociação mais eficaz, faz-se necessário derrubarmos várias suposições falsas e mitos sobre negociação. Esses mitos prejudicam a capacidade de aprender habilidades eficazes de negociação e, em alguns casos, reforçam habilidades de negociação deficientes. Na seção a seguir discutimos seis dos mais freqüentes mitos sobre o comportamento na negociação.

Mito 1: Negociações são somas constantes

O mito provavelmente mais comum é o de que negociações são somas constantes por natureza, de modo que, para que algo seja bom para uma pessoa, tenha que ser necessariamente ruim para a outra parte. A verdade é que a maior parte das negociações não representa puramente somas constantes; de fato, muitas negociações são somas variáveis por natureza, significando que se as partes trabalharem em conjunto elas poderão criar mais valor coletivo do que se fossem puramente combativas entre si. Entretanto, negociadores eficazes também percebem que não podem ser simplesmente crédulos porque qualquer valor criado deverá ser reclamado por alguém na mesa de negociações. Nossa abordagem para a negociação é baseada na conceituação de Walton e McKersie (1965) de que a negociação é um empreendimento de motivações combinadas, de modo que as partes envolvidas tenham incentivos para cooperar e, ao mesmo tempo, competir entre si.

Mito 2: Você precisa ser rígido ou afável

O mito da soma constante leva a uma visão míope das escolhas estratégicas disponíveis para o negociador. A maioria dos negociadores acredita que deve escolher entre se comportar de forma dura (e algumas vezes punitiva) ou ser 'razoável' a ponto de parecer fraco e concedente. Nós discordamos disso veementemente. Assim como Bazerman e Neale (1992), acreditamos que o verdadeiro negociador eficaz não é rígido demais nem flexível demais, mas sim uma pessoa imbuída de princípios (Fisher & Ury, 1981). Negociadores eficazes seguem uma visão 'esclarecida' da negociação e reconhecem corretamente que, para conquistar seus próprios resultados, devem trabalhar de forma eficiente com a outra parte (e, por conseguinte, cooperar), mas ao mesmo tempo alavancar seu próprio poder e pontos fortes.

Mito 3: Bons negociadores nascem assim

Uma crença bastante difundida é a de que habilidades eficazes de negociação são algo que já se tem ao nascer e não algo que possa ser aprendido. Essa noção é falsa porque a maioria dos negociadores excelentes são pessoas que se desenvolveram por conta própria. Na verdade, negociadores natos são muito raros. Nós tendemos a lhes dar ouvidos, mas devemos nos lembrar que suas histórias são *seletivas*, o que significa dizer que é sempre possível para qualquer pessoa ter um dia de sorte ou uma experiência afortunada. Este mito é freqüentemente perpetuado pela tendência das pessoas em julgar habilidades de negociação por sua experiência na compra de um carro. Comprar um carro é certamente um tipo importante e comum de negociação, mas não representa o melhor contexto para você julgar suas habilidades de negociação. As negociações mais importantes são aquelas em que nos engajamos diariamente com nossos colegas, supervisores, pares e associados nos negócios. Esses relacionamentos representam um índice muito melhor para mensurar a eficiência em negociações de uma pessoa. Em suma, a negociação eficaz requer prática e feedback. O problema é que a maioria de nós não consegue uma oportunidade para desenvolver habilidades eficazes de negociação de maneira disciplinada; na verdade, a maioria de nós aprende fazendo. Experiência é algo útil, porém não suficiente.

Mito 4: A experiência é uma grande mestra

Todos nós já conhecemos alguém em um coquetel ou viagem de avião que se gaba de suas grandes façanhas em negociações e de como ele ou ela aprendeu fazendo (Bazerman & Neale, 1992). É apenas parcialmente verdadeiro que a experiência pode melhorar as habilidades de negociação; na verdade, a experiência sem feedback é altamente ineficaz para melhorar habilidades de negociação (Loewenstein, Thompson & Gentner, 2003; Nadler, Thompson & Van Boven, 2003; Thompson & DeHarpport, 2004; Thompson, Loewenstein & Gentner, 2000). A experiência pura como professora eficaz apresenta três pontos contra. Primeiro, na ausência de feedback, é praticamente impossível melhorar o desempenho. Por exemplo, você pode se imaginar tentando aprender matemática sem nunca fazer seu dever de casa ou avaliações? Sem feedback diagnóstico é muito difícil aprender a partir da experiência.

O segundo problema é que nossas lembranças tendem a ser seletivas, o que significa que as pessoas têm uma probabilidade maior de se lembrar de seus sucessos e esquecer seus fracassos e falhas. Essa tendência é, sem dúvida, um conforto para o próprio ego, mas não melhora a capacidade das pessoas em negociar.

Finalmente, a experiência melhora nossa confiança, mas não necessariamente nossa precisão. As pessoas mais experientes se tornam cada vez mais confiantes, mas a precisão de seu julgamento e a eficácia de seu comportamento não aumentam de forma proporcional. O excesso de confiança pode ser perigoso porque pode levar a assumir riscos insensatos.

Mito 5: Bons negociadores assumem riscos

Um outro mito bastante difundido é o de que uma negociação eficaz requer que se assumam riscos e se façam apostas. Na negociação, essa abordagem pode significar dizer coisas do tipo, 'Esta é minha oferta final' ou 'É pegar ou largar' ou usar ameaças ou blefes. Isto é o que chamamos de um estilo de negociação 'rígido'. Negociadores 'rígidos' raramente são eficazes. No entanto, temos uma tendência de ficarmos impressionados com esse estilo de negociador. Neste livro, ensinamos os negociadores a avaliar riscos, determinar o momento adequado para fazer uma oferta final e, ainda mais importante, tomar decisões excelentes ao enfrentar a incerteza de uma negociação.

Mito 6: Bons negociadores confiam em sua intuição

Um exercício interessante de ser feito é o de pedir a gerentes e a qualquer outra pessoa que negocie para descreverem a abordagem que usam para negociar. Muitos negociadores experientes acreditam que seu estilo de negociação inclui muito de instinto, intuição e reações espontâneas. Acreditamos que a intuição é algo que não serve bem às pessoas. A negociação eficaz envolve pensamento deliberado e preparação, e é bastante sistemática. A meta deste livro é ajudar os gerentes a se prepararem eficientemente para a negociação, tornarem-se mais conscientes de seus próprios pontos fortes e fracos e desenvolverem estratégias *proativas* (isto é, aquelas que antecipam as reações de seu oponente) e não *reativas* (isto é, aquelas que dependem das ações e reações de seu oponente). Assim, negociadores excelentes não se baseiam em sua intuição, mas planejam deliberadamente. Como regra geral, não confie em sua intuição a não ser que você seja um *expert*.

OBJETIVOS DE APRENDIZAGEM

Este livro promete três coisas. Primeira (e mais importante): *melhorar sua capacidade de negociar de forma bem-sucedida*. Você e sua empresa ficarão mais ricos e você ficará menos noites sem dormir, pois terá uma estrutura sólida e um excelente conjunto de ferramentas para ter sucesso em uma negociação. Entretanto, ao fazer esta promessa, também temos que fazer um alerta: habilidades de negociação que levam ao sucesso não surgem de uma aprendizagem passiva. Do contrário, você precisará se desafiar de forma ativa. Não podemos imaginar uma forma melhor de se engajar neste desafio do que completar este livro com experiências de negociação em um ambiente de sala de aula, nas quais os gerentes possam testar suas habilidades de negociação, receber feedback oportuno e refinar suas estratégias de negociação repetidamente. Além disso, dados existentes sugerem que os alunos que fazem o curso para obter determinada nota são mais efetivos do que aqueles que simplesmente o fazem para serem aprovados ou reprovados (Craver, 1998).

Segunda: apresentar uma *estratégia geral para uma negociação bem-sucedida*. Dê uma olhada no sumário do livro. Perceba a ausência de títulos de capítulos como 'Negociação na Indústria Farmacêutica' ou 'Negociações no Setor Imobiliário' ou 'Negociações em Alta Tecnologia'. Não cremos que negociações no mundo farmacêutico requeiram um conjunto de habilidades fundamentalmente diferente do que aquele necessário para se ter sucesso em negociações no setor de seguros ou na indústria de software. Em vez disso, acreditamos que as habilidades de negociação sejam transferíveis entre situações. Ao fazer essa declaração não queremos dizer que todas as situações de negociação sejam idênticas. Esta suposição é completamente falsa porque as situações de negociação diferem drasticamente entre culturas e atividades. Entretanto, certos princípios fundamentais de negociação são essenciais em todos esses diferentes contextos. As habilidades discutidas neste livro são eficazes para todo um amplo conjunto de situações, variando de acordos complexos, de várias partes multiculturais envolvidas, a trocas realizadas entre duas pessoas.

Finalmente: oferecer *um modelo esclarecido de negociação*. Ser um negociador bem-sucedido não depende da falta de familiaridade com um livro como este ou da falta de treinamento em negociação por parte de seu oponente. Na verdade, o ideal seria que seus principais clientes e consumidores conhecessem as estratégias aqui apresentadas. Essa abordagem segue o que chamamos de *modelo gêmeo fraternal* (*fraternal twin model*), que presume que a outra pessoa com quem você está negociando é tão motivada, inteligente e preparada quanto você. Dessa forma, as estratégias e técnicas de negociação delineadas neste livro não se baseiam em uma postura de 'ser mais esperto' ou enganar a outra parte envolvida; ao contrário, elas o ensinam a focar simultaneamente em aumentar a parcela de recursos e a garantir que estes sejam alocados de maneira favorável a você.

Em suma, nosso modelo de aprendizagem está baseado em um ciclo de três fases: aprendizagem vivencial, feedback e aprendizado de novas estratégias e habilidades.

A MENTE E O CORAÇÃO

Nas seções deste livro, nós nos concentramos na *mente* do negociador por envolver o desenvolvimento de estratégias deliberadas, racionais e cuidadosas para a negociação. Também mantemos um foco no *coração* do negociador porque, no fundo, nos preocupamos com relacionamentos e confiança. Não precisamos usar dólares ou abrir mão de valor para construir relacionamentos e confiança. Na realidade, o oposto é que é verdadeiro. Baseamos nossos ensinamentos e melhores práticas em pequisa científica nas áreas de economia e psicologia – novamente refletindo a idéia de que o resultado líquido e os nossos relacionamentos são ambos importantes (Bazerman, Curhan, Moore & Valley, 2000). Os escândalos que começaram a sacudir o mundo corporativo em 2001 alimentaram uma revolta contra o mundo dos negócios e seus habitantes. Talvez esses incidentes tenham reacendido percepções negativas acerca das pessoas de negócios, particularmente dos profissionais com MBAs. "[A] ênfase na análise produziu uma geração de profissionais com MBAs que são criaturas com mentes desequilibradas, corações gelados e almas pequenas" (Leavitt, 1989, p. 39). Essa avaliação oferece a todos uma razão ainda maior para se pôr o foco no coração e nos relacionamentos ao tratarmos de negócios.

CAPÍTULO 2

Preparação: o que fazer antes da negociação

Como muitos gerentes, Tom Britton, analista sênior de redes da American Suzuki Motor Corporation, em Brea, Califórnia, achava que era mal remunerado. Sua revisão de desempenho anual chegaria em poucos meses e ele decidiu se preparar. Assim, navegou pela Internet em busca de informações atualizadas sobre salários – e isso lhe custou algum dinheiro. Com isso, ele descobriu que, se a pesquisa o ajudasse a conseguir um aumento salarial, o gasto de tempo e dinheiro valeria a pena; se não, ele pelo menos ficaria mais bem informado sobre o valor de seus talentos para o setor da economia em que trabalhava. De posse de todo esse volume de informações na divulgação de sua revisão de desempenho, Tom forneceu documentação ao seu supervisor direto e solicitou uma oportunidade para revisá-la toda com ele. A documentação revelou que havia uma diferença substancial entre o que seu setor pagava na região e o que Tom recebia como remuneração. Qual foi o resultado? Britton conseguiu seu aumento. Por precaução, o supervisor de Tom também havia feito sua própria pesquisa, mas os dados fornecidos por Tom, objetivos e claros, realmente ajudaram seu supervisor a justificar um aumento de salário para a administração superior da empresa (*Christian Science Monitor*, 29 jul. 2002).

Como ilustra o exemplo de abertura deste capítulo, a preparação é a chave de uma negociação bem-sucedida. O trabalho que você desenvolve antes da negociação traz uma recompensa substancial quando você finalmente se vê sentado na mesa de negociações. A regra de 80-20 é aplicável à negociação: cerca de 80 por cento de seus esforços devem ser canalizados para a preparação, enquanto 20 por cento representam seu verdadeiro trabalho de negociação. A maioria das pessoas percebe claramente que a fase de preparação é importante, mas ainda assim não se prepara eficazmente. A falha na preparação não se deve à falta de motivação; pelo contrário, ela tem suas raízes nas percepções equivocadas dos negociadores sobre o processo de negociação.

Observamos no Capítulo 1 que a maioria dos negociadores vê a negociação como um empreendimento de *montante de tamanho fixo*. A maioria dos negociadores (cerca de 80 por cento deles) trabalha com essa percepção (Thompson & Hastie, 1990). Negociadores que possuem essa percepção geralmente adotam uma das três seguintes posturas quando se preparam para uma negociação:

1. Resignam-se a capitular para o outro lado envolvido (também conhecida como *barganha benevolente*).

2. Preparam-se para um ataque (também conhecida como *barganha inflexível*).

3. *Fazem concessões* numa tentativa de atingir um meio-termo entre desejos opostos (normalmente considerada uma negociação ganha-ganha, mas que de fato não o é).

Dependendo do que a outra parte envolvida decide fazer, as percepções de montante de tamanho fixo podem levar a uma guerra de vontades (por exemplo, quando ambas as partes estão em clima de ataque), a uma conciliação (se ambas as partes forem benevolentes), ou a uma combinação de ataque e capitulação. O pressuposto comum a essas três abordagens é de que concessões são necessárias, por uma ou ambas as partes, para se obter um acordo. A percepção de montante de tamanho fixo é quase sempre errada; assim, escolher entre capitulação, ataque e concessão não é uma abordagem eficaz para a negociação.

Um modelo mais preciso para a negociação é o do empreendimento como tomada de decisão de motivação mista. Sendo um empreendimento desse tipo, ela envolve tanto cooperação quanto competição. Neste capítulo revisaremos os fundamentos de uma preparação eficaz, seja ela para negociar com um vizinho, um executivo corporativo ou alguém de outra cultura. Acreditamos que uma preparação excelente engloba três capacidades de cunho geral:

1. Auto-avaliação
2. Avaliação da outra parte envolvida
3. Avaliação da situação

A seguir, revisaremos sistematicamente cada uma dessas capacidades e as habilidades que requerem. Para cada uma delas, definimos questões que um negociador deve se perguntar quando se preparar para a negociação.

AUTO-AVALIAÇÃO

As perguntas mais importantes que o negociador deve se fazer no início de uma negociação são: 'O que quero conseguir?' e 'Quais são minhas alternativas?'. Sem dúvida alguma, a primeira pergunta é a mais intuitiva e mais fácil de se responder. Mesmo assim, muitos não pensam cuidadosamente sobre o que desejam para si antes de negociar. A segunda pergunta define o poder de um negociador em uma determinada negociação e sua influência em seu resultado final. Discutiremos essas perguntas em mais profundidade a seguir.

O que eu quero conseguir?

Em qualquer cenário de negociação, um negociador precisa determinar o que constitui uma situação ideal. Essa descrição específica é conhecida como *alvo* ou *aspiração* (algumas vezes também chamada de *ponto-alvo* ou *ponto de aspiração*). Identificar um alvo ou aspiração pode soar muito óbvio, mas três problemas principais surgem quando se tem que fazer isso:

1. O primeiro problema refere-se ao caso do *negociador com baixas aspirações*, que define alvos ou aspirações muito baixas ou fáceis de obter. Esse tipo de negociador abre a negociação solicitando algo que é imediatamente concedido, resultando em um estado lamentável de coisas conhecido como a maldição do vencedor (Akerlof, 1970; Neale & Bazerman, 1991). A maldição do vencedor ocorre quando um negociador faz uma oferta que é imediatamente aceita pela outra parte envolvida. Consideremos o que aconteceu com Joseph Bachelder, que representava um executivo da área de supermercados em negociações essenciais. Bachelder exigiu que seu cliente — o supermercado — obtivesse uma participação de 4,9 por cento no negócio. As palavras mal tinham saído de sua boca quando o acionista controlador da empresa concordou entusiasmado. Bachelder depois comentou: "Eu quase morri. Naquele momento eu soube de imediato que tinha feito uma proposta tímida. Poderíamos ter ganho muito mais se eu tivesse pedido" (*The Wall Street Journal*, 25 jun. 2003). A aceitação imediata de uma oferta por parte de um oponente sinaliza que o negociador não pediu o suficiente. Um outro exemplo ilustrativo é o de um sargento do Exército que retornava de uma missão na Guerra do Golfo. Tendo ficado noivo recentemente, ele queria trazer na volta um belo colar de ouro para sua noiva. Ao entrar em uma joalheria na Arábia Saudita, ele conhecia a cultura local o suficiente para não oferecer o preço total da jóia, então decidiu oferecer metade do preço marcado na etiqueta. Naquele momento, o lojista ofereceu incluir também, pelo mesmo preço, brincos e uma pulseira que faziam conjunto com o colar! O principal erro do sargento foi fazer uma oferta muito generosa, devido ao fato de não ter se preparado adequadamente para negociar o preço.

2. O segundo problema é o do negociador *posicional ou de aspirações muito altas*. Esse tipo de negociador é muito 'rígido', define um alvo muito difícil e se recusa a fazer qualquer tipo de concessão. Observemos o caso de Will Vinton, que recebeu de Phil Knight nada menos que três ofertas para se desligar da Nike. Uma delas totalizava dois anos de salário como compensação pelo desligamento e 180 mil dólares pelas ações da empresa que ele detinha. Vinton rejeitou todas as ofertas e acabou ficando com somente 50 mil dólares no bolso (*The Oregonian*, 25 maio 2003).

3. O terceiro problema é o do negociador que acha que 'a grama do vizinho é mais verde'. Esses negociadores não sabem o que realmente querem — somente que querem o que a outra parte não lhes deseja dar e não o que a outra parte está disposta a oferecer. Esse tipo de comportamento na negociação é também conhecido como desvalorização reativa (Ross & Stillinger; 1991; Curhan, Neale, Ross & Rosencranz-Engelmann, 2004). Por exemplo, em uma pesquisa de opinião sobre possíveis reduções de armamentos por parte dos Estados Unidos e da União Soviética, pediu-se aos respondentes para avaliar os termos de um acordo de desarmamento nuclear, uma proposta supostamente preparada pelos Estados Unidos, pela União Soviética ou por uma terceira parte (Ross & Stillinger, 1991). Em todos os casos a proposta era absolutamente idêntica; no entanto, as reações a ela dependeram de quem supostamente a iniciou. Os termos eram vistos como desfavoráveis para os Estados Unidos quando a proposta era feita pelos soviéticos, embora os mesmos termos parecessem moderadamente favoráveis quando atribuídos a uma terceira parte e bastante favoráveis quando sua autoria era atribuída aos Estados Unidos (ver também Oskamp, 1965).

Qual é minha alternativa para obter um acordo nesta situação?

Um negociador precisa determinar sua melhor alternativa para um acordo negociado. Esse passo é tão importante que para ele foi criado um acrônimo: **MASA** — **M**elhor **A**lternativa **S**em **A**cordo (do inglês, *Best Alternative to a Negotiated Agreement* — BATNA)[1] (Fisher & Ury, 1981). Uma MASA determina o ponto no qual um negociador está preparado para abandonar a mesa de negociação. Na prática, isso significa que ele deve estar disposto a aceitar qualquer conjunto de termos que seja superior à sua MASA e rejeitar resultados que sejam piores do que ela. Por mais surpreendente que isso possa parecer, os negociadores freqüentemente deixam de tomar essas duas decisões.

MASAs e a realidade

Apesar de seu apelo simples, o conceito de MASA é algo difícil de transmitir para a maioria dos gerentes-negociadores. Quando se pede a eles para que falem sobre suas MASAs, normalmente ouvimos longos discursos sobre o que eles acham que merecem receber. Uma MASA não é algo que o negociador deseje; ela é determinada pela realidade objetiva. Em suma, se o mundo não reconhece o seu valor, então você não consegue uma MASA proveitosa. Um problema que comumente vemos em nossos treinamentos de alunos de MBA e executivos é que os negociadores relutam em reconhecer suas MASAs reais e se tornam prisioneiros de seus desejos e de um otimismo não-realista.

Sua MASA não é um conceito passivo

Sua MASA — uma vez que seja adequadamente identificada — não se trata de um conceito passivo. Pelo contrário, ela é *dinâmica*, o que significa dizer que em qualquer momento ela melhora ou se deteriora. Assim, não sugerimos que os negociadores simplesmente identifiquem sua MASA. Uma vez identificada, eles devem procurar melhorá-la constante e consistentemente. Uma estratégia para melhorar a MASA é seguir a regra de 'se apaixonar' de Bazerman e Neale (1992), que se aplica à maior parte das situações de negociação. De acordo com esta regra, negociadores não devem se apaixonar por uma única casa, um trabalho ou um conjunto de circunstâncias, mas tentar identificar duas ou mais opções de seu interesse. A Del Monte manteve suas opções estrategicamente abertas em 2002 quando seu conselho diretivo recebeu uma oferta de venda da empresa em uma transação à vista. Ao mesmo tempo, o presidente da H. J. Heinz, William R. Johnson, ofereceu dar à Del Monte alguns poucos negócios que dobrariam seu tamanho. Por dois meses, a Del Monte manteve negociações abertas com duas partes concorrentes que ofereciam resultados completamente diferentes. Eles assim procederam para alavancar sua posição de barganha. O conselho diretivo da Del Monte orientou sabiamente seu presidente, Richard G. Wolford, a manter abertas suas opções, o que acabou resultando em um acordo melhor para a empresa (*Pittsburgh Post-Gazette*, 29 ago. 2002). Ao seguir essa estratégia, o negociador tem à sua pronta disposição um conjunto de alternativas que representam opções viáveis caso a alternativa atual atinja um preço muito alto ou seja eliminada. A regra de 'se apaixonar' é difícil de ser seguida porque a maioria das pessoas foca sua visão em um determinado trabalho, casa ou conjunto de termos e exclui todos os demais. Muitos negociadores relutam em reconhecer suas MASAs e as confundem com seu ponto-alvo ou de aspiração. Um outro problema de não se conseguir identificar de maneira adequada a própria MASA é que ela pode ser influenciada e manipulada pela outra parte envolvida durante o curso da negociação.

---

1. A MASA representa o curso de ação, fora da mesa, que será perseguido caso a negociação presente chegue a um impasse — ou, dito de outra maneira, o que o negociador deverá fazer se a negociação presente der errado. Não é um número (posto que é um curso de ação), mas é quantificável. (N. da RT)

Não deixe a outra parte envolvida manipular sua MASA

Acabamos de argumentar que você deve tentar melhorar constantemente sua MASA com base em informações objetivas. Entretanto, é importante perceber que a fonte de informações objetivas quase nunca emana da outra parte envolvida na negociação. Falando simplesmente: a outra parte está sempre propensa a minimizar a qualidade da sua MASA e, desse modo, é motivada a fornecer informações negativas relativas a ela. Se você não estiver adequadamente preparado, pode acabar influenciado por esses apelos persuasivos. No entanto, reforçamos nossa posição de que sua MASA *não* deve mudar como resultado das técnicas de persuasão da outra parte. Sua MASA deve mudar somente em razão de fatos reais e evidências. Muitos negociadores experientes tentam manipular a percepção que a outra parte tem da sua própria MASA. Os negociadores têm maior probabilidade de virar presas dessa armadilha quando não estão adequadamente preparados para a negociação e 'tiram da cartola' uma MASA que não está baseada em informações objetivas.

Em uma negociação, a pessoa que tem mais a ganhar mudando nossas opiniões deve ser a *menos* persuasiva de todas. Assim, é importante desenvolver uma MASA antes de negociar e se ater a ela durante todo o curso da negociação. É bastante útil escrever sua MASA em uma folha de papel e colocá-la em seu bolso antes de negociar. Se você se sentir tentado a concordar com algo que é inferior a ela, essa pode ser a hora certa para tirar o papel do bolso, pedir um intervalo e reavaliar seus objetivos.

Determine seu ponto de reserva

Tendo identificado sua MASA, o negociador está em uma posição excelente para determinar seu ponto de reserva. O *ponto de reserva* não é determinado pelo que o negociador deseja e espera conseguir, mas sim pelo que sua MASA representa. Consideremos o exemplo de uma aluna de MBA negociando os termos de seu emprego. Imaginemos que ela recebe uma oferta de trabalho da empresa A, no valor de 90 mil dólares anuais com algumas opções de ações, despesas de mudança e um bônus de contratação. A aluna está interessada em receber uma oferta da empresa B. Desse modo, a empresa A é a MASA dela. A pergunta que a aluna deve fazer é: O que a empresa B precisa me oferecer para que eu sinta que essa oferta é idêntica àquela feita pela empresa A? A resposta a essa pergunta representa o ponto de reserva dela, que inclui todas as coisas relevantes à oferta de trabalho: não somente o salário, opções de ações, despesas de mudança e bônus de contratação, mas também qualidade de vida e o que sente pela cidade para a qual deverá se mudar. Um ponto de reserva, então, representa uma *quantificação* da MASA de um negociador.

Muitos negociadores não avaliam corretamente seu ponto de reserva quando se preparam para a negociação. Esse fracasso constitui um erro estratégico sério porque o ponto de reserva do negociador tem a maior influência direta sobre seu resultado final. Em particular, quando três informações — preço de mercado, preço de reserva e aspiração — são disponibilizadas para os negociadores, somente o preço de reserva orienta os resultados finais (Blount-White et al., 1994).

Deixar de avaliar pontos de reserva pode levar a duas conseqüências infelizes. Em algumas situações, o negociador pode concordar com um resultado que seja pior do que sua MASA. Em nosso exemplo, a aluna concorda com um conjunto de condições de emprego na empresa B que é na verdade pior para ela do que aquilo que a empresa A está oferecendo. Um segundo problema advém do fato de que os negociadores podem muitas vezes rejeitar uma oferta que seja melhor do que suas MASAs. Por exemplo, a aluna de MBA pode rejeitar um pacote da empresa B que seja na verdade mais atraente que a oferta feita pela empresa A. Apesar de este exemplo poder parecer completamente absurdo e ridículo, o número de pessoas que concordam com algo pior que sua MASA e rejeitam uma oferta melhor é bastante alto. Para se evitar esses dois erros, sugerimos que o negociador siga os passos descritos no Quadro 2.1.

> **QUADRO 2.1** DESENVOLVENDO UM PONTO DE RESERVA

Passo 1: Faça um *brainstorming* de suas alternativas. Imagine que você queira vender sua casa. Você já determinou seu ponto-alvo — neste caso, 275 mil dólares. Essa é a parte fácil. A verdadeira questão é: qual a menor oferta que você aceitaria por sua casa? Esse passo inclui pensar sobre o que fazer caso você não consiga uma oferta de 275 mil dólares por sua casa. Talvez você possa reduzir o preço de listagem em 10 mil dólares (ou mais); talvez você possa permanecer na casa, ou possa considerar a opção de alugá-la. Você deve considerar o maior número possível de alternativas. A única condição é que as alternativas sejam viáveis — ou seja, realistas. Esse requisito exige que você faça alguma pesquisa.

Passo 2: Avalie cada alternativa. Neste passo, você deve ordenar todas as alternativas identificadas no Passo 1 por sua relativa atratividade, ou valor, para você. Se uma alternativa levar a um resultado incerto, como a redução do preço de listagem, você deve determinar a probabilidade de um comprador fazer uma oferta para aquele preço de venda. Por exemplo, suponha que você reduza o preço da casa para 265 mil dólares. Você avalia a probabilidade de um comprador fazer uma oferta de 265 mil dólares por sua casa como algo em torno de 70 por cento, com base no preço de vendas recentes de casas em sua vizinhança. Seu preço de reserva é baseado em pesquisa, não em seu desejo pessoal. A alternativa melhor e mais valiosa deve ser escolhida para representar sua MASA.

Passo 3: Tente melhorar sua MASA. Sua posição de barganha pode ser fortalecida substancialmente até o ponto em que você tenha uma MASA atraente e viável. Infelizmente, este é o passo que muitos negociadores deixam de desenvolver eficazmente. Para melhorar sua MASA neste caso, você deve contatar uma firma de aluguel de imóveis e desenvolver suas opções para o aluguel da casa, ou pode também fazer algumas melhorias que tenham um alto retorno sobre o investimento (por exemplo, uma nova pintura). É claro que sua MASA mais atrativa é ter uma oferta certa pela casa.

Passo 4: Determine seu preço de reserva. Uma vez que você tenha identificado a sua MASA mais atraente, é hora de identificar o seu preço de reserva — a menor quantia em dinheiro que você aceitaria por sua casa no momento presente. Uma vez mais, *não* é eficaz tirar esse número da cartola. Ele *deve* ser baseado em fatos substanciais.

Por exemplo, você avalia que a probabilidade de conseguir uma oferta de 265 mil dólares (ou mais) por sua casa seja de 60 por cento. Suponha que você avalie que a probabilidade de conseguir uma oferta de 250 mil dólares ou mais seja de 95 por cento. Você acha que existe uma chance de 5 por cento de não receber uma oferta de 250 mil dólares e por isso vai alugar a casa. Você pode utilizar essas informações para avaliar as expectativas reais de venda da casa:

Reduzir o preço de sua casa para 265 mil dólares
$P_{venda} = 60\%$

Reduzir o preço de sua casa para 250 mil dólares
$P_{venda} = 35\%$

Alugar a casa
$P_{aluguel} = 5\%$

Cont.

Continuação

As probabilidades representam as chances de sua casa ser vendida a um determinado preço ou alugada. Assim, você pode pensar que se o preço de listagem da casa for reduzido para 265 mil dólares, existe 60 por cento de probabilidade de você receber uma oferta daquela quantia nas próximas seis semanas. Se você reduzir ainda mais o preço de sua casa para 250 mil dólares, você terá 95 por cento de certeza de conseguir essa oferta. (Observe que escrevemos essa probabilidade como 35 por cento porque ela inclui os 60 por cento da probabilidade de se receber uma oferta de 265 mil dólares.) Finalmente, você acha que existe uma chance de 5 por cento de não receber uma oferta de 250 mil dólares ou mais nas próximas seis semanas e que, por causa disso, você pode alugar a casa — uma quantia que você avalie em somente 100 mil dólares no momento atual.

Observe que, em nossos cálculos, as probabilidades somam exatamente 100 por cento, significando que consideramos todos os eventos passíveis de ocorrer. Nenhuma alternativa é desconsiderada. O valor global de cada uma dessas alternativas 'arriscadas' é avaliado, multiplicando-se o valor de cada opção por sua probabilidade de ocorrência:

Valor do preço reduzido para 265 mil dólares
265.000 × 0,6 = 159.000

Valor do preço reduzido para 250 mil dólares
250.000 × 0,35 = 87.500

Valor de se alugar a casa
100.000 × 0,05 = 5.000

Como passo final, somamos todos os valores das alternativas para chegar a uma avaliação global:
= (265.000 × 0,6) + (250.000 × 0,35) + (100.000 × 0,05)
= 159.000 + 87.500 + 5.000 = 251.500

Esse valor é seu preço de reserva. Isso significa que você não deve fazer qualquer acordo de venda por menos de 251.500 dólares nas próximas seis semanas.[2] Isso também significa que, se um comprador fizer uma oferta de 251 mil dólares neste momento, você deve considerá-la seriamente, visto que ela está muito próxima de seu preço de reserva. Obviamente, você quer ganhar muito mais que os 251.500 dólares, mas deve estar preparado para chegar até esse limite mínimo neste momento.

As ofertas que você receber nas próximas seis semanas podem mudar seu ponto de reserva. Suponha que um comprador ofereça pagar 260 mil dólares por sua casa na próxima semana. Este passaria a ser seu novo ponto de reserva em relação ao qual todas as ofertas subseqüentes seriam avaliadas.

Esteja consciente dos pontos focais

Os negociadores que cometem o erro de não desenvolver um ponto de reserva antes de começar a negociar normalmente concentram-se em um valor arbitrário que *se faz passar* pelo ponto de reserva. Tais pontos arbitrários são conhecidos como *pontos focais*. Eles podem ser números, dígitos ou valores que saltam aos olhos e parecem válidos, mas não têm qualquer base factual — uma oferta de trabalho feita a seu colega de apartamento, por exemplo. Um bom exemplo da arbitrariedade dos pontos focais é fornecido por uma investigação na qual se pediu às pessoas que fornecessem os quatro últimos dígi-

---

2. Após seis semanas, você pode reduzir o preço de sua casa para 250 mil dólares.

tos do seu número de seguro social (Lovallo & Kahneman, 2003). Perguntou-se então a elas se o número de médicos em Manhattan era superior ou inferior ao formado por esses quatro últimos dígitos. Finalmente, pediu-se a elas para estimar quantos médicos existiam em Manhattan. Apesar de ser óbvio para todas que os dígitos do número do serviço social são escolhidos de forma aleatória e, por conseguinte, não é possível relacioná-lo com o número de médicos em Manhattan, uma forte correlação surgiu na pesquisa entre os dígitos e as estimativas das pessoas. Parece absurdo basear qualquer julgamento em dígitos numéricos aleatórios, mas as pessoas fizeram justamente isso.

Cuidado com os 'custos perdidos'

Custos perdidos são exatamente aquilo que parecem — dinheiro que você investiu e que é perdido para sempre, para todos os propósitos práticos possíveis. A teoria econômica diz que somente custos e benefícios futuros devem afetar decisões, mas as pessoas têm grande dificuldade em esquecer o passado e normalmente tentam reaver os custos irrecuperáveis. Esse modelo mental pode causar problemas. Um custo perdido é o preço de compra que os vendedores pagaram por sua casa. Dito simplesmente, em algum lugar do passado uma pessoa adquiriu sua casa por um determinado preço. Esse preço, pelos padrões econômicos, é um custo irrecuperável e deve, para todos os efeitos práticos, ser irrelevante na negociação que o vendedor tem com um potencial comprador hoje. Entretanto, a maioria das pessoas é afetada pelo passado. Para examinar este fenômeno, Diekmann e colegas conduziram uma simulação de vendedores e compradores em negociações do setor imobi-liário. Em todos os casos, a folha dos Serviços de Listagens Múltiplas — MLS (do inglês, *Multiple Listing Service*) que descrevia a casa era a mesma, assim como o mercado imobiliário atual. No entanto, informações diferentes sobre o preço de compra anterior da casa eram fornecidas para cada negociador. Compradores ofereciam quantias significativamente mais altas por um apartamento com maiores custos perdidos, indicando que os custos irrecuperáveis do vendedor influenciavam o comportamento do comprador. Além disso, as quantificações das MASAs dos vendedores eram significativamente menores quando eles tinham baixos custos perdidos e o oposto ocorria quando esses custos eram altos. Os acordos finais eram bem menores em situações de baixos custos irrecuperáveis (ao contrário de quando eram altos). Ao se preparar para negociações, os negociadores precisam estar cientes de que os custos perdidos não só influenciam seus próprios comportamentos, mas também os de seus oponentes.

Não confunda seu ponto-alvo com seu ponto de reserva

Negociadores muitas vezes cometem o erro de usar seu ponto-alvo como ponto de reserva. Dessa maneira, eles têm um senso claro do que gostariam de conquistar, mas não pensam sobre quais os termos mínimos aceitáveis com os quais podem conviver. Essa estratégia pobre de negociação pode resultar em uma de duas falhas fatais. O negociador que não tem um ponto de reserva bem formado corre o risco de concordar com um acordo que é pior do que o que ele poderia conseguir se seguisse um curso diferente de ação. Em outros casos, o negociador pode abandonar a negociação, deixando de conseguir acordos potencialmente lucrativos. Por exemplo, muitas pessoas que põem sua casa à venda rejeitam ofertas iniciais superiores a seus pontos de reserva apenas para ser forçadas a aceitar uma oferta de menor valor algum tempo depois. Por exemplo, consideremos as negociações envolvendo a definição do nome do estádio New Orleans Superdome (*Times-Picayune*, 1º jun. 2003). O Estado da Louisiana recebeu duas ofertas após colocar no mercado a disputa pela definição do nome daquele estádio em setembro de 2001. O Estado rejeitou a primeira oferta e, desde então, o mercado se retraiu.

Identifique todas as questões envolvidas na negociação

Muitos negociadores cometem o erro de identificar somente uma questão para incluir na negociação. Normalmente, essa questão é o dinheiro (por exemplo, preço de venda ou salário etc.). É um grave erro concentrar-se em uma única questão numa negociação, pois, na realidade, mais pontos estão em jogo na maior parte das situações de negociação. O problema é que eles permanecem 'escondidos', a não ser que os negociadores tenham o trabalho de desdobrá-los. Ao identificar outras questões, os negociadores podem agregar valor à negociação. Por exemplo, na compra de um carro, os termos do pagamento, a entrada, o contrato de empréstimo ou a garantia podem todos ser questões negociáveis. Deve-se gastar algum tempo para fazer um *brainstorming* sobre como uma negociação baseada em uma única questão pode ser pulverizada em múltiplas questões (Lax & Sebenius, 1986). Desdobrar negociações em múltiplas questões não é algo intuitivo porque as pessoas têm tendência a simplificar situações para algo que gira em torno de uma única questão ou problema. No entanto, os negociadores deveriam tentar transformar negociações de uma única questão em algo mais complexo, por meio da adição de outros pontos.

Identifique alternativas para cada questão

Uma vez identificadas as questões a ser negociadas, é uma boa idéia identificar também vários cursos de ação alternativos para abordar cada uma das questões. Por exemplo, ao se negociar a compra de um novo carro, as formas de pagamento podem ser definidas em termos de percentagem do valor total dada como entrada ou em relação a taxas de juros para um empréstimo do valor total, ou uma combinação dos dois; um contrato de empréstimo pode envolver o total de meses ou anos que está disponível para a opção de compra. Ao se identificar as questões e alternativas, os negociadores criam uma matriz na qual as questões identificadas na negociação são posicionadas ao longo de colunas e as alternativas estão localizadas nas linhas da matriz.

Identifique pacotes equivalentes de ofertas

Uma vez que o negociador tenha identificado as questões relevantes para a negociação e suas respectivas alternativas, o próximo passo na preparação é determinar uma variedade de diferentes combinações de pontos que, juntos, levarão à conquista do ponto-alvo ou aspiração. Por exemplo, uma aluna de MBA em uma entrevista de emprego pode identificar o salário inicial, o bônus de contratação e os dias de férias como questões importantes e identificar várias alternativas para cada uma delas. A aluna pode então tomar a iniciativa de identificar pacotes altamente atraentes que possam ser por ela apresentados como propostas iniciais em uma negociação. Por exemplo, um salário inicial de 90 mil dólares anuais, três semanas de férias por ano e um bônus de contratação de 10 mil dólares pode ser psicologicamente equivalente a um salário inicial de 100 mil dólares, 10 dias de férias por ano e um bônus de contratação de 12 mil dólares. Negociadores tentam identificar o maior número possível de pacotes de ofertas constituídos de várias questões para apresentar à outra parte. Essa abordagem cria mais liberdade em uma negociação. *O aspecto mais importante em se identificar pacotes de ofertas é o de que todos devem ter valor ou atratividade equivalente para o indivíduo.* Essa tarefa requer que os negociadores se perguntem algumas coisas importantes sobre o que valorizam e sobre o que é atraente para eles. (A tarefa pode ser realizada de várias maneiras diferentes. Como primeiro passo sugere-se consultar o Apêndice 1,[*] que ajuda a preparar um negociador para identificar pacotes de valor equivalente testando-se a racionalidade do negociador.)

Desencorajamos os negociadores a começar definindo faixas (por exemplo, faixas de salário). Essa perspectiva limitada não é de modo algum equivalente a identificar pacotes de ofertas. Ao estabelecer uma faixa, o negociador abre mão de um importante espaço de barganha e aproxima-se muito de sua MASA. A isso denominamos *concessão prematura*. Ao declarar uma faixa (Estou interessado em um salário entre 90 mil e 100 mil dólares) um negociador já terá feito uma concessão (concordando implicitamente com um salário de 90 mil dólares). Idealmente, devem-se exaurir todos os pacotes possíveis de um dado valor antes de fazer uma concessão, o que se pode alcançar pela determinação de mais de um caminho para satisfazer os interesses e aspirações do negociador. Outro benefício resultante de identificar pacotes de ofertas é que o negociador não dá a seu oponente a impressão de que ele ou ela é um negociador posicional (um negociador posicional é uma pessoa

---

[*] Os apêndices estão disponíveis no site de apoio do livro (www.prenhall.com/thompson.br).

que determina um conjunto de condições desejadas em uma negociação, apresenta-as e se recusa a flexibilizar qualquer dimensão de qualquer questão; ver Fisher, Ury & Patton, 1991). Por identificar questões e alternativas múltiplas para cada questão, um negociador aumenta sua probabilidade de atingir seu alvo.

Avalie sua propensão ao risco

Negociações sempre envolvem riscos. A questão principal não é necessariamente como minimizar o risco nem como se encher de coragem, em termos psicológicos, para assumir riscos, como muitos livros orientados para o lado prático podem levá-lo a acreditar. Em vez disso, a chave é entender a natureza do risco e como ele afeta a tomada de decisões. Como exercício, suponha que você tenha uma escolha entre as duas opções abaixo:

Opção A: Receber um cheque de 5 mil dólares
Opção B: Participar de um jogo que oferece 50 por cento de chance de ganhar um cheque de 10 mil dólares e 50 por cento de chance de não ganhar nada

Quando submetidas a uma escolha entre um ganho certo e uma aposta que pode render um valor equivalente, a maioria das pessoas escolhe a opção A, a coisa certa. Observemos que o valor esperado de cada opção é de 5 mil dólares, o que significa que os negociadores deveriam ser indiferentes (ou neutros em termos de risco) em relação às duas. Entretanto, a forte preferência pela opção A sobre a alternativa B reflete um princípio fundamental do comportamento do negociador: a *aversão ao risco*.

Agora, imagine-se enfrentando a seguinte escolha nada invejável:

Opção C: Pagar 5 mil dólares por uma despesa não esperada
Opção D: Participar de um jogo que oferece uma chance de 5 por cento de não ganhar nada e 50 por cento de ganhar 10 mil dólares

A maioria das pessoas acha difícil escolher entre as opções C e D, pois essas escolhas são indesejáveis. No entanto, quando forçados a se decidir, a maioria dos negociadores escolhe a opção D, mesmo que o valor esperado de C e D seja exatamente o mesmo, ou seja, 5 mil dólares. A opção D representa a alternativa 'arriscada'. A escolha dominante de D sobre C reflete um princípio fundamental da psicologia humana:

A maioria das pessoas aceita assumir riscos quando enfrenta situações de perda. Em oposição a isso, quando se trata de ganhos, a maioria é avessa ao risco. Um *ponto de referência* define o que uma pessoa considera ser uma perda ou um ganho. Assim, em vez de ponderar um curso de ação por seu impacto sobre a riqueza total, as pessoas geralmente 'estruturam' e avaliam resultados como sendo 'ganhos' ou 'perdas' relativos a algum ponto de referência arbitrário (Kahneman & Tversky, 1979).

Portanto, quais são as implicações para a negociação? De acordo com Bottom (1998), os negociadores deveriam considerar o impacto diferencial de três fontes de risco em cada negociação. Cada tipo de risco pode afetar o comportamento de busca do risco e aversão a ele diferentemente. As três fontes de risco em uma negociação são: risco estratégico, risco associado à MASA e risco contratual.

Risco estratégico

O *risco estratégico* refere-se a quão arriscadas são as táticas usadas pelos negociadores na mesa de barganha. Como mencionado anteriormente, as pessoas freqüentemente têm que escolher entre táticas extremamente cooperativas (como o compartilhamento de informações e o *brainstorming*) e, no outro extremo, táticas competitivas (como ameaças e exigências). Consideremos o risco assumido por David Colburn, da AOL, por ocasião da negociação com a Microsoft para que o ícone da AOL fosse integrado à página inicial do Microsoft Windows — um espaço valioso no desktop dos computadores, pois dava à AOL acesso a milhões de consumidores desavisados da Microsoft que poderiam assinar o serviço on-line (*Washington Post*, 15 jun. 2003). Isto significaria que a AOL não teria que enviar disquetes e CDs grátis para as pessoas fazerem uma assinatura de seu serviço, pois o software necessário para isso já estava instalado em seus computadores. Durante a negociação, Colburn ameaçou utilizar o browser arquiinimigo da Microsoft — o Netscape — se a Microsoft não concordasse em colocar o ícone da AOL na página inicial do Windows. A Microsoft concordou. Consideremos também o risco bem calculado que Joseph Bachelder assumiu quando negociou a remuneração de CEO de Michael Valentino com uma grande empresa farmacêutica. Bachelder disse a Valentino que tinha certeza desde o primeiro momento que Valentino conseguiria tudo que desejava. Quando Valentino lhe perguntou o porquê, Bachelder disse que a empresa contratante tinha colocado, por engano, o seu próprio conselheiro-geral como encarregado das conversações. "Quando isso tiver acabado, você será o chefe daquele cara. E ele sabe disso. Ele não é louco de lutar ferrenhamente contra você" (*The Wall Street Journal*, 25 jun. 2003).

Kray, Paddock e Galinsky (2003) argumentam que negociadores que tivessem recentemente passado por uma sucessão de fracassos adotariam um '*frame*[3] de perda' e se sentiriam menos 'no controle' de uma negociação; por outro lado, os que tivessem passado por uma série de sucessos poderiam sentir um controle maior. Conseqüentemente, aqueles com um *frame* de perda relutariam em revelar informações que pudessem ser usadas para pressioná-los e, em vez disso, prefeririam gerenciar o risco postergando resultados.

Uma forma de avaliar a quantidade de risco que as pessoas estão dispostas a assumir é examinar como elas se comportam em face de um ultimato. Em uma situação típica desse gênero, um participante deve propor como dividir uma quantia fixa (por exemplo, 10 dólares) e o outro pode somente abrigar a oferta ou rejeitá-la, deixando ambas as pessoas sem nada. Pessoas encarregadas da divisão que propõem uma parte muito grande para si mesmas em comparação com a parte de seu oponente (uma estratégia arriscada) têm normalmente suas propostas rejeitadas pela outra parte, mesmo que a proposta seja melhor do que a MASA da outra parte (Pillutla & Murnighan, 1995).

Risco associado à MASA

Embora o negociador possa e deva estar bem certo de que pode contar com sua MASA no caso de a negociação atual não resultar em acordo, a maior parte das situações de negociação envolve um elemento de risco. Na prática real, a MASA de muitas pessoas é incerta, pois muitas alternativas potenciais chegam de forma seqüencial. Por exemplo, consideremos um aluno que tem sete entrevistas marcadas ao longo das próximas dez semanas, mas nenhuma oferta real de emprego. Nesse sentido, a MASA do aluno é uma estimativa sobre a provável atratividade de futuras alternativas. Bottom (1998) dá outro exemplo da MASA incerta de um vendedor de carros: "Um vendedor de carros que decide não fazer aquela última concessão necessária para fechar um negócio raramente perde o negócio, pois outro cliente na sala ao lado está esperando para comprar o mesmo carro a um preço mais alto. O vendedor deve ponderar a probabilidade de uma oferta mais atraente ser feita no futuro próximo. Rejeitar uma oferta envolve um risco de o carro permanecer no estacionamento da loja indefinidamente, custando dinheiro ao vendedor, sem receber nenhuma oferta melhor daí em diante" (p. 94).

Na maior parte das circunstâncias, podemos esperar que os negociadores que estejam em um '*frame* de ganho' sejam mais avessos ao risco (e, portanto, mais dispostos a fazer concessões) do que os que mantêm um '*frame* de perda' (que podem se recusar a abrir mão de coisas). Essa base de ganho-perda pode ser um problema potencial em uma negociação, pois os negociadores podem ser 'enquadrados'. Para entender como, consideremos o seguinte exemplo: negociadores que são instruídos a 'minimizar suas perdas' fazem menos concessões, chegam menos vezes a acordos e os percebem como menos justos quando comparados com aqueles negociadores preparados para 'maximizar seus ganhos' (Bazerman, Magliozzi & Neale, 1985; Neale & Northcraft, 1986; Neale, Huber &

---

3. *Frame*: 'enquadramento' ou 'forma de apresentar as informações'. (N. da RT)

Northcraft, 1987; para revisões, ver Neale & Bazerman, 1991). Em suma, os negociadores que foram avisados para 'minimizar suas perdas' adotam estratégias mais arriscadas de barganha (como a maioria das pessoas que escolheu a opção D sobre a C no exemplo anterior), preferindo se segurar para um acordo melhor, porém mais arriscado. Por outro lado, os que foram orientados para 'maximizar os ganhos' são mais propensos a aceitar a coisa certa (assim como a maioria das pessoas que escolheu a opção A sobre a B no exemplo anterior). Os negociadores que vêem um copo como 'meio cheio' são mais inclinados a chegar a um acordo, enquanto os que vêem o copo como 'meio vazio' tendem a fazer ameaças e a se manter alinhados com suas MASAs. Se um negociador possui um *frame* negativo e o outro tem um *frame* positivo, aquele com o *frame* negativo amealha uma parcela maior dos recursos (Bottom & Studt, 1993). Assim, um negociador precisa estar consciente do importante impacto psicológico que seu ponto de referência pode ter sobre seu próprio comportamento. Obviamente, as pessoas devem examinar cuidadosamente seus pontos de referência e estar atentos quando seus oponentes tentarem manipular esses pontos de referência.

A MASA de um negociador age como um importante ponto de referência a partir do qual outros resultados são avaliados. Resultados e alternativas que estão abaixo da MASA de uma pessoa são vistos como perdas, e resultados que excedem o ponto de reserva de um negociador ou sua MASA são vistos como ganhos. Quanto mais o negociador for avesso ao risco, maior a probabilidade de fazer concessões maiores (Neale & Bazerman, 1985). Assim, considerando MASAs de valor esperado igual, o negociador mais avesso a riscos é o que acaba em uma posição mais fraca de barganha (Crawford & Sobel, 1982). Fazer concessões é a melhor maneira de evitar assumir um risco.

Risco contratual

De acordo com Bottom (1998), *risco contratual* é o risco associado com o desejo da outra parte de honrar seus termos. Por exemplo, assinar um tratado de paz com seu adversário pode tanto levar a uma paz genuína como a uma desvantagem em termos militares, se o outro não honrar o acordo assinado. Durante a década de 1960, por exemplo, o governo dos Estados Unidos negociou uma venda de armas para o governo iraquiano. Naquela época, o acordo parecia trazer benefícios comuns aos dois países como uma defesa contra a agressão comunista. Entretanto, o mesmo acordo transformou-se em uma ameaça aos Estados Unidos quando o Iraque nacionalizou seus campos de petróleo e anunciou um tratado de amizade com a União Soviética. Mais ainda, mesmo com o compromisso total de ambas as partes, o valor de um contrato é influenciado pelas circunstâncias que fogem do controle das partes envolvidas — algo conhecido como perigos exógenos (Bottom, 1998).

Outro exemplo do risco contratual vem do mundo dos negócios. A Mitsubishi Estate Company deu um exemplo eloqüente de risco de estimativas erradas em uma negociação (Bottom, 1996). Em outubro de 1989, a empresa concordou em pagar ao fundo da família Rockefeller 846 milhões de dólares por ter interesses no controle do Rockefeller Group, Inc., que era dono do Rockefeller Center. Desafortunadamente a Mitsubishi, com muitas outras empresas e pessoas, não previu a quebra do mercado imobiliário de Nova York, que baixou em muito o valor de aquisição. Em maio de 1995, a Mitsubishi Estate Company foi forçada a buscar proteção contra falência basicamente para tentar diluir os 600 milhões de dólares em perdas incorridas no investimento (*The Wall Street Journal*, 12 maio 1995; 9 jun. 1995). Claramente, os negociadores da Mitsubishi esperavam um retorno muito melhor quando assinaram o acordo original para adquirir o controle da propriedade.

Como tal risco contratual afeta o comportamento do negociador? Sob risco contratual, negociadores com *frames* negativos (busca de risco) têm maiores chances de conseguir acordos integrativos do que aqueles com *frames* positivos (aversão ao risco). Por quê? O único caminho capaz de levar a altas aspirações envolve algum risco criativo. Assim, se resultados integrativos de uma negociação envolverem 'coisas certas', enquadramentos positivos são mais eficazes; entretanto, se resultados integrativos requererem que os negociadores 'joguem o dado', então enquadramentos negativos serão mais eficazes. Em uma série de estudos envolvendo riscos contratuais, Bottom (1998) relata que os negociadores com um '*frame* de perda' são mais cooperativos e têm maior probabilidade de chegar a um acordo do que aqueles com um '*frame* de ganho'. Além disso, negociadores com '*frame* de perda' criam mais acordos integrativos.

Efeitos de propriedade

De acordo com os princípios básicos da racionalidade, o valor ou a utilidade que associamos a um objeto ou resultado não deveria ser influenciado por fatores irrelevantes, tais como quem é o proprietário do objeto. Trocando em miúdos, o valor do objeto deve ser o mesmo, quer sejamos vendedores ou compradores dele. (Observação: compradores e vendedores podem querer adotar diferentes *posições de barganha* para o objeto, mas suas *avaliações privadas* não devem diferir em virtude de quem possui o objeto.) Entretanto, *os pontos de referência* dos negociadores podem levar compradores e vendedores a ter diferentes avaliações para os objetos. Quem possui um objeto *tem um ponto de referência que reflete sua propriedade atual*. Quando alguém que possui um objeto considera a alternativa de vendê-lo, ele ou ela vê a situação como uma perda. A diferença entre o que os vendedores demandam e o que os compradores estão dispostos a pagar é uma manifestação da aversão à perda, combinada com uma rápida adaptação do ponto de referência. Assim, devemos esperar que os vendedores demandem mais por seus objetos do que aquilo que os compradores querem pagar por eles.

Um exemplo vem de uma turma de alunos de MBA que foram 'contemplados com a propriedade' de canecas de café que valiam 6 dólares, conforme cobrado na livraria da faculdade (Kahneman, Knetsch & Thaler, 1990). Os alunos que não receberam a caneca foram avisados de que teriam a oportunidade de comprar a caneca de um aluno que a possuísse se o proprietário da caneca não a valorizasse. O desejo de pagar por parte dos compradores e o desejo de vender a caneca por parte dos vendedores sofreram a inferência de uma série de escolhas (por exemplo, 'receber 9,75 dólares' × 'receber a caneca', 'receber 9,50 dólares × uma caneca' etc.). A racionalidade básica poderia prever que metade dos compradores avaliaria a caneca em um nível mais alto que os vendedores e, portanto, a transação aconteceria. Igualmente, cerca de metade dos vendedores avaliaria a caneca em um nível maior do que os compradores e, nesse caso, a transação não seria bem-sucedida. O efeito do ponto de referência, no entanto, prevê que, por causa do comportamento de aversão a perdas engendrado pela situação de perda do vendedor, as transações ocorrerão em uma freqüência abaixo da esperada. Na verdade, apesar de 11 transações bem-sucedidas serem esperadas em média, somente quatro aconteceram. Os vendedores pediram acima de 8 dólares pela caneca, enquanto os compradores estavam dispostos a pagar somente o preço de listagem praticada pela livraria (Kahneman, Knetsch & Thaler, 1990).

Se os vendedores buscam arriscar em nome de seus pertences, como podem ocorrer tantas compras de cavalos, carros, mobília, empresas e terrenos diariamente? O efeito da propriedade opera somente quando o vendedor se considera proprietário do objeto a ser vendido. Se um vendedor espera vender bens para obter lucro e vê os bens como uma forma de moeda (por exemplo, se os alunos de MBA fossem presenteados com fichas de máquinas de comida em vez de canecas de café), esse efeito não se manifestaria.

Eu vou me arrepender desta decisão?

As pessoas avaliam a realidade comparando-a com alternativas que saltam aos olhos (Kahneman & Miller, 1986). Algumas vezes achamos que tomamos a decisão 'acertada' quando pensamos nas alternativas existentes. Outras vezes nos arrependemos. O que determina que tenhamos a sensação de que a decisão certa foi tomada (por exemplo, casar-se com a pessoa certa, assumir o trabalho certo) ou que sintamos arrependimento? Um componente importante para se determinar se a pessoa está arrependida é o pensamento antifactual (Gilovich & Medvec, 1994). *Pensamento hipotético*, ou pensamento sobre o que teria acontecido mas não aconteceu, pode caracterizar um ponto de referência para a avaliação psicológica de resultados reais. Em uma negociação, a aceitação imediata de uma primeira oferta por parte do oponente normalmente significa um resultado melhor para o negociador proponente; o resultado, porém, é claramente menos satisfatório (Galinsky, Seiden, Kim & Medvec, 2002). Um dos benefícios em se ter uma primeira oferta aceita é que isso pode afetar positivamente a preparação. Negociadores cuja primeira oferta é aceita por seu oponente têm maior probabilidade de se preparar melhor para negociações futuras. Isso também torna os negociadores mais relutantes em fazer a primeira oferta novamente (Galinsky, Seiden, Kim & Medvec, 2002).

Como exemplo, consideremos os sentimentos de lamentação experimentados por atletas em Jogos Olímpicos (Medvec, Madey & Gilovich, 1995). Embora os medalhistas de prata devessem se sentir mais felizes que os medalhistas de bronze, visto que seu desempenho foi objetivamente superior, o pensamento antifactual pode produzir sentimentos mais fortes de lamentação e desapontamento em medalhistas de prata que nos de bronze. Mais especificamente, o ponto de referência dos medalhistas de bronze é não conseguir nenhuma posição no pódio dos vencedores, de modo que ganhar uma medalha representa uma vantagem. Por outro lado, o medalhista de prata vê a si mesmo como alguém que acabou de perder a medalha de ouro. Com a medalha de ouro como referência, o medalhista de prata experimenta uma perda. Na verdade, *videotapes* das reações de medalhistas (sem áudio) revelam que os medalhistas de bronze parecem sempre mais felizes que os de prata (Medvec, Madey & Gilovich, 1995). Além disso, os medalhistas de prata relatam ter tido sentimentos de lamentação maiores do que os de bronze.

Violações do princípio da coisa certa

Imagine que você tenha que enfrentar uma decisão entre ir para a escola de pós-graduação X, na Costa Leste dos Estados Unidos, ou para a escola Y, na Costa do Pacífico. Você deve tomar essa decisão antes de descobrir se sua empresa *startup* vai receber financiamento de um capitalista de risco. No caso de você receber o dinheiro, a Costa Leste lhe oferece acesso a uma quantidade muito maior de potenciais clientes. Caso o dinheiro não seja disponibilizado, ao ir para a Costa Leste você estará mais próximo de sua família, que poderá ajudá-lo financeiramente. Tudo isto dá a clara impressão de que a escola X é sua principal escolha, independentemente do que for decidido pelo *venture capitalist* (capitalista de risco). Em outras palavras, você já escolheu a escola X, não importando se receberá o dinheiro ou não. Tomar uma decisão entre X e Y não deveria ser difícil — ou deveria?

Diante da incerteza da ocorrência de algum evento (como se você poderá ou não iniciar a sua empresa), as pessoas normalmente relutam em se decidir e até chegam ao ponto de gastar dinheiro para postergar decisões até que aquele evento incerto esteja resolvido. Isto é paradoxal porque, independentemente do que possa acontecer, as pessoas acabam escolhendo fazer a mesma coisa (Tversky & Shafir, 1992). Consideremos uma situação na qual uma aluna acabou de passar por um exame de qualificação difícil e cansativo (ver Shafir, 1994). A aluna tem a opção de comprar um maravilhoso pacote de cinco dias de férias no Havaí. Os resultados do exame não estarão disponíveis em menos de uma semana, mas a aluna deve decidir agora se compra ou não o pacote. Ela tem também a opção de pagar uma taxa não restituível para manter o direito de comprar o pacote pelo mesmo preço após os resultados do exame serem divulgados. Quando confrontados com essas três possíveis escolhas, a maioria dos respondentes (61 por cento) escolhe pagar a taxa não reembolsável para postergar a decisão. Duas outras versões desta situação são então apresentadas para grupos diferentes de participantes. Em uma delas, a aluna passa no teste e na outra é reprovada. Em ambas as situações, os respondentes têm uma clara preferência por sair de férias. Portanto, mesmo que decidamos sair de férias, independentemente dos resultados que obtenhamos no exame, ainda assim estamos dispostos a gastar dinheiro para adiar a tomada dessa decisão.

Esse comportamento viola um dos axiomas básicos da teoria da tomada racional de decisão sob incerteza: *o princípio da coisa certa* (Savage, 1954). De acordo com este princípio, se se prefere a alternativa X à Y na condição de que ocorra um evento A, e se X também é preferida em relação a Y caso não ocorra um evento A, então X deveria ser preferido em relação a Y, mesmo quando não sabemos se A ocorrerá ou não.

Por que as pessoas pagam uma taxa a um consultor ou intermediário para postergar a decisão quando tomariam a mesma decisão de qualquer maneira? Violações do princípio da coisa certa têm suas raízes nas *razões* que as pessoas têm para se decidir. No exemplo anterior, para cada evento possível elas têm razões diferentes para ir ao Havaí. Se passarem no exame, a viagem será uma celebração ou recompensa pessoal. Se forem reprovadas no exame, as férias serão uma oportunidade para se recuperarem. Quando o tomador de decisão não sabe se passou no teste, ele sente falta de uma razão clara para ir ao Havaí. Diante da incerteza, as pessoas relutam em pensar em todas as implicações de cada resultado e, em consequência disso, acabam por violar o princípio da coisa certa.

Possuo um nível de confiança adequado?

Consideremos uma situação na qual você esteja avaliando a probabilidade de uma determinada empresa ser bem-sucedida. Algumas pessoas podem pensar que a probabilidade é bastante boa; outras, que é baixa; outras, ainda, podem fazer avaliações intermediárias. Para o negociador, o que mais importa é preparar uma avaliação precisa. Quão precisas as pessoas são em seus julgamentos de probabilidade? Como prepararam suas avaliações, principalmente quando informações suficientes e objetivas não estão disponíveis?

Julgamentos de probabilidade para certos tipos de evento são muitas vezes mais otimistas do que seria justificável. O *efeito do excesso de confiança* refere-se a níveis injustificados de confiança que as pessoas têm acerca de suas capacidades e da ocorrência de eventos positivos, assim como em avaliações subestimadas da probabilidade de ocorrência de eventos negativos. Por exemplo, em negociações envolvendo uma terceira parte na resolução de uma disputa, os negociadores de cada lado acreditam que esta irá advogar a seu favor (Farber & Bazerman, 1986, 1989; Farber, 1981). Obviamente, não se pode chegar a uma decisão que favoreça ambos os lados. Da mesma forma, em uma arbitragem de oferta final em que cada parte submete seu lance final a uma terceira parte, que então decide entre as duas propostas, os negociadores constantemente superestimam a probabilidade de um árbitro neutro escolher a sua oferta (Neale & Bazerman, 1983; Bazerman & Neale, 1982). É claro que a probabilidade de uma oferta final ser aceita é somente de 50 por cento; não obstante, as estimativas de ambas as partes geralmente fazem contas que atingem um número maior que 100 por cento. A mensagem que queremos passar é: tenha cuidado com o efeito do excesso de confiança. Quando nos encontramos excessivamente confiantes em relação a um determinado resultado (seja ele que o oponente venha a concordar conosco ou que um gerente sênior nos apóie etc.), é importante examinarmos o porquê. Por outro lado, há indícios de que o excesso de confiança acerca do valor da MASA da outra parte pode ajudar o negociador. Mais especificamente, negociadores que têm o viés do otimismo (isto é, acham que seu oponente concederá mais do que realmente pode) apresentam uma vantagem diferencial ao barganharem (Bottom & Paese, 1999).

AVALIANDO A OUTRA PARTE ENVOLVIDA

Uma vez que o negociador tenha terminado o procedimento de preparação para avaliar o que quer em uma situação de negociação, é hora de se pensar sobre a outra parte envolvida (ou partes).

Quem são as outras partes?

É sempre importante identificar quem são os participantes de uma negociação. Uma parte é uma pessoa (ou grupo de pessoas com interesses comuns) que age de acordo com suas preferências. As partes são prontamente identificadas quando estão fisicamente presentes, mas, freqüentemente, as partes mais importantes não se encontram na mesa de negociação. Tais partes são conhecidas pelo nome de *mesa escondida* (Friedman, 1992). Quando mais partes estão envolvidas, a situação se transforma em uma negociação de equipe ou de múltiplas partes e, nesse caso, a dinâmica muda consideravelmente. Várias questões emergem sempre que mais partes entram na sala de barganha. Por exemplo, com a existência de mais de duas partes envolvidas em uma negociação, coalizões podem se desenvolver e equipes de negociadores podem se formar. Negociações em equipes e constituídas de múltiplas partes são tão importantes que dedicamos um capítulo inteiro do livro para esse assunto (Capítulo 9). Em certas ocasiões é bastante óbvio quem essas partes são e elas assumem um papel legítimo na mesa de negociação. Porém, em outras situações, as outras partes podem não ser tão óbvias e sua legitimidade na mesa de negociação pode ser questionável. O negociador deve investir algum tempo para se certificar cuidadosamente sobre quem são as partes envolvidas. Algumas vezes, o poder das partes mais importantes e influentes decorre, em parte, de sua ausência da mesa de negociação.

As partes são monolíticas?[4]

Ser monolítico refere-se ao fato de as partes do mesmo lado na mesa de negociação estarem ou não de acordo no tocante aos seus interesses. Apesar de fazer todo sentido as partes do mesmo lado de uma negociação representarem uma única voz, isto muitas vezes não acontece. Freqüentemente, as partes são compostas de pessoas que estão do mesmo lado, mas possuem valores, crenças e preferências diferentes. Por exemplo, como vice-presidentes da Toys 'R' Us, Michael Goldstein e Robert Nakasone apresentaram uma frente conjunta ao negociar grandes iniciativas. Eles tomaram muitas decisões importantes em conjunto. No entanto, seus estilos eram diferentes. Com o passar do tempo, seus interesses e estilos entraram em profundo conflito, levando Robert Nakasone a solicitar que Michael Goldstein deixasse de comparecer às reuniões de alta gerência da empresa, realizadas todas as segunda-feiras ao meio-dia. Pouco tempo depois, Michael Goldstein pediu a Robert Nakasone que pedisse demissão (*The Wall Street Journal*, 2 dez. 1999).

Mix de questões

Como observado anteriormente, um negociador consome tempo para fracionar uma negociação constituída de uma única questão em múltiplas questões. Entretanto, a outra parte envolvida pode possuir um conjunto completamente distinto de questões que tenham sido por ela identificadas. As duas partes estão, portanto, de certa maneira, falando de 'água e vinho' quando chegam à mesa de negociação.

Interesses e posição de outras partes

Um negociador deve fazer o máximo de pesquisa e 'dever de casa' para determinar os interesses das outras partes envolvidas em uma negociação. Por exemplo, das múltiplas questões identificadas, quais delas são as mais importantes para a outra parte? Que alternativas são as preferidas por ela?

As MASAs de outros negociadores

Provavelmente a informação mais importante que um negociador pode ter em mãos numa negociação é a MASA da outra parte envolvida. Infelizmente, a não ser que você esteja negociando com alguém extremamente ingênuo, é muito pouco provável que seus oponentes revelem sua MASA. Entretanto, um negociador pode e deve fazer uma boa pesquisa sobre a MASA de seu oponente. A maioria dos negociadores faz isso muito superficialmente e perde assim uma grande oportunidade. Por exemplo, a maioria das pessoas, ao comprar um carro, tem acesso a uma gama riquíssima de informações sobre os custos das concessionárias; no entanto, elas não acessam essa informação antes de começar a negociar com os vendedores. Essa falta de informação, é claro, limita sua capacidade em negociar eficazmente. Da mesma forma, muitas pessoas não utilizam adequadamente a experiência dos corretores imobiliários ao comprar uma residência. Eles podem fornecer informações valiosas sobre a natureza do mercado e sobre o histórico da casa que está à venda. Tudo isso pode ser proveitoso quando se tenta determinar a MASA de seu oponente. O ponto-alvo da outra parte ficará bem claro; porém, o negociador que determina somente o ponto-alvo de seu oponente sem identificar a MASA encontra-se numa posição extremamente desvantajosa na negociação, pois o ponto de aspiração de seu oponente pode funcionar como uma âncora no processo de negociação.

AVALIAÇÃO DA SITUAÇÃO

Além de avaliar a si mesmo e a outra parte envolvida, aconselha-se ao negociador avaliar a situação em que ocorre a própria negociação. Certas normas diferenciam radicalmente alguns tipos de negócio do que ocorre em outras áreas. Avalie o seguinte *antes* de negociar.[5]

---

4. Esta questão foi levantada por Raiffa em um livro que se tornou referência: *The Art and Science of Negotiation*.
5. Muitos dos pontos a seguir foram sugeridos por Raiffa, 1982. Acrescentamos alguns à sua lista.

A negociação é um processo de etapa única, de longo prazo ou repetitivo?[6]

Em uma negociação rápida de etapa única uma transação ocorre e nenhuma ramificação futura dela floresce para as partes envolvidas. A maior parte das negociações não se enquadra neste tipo, no qual as partes envolvidas só mantêm contato em uma determinada ocasião para conduzir negócios. Uma das poucas situações identificadas como uma verdadeira negociação desse tipo é a interação entre consumidores e atendentes de um restaurante de beira de estrada: provavelmente nenhuma das partes encontrará a outra novamente. (Conseqüentemente os economistas se surpreendem com o fato de os consumidores deixarem gorjetas, pois dar gorjeta é um mecanismo normalmente usado em relações de longo prazo.)

Mesmo que as partes envolvidas na negociação mudem com o passar do tempo, a fama dos negociadores os precede à mesa de negociação. Como a maioria das pessoas negocia em um contexto de redes sociais, a maior parte das negociações é de longo prazo por natureza porque informações sobre a reputação de um negociador são transmitidas através dessas redes sociais. Negociações repetitivas são situações nas quais se deve renegociar as condições de acordo em alguma base regular (por exemplo, sindicatos e seu corpo administrativo). Nas negociações repetitivas e de longo prazo as partes devem levar em consideração como o seu relacionamento evolui e como a confiança é mantida entre as partes com o passar do tempo. Provavelmente, a relação mais importante de longo prazo que envolve negociação é a relação de emprego. Como as pessoas querem negociar acordos economicamente atraentes, mas não os relacionamentos desagradáveis de longo prazo, essa negociação é geralmente considerada desconfortável (ver Nota 2.1). Este tópico é tão importante que dedicamos um capítulo especial para o assunto de confiança e relacionamentos (Capítulo 6) e um apêndice separado para a negociação de uma oferta de trabalho.

Nota 2.1 Negociação de Trabalho
"Mesmo em uma economia lenta, candidatos a emprego devem tentar negociar da melhor maneira possível o pacote salarial e as condições de saída de um novo emprego." (CareerJournal.com, conforme citado no *Business Wire*, 22 maio 2001) Os empregadores têm um incentivo para tratar bem as pessoas porque querem manter o moral da força de trabalho. Mais ainda, a maioria dos empregadores está disposta a negociar: 82 por cento de todos os profissionais de Recursos Humanos esperam que os candidatos a empregos oferecidos por eles façam contrapropostas, e a parcela relevante de 92 por cento diz que os salários são, na verdade, negociáveis.

As negociações envolvem recursos escassos, ideologias ou ambas as coisas?

Os dois principais tipos de conflito são o conflito por consenso e a competição por recursos escassos (Aubert, 1963; Druckman & Zechmeister, 1973; Kelley & Thibaut, 1969; Thompson & Gonzalez, 1997). *O conflito por consenso* ocorre quando as opiniões, idéias ou crenças de uma pessoa são incompatíveis com as de outra e as duas pessoas buscam atingir um acordo de opiniões. Por exemplo, as crenças de jurados podem diferir sobre um réu ser culpado ou inocente; dois gerentes podem discordar sobre se uma determinada pessoa tem habilidades de gestão de projetos; duas pessoas podem diver-

---
6. Raiffa, 1982.

gir sobre o controle à posse de armas. O conflito sobre o consenso está relacionado à ideologia e a crenças fundamentais e, como podemos imaginar, é difícil de ser solucionado porque envolve valores e emoções. A *competição por recursos escassos* existe quando se disputam tais recursos. Por exemplo, quando sócios em um negócio entram em conflito no tocante a como dividir responsabilidades e lucros, com cada um podendo achar que merece mais do que a outra parte considera apropriado.

Muitas situações de conflito envolvem não somente recursos escassos, mas também ideologias. As pessoas que entram em conflito por causa de diferenças em seus interesses (por exemplo, dinheiro e recursos) têm uma probabilidade maior de fazer trocas de valor agregado e atingir resultados do tipo 'ganha-ganha' comparadas às que entram em conflitos de valor ou crenças (Harinck, DeDreu & Van Vianen, 2000). O conflito entre israelenses e palestinos, por exemplo, envolve a alocação de terra (um recurso escasso), mas advém de crenças religiosas e ideologias fundamentalmente diferentes.

A negociação é decorrente de necessidade ou oportunidade?

Em muitos casos, devemos negociar para atender a nossas necessidades; em outras situações, negociações representam mais um luxo ou oportunidade. Como exemplo, consideremos o caso de um casal vendendo sua casa porque foi transferido para outro local. Eles devem negociar um contrato para sua casa. Mesmo que tenham uma MASA atraente, no fim eles devem negociar com alguém para atender a suas necessidades. Por outro lado, uma pessoa interessada em melhorar seu salário e aumentar seus benefícios pode querer melhorar sua situação de emprego. Não existe nenhuma necessidade premente de negociar; pelo contrário, a negociação é iniciada por razões oportunistas. Consideremos a forma como o CEO da United, Jim Goodwin, evitou uma negociação de *necessidade* (negociação com o sindicato de seus pilotos) e, em vez disso, concentrou seus esforços em uma negociação de *oportunidade* (uma possível aquisição da US Airways). O problema para Goodwin foi que não focar na negociação de necessidade criou sérios problemas (*Denver Post*, 9 jun. 2003).

Muitas pessoas evitam negociações de oportunidade porque sentem que lhes falta habilidade para isso. Na verdade, confiar em si mesmo como negociador é importante para se obter sucesso (Sullivan, O'Connor & Burris, 2003). Algumas pessoas se sentem confortáveis em negociar, a ponto de estarem sempre envolvidas em alguma negociação. Consideremos, por exemplo, o extraordinário negociador Ed Lampert (*Business Week*, 11 ago. 2003b). Em 2003, ele era o segundo maior acionista da Sears. Ele vendeu 1,5 milhão de dólares em ações após a Sears divulgar sua intenção de vender a unidade de crédito da empresa. No trimestre seguinte, ele comprou de volta 1 milhão de dólares em ações.

A negociação é decorrente de uma troca ou de uma situação de disputa?

Em uma negociação típica, as partes se reúnem para tentar trocar recursos. No exemplo clássico, um comprador vê mais valor nos bens de um vendedor do que aquilo que o vendedor deseja por eles, e uma troca acaba acontecendo (paga-se dinheiro por bens ou serviços). Em outras situações, as negociações acontecem porque uma reivindicação foi feita por uma parte e rejeitada pela outra. Esses aspectos caracterizam uma *situação de disputa* (Ury, Brett & Goldberg, 1988). Tomemos como exemplo a disputa que envolveu Michael Capellas, CEO da WorldCom (renomeada de MCI), cujos rivais supostamente evitaram pagar centenas de milhões de dólares em impostos ao longo de uma década, disfarçando chamadas de longa distância como locais ou como originadas por seu concorrente de ligações de longa distância, a AT&T (*BusinessWeek*, 11 ago. 2003c). A diferença entre trocas e disputas está relacionada às alternativas de acordo mútuo. Em uma situação de troca, as partes simplesmente lançam mão de suas MASAs, enquanto em uma situação clássica de disputa, elas normalmente acabam nos tribunais.

Efeitos de ligação estão presentes?[7]

Efeitos de ligação referem-se ao fato de algumas negociações afetarem outras. Provavelmente, o exemplo mais óbvio está no caso do precedente de lei e de direcionamento. Resoluções em uma situação têm implicações para outras. Por exemplo, quando o Teamsters — um dos maiores sindicatos do mundo, de motoristas de caminhão e similares — negociou com a empresa controladora dos supermercados Jewel em 2003, a administração da empresa temia que se os Teamsters conseguissem um bom contrato, isso serviria de modelo para sindicatos de outras lojas localizadas em todo o país (*Chicago Tribune*, 13 ago. de 2003). O supermercado Albertsons, por exemplo, tinha mais de 400 contratos de trabalho. Freqüentemente, ligações diretas ocorrem quando uma empresa multinacional tem operações em vários países e uma decisão tomada em um deles é levada para outros. Algumas vezes, efeitos de ligação indireta também representam um fator importante, tal como na situação em que uma decisão tomada na mesa de negociação afeta um grupo de interesse de um modo que ninguém pode prever totalmente. Por exemplo, uma razão importante pela qual as fusões normalmente não dão certo é que as empresas não pensam em possíveis efeitos de ligação com os empregados atuais. Na maior parte das situações de fusão, os empregados da empresa adquirida recebem poucas informações sobre o que ocorrerá até que o acordo de compra esteja fechado. Boatos correm soltos sobre o que está acontecendo e os empregados são deixados em uma espécie de limbo, chateados com as mudanças e preocupados com seus empregos e colegas. Especialistas em Recursos Humanos devem se envolver no processo de negociação para tornar as conseqüências mais palatáveis para os empregados. Por exemplo, quando o fabricante de bicarbonato de sódio Church & Dwight buscava adquirir a empresa farmacêutica Carter-Wallace, Steven P. Cugine, o vice-presidente de Recursos Humanos, envolveu-se desde o início para gerenciar as ligações. A poucos dias da aquisição, ele realizava reuniões de grupo para explicar a situação e definir a estratégia de transição (*Workforce*, 1º fev. de 2003).

Um acordo é necessário?[8]

Em muitas situações de negociação, chegar a um acordo é uma questão de preferência. Em uma negociação salarial, por exemplo, uma pessoa pode querer declinar uma oferta de uma empresa e permanecer em seu emprego atual, começar sua própria empresa ou retardar as negociações indefinidamente. Em outras situações, no entanto, chegar a um acordo não só representa o único curso de ação possível, mas é também o requerido. Por exemplo, em 17 de agosto de 1981, quando mais de 85 por cento dos 17.500 controladores de tráfego aéreo dos Estados Unidos estavam em greve por melhores condições de trabalho e salários, o presidente Ronald Reagan disse a eles para voltarem ao trabalho ou o governo dos Estados Unidos entenderia que eles tinham se demitido. No final daquela semana, mais de 5 mil membros da Professional Air Traffic Controllers Organization — PATCO (Organização dos Controladores de Tráfego Aéreo) receberam cartas de demissão da Federal Aviation Administration — FAA (Administração Federal de Aviação). Reagan declarou que o congresso norte-americano tinha aprovado uma lei em 1947 proibindo greves de funcionários do governo, incluindo um juramento de não entrar em greve que cada controlador de tráfego aéreo deveria assinar ao ser contratado. Um outro exemplo: a Lei Taylor (Estados Unidos) impede que funcionários do governo façam greve. Essa legislação afetou as negociações entre o governador do Estado de Nova York, George Pataki, e as 14 unidades de negociação que representavam 190 mil funcionários estaduais. As negociações podem ser automaticamente estendidas sob a Lei Taylor se nenhum novo acordo for celebrado até o seu dia de término (*The Times Union–Albany*, 2 mar. 2003).

---

7. Raiffa, 1982
8. Raiffa, 1982

É legal negociar isto?

Nos Estados Unidos é ilegal negociar a venda de órgãos humanos. Em setembro de 1999, o site de leilão virtual eBay teve que cancelar o leilão iniciado pelo vendedor de um rim humano (*New York Times*, 3 set. 1999). Os lances atingiram a marca de 5,7 milhões de dólares antes que o eBay cancelasse o leilão. Entretanto, nas Filipinas é legal vender rins, apesar do debate contínuo sobre essa questão (ver Nota 2.2).

> **Nota 2.2 É legal negociar?**
> Consideremos o desespero que deve ter levado Romeo Roga, de 36 anos, das Filipinas, a fazer o que fez. O filho de um ano de idade de Romeo estava com sarampo e Roga precisava de dinheiro para pagar as contas do tratamento médico. Ele ganhava 1,25 dólar por dia carregando sacos de arroz no porto — o que não era suficiente para sustentar sua família de cinco filhos. O padrasto de Roga disse a ele que ele poderia ganhar 2.125 dólares vendendo um de seus rins. Roga disse: "Fui forçado a fazer isso. Era uma questão de sobrevivência" (*Newsweek*, 1º nov. 1999, p. 50). A Igreja Católica denunciou esse negócio como sendo antiético e explorador. No entanto, pacientes com doenças renais estão dispostos a pagar qualquer preço simplesmente para continuar vivos. Os médicos buscam uma solução intermediária, com o objetivo de evitar que as pessoas comercializem a doação de órgãos. O rim de Roga não rendeu muito para ele. Seu filho veio a falecer e o dinheiro acabou. Ele se cansa mais facilmente por ter agora somente um rim. Roga diz: "Pelo menos eu ajudei alguém a viver mais" (p. 50).

Em certas situações, nenhuma legislação específica governa o que pode e o que não pode ser negociado; pelo contrário, nessas ocasiões as pessoas se guiam por fortes normas culturais bastante específicas para a situação. Por exemplo, a maioria das pessoas nos Estados Unidos não negocia o preço de frutas nos principais supermercados, mas fazem isso livremente em feiras livres e mercados, como o Pike Place Market em Seattle, Washington. Esses mercados, porém, não são os únicos lugares para se barganhar. Bill Meyer, de 41 anos, por exemplo, pai de seis filhos, raramente paga o preço cheio por qualquer coisa que compra. Em supermercados, ele tenta conseguir descontos em alimentos que estão prestes a estragar. Em lojas de produtos usados, ele junta pilhas de produtos e faz uma oferta única pelo lote em seu poder. Em pizzarias, pede as pizzas que foram encomendadas e que não foram retiradas e paga 3 dólares por cada uma (*The Oregonian*, 30 abr. 1996). A maior parte das lojas de eletrônicos estará disposta a negociar, assim como as que vendem bens duráveis de maior porte. Quando o assunto é ajuda financeira para o custeio de estudos universitários, as famílias freqüentemente têm mais opções do que pensam e podem negociar polpudas bolsas de estudos para seus filhos. Universidades muitas vezes podem ser avessas à idéia de 'negociações', mas poderão reconsiderar se perceberem a existência de razões convincentes. As universidades não querem que todos os pais peçam mais ajuda em dinheiro, mas em cerca de 60 por cento das vezes em que isso ocorre, quando os pais solicitam e estão preparados, eles conseguem mais dinheiro para ajudar a custear os estudos dos filhos (*Dow Jones Newswires*, 22 abr. 2003).

A ratificação é necessária?[9]

Ratificação refere-se ao fato de uma das partes na mesa de negociação dever ter ou não um contrato aprovado por alguma outra pessoa ou grupo. Por exemplo, um recrutador de talentos corporativos pode precisar que o grupo de RH ou o CEO da empresa ratifiquem o salário e os pacotes de emprego oferecidos aos profissionais recrutados. Em determinadas circunstâncias, os negociadores podem dizer ao outro lado que necessitam de ratificação mesmo que isso não seja verdade.

---
9. Raiffa, 1982.

Existem limitações de tempo ou outros custos envolvidos ligados ao tempo?[10]

Virtualmente todas as negociações têm custos relacionados com o tempo. Apesar de o negociador que precisa desesperadamente de um acordo, ou aquele para quem a passagem do tempo é muito custosa, estarem provavelmente em desvantagem (Stuhlmacher, Gillespie & Champagne, 1988), um pouco mais de pressão devido ao tempo não é necessariamente ruim. É importante distinguir *prazos finais de custos relacionados ao tempo* (Moore, 2004). Dois negociadores podem enfrentar custos relacionados ao tempo radicalmente diferentes, mas ter o mesmo prazo final. O prazo final mais precisa é o que conta e, se não houver um acordo até esse ponto ser atingido, os dois negociadores deverão exercitar suas MASAs.

Pressão do tempo e existência de prazos

O prazo final é um ponto fixo no tempo onde as negociações são encerradas. O índice de concessões feitas pelos negociadores aumenta conforme eles se aproximam de seus prazos finais (Lim & Murnighan, 1994). De acordo com Moore (2004), os negociadores acreditam que os prazos finais (como a pressão do tempo) representam uma fraqueza estratégica, e assim evitam revelá-los por medo que suas 'fraquezas' sejam exploradas pelos oponentes. Entretanto, como os prazos finais de fato restringem a duração da negociação para todas as partes envolvidas, eles colocam todas as partes sob pressão. O prazo final de uma pessoa é também o da outra (Roth, Murnighan & Schoumaker, 1988). Tomemos como exemplo a forma como Adam Chesnoff revelou seu prazo final por ocasião das negociações com Haim Saban (*Reuters*, 11 ago. 2003). Quando o tempo para negociações se esgotou, Chesnoff voltou com seu próprio prazo final: sua data de casamento. "Se não o obtivermos [o acordo] até sexta-feira, você não terá um problema comigo ou com Haim; você terá que lidar com minha noiva, o que implica uma conversa muito mais difícil." No entanto, quando os negociadores mantêm em segredo seus prazos finais, o resultado é que eles correm para conseguir um acordo antes do prazo se esgotar, enquanto seus oponentes, que esperam prazos mais longos, trabalham a uma velocidade muito mais lenta (Moore, 2004). (Para outro exemplo do uso estratégico de prazos finais na AOL, ver Nota 2.3).

Nota 2.3 Pressão estratégica do prazo final

A AOL usou seu conhecimento sobre pressão do tempo e prazos finais estrategicamente. Sua estratégia de criar 'um prazo final insano' sempre começava com um galanteio delicado e terminava com um ultimato que fazia o cliente vacilar e, via de regra, concordar. A AOL começava a negociar com uma 'valsa lenta' dançada com seu potencial cliente, incluindo "muitas palavras motivadoras e bonitas sobre o quão brilhante era o negócio do cliente, quão lindo seria se os dois lados trabalhassem em conjunto e quão maravilhoso seria se o cliente comprasse espaços de propaganda na AOL. Naturalmente, ela não mencionava que havia convidado vários outros parceiros para essa mesma dança lenta. Semanas se passavam até a AOL subitamente demandar uma ação imediata. Os negociadores esboçavam abruptamente um contrato, jogavam-no na mesa e exigiam que o cliente potencial o assinasse dentro de 24 horas ou, pior, no final do dia, caso contrário a AOL faria a mesma oferta para uma outra parte, que já se encontrava na lista de espera". Pior ainda, os contratos eram sempre gigantescos e impossíveis de ser devidamente analisados com essa limitação de tempo. Além disso, os executivos da AOL faziam com que os negociadores das outras partes ficassem sentados por horas a fio num jogo de espera, somente para dar a entender que eles não eram importantes (*Washington Post*, 13 jun. 2003).

---

10. Raiffa, 1982

A razão pela qual os negociadores tantas vezes predizem incorretamente as conseqüências de prazos finais numa negociação tem relação com a tendência psicológica geral de focarem em si mesmos de forma egocêntrica ao fazer comparações ou previsões (Moore & Kim, 2003). Os negociadores concentram-se nos efeitos dos prazos sobre si próprios mais que em seu efeito sobre seus parceiros de negociação. A mesma tendência leva as pessoas a prever que estarão acima da média em tarefas simples e abaixo da média em tarefas difíceis (Kruger, 1999; Windschitl, Kruger & Simms, 2003).

Custos relacionados ao tempo

Definir um prazo final para a conclusão das negociações pode ser útil, especialmente se o passar do tempo for particularmente custoso para você (Moore, 2004). Essa estratégia foi usada com sucesso para se atingir um acordo na greve da Liga Profissional de Basquete (NBA) de 1998 a 1999. Os proprietários dos times definiram um prazo final e ameaçaram deixar as negociações se não se chegasse a um acordo até 5 de janeiro de 1999. Os dois lados conseguiram atingir uma base comum em 4 de janeiro, em condições que favoreceram em muito os proprietários das equipes.

Horizonte de tempo

Uma outra questão relacionada ao tempo refere-se ao que Okhuysen e seus colegas (2003) chamaram de *horizonte de tempo*: a quantidade de tempo decorrida entre a negociação e suas conseqüências ou a realização dos acordos negociados. Como princípio geral, quanto maior a distância temporal entre o ato de negociar e as conseqüências dos acordos estabelecidos, melhor o acordo (Okhuysen et al., 2003). Isso ocorre porque as partes estão menos litigiosas, pois a realização está distante. Além disso, o benefício do tempo é particularmente pronunciado nos casos em que as negociações referem-se a 'encargos', em oposição à negociação de 'benefícios', pois o tempo permite às pessoas diluir os efeitos de encargos existentes.

Os contratos são oficiais ou oficiosos?

Muitas situações de negociação, como a compra de uma casa ou uma oferta de trabalho, envolvem contratos oficiais que obrigam, em termos legais, as partes envolvidas a cumprirem as promessas feitas. Entretanto, em diversas situações de igual ou maior importância, as negociações são conduzidas e sacramentadas através de um simples aperto de mão ou outra forma de acordo informal. Uma variação cultural considerável envolve os termos que definem quais símbolos sociais constituem um acordo (aperto de mão × tomar chá juntos), assim como quais situações são tratadas de forma oficial ou oficiosa. Pode haver confusão quando uma parte aborda a situação sob um ponto de vista formal, enquanto a outra a trata de maneira informal. Consideremos as negociações entre representantes de cidades na Flórida e os bombeiros (*South Florida Sun-Sentinel*, 3 jun. 2003). Prometeram-se aumentos em fundos de pensão através de um aperto de mãos e um acordo verbal. No entanto, quando chegou a hora de assinar de verdade um documento formal, os representantes das cidades se recusaram a ratificar as concessões previamente acordadas. Obviamente, a quebra de contratos implícitos pode resultar em má vontade por parte de quem se sentiu lesado. (Discutiremos o tópico da quebra de confiança no Capítulo 6.)

Onde as negociações acontecem?

A sabedoria popular diz que é vantajoso negociar em seu próprio terreno e não no de seu oponente. Essa percepção é tão importante que uma grande preparação e despesas são feitas para se encontrar um local neutro para realizar importantes negociações. Por exemplo, para a reunião entre o ex-presidente norte-americano Ronald Reagan e o líder soviético Mikhail Gorbachev, o local foi cuidadosamente selecionado. Os dois líderes se encontraram no Chateau Fleur d'Eau em Genebra, na Suíça. Da mesma forma, as conversações entre os diversos partidos da Irlanda cessaram em 1991 quando surgiu um conflito envolvendo o local onde haveria a próxima rodada de conversações. Os partidários do Union Party, que concordavam em conversar diretamente com os ministros do governo da Irlanda sobre o futuro da Irlanda do Norte, tentavam ansiosamente evitar dar a impressão de que iam a Dublin de 'chapéu na mão', e por isso queriam que as conversações acontecessem em Londres, a capital com a qual insistiam em permanecer ligados. Por outro lado, os Social-Democratas e o Partido Trabalhista, que representavam a maioria dos católicos moderados na província, preferiam que as conversações acontecessem em Dublin, capital para com a qual sentiam forte lealdade (*Baltimore Sun*, 7 maio 1991). De modo semelhante, quando John Mack, do Banco Credit Suisse First Boston, negociou com Frank Quattrone, o poderoso banqueiro da empresa de investimentos, Mack insistiu para que eles não se reunissem em Nova York, onde a firma tinha seu quartel-general, e nem em Palo Alto, onde Quattrone estava sediado, mas em Kansas City, Missouri, porque ficava 'no meio do caminho' (*Fortune*, 1º set. 2003).

As negociações são públicas ou privadas?[11]

Em muitas áreas, a dança da negociação ocorre abertamente, aos olhos do público. Em outras situações, elas ocorrem de forma privada. Por exemplo, o trabalho de Kelman com as negociações entre palestinos e israelenses ocorreram sob segredo absoluto. Como ele mesmo observou, a privacidade colaborou para o progresso das negociações entre as partes:

As discussões são completamente privadas e confidenciais. Não há público nem publicidade e nenhum registro dos encontros, e uma das regras centrais especifica que nenhuma declaração feita durante o workshop pode ser citada num contexto externo a ele. Essas e outras características são desenhadas para capacitar e encorajar os participantes a se engajarem em um tipo de comunicação que normalmente não está disponível para as partes envolvidas numa relação intensamente conflituosa (p. 214).

Por outro lado, um dos aspectos singulares de negociações em esportes é que elas acontecem em uma atmosfera de 'competição esportiva', com os fãs e a mídia acompanhando de perto cada movimentação que ocorre na mesa de barganha (Staudohar, 1999). Staudohar observa que essa atenção pode levar a uma grande cobertura de mídia, com proprietários e jogadores divulgando suas opiniões sobre questões e eventos:

A pechincha é algo que fica bem na indústria do entretenimento, mas é um obstáculo para a resolução racional de diferenças. É, portanto, costume que proprietários de equipes e jogadores sejam aconselhados por seus líderes a segurar a língua. Os proprietários de equipes da NBA ficaram sujeitos a multas de 1 milhão de dólares aplicadas pela liga por falarem o que não deviam para a mídia.

Existe a possibilidade de intervenção por parte de terceiros?[12]

Em muitas negociações, uma intervenção por parte de terceiros é bastante comum (e até esperada). Muito freqüentemente, a intervenção de uma terceira parte assume a forma de mediação ou arbitragem. Entretanto, em outras áreas, esse tipo de intervenção quase não é percebido. A mera presença de uma terceira parte serve para aumentar as tensões em situações de negociação se os participantes iniciais acreditam, egocentricamente, que essa terceira parte favorecerá sua própria posição. Em outras situações,

---
11. Raiffa, 1982
12. Raiffa, 1982

é menos comum (e talvez um sinal de fracasso pessoal) envolver terceiros. A intervenção de terceiros é tão importante que dedicamos o Apêndice 3 deste livro para discutir em detalhe este assunto.

Que convenções orientam o processo de negociação (como, por exemplo, quem faz a primeira oferta)?

Em muitas negociações, as pessoas têm total liberdade para conduzir o processo. Em outras, porém, convenções e normas rígidas ditam a maneira como o processo de negociação se desenrola. Por exemplo, quando as pessoas compram ou vendem casas nos Estados Unidos, a primeira oferta é normalmente feita por um comprador em potencial e todas as ofertas são formalizadas por escrito. No entanto, diferenças marcantes caracterizam o processo em diferentes partes do país, sendo algumas negociações de residências conduzidas por meio de contratos verbais e outras por contratos oficiais.

As negociações envolvem mais de uma oferta?

Em dadas situações, é bastante comum as partes avançarem e recuarem várias vezes antes de sacramentarem um acordo mútuo. Em outras, esse tipo de tratamento é considerado inaceitável. No mundo dos negócios imobiliários, por exemplo, compradores e vendedores esperam negociar o preço. Essas mesmas pessoas, no entanto, não sonhariam negociar preços na Nordstrom.

Outro exemplo: muitos empregadores hoje em dia esperam que os candidatos a emprego em suas empresas tentem negociar o que lhes é inicialmente oferecido, mas, para muitos, estender a discussão interminavelmente é inaceitável. Carl Kusmode, fundador do Tiburon Group, um recrutador de talentos pela Internet da região de Chicago, disse que desistiu de oferecer um emprego de administrador de base de dados a um candidato que sempre subia seu preço. "Isso se tornou insultante", disse Kusmode (*U.S. News & World Report*, 1º nov. 1999). Assim, uma negociação deve ter um ou dois 'rounds', mas nunca dez. As normas da negociação, no entanto, variam de um setor da economia para outro, de indústria para indústria. Tomemos como exemplo o que aconteceu com Jay Kaplan, um empreendedor do setor imobiliário (*The Arizona Republic*, 9 jan. 1994). Ele viajou pelo sudeste dos Estados Unidos por oito dias consecutivos e conheceu cinco proprietários diferentes, tentando comprar prédios de apartamentos e shopping centers. Cada reunião era uma verdadeira maratona, com ofertas e contra-ofertas, durando até o nascer do sol antes que um acordo fosse obtido. No oitavo dia, faltando ainda uma reunião, Kaplan estava cansado e decidido a usar uma estratégia de oferta única. Após pedir uma aspirina e mostrar sua face exaurida, Kaplan disse para a outra parte envolvida: "Você está pedindo 4,3 milhões de dólares pela sua propriedade. Eu quero comprá-la por 3,7 milhões. Vamos nos poupar o trabalho de uma negociação longa. Vou lhe fazer uma única oferta. Esta será a minha melhor proposta e será justa. Se você for um homem razoável, tenho certeza que a aceitará" (p. E6). O tiro saiu pela culatra. Kaplan ofereceu 4,025 milhões de dólares à outra parte, que os rejeitou. Eles discutiram por quatro horas até que concordassem com o valor de 4,275 milhões. O oponente disse mais tarde a Kaplan que não aceitaria de forma alguma a primeira oferta — independentemente de qual fosse.

Os negociadores se comunicam de forma explícita ou tácita?

Em uma típica situação comprador-vendedor ou negociação de emprego, os negociadores se comunicam explicitamente entre si. Entretanto, em outras situações, a comunicação não é explícita, mas tácita, e as pessoas se comunicam por meio de suas ações. Essa questão é tão importante que dedicamos um capítulo inteiro ao assunto (Capítulo 11, em uma discussão de dilemas sociais).

O diferencial de poder é um fator existente entre as partes envolvidas?

Tecnicamente, a negociação ocorre entre pessoas que são interdependentes, o que quer dizer que as ações de uma parte afetam as da outra e vice-versa. Se uma pessoa tem autoridade total sobre outra e não é afetada pelas ações dos outros, a negociação não pode ocorrer. Entretanto, é bastante comum ocorrer casos em que pessoas com pouco poder afetam os resultados de outras com muito poder. Por exemplo, um CEO tem mais poder do que um gerente de nível médio em uma empresa, mas o gerente pode, indubitavelmente, afetar o bem-estar da empresa e do CEO. A presença ou ausência de um diferencial de poder entre as partes de uma negociação pode afetar a natureza das negociações. Esse tópico é tão importante que dedicamos um capítulo inteiro para discutir poder e influência neste livro (Capítulo 7).

Existem precedentes importantes?

Em muitas situações de negociação os precedentes são importantes, não só para ancorar as negociações em um determinado ponto de referência, mas também para definir um intervalo de alternativas. Freqüentemente, um argumento importante que os negociadores devem confrontar quando tentam negociar é a declaração da outra parte de que ele deve se ater a precedentes. De certa forma, o negociador teme que a tomada de decisão em um caso possa criar um precedente para futuras negociações. É claro que a maioria dos precedentes permite uma vasta gama de interpretações por parte de seu seguidor e da pessoa que tenta desafiar o precedente em questão. Muitas vezes os negociadores invocam um precedente como forma de encerrar as negociações.

CONCLUSÃO

A preparação eficaz dá ao negociador uma vantagem estratégica na mesa de negociação. Nós descrevemos três áreas gerais de preparação para o negociador: ele mesmo, a outra parte e o contexto ou situação. Em termos de preparação pessoal, o negociador que identifica uma MASA pessoal e define um preço de reserva e um ponto-alvo está em posição muito melhor para conquistar os objetivos desejados. A pessoa que se preparou adequadamente para a negociação sabe quando deve abandoná-la e o quanto é razoável conceder. O negociador que pesquisa adequadamente a MASA e os interesses de seu oponente tem uma menor probabilidade de ser enganado ou confundido pela outra parte. Listamos várias questões referentes a uma negociação que devem ser consideradas pelo negociador antes do início da negociação. Um formulário resumido de preparação é apresentado na Tabela 2.1. Sugerimos ao negociador usar essa tabela quando se preparar para negociar. Os próximos dois capítulos concentrar-se-ão nas estratégias de divisão do montante e sua expansão na negociação.

TABELA 2.1 Planilha de Preparação para Negociações

Auto-avaliação	Avaliação da Outra Parte Envolvida	Avaliação da Situação
• O que quero conseguir? (definir um ponto-alvo) • Qual é minha alternativa a atingir um acordo? (identificar sua MASA) • Qual é meu ponto de reserva? (veja Quadro 2-1) • Que pontos focais podem me influenciar? • Quais são meus 'custos perdidos'? • Eu me certifiquei de que meu ponto-alvo não seja influenciado pelo meu ponto de reserva? • Quais as questões envolvidas na negociação? • Quais as alternativas para as questões? • Eu identifiquei ofertas equivalentes para situações com múltiplos pontos? • Avaliei minha propensão ao risco?	• Quem são as outras partes envolvidas? • Existem partes que provavelmente não estarão na mesa de negociação? • As partes são monolíticas? • Que questões são relevantes para a outra parte? • Quais são os interesses da outra parte? • Quais as alternativas da outra parte para cada questão? • Qual é a posição da outra parte? • Qual é a MASA do outro negociador?	• A negociação é de etapa única, de longo prazo ou repetitiva? • A negociação envolve recursos escassos, conflito de ideologias ou ambos? • A negociação se refere a uma necessidade ou oportunidade? • A negociação refere-se a uma troca ou situação de disputa? • Existem efeitos relacionados? • Um acordo é requerido? • A negociação é legal? • Uma ratificação se faz necessária? • Existem limitações ou outros tipos de custo relacionados com o tempo? • Os contratos são oficiais ou oficiosos? • Onde as negociações acontecem? • As negociações são públicas ou privadas? • Existe a possibilidade de intervenção por parte de terceiros? • Existem convenções com relação ao processo de negociação? • As negociações envolvem mais de uma oferta de cada parte envolvida? • Os negociadores se comunicam de forma explícita ou tácita? • Existe um diferencial de poder entre as partes envolvidas? • Existem precedentes importantes?

CAPÍTULO 3

Negociação distributiva: dividindo o montante

> Muitos anos atrás, Lindsey McAlpine, hoje CEO do McAlpine Group, em Charlotte, Carolina do Norte, Estados Unidos, era um jovem ávido por trabalhar em seu primeiro projeto imobiliário. Ele se encontrou com um líder do setor muito mais velho do que ele, que estava vendendo um terreno em Charlotte. Ao perceber que aquela pessoa do outro lado da mesa de negociação não o levava a sério, Lindsey disse: "Veja bem, tenho um sócio bastante experiente. Não posso lhe dizer quem ele é, mas ele não vai concordar com esses termos". É claro que não existia sócio nenhum. Lindsey agora precisava encontrar alguém que se passasse por seu sócio. Ele conta: "Minha meta, naquele momento, era unicamente encontrar um homem com idade próxima aos 50 anos com cabelos grisalhos — que eu chamo, até hoje, de patrimônio de cabelos grisalhos". Lindsey conseguiu a colaboração de um amigo a quem disse para não abrir a boca, mas simplesmente ficar sentado na sala de negociação com um 'olhar maduro'. A estratégia funcionou (*Inc.*, 1º ago. 2003a, p.76).

Infelizmente, muita psicologia de botequim acaba substituindo estratégias sólidas de negociação. No exemplo acima, o jovem negociador acabou obtendo uma parcela do montante da barganha bem maior do que poderia imaginar; entretanto, a estratégia poderia não funcionar tão bem numa segunda oportunidade. Não acreditamos que tal estratégia seja sustentável no longo prazo ou mesmo aconselhável no curto prazo. Neste capítulo, nós nos concentraremos em como os negociadores podem atingir melhor seus resultados — tanto na dimensão econômica (por exemplo, dinheiro e recursos), quanto na social (ou seja, preservando o relacionamento e construindo confiança). As estratégias aqui discutidas são todas baseadas em investigações científicas controladas — CSIs, do inglês, *Controlled Scientific Investigations*),[1] de forma que podemos inferir relações diretas de causa e efeito. Também fornecemos vários exemplos de como elas são usadas em negociações reais. Neste capítulo tratamos da primeira das duas metas centrais da negociação: a divisão do montante.[2] Este capítulo discute quem deve fazer a primeira oferta, como responder a uma oferta feita pela outra parte, a quantidade adequada de concessões a fazer e como lidar com um negociador agressivo.

O processo completo de se fazer uma oferta de abertura e então atingir um acordo mutuamente satisfatório é conhecido como 'dança da negociação' (Raiffa, 1982). Infelizmente, a maioria de nós

---

1. O que denota o rigor na condução da pesquisa para inferir como as pessoas se comportam e tomam decisões em experimentos de economia comportamental e também da psicologia. (N da RT).

2. Usaremos a expressão 'dividir torta' de maneira intercambiável com dividir montante.

nunca teve aulas de dança ou não sabe o que fazer quando se vê em uma pista de dança. Devemos conduzir a dança? Devemos ser conduzidos? Algumas poucas regras básicas se aplicam, mas o negociador deve fazer algumas escolhas que não são tão óbvias. Lidaremos com essas questões neste capítulo.

Apesar de este capítulo abordar a divisão do montante, é importante perceber que a maior parte das negociações envolve um aspecto 'ganha-ganha' (de *aumentar* o montante, ou o tamanho da torta), que discutiremos em detalhe no próximo capítulo. Entretanto, mesmo em negociações do tipo ganha-ganha, o montante de recursos criado pelos negociadores tem que ser, em algum momento, dividido entre eles. E é por isso que discutimos primeiro a divisão do montante, pois essa discussão tende a ser mais intuitiva e objetiva. Primeiro, discutimos a zona de barganha. Então passamos à discussão de dez maneiras de aumentar sua parcela no montante. Finalmente, abordamos o tópico de justiça, conforme aplicável à divisão do montante.

A ZONA DE BARGANHA E A DANÇA DA NEGOCIAÇÃO

Você analisou a situação de negociação da melhor forma possível. Pensou em seu ponto-alvo e sua MASA (Melhor Alternativa Sem Acordo) de forma realista, desenvolveu um ponto de reserva e usou toda informação disponível para avaliar a MASA de seu oponente. Agora é a hora de uma negociação frente a frente. De forma geral, os pontos-alvos dos negociadores não se sobrepõem. O vendedor quer mais pelo produto ou serviço do que o comprador está disposto a pagar. Entretanto, freqüentemente (mas não sempre) ocorrem situações nas quais os pontos de reserva dos negociadores se sobrepõem, o que significa que o máximo que o comprador está disposto a pagar é mais do que o mínimo que o vendedor está disposto a aceitar. Em tais circunstâncias, um acordo mútuo é lucrativo para ambas as partes envolvidas. *No entanto, o desafio de uma negociação é conseguir atingir o acordo mais favorável para você e não abrir mão de muita coisa na zona de barganha.* A 'zona de barganha', ou 'zona de possíveis acordos' *(ZOPA)* (Lax & Sebenius, 1986) é a região existente entre os pontos de reserva de cada uma das partes envolvidas. O acordo final dessa negociação será realizado em algum ponto acima do ponto de reserva do vendedor e abaixo do ponto de reserva do comprador (Raiffa, 1982).

Todo negociador deve conhecer certos princípios importantes quando é chegada a hora de dividir o montante da barganha. Primeiro, é importante perceber que a zona de barganha pode ser tanto positiva quanto negativa (ver figuras 3.1A e 3.1B).

FIGURA 3.1A Zona de barganha positiva

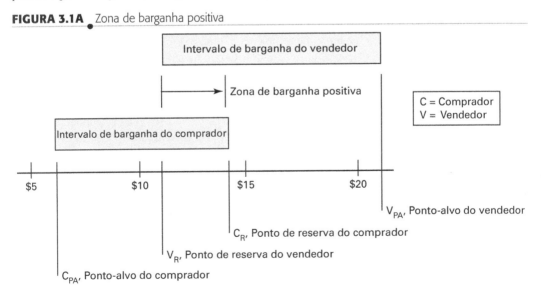

FIGURA 3.1B Zona de barganha negativa

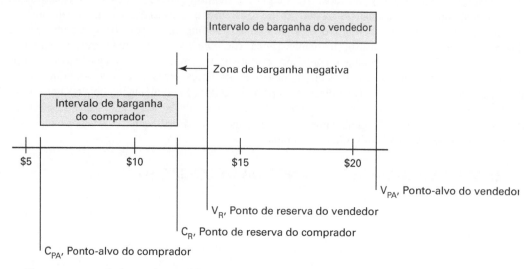

Em uma zona de barganha positiva, os pontos de reserva dos negociadores se sobrepõem, de modo que o máximo que o comprador está disposto a pagar é mais do que o mínimo que o vendedor aceitará. Essa sobreposição significa que um acordo mútuo é melhor que utilizar as MASAs. Como exemplo, consideremos a zona de barganha na Figura 3.1A. O ponto de reserva do vendedor é 11 dólares; o do comprador é 14 dólares. O valor máximo que o comprador está disposto a pagar é 3 dólares a mais que o menor valor que o vendedor aceita receber. A zona de barganha está entre 11 dólares e 14 dólares, ou seja, ela é de 3 dólares. Se os negociadores chegarem a um acordo, ele será sacramentado em algum ponto entre 11 e 14 dólares. Se as partes envolvidas não chegarem a um acordo nessa situação, o resultado será um impasse e caracterizará uma situação *abaixo da ótima*, pois os negociadores perderam dinheiro na mesa de negociação e se encontram em uma situação pior ao não terem chegado a um acordo do que se o tivessem conseguido.

Em alguns casos, a zona de barganha pode ser inexistente ou até negativa. No entanto, os negociadores podem não perceber isso e gastar horas infrutíferas tentando chegar a um acordo. Essa situação pode ser bastante custosa para os negociadores. Durante o tempo em que estiverem negociando, suas oportunidades podem piorar ou se esvair (como quando os negociadores têm custos relacionados ao tempo; ver Capítulo 2). Por exemplo, consideremos a zona de barganha mostrada na Figura 3.1B, na qual o ponto de reserva do vendedor é 14 dólares e o do comprador, 12 dólares. O valor máximo que o comprador está disposto a pagar é 2 dólares a menos do que aquele que o vendedor aceita receber como mínimo. Essa *zona de barganha negativa* não oferece nenhuma superposição positiva entre os pontos de reserva das partes envolvidas. Nessa situação, os negociadores devem exercitar suas Melhores Alternativas Sem Acordo, ou seja, encerrar as negociações e ir para o curso de ação alternativo (MASA). Como é custoso manter as negociações, é interesse de ambas as partes determinar se a existência ou não de uma zona de barganha positiva é possível. Se não for, as partes não devem perder tempo negociando; em vez disso, elas devem buscar outras alternativas. Consideremos, por exemplo, as negociações entre a equipe do Green Bay Packers, de futebol americano, e o *receiver* Antonio Freeman, em 2002 (*Wisconsin State Journal*, 4 jun. 2002). Os Green Bay Packers ofereceram a Freeman 1 milhão de dólares como salário-base. Freeman, porém, recusou-se a aceitar, indicando que tinha melhores alternativas em outros times.

Excedente de barganha

Até agora, enfatizamos que um acordo mútuo é possível quando os pontos de reserva das partes envolvidas numa negociação se sobrepõem e impossível quando esses pontos não têm superposição. O *excedente de barganha* é a representação do valor da superposição dos pontos de reserva das partes. Ele é uma medida do tamanho da zona de barganha (o que chamamos de 'montante' neste capítulo). O excedente de barganha é uma medida do valor que um acordo negociado oferece a ambas as partes em comparação com a alternativa de não se chegar a nenhum acordo. Algumas vezes esse excedente é muito grande; outras, ele é muito pequeno. Negociadores habilidosos sabem como chegar a um acordo quando a zona de barganha é pequena.

Excedente do negociador

Observamos que os resultados decorrentes da negociação cairão em algum ponto da zona de barganha. Mas o que determina *onde* neste intervalo o acordo vai acontecer exatamente? Todo negociador, obviamente, gostaria que o acordo acontecesse o mais próximo possível do ponto de reserva da outra parte, maximizando, dessa forma, sua parcela do montante. Em nosso exemplo mostrado na Figura 3.1A, o vendedor preferiria que sua venda fosse próxima de 14 dólares, enquanto para o comprador o ideal seria que a transação ocorresse próxima a 11 dólares. *O melhor resultado em termos econômicos para o negociador é aquele que atende exatamente o ponto de reserva da outra parte, fazendo com que a outra parte chegue ao acordo, mas permitindo que o negociador em questão consiga o maior ganho possível*. Esse resultado provê ao negociador em questão a maior parcela possível dos recursos a serem divididos. Em outras palavras, uma pessoa consegue todo o montante ou a maior parte dele.

A diferença positiva entre o acordo obtido e o ponto de reserva do negociador em questão é conhecida como *excedente do negociador* (ver Figura 3.2). Observe que o total dos excedentes dos dois negociadores é igual ao tamanho da ZOPA ou excedente de barganha. As pessoas querem maximizar seus excedentes nas negociações de que participam. Os excedentes representam recursos além daquilo que é possível ser atingido pelos negociadores na falta de um acordo negociado.

O fato de que os acordos negociados acontecem em algum ponto da ZOPA e que cada negociador tenta maximizar sua fatia ilustra a natureza de *motivação mista* da negociação. Assim, as pessoas são

FIGURA 3.2 Excedente e intervalo de barganha.

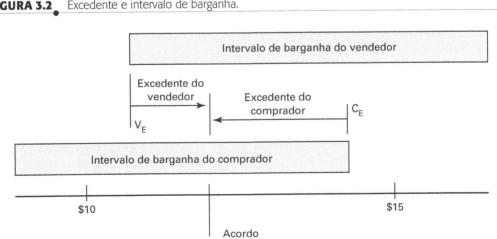

motivadas a negociar com a outra parte para garantir que um acordo seja obtido caso uma zona de barganha seja positiva, mas são motivados a competir entre si para reivindicar o máximo possível do excedente de barganha existente.

ESTRATÉGIAS PARA DIVIDIR O MONTANTE

A pergunta feita mais freqüentemente sobre negociação é: 'Como posso conseguir a maior parte do excedente de barganha para mim?' Dito de outra forma: 'Como posso obter um acordo muito melhor do que minha MASA?' Por exemplo, um negociador da Amazon.com tinha acabado de negociar um acordo de 5 milhões de dólares em publicidade com uma empresa pontocom, mas convenceu-se de que poderia conseguir mais porque a empresa pontocom era de capital aberto, com ações negociadas na bolsa de valores (o que queria dizer que ele podia acessar as informações financeiras da empresa). Assim, ele disse a seu chefe que queria 10 milhões de dólares pelo negócio fechado (*Washington Post*, 15 jun. 2003). Outro exemplo: se você for um potencial comprador de uma casa e descobrir que o ponto de reserva do vendedor é de 251 mil dólares, esta é uma oferta ideal a fazer, assumindo-se que ela excede bastante o seu ponto de reserva. Entretanto, isso é mais fácil de falar do que fazer. Como você pode conseguir informações sobre o ponto de reserva de seu oponente em uma negociação? A maioria dos negociadores nunca revela seu ponto de reserva, mas ele pode emergir de forma não intencional. (Raiffa, 1982) aconselha a não revelar seus pontos de reserva e cita uma história hilária na qual uma parte abre a negociação solicitando diretamente a informação sobre o preço de reserva de seu oponente:

> "Diga-me o mínimo que você aceitaria de nós, e verei se posso acrescentar algo a esse valor." O oponente, sem 'deixar a peteca cair', responde: "Por que você não nos diz o máximo que está disposto a pagar e nós veremos se podemos dar um desconto nesse valor para aceitá-lo como proposta?" (p. 40)

Esse exemplo ilustra a essência da negociação: como as pessoas podem garantir que vão chegar a um acordo se a ZOPA for positiva, mas ainda assim reivindicar o máximo possível do montante para si?

Existe outro problema intrínseco. Se alguém revela seu ponto de reserva, a outra parte não tem como verificar se a primeira parte está dizendo a verdade. De fato, a frase mais freqüentemente usada em negociações é: 'Este é o mínimo a que posso chegar'. Quando a outra parte nos diz o seu ponto de reserva, temos que enfrentar o dilema de determinar se essa informação é válida. O negociador está sempre com um déficit de informação porque o ponto de reserva da outra parte é uma informação normalmente não verificável — ele inclui fatores subjetivos — enquanto a MASA é baseada em fatores objetivos e pode ser, portanto, verificada.

Já que a informação 'privada' sobre o ponto de reserva é inerentemente não verificável, a negociação pode parecer algo sem propósito. Afinal, se você nunca for capaz de dizer se a outra parte está falando a verdade, então a comunicação seria vista como infrutífera (economistas chamam tais discussões de 'conversa fiada'[Croson, Boles & Murnigham, 2003]). Entretanto, em nossa pesquisa, a conversa mole, na verdade, é importante (Bazerman, Gibbons, Thompson & Valley, 1998). Mesmo assim, sabemos que há negociações o tempo todo na ausência de tal informação. Quando as pessoas negociam, fazem julgamentos sobre o ponto de reserva e os interesses da outra parte envolvida o tempo todo.

Algumas condições capacitam os negociadores a estarem mais *confiantes* sobre o ponto de reserva da outra parte. Por exemplo, o comprador de um carro convida abertamente o vendedor a ligar para um concorrente em outro bairro como forma de garantir que o comprador pode realmente conseguir o mesmo carro por um preço melhor. Da mesma forma, se uma pessoa diz algo que não está alinhado a seus interesses, podemos ter mais motivos para acreditar nela. Se uma vendedora disser que não tem outro comprador para um determinado item, por exemplo, e que tem urgência em vendê-lo, devemos acreditar nela, pois essa declaração não a favorece. Esse fator nos leva a um conselho importante: não é necessariamente de seu interesse declarar seu ponto de reserva incorretamente, pois você se arrisca a chegar a um impasse. Imagine que você esteja tentando vender seu CD player usado porque ganhou um novo e mais sofisticado de presente. Você está disposto a aceitar 100 dólares pelo modelo usado (seu ponto de reserva, baseado em uma oferta de um especialista em penhores), mas você gostaria de receber, idealmente, 200 dólares por ele (seu ponto-alvo). Você coloca um anúncio e um comprador potencial liga oferecendo pagar 110 dólares. Se você disser a esta pessoa que já recebeu uma oferta de 120 dólares (quando de fato você não recebeu), você arrisca a possibilidade de seu potencial comprador não aceitar pagar este valor, por ter uma MASA melhor. Obviamente, é do seu interesse não deixar que compradores potenciais acreditem que seu preço de reserva seja 200 dólares (ver Farrell & Gibbons, 1989).

Em relação à divisão do montante, os negociadores devem sempre almejar chegar a um acordo que exceda seu ponto de reserva e rejeitar ofertas piores do que esse ponto. Essa regra geral parece absolutamente racional; entretanto, conforme observado anteriormente, por ocasião da discussão sobre 'armadilhas' da negociação (no Capítulo 1), as pessoas muitas vezes concordam com resultados piores que sua MASA (o viés do acordo) e freqüentemente rejeitam acordos melhores que sua MASA (arrogância). Como caso ilustrativo, as greves muitas vezes se encerram em termos que poderiam ter sido acordados anteriormente, sem que as partes incorressem nos custos que uma greve normalmente impõe (Keenan & Wilson, 1993; Roth, 1993). A questão central é por que esse comportamento aparentemente irracional ocorre. O problema pode ser comumente relacionado a vieses cognitivos ou emocionais. Discutiremos alguns desses vieses mais adiante neste capítulo.

Se os negociadores seguirem dez estratégias básicas, eles poderão aumentar substancialmente a probabilidade de obterem uma fatia favorável do montante. Apesar de essas estratégias não garantirem pleno sucesso, elas representam o melhor conselho que podemos oferecer para melhorar a capacidade de uma pessoa de obter mais recursos para si.

Estratégia 1: Avaliar sua MASA e melhorá-la

É realmente surpreendente descobrir quantos negociadores não pensam em sua MASA antes de entrar em uma negociação. Mesmo os que pensam sobre elas muitas vezes não tentam melhorá-la. Percebemos que, para a maioria dos negociadores, as MASAs compreendem uma atmosfera de incerteza (ver Capítulo 2). Entretanto, a incerteza não é uma boa desculpa para não avaliar a MASA de alguém. *Nada pode ajudar mais um negociador a conseguir uma fatia maior do montante do que ter uma excelente MASA.*

O risco que um negociador assume ao não avaliar adequadamente sua MASA antes da negociação é que ele acaba sendo desnecessariamente influenciado por seu oponente. Aconselhamos vivamente os negociadores a empregarem uma quantidade considerável de tempo tentando melhorar sua MASA antes de entrar em uma negociação (lembre-se do princípio de 'apaixonar-se' apresentado no Capítulo 2).

Estratégia 2: Determinar seu ponto de reserva, mas não revelá-lo

A não ser que você esteja disposto a aceitar somente seu ponto de reserva, não revele sua MASA nem seu preço de reserva durante o curso das negociações, mesmo nas situações mais amistosas. Se fizer isso, a outra parte simplesmente lhe oferecerá o valor referente ao seu preço de reserva e não haverá qualquer excedente para você. Além disso, suas ameaças de 'sair da mesa' não surtirão resultado, pois o outro negociador saberá que, racionalmente, aceitar esse acordo é melhor para você.

Pensamos que é adequado revelar o seu preço de reserva verdadeiro apenas em duas circunstâncias.

Situação 1: Você exauriu seu tempo para negociar e está prestes a deixar a negociação sem um acordo, e percebe que a zona de barganha pode ser muito pequena ou até negativa. Antes de embarcar no próximo avião ou deixar a reunião, você pode revelar seu preço de reserva. Por exemplo, na Califórnia, em agosto de 2003, o tempo passava e se aproximava o prazo final para submeter assinaturas para uma petição para um projeto de lei de privacidade, que estabeleceria que bancos e outras instituições financeiras obtivessem permissão de seus clientes antes de compartilhar ou vender informações sobre eles para outras empresas (*San Francisco Chronicle*, 20 ago. 2003). Com a proximidade do prazo final, Chris Larsen, presidente e CEO da E-LOAN, utilizou 1 milhão de dólares do seu próprio bolso e de sua empresa para bancar a petição e garantir que ela entrasse em votação — o máximo que ele poderia gastar.

Situação 2: Você tem uma MASA e, conseqüentemente, um preço agressivo de reserva, e ficaria feliz se seu oponente atingisse ou excedesse um pouco seu ponto de reserva. Neste sentido, negociadores 'sinalizam' sua MASA. Consideremos, por exemplo, a forma como Stephen Wolf da US Airways sinalizou sua MASA nas negociações com a United (que estava interessada em adquirir a US Airways). A oferta de abertura de Wolf foi de 88 dólares por ação. A United considerou esse preço nada razoável porque as ações estavam sendo negociadas na bolsa por menos de 30 dólares. Entretanto, Wolf deu a entender que a arqui-rival da United — a American Airlines — poderia estar interessada. Conseqüentemente, a United concordou em pagar 60 dólares por ação — um preço que alguns conselheiros da United consideraram pelo menos de 10 a 15 dólares acima do razoável (*Denver Post*, 9 jun. 2003).

Consideremos também a forma como outra empresa, a AOL, sinalizava sua MASA: uma tática envolvia um negociador da AOL fazer uma proposta para um cliente potencial do setor de empresas 'pontocom'. A apresentação em Power Point do representante da AOL incluía a logomarca da empresa rival desse cliente potencial — como se a AOL acidentalmente tivesse misturado os slides com os de outra apresentação. O representante da AOL, então, fingia ficar envergonhado e se desculpava. Entretanto, a 'escorregada' era completamente intencional e servia para sinalizar ao cliente 'pontocom' que a AOL já tinha uma MASA (*Washington Post*, 15 jun. 2003).

Muitos negociadores revelam seu verdadeiro preço de reserva se confiam na outra parte envolvida e gostam dela, ou se desejam um relacionamento de longo prazo. Entretanto, achamos que isso é uma prática não aconselhável. Os negociadores têm à disposição muitas outras formas para demonstrar confiança e construir relacionamentos e não precisam revelar a MASA. Além disso, revelar informação sobre uma MASA ou ponto de reserva não configura uma estratégia de aumento do montante: é uma estratégia de divisão dele e, como tal, tem o efeito de reduzir o poder do negociador no processo.

Muitos negociadores, após estudarem a racionalidade de MASAs e preço de reserva, concluem que uma declaração falsa e estratégica de seu preço de reserva pode ser vantajosa. Não acreditamos que o negociador deva mentir sobre sua MASA ou seu preço de reserva. Mentir é uma atitude problemática por questões éticas (o que discutiremos no Capítulo 7), mas também é um tiro que pode sair pela culatra em termos estratégicos. Se você mente sobre seu preço de reserva, você reduz efetivamente o tamanho da zona de barganha, pois ela é definida como a superposição dos preços de reserva de cada uma das partes envolvidas. Isso significa que uma zona de barganha positiva, mas pequena, pode ser transformada em uma zona de barganha negativa e, assim, levá-lo a um impasse porque sua mentira indicou falsamente a existência da zona de barganha nagativa. Será difícil livrar sua cara em uma situação como essa, pois você se arrisca a parecer bobo se desdisser sua oferta.

Estratégia 3: Pesquisar a MASA da outra parte e estimar seu ponto de reserva

Mesmo que determinar a MASA da outra parte envolvida em uma negociação possa ser mais fácil de falar do que de fazer, os negociadores com freqüência deixam de fazer pesquisa suficiente nessa área, o que reduz seu poder mais do que qualquer outra coisa. Os negociadores podem usar uma variedade de formas para coletar informação que possa revelar algo sobre as alternativas de seus oponentes.

Entretanto, seja cuidadoso quando a divulgação vem da outra parte. Quando ela divulga sua MASA no início da negociação, os envolvidos fazem menos ofertas agressivas, divulgam mais informações verdadeiras e aceitam acordos que envolvam lucros menores do que quando o oponente não divulga a sua MASA (Paese & Gilin, 2000). Essa tendência demonstra o efeito poderoso que a reciprocidade tem sobre nosso próprio comportamento.

Estratégia 4: Definir altas aspirações (ser realista, mas otimista)

Sua aspiração (ambição), ou ponto-alvo, define o mais alto limite que você pode esperar atingir numa negociação. Como você nunca obterá mais que aquilo que colocar como primeira oferta, ela representa o mais importante ponto de ancoragem na negociação. Como caso ilustrativo, consideremos como o comandante da United Airlines Rick Dubinsky, conhecido por ser durão, começou definindo uma âncora em suas negociações com o CEO da empresa, Jim Goodwin, em janeiro de 2000. Usando um bloco de papel que se encontrava sobre a própria mesa de Goodwin, Dubinsky desenhou duas linhas, uma cerca de 3 centímetros acima da outra. A linha inferior, Dubinsky explicou, representava o atual salário dos pilotos. A superior representava onde Dubinsky esperava chegar. Dubinsky, então, desenhou o símbolo grego delta (Δ) indicando a diferença entre os dois níveis e escreveu ao lado do símbolo o número 21: "Você vai concordar com 21 por cento. Esse é o número, Jim. Você vai chegar lá de forma fácil ou dolorosa, mas vai chegar lá" (*Denver Post*, 9 jun. 2003).

De acordo com Raiffa (1982), o resultado final de qualquer negociação pode ser razoavelmente previsto como uma média estatística entre as duas primeiras ofertas que caírem dentro da zona de barganha. Observemos que esse fato é um argumento contra a postura dos negociadores de fazer propostas fora da realidade, pois elas não caem dentro da verdadeira zona de barganha. Em nossa pesquisa, usamos a primeira oferta feita por cada uma das partes como medida de suas aspirações ou ambições (ver Kray, Thompson & Galinsky, 2001). Mais ainda, ambições ou pontos-alvo determinam as 'demandas finais' feitas por negociadores, mais do que sua MASA (Thompson, 1995a). Falando simplesmente, os que definem aspirações altas acabam conseguindo um pedaço maior do montante que aqueles que têm uma ambição baixa. E negociadores cujas aspirações excedem as de seus oponentes conseguem mais espaço da zona de barganha (Chen, Mannix & Okumura, 2003). Por exemplo, pessoas cujos pontos de reserva não são atraentes e que têm altas aspirações, acabam demandando mais de seus oponentes do que negociadores com MASAs atraentes e baixas aspirações. Assim, vale a pena estabelecer aspirações altas durante uma negociação.

Entretanto, essa generalização não é o mesmo que pedir algo absurdo. Para se ter certeza, algumas vezes a 'oferta absurda' pode valer a pena. Joe Costello, por exemplo, CEO da Think3, uma empresa de desenvolvimento de software de Santa Clara, Califórnia, relembrou uma oportunidade na qual negociou com 27 engenheiros e executivos da Toshiba. Na melhor das hipóteses, Costello esperava chegar a um acordo de 5 milhões de dólares. Para abrir a negociação, Costello escreveu o valor de 27 milhões na lousa branca da sala de reunião. Ele admite que 'chutou alto'. Costello teve muita sorte porque a Toshiba tinha uma MASA muito pouco atraente e precisava do software (*Business 2.0*, 1º set. 2002). Se pedir algo absurdo, você corre o risco de azedar uma relação. Em termos estratégicos, é muito mais eficaz fazer uma oferta inicial ligeiramente pior do que o ponto de reserva da outra parte e então barganhar até atingir esse ponto de reserva. Em outras palavras: a maioria das pessoas não vai aceitar *imediatamente* a sua oferta inicial, mas elas podem *no final* aceitar uma oferta que seja o ponto de reserva delas.

Definir metas específicas, desafiadoras e difíceis de se alcançar resulta em lucros maiores do que os obtidos em decorrência da definição de metas fáceis e inespecíficas (Huber & Neale, 1986, 1987; Neale, Northcraft & Earley, 1990; Thompson, 1995a). Em muitos casos, metas inespecíficas ou fáceis levam a acordos conciliatórios, que (conforme argumentaremos no próximo capítulo) estão abaixo do ótimo. Altas aspirações exercem um efeito auto-regulador sobre o comportamento de negociação. Negociadores que recebem metas fáceis tendem a definir para si metas mais difíceis de alcançar; apesar dos ajustes, porém, suas novas metas ainda continuam sendo significativamente mais fáceis que as metas escolhidas por negociadores com perfil de metas difíceis. Assim, é benéfico definir um ponto de aspiração alto e difícil desde o início da negociação.

Quando um negociador mantém o foco em seu ponto-alvo durante a transação, essa postura aumenta o valor do resultado final que ele venha a receber (Galinsky, Mussweiler & Medvec, 2002; Thompson, 1995a). Igualmente, os que focam em 'ideais' em vez de 'obrigações' acabam se saindo melhor em termos de divisão do montante (Galinsky & Mussweiler, 2001). No entanto, a pessoa que mantém seu foco em idéias não se *sente* tão satisfeita quanto a que foca seu ponto de reserva ou sua MASA. Assim, focar em alvos leva as pessoas a se saírem muito bem em negociações, mas se sentirem pior; em comparação, focar em pontos de reserva leva as pessoas a terem um desempenho pior, mas se *sentirem* melhor. Essas descobertas demonstram que o sentimento de coragem ou a intuição podem ter um efeito ilusório. Como, então, negociadores bem-sucedidos, mas infelizes, podem se sentir melhor? Se eles pensarem em sua MASA após a negociação, eles se sentirão psicologicamente melhor (Galinsky, Mussweiler & Medvec, 2002).

Aconselhamos os negociadores a evitar a *praga do vencedor*, na qual sua primeira oferta é imediatamente aceita pelo outro lado por ser muito generosa. Esse resultado sinaliza que você não definiu suas aspirações de uma forma suficientemente alta. Além disso, sugerimos que se evite uma estratégia conhecida como *boulwarismo*. O boulwarismo é assim chamado por causa de Lemuel Boulware, ex-CEO da General Electric, que acreditava em fazer uma oferta inicial que fosse também a oferta final. Como seria de se esperar, a estratégia não é muito eficaz e normalmente produz hostilidade por parte dos outros envolvidos na negociação.

Um outro conselho: não fique psicologicamente 'ancorado' por seu ponto de reserva. Em outras palavras: não deixe seu ponto de reserva direcionar seu ponto de aspiração. Muitos negociadores que aprenderam a avaliar sua MASA e definir um ponto de reserva apropriado deixam de pensar sobre seu ponto-alvo (ou de aspiração). Conseqüentemente, o ponto de reserva age como uma âncora psicológica para seu ponto de aspiração e, em muitos casos, as pessoas acabam fazendo ajustes insuficientes — elas não definem seu alvo de forma suficientemente audaciosa. Nós desencorajamos os negociadores a usar qualquer tipo de multiplicador em seu ponto de reserva para determinar seu alvo, pois esse procedimento não tem qualquer embasamento lógico.

Estratégia 5: Faça a primeira oferta (se você estiver preparado)

O folclore diz que os negociadores devem deixar seus oponentes fazerem a primeira oferta. "Os especialistas dizem que é melhor deixar seu adversário fazer a oferta de abertura." (*Inc.*, 1º ago. 2003a, p. 79) Entretanto, essa declaração representa a visão pop daquilo que os especialistas realmente dizem. Deixar a outra parte fazer a primeira oferta é um bom conselho se você estiver despreparado ou se a outra parte souber mais de você do que você dela (lembre-se da maldição do vencedor, por exemplo). Não obstante, investigações científicas de situações reais de barganha não comprovam essa intuição. Qualquer que seja a parte — comprador ou vendedor — que faça a primeira oferta, essa pessoa consegue um melhor resultado final (Galinsky & Mussweiler, 2001). Por quê? Ofertas iniciais agem como uma âncora para a negociação (Galinsky & Mussweiler, 2001). Elas têm uma correlação de pelo menos 0,85 com os resultados finais, o que sugere o quão importante elas são (Galinsky & Mussweiler, 2001). Os negociadores precisam pensar em uma série de fatores ao fazer uma oferta de abertura. Primeiro e mais importante, uma oferta inicial não deveria representar qualquer concessão na zona de barganha, o que colocaria um negociador em posição de desvantagem na divisão do montante. Em segundo lugar, muitas pessoas se preocupam com a possibilidade de 'insultar' a outra parte se fizerem uma abertura muito alta (se estiverem em posição de venda) ou muito baixa (se estiverem comprando). Entretanto, o medo de insultar a outra parte e azedar as negociações é mais aparente do que real, especialmente se suas demandas forem apoiadas na lógica. Gerentes costumam nos dizer que quando estão diante de uma oferta de abertura exagerada por parte de seu oponente, eles não se sentem insultados; ao contrário, eles se preparam para fazer concessões.

Vantagens distintas estão associadas à iniciativa de se fazer a primeira oferta numa negociação. A oferta inicial que caia dentro da zona de barganha pode servir como um ponto de ancoragem poderoso. Lembre-se, no capítulo anterior, do exemplo dos números de seguro social das pessoas que afetavam suas estimativas do número de médicos existentes na ilha de Manhattan. Aquele era um caso de ajuste insuficiente a partir de uma âncora arbitrária. Fazer a oferta inicial protege os negociadores de virarem presas de um efeito de ancoragem semelhante a quando escutam a oferta de seu oponente. Idealmente, a oferta inicial de um negociador age como âncora para a contraproposta de seu oponente. A Northwest Airlines, por exemplo, pediu a seus pilotos bem no início das negociações de 2003 para fazer um corte salarial de 17,5 por cento e renunciarem a aumentos, incluindo aí um adicional de 5,5 por cento já marcado para ser pago no futuro (*The Commercial Appeal*, 16 jul. 2003).

Sua primeira oferta não deve se constituir de uma faixa ou intervalo. Com relação a isso, sugerimos que faixas não sejam usadas em nenhum ponto da negociação. Por exemplo, empregadores freqüentemente solicitam a empregados potenciais que declarem uma faixa salarial nas negociações. Não caia nessa armadilha de barganha. Ao declarar uma faixa, você fornece a seu oponente um precioso espaço de barganha. Seu oponente considerará a extremidade inferior da faixa declarada como seu alvo e negociará a partir daquele valor. Uma estratégia muito melhor é a de responder à solicitação de seu oponente (fornecer uma faixa) dando-lhe várias ofertas que seriam igualmente satisfatórias para você. Esse ponto é extremamente importante e retornaremos a ele no próximo capítulo.

Uma coisa a mais deve ser dita sobre a oferta inicial: se você fizer uma oferta para seu oponente, deverá estar preparado para receber algum tipo de contraproposta ou resposta. Uma vez que tenha colocado uma oferta sobre a mesa, seja paciente. Agora é o momento de seu oponente responder. Em certas situações, paciência e silêncio são importantes ferramentas de negociação. Não interprete o silêncio da parte da outra pessoa como uma rejeição à sua oferta. Muitos negociadores acabam fazendo o que chamamos de 'concessões prematuras' — fazem mais de uma concessão antes que a outra parte se manifeste sobre sua oferta ou apresente uma contraproposta. Sempre aguarde a resposta da outra parte antes de fazer concessões. Lewis Kravitz, um *coach* de executivos e ex-conselheiro de *outplacement* de Atlanta, recomenda ter paciência e saber quando não se deve falar no calor das negociações. Em uma situação, ele estava fazendo *coaching* de um jovem que tinha acabado de ser despedido de sua equipe. O jovem estava desesperado e disse a Kravitz que se dispunha a concordar com um corte de 2 mil dólares em seu salário e aceitar 28 mil dólares por ano em seu próximo trabalho. Kravitz disse ao jovem para ficar calado à mesa de negociações e deixar que o potencial empregador fizesse a oferta inicial. Na entrevista de emprego que se seguiu, o empregador ofereceu 32 mil dólares anuais, deixando o surpreso e feliz candidato momentaneamente em silêncio. O empregador interpretou o silêncio como insatisfação e subiu a oferta para 34 mil na hora (*The Wall Street Journal*, 27 jan. 1998).

Estratégia 6: Reancore-se imediatamente se a outra parte abrir a negociação

Se seu oponente fizer uma oferta, então a bola está na sua quadra. É sábio fazer uma contraproposta oportunamente. Esse movimento tem duas conseqüências: primeiro, ele reduz a proeminência da oferta inicial de seu oponente como âncora para a negociação; segundo, sinaliza um desejo de negociar. Planejar sua oferta de abertura antes de ouvir a oferta de abertura da outra parte constitui uma parte essencial da preparação ou você arrisca ser ancorado pela oferta da outra parte. Mais ainda, Galinsky e Mussweiler (2001) orientaram alguns negociadores que receberam ofertas da outra parte a se concentrarem na informação que estiver inconsistente com aquela oferta; outros negociadores não receberam tal treinamento. O resultado? *Pensar* na MASA ou no preço de reserva do oponente, ou até mesmo no próprio ponto-alvo, acaba com o impacto poderoso que a primeira oferta da outra parte pode ter sobre você. Acima de tudo, não ajuste sua MASA com base na oferta de seu oponente e tampouco ajuste seu alvo. É extremamente importante não ser 'ancorado' pela oferta de seu oponente. Uma contraproposta eficaz move o foco para longe da oferta da outra parte como um ponto de referência da negociação.

Estratégia 7: Planeje suas concessões

Concessões são as reduções que um negociador faz durante o curso das negociações. As primeiras ofertas são chamadas 'aberturas'. É raro (mas não impossível) uma primeira oferta ser aceita. Note: se uma primeira oferta for imediatamente aceita pela outra parte, os negociadores podem incorrer em pensamentos retroativos sobre como poderiam ter feito as coisas de um jeito melhor (por exemplo: "O que poderia ter sido diferente?") e ficam, portanto, menos satisfeitos do que aqueles cujas primeiras ofertas não são imediatamente aceitas (Galinsky, Seiden, Kim & Medvec, 2002). A maioria das pessoas espera ter que fazer concessões durante a negociação (uma exceção é o estilo de barganha conhecido como *boulwarismo*, já discutido anteriormente). Qual é a melhor forma de se fazer tais concessões de modo a maximizar sua parcela da zona de barganha? Os negociadores precisam considerar três coisas ao formular contrapropostas e concessões: (1) o *padrão de concessões*, (2) a *magnitude das concessões*, e (3) o senso de *oportunidade nas concessões*.

Padrão de concessões

Concessões unilaterais são aquelas feitas por somente uma das partes; em comparação, *concessões bilaterais* são aquelas feitas por ambos os lados. Negociadores que fazem um número menor de concessões ou concessões menores são mais eficazes em maximizar sua fatia do montante, quando comparados àqueles que fazem concessões maiores e mais freqüentes (Siegel & Fouraker, 1960; Yukl, 1974). É quase uma norma universal o fato de as concessões acontecerem como um '*quid pro quo*', o que significa dizer que os negociadores esperam uma troca interativa de concessões entre as partes envolvidas. Espera-se que os outros respondam a uma concessão fazendo outras concessões. Entretanto, os negociadores *não devem* fazer mais que uma concessão por vez ao oponente. Espere por uma concessão da parte oponente antes de fazer mais concessões. Uma exceção seria uma situação na qual você sente que a oferta de seu oponente está próxima do seu ponto de reserva.

Magnitude das concessões

Mesmo que os negociadores possam fazer concessões usando um método tipo 'toma lá, dá cá', essa troca não diz nada sobre o grau das concessões feitas por cada parte. Assim, uma segunda consideração a ser feita quando se fazem concessões é determinar o quanto conceder. A medida usual de uma concessão é a quantidade reduzida ou aumentada (dependendo se quem concede é vendedor ou comprador) em relação a uma concessão previamente feita. É insensato fazer concessões consistentemente maiores que aquelas feitas por seu oponente.

O modelo de Redução Graduada na Tensão — GRIT (do inglês, *Graduated Reduction In Tension*) (Osgood, 1962) é um método no qual as partes evitam o aumento do conflito de forma a atingir um acordo mútuo dentro da zona de barganha. O modelo GRIT, baseado no princípio da reciprocidade, define que uma parte deve fazer uma concessão e convidar a outra a reciprocar fazendo uma concessão. A concessão feita pela primeira parte é significativa, mas não tanto a ponto de ela ficar em grande desvantagem se o oponente não retribuir.

Hilty e Carnevale (1993) examinaram o grau das concessões feitas por negociadores ao longo de diferentes pontos do processo de negociação (por exemplo, mais cedo *versus* mais tarde). Eles compararam negociadores do tipo 'bandido/mocinho' com os do tipo 'mocinho/bandido'. Os negociadores do tipo 'bandido/mocinho' começam com uma postura dura, fazem poucas concessões no início da negociação e, mais tarde, fazem grandes concessões. Os negociadores do tipo 'mocinho/bandido' trabalham de forma oposta: iniciam a negociação com concessões generosas e então se tornam duros e inflexíveis. A estratégia de concessão 'bandido/mocinho' provou ser mais eficaz do que a estratégia 'mocinho/bandido' em obter concessões por parte do oponente na negociação. Por quê? A mudança de 'bandido' para 'mocinho' cria um contraste favorável para quem recebe as concessões. Quem estava antes negociando com um 'bandido' sente-se aliviado de lidar depois com um negociador 'mocinho'.

Senso de oportunidade nas concessões

Por senso de oportunidade nas concessões, nós nos referimos ao fato de as concessões serem imediatas, graduais ou postergadas (Kwon & Weingart, 2004). Em uma análise de negociações envolvendo comprador e vendedor, os vendedores que fizeram concessões imediatas receberam as reações mais negativas dos compradores — que demonstraram menos satisfação e avaliaram mais negativamente o objeto de venda. Em comparação com isso, em situações nas quais o vendedor fez concessões graduais, a reação do comprador foi a mais positiva possível — alta satisfação.

Estratégia 8: Use uma lógica que pareça objetiva para embasar suas ofertas

A forma pela qual uma oferta é apresentada afeta drasticamente o curso das negociações. Idealmente, apresente uma lógica que pareça ser objetiva e convide seu oponente a aderir a ela. Se suas propostas forem rotuladas de 'justas', 'divisão igual' ou 'conciliação', elas carregarão mais impacto consigo. A importância de se possuir uma lógica não pode ser superestimada. Muitas vezes as pessoas querem simplesmente escutar que você tem uma lógica e nem mesmo se incomodam com seus detalhes. Langer, Blank e Chanowitz (1978), por exemplo, examinaram com que freqüência as pessoas eram bem-sucedidas em negociar para furar a fila em uma máquina copiadora. Aqueles que não conseguiam mostrar uma lógica para agir assim eram menos bem-sucedidos (60 por cento); os que apresentaram um raciocínio lógico eram os mais bem-sucedidos (94 por cento). Interessante observar que aqueles que apresentaram uma lógica sem sentido (como, por exemplo, 'eu preciso furar a fila porque preciso tirar cópias') foram muitíssimo bem-sucedidos (93 por cento). A próxima seção deste capítulo trata em detalhes do tópico do tratamento justo.

Estratégia 9: Apele para normas de justiça

Tratamento justo ou justiça é uma 'polêmica' na negociação porque a maioria dos negociadores se vê como justa, ou disposta a ser justa. A estratégia ideal de divisão do montante é determinar quais normas de tratamento justo são apropriadas para a situação e então usá-las para argumentar em favor de seu próprio ponto-alvo. Como negociador, você deve estar ciente de que 'tratamento justo' é algo bastante subjetivo e, portanto, egocêntrico, o que quer dizer que existe uma variedade de normas de tratamento justo e que os negociadores normalmente focam naquelas que servem a seus próprios interesses (Loewenstein, Thompson & Bazerman, 1989). Assim, devemos perceber que o tratamento justo é um conceito arbitrário que pode ser usado como uma estratégia de barganha com seu oponente; entretanto, o negociador deve estar também preparado para contra-argumentar quando um oponente apresenta um argumento de tratamento justo que não atende a seus próprios interesses.

Estratégia 10: Não caia no truque de 'dividir ao meio'

Um ponto focal freqüente nas negociações é a 'divisão ao meio' entre quaisquer duas ofertas que estejam presentes na mesa de negociação. Em muitas situações, como na compra de um carro ou de uma casa, as ofertas dos negociadores não se sobrepõem. Inevitavelmente, uma pessoa tem a brilhante idéia de 'dividir a diferença'. O conceito de divisão tem um apelo quase altruístico em si mesmo. Para muitos de nós, parece irracional recusar-se a chegar a um acordo ou ficar no meio do caminho. Portanto, qual o problema em se dividir o prejuízo? O problema é que isso normalmente se baseia em *valores arbitrariamente definidos*. Consideremos a situação da compra de um carro. Suponhamos que você inicialmente ofereça 33 mil dólares pelo carro, depois 34 mil dólares, para finalmente chegar a 34.500. Suponhamos que o vendedor peça inicialmente 35.200 dólares, depois reduza esse valor para 35 mil dólares, para chegar a 34.600. O vendedor então sugere que você divida com ele a diferença, pagando pelo carro a quantia de 34.550 dólares, argumentando que uma divisão da diferença entre os dois seria uma decisão 'justa'. Entretanto, o padrão de aumento das ofertas até aquele ponto da negociação ser atingido não foi 'igualitário' em nenhum sentido. Você fez concessões em um total de 1.500 dólares; o vendedor fez concessões que totalizaram 600 dólares. Além disso, mesmo que as concessões fossem da mesma magnitude, nada garante que o valor médio é 'justo'. A obrigação de um negociador é de começar com um valor inicial alto e fazer pequenas concessões. Normalmente, a pessoa que sugere a 'divisão da diferença' está numa posição vantajosa. Antes de aceitar ou de propor uma 'divisão da diferença', certifique-se de que as âncoras lhe estejam favoráveis.

PERGUNTAS MAIS FREQÜENTES

Devo revelar meu ponto de reserva?

Revelar seu ponto de reserva geralmente não é uma boa estratégia a não ser que este seja especialmente bom e você suspeite que a zona de barganha seja estreita. Se você revelar seu preço de reserva, esteja preparado para receber da outra parte a oferta por seu preço de reserva, nada mais do que isso.

Como vimos anteriormente, a informação mais valiosa que você pode ter sobre seu oponente é o ponto de reserva dele. Esse conhecimento o capacita a fazer uma oferta a seu oponente que exceda ligeiramente o ponto de reserva dele e reivindicar a totalidade do excedente de barganha para si. Entretanto, você deve presumir que seu oponente seja tão esperto quanto você e, portanto, que a probabilidade de ele lhe revelar seu ponto de reserva seja baixa. Na mesma moeda, se você revelar seu ponto de reserva, pouco haverá a ser feito para evitar que seu oponente reivindique para si o excedente de barganha na negociação.

Alguns negociadores revelam seus pontos de reserva para demonstrar que estão barganhando com boa-fé e que confiam na outra parte. Eles se baseiam na boa vontade de seu oponente na mesa de negociação e confiam que esse oponente não tirará vantagem indevida dessa informação. Por outro lado, podem-se utilizar formas mais eficazes para construir confiança em vez de revelar seu preço de reserva. Por exemplo, você pode manifestar expressamente um interesse genuíno nas necessidades e interesses da outra parte envolvida. Se o propósito da negociação é o de maximizar seu excedente, então por que criar um conflito de interesse com a outra parte, 'comprando a confiança' dela ao revelar seu ponto de reserva?

Devo mentir sobre meu ponto de reserva?

Se os negociadores podem fazer bem a si mesmos não revelando seus pontos de reserva, talvez possam se sair ainda melhor ao mentir, fazer declarações falsas ou exagerar seu ponto de reserva. Mentir não é uma boa idéia por três importantes motivos.

Primeiro, mentir é antiético. Lewicki e Stark (1996) identificaram cinco tipos de comportamento considerados antiéticos em negociações, dentre eles a barganha competitiva tradicional (por exemplo, exagerar em uma oferta ou demanda inicial), atacar a rede de um oponente (como tentar fazer com que seu oponente seja demitido ou ameaçar fazê-lo parecer tolo), fazer declarações falsas ou mentir (negando a validade de informações que seu oponente possui e que possam enfraquecer sua posição de negociação, por exemplo, mesmo que essas informações sejam válidas), usar inadequadamente a informação (por exemplo, coleta inapropriada de informação) e fazer falsas promessas (como prontificar-se a fazer concessões futuras às quais você sabe que não poderá dar andamento; garantir que sua equipe manterá o acordo, mesmo sabendo que isso não vai acontecer).

Nossa análise do egocentrismo e da mentira em redes sociais fechadas revelou que, apesar de 40 por cento das pessoas acreditarem que os outros componentes da rede mentiram ao longo de um período de dez semanas, as mesmas pessoas admitiram mentir somente em 22 por cento do tempo. Talvez essas percepções egocêntricas sejam a razão dos processos judiciais que tantas vezes acontecem nas negociações (*Textron United Automobile*). A Digital Equipment Corporation foi acusada de mentir durante negociações antes de um julgamento (*Digital versus Desktop Direct Co.*, 1994) e a Woolworth de fazer declarações falsas quanto à quantidade de amianto existente em um prédio durante a negociação de um leasing (*Century 21, Inc. versus F. W. Woolworth*, 1992; todos os exemplos relatados em Schweitzer & Croson, 1999). Que conclusão podemos tirar? A existência de um padrão duplo: é muito mais provável vermos os outros como enganadores do que admitir que estejamos enganando alguém. A mensagem que fica: não se arrisque!

Segundo, mentir não faz sentido em termos estratégicos. Mentir sobre o ponto de reserva reduz o tamanho da zona de barganha. Isso significa que as transações nas quais o negociador preferiria atingir um acordo chegarão algumas vezes a um impasse. Pessoas que mentem sobre seus pontos de reserva freqüentemente encontram dificuldade em evitar humilhações ou embaraços. A mentira mais comum numa negociação é: "Esta é minha oferta final". É muito embaraçoso continuar a negociar após fazer uma declaração desse tipo. Não crie as condições para se sentir acuado num canto. Além do mais, mentir pode não ser eficaz para maximizar sua fatia no montante. Croson, Boles e Murnighan (2003), por exemplo, examinaram o ato de mentir como um jogo (descrito no Capítulo 2). Eles descobriram que uma 'conversa fiada enganosa' que acabou descoberta pela outra parte teve um impacto negativo nos futuros resultados da pessoa que mentiu. Em casos como esse, as pessoas que descobrem que foram ludibriadas punirão quem as enganou, mesmo que lhes custe.

Finalmente, mentir macula sua reputação. O mundo é pequeno e as pessoas na comunidade de negócios criam uma reputação que se dissemina rapidamente por correio eletrônico, telefone e boca a boca. Até mesmo ser conhecido como um 'negociador rígido' pode criar uma reputação e, uma vez que você a tenha, as pessoas passam a se comportar de um modo muito mais competitivo com você, tornando muito mais difícil sua tarefa de reivindicar recursos. Em termos específicos, negociadores experientes conseguem extrair uma fatia maior do montante para si, mas não quando têm uma reputação de serem 'distributivos' (Tinsley, O'Connor & Sullivan, 2002). Deve-se evitar ser rotulado como um cão que ladra mas não morde, ou como um negociador que faz declarações falsas na mesa de negociações. Fazer declarações falsas sobre seu preço de reserva é um mau substituto para uma preparação adequada e para o desenvolvimento de uma boa estratégia de negociação.

Devo tentar manipular o ponto de reserva da outra parte?

Provavelmente não. Presumindo-se que a outra parte seja composta de pessoas razoavelmente inteligentes, motivadas e informadas (como você), ela provavelmente não será uma presa fácil neste tipo de complô de negociação. Esse tipo de tentativa pode na verdade se voltar contra você, fazendo com que a outra parte fique cada vez mais entrincheirada em sua posição. Além disso, você deve evitar que outros negociadores se valham das mesmas táticas de influência contra você. Você provavelmente não cairia em armadilhas deste tipo, então por que acreditar que eles cairão?

Alguns negociadores tendem a utilizar táticas para amedrontar o outro, como: 'Se você não nos vender sua casa, não encontrará mais nenhum comprador para ela' ou 'Você vai se arrepender de não ter comprado esta empresa de mim, pois em dez anos serei bilionário'. Táticas de amedrontamento não costumam ser eficazes. Elas normalmente se voltam contra quem as usa ou geram má vontade nos oponentes numa negociação.

Devo fazer uma 'oferta final' ou comprometer-me com uma posição?

Em geral, assumir tal postura não é uma estratégia eficaz de negociação. A principal razão para isso é que as pessoas o fazem muito cedo. Na verdade, o discurso 'Esta é minha oferta final' tem um impacto muito maior quando é dito num momento mais avançado das negociações. Assumir um compromisso irrevogável como uma 'oferta final' deve ser algo feito somente quando você realmente quiser isso e se sentir confortável em deixar a mesa de negociações caso sua oferta não seja aceita. É claro que você só deve abandonar as negociações se sua MASA for mais atraente do que aquilo que seu oponente está lhe oferecendo. Intimidar a outra parte ao se comprometer com uma determinada posição é arriscado. Primeiro, porque é difícil fazer compromissos 'inflexíveis' que pareçam convincentes. Ainda mais importante é o fato de que é difícil reverter tais declarações uma vez que tenham sido feitas, sem, no mínimo, parecer ou se sentir leviano.

Salvar a imagem

Salvar a imagem (ou evitar humilhação ou embaraço) em uma negociação já foi chamado de "uma das propriedades mais sagradas de um indivíduo" (Deutsch, 1961, p. 897). *Imagem* é o valor que uma pessoa coloca em sua aparência pública, reputação e status diante de outras pessoas em uma negociação. Dentre as ameaças diretas de manchar a imagem em negociações estão: fazer ultimatos, críticas, provocações e insultos. Freqüentemente, a mera presença de uma platéia pode fazer com que salvar sua imagem seja de suma importância para o negociador. Quando se ameaça alguém de manchar sua imagem, isso pode levar a que a pessoa mude seu comportamento de uma postura mais cooperativa para a competição, gerando impasses e resultados do tipo 'perde-perde'.

Obviamente, as pessoas diferem em termos de quão sensíveis são à ameaça contra as aparências. A sensibilidade à ameaça contra a imagem — FTS (do inglês, *face threat sensitivity*) de um negociador consiste da probabilidade de ele ter uma reação negativa a uma ameaça à sua imagem (Tynan, 1999). As pessoas com sensibilidade alta têm um limiar mais baixo para detectar ameaças à sua imagem e reagir a elas. Essas respostas emocionais variam de raiva ou frustração a um sentimento de traição ou tristeza. Conseqüentemente, a pessoa pode não confiar na outra parte e se recusar a compartilhar informações. Medimos a sensibilidade de negociadores e o impacto que ela teve em seu comportamento e na qualidade dos resultados negociados (White, Tynan, Galinsky & Thompson, no prelo). Simplesmente pedimos aos negociadores para indicar a facilidade com que seus sentimentos eram feridos, o quanto eles se sentiam 'mordidos' e não respondiam bem a críticas. Em negociações de compra e venda, poucos acordos 'ganha-ganha' foram obtidos quando o vendedor tinha alta sensibilidade. Em negociações para a obtenção de um emprego, os candidatos tiveram menos propensão a fazer acordos 'ganha-ganha' quando sua sensibilidade à perda da imagem era alta.

A melhor maneira de ajudar a outra parte a salvar sua imagem é não transparecer, de maneira alguma, que você pensa que ela teve sua imagem manchada e não colocá-la em uma situação de 'ou vai, ou racha'. Você pode dar vários passos sempre que a outra pessoa der a impressão de assumir uma posição irrevogável, tal como rotular uma oferta de 'final'.

Em primeiro lugar, você pode relevar declarações feitas pela outra parte no calor do conflito. Você poderia dizer: 'Deixe-me considerar sua oferta e depois lhe darei um retorno' em vez de: 'Então, se essa é sua oferta final, acho que a negociação acabou'. Ao não reconhecer o caráter final da oferta da outra parte, você oferece a ela uma 'saída' para retomar mais tarde as negociações. Durante a reunião da Conferência de Genebra de 1985, por exemplo, um momento tenso ocorreu quando Gorbachev declarou de forma taciturna (após horas de negociação com Reagan): "Parece que chegamos a um impasse" (*Time*, 2 dez. 1985). Em vez de legitimar a veracidade deste comentário, Reagan rapidamente sugeriu que fosse feito um intervalo e propôs uma caminhada na parte externa do prédio onde ocorria a reunião. Essa sugestão provou ser um movimento crítico que permitiu que Gorbachev voltasse à mesa de negociações. Disse ele: "O ar fresco pode trazer idéias frescas". Reagan retrucou: "Talvez descubramos que as duas coisas andam juntas" (p. 22).

Em outras situações, você pode ter que ajudar a outra parte descobrindo uma estratégia para salvar a imagem dela, talvez através de uma redefinição de alguns dos termos da negociação. Um exemplo excelente de como salvar a imagem de alguém ocorreu nas discussões de greve entre a General Motors e o sindicato Canadian UAW. O sindicato insistia em um aumento de salários: a GM queria instituir um esquema de divisão de lucros, mas manter os salários nos níveis mínimos permitidos, especialmente por causa do medo por parte da GM de uma queda no mercado. Chegou-se a uma solução em que os salários foram mantidos no nível mínimo, mas os trabalhadores receberam um aumento baseado em incentivos (*Final Offer*, filme, 1985).

O PODER DE SER JUSTO

Tratamento justo e preocupações com a divisão do montante permeiam aspectos da vida social desde a política corporativa até relações sociais íntimas (Deutsch, 1985). A seguir, apresentaremos um curso sobre 'tudo que você sempre quis saber sobre tratamento justo' para o negociador preocupado com a divisão do montante.

Vários métodos de divisão justa

O tratamento justo apresenta diversas formas e tipos. Mais freqüentemente, os negociadores se utilizam de um dos três princípios do tratamento justo quando chega a hora de dividir o montante: igualdade, eqüidade e necessidade (Deutsch, 1985):

1. **Regra da igualdade,** ou justiça cega, prescreve fatias iguais para todos. Os resultados são distribuídos sem se preocupar com *inputs*, e todos se beneficiam (ou sofrem) de maneira igual. O sistema educacional e o sistema legal nos Estados Unidos são exemplo de justiça igualitária: toda pessoa tem os mesmos direitos. Em uma universidade, todos os alunos têm os mesmos direitos a tratamento médico e a serviços de colocação profissional.

2. **Regra da eqüidade,** ou princípio da proporcionalidade das contribuições, prescreve que a distribuição dos resultados deve ser proporcional às contribuições de uma pessoa. O sistema de livre-mercado nos Estados Unidos é um exemplo do princípio da eqüidade. Em muitas universidades, alunos se candidatam a cursar determinadas disciplinas; aqueles que têm uma pontuação maior têm mais direito a conseguir lugar em um curso. A eqüidade é uma regra tão importante do tratamento justo que discutiremos esse tópico mais adiante em mais detalhe.
3. **Regra baseada nas necessidades,** ou alocação baseada no bem-estar, diz que os benefícios devem ser proporcionais às necessidades. O sistema de bem-estar social nos Estados Unidos está baseado nas necessidades das pessoas. Em muitas universidades, a ajuda financeira é baseada na necessidade por parte dos alunos.

Regras de tratamento justo para situações específicas

Regras diferentes de tratamento justo são aplicáveis em diferentes situações (Schwinger, 1980). Por exemplo, a maioria de nós acredita que o sistema de justiça penal deve ser baseado na igualdade: todos devem ter o direito a um julgamento igual e justo independentemente de sua renda ou necessidade (princípio da igualdade). Por outro lado, a maioria de nós acredita que as notas em um curso superior devem ser dadas com base na regra da eqüidade: alunos que contribuem mais devem ser recompensados com notas mais altas (princípio da eqüidade). Da mesma forma, a maioria das pessoas concorda que pessoas com deficiências têm direito a vagas especiais de estacionamento e fácil acesso aos prédios (princípio das necessidades). Entretanto, algumas vezes acontecem debates acalorados (como em relação ao sistema de cotas, com algumas pessoas argumentando que é importante para quem foi historicamente discriminado ter igual acesso a tudo, enquanto outros contestam essa posição e dizem que tudo deve ser baseado na eqüidade e no mérito).

As *metas* envolvidas em uma situação de negociação normalmente ditam qual regra de tratamento justo deve ser empregada (Mikula, 1980). Por exemplo, se nossa meta for minimizar desperdícios, então uma política baseada em necessidades ou bem-estar social pode ser a mais apropriada (Berkowitz, 1972). Se for manter ou melhorar a harmonia e a solidariedade da equipe, regras baseadas na eqüidade são as mais eficazes (Leventhal, 1976). Se nossa meta for melhorar a produtividade e o desempenho, uma alocação baseada na igualdade é a mais eficaz (Deutsch, 1953).

Do mesmo modo, o *relacionamento* de um negociador com a outra parte envolvida influencia fortemente a escolha das regras de tratamento justo. Quando os negociadores compartilham atitudes e crenças semelhantes, quando estão fisicamente próximos ou quando provavelmente terão que se engajar em uma futura interação, eles preferem optar pela regra da igualdade. Quando a partilha é pública (outras pessoas têm acesso às escolhas feitas), a igualdade é usada; quando a alocação é privada, prefere-se a eqüidade. Amigos tendem a usar a igualdade entre si, enquanto os que não são amigos ou somente conhecidos usam a eqüidade (Austin, 1980). Além disso, em seu relacionamento com outros as pessoas não empregam consistentemente uma única regra de tratamento justo; pelo contrário, elas usam diferentes regras para incidentes específicos que ocorrem nesses relacionamentos. Por exemplo, quando se solicita que as pessoas descrevam um incidente recente ocorrido em seu próprio relacionamento para ilustrar um princípio de justiça em particular (eqüidade, igualdade ou necessidades), o tratamento justo baseado nas necessidades está ligado a incidentes que envolvem atenção e desenvolvimento pessoal, enquanto o tratamento justo baseado na eqüidade e na igualdade é relacionado a situações envolvendo a alocação de responsabilidades (Steil & Makowski, 1989). Em geral, estratégias de divisão do montante baseadas nos princípios de igualdade são associadas a sentimentos mais positivos sobre a decisão, a situação e sobre a outra parte.

Regras de tratamento justo também dependem de se as pessoas estão lidando com recompensas ou custos (relembre nossa discussão sobre o efeito de *framing* ou 'enquadramento' no Capítulo 2). A igualdade é normalmente usada para alocar benefícios, enquanto a eqüidade é mais freqüentemente utilizada para distribuir encargos (Sondak, Neale & Pinkley, 1995). Foi realizado um estudo em que as pessoas estavam envolvidas em uma negociação entre duas partes, referente a um projeto conjunto (Ohtsubo & Kameda, 1998). Na condição de compartilhamento de benefícios, os negociadores foram avisados que seu projeto conjunto rendia um ganho total de 3 mil GL (uma unidade monetária fictícia) e que a sua tarefa era conseguir um acordo sobre como dividir essa quantia entre os parceiros. Os participantes eram avisados de que tinham incorrido, pessoalmente, em custos que totalizavam 1.350 GL pelo projeto e que o perfil final deveria ser determinado a partir da subtração dos 1.350 GL da quantia do acordo negociado. Na condição de compartilhamento de custos, a situação era exatamente a mesma, exceto pelo fato de ter sido dito aos participantes que eles teriam investido pessoalmente 1.650 GL. Assim, a situação de barganha era idêntica em ambas as situações, com exceção do investimento pessoal. Obviamente uma divisão igual de 3 mil significaria 1.500 GL para cada parte, que por sua vez constituía um ganho na condição de benefícios e uma perda na condição de custos. Como acabou acontecendo, os negociadores eram mais rígidos e exigentes quando negociavam o compartilhamento dos custos do que o dos benefícios. Além disso, menos decisões de divisões em partes iguais foram tomadas na condição referente aos custos.

A seleção das regras de tratamento justo também é influenciada por circunstâncias atenuantes. Consideremos, por exemplo, um deficiente físico que busca conseguir uma titulação avançada. Uma pessoa que supera limitações externas é mais valorizada do que quem não enfrenta limitações, mas oferece a mesma contribuição. Quando uma situação é complexa, envolvendo múltiplos *inputs* em diferentes dimensões, as pessoas apresentam uma probabilidade maior de usar a regra da igualdade. Assim, grupos normalmente dividem contas de jantar em partes iguais, em vez de computarem a parte referente a cada pessoa. Essa abordagem pode, no entanto, gerar um problema. Membros do grupo sabedores da utilização constante da igualdade podem gastar mais individualmente, de forma proposital. Nenhum membro do grupo quer pagar mais do que aquilo que consumiu; portanto, se as pessoas não puderem controlar o consumo das outras, vão consumir mais. É claro que quando todos pensam desta forma os custos aumentam, levando a um comportamento irracional por parte do grupo — um tópico que discutimos no capítulo referente aos dilemas sociais (Capítulo 11).

As orientações múltiplas constituem uma potencial fonte de conflito e inconsistência (Deutsch, 1985). Por exemplo, pessoas que estão alocando recursos escolhem regras de tratamento justo diferentes daquelas escolhidas pelas que estão do lado do recebimento. Os que estão em posição de alocação normalmente distribuem os recursos de forma igualitária, mesmo que tenham preferências diferentes. Por outro lado, recipientes que tenham sido tratados de forma desigual, porém vantajosa, justificam suas fatias recebidas — mesmo que não tivessem concedido a si mesmos os recursos que receberam do responsável pela alocação (Diekmann, Samuels, Ross & Bazerman, 1997).

Comparação social

A comparação social é um fato inevitável da vida em organizações e dos relacionamentos. Mesmo não querendo nos comparar com outras pessoas, acabamos, inevitavelmente, sabendo que alguém está ganhando mais do que nós, que tem um escritório maior que o nosso, que tem oportunidades especiais ou um orçamento maior. Situações sociais são lembretes constantes de como as outras pessoas — desconhecidos, conhecidos e amigos — se comparam conosco em termos de fortuna, fama e felicidade. Como reagimos a comparações sociais? Ficamos felizes com os resultados dos outros? Apreciamos sua glória quando conquistam o sucesso ou nos sentimos com raiva e ameaçados?

Quando o desempenho de outra pessoa melhora nossa auto-avaliação e quando isso ameaça nossa auto-imagem? Quando nos comparamos com outra pessoa, consideramos a relevância da comparação para com a nossa auto-imagem. As pessoas têm crenças e valores que refletem as dimensões centrais de seu próprio eu. Algumas delas são altamente relevantes para nós; outras são irrelevantes. Tudo depende de como a pessoa se vê. O desempenho dos outros pode afetar nossa auto-avaliação, especialmente quando existe uma proximidade psicológica com elas. Quando vemos alguém próximo de nós se sair muito bem numa área com a qual nos identificamos, nossa auto-avaliação é ameaçada. Tais comparações 'para cima' podem levar à inveja, frustração, raiva e até mesmo sabotagem. Após escutarem que um membro de sua geração fez alguns investimentos altamente oportunos em empresas que deram retornos maravilhosos e agora está três vezes mais rico, as pessoas provavelmente se sentem ameaçadas se têm orgulho de sua expertise pessoal na área de finanças. O fato de nosso colega ter um desempenho excelente em uma área em que nos orgulhamos de sermos muito bons joga sal nas feridas de nossa psique. Quando outra pessoa tem um desempenho melhor que o nosso em alguma coisa irrelevante para nossa autocrítica, quanto melhor o desempenho dela e mais próxima a nossa relação, mais nos orgulhamos de seu sucesso.

Quando o assunto é pagamento e compensação, as pessoas se preocupam mais com o quanto ganham em comparação com as outras, que consideram como pares, do que com o valor absoluto de sua remuneração. (A necessidade compulsiva de se comparar com as outras pessoas levou ao desenvolvimento de sites na Internet como o SalaryScan [*Business Wire*, 10 jun. 2002], no qual radiologistas podem acessar uma base de dados de comparação de salários.) Esse tipo de comportamento revela que as pessoas muitas vezes se preocupam mais com como sua fatia do montante se compara à de outras pessoas do que com o tamanho da fatia em um sentido absoluto (Adams, 1965; Blau, 1964; Deutsch, 1985; Homans, 1961; Walster, Berscheid & Walster, 1973; ver Quadro 3.1 para um exemplo de comparação social).

Com quem as pessoas se comparam? Podemos distinguir três diferentes alvos de comparação social: comparação para cima, comparação para baixo e comparação com similares.

1. **Comparação para cima** ocorre quando as pessoas se comparam com alguém que seja melhor, tenha mais sucesso ou um status mais alto. O jovem empreendedor começando sua própria empresa de desenvolvimento de software pode se comparar com Bill Gates. Com freqüência as pessoas fazem comparações para cima buscando inspiração e motivação.
2. **Comparação para baixo** ocorre quando as pessoas se comparam com alguém que seja menos afortunado, capaz ou realizado, ou que tenha um status mais baixo. Por exemplo, quando a campanha de marketing de uma jovem gerente de marketing é um completo fiasco, ela pode se comparar com uma colega cujas decisões levaram à perda de centenas de milhares de dólares. A comparação para baixo freqüentemente faz com que as pessoas se sintam melhores com relação a sua situação atual.
3. **Comparação com similares** ocorre quando as pessoas escolhem alguém de formação, habilidades e capacidade similares com quem se compararem. Por exemplo, um indivíduo observa outros alunos de MBA quando quer avaliar suas habilidades em finanças. A comparação com similares é útil quando as pessoas desejam fazer uma avaliação precisa de suas competências.

| QUADRO 3.1 | INTERESSE PRÓPRIO *VERSUS* COMPARAÇÃO SOCIAL |

Imagine que você esteja sendo recrutado para um cargo na empresa A. Seu colega, José, com formação e talentos semelhantes aos seus, também está sendo recrutado pela mesma empresa. A empresa A fez as seguintes ofertas de salário para você e Jay:
    Seu salário anual: 75 mil dólares
    O salário anual de Jay: 95 mil dólares
    Sua outra opção é a de assumir uma posição na empresa B, que também lhe fez uma oferta. A empresa B também fez uma oferta para sua colega, Inês:
    Seu salário anual: 72 mil dólares
    O salário anual de Inês: 72 mil dólares

Que oferta de trabalho você aceita, da empresa A ou da empresa B? Se você seguir os princípios do julgamento racional descritos no Apêndice 1, você aceitará a oferta da empresa A — ela paga um salário melhor. Entretanto, se você for como a maioria das pessoas, vai preferir a oferta da empresa B, pois não se sentiu tratado de forma justa pela empresa A (Bazerman, Loewenstein & White, 1992).

O que define a escolha de com quem se comparar? Várias metas e motivos podem orientar a comparação social, incluindo os seguintes:

1. **Auto-aperfeiçoamento:** As pessoas se comparam com outras que podem servir de modelos de sucesso (Taylor & Lobel, 1989). Um jogador iniciante de xadrez, por exemplo, pode comparar seu nível de talento com o de um grande mestre. Uma comparação para cima pode oferecer inspiração, *insight* e desafio, mas também pode levar a sentimentos de desânimo e incompetência.
2. **Auto-engrandecimento:** O desejo de manter ou melhorar uma visão positiva de si mesmo pode levar as pessoas a segregar informações que façam bem à sua auto-imagem. Em vez de buscar a verdade, as pessoas buscam comparações que as coloquem sob um viés altamente positivo. As pessoas fazem comparações para baixo com outras menos afortunadas, menos bem-sucedidas e assim por diante (Wills, 1981).
3. **Auto-avaliação precisa:** O desejo do conhecimento verdadeiro sobre si próprio (mesmo que o resultado não seja favorável).

O princípio da eqüidade

Quando o assunto é relacionamento e divisão do montante, as pessoas julgam o que é justo com base naquilo em que estão investindo no relacionamento e no que querem obter dele. Os *inputs* consistem de investimentos num relacionamento que normalmente envolvem custos. Por exemplo, a pessoa que gerencia as finanças e paga as contas em um relacionamento incorre em custos de tempo e energia. Um *output* é algo que uma pessoa recebe de um relacionamento. A pessoa que não paga as contas desfruta dos benefícios de um serviço de assistência financeira. *Outputs*, ou resultados, podem ser positivos ou negativos. Em muitos casos, o *input* de A é o resultado de B e o *input* de B é o resultado de A. Por exemplo, uma empresa paga (*input*) um empregado (resultado) que dedica tempo e expertise (*input*) para levar adiante as metas da empresa (resultado).

A eqüidade está presente em um relacionamento quando os resultados obtidos por cada pessoa são proporcionais aos seus *inputs*. A eqüidade, portanto, refere-se à equivalência da relação resultado/*input* das partes; há iniqüidade quando a relação entre resultados e *inputs* não é a mesma para todas as pessoas. Existe eqüidade quando os lucros (recompensas menos custos) de dois atores são iguais (Homans, 1961). Não obstante, podem surgir complicações se duas pessoas tiverem visões diferentes do que constitui um investimento, custo ou recompensa legítima, e de como eles classificam cada um. Consideremos, por exemplo, os salários pagos aos jogadores de basquetebol na NBA. Com as estrelas amealhando a maior parte do montante (cobrindo uma quantia fixa), sobra pouco para pagar os últimos três ou quatro jogadores de uma folha de pagamentos de 12 jogadores. O salário mínimo de 272.500 dólares pode parecer extraordinariamente alto para uma pessoa comum, mas no contexto da equipe — cuja média anual de salários é 2,6 milhões de dólares e onde o salário de Michael Jordan do Chicago Bulls foi de 30 milhões de dólares por ano em 1997 — reflete uma disparidade comensurável (Staudohar, 1999).

A eqüidade existe quando uma pessoa percebe igualdade na relação entre seus resultados (R) e *inputs* (I) e o mesmo tipo de relação de outra pessoa, onde a e b representam essas duas pessoas (Adams, 1965):

$$\frac{R_a}{I_a} = \frac{R_b}{I_b}$$

Entretanto, essa fórmula de igualdade é menos aplicável a situações em que *inputs* e resultados possam ser tanto positivos quanto negativos. A fórmula básica pode ser redefinida da seguinte maneira:

$$\frac{R_a - I_a}{|I_a|^{ka}} = \frac{R_b - I_b}{|I_b|^{kb}}$$

Essa fórmula propõe que a igualdade prevaleça quando a disparidade entre os resultados e *inputs* da pessoa a e os resultados e *inputs* da pessoa b é igualmente proporcional ao valor absoluto de cada *input* deles. O numerador representa o 'lucro' e o denominador é o responsável pelo ajuste positivo ou negativo do *input*. Cada k assume o valor de +1 ou −1, dependendo da valência dos *inputs* e ganhos dos participantes (resultados−*inputs*).

Restaurando a eqüidade

Suponha que você tenha sido contratado por sua empresa no ano passado com um salário anual de 85 mil dólares. Você estava contente com o salário até descobrir que um colega seu da mesma empresa, que você considera ter formação e capacidades equivalentes às suas, recebe 5 mil dólares a mais por ano do que você. Como você lida com esta iniqüidade? Quando as pessoas percebem que estão participando de uma relação sem eqüidade, ficam estressadas; quanto maior a iniqüidade percebida, mais alto o nível de estresse. O estresse leva as pessoas a tentarem restaurar a eqüidade na relação.

As pessoas que acreditam estar ganhando menos do que merecem sentem-se insatisfeitas e buscam restaurar a eqüidade (Walster, Berscheid & Walster, 1973). Trabalhadores que se sentem mal remunerados, por exemplo, reduzem seu nível de esforço e produtividade para restaurar a eqüidade (Greenberg, 1988) e, em alguns casos, saem de organizações caracterizadas pela iniqüidade para trabalhar em uma organização onde os salários são distribuídos de forma mais justa, mesmo que não sejam tão bem remunerados em termos absolutos (Schmitt & Marwell, 1972).

Consideremos o que aconteceu quando dois vice-presidentes de uma importante empresa da lista da *Fortune 100* foram promovidos a vice-presidentes seniores mais ou menos ao mesmo tempo, no final da década de 1990 (*Washington Post*, 15 jun. 2003). Ambos se mudaram para novos escritórios, mas um deles desconfiou de iniqüidade. Ele conseguiu as plantas do local e mediu a área de cada escritório. Suas suspeitas se confirmaram e ele acabou descobrindo que o escritório do outro vice-presidente era alguns metros quadrados maior que o seu. Um ex-empregado comentou: 'Ele arrumou uma confusão'. Paredes foram movidas, e seu escritório foi reconfigurado para ficar tão grande quanto o de seu colega.

As pessoas se valem dos seis meios mostrados a seguir para eliminar a tensão decorrente da iniqüidade (Adams, 1965):

1. Alterar os *inputs*. (O VP sênior poderia trabalhar menos arduamente, assumir um número menor de projetos ou tirar mais dias livres etc.)
2. Alterar os resultados. (O VP sênior poderia aumentar seu escritório — o que de fato fez.)
3. Distorcer cognitivamente os *inputs* e resultados. (O VP sênior poderia minimizar a importância de suas contribuições e maximizar o valor que atribuía a seu escritório — por exemplo, ao pensar que seu escritório era mais silencioso que o de seu colega VP.)
4. Abandonar a situação. (O VP sênior poderia pedir demissão do trabalho.)
5. Distorcer cognitivamente os *inputs* e resultados de um parceiro de troca. (O VP sênior poderia ver o outro VP como alguém que contribui mais, ou talvez considerar o escritório maior menos atraente do que realmente é.)
6. Mudar o objeto de comparação. (O VP sênior poderia parar de se comparar com o outro VP e passar a se comparar com outra pessoa da empresa.)

O uso das duas primeiras estratégias depende de se a pessoa foi sub ou super-recompensada. Indivíduos super-recompensados podem aumentar seus *inputs* ou reduzir seus resultados para restaurar a eqüidade no tratamento, enquanto pessoas sub-recompensadas devem reduzir seus *inputs* ou aumentar seus resultados. Por exemplo, as pessoas trabalham mais se acham que estão recebendo mais do que merecem. No outro extremo, as pessoas podem enrolar ou até roubar ao descobrirem que estão recebendo abaixo do que merecem (Greenberg, 1990).

Conhecidos os vários métodos para se restaurar a eqüidade, o que determina qual método será usado? As pessoas fazem uma análise de custo-benefício e escolhem o método que maximiza resultados positivos. Freqüentemente, esse método minimiza a necessidade de se aumentar qualquer um de seus *inputs* que seja difícil ou custoso de mudar, e também minimiza a necessidade de mudanças reais ou cognitivas em *inputs*/resultados fundamentais para a auto-imagem. Em outras palavras, é normalmente mais fácil racionalizar uma situação do que fazer alguma coisa em relação a ela. Além disso, esse tipo de mudança minimiza a necessidade de abandonar a situação ou de mudar o objeto de comparação social uma vez que ela tenha se estabilizado. Assim, é improvável que peçamos um corte em nosso salário se acharmos que estamos sendo pagos acima do que merecemos, mas somos mais propensos a considerar o trabalho que fazemos algo mais exigente. (Ver Nota 3.1 para um exame dos fatores que podem levar alguém a reagir à iniqüidade.)

Nota 3.1 Tratamento injusto distribuído *versus* concentrado

Dentro do ambiente organizacional, podem ocorrer muitos atos injustos. Por exemplo, uma pessoa negra pode ser prejudicada em uma promoção. Uma mulher com excelentes habilidades gerenciais pode ser relegada a tarefas administrativas e secretariais. Como os empregados reagem a injustiças que acontecem dentro de uma organização? Consideremos duas empresas hipotéticas: A e B. Em cada uma delas a incidência global de comportamentos injustos é idêntica. Na empresa A, a incidência de comportamentos injustos (ou seja, percentagem total dos atos) está concentrada em uma única pessoa — uma mulher negra. Na empresa B, essa incidência está dividida entre três pessoas — uma mulher negra, um homem hispânico e um senhor branco, deficiente físico, de mais idade. O fato de essa incidência estar concentrada em um único indivíduo ou espalhada por muitos membros da organização deveria ser irrelevante

> se a incidência global de tratamento injusto em cada organização for a mesma. Na prática, no entanto, essas situações são vistas como completamente diferentes.
> Numa organização simulada, três empregados foram atormentados, um em cada uma de três interações com um gerente. Em outra empresa, um dos três empregados foi prejudicado em todas as três interações com um gerente; os outros dois receberam tratamento justo. Assim, em ambas as empresas, a incidência de tratamento injusto é a mesma. Entretanto, o julgamento global dos grupos sobre o tratamento injusto do gerente foi maior quando a injustiça foi aplicada em todos os membros do que quando estava concentrada em um único indivíduo. De forma ainda mais desconcertante, os alvos de discriminação foram marginalizados pelos outros membros do grupo. Os efeitos de se culpar a vítima podem ser mais flagrantes quando um indivíduo é o alvo isolado da discriminação — ironicamente, quando ele mais necessita de apoio (Lind, Kray & Thompson, 1996).

A orientação para a eqüidade é tão forte que as pessoas que não têm a oportunidade de restaurar a eqüidade depreciarão as demais, restaurando assim uma *eqüidade psicológica*. Se uma distorção deve ocorrer, as pessoas focam nos *inputs* e resultados da outra pessoa antes de distorcer os seus próprios, especialmente se tais distorções afetarem sua auto-estima. Abandonar a situação e mudar o objeto de comparação envolvem o custo mais alto, pois isso rompe com o *status quo* e viola crenças de justiça.

Justiça processual

Além do pedaço que lhes cabe no montante, as pessoas se preocupam com a forma pela qual os recursos são distribuídos (Thibaut & Walker, 1975, 1978; Leventhal, 1976, 1980). Elas avaliam não somente o tratamento justo nos resultados, como também a justiça dos procedimentos pelos quais esses resultados são determinados. A avaliação no tocante ao tratamento justo de procedimentos determina a satisfação e o desejo das pessoas em aquiescer aos resultados. Gerentes que educam seus empregados, por exemplo (ou seja, explicam a eles por que uma mudança está acontecendo, como no caso de uma fusão), acham que isso aumenta o compromisso do empregado para com a mudança (Kotter & Schlesinger, 1979). Explicar decisões em um contexto de mudança ajuda os empregados a se adaptarem a essa mudança, enquanto a falta de explicações é normalmente considerada injusta por esses empregados, gerando ressentimentos em relação à administração e para com a decisão (Daly & Geyer, 1994). De fato, Daly (1995), em um estudo realizado com 183 empregados de sete organizações do setor privado que tinham acabado de passar por uma realocação, descobriu que o tratamento justo era mais percebido quando se fornecia uma justificativa para uma mudança desfavorável.

Tratamento justo ou justiça nos relacionamentos

Consideremos a seguinte situação: você e um colega da universidade desenvolveram uma idéia potencialmente revolucionária (e lucrativa) para um novo tipo de esqui aquático (ver Loewenstein, Thompson & Bazerman, 1989). Você empregou cerca de meio ano no porão do alojamento universitário em que mora para desenvolver um protótipo da nova invenção. Seu amigo teve a idéia original e você desenvolveu o projeto, definiu os materiais e montou o protótipo. Vocês dois conversaram com um advogado especializado em propriedade intelectual sobre como conseguir uma patente, e o advogado disse a vocês que existia uma solicitação pendente de uma patente de um produto similar, mas a empresa oferecerá a vocês 3 mil dólares por uma das características inovadoras de seu projeto. Você e seu amigo aceitam a oferta de bom grado. Que divisão dos 3 mil dólares entre você e seu amigo lhe parece mais satisfatória?

As preferências que as pessoas têm por diversas formas possíveis de distribuir o dinheiro entre si mesmas e outras pessoas foram avaliadas (Loewenstein, Thompson & Bazerman, 1989). As funções de utilidade das pessoas eram sociais em vez de individuais, o que significa dizer que a satisfação individual foi fortemente influenciada tanto pelas recompensas recebidas por outros quanto por aquelas recebidas pela pessoa avaliada (ver Figura 3.3). As funções de utilidade social apresentam um formato de trapézio. O resultado mais satisfatório foi o referente a uma divisão igual entre a própria pessoa e a outra (1.500 para cada uma). Discrepâncias entre o pagamento para a pessoa avaliada e o pagamento para a outra levaram a uma baixa satisfação. Essas funções, contudo, ficaram desbalanceadas pelo fato de a iniqüidade vantajosa (a pessoa avaliada receber mais do que a outra) ter sido preferida em relação à iniqüidade desvantajosa (a outra pessoa receber mais do que a pessoa avaliada). Além disso, a relação com a outra parte era relevante: em relações positivas ou neutras, as pessoas preferiram a igualdade; em relações negativas, as pessoas preferiram iniqüidade vantajosa (ver Nota 3.2 para um exame de diferentes tipos de perfil).

Nota 3.2 Perfis de divisores de montantes

Você já pensou se a maioria das pessoas está realmente interessada nos outros ou se está somente preocupada com seus próprios ganhos? Para examinar esta questão, estudantes de MBA examinaram várias situações hipotéticas, como a que envolvia a invenção do esqui, e foram perguntados sobre que divisão de recursos (e, em alguns casos, de custos) eles preferiam. Eles também apresentaram respostas para diferentes tipos de relacionamentos: amistosos, antagônicos e neutros (Loewenstein, Thompson & Bazerman, 1989). Três tipos de pessoas foram identificados:
- **Leais** preferem dividir os recursos de uma forma igualitária, exceto em relacionamentos antagônicos (27 por cento).
- **Santos** preferem dividir os recursos de uma forma igualitária, independentemente de a relação ser positiva, neutra ou negativa (24 por cento).
- **Competidores implacáveis** preferem ter mais recursos que a outra parte, independentemente do relacionamento (36 por cento).

As pessoas rejeitam resultados em que alguém recebe mais do que os outros e aceitam acordos de valor conjunto menor, mas com fatias aparentemente iguais (McClelland & Rohrbaugh, 1978). Esse arranjo é especialmente verdadeiro quando os recursos são 'de difícil divisão', como no caso de um tapete oriental (Messick, 1993).

Egocentrismo

O que é justo para uma pessoa pode não o ser aos olhos de outra. Consideremos, por exemplo, um grupo de três pessoas que saem para jantar. Uma delas pede uma garrafa de um vinho caro, um tira-gosto e um prato principal bastante caro. Outra se abstém de beber e pede uma porção barata. A terceira pessoa pede um prato de preço médio. Então a conta chega. O bebedor de vinho imediatamente sugere que o grupo divida a conta igualmente, explicando que essa conta é a mais simples. O abstêmio se assusta e sugere que o grupo peça ao garçom que traga três contas separadas. O terceiro membro do grupo argumenta que, como é somente um estudante de pós-graduação, os outros dois dividam a conta, depois os convida a comer uma pizza em sua casa na semana seguinte.

FIGURA 3.3 *Utilidade social como função de discrepância de resultados próprios e de outros*

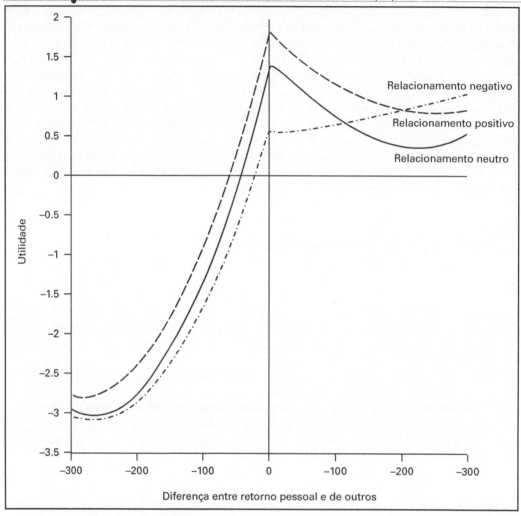

Fonte: "Social Utility and Decision Making in Personal Contexts", G.F. Lowenstein, I. Thompson, M.H. Bazerman (1989), *Journal of Personality* and *Social Psychology*, 57(3), 426-441. Copyright © 1989 by the American Psychological Association. Reprodução autorizada.

Esse exemplo ilustra o fato de que cada situação pode ter tantas interpretações diferentes de tratamento justo quantas forem as partes envolvidas. Duas pessoas podem realmente querer um acordo justo, mas podem ter idéias completamente diferentes e igualmente justificáveis sobre o que é justo. Consideremos, por exemplo, 'opiniões sobre tratamento justo' que permeiam fusões e aquisições. Algumas são escritas por empresas independentes não ligadas ao negócio, mas a maioria não é (*BusinessWeek*, 24 nov. 2003a). Bancos podem amealhar milhões de dólares em taxas agindo simultaneamente como agentes e avaliadores, presumivelmente alimentados por interesses próprios.

Por que as pessoas servem aos próprios interesses? As pessoas querem ou preferem mais do que consideram justo (hedonismo básico). Em suma, nossas preferências são mais primárias, ou imediatas, do que nossas preocupações sociais. As pessoas têm mais contato com suas preferências que com suas preocupações para com os outros.

Temos acesso imediato às nossas preferências; o tratamento justo é um julgamento secundário. Por essas razões, as preferências costumam macular os julgamentos de tratamento justo. Como as preferências são primárias e imediatas, elas normalmente tingem a avaliação de tratamento justo de uma pessoa com as cores dos interesses próprios. De certa forma, nossas preferências agem como uma diretriz de atendimento a nossos próprios interesses em nossa concepção de tratamento justo.

Alocar mais dinheiro para nós mesmos (ver Quadro 3.2) é somente uma das formas pelas quais as pessoas demonstram seu viés egocêntrico. Concepções egocêntricas de tratamento justo também surgem em outras formas. Por exemplo, as pessoas selecionam regras de tratamento justo de forma a atenderem a seus próprios interesses: quando fazem contribuições mínimas, elas normalmente preferem a igualdade em detrimento da eqüidade; no entanto, quando contribuem substancialmente, elas optam pela eqüidade em detrimento da igualdade (van Avermaet, 1974). Mesmo se as pessoas concordarem em usar as mesmas regras de tratamento justo, elas acham que é justo para elas obter mais para si do que para os outros em uma situação semelhante, pois pensam que fizeram uma contribuição maior (Messick & Rutte, 1992).

Outra forma pela qual as pessoas podem fazer avaliações egocêntricas é ponderar seletivamente os diferentes aspectos de uma situação de troca de modo a favorecer a si mesmas. Consideremos uma situação em que os participantes são informados de quantas horas cada um deles trabalhou na tarefa de montar questionários, assim como quantos questionários eles completaram. As dimensões-chave são horas trabalhadas e produtividade. Solicita-se, então, que os participantes indiquem o que consideram um pagamento justo pelo serviço por eles realizado. Aqueles que trabalharam muitas horas, mas não completaram muitos questionários, enfatizaram a importância das horas; diferentemente, os que trabalharam poucas horas, mas completaram muitos questionários, enfatizaram a quantidade completada. Assim, as pessoas enfatizam a dimensão que as favorece (van Avermaet, 1974).

Os apelos à igualdade também podem representar uma tentativa de atender a interesses próprios (Messick, 1993). Em um nível superficial, a igualdade é trivialmente simples. Empregar a igualdade como regra de divisão na prática, porém, é algo complexo por causa das várias dimensões nas quais ela pode ser estabelecida (ver Harris & Joyce, 1980). Além disso, a igualdade não é consistentemente aplicada. Por exemplo, quando o resultado é divisível em partes iguais pelo número de inte-

---

QUADRO 3.2 INTERPRETAÇÕES EGOCÊNTRICAS DO TRATAMENTO JUSTO

Você trabalhou por 7 horas e recebeu um pagamento de 25 dólares. Outra pessoa trabalhou por 10 horas. É um trabalho feito peça a peça. Quanto você acha que a outra pessoa deveria receber pelo trabalho? Se você for como a maioria das pessoas, acredita que a outra pessoa deva ganhar mais por trabalhar mais – na média, algo em torno de 30,29 dólares. Dificilmente essa resposta serve a seus interesses. Agora vamos inverter a pergunta. A outra pessoa trabalhou 7 horas e recebeu 25 dólares. Você trabalhou 10 horas. Qual é o pagamento justo para seu trabalho? A resposta média é 35,24 dólares (Messick & Sentis, 1979). A diferença entre 35,24 e 30,29 está em torno de 5 dólares, o que ilustra o fenômeno do viés egocêntrico: as pessoas pagam a si mesmas valores substancialmente maiores do que se dispõem a pagar aos outros para realizar a mesma tarefa.

grantes do grupo, as pessoas usam a igualdade com maior freqüência do que quando uma divisão exata não é possível (Allison & Messick, 1990).

O principal problema do julgamento egocêntrico é que ele torna as negociações mais difíceis de serem resolvidas. (Ver Nota 3.3.)

> **Nota 3.3 Tratamento justo e greves**
>
> A probabilidade de ocorrência e a duração de greves podem ser previstas diretamente pela diferença entre a administração da empresa e o sindicato na percepção que têm de salários justos (Thompson & Loewenstein, 1992). Em outras palavras, se a administração da empresa e o sindicato tiverem percepções completamente distintas do que constitui um acordo justo, há maior probabilidade de ocorrer uma. Ainda mais desconcertante é o fato de que fornecer a cada parte envolvida (administração e sindicato) informações adicionais imparciais relativas à disputa agrava as percepções de cada parte sobre o que é um acordo justo. Esse é um bom exemplo de como mais informação nem sempre é melhor em negociações.

Os exemplos anteriores sugerem que as pessoas apoderam-se imediatamente de qualquer oportunidade que lhes seja favorável. No entanto, em muitas situações, as pessoas acabam se saindo melhor por não possuírem visões egocêntricas. Consideremos situações de arbitragem: as previsões que as pessoas fazem sobre o comportamento de um júri são contaminadas de forma a favorecer o lado delas. Os esforços para eliminar as influências prejudiciais em partes litigantes costumam não levar a lugar nenhum. Informar as partes sobre vieses potenciais ou dar a elas informações sobre o ponto de vista de seus oponentes resulta em muito pouco progresso em suavizar percepções contaminadas sobre o tratamento justo, o que sugere que vieses egocêntricos encontram-se profundamente enraizados (Babcock, Loewenstein, Issacharoff & Camerer, 1995).

As pessoas realmente se preocupam com tratamento justo, mas freqüentemente não percebem que se comportam de modo a atender a seus próprios interesses. Podem-se atribuir julgamentos egocêntricos de responsabilidade e tratamento justo à maneira pelas quais as pessoas processam informações. Vários mecanismos cognitivos permitem o desenvolvimento de julgamentos egocêntricos:

- **Codificação e memória seletivas.** Nossos próprios pensamentos tiram nossa atenção da contribuição de outras pessoas. Ensaiamos nossas próprias ações e as compatibilizamos com nossos esquemas cognitivos, o que facilita a retenção e a subseqüente recuperação. Se mecanismos de codificação resultarem em julgamentos de tratamento justo que atendem aos interesses da própria pessoa, então quem toma conhecimento dos fatos antes de saber de que lado da disputa está não deve ser uma pessoa egocêntrica. Entretanto, o efeito egocêntrico ainda emerge mesmo quando a orientação para os próprios interesses ocorre após o processamento da informação, sugerindo com isso que a codificação não é o único mecanismo que produz um julgamento egocêntrico.
- **Recuperação diferenciada.** Ao fazer julgamentos sobre responsabilidade, as pessoas se perguntam: "Quanto eu contribuí?" e tentam recuperar instâncias específicas (Ross & Sicoly, 1979). Como é cognitivamente mais fácil relembrar instâncias envolvendo a si próprio, existe uma correlação positiva entre lembranças e atribuições de responsabilidade (Kahneman & Tversky, 1982).
- **Disparidade na informação.** As pessoas normalmente não fazem segredo das contribuições dos outros, o que sugere que a informação, e não as metas, media o efeito dos interesses próprios. Mesmo quando a informação é constante — sendo as metas, porém, manipuladas — os efeitos dos próprios interesses acabam emergindo (ver Thompson & Loewenstein, 1992), o que indica que a informação por si só não é a única responsável pelo efeito egocêntrico (ver Camerer & Loewenstein, 1993).

A maior parte das situações é ambígua o bastante para as pessoas conseguirem manipulá-las de forma a atender a seus próprios interesses. Uma conseqüência desafortunada disso é que as pessoas desenvolvem diferentes percepções de tratamento justo, mesmo quando lhes são apresentadas as mesmas evidências. Tomemos como exemplo uma situação de greve na qual as pessoas recebem informações a respeito do contexto sobre um hipotético sindicato de professores e um conselho de educação. O contexto é elaborado de forma que alguns fatos favoreçam os professores e outros, o conselho de educação. Na balança, os fatos se equivalem. Em uma situação, ambos os disputantes recebem informações de fundo idênticas e extensivas referentes à disputa. Em outra, os disputantes recebem informação de fundo muito mais sucinta. Aqueles que possuem informações mais detalhadas têm mais probabilidade de entrar em uma greve mais demorada e custosa para ambas as partes, quando comparados aos disputantes que não têm acesso a informações detalhadas (Thompson & Loewenstein, 1992). As informações, mesmo quando compartilhadas entre as partes, criam ambigüidade e oferecem um solo fértil para que o interesse pessoal não verificado floresça.

DIVISÃO SÁBIA DO MONTANTE

A distribuição de recursos (divisão do montante) é um aspecto inevitável da negociação. Por quais qualidades devemos nos orientar ao dividir o montante? Messick (1993) sugere as seguintes qualidades: consistência, simplicidade, eficácia e capacidade de justificar. A essa lista de qualidades adicionamos consenso, generalização e satisfação (Levine & Thompson, 1996).

Consistência

Um dos bastiões da heurística de uma boa divisão do montante é a consistência ou a não-variação de condições, tempo e respeito por quem está a cargo da implantação do procedimento. Por exemplo, a maioria de nós se sentiria ultrajada se os gerentes avaliados se saíssem melhor caso a reunião de avaliação fosse marcada para o período da manhã do que se o fosse para o período da tarde. Esse exemplo representa um viés claro por parte do entrevistador. Procedimentos de justiça são normalmente inconsistentes devido à tomada de decisão heurística. Processos heurísticos de julgamento são necessários quando não há procedimentos normativos de decisão ou quando sua aplicação pode ser ineficiente. Infelizmente, as pessoas normalmente não têm consciência de fatores contextuais poderosos que afetam o julgamento do tratamento justo.

Simplicidade

Os procedimentos de divisão do montante devem ser claramente compreendidos pelos que os empregam e por aqueles que são afetados por eles. Membros do grupo devem conseguir descrever facilmente o procedimento usado para alocar recursos. Isso faz com que ele seja implementado com total entendimento e que os resultados decorrentes desse procedimento sejam avaliados de acordo com um critério bastante claro.

Efetividade

Políticas de divisão do montante devem produzir uma escolha, o que significa que o procedimento de alocação deve resultar em uma decisão clara. Se o procedimento não produzir uma decisão desse tipo, então pode surgir um conflito entre os membros do grupo que tentarem identificar e implementar uma decisão *post hoc*.

Capacidade de justificar

Procedimentos de divisão do montante devem ser justificáveis para as outras partes. Uma regra de justiça pode ser consistente, simples e eficaz, mas se ela não puder ser justificável há pouca probabilidade de ela ser bem-sucedida. Suponhamos que o gerente de uma empresa de aviação decida que os aumentos salariais serão baseados na cor do cabelo dos funcionários. Os loiros receberão um grande aumento e os morenos não. Essa política é consistente, simples e efetiva, porém dificilmente justificável.

Consenso

Membros de um grupo devem concordar com os métodos de alocação. Procedimentos eficazes para a divisão do montante são normalmente internalizados pelos membros do grupo e as normas agem como diretrizes fortes de comportamento e de tomada de decisão nos grupos. Como os procedimentos da justiça social são mais duradouros do que a participação das pessoas em grupos, os membros novos são comumente doutrinados com procedimentos que o grupo considerou úteis no passado (Bettenhausen & Murnighan, 1985; Levine & Moreland, 1994).

Generalização

O processo da divisão do montante deve ser aplicável a uma ampla variedade de situações. Os procedimentos e normas se desenvolvem quando um conflito interno do grupo é esperado, duradouro ou recorrente. Uma política eficaz, portanto, especifica a distribuição de resultados ao longo das diferentes situações.

Satisfação

O processo da divisão do montante deve ser satisfatório para os negociadores de modo a aumentar a probabilidade de eles darem prosseguimento a seus acordos.

CONCLUSÃO

Quando é chegada a hora de parcelar o montante, a informação mais valiosa é a MASA de um negociador. Nada pode substituir o poder de uma MASA forte. As pessoas podem melhorar sua capacidade de armazenar uma porção favorável do montante, engajando-se nas seguintes estratégias: determinar sua MASA antes do início das negociações; tentar melhorar sua MASA; pesquisar a MASA da outra parte envolvida; definir aspirações elevadas; fazer a primeira oferta; reancorar-se imediatamente se a outra parte abrir as negociações com uma oferta 'ultrajante'; resistir à tentação de definir uma faixa de negociação; fazer concessões bilaterais, nunca unilaterais; usar raciocínios que parecem objetivos para embasar ofertas; e apelar às normas de tratamento justo ou de justiça. Aconselhamos que os negociadores não revelem seu preço de reserva (a não ser que seja muito atraente) nem sua MASA. Um negociador que tenha uma expertise na psicologia do tratamento justo encontra-se em flagrante vantagem na divisão do montante em uma negociação.

CAPÍTULO 4
A negociação `ganha-ganha': aumentando o montante

O prefeito de Sequim e o advogado do Wal-Mart participaram de um tiroteio verbal naquele município assim que a audiência de apelação para aprovar os planos de construção do Wal-Mart terminou. Pouco depois, novas apelações foram registradas pelo Departamento de Desenvolvimento Comunitário do Condado de Clallam pela tribo indígena Jamestown S'Kallam e por um grupo comunitário, Sequim First, para impedir que o diretor de planejamento da cidade permitisse que o Wal-Mart construísse um complexo na pequena cidade de Sequim (com população de menos de 5 mil habitantes). Os grupos se opunham à construção do novo shopping center de 175.260 metros quadrados, argumentando que o Wal-Mart criaria um pesadelo no trânsito, provocando 'condições inseguras para se dirigir' nas ruas, e que a água carregada pela chuva (oriunda da preparação do concreto e da pavimentação) depositaria toxinas nos rios e mananciais que abasteciam a cidade. Eles diziam também que o impacto causaria algo entre 280 a 500 por cento de aumento no trânsito. E queriam que o Wal-Mart pagasse — antecipadamente — algo em torno de 100 milhões de dólares para arrumar as ruas. Entretanto, o Wal-Mart e o prefeito de Sequim viram esses protestos como um esquema velado para espremer um "bolso cheio de dinheiro para pagar pela negligência [da prefeitura com relação às suas ruas]". De acordo com o Wal-Mart e com o prefeito, a manutenção das ruas por parte do condado, na região de Sequim, era muito negligente e o condado parecia não se importar em manter as ruas em ordem. Uma análise realizada pelo Wal-Mart para as mesmas vias previa um aumento de tráfego de veículos da ordem de 7 por cento. Por algum tempo houve um impasse, com os dois lados parecendo trabalhar com dados diferentes. Então o prefeito Walt Schubert propôs uma solução brilhante: um organismo independente conduziria uma análise de possíveis impactos no trânsito das ruas do condado e o Wal-Mart doaria 100 mil dólares à cidade caso esse estudo independente provasse que haveria impactos substanciais no trânsito. Por meio desse plano, o Wal-Mart poderia dar andamento à construção de seu shopping center e a cidade teria dinheiro para arrumar suas ruas (*Sequim Gazette*, 9 jul. 2003; *Sequim Gazette*, 30 jul. 2003a, p.1).

A maior parte das negociações não são empreendimentos em que se perde ou ganha. Infelizmente, no entanto, muitas pessoas as abordam como se elas assim o fossem. Estratégias de negociação do tipo 'ganha-ganha' são tudo, menos intuitivas, e muitos que se consideram negociadores desse tipo são pessoas que perdem dinheiro na mesa de negociação, até mesmo sem perceber. Devemos estar sempre vigilantes no que concerne à criação e à maximização dos recursos do montante. Este capítulo fornece estratégias aos negociadores para que sejam capazes de perceber todo o potencial de negociações.

O QUE É UMA NEGOCIAÇÃO GANHA-GANHA, AFINAL?

Muitos negociadores, ao chegarem a um acordo, descreverão orgulhosamente suas negociações como 'ganha-ganha'. Não obstante, uma inspeção mais detalhada normalmente revela que algum dinheiro foi desperdiçado, que se dissiparam recursos e que um ganho potencial conjunto não foi absorvido. Obviamente, as mentes e os corações dos negociadores estavam nos lugares certos, mas eles não conquistaram o que de fato desejavam: um acordo integrativo que alavancasse integralmente os interesses das partes envolvidas, bem como todas as opções disponíveis. A negociação 'ganha-ganha' é uma bela idéia que é muitas vezes mal-entendida e pessimamente trabalhada. A maioria das pessoas, equivocadamente, iguala negociações 'ganha-ganha' a uma simples divisão do montante em partes iguais. Obviamente, dividir o montante é sempre necessário na negociações e as pessoas podem se sentir sensibilizadas. Entretanto, 'ganha-ganha' significa algo completamente diferente. Uma negociação 'ganha-ganha' *não* é:

- **Meio-termo:** Chegar a uma posição intermediária entre aquelas dos negociadores. Normalmente isso ocorre em qualquer ponto dentro da zona de barganha (Capítulo 3). A negociação 'ganha-ganha' não diz respeito a como o montante é dividido (Capítulo 3), mas sim a como ele é *aumentado* pelos negociadores. Eles podem fazer concessões em várias instâncias e ainda assim perder dinheiro na mesa de negociação.
- **Dividir em partes iguais:** Dividir em partes iguais, assim como fazer concessões, refere-se a como a zona de barganha é dividida entre os negociadores. Por exemplo, duas irmãs que brigam por uma laranja e, no final, decidem cortá-la ao meio realizam uma divisão em partes iguais. No entanto, se elas não perceberem que uma delas quer todo o suco e a outra deseja somente a casca, é claro que a divisão em partes iguais não é um resultado 'ganha-ganha' (Follet, 1994). Uma divisão dos recursos em partes iguais não garante de modo algum que se alcance um acordo integrativo.
- **Sentir-se bem:** Ficar feliz, ou sentir-se bem, não é garantia de que dinheiro e recursos não tenham sido desperdiçados. Na verdade, muitos negociadores 'felizes' não aumentam o tamanho do montante (Thompson, Valley & Kramer, 1995).
- **Construir um relacionamento:** Construir um relacionamento e criar confiança são aspectos importantes da negociação. Isso, porém, não é suficiente para fazer que uma negociação seja 'ganha-ganha'. Até mesmo pessoas que possuam um interesse genuíno na outra parte podem não pensar de forma criativa nem desenvolver acordos em que ambas as partes saiam ganhando. Na verdade, quem parece ter o maior interesse em construir relacionamentos com a outra parte (como maridos e mulheres, casais de namorados e parceiros de longa data) freqüentemente deixa de atingir acordos integrativos (Fry, Firestone & Williams, 1983; Thompson & DeHarpport, 1998; Kurtzberg & Medvec, 1999).

Uma negociação 'ganha-ganha' implica que todas as oportunidades criativas sejam exploradas e que nenhum recurso seja deixado sobre a mesa. A isso chamamos de *negociações integrativas*. Em centenas de exemplos, perde-se dinheiro em negociações da vida real. O problema é que as pessoas não o percebem. Esse é, claramente, um exemplo do problema de *feedback* falho discutido no Capítulo 1. Este capítulo fornece estratégias para se chegar verdadeiramente a acordos 'ganha-ganha'.

SINAIS REVELADORES DO POTENCIAL DE 'GANHA-GANHA'

O potencial integrativo existe em praticamente qualquer situação de negociação. Entretanto, as pessoas muitas vezes não enxergam isso ou não acreditam que é possível obter resultados em que todas as partes ganhem. A maior parte das negociações não parece ter potencial de 'ganha-ganha'. Conseqüentemente, a maioria das pessoas não vê, de imediato, oportunidades para obter acordos integrativos. É difícil criar oportunidades integrativas. As perguntas apresentadas a seguir são elaboradas para se determinar a possibilidade de estabelecer uma negociação do tipo 'ganha-ganha'. São perguntas excelentes para serem feitas pelos negociadores sempre que quiserem avaliar o potencial de uma negociação.

A negociação pode abranger mais de uma questão?

A maior parte das negociações parece orbitar em torno de uma única questão. Por definição, negociações de uma única questão não são 'ganha-ganha', pois para que uma parte ganhe algo, a outra parte tem que perder alguma coisa. Entretanto, mesmo na mais simples das negociações, é sempre possível identificar mais de uma questão envolvida. A probabilidade de os negociadores terem preferências idênticas é pequena e, como veremos, *são essas diferenças em preferências, crenças e capacidades que podem ser negociadas de forma positiva para criar um ganho conjunto* (Lax & Sebenius, 1986). Por exemplo, nas conversações de paz entre a Síria e Israel, especialistas técnicos formaram comitês para identificar vários pontos relevantes, inclusive a extensão de uma retirada de Israel das Colinas de Golan, direitos sobre a água, medidas de segurança e o cronograma de implementação de um acordo. Israel enfatizou garantias em relação à segurança, enquanto a Síria colocou um peso maior na retirada de Israel das Colinas de Golan, permitindo, dessa forma, que surgisse um acordo mais integrativo (*USA Today*, 5 jan. 2000).

Outros pontos podem ser incluídos?

Outra estratégia que pode ser utilizada é a de incluir outros pontos que não tenham sido previamente considerados na negociação. Por exemplo, em uma negociação de quatro dias entre a cidade de San Marino, na Califórnia, e a associação local do Corpo de Bombeiros, a questão principal foi o salário. Os bombeiros queriam um aumento. Os negociadores começaram buscando várias opções para conquistar essa meta, agregando benefícios aos salários, permitindo que a economia de custos fosse distribuída entre os bombeiros e incluindo novas obrigações (aumentando, portanto, os resultados). Além disso, a administração empregou um tempo razoável em fornecer aos bombeiros informações sobre: análise de custo-benefício, custos operacionais e outros aspectos relevantes ligados ao orçamento, de modo que todas as partes envolvidas pudessem avaliar que opções eram mais práticas e benéficas. Esse compartilhamento de informações contribuiu não somente para essa negociação, como também forneceu informações úteis para futuras discussões organizacionais (Quinn, Bell & Wells, 1997). Igualmente, quando Mark Lazarus, da Turner Broadcasting, negociou com o Comissário da NBA, David Stern, em 2001, ele incluiu na negociação uma série de questões, dentre elas o número de jogos de uma temporada regular, os direitos sobre as finais da Western Conference, os direitos sobre o NBA All-Star game, uma participação no novo canal de TV a cabo e a inclusão da AOL no acordo (*Adweek,* 9 jun. 2003). Em suma, quanto mais flexíveis as partes, melhor é o acordo potencial.

Podem ser feitos acordos laterais?

Em muitas situações, as pessoas são aconselhadas a não fazer acordos ou pagamentos laterais. Por outro lado, a capacidade de incluir em negociações pessoas que façam acordos laterais pode aumentar o tamanho do montante de barganha. Vejamos o exemplo do acordo lateral que a AT&T fechou com a Comcast Corporation, em 1999. Por algum tempo, a AT&T disputou acirradamente com a Comcast Corporation a compra da MediaOne Group, Inc. Um acordo lateral 'ganha-ganha' foi criado quando a AT&T ofereceu à Comcast alguns de seus sistemas de TV a cabo e cerca de 2 milhões de assinantes adicionais desse tipo de TV por assinatura; como retorno, a Comcast pagou 9 milhões de dólares para a AT&T, ou cerca de 4.500 dólares por integrante dessa massa de assinantes a mais. Mais importante ainda para a AT&T foi o fato de a Comcast desistir de sua oferta de 48 bilhões de dólares pela MediaOne. Assim, ao oferecer um valioso acordo lateral, a AT&T pôde satisfazer seu concorrente (*Dow Jones Business News*, 27 dez. 1999).

As partes têm preferências diferentes em relação aos aspectos de negociação?

Se isso acontecer, esta é uma negociação 'ganha-ganha' por definição (Froman & Cohen, 1970). Para ilustrar esse ponto, podemos usar novamente o exemplo da divisão da laranja. A situação envolve, essencialmente, duas questões: o suco e a casca da laranja. Mais do que isso, no tocante às preferências, uma irmã quer o suco e a outra prefere a casca. Se somente um aspecto (a laranja) estivesse envolvido na negociação ou se ambas as irmãs desejassem mais o suco do que a casca, a obtenção de um acordo integrativo não seria possível. A chave é determinar as preferências de cada parte e descobrir uma forma de satisfazer os interesses mais importantes de cada uma delas, ao mesmo tempo que se tenta induzi-las a fazer concessões em questões de menor prioridade. Outro exemplo: a guerra pela água do Rio Colorado colocou cidades contra fazendeiros, alimentou tensões ao longo de sete Estados norte-americanos e dominou a atenção de tribos indígenas, ambientalistas, agentes do governo dos Estados Unidos e do México (*Baltimore Sun,* 17 ago. 2003). No entanto, após os diferentes recursos de alguns dos participantes terem sido compreendidos, um acordo integrativo pôde ser alinhavado. Conforme o acordo proposto, a cidade de San Diego pagaria à região do Imperial Valley 2,5 bilhões de dólares ao longo de 45 anos para receber cerca de 7 por cento do suprimento de água do local. Essa água compensaria os cortes sofridos pela Califórnia em razão da grande utilização de água no Arizona, que armazenava água do rio em reservatórios subterrâneos, deixando pouca quantidade para seu Estado vizinho ao oeste. Por esse arranjo, San Diego teria uma fonte adicional de água confiável, enquanto o Imperial Irrigation Distributor poderia vender essa água para San Diego por um preço 16 vezes maior do que aquele praticado com seus fazendeiros. Nessa situação, San Diego colocou uma prioridade mais alta no abastecimento de água; o Imperial Valley a colocou na receita obtida com a venda da água.

UM MODELO PIRAMIDAL

As verdadeiras negociações integrativas ou 'ganha-ganha' não deixam nenhum recurso subutilizado. Nós diferenciamos três 'níveis' de acordos integrativos ou 'ganha-ganha'. O modelo piramidal apresentado na Figura 4.1 descreve esses três níveis. Começando pela base, cada nível subseqüente engloba as propriedades dos níveis abaixo dele. Idealmente, os negociadores devem sempre se esforçar para conquistar acordos integrativos de nível 3. Níveis mais altos são progressivamente mais difíceis de serem alcançados.

FIGURA 4.1 Modelo pirâmide dos acordos integrativos

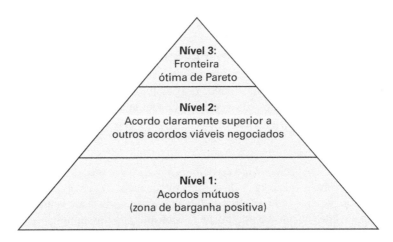

Os acordos integrativos de nível 1 superam as possibilidades de não haver acordo entre as partes, ou os pontos de reserva. Conseguir um acordo desse tipo agrega valor à sua melhor alternativa sem acordo (MASA). Os negociadores agregam valor ao obter acordos melhores que seus pontos de reserva, ou alternativas referentes à falta de acordo.

Os acordos integrativos de nível 2 são melhores para ambas as partes que outros acordos viáveis já negociados. Em outras palavras, agrega-se valor a um resultado previamente negociado através da descoberta de outro resultado que seja mais desejado por todas as partes envolvidas.

A existência de tais acordos implica, por definição, que a situação de barganha não seja puramente uma soma constante. Alguns acordos produzem ganhos conjuntos maiores do que outros. Sabe-se que, em situações puras de soma constante,[1] todos os resultados somam a mesma quantia conjunta e, portanto, não existe nenhuma alternativa de acordo que possa melhorar o resultado de uma parte, ao mesmo tempo que melhora também – ou pelo menos não piora – o da outra parte. Se os negociadores não conseguirem um acordo numa negociação de soma constante, quando a zona de barganha é positiva, não alcançarão um acordo de nível 1. Ao contrário do caso puro de soma constante, a capacidade de se chegar a um acordo integrativo é muito mais difícil de se avaliar nos casos mais comuns de motivação mista.

Os acordos integrativos de nível 3 não podem ser melhorados sob a perspectiva de nenhuma das partes. Tecnicamente falando, são decisões que se posicionam ao longo da *fronteira ótima de Pareto* para acordos, o que significa dizer que não existe nenhum outro acordo viável que melhore o resultado de uma das partes sem que, simultaneamente, não prejudique os resultados da outra. Portanto, qualquer acordo conquistado por negociadores numa situação de pura soma constante é um acordo de nível 3, já que não existe nenhuma maneira de se melhorar o resultado de qualquer um dos negociadores sem que os demais fiquem em pior posição do que aquela referente ao acordo original. Na realidade, é difícil determinar se um acordo é de nível 3, mas apresentaremos alguma técnicas que poderão ajudá-lo nesse intento.

---

1. Nas áreas de economia e negociação, utiliza-se o jargão 'soma zero' (N. da RT).

Conseguir acordos integrativos de nível 3 pode parecer fácil, mas a observação do desempenho de centenas de executivos em simulações de negociações empresariais revela que menos de 25 por cento deles atingem acordos de nível 3 e, desses, 50 por cento o conseguem por mero acaso.[2]

OS ERROS MAIS COMUNS NO PROCESSO DE AUMENTO DO MONTANTE

Se a obtenção de acordos do tipo 'ganha-ganha' é o objetivo da maioria dos negociadores, o que os impede de atingir seu intento? As pessoas costumam encontrar dois problemas-chave, que descreveremos a seguir.

Falso conflito

O *falso conflito*, também conhecido como *conflito ilusório*, ocorre quando as pessoas acreditam que seus interesses são incompatíveis com os da outra parte, quando, na verdade, não o são. Na crise dos mísseis de Cuba, por exemplo, ao contrário do que pensavam os Estados Unidos, a Rússia preferia limitar as provocações dos cubanos e minimizar as contribuições dos chineses — um interesse também defendido pelos Estados Unidos (Walton & McKersie, 1965). Do mesmo modo, numa greve da força de trabalho na Dow Chemical, tanto o sindicato quanto a administração da empresa defendiam o mesmo aumento de salário; nenhuma das partes, porém, percebeu isso naquela ocasião (Balke, Hammond & Meyer, 1973).

Em 1990, Thompson e Hastie desvendaram um efeito particularmente traiçoeiro e freqüente em negociações: *o efeito perde-perde*. Eles elaboraram uma situação de negociação em que as partes envolvidas tinham interesses compatíveis em um subconjunto de aspectos negociados, o que quer dizer que ambas as partes desejavam obter os mesmos resultados. De início, parecia absurdo imaginar qualquer outro resultado que não fosse o de ambas as partes chegarem a uma solução que fosse obviamente a melhor para todos. Entretanto, um número substancial de negociadores não somente não percebeu que os interesses da outra parte eram completamente compatíveis com os seus, como também chegou a acordos que estavam aquém da melhor opção disponível para ambas as partes. Uma situação em que as pessoas não tiram proveito de interesses compatíveis é conhecida como acordo 'perde-perde' (Thompson & Hrebec, 1996). Em uma análise feita em 32 diferentes estudos de negociação envolvendo mais de 5 mil pessoas, descobrimos que os negociadores não conseguem perceber a existência de interesses compatíveis em cerca de 50 por cento dos casos e acabam prisioneiros do efeito 'perde-perde' em aproximadamente 20 por cento das situações (Thompson & Hrebec, 1996).

O que os negociadores devem fazer para evitar acordos do tipo 'perde-perde'? Em primeiro lugar, devem ter consciência da percepção do montante de tamanho fixo e não supor, imediatamente, que os interesses da outra parte sejam conflitantes com os seus. Em segundo lugar, eles devem evitar fazer *concessões prematuras* à outra parte (como abrir mão de sua posição em determinados pontos até mesmo antes que isso lhes seja solicitado). Finalmente, os negociadores devem desenvolver um entendimento preciso dos interesses da outra parte — uma habilidade que exploraremos em breve.

Percepção do montante de tamanho fixo

A *percepção do montante de tamanho fixo* é a crença de que os interesses da outra parte são diametralmente opostos aos seus próprios (Fisher & Ury, 1981; Bazerman & Neale, 1983; Thompson & Hastie, 1990). A maioria das pessoas não preparadas entende a negociação como um montante de

---

2. Estes dados são baseados no desempenho de executivos em simulações de negociações que envolvam potencial integrativo ('ganha-ganha').

tamanho imutável. Muitos negociadores vêem a negociação como a tarefa de dividir esse montante: eles partem do princípio de que seus interesses são incompatíveis, que o impasse é provável e que as questões devem ser resolvidas uma a uma e não em pacotes (O'Connor & Adams, 1996). Por exemplo, numa negociação, as percepções dos negociadores sobre os interesses da outra parte foram avaliadas imediatamente antes, durante e depois do processo (Thompson & Hastie, 1990). A maioria dos negociadores (68 por cento) teve a percepção de que os interesses de seu oponente eram opostos aos seus. Na verdade, os negociadores compartilhavam interesses que podiam ser negociados de forma positiva e que eram completamente compatíveis. Em suma, negociadores que têm a percepção de que a negociação é um montante de tamanho fixo estão, literalmente, deixando dinheiro na mesa.

Infelizmente, apagar a percepção do montante de tamanho fixo é muito difícil. Não é suficiente alertar os negociadores sobre a sua existência (Thompson, 1991). Além disso, também não basta os negociadores serem experientes (Thompson, 1990a, 1990b). Para chegar a esse resultado, não é nem mesmo suficiente os negociadores receberem *feedback* sobre os interesses de seus oponentes (Thompson & DeHarpport, 1994). Falaremos em mais profundidade sobre como desafiar com sucesso essa percepção ao examinarmos vieses e criatividade (Capítulo 8).

A falta de tempo e de esforço não justificam a ocorrência de resultados 'perde-perde' nem a percepção do montante de tamanho fixo. O maior empecilho para se alcançar acordos integrativos são as suposições falhas que fazemos sobre nosso oponente e sobre a situação negociada. Uma das primeiras coisas que devemos perceber é que uma negociação não é uma situação puramente competitiva. Diferentemente, a maior parte das negociações tem motivações mistas por natureza, o que significa dizer que os interesses das partes envolvidas se correlacionam de forma imperfeita entre si. Dessa forma, os ganhos de uma das partes não representam sacrifícios de igual magnitude por parte da outra. Consideremos, por exemplo, uma negociação entre dois colaboradores que desenvolvem um projeto conjunto: um deles é avesso ao risco e valoriza mais o dinheiro na mão do que ganhos arriscados no longo prazo; o outro se interessa mais pelo valor obtido no longo prazo do que em ganhos imediatos. Os dois podem chegar a um acordo no qual uma grande quantia inicial seja paga ao negociador avesso a riscos e o outro amealhe a maior parte dos lucros (mais arriscados) de longo prazo.

De fato, poucos conflitos são empreendimentos em que se 'perde ou ganha' (Deutsch, 1973). Na maior parte das negociações com motivação mista, os envolvidos percebem, em algum nível, que possuem dois fatores de incentivo para negociar com a outra parte: cooperação (de modo que possam chegar a um acordo e evitem lançar mão de suas MASAs) e competição (de modo que reivindiquem para si a maior parcela possível do montante). Não obstante, o que essa análise não leva em consideração é o incentivo de se agregar valor, que é a chave para uma negociação 'ganha-ganha'.

ESTRATÉGIAS QUE NÃO FUNCIONAM DE VERDADE

Gostaríamos de evitar que os negociadores perdessem tempo e tivessem dores de cabeça na sua trajetória para aumentar o montante. Por isso, descreveremos várias estratégias que, em um nível superficial, podem parecer eficazes e ajudem a atingir acordos 'ganha-ganha', mas que, na verdade, não funcionam.

Empenho em atingir um acordo ganha-ganha

Muitos negociadores chegam à mesa de negociação empenhados em atingir um acordo. Empenhar-se em chegar a um acordo 'ganha-ganha', porém, não garante que ele será conquistado pelos negociadores envolvidos, em princípio porque estes trabalham com a idéia incorreta sobre o que é um 'ganha-ganha'. Na verdade, essa postura pode levá-los a relaxar e ter uma falsa sensação de segurança.

Chegar ao meio-termo

Os negociadores freqüentemente confundem negociações 'ganha-ganha' com negociações em que há a busca pelo meio-termo. Concessões iguais ou 'divisão da diferença' não garantem a existência de uma negociação 'ganha-ganha'. Buscar o meio-termo é algo relacionado com a divisão do montante e não com sua expansão.

Focar em um relacionamento de longo prazo

Em muitas ocasiões, os negociadores acreditam que manter o foco de um relacionamento com a outra parte no longo prazo garantirá um acordo 'ganha-ganha'. Obviamente, uma relação de longo prazo é a chave de uma negociação — passamos um capítulo inteiro do livro discutindo como alimentar o relacionamento —, mas estabelecer um relacionamento de longo prazo não se traduz diretamente em negociações 'ganha-ganha'. Significa que os negociadores devem ter mais facilidade para trabalhar em conjunto visando obter o 'ganha-ganha'. É uma bela intenção, mas não uma garantia de que todos os recursos serão descobertos e explorados de forma ótima na negociação.

Adotar uma direção cooperativa

É sempre bom quando as pessoas se aproximam da mesa de negociações com atitudes generosas e uma orientação cooperativa. Entretanto, as intenções de cooperação constantemente impedem os negociadores de focar a informação correta no momento correto. Muitas vezes, por exemplo, os negociadores tentam cooperar revelando suas MASAs para seus oponentes. Revelar a MASA é uma questão relacionada à divisão do montante, não ao aumento do tamanho da mesma. Muitas vezes, os negociadores pensam que cooperação significa chegar ao meio-termo e fazer concessões leva freqüentemente a uma negociação do tipo 'perde-perde'. Por exemplo, em 1996, a Master-Card International queria descobrir por que a empresa estava perdendo dinheiro em alguns de seus negócios promocionais. Análises posteriores revelaram que a MasterCard estava tentando criar um bom relacionamento com outras pessoas (isto é, ser cooperativa), mas estava gastando dinheiro e fazendo promoções sem pedir compensação suficiente em troca (*Training*, 1º out. 1999). Este tipo de situação levou Pruitt e Carnevale (1993) a desenvolverem um modelo de *dupla preocupação* para a negociação eficaz: alta preocupação com a outra parte, aliada a uma grande preocupação com os interesses próprios.

Gastar um tempo extra para negociar

Negociadores normalmente acham que, com algum tempo extra, conseguirão todos os ganhos conjuntos possíveis nas negociações. Um pouco mais de tempo não garante que os negociadores cheguem a um acordo integrativo (a maioria dos negociadores espera até o último minuto para fechar um acordo) nem que a qualidade da negociação melhore. Além disso, as pessoas tendem a trabalhar para preencher seu tempo (McGrath, Kelly & Machatka, 1984). O mesmo também é verdade para as negociações. Por exemplo, demos recentemente a algumas pessoas um prazo de uma hora — a outras duas horas e a outras, ainda, uma semana (via e-mail) — de prazo para completar um exercício de negociação envolvendo duas partes negociantes. Se o tempo de fato fizesse diferença na qualidade de acordos negociados, então o grupo que recebera uma hora de prazo teria resultados inferiores para expandir o tamanho do montante. Entretanto, essa expectativa não se confirmou. Não foram constatadas quaisquer diferenças significativas entre os resultados obtidos pelos três grupos, o que indica que mais tempo para negociar não leva à melhoria da qualidade dos acordos.

ESTRATÉGIAS QUE FUNCIONAM

Já falamos demais de estratégias que não funcionam. O que, então, funciona de verdade quando o assunto é aumentar o tamanho do montante de barganha? Identificamos nove estratégias que podem ajudar os negociadores a aumentar o montante e obter negociações do tipo 'ganha-ganha' (ver também Bazerman & Neale, 1982). Elas foram classificadas segundo o seguinte critério: das mais óbvias e intuitivas — aquelas das quais sua avó provavelmente falava — até as mais sofisticadas. As primeiras estratégias são especialmente boas para serem usadas ao se negociar com alguém que pareça cooperativo e confiável; as que são mostradas mais no final desta lista são úteis quando se lida com 'pessoas problemáticas' ou negociadores rígidos. E, mais importante de tudo, todas elas são baseadas em investigações cientificamente controladas.

Construir confiança e compartilhar informações

Negociadores que constroem uma relação de confiança e compartilham informações aumentam consideravelmente a probabilidade de alcançar um resultado 'ganha-ganha' (Bazerman & Neale, 1992). É importante perceber que as informações que os negociadores precisam compartilhar não são sobre suas MASAs, mas sobre suas preferências e prioridades no tocante às questões envolvidas numa negociação. Por exemplo, o International Brotherhood of Electric Workers Local 300 e o Central Vermont Public Service compartilharam as necessidades de cada um deles no início de suas negociações sobre contrato de trabalho (*Business Wire*, 27 dez. 2001). No princípio, George Clain, o presidente da Local 300, tinha dúvidas sobre a validade de se compartilhar informações: "Ambos os lados tinham dúvidas sobre o processo quando ele foi inicialmente usado, cerca de três anos atrás, mas ele acabou se confirmando uma valiosa ferramenta para a manutenção de uma relação de trabalho mutuamente benéfica" (parágrafo 6).

Os negociadores podem trocar seis tipos principais de informação durante uma negociação. O negociador habilidoso sabe como reconhecer cada um deles. Ainda mais importante, ele sabe quais informações são seguras (e realmente necessárias) de se revelar para se atingir resultados 'ganha-ganha'. A Tabela 4.1 descreve os seis tipos de informação em questão. A Tabela 4.2 (na página 78) complementa a Tabela 4.1, fornecendo uma planilha a ser preenchida antes de uma negociação.

Fazer perguntas diagnósticas

Um negociador tem o direito de fazer quantas perguntas julgar necessário à outra parte envolvida (veja Tabela 4.1). Dos seis tipos de informação listados na Tabela 4.1, porém, somente dois são diretamente úteis para aumentar o tamanho do montante — perguntas sobre interesses subjacentes e prioridades (Bazerman & Neale, 1992). Um negociador que pergunta sobre as prioridades de seus oponentes numa negociação tem uma probabilidade muito maior de alcançar um acordo integrativo do que aquele que não busca esse tipo de informação (Thompson, 1991). A má notícia, no entanto, é que eles não fazem perguntas diagnósticas quando não são devidamente orientados para isso. Por exemplo, somente cerca de 7 por cento dos negociadores busca informações sobre as preferências da outra parte durante a negociação, quando o acesso a essas informações seria extremamente útil (Thompson, 1991).

Por que essas perguntas são tão importantes para aumentar a probabilidade de acordos do tipo 'ganha-ganha'? Por duas razões: em primeiro lugar, tais perguntas ajudam a descobrir onde está o valor na negociação em curso. Consideremos, por exemplo, a forma como Frank McKenna, de New Brunswick, atraiu novos investimentos para a província. "Tínhamos que saber o que era um 'ganho' para a outra parte, pois se não soubermos o que queremos, não podemos chegar lá. [Quando]

TABELA 4.1 ● Tipos de informação em negociação e como cada uma delas afeta os acordos distributivos e integrativos.

Tipo de Informação	Definição (exemplo)	Valor reivindicado	Valor agregado
MASA (e preço de reserva)	As alternativas que um negociador possui fora do âmbito da negociação atual (Exemplo: Se eu não comprar o seu carro, posso comprar o do meu tio por 2 mil dólares.)	Revelar esta informação prejudica bastante a capacidade de maximizar o excedente do negociador (isto é, a diferença entre seu preço de reserva e o resultado final)	Revelar ou obter esta informação não afeta a capacidade de se atingir os níveis 2 ou 3 de acordos integrativos; poderia ajudar os negociadores a atingir acordos integrativos de nível 1
Posição (demanda declarada)	Mais frequentemente, é a oferta de abertura de um negociador; a manifestação comportamental de seu ponto-alvo (por exemplo, 'Eu pago 1.500 dólares por seu carro.')	Abrir com um alvo ousado aumenta significativamente o excedente do negociador (parcela da zona de barganha)	Não afeta acordos integrativos
Interesses subjacentes	As necessidades e razões subjacentes que um negociador tem para uma determinada questão ou alvo (por exemplo, 'Eu preciso de um carro porque necessito de transporte para meu local de trabalho, que está a 25 km de distância, na zona rural.')	Revelar esta informação geralmente aumenta a probabilidade de se obter uma parcela favorável do montante porque os negociadores que fornecem uma lógica para suas demandas são mais capazes de atingir seus alvos	Muito importante para se chegar a acordos 'ganha-ganha'; ao (verdadeiramente) revelar interesses subjacentes, os negociadores podem descobrir oportunidades para acordos 'ganha-ganha' (por exemplo, uma irmã diz à outra que precisa da laranja para fazer suco e que não necessita da casca)
Prioridades	Um julgamento sobre a importância relativa de questões para o negociador (por exemplo, 'Estou mais preocupado com a entrada do que com o financiamento do carro.')	Aumenta o excedente de um negociador (parcela do montante) indiretamente, pois se algum valor é criado pelo compartilhamento das prioridades, aumenta a probabilidade de o negociador conseguir uma parcela maior do montante	De extrema importância para aumentar o tamanho do montante (por exemplo, a irmã que disse que se preocupa mais com a casca do que com o suco cria um potencial para um acordo integrativo)
Fatos-chave	Relativos a informações sobre a qualidade e o valor das questões a serem negociadas (por exemplo, 'O carro tem um motor que já passou por retífica e esteve envolvido em um acidente grande'; 'As laranjas são geneticamente modificadas.')	Esta informação pode afetar a parcela do montante obtida pelo negociador, pois alguns fatos podem aumentar ou diminuir o valor de pontos a serem negociados	Afeta a qualidade de acordos 'ganha-ganha', já que não revelar informação vital pode fazer com que um negociador super ou subvalorize um determinado recurso (por exemplo, alguém que vende 'suco de laranja orgânico fresco' não quer ter como ingrediente laranjas geneticamente modificadas)
Evidência	Argumento utilizado para corroborar a posição de uma pessoa ou atacar a posição da outra parte (por exemplo, 'Você vai conseguir sair com muitas mulheres se comprar meu carro porque elas o adoram.')	O tipo mais dominante de tática distributiva (24 por cento a 27 por cento de todas as declarações, Carnevale & Lawler, 1986); Pode aumentar a parcela do negociador no montante porque oferecer uma lógica (mesmo absurda) é normalmente eficaz para se obter uma demanda	Considerada uma tática distributiva; não aumenta a negociação 'ganha-ganha' e pode, na verdade, reduzir a sua probabilidade de ocorrência (Pruitt, 1981; Hyder, Prietula & Weingart, 2000)

TABELA 4.2 Folha de preparação de informações

Questão	Você	A outra parte
	posição / interesse subjacente *	posição da outra parte sobre esta questão / interesse subjacente da outra parte
	*	
	*	
	*	
	*	
Preço de reserva		
Alvo		
MASA		

Instruções:
1. Os negociadores devem primeiro completar a coluna à esquerda, identificando os aspectos a serem negociados.
2. A partir daí, devem indicar suas 'posições' na parte superior do triângulo e seu interesse subjacente na parte inferior do triângulo na coluna do meio.
3. A seguir, devem ordenar as questões da mais importante para a menos importante (usando, por exemplo, de 1 a 5 nas pequenas caixas existentes na coluna).
4. Em seguida, devem fazer a melhor avaliação possível das posições, interesses e prioridades da outra parte no tocante às questões da negociação.
5. Os negociadores devem indicar seus preços de reserva (e tentar avaliar o PR da outra parte).
6. As pessoas devem indicar seu ponto-alvo (que servirá como primeira oferta).
7. Os negociadores devem indicar sua MASA (e tentar avaliar a MASA da outra parte).

Nota: *Classificação/ranking de importância (por exemplo: 0-100, 1-5 etc.)
Fonte: J. Brett (2003). *Negotiation Strategies for Managers*, Programa Executivo, Kellogg School of Management, 2003.

negociamos para que os call centers se mudassem para nossa província, tínhamos que conhecer seus interesses em detalhes como localização, rotatividade e qualidade da mão-de-obra, e como eles *priorizavam* cada um desses interesses" (*The Globe and Mail*, 17 jun. 2002). Em segundo lugar, perguntas diagnósticas não podem fazer com que a outra parte se sinta tentada a mentir ou fazer declarações falsas. É fácil entender que uma pergunta feita a uma pessoa sobre sua MASA ou preço de reserva pode levá-la a exagerar ou mentir, mas não é tão óbvio por que ou como um negociador mentiria sobre suas necessidades subjacentes. Assim, perguntas diagnósticas são eficazes, em parte porque não colocam os negociadores na defensiva.

Idealmente, é importante entender o impacto da negociação sobre as metas de negócios de uma empresa. Por exemplo, as equipes de negociação em um dos maiores bancos do México colaboraram com analistas financeiros para determinar a melhor forma de trabalhar com os clientes que não quitavam seus empréstimos depois da crise monetária do país, ocorrida em 1994. Os analistas ajudaram os membros da equipe a entender as prioridades do banco e usá-las para definir opções para se chegar a acordos com os devedores (Ertel, 1999).

Fornecer informações

É um engano acreditar que os negociadores não devem, em nenhuma situação, fornecer informações para seu oponente (Bazerman & Neale, 1992). As negociações não chegam a lugar nenhum se os envolvidos não comunicarem seus interesses à outra parte. Lembre-se que você deve negociar como se estivesse lidando com um irmão gêmeo: se não fornecer informações, a outra parte agirá da mesma forma. Um negociador nunca deve perguntar à outra parte o que ele próprio não gostaria de responder. O ponto importante não é, portanto, *se* você deve ou não revelar informações, mas *quais* informações devem ser reveladas.

Em uma negociação, as pessoas muitas vezes relutam em compartilhar informações. Ao contrário do que muitas abordagens populares para a negociação podem prescrever, não é eficaz recusar-se a compartilhar informações. Dessa forma, além de buscar obter informações sobre a outra parte envolvida, os negociadores devem ter a postura inteligente de oferecer informações sobre seus próprios interesses para seus oponentes (ver Tabela 4.1). Ainda mais importante, ao sinalizar seu desejo de compartilhar informações sobre seus interesses pessoais (não a sua MASA), você consegue obter ganhos com base no importante princípio psicológico da reciprocidade. Ou seja, se você compartilhar informações com a outra parte, ela também, freqüentemente, agirá da mesma forma para com você. Quem fornece informações sobre suas prioridades para a outra parte tem maior probabilidade de chegar a acordos integrativos do que quem não procede dessa forma (Thompson, 1991). Além disso, a pessoa que divulga informações não se coloca em desvantagem estratégica, pois não ganha mais ou menos recursos significativos do que seu oponente.

A descoberta de informações surge num curso de tempo distinto durante a negociação. Adair e um colega pesquisador (Adair & Brett, 2003) dividiram as negociações em quatro períodos. Eles descobriram que, durante o primeiro quarto, as pessoas têm uma tendência maior a utilizar estratégias de influência, enquanto lutam para obter poder e influência. Durante o segundo quarto, informações sobre prioridades chegam ao clímax, conforme os negociadores começam a discutir os aspectos envolvidos na negociação e a compartilhar informações sobre suas prioridades. No terceiro quarto, os negociadores normalmente se envolvem numa dança de ofertas e contra-ofertas, apoiando-as ou rejeitando-as com base em argumentos racionais. No último quarto, eles começam a trabalhar para obter um acordo, elaborado com base nas ofertas de cada parte.

Embora muitos negociadores acreditem fornecer informações durante uma negociação, seus oponentes não necessariamente compreendem essas informações compartilhadas. Essa falsa suposição pode ser relacionada à *ilusão de transparência* (Gilovich, Savitsky & Medvec, 1998). Isso significa que os negociadores acreditam que estão revelando mais do que verdadeiramente estão (ou seja, acham que os outros têm acesso a informação sobre eles, quando na realidade isso não acontece). Por exemplo, durante um estudo, negociadores julgaram se um observador da negociação seria capaz de discernir, com precisão, as metas de negociação a partir do seu comportamento (Vorauer

& Claude, 1998). Os negociadores consistentemente superestimam a transparência de seus objetivos. Portanto, as pessoas se sentem mais como um 'livro aberto' em relação a suas metas e interesses nas negociações, embora isso não aconteça na realidade. Os negociadores também não são tão claros em suas mensagens quanto deveriam. Na verdade, quando a informação trocada está sujeita a diversas interpretações, isso pode levar a atrasos nos acordos e divergência de expectativas (Loewenstein & Moore, 2004). Por outro lado, quando uma única interpretação é óbvia, o compartilhamento da informação leva à convergência de expectativas e acelera a obtenção do acordo.

Desmembrar as questões

Uma razão para o fracasso das negociações é que os envolvidos se concentram em uma única questão, como o preço. Por definição, se uma negociação contempla apenas uma questão, ela é puramente distributiva (ou seja, montante de tamanho fixo). Negociadores habilidosos costumam expandir o conjunto de questões negociáveis. O ato de adicionar, desmembrar e criar novas questões pode transformar uma divisão do montante (caracterizada por uma questão única) em uma negociação de vários aspectos com potencial de 'ganha-ganha' (Lax & Sebenius, 1986). Acordos integrativos requerem a existência de pelo menos duas questões e, quanto maior o seu número (de questões, não de partes envolvidas), melhor será a negociação. Roger Fisher fala do tempo em que ajudava o presidente de uma empresa a vender um prédio de sua propriedade (*CFO Magazine*, 1º set. 2001): "Ele estava se aposentando e queria 2 milhões de dólares pelo prédio, o que para ele era um preço justo. Existia um interessado na compra, mas que não queria pagar esse preço. Perguntei, então, ao vendedor: 'Qual a pior coisa relacionada à venda deste prédio?'. E ele respondeu: 'Todos os papéis que guardei nos 25 anos em que trabalhei nesta empresa estão misturados em meu escritório do canto. Quando vender o prédio, não vou poder jogar tudo fora. Vou ter que verificar toda essa papelada. Esse pesadelo me acompanha'" (nono parágrafo). Então Fisher perguntou ao comprador por que ele queria o prédio. O comprador explicou que pretendia usá-lo para atividades de hotelaria. O conhecimento dessa informação deu a Fisher a idéia de sugerir que o vendedor fizesse uma oferta de aluguel ao comprador, com opção de compra amarrada a uma contingência: de que o nome do presidente permanecesse no escritório do canto por três anos. O comprador concordou e o negócio foi fechado. Nesse exemplo, Fisher observa que as necessidades subjacentes principais não são de dinheiro, mas sim de conveniência.

Preparar pacotes de acordos, não ofertas referentes a uma única questão

A maioria dos negociadores comete o erro de negociar cada questão individualmente. Essa abordagem configura um erro por diversos motivos. Primeiro e mais importante, negociar cada questão separadamente não permite aos negociadores fazerem *tradeoffs* entre as questões. Para tirar vantagem de diferentes preferências, os negociadores precisam comparar questões, de modo a conseguirem fazer trocas entre elas. Em segundo lugar, isso oferece maior probabilidade de levar a um impasse, especialmente se a zona de barganha for estreita e os *tradeoffs* forem necessários para se atingir um resultado mutuamente lucrativo. Finalmente, ofertas ligadas a uma única questão transformam as negociações em acordos de meio-termo, o que, como já vimos, não são normalmente a melhor abordagem para se chegar a resultados 'ganha-ganha'.

Fazer várias ofertas simultaneamente

Em alguns casos, os negociadores ficam desapontados e frustrados ao descobrir que suas iniciativas para fornecer e coletar informações não são eficazes. Isso acontece com mais freqüência em situações onde há muita desconfiança e relações pouco amistosas. E então? Toda esperança está perdida? O negociador pode fazer alguma coisa para mudar essa situação? Felizmente, a resposta é um sonoro sim. A estratégia de várias *ofertas simultâneas* pode ser eficaz mesmo com negociadores menos cooperativos (Bazerman & Neale, 1992; Kelley & Schenitzki, 1972; Kelley, 1966). A estratégia envolve apresentar à outra parte pelo menos duas (de preferência mais) propostas de *igual valor* para você. Por exemplo, na negociação do Wal-Mart discutida no início deste capítulo, o engenheiro do condado de Sequim, Don McInnes, reagiu aos protestos do diretor de planejamento definindo três opções diferentes: (1) alargar três ruas para um padrão de 40 pés de largura; (2) fazer com que elas atingissem um padrão melhor (mas ainda não o padrão desejado) através de uma grande reforma; ou (3) criar um *cul-de-sac* em duas das vias (*Sequim Gazette*, 30 jul. 2003b).

A estratégia de várias ofertas é composta de três partes:

1. **Elaborar várias ofertas**, em oposição a ofertas relacionadas a um único ponto (para ficar livre de barganhas seqüenciais, que podem confinar as pessoas a resultados 'perde-perde').
2. **Elaborar ofertas que sejam todas de igual valor para você** (deixando a si mesmo várias formas de conseguir o que se quer antes de fazer uma concessão).
3. **Fazer todas as ofertas ao mesmo tempo**. Esse último ponto é o mais difícil de executar para a maioria das pessoas porque elas negociam como se jogassem tênis: fazem uma oferta e esperam que a outra parte 'retorne' uma oferta simples; então, fazem uma concessão e assim por diante. Em uma estratégia de várias ofertas, um negociador apresenta um 'carrinho de sobremesas' de ofertas para a outra parte e a convida a uma reação. *Nota*: a outra parte deve ser alertada de que não é permitido selecionar os termos de cada opção que mais atenderem a suas expectativas. Ao invés disso, as ofertas são verdadeiros 'pacotes fechados de acordos' (Schatzki, 1981).

Negociadores que fazem ofertas múltiplas e equivalentes obtêm resultados mais lucrativos e são avaliados mais favoravelmente pela outra parte envolvida na negociação (Medvec, Leonardelli, Claussen-Schultz & Galinsky, 2004). Eles são vistos, especificamente, como mais flexíveis por seus oponentes e se sentem mais satisfeitos no final da negociação. Ofertas múltiplas aumentam a descoberta de soluções integrativas (Hyder, Prietula & Weingart, 2000). Quando as questões são *empacotadas* numa única proposta, ao invés de serem abordadas como entidades independentes, fica mais fácil definir *tradeoffs* e concessões. Além disso, quando as questões são atacadas individualmente, os negociadores tendem a fazer concessões para cada um dos pontos de forma seqüencial (Thompson, Mannix & Bazerman, 1988; Weingart, Bennett & Brett, 1993). Mais importante, é a presença de *evidências* (argumentos que reforçam a posição de uma pessoa ou vão contra a de seu oponente) que interferem na maior parte dos argumentos de uma negociação 'ganha-ganha'. De acordo com Hyder e seus colegas (2000) pesquisadores, "a evidência, por sua própria natureza, é uma estratégia sedutora que parece não somente ser um comportamento-padrão, como também persistente, e que se alimenta de si mesmo e dos recursos cognitivos dos negociadores" (p. 194). Evidência gera mais evidência (Weingart, Hyder & Prietula, 1996).

De acordo com Medvec e Galinsky (2004), os negociadores que fazem ofertas múltiplas e equivalentes são diferenciados em cinco aspectos críticos: eles podem (1) ser mais agressivos para ancorar a negociação favoravelmente, (2) obter melhores informações sobre a outra parte, (3) ser mais persistentes, (4) sinalizar suas prioridades mais eficazmente e (5) superar a aversão dos seus oponentes a fazer concessões.

Ser agressivo na ancoragem

Examinemos a forma como a pessoa citada a seguir usou essa estratégia para ancorar eficazmente a negociação: Ken Aleuma, profissional de uma das principais firmas internacionais de advocacia, estava negociando o acesso a uma base de dados de notícias na área de negócios.[3] Para a empresa

---
3. Comunicação pessoal realizada em 4 de dezembro de 2002. (Observação: os nomes foram alterados.)

de advocacia, a base de dados era vital e sua assinatura tinha de ser renovada. Não fazer isso significaria mais tempo em pesquisas com bibliotecários e o recente corte de custos com pessoal havia reduzido o número desses profissionais disponíveis. A quantia paga pela empresa para a renovação da assinatura da base de dados no ano anterior tinha sido de 52 mil dólares. Ken tinha previsto um orçamento de 58 mil dólares para a renovação deste ano. Sua estratégia era fazer várias ofertas simultâneas. Como ele sabia que um dos pontos principais para a empresa que fornecia o serviço era o valor contratado, ele argumentou que um contrato de dois anos com uma empresa importante como a sua seria bastante valioso para a empresa da base de dados. Mais ainda, assinar um contrato por dois anos era uma estratégia de baixo risco para Ken, pois ele estava confiante de que a empresa de advocacia precisaria dos serviços de base de dados no ano seguinte. Além do mais, isso representaria um item certo no orçamento da firma em tempos altamente voláteis. Ken fez duas propostas, que denominou de A e B. A proposta A consistia de um ano de renovação por 45 mil dólares; a B seria uma renovação por dois anos a 43 mil dólares no primeiro e 47 mil dólares no segundo. No final, a empresa provedora do serviço optou pela proposta B e renovou o serviço da base de dados por dois anos.

Conseguir informações mais sólidas sobre a outra parte

A estratégia de várias ofertas é baseada no *pensamento indutivo*, que significa dizer que um negociador pode deduzir unilateralmente quais são os verdadeiros interesses da outra parte e onde se encontram as chances de ganhos conjuntos. (Falaremos mais do pensamento indutivo, assim como do dedutivo, no Capítulo 8, em uma discussão de negociações avançadas e criatividade.) Ao ouvir a resposta de seu oponente, um negociador pode descobrir as preferências da outra parte. Dessa forma, ele age como um 'detetive' que chega a conclusões baseando-se nas respostas de seus oponentes às ofertas múltiplas.

Ser mais persistente e mais persuasivo no tocante ao valor de uma oferta

Consideremos a forma como a estratégia de fazer várias ofertas ajudou uma equipe de negociação de uma importante empresa farmacêutica a manter sua posição no mercado, numa negociação particularmente tensa.[4] "A situação em questão era um desinvestimento e havia surgido um problema no nosso lado (referente a um estoque muito maior do que havia sido anteriormente estimado), uma surpresa significativa que deu a impressão de que tínhamos fornecido informações incorretas durante o processo de *due diligence*. O problema era de grande magnitude quando comparado ao tamanho do acordo (o que significava que eles teriam que pagar uma quantia bem mais alta que o esperado)." A empresa farmacêutica propôs cinco diferentes opções, todas de valor equivalente, que envolviam vários *tradeoffs* entre termos de pagamento diferido, dinheiro no fechamento, não manter parte do estoque etc. A equipe apresentou as cinco propostas e prendeu a respiração. "Nós já havíamos enfrentado dias de discussão buscando o responsável pelos erros cometidos, portanto estávamos prontos para enfrentar os piores ataques." Na saída, a outra equipe disse calmamente: "Entendemos sua posição", e no dia seguinte escolheu uma das opções propostas. Os membros da equipe farmacêutica disseram: "Se tivéssemos enveredado pelo caminho da opção única, a posição mais óbvia de nossos oponentes teria sido dizer 'Isso é problema seu, vocês nos enganaram... passem o excesso do estoque de graça para nós'". Entretanto, esse ponto que poderia liquidar o negócio foi evitado, permitindo que se fechasse um acordo de forma muito mais bem-sucedida do que se poderia prever.

---

4. Comunicação pessoal realizada em 14 de setembro de 2003.

Superar a aversão a fazer concessões

Quando as pessoas percebem que têm mais escolhas (e não somente uma), a probabilidade de cederem é maior. Por exemplo, quando Ross Johnson, um membro do Senado da Califórnia, se viu diante de um decreto legislativo que odiava, não o eliminou diretamente. Em vez disso, propôs estrategicamente três emendas que tinha a certeza que não seriam aceitas, mas que fariam com que alguns legisladores de fora do Condado de Orange tomassem ciência de alguns pontos que Johnson julgava importantes (*Orange County Register,* 6 jan. 2002).

Estruturar contratos contingenciais tirando proveito das diferenças

Negociadores não apenas têm interesses e preferências diferentes, mas também vêem o mundo sob perspectivas distintas (Lax & Sebenius, 1986). O autor de um livro pode acreditar que suas vendas serão grandes e o editor pode ter certeza de que serão modestas. Interpretações diferentes para o mesmo fato podem ameaçar relacionamentos já desgastados. As tentativas de persuadir a outra parte podem ser vistas com ceticismo, hostilidade e uma espiral crescente de conflito. O surpreendente é que as diferentes crenças — ou expectativas sobre eventos incertos — pavimentam o caminho em direção a acordos integrativos. Na negociação do Wal-Mart apresentada no início deste capítulo, as partes possuíam crenças diferentes sobre o impacto que o complexo comercial teria sobre o tráfego local de veículos, com as autoridades da cidade prevendo o crescimento do trânsito em 500 por cento e o Wal-Mart falando em algo em torno de 7 por cento. Dadas essas previsões absolutamente dissonantes, não deixa de ser irônico pensar que as partes tenham trabalhado para criar uma solução viável. Na verdade, as diferenças — e não os pontos comuns — podem ser mais vantajosas nas negociações (Lax & Sebenius, 1986). O negociador esclarecido percebe que diferentes crenças, expectativas e gostos podem criar mais valor em uma negociação do que quando ambas as partes têm preferências idênticas. O problema é que a maioria das pessoas se sente desconfortável quando encontra diferenças e, em vez de alavancar essa oportunidade, diminuem sua importância ou as ignoram.

Os negociadores podem explorar as diferenças de diversas formas para tirar proveito em acordos integrativos (Lax & Sebenius, 1986). Consideremos as seguintes diferenças e as oportunidades que elas criam:

- Diferenças na avaliação dos aspectos de negociação
- Diferenças na expectativa de eventos incertos
- Diferenças nas atitudes quanto aos riscos
- Diferenças nas preferências com relação ao tempo
- Diferenças em competências

Diferenças nas avaliações

Os negociadores têm diferentes intensidades em suas preferências por cada questão envolvida numa negociação. Em uma negociação para se discutir o problema de falta de espaço em escritórios, por exemplo, uma pessoa pode estar mais interessada num escritório grande do que em um com uma bela vista; a outra pode preferir a vista ao espaço extra. Elas chegam a um acordo no qual uma pessoa fica com um escritório grande, sem janelas, e a outra ocupa uma sala pequena com uma vista maravilhosa. Ao negociar essas questões, ambas ficam numa situação melhor do que se tivessem simplesmente feito concessões para cada ponto. A estratégia de fazer *tradeoffs*, de modo a tirar proveito das diferentes intensidades nas preferências, é conhecida como *troca mútua de favores* (Froman & Cohen, 1970).

Diferenças em expectativas

Como as negociações normalmente envolvem incerteza, os negociadores podem divergir em suas previsões, ou crenças, sobre o que acontecerá no futuro. Tomemos o caso de uma mulher e seu irmão que herdaram uma loja de ferramentas de seu pai.[5] A irmã tinha a expectativa de que a lucratividade do negócio caísse de forma constante; o irmão, por outro lado, esperava que a loja se tornasse um grande sucesso. A irmã queria vender a loja; o irmão queria mantê-la. Um contrato contingencial foi elaborado: o irmão concordou em comprar a parte da irmã na loja depois de um período de tempo, por um preço baseado na avaliação pessimista do valor da outra parte. Um retorno certo foi garantido à irmã; o retorno do irmão seria baseado em quão bem a loja se saísse.

Vamos considerar outro exemplo: a pessoa encarregada do planejamento urbanístico de uma cidade contratou uma firma de construção para erguer e administrar um condomínio de empresas/centro de varejo. A avaliação das vendas futuras feita pela cidade era desanimadora, o que fez com que a administração desejasse tributar pesadamente as unidades. A corporação não gostou da perspectiva de pagar altos impostos e acreditava que as vendas seriam boas no ano seguinte. Um contrato de contingência foi desenvolvido. A cidade prometeu conceder à corporação um teto nos impostos por dez anos, a ser determinado pelas vendas anuais. Vendas maiores implicariam um teto mais baixo dos impostos; vendas baixas significariam uma tributação maior. Cada parte confiava que o cenário mais benéfico para cada uma delas seria o dominante.

Diferenças na atitude em relação aos riscos

Em outras situações, os negociadores concordam na previsão de ocorrência de eventos futuros, mas têm atitudes diferentes em relação a assumir riscos (Lax & Sebenius, 1986). Por exemplo, dois colegas querem desenvolver um projeto colaborativo, como escrever um romance, para o qual ambos concordam que a probabilidade de sucesso seria apenas razoável. O colega que já tem uma carreira estabelecida pode se dar ao luxo de assumir riscos, mas o romancista mais jovem, ainda lutando por um lugar no mercado, pode ser avesso a riscos. Os dois podem tirar proveito de seus diferentes perfis de atitude em relação aos riscos através de um contrato contingencial: o autor mais avesso ao risco recebe todo o adiantamento pago pelo livro; o colega que se sente bem assumindo riscos recebe a maior parte dos direitos autorais de venda (lucros arriscados) após a publicação do romance. Negociadores que possuem uma visão positiva (isto é, acham que o copo está meio cheio) têm probabilidade maior de conseguir troca mútua de favores ou *tradeoff* das questões, de forma a chegar ao 'ganha-ganha'; por outro lado, aqueles com uma visão negativa (isto é, os que acham que o copo está meio vazio) tendem a aceitar contratos contingenciais (Kray, Paddock & Galinksy, 2003).

Diferenças nas preferências com relação ao tempo

As pessoas valorizam um mesmo evento de forma completamente diferente dependendo de quando ele ocorre (Lax & Sebenius, 1986). Se uma parte for mais impaciente que a outra, podem-se desenvolver mecanismos para um compartilhamento otimizado das conseqüências ao longo do tempo. Dois sócios em uma *joint venture* podem alocar os lucros iniciais para o sócio que tem custos altos com o tempo, enquanto o outro, que pode esperar, obterá lucros maiores ao longo de um período mais longo.

Diferenças em competências

As pessoas são diferentes não apenas em seus gostos, avaliações de probabilidades e preferências quanto à maneira de lidar com o risco; elas também diferem em termos de competências, legados e talentos. Tomemos como exemplo a situação de dois gerentes que possuem diferentes

---
5. Comunicação pessoal realizada em abril de 1993.

recursos, capital e equipe de suporte. Um deles possui fortes habilidades quantitativas e estatísticas e acesso a computadores de ponta; o outro tem grande competência em marketing e design. Juntos, combinam suas habilidades, talentos e expertise complementares de uma forma mutuamente benéfica, como para o projeto de um novo conceito de produto. O desenvolvimento de colaborações bem-sucedidas em pesquisa é incentivado por diferenças em talentos e preferências (Northcraft & Neale, 1993).

Alerta

Tirar vantagem de diferenças normalmente leva a *contratos contingenciais*, em que os negociadores apostam na ocorrência de diferentes situações. Para que esses contratos sejam eficazes, eles devem satisfazer aos seguintes quatro critérios: (1) não criar um conflito de interesses. Por exemplo, se o autor de um livro, otimista acerca de sua venda, negocia um contrato com seu editor, que estabelece que os *royalties* sejam contingentes às vendas, o contrato não deve criar um incentivo para que o editor tente obstruir as vendas; (2) devem ser *passíveis de exigência de cumprimento* e, portanto, podem requerer uma versão escrita; (3) devem ser *claros, mensuráveis e de fácil avaliação*, não deixando espaço para ambigüidades. Condições e técnicas de mensuração devem ser definidas antecipadamente (Bazerman & Gillespie, 1999). Além disso, uma data ou linha de tempo deve ser acordada mutuamente; (4) devem requerer uma *interação contínua* entre as partes. Esses contratos serão discutidos em mais detalhe no Capítulo 8 (Criatividade e resolução de problemas em negociações).

Acertos pré-acordo (APA)

Os *acertos pré-acordo* (*APA*), criados por Gillespie e Bazerman (1998), têm três características: são *formais*, pois englobam deveres específicos e obrigatórios; *iniciais*, porque existe uma intenção de substituí-los por um acordo formal; e *parciais*, já que as partes não abordam nem resolvem todos os aspectos relevantes. De acordo com Gillespie e Bazerman, o APA envolve mais do que um simples aperto de mão ou um 'acordo de cavalheiros'. Em vez disso, ele ocorre antes que as partes entrem nas negociações definitivas e completas e é esboçado para ser substituído por um acordo de longo prazo. O APA tem o objetivo de resolver apenas um subconjunto das questões nas quais as partes estejam em desacordo (isto é, *parcial*). Em alguns casos, em vez de se concentrar em resolver uma das questões mais importantes, ele pode simplesmente estabelecer uma estrutura concreta para as negociações finais.

Gillespie e Bazerman observam que um exemplo famoso de APA são os Acordos de Oslo de 1993 entre Israel e a Palestina. Os Acordos de Oslo buscaram estabelecer um processo de incremento de negociação e reciprocidade que levaria ao que ambas as partes denominaram de conversações sobre o 'status final'. As partes concordaram em esperar para resolver as questões mais importantes (como fronteiras, acordos, Jerusalém) até as conversações. Como passo inicial, os israelenses e os palestinos buscaram solucionar questões menos importantes, estabelecendo assim uma política de diálogo e trabalhando para estabelecer relações formais. Os israelenses, por exemplo, concordaram em liberar prisioneiras, transferir dinheiro em litígio e sair de Hebron. Os palestinos, por sua vez, aceitaram revisar sua constituição nacional, transferir pessoas suspeitas de terrorismo e limitar o tamanho da força policial palestina. Gillespie e Bazerman também observaram que a estrutura do APA entrou posteriormente em colapso devido à elevação da temperatura das conversações e à escalada de violência. (Para outro exemplo de APA, ver Quadro 4.1.)

Busca de acertos pós-acordo

Uma estratégia final para aumentar o tamanho do montante é aquela em que os negociadores chegam a um acordo mútuo inicial, mas empregam um tempo adicional tentando obter melhorias (cada qual de acordo com sua própria perspectiva). Na *estratégia de acertos pós-acordo*, os negociadores concordam em explorar outras opções com o objetivo de encontrar outra solução preferida por ambos, ou que um prefira e seja indiferente para o outro (Raiffa, 1982). O acordo presente transforma-se na nova MASA de ambas as partes envolvidas. Para que qualquer acordo futuro substitua o atual, ambas as partes devem estar em acordo; de outra forma, devem voltar ao acordo inicial. Pode parecer algo não intuitivo e, talvez, até contraproducente retomar negociações após um acordo ter sido obtido, mas a estratégia de acertos pós-acordo é impressionantemente eficaz para melhorar a qualidade dos acordos negociados (Bazerman, Russ & Yakura, 1987) e para mudar um acordo do nível 1 para os níveis 2 ou 3.

O acerto pós-acordo capacita ambas as partes a revelar suas preferências, sem medo de exploração, porque elas podem seguramente retornar a seus acordos prévios. Se forem encontrados termos melhores, as partes envolvidas podem ficar mais confiantes de ter atingido um acordo de nível 2 ou 3. Se nenhum acordo melhor for encontrado, elas terão certeza de que o acordo corrente foi de nível 3.

UMA ESTRUTURA ESTRATÉGICA PARA FECHAR ACORDOS INTEGRATIVOS

A descoberta e criação de acordos integrativos é algo similar à resolução de problemas. Esta última requer criatividade. Acordos integrativos parecem irritantemente óbvios após seu fechamento, mas não o são antes dele. Como a negociação é uma tarefa mal estruturada, com poucas limitações e uma miríade de possíveis 'movimentos', um caminho sem pedras para se chegar a um acordo integrativo é imaginário. Veja o modelo de tomada de decisão da negociação integrativa na Figura 4.2. O modelo é prescritivo, ou seja, concentra-se naquilo que os negociadores deveriam fazer para chegar a um acordo, não no que eles *de fato* fazem. O modelo tem cinco componentes principais: avaliação de recursos, avaliação das diferenças, preparação de ofertas e *tradeoffs*, aceitação/rejeição de uma decisão e renegociação.

QUADRO 4.1 OPERAÇÕES NORMAIS COM UMA GREVE FINANCEIRA – NO-FIST (do inglês, *Normal Operations with a Financial Strike*)

Lax e Sebenius (1997) propuseram um tipo de acerto pré-acordo (APA) em uma carta ao editor do *The Wall Street Journal*. Eles observaram que uma greve planejada pelos pilotos da American Airlines resultaria numa perda de receita para a empresa de mais de 200 milhões de dólares por dia. Para evitar essa catástrofe, recomendaram o seguinte: "Já que a data marcada [da greve] é iminente e as negociações estão irremediavelmente prejudicadas, as partes concordariam em continuar a operar normalmente, mas colocar parte da receita ou sua totalidade, mais salários, em uma conta em fideicomisso, controlada por uma terceira parte de confiança de ambos os conflitantes" (Lax-& Sebenius, 1997, p. A22). Independentemente de como o fundo de fideicomisso fosse dividido em dado momento, ambas as partes estariam em condições melhores do que a de uma situação típica de greve. NO-FIST produz um resultado superior do tipo de Pareto para todas as partes envolvidas, dentre elas pilotos, acionistas, consumidores e outros empregados da empresa.

FIGURA 4.2 Modelo de tomada de decisão da negociação integrativa

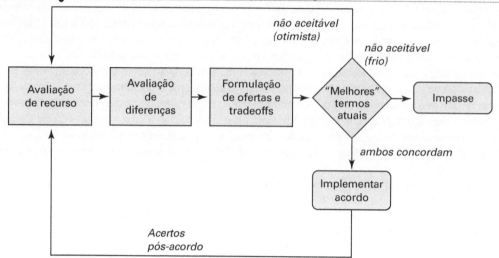

Avaliação de recursos

A *avaliação de recursos consiste em identificar os aspectos de negociação e suas alternativas.* Tomemos, por exemplo, a negociação de um emprego. As questões envolvidas na barganha podem ser: salário, férias e benefícios. A faixa salarial viável pode estar entre 60 mil e 100 mil dólares anuais, a duração das férias pode variar de uma a cinco semanas e os benefícios podem incluir opções de compra de ações ou um carro da empresa. Neste estágio, as partes envolvidas identificam os aspectos que as preocupam na negociação. Um superconjunto de questões emerge a partir da combinação das preocupações de ambas as partes.

A união dos conjuntos de questões de ambas as partes forma o *mix de questões* da negociação. Além disso, para especificar esse mix, as partes devem também definir e deixar claras as alternativas para cada questão. O conjunto final de opções para cada questão é um superconjunto composto pelas alternativas de ambas as partes.

Estágios mais avançados da avaliação de recursos vão além da mera identificação de questões e alternativas e resultam em processos mais elaborados: o *desmembramento* de questões e alternativas, bem como a adição de novos aspectos. O desmembramento (Lax & Sebenius, 1986) de questões é muito importante em negociações centradas numa única questão. Como *tradeoffs* mutuamente benéficos requerem um mínimo de dois aspectos na negociação, é importante fracionar o conflito em mais de um tópico de discussão. Em outras situações, pode ser necessário acrescentar novos aspectos e alternativas. Esse processo é facilitado mediante a discussão dos interesses de ambas as partes.

Avaliação de diferenças

Uma vez identificados o mix de questões e o conjunto de alternativas, os negociadores devem se concentrar em estimar suas diferenças no tocante à avaliação, probabilidades de ocorrência, preferências quanto aos riscos a assumir, e limitações de tempo e competências (Lax & Sebenius, 1986). Duas preocupações devem guiar a estimativa de interdependências. Em primeiro lugar, cada parte deve focar suas questões mais importantes. Em segundo lugar, elas devem se concentrar em questões que tenham alto valor para uma parte e baixo custo para ser provida pela outra parte.

Ofertas e *tradeoffs*

Nesta fase, as partes envolvidas devem considerar vários *tradeoffs* potenciais entre avaliações, previsões, riscos, preferências em relação ao tempo e competências, e devem eliminar aqueles dominados por outras alternativas. Não faz nenhum sentido ir atrás de um *tradeoff* a não ser que aquilo que você oferece seja mais valioso para a outra parte do que o custo de seu provimento para você.

Decisão de aceitação/rejeição

Em um dado momento, os negociadores podem chegar a um resultado que ambas as partes consideram minimamente aceitável: ele excede o ponto de reserva de ambos os lados envolvidos e constitui um acordo integrativo de nível 1. As partes podem encerrar as negociações com este acordo, mas a identificação de um acordo minimamente aceitável não implica necessariamente que essa seja uma solução eficiente. Os negociadores devem continuar a explorar as possibilidades, dependendo dos custos envolvidos com o tempo e de suas avaliações subjetivas sobre a possibilidade de se chegar a uma solução melhor. As aspirações e metas dos negociadores podem influenciar o processo de busca de um acordo numa negociação: aqueles que definem metas específicas e desafiadoras têm mais probabilidade de continuar a buscar acordos integrativos do que os que têm metas fáceis ou que nem mesmo as definem (Huber & Neale, 1986).

Prolongamento da negociação e renegociação

Dois ciclos de *feedback* emanam do estágio de decisão: a decisão de prolongar as negociações e a decisão de renegociar. Devem-se prolongar as negociações sempre que o melhor acordo obtido na mesa de negociação não atender aos pontos de reserva de ambas as partes. Os negociadores devem reavaliar os recursos por meio de um desmembramento do conjunto de questões envolvidas, dividindo-o em questões menores que permitam *tradeoffs*. Além de desmembrar as questões, eles podem adicionar tópicos de negociação e novas alternativas ao mix de barganha. Se as partes tiverem identificado todos os aspectos e alternativas, bem como diferenças para fazer *tradeoffs*, e uma solução mutuamente satisfatória não for encontrada, então é hora de suspenderem a negociação e perseguirem suas MASAs.

NÃO SE ESQUEÇA DE REIVINDICAR

Em algumas oportunidades, quando tomam consciência dos acordos integrativos e do aumento do tamanho do montante, os negociadores acabam se esquecendo do elemento distributivo (divisão do montante) da negociação. Não é uma estratégia eficaz para a negociação manter o foco exclusivamente sobre o aumento do montante; o negociador deve ter um foco simultâneo na reivindicação dos recursos. Afinal, se o foco for única e exclusivamente o aumento do montante, o negociador não se sairá bem, pois a outra parte pode colher todo o valor agregado na negociação.

Muitos negociadores estabelecem sua reputação por seu poder em reivindicar (Weber, Loewenstein & Thompson, 2003; Tinsley, O'Connor & Sullivan, 2002). Os que têm uma reputação distributiva usam mais táticas distributivas (por exemplo, evidência, posições declaradas) e uma quantidade menor de táticas integrativas (como compartilhar preferências e prioridades). Conseqüentemente, os negociadores que têm uma reputação distributiva são menos eficazes em maximizar o tamanho do montante, pois usam estratégias distributivas para lidar com seus oponentes na negociação (em detrimento de estratégias para aumentar o tamanho do montante).

Temos observado a presença de três estágios na evolução do negociador integrativo. O primeiro deles se refere ao que chamamos de negociador 'à antiga'. Este tipo de negociador é egresso da velha escola da barganha e acredita que, para negociar de forma bem-sucedida, a pessoa deve adotar uma postura dura e inflexível. O segundo estágio na evolução de um negociador é o que conhecemos como negociador 'novato', ou aquele que fica 'inebriado' pelas negociações 'ganha-ganha' e está tão ocupado em aumentar o tamanho do montante que se esquece de reivindicar recursos. Por causa disso, esse tipo de negociador fica em desvantagem quando se divide o montante. O terceiro estágio é conhecido como o do negociador 'esclarecido', que percebe que a negociação tem uma dimensão referente à expansão do montante de barganha, mas que ao mesmo tempo não se esquece de reivindicar recursos para si. Dessa forma, ele protege seus próprios interesses enquanto tenta aumentar o montante de barganha. Se seguir todas as estratégias descritas neste capítulo, você se transformará em um negociador iluminado.

CONCLUSÃO

Praticamente todo negociador quer chegar a um acordo integrativo ('ganha-ganha'); no entanto, a maioria deles não atinge esse intento — o que significa que dinheiro e recursos são desperdiçados na mesa de negociação. Na verdade, as pessoas geralmente não têm consciência de que seus resultados oriundos de uma negociação são ineficientes. As principais razões para a ocorrência de resultados 'perde-perde' são o conflito ilusório e a percepção do montante de tamanho fixo. Obter acordos bem-sucedidos do tipo 'ganha-ganha' envolve confiança e compartilhamento de informações sobre prioridades e preferências (não sobre MASAs!); desmembrar os aspectos da negociação; preparar pacotes de acordos (não ofertas referentes a uma única questão); fazer várias ofertas simultaneamente; estruturar contratos contingenciais que tirem proveito das diferenças nas crenças, expectativas e atitudes dos negociadores; e lançar mão de acertos pré- e pós-acordo. Ao tentar aumentar o tamanho do montante, os negociadores não podem se esquecer de reivindicar recursos.

CAPÍTULO

PARTE 2
HABILIDADES AVANÇADAS DE NEGOCIAÇÃO

5) Desenvolvendo um estilo de negociação

Rick Dubinsky foi a pessoa que organizou a greve dos pilotos da United Airlines em 1985, o que fez com que ganhasse os apelidos de 'Cachorro Louco' e 'Lançador de Bombas'. Ele "ajudou a destituir o CEO Dick Ferris e liderou as tentativas de aquisição da empresa no final da década de 1980 e início da década de 1990." Dubinsky era exatamente a pessoa que os pilotos da United queriam ter ao lado na entrada do século XXI: ele era esperto, destemido e apaixonado por trabalho sindicalizado. "Rick intimidava muita gente. Ou as pessoas o combatiam, ou o ignoravam ou passavam por cima dele." A equipe de administração da United via Dubinsky como alguém perigoso e manipulador, capaz de provocar danos reais, especialmente ocupando uma cadeira no Conselho. Temiam que a tranqüilidade e o foco nas pessoas por parte do CEO Jim Goodwin pudesse colocá-los à mercê de Dubinsky. Quando Goodwin anunciou seu interesse em adquirir a US Airways, Dubinsky colocou suas luvas de boxe, pois temia que a compra fosse custar a muitos pilotos da United os benefícios relacionados a seu tempo de casa. Seus colegas na US Airways tinham mais experiência e mais tempo de empresa, o que determinava o tipo de aeronave e as rotas dos pilotos, suas folhas de pagamento, escalas de serviço e férias. Assim, a tática de Dubinsky era simples e letal: "Não vejo nada de errado com a filosofia sindical de entrar em campo e apertar a garganta dos integrantes da administração superior e dizer a eles que queremos nosso dinheiro". A avaliação de Dubinsky da MASA da United era consolidada pela seguinte frase: "... você não pode matar a galinha dos ovos de ouro e acho que estamos muito longe de fazer isso. Essa galinha pôs toda espécie de ovos em 2000" (*Denver Post*, 9 jun. 2003, p. A1).

NEGOCIADORES INFLEXÍVEIS *VERSUS* GENTIS

Os negociadores normalmente escolhem um dentre dois estilos de negociação completamente distintos: ser inflexível ou ser gentil (Bazerman & Neale, 1992). Rick Dubinsky é inflexível. O negociador inflexível é firme, faz demandas altas, concede pouco, controla-se até o último minuto e normalmente rejeita ofertas dentro da zona de barganha. Por outro lado, o negociador gentil normalmente faz concessões infinitas e generosas, revela seu ponto de reserva e fica tão preocupado com a satisfação de seu oponente que acaba concedendo grande parte de sua fatia no montante de barganha para a outra parte. Cerca de 78 por cento dos alunos de MBA descrevem seu estilo como 'cooperativo' e 22 por cento se consideram 'agressivos' (Lewicki & Robinson, 1998). Cerca de 73 por cento dos advogados são considerados cooperativos por seus colegas e 27 por cento são considerados competitivos (Williams, 1983). Nenhuma das duas abordagens é particularmente eficaz em expandir e dividir o montante de barganha ao mesmo tempo, e as duas apresentam grande probabilidade de levar a resultados que os negociadores lamentam no futuro. O negociador inflexível tem grandes chances de abandonar interações potencialmente criativas e pode ganhar uma reputação de teimoso. Essa reputação pode intimidar outras pessoas, mas não muda o tamanho da zona de barganha. Por outro lado, o negociador gentil concorda muito rapidamente com tudo e nunca consegue obter uma parcela substancial do excedente de barganha.

A boa notícia é que ser inflexível ou ser gentil não são as duas únicas escolhas disponíveis para um negociador. Este capítulo foi elaborado para ajudá-lo a criar um estilo de negociação confortável e eficaz que permita a você: (1) aumentar o tamanho do montante, (2) maximizar sua fatia e (3) sentir-se bem com a negociação.

MOTIVAÇÃO-ABORDAGEM-EMOÇÃO

O restante deste capítulo concentra-se nas três dimensões importantes do estilo de barganha: suas metas (ou seus motivadores), sua abordagem e seu uso da emoção. Nossa visão é a de que motivações básicas, como o interesse próprio ou competição, influenciam o comportamento em negociações. Da mesma forma, a abordagem usada por um negociador — baseada nos interesses, legalista (ou baseada nos direitos), ou baseada no poder (isto é, por meio de ameaças) — afeta o curso das negociações. Finalmente, o uso das emoções (ou a ausência delas) também caracteriza um estilo de barganha.

Revisaremos cada uma dessas dimensões e mostraremos o perfil dos negociadores que caracterizam cada estilo. Seu trabalho será fazer uma avaliação honesta de seu estilo atual de negociação. Se você for como a maioria das pessoas, verá que seu estilo é composto de um pouco de todos, dependendo da situação enfrentada. Entretanto, grande parte dos negociadores tende a adotar mais um estilo do que os outros. Em outras palavras, muitas pessoas têm um estilo dominante ou instintivo. (Ver Nota 5.1 para uma descrição do estilo de Charlene Barschefsky.) Além disso, as pessoas com as quais você negocia tendem a vê-lo como alguém de um único estilo em vez de alguém com uma mistura de todos.

Nota 5.1 Estilo de negociação de Charlene Barshefsky

Quando Charlene Barshefsky trabalhava como negociadora de comércio exterior para o governo dos Estados Unidos, ela usava echarpes de seda, sua marca pessoal, antes de ir para a mesa de negociação fechar seus acordos. Em certa ocasião, ela ficou sem dormir por 51 horas para fechar um acordo comercial com o Japão; falando com perfeição, ela conseguiu destruir todos os argumentos usados pelo outro lado. Seus colegas ficaram tão impressionados que a apelidaram de 'parede de pedra'. Ela também era conhecida como a 'Mulher Dragão': numa negociação com a China, ameaçou fechar as malas e ir para o aeroporto, dando a dica para seu parceiro de negociação, Gene Sperling, um assessor da Casa Branca, sair da mesa de negociação de forma teatral logo após ela ter feito o mesmo. Algumas pessoas descreviam Barshefsky como 'um instrumento afiado', uma "guerreira genuinamente preocupada com as pessoas" (*Straits Times*, 21 nov. 1999, p. 42). Armada do discurso preciso de um litigante,

Barshefsky era extremamente habilidosa em batalhar concessões de parceiros comerciais. Em uma negociação, não precisou proferir uma só palavra para desconcertar seu oponente: quando um mestre das finanças japonês disse que a delegação dos Estados Unidos tinha que 'pegar ou largar' a oferta que estava sobre a mesa, Barshefsky simplesmente deu uma gargalhada. Ao longo de anos de experiência, ela desenvolveu seu próprio estilo eficaz de barganha (*Straits Times*, 21 nov. 1999).

Sua primeira reação numa negociação é normalmente um bom indicador de seu estilo instintivo. Dê uma olhada honesta em sua postura durante uma negociação (filme-se, se julgar necessário). Então pergunte a pessoas que não tenham medo de lhe dar um *feedback* franco como elas o vêem em ação, em termos do estilo utilizado. Você provavelmente se surpreenderá com as reações delas!

A seguir, revisaremos os vários estilos e discutiremos as vantagens e desvantagens de cada um deles. Uma vez conhecido o seu estilo, saiba que você não está preso a ele por toda sua vida. Você tem opções e este capítulo sugere formas de mudar seu comportamento.

MOTIVAÇÕES

As pessoas têm orientações diversas no tocante ao processo de negociação. Algumas são individualistas, visando somente ao seu próprio ganho, enquanto outras são cooperativas, maximizando interesses conjuntos, e outras, ainda, são competitivas, buscando a maximização das diferenças. Para um quadro completo de orientações motivacionais, ver a Figura 5.1, que detalha oito diferentes direcionamentos motivacionais, variando do altruísmo (grande preocupação pelos interesses dos outros), passando pela agressão (desejo de prejudicar a outra parte) e pelo masoquismo (desejo de se auto-infligir prejuízos), até chegar ao individualismo (desejo de avançar com seus próprios interesses). A cooperação consiste de um ponto médio entre o altruísmo e o masoquismo; o sadomasoquismo está numa posição intermediária entre o masoquismo e a agressão; e a competição é média entre a agressão e o individualismo.

Avaliando seu estilo motivacional

Apesar de a Figura 5.1 detalhar diversas orientações motivacionais, três delas descritas abaixo são as mais freqüentes: individualismo, competição e cooperação, de modo que manteremos nosso foco nelas. (Ver especificamente a Tabela 5.1.)

1. O negociador **individualista** prefere maximizar o próprio ganho e tem pouca ou nenhuma preocupação com quanto a outra pessoa está conquistando.
2. O negociador **competitivo** prefere maximizar a diferença entre seus próprios lucros e aqueles obtidos pela outra parte envolvida (ou seja, 'derrotar' o oponente).
3. O negociador **cooperativo** busca a igualdade e também minimizar a diferença entre os resultados obtidos pelas partes envolvidas na negociação.

Para uma rápida avaliação da sua própria orientação motivacional, complete as nove questões apresentadas no Quadro 5.1.

Sua capacidade em entender como sua meta é moldada por vários fatores externos representa um passo fundamental em direção a um insight pessoal. Richard Shell (1999) identificou estratégias e dicas úteis para negociadores cooperativos e competitivos. De acordo com Shell, se você for coope

FIGURA 5.1 Subconjunto de valores sociais

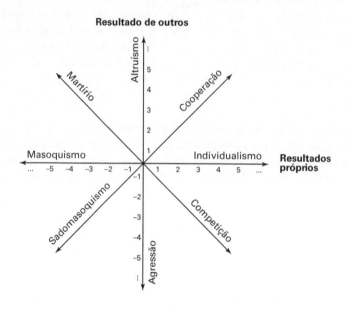

Fonte: Reimpresso de *Cooperation and Helping Behavior*, C. G. McClintock e E. van Avermaet, "Social Values and Rules of Fairness: A Theoretical Perspective", 43–71, Copyright © 1982, com permissão da Elsevier.

TABELA 5.1 Estilos Motivacionais

	Estilo motivacional		
	Individualista	*Competitivo*	*Cooperativo*
Objetivo	Interessado em si mesmo	Vitória	Bem-estar conjunto
Visão das outras pessoas	Tem interesse em si mesmo	Competitivo	Heterogênea: alguns cooperativos, alguns competitivos e outros, individualistas
Fatores situacionais que ativam essa orientação motivacional	Incentivos para maximizar seu próprio ganho	Competição no grupo quando as organizações realçam as comparações interpessoais	Identidade social Metas superiores

rativo, precisa se tornar mais assertivo, confiante e prudente nas negociações, de modo a ser mais eficaz ao tentar aumentar o tamanho do montante de barganha e dividi-lo. Ele lista sete ferramentas para o negociador extremamente cooperativo:

| Quadro 5.1 | AVALIAÇÃO DO ESTILO MOTIVACIONAL |

Cada questão apresenta três possíveis distribuições do dinheiro (A, B e C) para você e para seu oponente. Sua tarefa é definir qual dessas distribuições é a sua favorita. Indique sua verdadeira preferência, não aquela que você acha que deveria escolher. Seja honesto consigo mesmo e marque uma alternativa por questão (Kuhlman & Marshello, 1975).

	Pagamento para você / *Pagamento para a outra parte*	A	B	C
1	Você	$4.800	$5.400	$4.800
	Outra parte	$ 800	$2.800	$4.800
2	Você	$5.600	$5.000	$5.000
	Outra parte	$3.000	$5.000	$1.000
3	Você	$5.200	$5.200	$5.800
	Outra parte	$5.200	$1.200	$3.200
4	Você	$5.000	$5.600	$4.900
	Outra parte	$1.000	$3.000	$4.900
5	Você	$5.600	$5.000	$4.900
	Outra parte	$3.000	$5.000	$ 900
6	Você	$5.000	$5.000	$5.700
	Outra parte	$5.000	$1.000	$3.000
7	Você	$5.100	$5.600	$5.100
	Outra parte	$5.100	$3.000	$1.100
8	Você	$5.500	$5.000	$5.000
	Outra parte	$3.000	$1.000	$5.000
9	Você	$4.800	$4.900	$5.400
	Outra parte	$4.800	$1.000	$3.000

Calcule sua pontuação **cooperativa,** atribuindo um ponto para as seguintes respostas: 1-C, 2-B, 3-A, 4-C, 5-B, 6-A, 7-A, 8-C, 9-A.
Calcule sua pontuação **competitiva,** atribuindo um ponto para as seguintes respostas: 1-A, 2-C, 3-B, 4-A, 5-C, 6-B, 7-C, 8-B, 9-B.
Calcule sua pontuação **individualista,** atribuindo um ponto para as seguintes respostas: 1-B, 2-A, 3-C, 4-B, 5-A, 6-C, 7-B, 8-A, 9-C.

1. **Evite concentrar-se demais no resultado final**. Em vez disso, empregue algum tempo trabalhando em suas metas e desenvolvendo aspirações altas.
2. **Desenvolva sua MASA**. Conheça suas opções de negociação.
3. **Consiga um representante e delegue a tarefa de negociação**. Designar um representante não é uma admissão de fracasso se você considera que a pessoa pode agir mais assertivamente do que você.

4. **Barganhe em nome de alguém ou de alguma coisa, não em seu nome**. Às vezes, as pessoas se sentem egoístas quando negociam. Para eliminar essa percepção limitante, pense em outras pessoas, tais como sua família, sua equipe ou mesmo em 'você aposentado' e negocie em benefício destes.
5. **Crie uma platéia**. As pessoas negociam mais assertivamente quando têm uma platéia. Assim, converse com alguém sobre sua negociação, faça promessas e, em seguida, relate os resultados.
6. **Diga "Você vai ter que fazer mais do que isso porque..." em vez de "sim"**. Os negociadores cooperativos são programados para dizer sim para quase tudo. Ensaie não dizer sim para tudo que seja proposto. Na verdade, uma análise histórica de quatro crises (como a da Baía dos Porcos e a Crise dos Mísseis Cubanos) revela que líderes cujas motivações são cooperação e afiliação são mais propensos a fazer concessões (Langner & Winter, 2001).
7. **Insista em obter compromissos e não somente acordos**. Um acordo deposita muita confiança na outra parte; em vez disso, insista em compromissos e promessas específicas da outra parte, com conseqüências para ela caso ela não os cumpra.

Shell também lista sete ferramentas para pessoas competitivas. Ele alerta que os negociadores competitivos precisam se conscientizar mais sobre as outras pessoas e legitimar suas necessidades.

1. **Pense no aumento do tamanho do montante e não somente em sua divisão**. Lembre-se de que você pode aumentar a sua fatia do montante se aumentar o seu tamanho.
2. **Pergunte mais do que você acha necessário**. Vale a pena entender de verdade os objetivos e necessidades da outra parte envolvida na negociação.
3. **Baseie-se em padrões**. Os outros respondem bem a argumentos baseados em padrões de tratamento justo e em objetividade.
4. **Contrate um gerente de relacionamento**. Não é uma demonstração de fraqueza consultar-se com alguém sobre como gerenciar o 'lado pessoal' das negociações.
5. **Seja muito confiável**. Mantenha sua palavra. Lembre-se do viés egocêntrico: você sempre se vê como uma pessoa mais honrada do que as outras, portanto deve sempre buscar se superar. (Lembre-se dos dados do estudo feito sobre 'mentira' apresentados no Capítulo 3.)
6. **Não pechinche quando puder negociar**. Não veja a negociação como uma competição de desejos em cada pequena questão. Gaste tempo pensando em todas as questões e no quadro global. Lembre-se que *tradeoffs* significam que você pode perder em alguns pontos para ter grandes ganhos em outros.
7. **Sempre reconheça o valor da outra parte e proteja a auto-estima daquela pessoa**. Não tripudie nem se gabe. Lembre-se que Dale Carnegie diz que a palavra que as outras pessoas mais gostam de escutar é seu próprio nome. Portanto, ofereça a elas um respeito sincero.

Questões estratégicas referentes ao estilo motivacional

Uma vez conhecendo seu estilo motivacional (e o da outra parte), de que forma essa informação pode ser mais bem utilizada? Várias questões estratégicas são relevantes quando o estilo motivacional é tratado.

O mito do negociador inflexível

De acordo com Andrea Kupfer Schneider (2002), o mito do 'negociador inflexível e eficaz' deve ser destruído. Em sua análise, realizada com 700 advogados, esse comportamento hostil é considerado muito ineficaz pelos colegas. De fato, mais de 50 por cento dos negociadores vistos como adversários foram considerados ineficazes. Em outras palavras: à medida que os negociadores se tornam mais irritantes, teimosos e antiéticos, mais caem seus níveis de eficácia.

Além disso, foram feitas descobertas semelhantes por meio da observação direta de negociadores (em comparação com relatórios pessoais e de terceiros). Quando ambos os negociadores têm uma orientação cooperativa, eles conseguem ser mais eficazes em maximizar o tamanho do montante (Olekalns & Smith, 1998, 1999, 2003; Pruitt & Lewis, 1975; Weingart, Bennett & Brett, 1993; Weingart, Brett & Olekalns, 2003). Por exemplo, num estudo de negociações com várias partes envolvidas, grupos cooperativos apresentaram desempenho superior aos individualistas no que se refere a aumentar o montante (Weingart, Bennett & Brett, 1993). Negociadores altamente cooperativos usam estratégias integrativas mais freqüentemente (como a troca de informações), fazem mais propostas que requerem coordenação mútua e usam menos táticas integrativas (Olekalns & Smith, 1999). Mais ainda, quanto mais pessoas motivadas para cooperar se apresentam em uma negociação, mais informações integrativas (de aumento do montante de barganha) são trocadas (Weingart, Brett & Olekalns, 2003). Por outro lado, quando se encontram à mesa de negociação negociadores motivados pela individualidade, há um maior incremento de estratégias distributivas (como declarar algo sobre suas posições e ações de comprovação ou usar evidências). De acordo com Olekalns e Smith (2003), cooperadores e individualistas usam diferentes vias para atingir resultados 'ganha-ganha'. Os individualistas fazem múltiplas ofertas e trocam informações indiretamente, enquanto os negociadores cooperativos compartilham diretamente informações sobre interesses e prioridades.

Não perder de vista os seus próprios interesses

Ao argumentar que a barganha competitiva e inflexível não é eficaz, não queremos dizer que os negociadores devem ser 'coração mole' (Glick & Croson, 2001). Em qualquer negociação, é importante não perder de vista os próprios interesses. Os individualistas não precisam se preocupar com essa possibilidade, mas os de estilo cooperativo, sim. Freqüentemente, dois negociadores deste último estilo acabam chegando a um acordo 'perde-perde' por não informarem seus interesses à outra parte (Thompson & DeHarpport, 1998). Da mesma forma, negociadores competitivos normalmente gostam tanto de 'bater' na outra parte que acabam não prestando atenção em seus interesses próprios. De certa forma, eles vencem a batalha, mas perdem a guerra. Assim, é fundamental que você mantenha um alto nível de preocupação para com seus próprios interesses, assim como para com os da outra parte (Pruitt & Carnevale, 1993; De Dreu, Weingart & Kwon, 2000). (Foram documentadas algumas diferenças nos resultados devido ao gênero, assim como outras devidas à orientação motivacional; ver Nota 5.2.)

Nota 5.2 Por que as mulheres chegam a acordos piores?

"Lisa Barron interessou-se em estudar a relação das mulheres com o dinheiro quando estava na pós-graduação, depois de perceber que os homens nos cursos de MBA gastavam muito tempo conversando sobre dinheiro — e as mulheres não" (*Orange County Register*, 5 jul. 2003). Barron observou homens e mulheres negociando em simulações de entrevistas de emprego (Barron, 2003). Para aumentar o realismo, ela conseguiu que alunos do MBA negociassem com gerentes que estavam realmente contratando para vagas na área de marketing. Ela os instruiu a pedirem mais de 60 mil dólares de salário inicial. Os homens acreditavam que deviam defender seus próprios interesses, enquanto as mulheres achavam que, se fizessem um bom trabalho, seus esforços seriam reconhecidos e a organização acabaria recompensando-as adequadamente. Enquanto 85 por cento dos homens se sentiam confortáveis em ter o valor de seu trabalho mensurado em dólares, 83 por cento das mulheres ficaram desconfortáveis em fazê-lo, ao mesmo tempo que tinham dúvidas sobre seu valor monetário para a empresa. Pelo menos 70 por cento dos homens acreditavam que mereciam mais do que os outros, mas 71 por cento das mulheres achavam que mereciam o mesmo que outras pessoas (motivação cooperativa).

A comparação social pode interromper uma negociação

Nas negociações entre a United Airlines e seus pilotos, em 1999, o sindicato dobrou o seu pedido de aumento salarial de 14,5 por cento para 28 por cento imediatamente após descobrir que os pilotos da Delta Airlines tinham conseguido um aumento de 20 por cento acima dos índices do setor (*Denver Post*, 9 jun. 2003). Conforme observado no Capítulo 3, as pessoas se importam com as compensações recebidas pelos outros. Em uma pesquisa, foram dadas várias escolhas aos pesquisados no tocante à divisão de um montante entre eles e outra pessoa (por exemplo, 300 dólares para você/300 dólares para o outro × 500 dólares para você/800 dólares para a outra pessoa etc.; Loewenstein, Thompson & Bazerman, 1989). Foi solicitado que indicassem o quão satisfatória era a divisão do montante de barganha. Se as pessoas fossem puramente individualistas, haveria satisfação somente em função da quantia absoluta recebida em dinheiro. Na verdade, as pessoas se preocuparam muito com quanto a 'outra pessoa' estava recebendo, de modo que muitas vezes prefeririam ganhar menos dinheiro, se isso significasse quantias iguais para si e para os outros. Por exemplo, muitas pessoas prefeririam a divisão 300 dólares para si/300 dólares para o outro à divisão 500 dólares para si/800 dólares para o outro. Quando se pediu a elas pessoas para escolher entre a divisão 300 dólares para si/300 dólares para o outro e 800 dólares para si/500 dólares para o outro, ainda assim elas demonstraram uma propensão à igualdade, mas não tão forte quanto na situação anterior, quando se encontravam em desvantagem.

A relação que temos com a outra parte pode afetar nossa orientação motivacional. Consideremos as seguintes opções (extraídas de Loewenstein, Thompson & Bazerman, 1989):

Opção A: 4 mil dólares para você
Opção B: 50 por cento de chance de ganhar 3 mil dólares; 50 por cento de chance de ganhar 5 mil dólares

Qual você escolheria? Fizemos esta pergunta a 111 alunos de MBA e a maioria esmagadora (73 por cento) escolheu a coisa certa, sem riscos: a opção A. Esse exemplo confirma o princípio de aversão ao risco que discutimos no Capítulo 2. Então, pedimos a um grupo separado, porém comparável, de alunos de MBA, para escolher entre:

Opção C: 4 mil dólares para você
6 mil dólares para outra pessoa
Opção D: Você: 50 por cento de chance de ganhar 3 mil dólares; 50 por cento de chance de ganhar 5 mil dólares
Outro: 50 por cento de chance de ganhar 7 mil dólares; 50 por cento de chance de ganhar 5 mil dólares

Um olhar mais atento às quatro opções (A, B, C e D) revela que a opção C é idêntica à opção A (exceto pela compensação dada à outra pessoa) e que a opção D é igual à opção B (exceto pelas mesmas razões consideradas acima). Assim, se todos fossem absolutamente racionais e consistentes, prefeririam C em relação a D (já que a maioria das pessoas preferiu A quando comparada com B). Entretanto, esse não foi o resultado obtido. As escolhas das pessoas são direcionadas, em grande parte, por seu 'relacionamento' com a outra parte envolvida na negociação. Os negociadores que possuem uma relação positiva com o outro preferem a coisa certa (C; 56 por cento) e não a aposta (D); aqueles que têm uma relação negativa com seu oponente, ao contrário, preferem arriscar com a opção D (67 por cento) do que escolher C. Aparentemente, o tipo de relacionamento que temos com outra pessoa afeta nossa orientação motivacional.

Talvez essa preocupação com a igualdade é que tenha levado à demissão de Donald Carty, CEO da American Airlines, em 2003. Quando se tornou CEO, em 1998, ele era bem quisto e considerado alguém de grande charme pessoal. Depois da catástrofe dos ataques terroristas de 11 de setembro de 2001, porém, Carty foi pressionado a mudar seu posicionamento por causa das relações 'azedadas' com os sindicatos poderosos dos Estados Unidos e, no final de seu mandato, com seu próprio conselho diretivo. Qual foi o motivo para isso? Os membros dos sindicatos, que haviam sido recentemente submetidos a cortes salariais, descobriram que Carty e outros executivos tinham se concedido, na surdina, um plano de bônus e generosos benefícios de pensões. Isso pareceu uma enorme iniqüidade, pois os empregados não teriam acesso a nenhuma parcela daquilo (*Tulsa World,* 25 abr. 2003).

As diferenças são evidentes entre as estratégias usadas por negociadores cooperativos e por negociadores competitivos para aumentar o tamanho e dividir o montante de barganha. Os primeiros não somente aumentam o tamanho do montante como também preferem uma divisão igualitária deste, quando comparados com negociadores individualistas e competitivos. Além disso, a cooperação está fortemente relacionada à reciprocidade: os negociadores cooperativos têm mais probabilidade que individualistas e competitivos de apresentar o mesmo nível de cooperação de seu oponente (Van Lange, 1999).

Usar o princípio do reforço para moldar comportamentos

Os negociadores podem usar princípios básicos de reforço (e punição) para moldar o comportamento de seus oponentes. A sua utilização pode ser sutil e a outra parte pode até mesmo não perceber que você está se valendo disso. A título de exemplo, um professor ficou à frente de uma turma como parte de um estudo. Metade dos alunos foi instruída a parecer interessada, sacudir a cabeça e sorrir para demonstrar aprovação (reforço positivo); a outra metade da turma foi avisada de que deveria parecer desinteressada e entediada (punição). Depois de pouco tempo, o instrutor foi para o lado da sala em que se encontrava o grupo que reforçava seu comportamento. Uma das melhores formas de encorajar um oponente a se comportar de uma determinada maneira é por meio do reforço positivo, quando você vir essa pessoa se comportar daquela maneira. (*Nota*: reforço para uma criança é dar balas ou doces; o reforço para um adulto é dado através de um sorriso ou elogio.) É importante que esse reforço aconteça imediatamente após ocorrer o comportamento desejado e não deixá-lo para mais tarde. Igualmente, uma das formas mais rápidas de se erradicar um comportamento que você 'não' quer que seu oponente apresente é simplesmente não reagir quando esse comportamento for apresentado.

Reconhecer o poder da reciprocidade

Comportamentos integrativos (aumento do montante) e distributivos (divisão do montante) tendem a ser retribuídos na mesma moeda (Brett, Shapiro & Lytle, 1998; Donohue, 1981; Putnam, 1983). Da mesma forma, há uma tendência de as pessoas replicarem a orientação motivacional da outra parte. Se quiser desencorajar uma orientação motivacional competitiva em seu oponente, então você precisa resistir à vontade de retribuir-lhe.

Prever diferenças de motivação na mesa de barganha

É improvável que seu parceiro tenha a mesma motivação para a negociação que você, pelo menos inicialmente. Pense no que pode acontecer quando alguém que tem uma orientação cooperativa negocia com uma pessoa competitiva. A primeira pessoa começa a negociação de uma forma cooperativa, mas quando percebe que está enfrentando um competidor acaba mudando seu próprio estilo. As pessoas que têm uma orientação cooperativa comportam-se de modo competitivo quando em contato com um oponente desse segundo estilo, embora negociadores competitivos nunca mudem seu estilo (Kelley & Stahelski, 1970). Em outro estudo, quando diferentes tipos de negociadores encontraram um oponente cooperativo, os pró-sociais (cooperativos) e os individualistas apresentaram mais propensão a cooperar do que os competitivos, mas competiram quando a outra parte assim o fez; já os negociadores competitivos competiram independentemente do comportamento da parte oponente na negociação (McClintock & Liebrand, 1988).

Prever a convergência

A orientação de metas de um negociador (individualista, cooperativa ou competitiva) fornece uma abordagem estratégica inicial para as negociações. Durante a negociação, as estratégias das pessoas mudam freqüentemente em resposta a como vêem a outra parte e a situação em que se vêem envolvidas. Em particular, quando um negociador de orientação cooperativa encontra um de orientação competitiva, ele acaba mudando sua abordagem. Dessa forma, existe uma forte tendência para a convergência de estilos na mesa de negociação (Weingart & Brett, 1998).

A convergência de resultados, assim como a de estilos de negociação, ocorre nos estágios mais avançados do processo (Gulliver, 1979). Conforme os prazos finais vão se aproximando, as pessoas mudam certas propostas e fazem concessões (Lim & Murnighan, 1994; Stuhlmacher, Gillespie & Champagne, 1998).

ABORDAGEM[1]

De acordo com Ury, Brett e Goldberg (1988), os negociadores usam um dos seguintes três tipos de abordagem quando estão em processo de resolver um conflito ou disputa:

1. *Interesses:* Os negociadores que colocam seu foco em interesses tentam descobrir as necessidades, desejos e preocupações dos outros (ver também Fisher & Ury, 1981; negociação baseada em interesses). As pessoas com essa abordagem normalmente tentam conciliar diferentes interesses entre as partes de forma a atender às necessidades e preocupações mais importantes de todos.
2. *Direitos:* Os negociadores que colocam seu foco em direitos aplicam padrões de tratamento justos nas negociações. Esses padrões podem incluir termos especificados por contratos, direitos legais, precedentes ou expectativas baseadas em normas.
3. *Poder:* Os negociadores que colocam seu foco no poder usam status, posição hierárquica, ameaças e intimidação para atingir seus intentos. É interessante notar que livros inteiros concentram-se no uso do poder, tais como *Guerrilla negotiating: unconventional weapons and tactics to get what you want (Negociação de guerrilha: armas e táticas não convencionais que o levam aonde você quiser)* (Levinson, Smith & Wilson, 1999) e *Sue the bastards! (Processe os canalhas!)*, de Fox e Nelson (1999).

Como exemplo da diferença entre as abordagens baseadas em interesses, em direitos e em poder, tomemos como exemplo a seguinte declaração feita por um empregador: "Receio não conseguir atender os seus requisitos salariais, mas espero que você perceba que trabalhar em nossa empresa é uma oportunidade maravilhosa e que, com isso, decida juntar-se a nós". Antes de continuar sua leitura, tire um momento para considerar como você responderia se um empregador lhe fizesse essa declaração. Três diferentes negociadores poderiam responder à declaração do oponente de formas singulares às suas abordagens próprias:

1. *Resposta da abordagem baseada em interesses:* "Estou muito interessado em fazer parte da sua empresa, caso meus interesses possam ser atendidos. Gostaria de compartilhar algumas de minhas principais metas e objetivos. Desejo aprender mais sobre os interesses da empresa, de acordo com o seu ponto de vista. Devo mencionar, de imediato, que o salário é uma das principais preocupações que tenho em vários níveis, dentre as quais está o fato de que sou a única fonte de renda em minha família e já tenho alguns empréstimos educacionais contraídos no passado. O senhor não mencionou outros aspectos de sua oferta, tais como opção de ações, férias e horário flexível de trabalho. Podemos discutir esses itens agora?"

---

1. As idéias nesta seção são baseadas no modelo de interesses, direitos e poder desenvolvido por Ury, Brett e Goldberg (1988) para situações de disputa. Aplicamos este modelo para um contexto de negociação.

2. *Resposta da abordagem baseada em direitos:* "Estou muito interessado em fazer parte da sua empresa, se pudermos chegar a um pacote justo de emprego. Gostaria de dizer que minhas pretensões salariais estão alinhadas ao que tem sido oferecido a pessoas que estão sendo contratadas pelo mesmo tipo de empresa. Creio que seria uma vantagem competitiva para sua empresa oferecer pacotes de contratação competitivos em comparação com os oferecidos por outras empresas. Acredito que meu currículo e minha experiência prévia indiquem que um salário mais alto seria justo neste caso."
3. *Resposta da abordagem baseada no poder:* "Estou muito interessado em fazer parte da sua empresa, mas devo lhe dizer que outras empresas estão me oferecendo propostas mais atraentes neste momento. Gostaria de lhe pedir para reconsiderar sua oferta de modo que eu não precise chegar ao ponto de rejeitá-la, já que considero que juntos formaríamos um belo time. Espero que o senhor possa fazer uma oferta competitiva."

Para uma descrição mais completa das abordagens baseadas em interesses, direitos e poder, ver a Tabela 5.2.

Durante o processo de negociação ou resolução de disputas, o foco pode mudar dos interesses para os direitos e para o poder e vice-versa. Por exemplo, em uma pesquisa (Lytle, Brett & Shapiro, 1999), as declarações dos negociadores foram gravadas durante o processo de barganha. Cada declaração feita por eles era codificada para se verificar se ela refletia a abordagem baseada em interesses, em direitos ou em poder. Constatou-se que as partes mudavam constantemente sua abordagem, passando de interesses para direitos e para poder em uma única negociação (23/25 pares), com mais ênfase em interesses e poder no primeiro e terceiro quartos do que no segundo e quarto.

TABELA 5.2 Abordagens de negociação

	Abordagem		
	Interesses	*Direitos*	*Poder*
Meta	Auto-interesse Resolução de disputa Compreensão das preocupações dos outros	Tratamento justo Justiça	Vitória Respeito
Foco temporal	Presente ("que necessidades e interesses temos agora?")	Passado ("o que foi ditado pelo passado?")	Futuro ("Que passos devo seguir no futuro para superar outras pessoas?")
Estratégias distributivas (divisão do montante)	Fazer concessões	Normalmente produz um 'vencedor' e um 'perdedor'; ou seja, distribuição desigual	Normalmente produz um 'vencedor' e um 'perdedor'; ou seja, distribuição desigual
Estratégias integrativas (expansão do montante)	Mais probabilidade de aumentar o montante ao tratar das necessidades subjacentes das partes	Difícil de aumentar o montante, a não ser que o foco esteja sobre os interesses	Difícil de aumentar o montante, a não ser que o foco esteja sobre os interesses
Implicações para futuras negociações e relacionamento	Maior compreensão Satisfação Estabilidade do acordo	Possível ação jurídica	Ressentimento Possível retaliação Vingança

Avaliando sua abordagem

Continuando com nossa reflexão sobre a negociação dos pilotos da United, podemos analisar a série de movimentos na negociação em termos de interesses, direitos e poder:

- MANOBRA DE PODER do Sindicato: como os pilotos da United esperavam um novo contrato em 12 de abril de 2000, muitos ficaram furiosos quando isso não aconteceu. Inicialmente, eles se recusaram a fazer horas extras e passaram a tirar dias de licença por motivo de saúde. Essa reação gerou problemas imediatos nos horários de vôos, o que exigia horas extras voluntárias por parte de outros pilotos para que tudo voltasse ao funcionamento normal. A administração também percebeu que os pilotos estavam taxiando mais devagar, corrigindo planos de vôo no último minuto e insistindo no reparo de itens menos importantes.
- MANOBRA DE DIREITOS da Administração: a Administração avisou que, se tais táticas fossem organizadas pelo sindicato, seriam ilegais. A empresa passou a compilar evidências que pudessem ser levadas a tribunal, inclusive comunicados do sindicato incentivando os pilotos a "trabalhar de acordo com as regras" (em outras palavras, cumprir ao pé da letra seus contratos e não fazer absolutamente nada além disso).
- MANOBRA DE PODER do Sindicato: os pilotos pararam de conduzir vôos de treinamento para novos contratados, deixando um total de 120 pilotos sem poder voar. Em 20 de julho, os primeiros-oficiais da Califórnia faltaram ao trabalho em conjunto por supostos problemas de saúde, forçando a empresa a praticamente cancelar toda a sua operação dos vôos com destinos na Ásia. Em Colorado Springs, os pilotos abandonaram um vôo lotado de passageiros na rampa porque já haviam 'terminado o expediente' e a United não conseguiu encontrar substitutos para levar os passageiros a Denver. Um boletim clandestino circulou em agosto do mesmo ano, solicitando que os pilotos fizessem uma 'operação tartaruga' e "dessem à United um 'Dia do Trabalho' que ela jamais esqueceria".
- MANOBRA DE DIREITOS E PODER da Administração: em novembro, com o conturbado fim de semana do feriado norte-americano de Ação de Graças se aproximando, a United processou seus mecânicos por perdas e danos (direitos) em um total de 66 milhões de dólares. A empresa também demitiu e puniu alguns deles (poder).

A seguir, apresentamos cada uma das três abordagens em detalhe. Qual delas o caracteriza melhor?

Interesses

Interesses representam as necessidades, os desejos, as preocupações e medos das pessoas — em geral, as coisas com que as pessoas se preocupam ou desejam. Os interesses estão por trás das posições que as pessoas assumem ao negociar (as coisas que elas 'dizem' querer). Conciliar interesses numa negociação não é uma tarefa fácil. Envolve sondar preocupações muito sedimentadas, elucubrar soluções criativas e buscar *tradeoffs*. Discutimos algumas estratégias de negociação nos capítulos 3 e 4, tais como lançar mão de *tradeoffs* e troca de favores mútuos entre questões, encontrar questões compatíveis, definir soluções de integração e estruturar contratos contingenciais. É difícil tratar imediatamente de interesses em uma negociação, porque as pessoas adotam tendências em suas posições e as emoções podem muitas vezes ocultar os interesses. Os negociadores que usam uma abordagem baseada em interesses freqüentemente perguntam à outra parte sobre suas necessidades e preocupações e, por sua vez, divulgam as suas próprias.

Direitos

Em uma clara manobra baseada em direitos, Steve Clayborn, de Grovetown, Georgia, chocou uma enfermeira e causou um escândalo no Doctors Hospital ao se recusar a assinar um formulário-padrão de consentimento para tratamento, a não ser que pudesse "incluir algumas mudanças" (*Augusta Chronicle*, 12 jul. 2003). Consideremos as manobras do CEO da Nike, Phil Knight, e de Will Vinton, do Vinton Studios, que se assemelhavam a uma complicada partida de xadrez corporativo (*The Oregonian*, 25 mai. 2003). Cada vez que Knight tentava fazer um movimento, Vinton o bloqueava, usando os direitos que detinha por causa da complexa estrutura de propriedade de ações da empresa. Knight não colocaria mais dinheiro na empresa a não ser que novas ações fossem emitidas. Vinton, no entanto, descobriu uma brecha na lei que lhe permitia comprar ações suficientes para ganhar de novo o controle do Vinton Studios. No final, Knight demitiu Vinton e não lhe pagou indenização.

Esses exemplos ilustram que um estilo comum de negociação é basear-se em um padrão independente com legitimidade ou justiça reconhecida para determinar quem tem direitos numa determinada situação. Alguns direitos são formalizados por leis ou contrato. Outros são padrões socialmente aceitos de comportamento, tais como reciprocidade, precedente, igualdade e senioridade em uma organização (por exemplo: 'Quero um salário mais alto porque seria consistente com a estrutura de incentivos desta organização.'). Direitos raramente são claros. Eles normalmente diferem de uma situação para outra e, algumas vezes, aplicam-se padrões contraditórios. Por exemplo, um empregado produtivo pode querer um aumento salarial com base em sua produtividade excelente, enquanto a empresa concentra-se na remuneração por idade ou tempo de serviço. Chegar a um acordo sobre os direitos, cujo resultado determina quem ganha o quê, pode muitas vezes ser bastante difícil, e é algo que normalmente leva os negociadores a envolver uma terceira parte para determinar quem está certo e quem tem direito. O protótipo de um procedimento baseado em direitos envolve a *adjudicação*, na qual os disputantes apresentam evidências e argumentos para uma terceira parte neutra que tem o poder de 'bater o martelo'. Os negociadores que usam uma abordagem baseada em direitos freqüentemente dizem coisas como: 'Eu mereço isto', ou 'Isto é justo'. Examinemos o exemplo da seguinte discussão baseada em direitos que ocorreu entre John Mack, do Credit Suisse First Boston, e Frank Quattrone, o poderoso banqueiro da famosa empresa de investimentos do mesmo nome. A seguinte conversa se deu entre eles quando estavam numa sala de jantar privada no Hotel Fairmont (*Fortune*, 1º set. 2003):

> MACK: "Vou rasgar o seu contrato."
> QUATTRONE: "Você não pode fazer isso. É um contrato."
> MACK: "Posso sim. Eu acredito que detenho os poderes legais e estou preparado para ir até os tribunais." (p. 98)

Veja o desenho mostrado na Figura 5.2, que ilustra uma situação bem-humorada de uma manobra baseada em direitos.

Poder

Poder é a capacidade de forçar alguém a fazer algo que ele ou ela, de outra maneira, não faria. Exercer o poder normalmente significa impor custos ao outro lado ou ameaçar fazê-lo. Um exemplo claro de uma manobra de poder ocorreu quando a Time Warner retirou os canais ABC de seu sistema em 11 diferentes cidades no começo de maio de 2000, uma época crítica para definir audiências de programas e anúncios. Os telespectadores, por sua vez, de nada souberam, pois viram as palavras "A DISNEY TIROU A ABC DE VOCÊ" em letras grandes aparecerem em suas telas (*Adweek*, 1º mai. 2000; ver Nota 5.3 para conhecer a história completa).

FIGURA 5.2 Exemplo bem-humorado de manobra baseada em direitos.

"Sua esposa também está pedindo que você apodreça no inferno por toda a eternidade, mas acho que isso é negociável."

Nota 5.3 Movimentações de poder
À 00h01 da madrugada de 1º de maio de 2000, a tela ficou completamente azul na TV daqueles que sintonizavam o canal WABC-TV no sistema de TV a cabo da Time Warner, e uma mensagem em letras grandes apareceu: "A DISNEY TIROU A ABC DE VOCÊS". Após quatro meses de negociações infrutíferas sobre os direitos de retransmitir o sinal da ABC pelo sistema de TV a cabo, a Time Warner retirou as estações daquela emissora de sua grade de programação em 11 cidades norte-americanas, dentre elas Houston, Filadélfia, Raleigh e Nova York, durante um período crítico para definir audiências de programas e anúncios. O 'alerta' foi ao ar na WABC-TV, Canal 7 em Nova York, cujos assinantes da TV a cabo em 3,5 milhões de lares ficaram sem a programação do canal local da ABC. A Time Warner dizia que queria estender as conversações até o final do ano, mas a ABC quis estendê-las somente até 24 de maio — período final das pesquisas. A Time Warner colocou a culpa da situação na Disney, controladora do sistema ABC de televisão. "A Disney está tentando usar inadequadamente sua posição de dona dos canais de TV ABC para obter termos contratuais exagerados e não razoáveis para seus canais em sistemas de TV a cabo — termos estes que aumentariam em centenas de milhões de dólares os custos para

a Time Warner e seus clientes", disse Fred D. Ressler, vice-presidente sênior de programação da Time Warner Cable (*Adweek*, 1º mai. 2000). A Disney queria cobrar valores mais altos pelos direitos de transmissão do sinal da ABC no sistema a cabo e obter uma distribuição mais ampla, por parte da Time Warner, da programação a cabo própria da Disney, especialmente do canal de esportes ESPN. A lei que regulamenta a TV a cabo nos Estados Unidos (Cable Act), de 1992, permite que as TVs de sinal aberto recebam algum tipo de compensação dos sistemas de TV a cabo por terem seus sinais incluídos na grade de programação desses sistemas. O acordo entre a Disney, pelos canais ABC, e a Time Warner Cable expirou em 31 de dezembro de 1999. A ABC culpou a Time Warner pelo impasse: "Esta é uma ação punitiva, mas a Time Warner está punindo somente seus próprios assinantes do sistema de TV a cabo", disse Tom Kane, presidente e diretor-geral da WABC (*Adweek*, 1º mai. 2000).

Em uma relação de dependência mútua (como mão-de-obra e gestão, empregado e empregador), a questão de quem é mais poderoso baseia-se em quem é mais dependente. Por sua vez, o grau de dependência de uma pessoa em relação à outra baseia-se em quão satisfatórias são as alternativas disponíveis para atender às suas próprias necessidades. Quanto melhor a alternativa, menor a dependência. Uma manobra baseada em poder inclui comportamentos que variam desde proferir insultos e ridicularizar outra pessoa até greves, surras e guerra. O ex-presidente da Allied Capital, David Gladstone, por exemplo, era agressivo na sua forma de tratar negócios, chegando ao ponto de usar violência física (*Forbes*, 2 set. 2002b). O conselho diretivo da Allied forçou Gladstone a se aposentar em fevereiro de 1997 após ele ter batido duas vezes na cabeça de uma executiva, tão forte que sua cabeça foi jogada perigosamente para a frente.

A variedade de táticas de poder tem em comum a intenção de forçar o outro lado a concordar com termos mais favoráveis ao detentor do poder. Por exemplo, Kim Jong Il, presidente da Coréia do Norte, foi descrito por algumas pessoas como "astuto e cruel, com instintos de um lutador de rua" (*Patriot-News Harrisburg*, 12 jan. 2003, p. 5). No entanto, Wendy Sherman, ex-assessora do Departamento de Estado dos Estados Unidos que negociou com Kim durante a administração de Bill Clinton, disse: "Ele não é louco... ele é inteligente e tem total consciência daquilo que faz. Sua estratégia é pressionar apenas o suficiente: quando chega perto do limite em que o governo dos Estados Unidos fica realmente fulo, ele pára de provocar e vem para a mesa de negociação".

Os dois tipos de abordagens baseadas em poder são as 'ameaças', nas quais uma ou ambas as partes usam esse tipo de instrumento para conseguir algo, e as 'competições', nas quais as partes agem para determinar quem vai prevalecer (Ury, Brett & Goldberg, 1988). Determinar quem é mais poderoso sem uma competição de poder decisiva e potencialmente destrutiva pode ser difícil, pois o poder, no final, é uma questão de percepção. Independentemente da presença de indicadores objetivos de poder (como recursos financeiros), as percepções das partes envolvidas numa negociação sobre o próprio poder e o poder do oponente dificilmente coincidem. Mais ainda, a percepção de cada lado sobre o poder de seu oponente pode não levar em consideração a possibilidade de que a outra parte venha a investir mais recursos na competição do que se espera, pelo medo de que uma mudança na percepção de distribuição de poder possa vir a afetar os resultados de futuras disputas. Muitas competições pelo poder envolvem evitar ameaças (como divórcio), na verdade apenas temporárias, de forma a impor custos à outra parte (como uma greve ou um corte de relações diplomáticas) ou a encerrar o relacionamento por completo.

Questões estratégicas relativas às abordagens

O princípio da reciprocidade

Os negociadores devem saber que o estilo usado por eles numa negociação terá uma reciprocidade por parte de seus oponentes. Em uma pesquisa realizada, os índices de reciprocidade encontrados foram de 42 por cento (para interesses), 27 por cento (para poder) e 22 por cento (para direitos; Lytle, Brett & Shapiro, 1999). Dessa forma, antes da negociação, devem-se avaliar os prós e os contras das abordagens baseadas em interesses, em direitos e no poder. Em geral, abordagens baseadas em interesses são menos arriscadas que aquelas com base em direitos e em poder, como veremos mais adiante.

Abordagens baseadas em interesses são eficazes para aumentar o tamanho do montante

Focar nos interesses pode muitas vezes solucionar o problema sobre o qual se disputa mais eficazmente do que focar em direitos ou poder. O foco em interesses pode ajudar a desvendar problemas 'escondidos' e a identificar quais questões geram maior preocupação para cada uma das partes envolvidas. Nosso conselho é definir o foco nos interesses desde o início das negociações. Essa sugestão leva a uma pergunta óbvia: se os interesses são tão eficazes, por que nem todos os utilizam? Ury, Brett e Goldberg (1988) identificaram várias razões por que isso não ocorre, dentre elas a falta de habilidade, a tendência a haver reciprocidade em direitos e poder, e normas culturais e organizacionais rígidas.

Como fazer que o foco de seu oponente mude para os interesses (e se afaste dos direitos e do poder)

Suponhamos que você entre numa negociação usando uma abordagem baseada em interesses, mas seu oponente esteja focado em direitos ou poder. Esta situação o deixa com raiva e você se vê começando a retribuir na mesma moeda como autodefesa. Ainda assim, você percebe que esse comportamento está criando uma situação de resultados 'perde-perde'. Como quebrar essa espiral de reciprocidade? A seguir, identificamos dois conjuntos de estratégias que podem ser utilizadas por você com essa intenção: estratégias pessoais (que você, como pessoa, pode usar numa situação cara-a-cara) e estratégias estruturais (passos que uma organização pode seguir para criar normas que motivem o surgimento de uma cultura baseada em interesses; Ury, Brett & Goldberg, 1988).

Estratégias pessoais 'Não lance mão da reciprocidade!' A reciprocidade é uma forma de recompensar e encorajar um determinado comportamento. Se você quiser erradicar um comportamento específico, resista à vontade de retribuí-lo (Fisher, Ury & Patton, 1991; Ury, Brett & Goldberg, 1988). Ao não usar reciprocidade, você pode mudar o foco de seu oponente. Quando alguém retribui na mesma moeda, o negociador focal permanece com a abordagem baseada em direitos e poder em 39 por cento das ocasiões; no entanto, quando não há reciprocidade da outra parte, o negociador focal permanece com direitos e poder somente em 22 por cento das situações (e, portanto, muda seu foco em 78 por cento das vezes; Lytle, Brett & Shapiro, 1999). Vejamos o modo como John Chen, CEO da Sybase, lidou com uma explosão de poder de um dos maiores acionistas da empresa. "Você tem cinco minutos", disse, com raiva, o investidor, "para me explicar por que eu tenho que continuar com esta porcaria" (*Business 2.0*, 1º ago. 2003c, p. 64). Chen resistiu à tentação de dar o troco e, em vez disso, levou o foco de volta aos interesses, concentrando-se nos consumidores que tinham confiado dados importantes ao software da Sybase e não poderiam ser deixados na mão. Chen sugeriu que o foco devia ser recuperar a confiança de consumidores (interesse compartilhado) e assim obteve sucesso em sua tarefa de mudar o foco da discussão.

Fornecer oportunidades para as partes se conhecerem Muitas vezes as abordagens baseadas em direitos e em poder emergem quando as partes envolvidas na negociação não têm contato ou não conhecem bem as intenções dos oponentes. Fazer que as partes se encontrem para discussões informais pode levar a negociação a mudar para uma abordagem baseada em interesses. Quando as pessoas estão frente a frente, elas não conseguem deixar de sentir compaixão pela outra parte. Além disso, as diferenças não encontram solo fértil para envenenar o espírito. O juiz Warren Winkler, por exemplo, membro da Corte Superior de Ontario, Canadá, acredita muito na resolução de disputas frente a frente. Em uma negociação, ele interveio para resolver uma disputa entre o sindicato de pilotos da Air Canada e a empresa aérea regional de baixo custo, Jazz Airlines, cuja animosidade já durava uma década. Após três dias de conversações e nenhum progresso, Winkler juntou os principais líderes dos pilotos apenas cinco horas antes de um prazo final. Sem aviso prévio, todos eles tiveram que comparecer a seu escritório. Era a primeira vez em todo o processo que eles se encontravam frente a frente (*Toronto Star*, 2 jun. 2003).

Não levar para o lado pessoal — exercitar a autodisciplina Certifique-se de manter o foco no conflito e nas questões negociadas. Muitos negociadores começam a atacar o caráter de seus oponentes. No clássico livro *Como chegar ao sim*, Fisher e Ury (1981) defendem a postura de separar as pessoas dos problemas. Além disso, o mesmo fenômeno caracteriza casamentos bem-sucedidos. Gottman e Levenson (2000) acompanharam casais por um período de 14 anos. Com base na observação do estilo de briga dos casais no início de seu casamento, eles conseguiram prever quais casais se divorciariam e quais permaneceriam casados, com uma precisão de 93 por cento. O maior determinante do divórcio não foi o volume de discussões, nem a intensidade da raiva, mas sim o uso de ataques pessoais.

Usar reforço comportamental Certifique-se de não recompensar comportamentos da outra parte que sejam baseados em direitos ou no poder. Em outras palavras, se você estiver planejando fazer alguma concessão, não a faça a seu oponente imediatamente após ele se comportar de forma inadequada ou manifestar seu ponto de vista discordante. Se você não tomar cuidado, poderá reforçar um comportamento que deseja erradicar. Uma das formas mais eficazes de erradicar um determinado comportamento é simplesmente não reagir a ele. Se você reage, pode reforçá-lo inconscientemente (por exemplo, se a outra parte se beneficia da atenção associada a uma espiral de conflito). Lembre-se que dentre os reforços estão coisas simples, como contato visual, anuência com a cabeça, sorrisos e outros tipos de aprovação não-verbal.

Fazer concessões unilaterais não é um modo eficaz de mudar o foco das negociações. Em um estudo realizado, o ato de fazer concessões foi considerado menos eficaz para tirar o foco de uma negociação dos direitos e do poder (60 por cento de sucesso em mudar foco) quando comparado com outras formas de comunicação não-contenciosas (77 por cento de sucesso; Lytle, Brett & Shapiro, 1999). Por quê? Uma concessão unilateral pode ser vista como uma recompensa ou reforço para um comportamento contencioso; assim, pode encorajar a repetição de tal comportamento.

Enviar uma mensagem ambígua Em outras palavras, faça uso da reciprocidade, mas adicione uma proposta baseada em interesses. O uso da reciprocidade é instintivo, especialmente quando se está sob estresse (Lerner, 1985). Portanto, você pode achar que seu oponente está deixando-o zangado e você precisa 'usar seus músculos'. Uma estratégia eficaz é retribuir direitos ou poder, mas *combinar* isso com perguntas ou propostas baseadas em interesses (Ury, Brett & Goldberg, 1988). Como exemplo ilustrativo, consideremos esta declaração feita por uma empresa fabricante de computadores envolvida numa disputa acirrada com uma gráfica (Lytle, Brett & Shapiro, 1999):

> Vocês sabem que sua reputação pode ser seriamente comprometida se nos processarem, já que poderíamos facilmente conversar com todas as outras gráficas e dizer-lhes como vocês nos enganaram... mas isso não resolveria o problema. Neste momento, mesmo que vocês nos processem, vocês não conseguirão ganhar a causa. Por que, então, não tentamos encontrar uma forma de discutir esse problema, o que nos daria uma chance real de sairmos dessa situação?

Enviar ao oponente este tipo de 'mensagem ambígua' (direitos e interesses) dá a ele a oportunidade de escolher o que deve ser retribuído: interesses, direitos ou poder.

Tentar uma intervenção no processo Intervenções processuais são táticas baseadas em interesses que têm como objetivo levar seu oponente de volta a uma negociação com a mesma base. Processos eficazes podem incluir qualquer uma das estratégias de aumento de tamanho de torta discutidas no Capítulo 4 (como fazer ofertas múltiplas, revelar informações sobre prioridades etc.), assim como várias outras estratégias de resolução de disputas (indicadas adiante no texto). Em um teste direto, para avaliar a eficácia das intervenções processuais, Ury, Brett e Goldberg (1988) examinaram a porcentagem com que os negociadores conseguiam erradicar, de forma bem-sucedida, manobras baseadas em direitos ou em poder por parte de seus oponentes. A forma menos eficaz foi o uso da reciprocidade (66 por cento); o método mais eficaz foi a intervenção processual (taxa de sucesso de 82 por cento), seguido da simples resistência à vontade de usar de reciprocidade (autodisciplina; 76 por cento) e do envio de mensagens ambíguas (74 por cento de sucesso).

Vamos conversar e depois brigar Uma outra estratégia é concordar em conversar por 20 minutos ou um pouco mais e depois partir para a discussão. Ao concordar antecipadamente com um processo de negociação, ambas as partes já se comprometem implicitamente a escutar seu oponente, pelo menos temporariamente.

Intervalos estratégicos para 'resfriar os ânimos' É fácil haver uma reação baseada em direitos ou uma demonstração de poder no calor de um conflito. Afinal de contas, uma abordagem baseada em interesses requer níveis mais profundos de processamento cognitivo e a capacidade de sobrepujar as questões mais óbvias de direitos e poder que possam surgir. Dessa forma, é sempre bom para os interesses das partes envolvidas definir intervalos para 'resfriar os ânimos', que permitem às partes avaliar melhor suas próprias necessidades e interesses, independentemente das questões de direitos e de poder.

Parafrasear Muitas vezes, os negociadores terão dificuldades em suas tentativas de transformar uma discussão baseada em direitos ou poder em uma conversa baseada em interesses. É importante que os negociadores não abandonem suas abordagens baseadas em interesses e perseverem em suas tentativas de compreender as necessidades subjacentes da outra parte. Stephen Covey (1999) sugere que as partes envolvidas em um conflito deveriam ser forçadas a ter empatia uma pela outra. Ele tem uma regra básica bastante restritiva: "Você não pode se fazer entender até que você mude o ponto de vista de seu oponente de uma forma tal que ele se sinta satisfeito" (Covey, 1999, p. 5). As pessoas estão, com freqüência, tão emocionalmente investidas em suas posições que elas não conseguem ouvir. De acordo com Covey, elas fingem ouvir. Então pergunte a seu oponente: 'Você se sente compreendido?'. A outra parte sempre responde: 'Não, ele me imitou, mas não me compreendeu'. O negociador só consegue chegar aonde deseja após satisfazer a outra parte (para um exemplo dessa interação, ver a Nota 5.4).

Nota 5.4 Resolvendo as diferenças

A seguir apresentamos um texto de autoria de Steven Covey, presidente da Franklin Covey Company e autor dos livros *Os sete hábitos das pessoas altamente eficazes* e *Families and principle-centered leadership* (Famílias e a liderança centrada em princípios):

> Uma vez o presidente de uma empresa veio até mim e disse: "Você aceitaria ser o facilitador neutro de um processo judicial que enfrentamos? Nenhum de nós confia na outra parte".

E eu respondi: "Vocês não precisam de mim. Vocês podem fazer isso sem a ajuda de ninguém. Simplesmente abra todo o jogo para eles e pergunte se eles gostariam de buscar uma solução melhor". Então ele chamou o presidente da outra empresa e fez o convite. O outro presidente, então, disse: "Não, vamos deixar isso a cargo do processo legal". Ele provavelmente pensou: "Ele está apenas tentando ser mais legal. Vamos continuar com nossa posição dura".

Meu amigo então disse: "Olhe, vou lhe mandar nosso material e então marcamos uma reunião. Não levarei meus advogados, mas você pode trazer o seu, se assim desejar. Você não precisa dizer uma só palavra. Vamos almoçar. Você não tem nada a perder e possivelmente ainda poderá sair ganhando".

Então eles se encontraram e ele, basicamente, se limitou a dizer: "Vou ver se consigo resolver o caso para você, já que você não vai falar nada". Ele tentou demonstrar uma empatia genuína e descreveu a posição da outra parte em detalhes, surpreendendo o outro presidente com sua empatia. Então perguntou: "Meu entendimento é preciso?".

Naquele ponto, o presidente decidiu falar e disse: "Está 50 por cento certo, mas eu preciso ainda corrigir algumas imprecisões".

Seu advogado lhe disse: "Não diga mais nada". Ele, então, praticamente mandou o advogado calar a boca, pois podia sentir o poder daquela comunicação.

Meu amigo apreendeu os pontos principais do caso, usando um *flipchart*, e a seguir revelou sua posição. Eles então começaram a discutir possíveis alternativas que atendessem às necessidades de ambos. Logo após o almoço, eles já haviam resolvido o problema e o processo estava encerrado.

Você pode vivenciar a mágica da sinergia que resulta da empatia sincera se buscar uma alternativa neutra, criativa e 'ganha-ganha' em situações onde existam duas posições opostas e discordantes (Covey, 1999, p. 5-6).

Rotular o processo Se você reconhecer que a outra parte está usando uma abordagem baseada em direitos ou em poder depois de sua tentativa em concentrar-se em interesses, pode ser útil apontar e rotular a estratégia usada por seu oponente. Reconhecer ou rotular uma tática como ineficaz pode neutralizá-la ou mudar o foco de negociações (Fisher, Ury & Patton, 1991). Tomemos como exemplo a forma como um gerente usou a rotulação para neutralizar uma discussão baseada em direitos provocada por seu oponente:

Podemos discutir a tarde toda se o que está no contrato diz respeito a software aplicativo ou não. Eu acho que não e você acha que sim. Nós nunca vamos chegar a um acordo. Mas vamos tentar ir em frente. Que tal... (p. 45).

Igualmente, o juiz Warren Winkler usa o poder da linguagem: "Não tenho tempo para agüentar essa guerra de 'vontades' entre vocês. Preparem uma lista de concessões baseadas em necessidades e não em ganância" (*Toronto Star*, 2 jun. 2003).

Estratégias estruturais As seguintes estratégias estruturais são sugeridas por Ury, Brett e Goldberg (1988) em seu livro *Getting disputes resolved* (Resolvendo as disputas). Esses autores sugerem várias metodologias em que os sistemas de resolução de disputas podem ser projetados e usados dentro de organizações, sendo que alguns deles são descritos em detalhe aqui. Cada uma destas estratégias foi esboçada para reduzir os custos de se lidar com disputas e criar soluções satisfatórias e duráveis.

Manter o foco nos interesses As partes envolvidas devem tentar negociar em vez de levarem qualquer conflito para a adjudicação, o que pode ser conquistado por meio de um procedimento conhecido como negociação. Por exemplo, Ury, Brett e Goldberg (1988, p. 42-43) observam que, quando a International Harvester introduziu um novo procedimento para lidar com as queixas verbalmente (e não por escrito) no nível mais elementar possível, o número de reclamações por escrito despencou praticamente a zero. Algumas organizações se mantêm focadas em interesses por meio de um 'procedimento de negociação de vários passos', no qual uma disputa não resolvida em um determinado nível da hierarquia organizacional é levada progressivamente para níveis mais altos. Outra estratégia é a do 'conselheiro sábio', na qual alguns executivos seniores são selecionados para analisar disputas. Ao criar 'vários pontos de entrada', os negociadores podem ter vários pontos de acesso para solucionar as disputas. Em algumas instâncias, as negociações obrigatórias podem ser um recurso para que os negociadores relutantes compareçam à mesa de negociação. Ao 'trabalhar habilidades e prover treinamento' em negociação, as pessoas estarão mais bem preparadas para negociar com base em interesses. Finalmente, ao fornecer oportunidades para mediação nas quais há a intervenção de uma terceira parte neutra, os negociadores podem normalmente colocar seu foco sobre os interesses. Novamente, o juiz Warren Winkler decidiu colocar a questão de quem pilota quais aviões, presente nas negociações da Air Canada, nas mãos de uma terceira parte neutra que ficaria com o ônus da solução (*Toronto Star*, 2 jun. 2003).

Construir 'loops de retorno' para a negociação De acordo com Ury, Brett e Goldberg (1988), embora os procedimentos baseados em interesses nem sempre consigam resolver disputas, uma guerra de direitos ou poder pode ser custosa e arriscada. Soluções estruturais excelentes oferecem procedimentos que incentivam os negociadores a sair das competições para voltar à negociação. Esses métodos são o que Ury, Brett e Goldberg chamam de procedimentos do 'loop de retorno':

- ***Retornando dos direitos.*** Alguns procedimentos do 'loop de retorno' fornecem informações sobre os direitos de um negociador, bem como sobre o resultado provável de uma guerra de direitos. Consideremos 'procedimentos de informação' nos quais se criam bases de dados que podem ser acessadas pelos negociadores que desejarem pesquisar a validade e o resultado de suas reivindicações. A 'arbitragem de aconselhamento' é um método no qual os gerentes recebem informações que serão necessárias caso a arbitragem aconteça ou a disputa acabe nos tribunais. Os 'minijulgamentos' são procedimentos em que 'advogados' (altos executivos da organização que não tenham sido previamente envolvidos) representam cada lado e apresentam evidências e argumentos a um juiz. Esses minijulgamentos colocam a negociação nas mãos de pessoas que não estão emocionalmente envolvidas na disputa e têm a perspectiva de vê-la no contexto dos interesses mais amplos da organização.
- ***Retornando de um conflito de poder.*** Uma gama de estratégias pode ser utilizada para afastar as partes das disputas de poder e trazê-las de volta aos interesses. Os 'procedimentos de crise', ou diretrizes para comunicação de emergência escritas antecipadamente, podem estabelecer mecanismos de comunicação entre os disputantes. Em disputas entre os Estados Unidos e a União Soviética, por exemplo, uma linha telefônica especial (*hotline*) auxiliava os procedimentos de crise; além disso, autoridades das duas potências estabeleceram centros de redução do risco nuclear, em que pessoas trabalhavam 24 horas por dia em Washington e Moscou para comunicações

de emergência (Ury, Brett & Goldberg, 1988, p. 55). Finalmente, 'a intervenção de terceiros' pode suspender disputas de poder (um tópico que cobriremos no Apêndice 3). Tomemos como exemplo a greve dos músicos contra os produtores dos shows da Broadway em 2003. O prefeito da cidade de Nova York, Michael Bloomberg, convocou ambos os lados para uma sessão de negociação sem fim definido para que elas saíssem das posições em que se encontravam entrincheiradas. Apesar de Bloomberg não ter nenhuma autoridade oficial no episódio, a estatura de sua posição tornou impossível para qualquer um dos lados deixar de respeitar suas colocações. Na verdade, ambos os lados buscavam uma forma de resolver a disputa e salvar sua imagem (*The Record*, 12 mar. 2003).

Fornecer* backups *de baixo custo baseados em direitos e em poder Para o caso de a negociação baseada em interesses fracassar, é útil contar com sistemas de *backup* de baixo custo baseados em direitos e poder. A 'arbitragem convencional' é menos custosa que uma adjudicação judicial ou privada. Ury, Brett e Goldberg (1988) observam que 95 por cento de todos os contratos de barganha coletiva necessitam de arbitragem nas disputas. O *med-arb* consiste de um modelo híbrido no qual um mediador funciona como árbitro se a mediação falhar. Com a ameaça da arbitragem no ar, as partes são normalmente encorajadas a chegar a uma solução negociada. Em uma arbitragem de oferta final, o árbitro não tem a autoridade de fazer um ajuste entre as posições assumidas pelas partes e deve aceitar uma das ofertas finais. Assim, cada uma das partes envolvidas tem uma motivação para fazer a oferta final que pareça a mais razoável aos olhos de uma terceira parte neutra. O *arb-med* também é um modelo híbrido originário da África do Sul, no qual um árbitro toma uma decisão e a coloca em um envelope selado. A ameaça da decisão do árbitro repousa sobre uma mesa e só deve ser aberta se as partes não chegarem a um acordo mútuo. O *arb-med* é mais eficaz do que a arbitragem convencional (Conlon, Moon & Ng, 2002).

Fazer consultas antes e dar* feedback *depois 'Notificações e consultas entre as partes antes de se tomar atitudes podem evitar que surjam disputas em decorrência de mal-entendidos'. Elas podem também reduzir a raiva e as hostilidades que freqüentemente resultam da tomada unilateral e abrupta de decisões. 'Análises e feedback pós-disputa são um meio para as partes aprenderem com seu conflito e, assim, prevenir problemas semelhantes no futuro'. Da mesma forma, ao se estabelecer um "fórum", as consultas e análises pós-disputa podem ser institucionalizadas de modo a criar uma oportunidade para discussões construtivas.

Fornecer habilidades e recursos Muitas vezes, as pessoas percebem que estão envolvidas em um conflito ou uma negociação quando menos esperam. A extensão do quanto elas não dispõem de recursos ou habilidades para resolver as disputas pode, freqüentemente, levá-las a adotar ações baseadas em direitos ou em poder (como processos ou demissões). Entretanto, quando a essas mesmas pessoas são fornecidas habilidades para negociar com base em interesses, elas podem criar oportunidades a partir do conflito para beneficiar todos os envolvidos.

Altos custos associados ao poder e aos direitos

Focar em quem tem direito ou em quem é mais poderoso muitas vezes faz que alguém se sinta um perdedor. Mesmo que você seja o vencedor nessas situações, os perdedores normalmente não desistem, mas apelam para instâncias superiores ou planejam uma vingança. Os direitos geralmente custam menos que o poder — o poder custa mais em recursos consumidos e em oportunidades perdidas. Por exemplo, greves custam mais do que arbitragem e violência custa mais caro do que o litígio. Incorre-se em custos não somente em função dos esforços investidos, mas também pela destruição dos recursos de cada lado envolvido na negociação. Batalhas de poder freqüentemente criam novas 'feridas' e uma sede de vingança. Os interesses custam menos ainda que os direitos. Em suma, manter o foco nos interesses, e não nos direitos e no poder, gera alta satisfação com os resultados obtidos, melhores relacionamentos profissionais e menos recaídas. Essa abordagem também implica custos de transação mais baixos.

Saber 'quando' usar direitos e poder

Apesar da eficácia geral desta tática, manter o foco somente nos interesses não é suficiente. Resolver todas as disputas por meio da conciliação de interesses não é possível nem desejável (Ury, Brett & Goldberg, 1988). O problema é que os procedimentos ligados aos direitos e ao poder são normalmente usados desnecessariamente; um procedimento que deve ser usado somente em última instância é muitas vezes o primeiro. O uso dos direitos e do poder é apropriado quando (Ury, Brett & Goldberg, 1988):

- *A outra parte se recusa a vir para a mesa de negociação.* Nesse caso, nenhuma negociação acontece e os direitos e o poder são necessários para que haja engajamento das partes na negociação.
- *As negociações foram interrompidas e as partes chegaram a um impasse.* Uma ameaça que tenha credibilidade, especialmente se combinada com uma proposta baseada em interesses, pode levar à retomada das negociações. Por exemplo, quando a American Airlines negociou com os sindicatos de seus pilotos em 2003, ela tinha advogados à vista de todos no lobby, prontos para entrar com um pedido de falência exatamente às 17 horas (*Dallas Morning News,* 3 abr. 2003). Em geral, as partes não conseguem chegar a um acordo baseado nos interesses porque suas percepções — sobre quem tem direito ou quem é mais poderoso — são tão diferentes que não se consegue estabelecer um intervalo dentro do qual negociar. Nesse caso, um procedimento baseado em direitos pode ser necessário para esclarecer os limites de direitos dentro dos quais se pode buscar uma solução negociada.
- *A outra parte precisa saber que você tem poder.* Em algumas ocasiões, as pessoas precisam manipular seu poder simplesmente para demonstrar que o possuem (Ury, Brett & Goldberg, 1988). No entanto, as conseqüências de se impor a vontade própria podem ser caras. Suas ameaças devem ser apoiadas por ações para que tenham credibilidade. Além disso, a parte mais fraca pode não cumprir totalmente uma resolução baseada no poder, exigindo, desta forma, que a parte mais forte se envolva num patrulhamento caro.
- *Os interesses são absolutamente opostos, de forma que uma solução não é possível.* Algumas vezes os interesses das partes envolvidas na negociação são tão díspares que um acordo não é possível. Por exemplo, quando valores fundamentais estão em foco (como posição em relação ao aborto), a resolução somente pode ocorrer através de uma disputa de direitos (um julgamento) ou de poder (um protesto ou batalha legislativa).
- *Uma mudança social se faz necessária.* Para criar impacto social, uma batalha pelos direitos pode ser necessária. Consideremos, por exemplo, o caso de 'Brown' *versus* 'Conselho de Educação', que levou a decisões importantes para eliminar a segregação racial nos Estados Unidos.
- *Os negociadores estão se movimentando para fechar um acordo e as partes estão se 'posicionando'.* Em outras palavras, as partes estão comprometidas em chegar a um acordo e agora estão 'dançando' na zona de barganha.

Saber 'como' usar direitos e poder

Mostramos acima que os negociadores precisam saber quando usar direitos e poder. No entanto, simplesmente reconhecer quando usar estas estratégias não garante o sucesso na sua utilização. A seguir, apresentamos alguns aspectos importantes que o negociador deve considerar ao usar direitos e poder e, em particular, ao fazer uma ameaça (Brett, 2001).

Ameaçar os interesses da outra parte Para fazer uma ameaça eficaz, um negociador precisa atacar os interesses subjacentes da outra parte. Os direitos e o poder devem desafiar os interesses de longo prazo e muito valorizados dos oponentes. Se isso não for feito, a outra parte terá pouco incentivo para se abalar com sua ameaça. Vamos considerar o caso da American Airlines, que tentou iniciar as negociações com os membros de seu sindicato em 2003 ameaçando seus interesses mais básicos (*Dallas Morning News*, 3 abr. 2003). Os negociadores da empresa passaram uma 'lista' escrita para cada grupo sindical, que foi chamada de 'planilha de condições', onde se definia claramente o impacto financeiro que uma falência poderia ter: 500 milhões de dólares em cortes de pagamentos e benefícios, além de 1,62 bilhão de dólares que a empresa aérea estava pedindo. O resultado foi que, a partir daquele instante, os líderes sindicais ficaram ancorados a esse número: o conselho de pilotos, por exemplo, rapidamente compareceu aos escritórios do sindicato e apresentou uma lista de dez concessões que ajudariam a chegar à quantia necessária.

Clareza Os negociadores precisam ter clareza quanto às ações necessárias por parte de seus oponentes. Nove dias após os ataques terroristas da Al-Qaeda aos Estados Unidos, em 2001, o presidente George W. Bush emitiu uma ameaça clara: ele exigia que o Talibã entregasse Osama Bin Laden e os líderes da rede terrorista, e que os campos de treinamento de terroristas no Afeganistão fossem fechados. Se isso não fosse feito, os Estados Unidos "empregariam todos os esforços sob seu comando — todas as formas de diplomacia, todas as ferramentas de Inteligência, todo instrumento de cumprimento de leis, toda influência financeira e todo arsenal bélico necessário — para destruir e derrotar a rede global de terror" (*Associated Press*, 20 set. 2001).

Credibilidade Abordagens baseadas no poder normalmente mantêm seu foco no futuro (por exemplo: 'Se você não fizer isto e aquilo, vou tirar seu financiamento'). Para ser eficaz, a outra parte deve acreditar que você tem a capacidade de levar a ameaça adiante. Se você não for visto como alguém com credibilidade, as pessoas o considerarão um blefe. Mas o ideal é convencer a outra parte de que você tem o poder sem ter que realmente exercê-lo.

Não fechar as portas Mostramos que os direitos e o poder são arriscados. É importante que você deixe em aberto um caminho de volta para a discussão baseada em interesses. Ury, Brett e Goldberg (1988) chamam isso de 'retorno aos interesses'. As ameaças são caras de implantar; assim, é fundamental que você possa desfazer uma ameaça. Essa capacidade permite que a outra parte preserve a imagem e reabra negociações. Se não criar uma oportunidade para retornar a uma discussão baseada nos interesses, você será obrigado a ir até o fim com sua ameaça. Além disso, após usar uma ameaça, você perde seu poder e sua capacidade de influenciar as outras pessoas. Lytle, Brett e Shapiro (1999, p. 48) sugerem que, se você tiver que utilizar direitos ou poder, deve então fazê-lo na seguinte seqüência: (1) declare uma exigência detalhada e específica e um prazo final; (2) declare uma ameaça detalhada e específica (que prejudique os interesses da outra parte); e (3) declare uma conseqüência positiva, detalhada e específica que ocorrerá caso a exigência seja atendida.

EMOÇÕES[2]

Se a abordagem (interesses, direitos e poder) é o *pacote* com as metas dos negociadores, as emoções são a 'entrega' desse pacote. Por exemplo, podemos imaginar um argumento ou ameaça baseada em poder sendo entregue por meio de uma destas três formas: calma, tranqüila e controlada; positiva e construtiva; e negativa e exaltada. Thompson, Medvec, Seiden e Kopelman (2000) definem três estilos emocionais distintos:

---

2. As idéias nesta seção foram fortemente influenciadas pela colaboração de Shirli Kopelman, Vicki Medvec, Deepak Malhotra, Ashleigh Rosette e Vanessa Seiden.

TABELA 5.3 Estilos Emocionais

	Racional	*Positivo*	*Negativo*
Foco	Esconder ou reprimir emoções	Criar emoções positivas na outra parte envolvida Criar *rapport*	Usar emoções aparentemente irracionais para intimidar ou controlar a outra parte
Estratégias distributivas (divisão do montante)	Citar normas de distribuição justas	Fazer concessões pelo bem da relação	Ameaçar Barganha freqüentemente inflexível
Estratégias integrativas (expansão do montante)	Análise sistemática de interesses	A emoção positiva estimula o pensamento criativo	A emoção negativa pode inibir a barganha integrativa
Implicações para futuras negociações e relacionamento	Provavelmente não diz ou faz algo de que se arrependa, mas também pode ser visto como 'distante'	Sentimentos maiores de compromisso para com o parceiro de relacionamento	Pressão para executar ameaças ou perder credibilidade

1. **Fleumático e racional** (ou seja, a 'postura de jogador de pôquer')
2. **Positivo** (isto é, amistoso e bacana)
3. **Negativo** (ou seja, o 'chato' — em inglês, 'squeaky wheel' — ou de 'falar alto e intimidar' — em inglês, 'rant 'n' rave')

A Tabela 5.3 detalha cada um desses três estilos emocionais (racional, positivo e negativo) e descreve suas implicações para as barganhas distributivas e integrativas e para as relações entre os negociadores. Kopelman, Rosette e Thompson (2004) testaram a eficácia de cada um desses estilos numa disputa. As estratégias emocionais positiva e racional foram claramente mais eficazes do que a estratégia emocional negativa para obter resultados desejados numa situação de ultimato. Os negociadores que estrategicamente empregam a abordagem positiva têm maior probabilidade de desenvolver um relacionamento futuro construtivo do que os que empregam abordagens racionais ou negativas.

Avaliando seu estilo emocional

Uma forma de avaliar seu estilo emocional é fazer o teste apresentado no Quadro 5.2. É também uma boa idéia pedir a dois ou três colegas que não tenham receio de lhe dar um *feedback* honesto para completarem o mesmo teste, indicando como eles vêem o seu estilo emocional em negociações.

O negociador racional: mantendo uma postura de jogador de pôquer

Um conselho comum é o de manter uma 'postura de jogador de pôquer' em negociações. Isso advém da crença de que demonstrar emoções é um sinal de fraqueza e que as emoções tornam o negociador vulnerável a ceder muito do montante de barganha. A ausência de emoções é consistente com os princípios da racionalidade. Em seu livro *The art and science of negotiation* (A arte e a ciência da negociação), Raiffa (1982, p. 120) lista o "autocontrole, especialmente das emoções e de sua visibilidade" como a décima terceira característica mais importante de um negociador (de um total de 34). Da mesma forma, Nierenberg (1968) declara que:

Quadro 5.2 — QUESTIONÁRIO DE ESTILOS EMOCIONAIS

Leia cada sentença e indique se você a considera verdadeira ou falsa em negociações. Esforce-se para definir cada uma delas como uma das opções listadas acima (isto é, evite responder "eu não sei").

1. Em negociações, é melhor 'manter a cabeça fria'.
2. Eu acredito que em negociações você pode 'pegar mais moscas com mel'.
3. É importante eu manter o controle nas negociações.
4. Estabelecer um senso positivo de *rapport* com a outra parte é fundamental para uma negociação eficaz.
5. Demonstro bem as emoções nas negociações para conseguir o que quero.
6. As emoções podem arruinar uma negociação eficaz.
7. Eu, definitivamente, acredito que 'quem não chora não mama' em muitas negociações.
8. Se você for legal numa negociação, poderá conquistar muito mais do que se for frio ou indiferente.
9. Nas negociações, deve-se usar 'fogo contra fogo'.
10. Eu, sinceramente, penso melhor quando estou de bom humor.
11. Eu nunca quero que a outra parte saiba como estou me sentindo durante a negociação.
12. Eu acredito que em negociações você pode 'pegar mais moscas com um mata-moscas'.
13. Já usei emoções para manipular outras pessoas em negociações.
14. Acredito que o bom humor é definitivamente contagioso.
15. É muito importante criar uma primeira impressão bastante positiva nas negociações.
16. A ruína de muitos negociadores é a perda do controle pessoal na negociação.
17. É melhor manter uma 'postura de jogador de pôquer' nas negociações.
18. É muito importante fazer que a outra pessoa o respeite durante uma negociação.
19. Eu, definitivamente, prefiro sair das negociações com a outra parte se sentindo bem.
20. Se a outra parte fica emocionalmente fragilizada na negociação, você pode usar isso em seu próprio benefício.
21. Eu acredito ser importante estar em 'sintonia' com a outra parte.
22. É importante demonstrar 'determinação' nas negociações.
23. Se eu percebo que não estou controlado, peço uma interrupção temporária na negociação.
24. Eu não hesitaria em fazer uma ameaça durante uma negociação se percebesse que a outra parte a levaria a sério.

Calculando a pontuação

Calculando sua pontuação "R": Veja os itens 1, 3, 6, 11, 16, 17, 20, 23. Some 1 ponto para cada resposta 'verdadeira' e subtraia 1 ponto para cada resposta 'falsa'. Esta é sua pontuação racional.

Calculando sua pontuação "P": Veja os itens 2, 4, 8, 10, 14, 15, 19, 21. Some 1 ponto para cada resposta 'verdadeira' e subtraia 1 ponto para cada resposta 'falsa'. Esta é sua pontuação positiva.

Calculando sua pontuação "N": Veja os itens 5, 7, 9, 12, 13, 18, 22, 24. Some 1 ponto para cada resposta 'verdadeira' e subtraia 1 ponto para cada resposta 'falsa'. Esta é sua pontuação negativa.

"Quando estão em um estado emocional alterado, as pessoas não querem pensar e ficam particularmente suscetíveis ao poder de sugestão de um oponente esperto... [uma] pessoa irritável é facilmente moldável nas mãos de um negociador calmo e tranqüilo" (p. 46).

Além disso, Fisher, Ury e Patton, no livro *Como chegar ao sim* (1991), advertem que as emoções podem levar uma negociação rapidamente a um impasse ou para seu término. As emoções podem impedir a tomada de uma decisão eficaz necessária para a negociação. De acordo com Janis e Mann (1977), os tomadores de decisão que se encontram num alto nível de estresse emocional normalmente fazem pesquisas, avaliações e processos mentais de planejamento contingencial incompletos. Como resultado disso, eles tomam decisões deficientes.

É importante, no entanto, fazer uma distinção entre 'expressar' e 'sentir emoções'. Embora o negociador 'possa' sentir emoções, ele não deve ousar demonstrá-las para não arriscar chegar a resultados abaixo do desejável. De acordo com economistas, o negociador que expressa alívio, satisfação e aprovação arrisca chegar a resultados piores do que aquele que mantém uma postura de jogador de pôquer. Raiffa (1982) sugere veementemente que os negociadores evitem demonstrar emoções: "Nunca se gabe de quão bem você se saiu".

O negociador positivo: você pode pegar mais moscas com açúcar

Um estilo emocional diferente é representado pela abordagem da 'emoção positiva'. Em vez de reprimir as emoções e usar uma postura de jogador de pôquer, este tipo de negociador acredita que, quando o assunto é negociação, 'você pode pegar mais moscas com açúcar'. Três passos essenciais estão envolvidos nas emoções positivas: (1) sentir emoções positivas, (2) expressá-las; (3) contagiar o oponente com esse sentimento.

O ex-presidente norte-americano Ronald Reagan era um negociador habilidoso que tirava proveito da emoção positiva na mesa de barganha. Durante as Conversações de Viena com Gorbachev, por exemplo, Reagan se aproximou do líder soviético com piadas. Em uma ocasião, Reagan contou uma piada sobre um americano que dizia que o seu país era o melhor porque ele podia ir até a Casa Branca e dizer ao presidente que ele estava fazendo um trabalho muito ruim; um russo respondeu que o seu país era o melhor porque ele também podia ir até o Kremlin e dizer a mesma coisa: que Reagan estava fazendo um péssimo trabalho em comandar os rumos dos Estados Unidos. Gorbachev riu muito e as partes seguiram adiante, com sucesso, nas negociações (*Washington Post*, 23 nov. 1985).

A questão óbvia que vem à nossa mente é a de se a emoção positiva é eficaz ou não. Na verdade, pesquisas empíricas revelam que a emoção positiva melhora a qualidade dos acordos negociados, quando comparada com as negociações racionais (Kumar, 1997; Kramer, Pommerenke & Newton, 1993). Duas razões principais explicam a eficácia resultante da emoção positiva: uma relativa à maneira como as pessoas processam as informações quando estão de bom humor e a outra baseada no efeito que um ambiente bem-humorado tem sobre as outras pessoas.

As emoções positivas e o processamento de informações As pessoas processam informações de forma diferente quando estão de bom humor, em comparação com o que ocorre quando elas se encontram de mau humor ou indiferentes (Isen, 1987). O bom humor promove o pensamento criativo (Isen, Daubman & Nowicki, 1987) que, por sua vez, leva a uma solução criativa de problemas (Carnevale & Isen, 1986). Carnevale e Isen (1986), por exemplo, conduziram um experimento no qual alguns negociadores assistiram a um filme divertido e, ao final, ganharam um presente. Esses negociadores promoveram negociações mais integrativas e geraram idéias mais criativas do que outros negociadores, que não viram o filme e nem ganharam o presente (ver também Allred, Mallozzi, Matsui & Raia, 1997; Barry & Oliver, 1996; Forgas, 1996). Em geral, os negociadores bem-humorados usam mais estratégias cooperativas, trocam mais informações, criam mais alternativas e usam menos táticas contenciosas do que outros negociadores que estejam com humores negativos ou neutros (Carnevale & Isen, 1986).

As emoções positivas e seu efeito sobre o oponente A emoção nas negociações é como uma profecia auto-realizável, ou seja, as próprias emoções dos negociadores podem determinar as emoções da outra parte e a natureza da resolução do conflito. Durante um estudo, as pessoas envolvidas na negociação de um contrato de trabalho chegavam a menores ganhos conjuntos quando experimentavam altos níveis de raiva e baixos níveis de compaixão em relação à outra parte do que quando as emoções relativas a seus oponentes eram positivas (Allred, Mallozzi, Matsui & Raia, 1997). Além disso, negociadores com raiva tinham menos vontade de trabalhar com seus oponentes e mais propensão à retaliação excessiva (Allred, Mallozzi, Matsui & Raia, 1997). A embaixadora da Malásia na França, Datuk Tunku Nazihah Mohamed Rus, conhece o efeito que as emoções positivas têm sobre um oponente. Tunku Nazihah era a anfitriã de um almoço para um grupo de homens de negócios franceses que tinham uma temível reputação de serem negociadores rígidos e inflexíveis. Imperturbável, ela lhes perguntou: "Vocês gostaram da minha comida?" (*New Sunday Times*, 1º jun. 2003, p. 2). Ela é uma negociadora rígida — mas combina essa postura nos negócios com histórias que fazem as pessoas rir sem parar. Tunku Nazihah é apaixonada pelo 'componente humano' da negociação e dedica o mesmo tempo para conhecer o terreno em que pisa e para fazer negociações de altíssimo nível (*New Sunday Times*, 1º jun. 2003). Entretanto, fingir emoções positivas pode ter um custo alto em termos de aumento de estresse e redução da influência de uma pessoa na mesa de barganha. Quem finge emoções positivas tem mais probabilidade de se estressar e obter, de fato, índices mais baixos de desempenho em serviços (como avaliação de consumidores; Grandey, 2003).

O negociador negativo: falar alto e intimidar

Uma abordagem de negociação bastante diferente é demonstrar emoções negativas e espalhafatosas como raiva, fúria, indignação e impaciência. O negociador negativo usa demonstrações selvagens de emoção negativa para forçar a outra parte a atender as demandas declaradas. Uma diferença importante distingue a pessoa verdadeiramente zangada do negociador estrategicamente zangado. Os negociadores que estão realmente zangados, e que sentem pouca compaixão pela outra parte, são menos eficazes para aumentar o tamanho do montante do que os negociadores felizes (Allred, Mallozzi, Matsui & Raia, 1997). Além disso, eles também não são tão eficazes ao dividir o montante (para uma revisão, ver Allred, 2000). Os negociadores que ficam 'estrategicamente zangados', pelo contrário, aumentam sua probabilidade de ganhar concessões de seus oponentes, pois a outra parte presume que a pessoa zangada está próxima de seu ponto de reserva (Van Kleef, De Dreu & Manstead, 2004). Os negociadores zangados induzem medo em seus oponentes e estes, por sua vez, ficam mais suscetíveis a sucumbir quando se encontram motivados (Van Kleef, De Dreu & Manstead, 2004).

O negociador irracional é, na verdade, 'altamente racional'. Em algumas situações, quanto mais fora de controle e louco um negociador parece, mais eficaz ele pode ser na negociação. Por parecer instável e volátil, ele convence seu oponente de que há mais chance de ele deixar a mesa de negociação sem chegar a um acordo que de concordar com algo menos que o desejado. Para ilustrar isso, consideremos a forma como o diretor da divisão de propaganda da AOL, Myer Berlow, começou a brincar com uma faca grande durante uma negociação com Jeff Bezos, da Amazon.com (*Washington Post*, 15 jun. 2003). A lâmina tinha, aproximadamente, 8 polegadas de comprimento. Não era uma faca de caça, mas sim de bolso. Os olhos de Bezos ficaram do tamanho de um pires. Por que Berlow puxou a faca? A AOL estava tentando mostrar à Amazon os benefícios de anunciar na AOL. Entretanto, Neil Davis (AOL) queria comprar a Amazon e tinha incluído um slide na apresentação que Berlow havia proibido explicitamente: aquele que mostrava que a Amazon devia ser integrada ao serviço da AOL. Berlow encarou Davis e lhe disse: "Se você não excluir aquele slide, vou esfaquear você". Ele não somente apontava a faca para Davis, mas também se aproximava dele e Bezos pensou que ele seria esfaqueado. Assim, negociadores irracionais são eficazes ao ponto de conseguirem convencer a outra parte de que irão até o fim com o que pode parecer um curso extremo de ação, talvez por não terem nada a perder (ou seja, eles convencem a outra parte de que estão dispostos a assumir grandes riscos que talvez possam prejudicar ambas as partes se não conseguirem o que desejam).

Exemplos impressionantes de tais táticas podem ser encontrados ao longo da história da humanidade. Por exemplo, antes de a Alemanha anexar a Áustria a seu território, Hitler se encontrou para negociar com o chanceler austríaco Von Schuschnigg. Em um dado momento dessa lamentável reunião histórica, o estilo emocional de Hitler tornou-se irracional:

> [Ele] ficou mais estridente, mais agudo. Hitler praguejava como um maníaco, sacudia as mãos animadamente. Em certos momentos ele parecia estar completamente fora de controle... Hitler pôde então fazer que suas ameaças mais coercivas parecessem verdadeiras... [Ele ameaçou colocar Von Schuschnigg em custódia, um ato inédito no contexto da diplomacia.] Ele insistia para Von Schuschnigg assinar um acordo aceitando todas as suas exigências, ou ele ordenaria imediatamente uma marcha de suas tropas por sobre toda a Áustria (Raven, 1990, p. 515).

O negociador irracional é manipulador e maquiavélico em certas ocasiões. Um negociador que encontra um oponente irado pode capitular à outra parte para encerrar rapidamente essa interação (Frank, 1988). Essa jogada, é claro, somente reforça o comportamento aparentemente irracional, aumentando a probabilidade de que se repita no futuro. O estilo de negociação irracional não consiste simplesmente de demonstrar raiva. As demonstrações de sensação de impotência, descontentamento e dor também podem ser usadas para manipular os outros nas negociações. Igualmente, agir de forma insana pode provocar efeitos semelhantes, como no caso em que Berlow, da AOL, anunciou a seus oponentes, no meio das negociações, que seu filme predileto era *O poderoso chefão*, que seu herói-filósofo era Maquiavel e fez a seguinte citação: "É melhor ser temido do que ser amado" (*Washington Post*, 15 jun. 2003).

Quais são os princípios psicológicos específicos que fazem que o negociador irracional seja eficaz? Consideremos o seguinte (Thompson, Medvec, Seiden & Kopelman, 2000):

- ***A técnica da porta na cara*** Quando alguém faz um pedido inicial bizarro, tem mais chances de garantir um acordo com uma solicitação subseqüente e menos audaciosa. Essa 'técnica de bater a porta na cara' se baseia em princípios de contraste de percepção: se levantamos um objeto pesado, colocamos o objeto no chão e, em seguida, levantamos um objeto leve, a sensação que temos é a de que o segundo objeto é muito mais leve do que ele verdadeiramente é (Cialdini, 1975; Cann, Sherman & Elkes, 1975). Os negociadores habilidosos têm lucrado com o contraste de percepção por anos (Cialdini, 1993). Consideremos o escolado vendedor de carros que mostra a um potencial comprador os modelos mais caros antes de mostrar aquele em que o cliente está realmente interessado. Comparados com os 40 mil dólares do preço do modelo mais sofisticado, os 20 mil dólares da venda que ele quer realmente fazer parecem bastante razoáveis. Da mesma forma, o negociador irracional que se acalma um pouco após ter um rompante emocional pode conseguir exatamente o que quer.

- *Reforço negativo* O reforço negativo, ou fuga, explica o aumento na probabilidade de incidência de comportamentos que eliminam ou removem um estímulo repugnante (Skinner, 1938). Por exemplo, se um rádio estiver tocando uma música chata, você o desligará, eliminando, assim, os sons desagradáveis. Da mesma forma, como a maioria das pessoas se sente desconfortável em estar próximas a alguém abertamente hostil e negativo, elas podem sentir o desejo de capitular aos desejos da outra parte somente para se livrarem dessa situação desagradável. Infelizmente, esse comportamento funciona como um reforço positivo para o oponente. Se alguém age de forma irracional e recebe sua aquiescência, você aumenta a probabilidade de aquela pessoa voltar a apresentar um comportamento negativo no futuro. Portanto, os negociadores irracionais podem tirar proveito disso e ser recompensados por seus comportamentos emocionais negativos. Um tipo de reforço negativo é a pressão que as pessoas sentem para impedir que a outra tenha um acesso de raiva ou uma crise de choro. Effa Manley, por exemplo, que é jogadora de beisebol, não tinha problemas em derramar lágrimas para obter o que queria. O redator de esportes de Pittsburgh, Wendell Smith, recorda: "Se não conseguisse o que queria, a senhora Manley franzia toda a sua bela face e abria o sistema de irrigação de seus olhos" (*New York Daily News*, 20 jun. 2003). Larry Doby, membro do Hall da Fama, lembra-se de um dia no qual ele ignorou um contrato que Manley lhe enviara. Ela escreveu em uma carta para Larry: "Não recebi de você a cortesia de uma resposta. Como conheci sua mãe, tenho certeza que essa não foi a educação que ela lhe deu" (*New York Daily News*, 20 jun. 2003).
- *Autocontrole* A maioria das pessoas gosta de prolongar sentimentos positivos e a exposição a estímulos também positivos e minimizar o astral negativo. Na realidade, as pessoas se 'autocontrolam', trabalhando ativamente para manter o astral positivo desejado (Baumeister, Leith, Muraven & Bratslavsky, 1998). Uma forma de se autocontrolar é evitando os estímulos negativos. A maioria das pessoas fica desconfortável em ter que interagir com um negociador irracional e, para não arruinar o seu dia, capitulam às demandas do outro lado.
- *O princípio do 'chato'* O princípio do chato (Singelis, 1998) diz que um negociador deve demonstrar resistência em abrir mão da posição defendida por ele aumentando o nível de hostilidade e usando ameaças. Schelling (1960) descreve uma situação que envolve duas pessoas (que chamaremos de A e B) em um barco a remo. A ameaça B dizendo que se ele não remar, A virará o barco. Simplesmente ameaçar não tem tanta força quanto se A balançar intensamente o barco ao mesmo tempo que grita para B que se ele quiser que A pare, ele deve remar o barco. Portanto:

"Iniciar uma dor constante, mesmo que quem a inicie também compartilhe dela, pode fazer mais sentido como ameaça, especialmente se quem ameaça iniciar um processo no qual a dor só pode ser aliviada se a pessoa ameaçada concordar em fazer o que é exigido. (Schelling, 1960, p. 196)"

Conselho estratégico para se lidar com emoções na mesa de negociação

É mais fácil falar em manter a cabeça fria do que fazê-lo

Muitas vezes nossas emoções saem do controle. A simples tentativa de manter a postura de jogador de pôquer pode ter consequências desagradáveis, especialmente se as pessoas se esforçarem demais em fazer isso. Quando as pessoas, por exemplo, dizem a si mesmas para não ter certos pensamentos, elas descobrem que é quase impossível evitar exatamente aqueles pensamentos. Na verdade, as pessoas que gastam mais tempo tentando corrigir seus humores negativos são as que apresentam maior probabilidade de ter problemas emocionais persistentes, tais como depressão e ansiedade (Wegner & Wenzlaff, 1996). Dessa forma, pode ser muito difícil não exteriorizar as emoções que você está sentindo.

Controlar as emoções pode interferir no processo de 'colocar nos trilhos'

O 'efeito dominó' é o processo pelo qual os sentimentos de uma pessoa são percebidos e assimilados por outra, como quando alguém com humor positivo 'afeta' a postura de outra pessoa com quem interage (Kelly, 1988). Quando as pessoas negociam, elas sincronizam seus comportamentos de acordo com os estados emocionais e comportamentais do outro. De certa forma, as pessoas desenvolvem um ritmo interpessoal que reflete um estado emocional e comportamental compartilhado. Esse é um processo biológico natural que gera relacionamentos sociais e cria *rapport* (Kelly, 1988). Um negociador que deliberadamente se concentra em reprimir emoções pode interferir nesse processo e, conseqüentemente, criar uma relação complicada e inamistosa. Por exemplo, um negociador que tenha a postura de jogador de pôquer pode estabelecer uma interação mais bombástica se a outra parte começar a reagir e refletir o seu estado emocional.

Emoções são contagiosas

Se um negociador transmite emoções positivas, há grandes chances de seu oponente ser 'contagiado' por esse estado emocional positivo e também passar a transmitir esse mesmo tipo de emoção (Hatfield, Caccioppo & Rapson, 1992). Vale lembrar que o mesmo pode ocorrer para emoções negativas.

Emoções positivas promovem a barganha integrativa

Estudos do efeito positivo sobre a capacidade criativa sugerem que, quando as pessoas vivenciam um humor positivo, elas são mais criativas, produzem informações integrativas e são mais flexíveis ao transmitir seus pensamentos (Baron, 1990; Isen, Daubman & Nowicki, 1987; Isen, Niedenthal & Cantor, 1992). Por que a emoção positiva funciona assim? Isto se deve, em grande parte, a uma combinação da profecia auto-realizável com o processamento de informações e com o fato de que o efeito positivo está associado a mais criatividade e cognições diversas. Por exemplo, as pessoas que vivenciam uma emoção positiva conseguem relacionar idéias e conectam exemplares de categorias diferentes (Forgas & Moylan, 1996; Isen, Niedenthal & Cantor, 1992). Essa reação cria *rapport* que, por sua vez, ajuda a evitar impasses (Drolet & Morris, 1995, 2000; Moore, Kurtzberg, Thompson & Morris, 1999; Thompson, Nadler & Kim, 1999) e facilita o processo de negociação.

A emoção negativa deve ser convincente para ser eficaz

Schelling (1960) oferece o exemplo de dois negociadores participando de um jogo conhecido como covarde em seus carros — um jogo bastante arriscado. Uma pessoa consegue uma vantagem se retirar o volante de seu carro e o atirar pela janela, contanto que seu oponente a veja fazendo isso. A outra parte é então forçada a sair do caminho; em outras palavras, esta segunda pessoa tem que fazer uma concessão para que ambas sobrevivam no jogo. Mas nem todo comportamento é suficiente para despertar tais concessões por parte do oponente (Frank, 1988): "Para que um sinal entre adversários seja digno de credibilidade, ele deve ser custoso (ou, em outras palavras, difícil) de forjar" (p. 99). Com medo de que a negociação possa terminar em um impasse, a outra parte pode se sentir pressionada a conceder coisas que normalmente consideraria ultrajantes. Esse tipo de estratégia de negociação é mais bem caracterizado pela expressão 'quem não chora não mama', e pode ser bastante eficaz.

O *timing* da emoção é importante

As pessoas tendem a se lembrar de uma experiência por como se sentiram ao final dela (Fredrickson & Kahneman, 1993; Kahneman, Fredrickson, Schreiber & Redelmeier, 1993; Redelmeier & Kahneman, 1996). Na verdade, o ponto final de uma interação está impregnado de grande poder de negociação. Por exemplo, quando oponentes finalizam a negociação num tom cômico, os índices de aceitação são maiores do que quando a finalização não é feita num tom positivo (O'Quin & Aronoff, 1981). Apesar de desejarmos fazer a outra parte envolvida se sentir bem, não devemos demonstrar a nosso oponente que estamos nos sentindo assim. Demonstrar entusiasmo ou desdém ao final de uma negociação faz nosso oponente sentir-se menos bem-sucedido e satisfeito com o acordo obtido (Thompson, Valley & Kramer, 1995).

CONCLUSÃO

Analisamos sistematicamente três diferentes questões de estilo na negociação: a orientação motivacional (individualista, cooperativa e competitiva); a abordagem (baseada em interesses, em direitos ou no poder); e o estilo emocional (racional/'cuca fresca'; positivo; ou negativo/irracional). Discutimos os prós e contras de cada questão de estilo. As mensagens mais importantes deste capítulo são as seguintes:

- *Entre em contato com seu próprio estilo honesta e diretamente.* Se você ainda se sente meio confuso, então peça a alguém para o avaliar honestamente, usando as ferramentas de diagnóstico apresentadas neste capítulo.
- *Conheça seus limites e pontos fortes.* Vimos que não é melhor adotar sempre um estilo específico, pois cada um deles tem pontos fortes e pontos fracos. Conhecer seus próprios limites e os pontos fortes de seu estilo é importante.
- *Compreenda melhor seu oponente.* A maior parte dos negociadores ingênuos simplesmente presume que seu oponente tem a mesma orientação deles. Entretanto, com 27 diferentes combinações de estilo, esta suposição é bastante improvável. Esperamos que os estilos descritos neste capítulo ajam como um tipo de 'despertador' para a relevância da diversidade. Com esses estilos em mente, você pode avaliar melhor seu oponente e talvez mudar o estilo dele através das diversas técnicas discutidas.
- *Aumente seu repertório.* Freqüentemente descobrimos que as pessoas não se sentem à vontade com seus estilos de barganha ou não os acham eficazes. Este capítulo dá aos negociadores opções para aumentar seu repertório, especialmente nos pontos críticos das negociações.

Apesar de termos conversado sobre o estilo do negociador, quase tão importante quanto ele é a 'confiança' que ele tem em suas capacidades. De acordo com Sullivan, O'Connor e Burris (2003), a auto-eficácia dos negociadores (a crença de que eles conseguem fazer uma determinada coisa) afeta seu desempenho. Sullivan e colegas distinguem dois tipos de auto-eficácia que se relacionam às habilidades para dividir e expandir o tamanho do montante: auto-eficácia distributiva e auto-eficácia integrativa (ver Tabela 5.4). Como se poderia esperar, os negociadores com alta auto-eficácia distributiva têm um bom desempenho ao reivindicar valor, enquanto aqueles com maior auto-eficácia integrativa são bons em criar valor. Além disso, o tipo de auto-eficácia influencia as táticas usadas pelos negociadores.

TABELA 5.4 Auto-eficácia distributiva e integrativa

Para cada uma das seguintes táticas, classifique sua confiança na própria capacidade de usar cada tática.

1. Estabelecer um alto nível de *rapport* com o outro negociador.
2. Convencer o outro negociador a concordar com você.
3. Evitar que o outro negociador explore as suas fraquezas.
4. Construir um alto nível de confiança entre você e o outro negociador.
5. Fazer poucas concessões.
6. Descobrir *tradeoffs* que beneficiem ambas as partes.
7. Descobrir e explorar as fraquezas do outro negociador.
8. Ficar em posição de vantagem em relação ao outro negociador.
9. Usar argumentos persuasivos para reforçar sua posição.
10. Trocar concessões.
11. Disfarçar seus interesses reais.
12. Buscar um acordo que maximize os interesses de ambos os negociadores.
13. Fazer que cada concessão pareça difícil.
14. Persuadir o outro negociador a fazer a maior parte das concessões.
15. Chegar a um acordo em cada questão antes de passar para a próxima.

Nota: Itens de eficácia distributiva: questões 2, 3, 5, 7, 8, 9, 11, 13, 14, 15
Itens de eficácia integrativa: questões 1, 4, 6, 10, 12

Fonte: B. Sullivan, K. M. O'Connor e E. Burris (2003), "Negotiator Confidence: The Impact of Self-Efficacy on Tactics and Outcomes", Paper apresentado na reunião anual da Academy of Management, Seattle, WA, EUA.

CAPÍTULO 6

Estabelecendo confiança e construindo um relacionamento

John Mack, do Credit Suisse First Boston, acredita que relacionamentos e confiança são os pilares de negociações e relações de negócios. Diz ele: "Você não consegue formar uma cultura a não ser que conheça as pessoas num ambiente descontraído". Mack coloca que é necessário conhecer as pessoas por trás dos negócios. Em uma determinada situação, ele estava negociando um contrato de pagamento multimilionário com Bennett Goodman, que comandava o Banco Mercantil e os negócios de alavancagem financeira do CSFB. Ele notou um livro de basquetebol sobre a mesa de Goodman e assim descobriu que aquele comprador de títulos podres era um grande fã do time da Universidade Duke e levava os filhos, toda primavera, para assistir aos jogos da equipe contra a Universidade da Carolina do Norte. Mack, que se formara em Duke, usou de decência e pagamento justo para com Goodman e deixou que este decidisse se abriria mão ou não de seu contrato. Goodman decidiu fazer parte da equipe e disse a Mack que seu grupo não queria ser o vilão da história, e que devolveria 50 milhões de dólares. Uma hora mais tarde, recebeu uma ligação do Coach K, como o famoso técnico de Duke, Mike Krzyewski, é conhecido. Coach K lhe disse: "Sou muito amigo de John Mack... O que você fez hoje encheu de alegria o coração dele. Isso sim é boa liderança". O técnico continuou, dizendo que Goodman era o 'Shane Battier do CSFB' — fazendo uma referência à estrela do time de Duke. Goodman ficou atônito! Em êxtase, ele prestou atenção a cada palavra do Coach K por quase uma hora. E o técnico comentou: "Eu disse que ele precisava dar mais em troca para receber telefonemas mais longos". E foi justamente isso que Goodman fez. Em 2002, ele e seu grupo devolveram mais 50 milhões de dólares (*Fortune*, 1º set. 2003).

O LADO HUMANO DO GANHA-GANHA

No Capítulo 4, dissemos que o 'ganha-ganha' é importante, mas mostramos que as pessoas muitas vezes deixam de explorar integralmente o valor potencial de uma negociação. Demos vários exemplos de como as pessoas normalmente fazem acordos de meio-termo, quando seria muito melhor fazer *tradeoffs* de valor agregado. Dissemos que muitas vezes deixa-se dinheiro sobre a mesa de negociações. Entretanto, uma transação bem-sucedida não está relacionada somente a dinheiro ou valor econômico. E, apesar de o comportamento racional ser normalmente equiparado à maximização da *riqueza monetária*, a verdade é que os modelos econômicos concentram-se na maximização da *utilidade* — e utilidade pode ser definida como dinheiro, mas também como outras coisas: confiança, segurança, felicidade e paz de espírito, por exemplo. A verdadeira definição de 'ganha-ganha' é: "acordos que capacitam os negociadores a maximizar por completo o que quer que seja motivo de preocupação e importante — dinheiro, relacionamentos, confiança, paz de espírito ou algo mais". Curhan, Elfenbein & Xu (2004) fizeram um levantamento com um amplo espectro de pessoas (leigos, estudiosos da negociação e profissionais que atuam na área) sobre o que era valorizado por eles numa negociação. Os resultados sugeriram que os negociadores tendem a se concentrar em suas preocupações em quatro áreas básicas: como se sentem em relação a resultados instrumentais, em relação a si mesmos, ao processo e a seus relacionamentos. O *inventário de valor subjetivo* (do inglês, *Subjective Value Inventory*) de Curhan, Elfenbein & Xu ajuda os negociadores a aprender a idealizar seu desempenho em negociações em várias dimensões, que antecedem seu valor de longo prazo. (Ver Tabela 6.1 para entender o inventário de valor subjetivo.)

Os negociadores têm total liberdade para se preocupar com qualquer coisa que tenha valor para eles, seja subjetivo ou objetivo. Mais ainda, os resultados econômicos não têm uma correlação perfeita com os psicológicos. Em outras palavras, ganhar dinheiro nem sempre nos faz sentir bem-sucedidos (Thompson, 1995a; Thompson, Valley & Kramer, 1995) ou mais satisfeitos (Thompson Valley & Kramer, 1995; Galinsky, Mussweiler & Medvec, 2002). Por exemplo, apesar de ser uma atitude sábia desdobrar negociações que giram em torno de uma única questão em negociações de vários pontos, os que negociam muitas questões se sentem, na verdade, psicologicamente piores em relação a seus resultados (Naquin, 2003). Por quê? Eles tendem a refletir mais sobre 'o que poderia ter sido feito' e a experimentar dúvidas.

TABELA 6.1 Inventário de valor subjetivo de Curhan, Elfenbein & Xu (2004)

Pense sobre a sua negociação mais recente. Classifique a sua resposta para cada questão abaixo em uma escala de 1 a 7, sendo que 1 representa uma situação que não é verdadeira ou característica e 7 uma situação muito verdadeira ou muito característica.

1. Estou satisfeito com meus próprios resultados (ou seja, com a extensão com a qual os termos de meu acordo me beneficiam).
2. Sinto-me derrotado ou 'perdido' nesta negociação.
3. Sinto-me satisfeito com o equilíbrio entre meus resultados e os obtidos por meu oponente.
4. Sinto que 'não consegui manter a imagem' (ou seja, prejudiquei meu senso de orgulho) nesta negociação.
5. Comporto-me de acordo com meus princípios e valores.
6. Esta negociação fez que eu me sentisse mais competente como negociador.
7. O processo de negociação foi justo.
8. A outra parte ouviu minhas preocupações.
9. Consegui ter uma sensação de fechamento na negociação.
10. Confiei na outra parte.
11. A outra parte e eu construímos um alicerce para futuros relacionamentos.
12. Os termos e compromissos deste acordo serão respeitados e seguidos por ambas as partes ao longo do tempo.

Observações sobre a pontuação:
- Resultado instrumental (fazer a média dos itens 1 a 3; considerar a pontuação reversa do item 2)
- Sentimento sobre si mesmo (fazer a média dos itens 4 a 6; considerar a pontuação reversa do item 4)
- Sentimento sobre o processo (fazer a média dos itens 7 a 9)
- Sentimento sobre relacionamentos (fazer a média dos itens 10 a 12)

Fonte: Curhan, J. R., H. A. Elfenbein e A. Xu. "What Do People Value When They Negotiate?: Establishing Validity for the Subjective Value Inventory of Negotiation Performance" ("O que as pessoas valorizam ao negociarem? Determinando a validade do inventário de valor subjetivo do desempenho na negociação") Artigo de trabalho, Cambridge: Massachusetts Institute of Technology, Cambridge, 2004. Para obter uma versão completa deste inventário, ou para aprender mais a respeito da pesquisa sobre este tópico, visite o site: www.subjectivevalue.com.

FIGURA 6.1 Recursos que podem ser trocados em um relacionamento

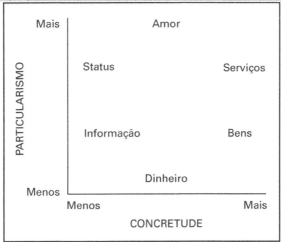

Fonte: Foa, U. e Foa, E. *Resouce Theory of Social Exchane*. Morristown: General Learning press, 1975

As pessoas de negócios freqüentemente nos dizem que não é possível negociar coisas tais como confiança, respeito, cuidado ou relacionamentos. Entretanto, achamos que por meio de nossas ações podemos negociar essas coisas todos os dias. Simplesmente ocorre que, na maioria das vezes, não percebemos que estamos fazendo exatamente isso. Consideremos a Figura 6.1, que identifica seis diferentes tipos de recursos que podem ser trocados pelas pessoas: amor, dinheiro, serviços, bens, status e informações (Foa & Foa, 1975). Cada um desses recursos varia em sua particularidade (quanta utilidade atribuímos a eles depende de quem os fornece; um beijo dado pelo próprio filho tem muito mais valor do que um beijo recebido de um desconhecido) e concretude (tangível ou intangível). Amor e status social são menos concretos do que bens e serviços, e o amor é mais particular do que o dinheiro.

A CONFIANÇA COMO PILAR DA NEGOCIAÇÃO

A confiança é fundamental em qualquer relacionamento humano. O mesmo princípio se aplica à negociação. A confiança é a expressão da certeza que podemos ter de que as ações de outra pessoa ou de um grupo não estarão nos colocando em risco, prejudicando-nos ou ferindo-nos (Axelrod, 1984). Sob uma perspectiva prática, confiança significa que há uma chance de sermos explorados por alguém. Mais do que isso, a maioria dos relacionamentos oferece algum incentivo para que as pessoas se comportem de forma não confiável (Kramer, 1999; Kramer, Brewer & Hanna, 1996).

Três formas de confiança em relacionamentos

As pessoas estabelecem três tipos principais de comportamento relacionados à confiança nos outros: baseada na dissuasão, no conhecimento e na identificação (Shapiro, Sheppard & Cheraskin, 1992; Lewicki & Bunker, 1996).

Confiança baseada na dissuasão

Este tipo se baseia na consistência de comportamento, o que significa dizer que as pessoas cumprem exatamente o que prometem fazer. A consistência comportamental, ou execução, é sustentada por ameaças ou promessas de conseqüências que ocorrerão caso não se mantenham a consistência e as promessas. As conseqüências mais freqüentes são punições, sanções, incentivos, recompensas e implicações legais, entre outras. A confiança com base em dissuasão normalmente envolve contratos e várias formas de burocracia e vigilância. Os mecanismos associados a esse tipo de confiança são mais comuns do que se imagina. Uma parcela estimada em 35 por cento da força de trabalho dos Estados Unidos é monitorada por seus empregadores (CNN, 6 set. 2001). Outras formas de dissuasão também são utilizadas. Por exemplo, na fábrica da Hawthorne, na década de 1940, a norma vigente era que os trabalhadores não podiam se desviar de níveis aceitáveis de produção. Um desvio dessa norma resultava em alguns trabalhadores rotulados como 'acima da média de desempenho' (também conhecidos como 'quebradores de recordes') e outros como 'abaixo da média de desempenho' (também chamados de 'encostados'). Sempre que um trabalhador era pego com desempenho acima ou abaixo da média, seus colegas de fábrica lhe davam um soco forte no braço (chamado de 'binging'). (Ver também Nota 6.1.)

> **Nota 6.1 Confiança baseada na dissuasão**
> Outro exemplo marcante da confiança baseada na dissuasão foi o acordo negociado entre Cristóvão Colombo e os reis Fernando e Isabel. Eles ofereceram a Colombo navios, homens e dinheiro para levar a fé e a bandeira espanhola às terras do Ocidente. Entretanto, Colombo recusou-se a fechar esse acordo até que suas demandas fossem aceitas por escrito. Ele insistiu em se tornar cavaleiro, receber os títulos de Almirante do Mar Oceano e vice-rei e governador-geral de todas as terras que viesse a descobrir. Ele ainda exigiu 10 por cento de tudo que fosse obtido do outro lado do oceano. Um aperto de mãos não era suficiente. Ele insistiu em que o acordo fosse feito por escrito e, assim, preparou um documento longo e detalhado, a ser celebrado entre ele e a coroa espanhola. Esse movimento foi muito ousado, considerando-se que o rei e a rainha detinham poder sobre a sua vida. As negociações transcorreram com avanços e recuos até que, em 17 de abril de 1492, o Pacto de Santa Fé foi celebrado pelos soberanos (*Investors' Business Daily*, 11 dez. 1998).

Dois problemas principais decorrem da confiança baseada em dissuasão. Primeiro, ela caracteriza sistemas difíceis de elaborar e manter — requerem desenvolvimento, vigilância, manutenção e monitoramento — e, em segundo lugar, pode acontecer de o tiro sair pela culatra. Isso resulta dos princípios psicológicos da *reação*. Na cultura popular, esse conceito também é conhecido como *psicologia reversa*. Evidências empíricas demonstram, por exemplo, que a presença de placas sinalizadoras onde se lê 'Não Escrever Nestas Paredes sob Quaisquer Circunstâncias' na verdade aumentam a incidência da violação da norma de combate ao vandalismo, quando comparada com sinalizações como: 'Por Favor, Não Escreva Nestas Paredes' ou com a completa ausência de placas (Pennebaker & Sanders, 1976). Da mesma forma, as pessoas demoram mais para desocupar uma vaga de estacionamento quando percebem que existe alguém esperando para ocupá-la (Ruback & Juieng, 1997). As pessoas normalmente apresentam uma reação negativa quando percebem que existe alguém controlando seu comportamento ou limitando sua liberdade. Quando achamos que nosso comportamento está sob o controle de motivadores extrínsecos, como sanções e recompensas, a motivação intrínseca é reduzida (Enzle & Anderson, 1993). Assim, a vigilância pode minar a motivação das pessoas para se comportarem da maneira como se tenta garantir que se comportem. Por exemplo, o medo do monitoramento teve um impacto negativo na confiança dos comissários de bordo da Delta Airlines (Hochschild, 1983). Ele criou medo e desconfiança em relação aos passageiros por causa de uma política da empresa que permitia que eles escrevessem reclamações do serviço de bordo. Esse clima de desconfiança foi ainda mais intensificado quando os comissários suspeitaram que supervisores disfarçados se passavam por passageiros. O tiro saiu pela culatra. Discutiremos a confiança baseada na dissuasão em mais detalhe adiante no texto.

Confiança baseada no conhecimento

A confiança baseada no conhecimento tem seu alicerce na previsibilidade comportamental e ocorre quando uma pessoa tem informações suficientes sobre as outras para compreendê-las e prever seu comportamento com precisão. Sempre que a incerteza ou assimetria de informações caracterizarem um relacionamento, pode haver decepção, e uma ou ambas as partes arriscam ser exploradas. Paradoxalmente, se o risco estiver completamente ausente de uma situação de troca, a exploração pode não ocorrer, mas altos níveis de confiança também não se desenvolverão (Thibaut & Kelley, 1959). Assim, a confiança é conseqüência de uma incerteza ou reação a ela (Kollock, 1994; Granovetter, 1973).

Um exemplo intrigante do desenvolvimento de confiança com base no conhecimento entre negociadores diz respeito à venda de borracha e arroz na Tailândia (Siamwalla, 1978; Popkin, 1981). Por diversas razões, não se pode determinar a qualidade da borracha no momento da venda, mas somente alguns meses mais tarde. Assim, quando ela é vendida, o vendedor conhece a qualidade de seu produto, mas o comprador não. Isso representa um caso clássico de assimetria unilateral de informação. Por outro lado, no mercado de arroz, a qualidade do produto pode ser prontamente determinada por ocasião da venda (não há incerteza de informação). Poderia ter-se a impressão de que o mercado da borracha, por causa das suas assimetrias de informação, é caracterizado pela exploração por parte dos vendedores, que venderiam apenas borracha de baixa qualidade por altos preços, criando um mercado de 'abacaxis' (Akerlof, 1970). Entretanto, os compradores e vendedores nesse mercado abandonaram a prática de trocas anônimas em benefício de relacionamentos de troca de longo prazo entre compradores e vendedores específicos. De acordo com essa estrutura de troca, os produtores estabeleceram reputações de confiança, e vende-se somente borracha de alta qualidade.

A confiança baseada no conhecimento aumenta a dependência e o compromisso entre as partes (Dwyer, Schurr & Oh, 1987; Kollock, 1994). Por exemplo, os fornecedores que negociam regularmente com certos consumidores desenvolvem produtos altamente especializados para esses clientes. Tal diferenciação do produto pode criar barreiras que impedem a troca do fornecedor. Além da dependência econômica, as pessoas ficam emocionalmente comprometidas com certos relacionamentos. Por exemplo, em mercados caracterizados por assimetria de informações, uma vez que os negociadores desenvolvem um relacionamento com alguém que consideram confiável, eles permanecem comprometidos com esse relacionamento, mesmo que seja mais lucrativo negociar com outras pessoas (Kollock, 1994). Quando a troca então ocorre, a parte 'abandonada' sente-se indignada e abusada. Por exemplo, a decisão dos principais fabricantes de automóveis de mudar para fornecedores de baixo custo fez que seus fornecedores de alto custo, que os acompanhavam havia muito tempo, se sentissem traídos. Da mesma forma, as pessoas que esperam continuar interagindo com outras no futuro são menos suscetíveis de explorá-las, mesmo quando surge essa oportunidade (Marlowe, Gergen & Doob, 1966). Quando os negociadores prevêem um relacionamento longo, eles se sentem mais propensos a colaborar com os consumidores, colegas e fornecedores, mas não com a concorrência (Sondak & Moore, 1994). Esses relacionamentos e a baixa mobilidade entre indivíduos promovem acordos integrativos entre diversas interações, em vez de ficar somente no âmbito de transações específicas (Mannix, Tinsley & Bazerman, 1995).

Confiança baseada na identificação

Fundamenta-se numa completa empatia para com os desejos e intenções da outra pessoa envolvida no relacionamento. Nos sistemas de confiança com base na identificação, a confiança está presente entre as pessoas porque cada uma delas compreende a outra parte, concorda e tem empatia com ela e aceita seus valores, em virtude da conexão emocional existente entre elas. Assim, elas agem umas pelas outras (Lewicki & Bunker, 1996). Essa espécie de confiança significa que os outros adotaram suas preferências.

Na Tabela 6.2, listamos os três tipos de relacionamento (pessoal, profissional e contextualizado) e os três tipos de confiança (baseada na dissuasão, no conhecimento e na identificação). Nela, indicamos o tipo e a natureza da interação que pode ocorrer quando diferentes tipos de confiança e relacionamento se encontram. Embora possa parecer que os relacionamentos pessoais estão ou deveriam estar completamente ancorados na confiança que se baseia no conhecimento ou na identificação, isso nem sempre ocorre. Por exemplo, um sistema de confiança baseada na dissuasão entra em ação quando um casal decide preparar acordos pré-nupciais, quando maridos ou esposas pagam investigadores profissionais para monitorar as ações de seus cônjuges e quando pais instalam câmeras de vídeo para vigiar os empregados que cuidam de seus filhos. Em relacionamentos de negócios, a forma extrema de *gestão da Teoria X* tem a confiança baseada na dissuasão no centro de suas suposições sobre o comportamento humano. De acordo com essa teoria de gestão, os trabalhadores são inerentemente preguiçosos e precisam ser monitorados dentro de um sistema punitivo para desempenharem adequadamente suas tarefas. A Teoria Y e outras formas mais esclarecidas de gestão pregam que os trabalhadores desempenham suas obrigações pelo prazer de trabalhar e que sistemas de monitoramento não fazem senão reduzir seu interesse intrínseco.

Construindo a confiança: mecanismos racionais e deliberados

Com um pouco de reflexão, podem-se definir alguns passos proativos para construir a confiança nos relacionamentos com outras pessoas. As técnicas mostradas a seguir podem ser utilizadas tanto em situações pessoais quanto profissionais. Para uma análise de como os profissionais de negócios tentam garantir a confiança, ver a Tabela 6.2.

TABELA 6.2 Grade confiança/relacionamento

	Relacionamentos		
Confiança	*Relacionamento pessoal*	*Relacionamento de negócios*	*Relacionamento contextualizado*
Baseada na dissuasão	Falta de confiança Acordos pré-nupciais Vigilância	Gestão por Teoria X Uso de ameaças, punições e sanções Vigilância	Uso de ameaças, punições e sanções
Baseada no conhecimento	Simpatia pela outra pessoa	Foco no cliente Avaliação das necessidades dos clientes	Compreensão e apreciação dos parceiros
Baseada na identificação	Empatia verdadeira pela outra pessoa Investimento no bem-estar de outros	Gestão por Teoria Y Seleção de empregados que combinem com a cultura e com valores corporativos Reestruturação para atender ao cliente	Empatia Desenvolvimento de identidade social

Transformar conflito pessoal em conflito de tarefa

Dois tipos básicos de conflito podem ocorrer nos relacionamentos. O *conflito pessoal*, também conhecido como *conflito emocional*, é de cunho pessoal, gera uma postura defensiva e cria ressentimentos (Guetzkow & Gyr, 1954; Jehn, 2000). Esse conflito tem normalmente suas raízes na raiva, nos choques de personalidade, no ego e na tensão. O *conflito de tarefas*, também chamado conflito cognitivo, é, por outro lado, bastante impessoal. Ele consiste de uma discussão sobre o mérito de idéias, planos e projetos, independentemente da identidade das pessoas envolvidas. O conflito de tarefas é normalmente eficaz para estimular a criatividade necessária na obtenção de um acordo integrativo, pois força as pessoas a repensarem os problemas e a atingir resultados com os quais todos os envolvidos podem conviver. Como princípio geral, o conflito pessoal ameaça relacionamentos, enquanto o conflito de tarefas melhora essas relações, contanto que as pessoas se sintam confortáveis com a situação (ver Jehn, 1997). Para um exemplo sobre como as pessoas criam um fórum para discutir o conflito, ver Quadro 6.1.

FIGURA 6.2 Como os gerentes garantem o compromisso na ausência de contratos de amarração

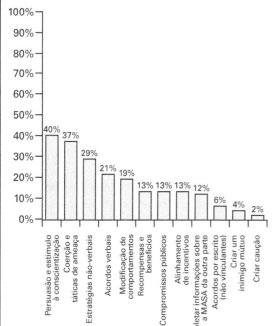

| QUADRO 6.1 | CRIANDO UM FÓRUM PARA O CONFLITO |

> A Bovis Construction Corporation, que trabalhou na reforma da Prefeitura de Los Angeles e na construção de um estádio de futebol americano em Nashville, lida com o conflito de uma forma aberta (*Los Angeles Times*, maio 1998). Antes de iniciar qualquer projeto, as equipes de construção da Bovis fazem uma sessão de planejamento, na qual os membros da equipe discutem abertamente os potenciais conflitos. Essas sessões de planejamento são conduzidas por facilitadores internos que encorajam o dono do projeto, os arquitetos, os prestadores de serviços e outros participantes a mapearem processos que eles planejam utilizar para conseguir realizar o trabalho. Durante a sessão, os participantes preparam e assinam um acordo 'ganha-ganha' que inclui uma matriz que descreve o que cada membro da equipe espera dos outros. A primeira 'posição' da matriz pode detalhar as responsabilidades do dono do projeto, enquanto a próxima posição pode considerar as expectativas do dono do projeto sobre o gerente de construção. As equipes então utilizam esta matriz para revisar constantemente o seu progresso no projeto. Os gerentes da Bovis concordam que o processo não somente reduziu a adversidade tão presente em locais de obra, mas que a firma também economizou milhões de dólares e tem completado seus projetos dentro dos prazos previamente estabelecidos.

Concordar em um objetivo comum ou visão compartilhada

A importância de uma meta comum é resumida numa declaração de Steve Jobs, que está ligado a três empresas de alta tecnologia no Vale do Silício — Apple, NeXT e Pixar: "Está certo gastar muito tempo discutindo que caminho tomar para chegar a San Francisco quando todos têm a cidade como seu destino final, mas muito tempo é desperdiçado em tais argumentações quando uma pessoa quer realmente ir para San Francisco e a outra, secretamente, deseja seguir para San Diego" (Eisenhardt, Kahwajy & Bourgeois, 1997, p. 80). Metas comuns não significam pensamento homogêneo, mas elas realmente exigem que todos compartilhem uma mesma visão. Steve Jobs não está sozinho em sua forma de pensar. Colin Sewell-Rutter, diretor da The Results Partnership, uma empresa de consultoria especializada em melhorar as comunicações em nível de conselhos de administração, conclui que "a mais importante fonte de problemas numa reunião de conselho diretivo é a falta de uma visão e de metas corporativas compartilhadas... No final, todas as principais dificuldades resultam disso" (Lynn, 1997, p. 31).

A saída, em 1993, de Ernest Mario do cargo de CEO da empresa farmacêutica Glaxo (como era então conhecida) ilustra como os conflitos podem também mascarar o fato de as pessoas nunca concordarem, em termos fundamentais, sobre qual é o negócio da empresa. Pensava-se que Mario estava preparando a aquisição da rival norte-americana Warner-Lambert, mesmo que o então presidente, Sir Paul Girolami, achasse que a empresa devia permanecer com sua estratégia de investir em seu crescimento orgânico. O resultado foi um sério conflito que culminou com a saída de Mario, cujo acordo de saída foi estimado em 3 milhões de dólares (foi somente depois da aposentadoria de Girolami que a Glaxo fez a sua primeira aquisição em décadas, quando comprou a Wellcome).

Tirar proveito de conexões da rede de relacionamentos

Negociadores que não conhecem bem um ao outro podem tentar construir um relacionamento de maior confiança procurando descobrir um laço comum em suas redes sociais. Em outras palavras, eles discutem o bastante para tentar descobrir alguém que ambos conheçam. Diz-se que existem somente seis graus de separação entre duas pessoas (Burt, 1999). Descobrir um elo comum em redes sociais sinaliza não somente uma similaridade de interesses, como também cria responsabilidade através de relações comuns na rede de relacionamento.

Encontrar um problema ou inimigo compartilhado

É impressionante como a presença de um inimigo comum pode unir as pessoas e construir confiança (Sherif, Harvey, White, Hood & Sherif, 1961). Esse fenômeno ocorre por diversas razões. Primeiro, é normalmente necessário que as pessoas juntem forças para combater um inimigo em comum (por exemplo, criou-se um conjunto de metas compartilhadas durante a Conferência de Cúpula Reagan-Gorbachev). Uma noite, Reagan e o líder soviético Mikhail Gorbachev estavam tomando café após o jantar no Lago de Genebra. O secretário de Estado, George P. Shultz, virou-se para Georgi Kornienko, o ministro soviético das Relações Exteriores, e o acusou de tentar obstruir as negociações sobre acordos bilaterais. "O senhor ministro é o responsável por isso", declarou Shultz. Então, voltando-se para Gorbachev, o secretário de Estado acrescentou com veemência: "Este homem não está fazendo aquilo que o senhor quer que ele faça. Ele não está terminando o que o senhor deseja que seja concluído". Reagan tirou vantagem da situação para criar uma ligação comum e, olhando para Gorbachev, disse: "Dane-se o que eles estão fazendo. Você e eu diremos: 'Trabalharemos juntos para fazer isso acontecer'." Reagan e Gorbachev então trocaram um aperto de mãos. Aquele momento marcou uma reviravolta fundamental na reunião (*Washington Post*, 23 nov. 1985). Uma meta comum, ou um inimigo comum, remove a percepção de que os interesses das partes são completamente opostos e cria um novo valor que representa um princípio de ordem mais alta, que todas as partes consideram motivador.

Focar o futuro

É difícil para os negociadores concordar com o que aconteceu no passado, mas se eles perdoarem e esquecerem e se concentrarem em um futuro comum, essa intenção pode gerar frutos na construção de uma confiança mútua. Por exemplo, Sean M. Haley, o gerente de operações de logística da Sage Products Inc., uma fabricante de equipamentos médicos com 800 empregados, considera a negociação de fundamental importância na gestão do relacionamento da empresa com seu provedor de distribuição e transporte de itens fabricados. Como sua empresa deposita toda a responsabilidade pelas entregas nas mãos dessa terceirizada, a confiança entre as partes é essencial. Sempre que Haley identifica o contato apropriado para questões que surgem, ele negocia uma solução para esses problemas de entrega. Haley descobriu que garantir um melhor serviço para o cliente, mantendo o foco naquilo que ambas as partes devem fazer, e não culpando alguém por problemas ocasionais, produz resultados integrativos (*Warehousing Management*, 1º set. 1998).

Construir a confiança: estratégias psicológicas

Uma gama de ferramentas psicológicas pode ser utilizada para melhorar e construir a confiança entre as pessoas. Esses mecanismos psicológicos se diferenciam dos mecanismos racionais e cognitivos discutidos anteriormente, pelo fato de as pessoas geralmente não falarem explicitamente sobre esses fatores. Os negociadores experientes, porém, sabem como tirar proveito deles de forma intuitiva.

Similaridade

As pessoas parecidas gostam umas das outras (Griffin & Sparks, 1990). O *efeito da atração por similaridade* pode ocorrer com base em informações restritas e às vezes triviais. Em outras palavras, gostamos de pessoas que percebemos ser semelhantes a nós. Os negociadores podem vir a fazer muito mais concessões quando negociam com pessoas que conhecem e de quem gostam. Negociadores experientes aumentam a sua eficácia fazendo-se passar por alguém semelhante à outra parte envolvida. Muitos programas de treinamento em vendas estimulam o participante a 'espelhar e copiar' a postura corporal, o humor e o estilo verbal de seu consumidor, pois as semelhanças em cada uma dessas dimensões geram, de fato, resultados positivos (LaFrance, 1985; Locke & Horowitz, 1990; Woodside & Davenport, 1974). A semelhança no modo de vestir também tem efeitos acentuados. Por exemplo, os participantes de uma manifestação política não somente apresentam mais chances de assinar uma petição quando seu proponente se veste de forma parecida como também o farão sem mesmo se preocuparem em ler o que estão assinando (Suedfeld, Bochner & Matas, 1971).

Mera exposição

Quanto mais ficamos expostos a algo — uma pessoa, objeto ou idéia — mais gostamos daquilo a que somos expostos. O efeito da mera exposição (Zajonc, 1968) é extremamente poderoso e ocorre num nível abaixo do nosso consciente. Os profissionais de propaganda conhecem bem esse efeito. Quanto mais somos expostos à TV, mais gostamos dos produtos anunciados — até um certo ponto.

Negociadores experientes aumentam a sua eficácia fazendo que a outra parte se sinta familiarizada com eles. Em vez de se fazer uma única rodada de negociações, eles sugerem uma reunião preliminar com drinques e fazem um follow-up por meio de ligações telefônicas e envio de presentes inesperados. Por ocasião da negociação final, o negociador-alvo se sente como se estivesse interagindo com um velho amigo. O senador norte-americano George Mitchell desenvolveu uma estratégia de 'passar tempo de qualidade juntos' para ajudar a construir relacionamentos no processo de paz na Irlanda do Norte. Em setembro de 1999, ele mudou o local das conversações entre o líder do partido unionista Ulster, David Trimble, e o presidente do Sinn Fein, Gerry Adams, para a residência do embaixador norte-americano em Londres, Phil Lader. Valendo-se de refeições, coquetéis e bate-papos informais, Mitchell fez que os homens se sentissem mais próximos (*Newsweek International*, 8 nov. 1999). (A Nota 6.2 apresenta um exemplo de como a mera exposição pode aumentar o apreço em salas de aula.)

Nota 6.2 A mera exposição aumenta o apreço

Os efeitos da mera exposição sobre o apreço são demonstrados claramente no ambiente de sala de aula. Em um estudo realizado, a aluna A compareceu a quinze aulas de um curso. Em cada aula, ela chegava antes do início, caminhava pelo corredor e sentava-se na frente da sala, onde outros alunos podiam vê-la. O aluno B fez a mesma coisa, mas compareceu a somente 10 aulas. A aluna C veio à aula somente em cinco oportunidades e o aluno D nunca compareceu. No final do semestre, foram mostrados slides contendo fotos dos alunos A, B, C e D para seus colegas de sala e foi solicitado que eles indicassem o quão 'familiar' eles consideravam cada um desses alunos, o quão atraente achavam cada um e o quão semelhante achavam que cada um desses alunos era em relação a si mesmos. O número de presenças em classe teve um impacto drástico sobre a atratividade e semelhança, mas não sobre a familiaridade (Moreland & Beach, 1992).

Bom astral

As pessoas bem-humoradas são mais agradáveis (Carnevale & Isen, 1986; Forgas & Moylan, 1996). Divertidas histórias em quadrinhos, pequenos presentes inesperados, pequenos golpes de sorte e pensamentos positivos engendram bom humor (ver Isen & Baron, 1991, para uma revisão). Até mesmo 'emoções incidentais' que surgem de eventos que nem mesmo fazem parte da negociação (como uma briga com a esposa etc.) podem influenciar nossas emoções na mesa de barganha (Dunn & Schweitzer, 2003). Num exemplo de como o humor e a situação imediata afetam o curso da negociação, consideremos como o superagente e advogado Leigh Steinberg negociou um contrato multianual do *quarterback* de futebol americano Drew Bledsoe com o proprietário da equipe New England Patriots, Bob Kraft. Os dois homens estavam sentados num saguão barulhento e cheio de gente durante a conferência dos proprietários de equipes da Liga de Futebol Norte-Americano (*National Football League*). Enquanto tentavam apresentar suas posições de barganha, eles eram interrompidos por outras pessoas, tornando bastante difícil qualquer conversa ou tentativa de criar uma conexão. Em meio a interrupções e ao caos, Kraft fez uma proposta de 29 milhões de dólares por sete anos de contrato. Steinberg fez uma contraproposta de 51 milhões de dólares. Insultado, zangado e balançando negativamente a cabeça, Kraft se levantou e deixou o recinto. Steinberg cometeu um erro, mas, em vez de piorar a situação, ele ganhou tempo. Seis meses mais tarde, Steinberg convidou Kraft para jantar em um tranqüilo restaurante italiano. Ele deixou Kraft desabafar sua raiva e frustração com o salário proposto para Bledsoe. Acabou vindo à tona que Kraft tinha entendido a contra-oferta alta como um sinal de que Bledsoe não queria mais jogar no time e, em vez disso, preferia ter passe livre. Calmamente, Steinberg garantiu a Kraft que Bledsoe desejava permanecer na equipe. Ele explicou que na barafunda no lobby do hotel seis meses antes, Steinberg não tinha conseguido criar um *rapport* sólido que agora existia, e que ele não fora capaz de estabelecer um ambiente de confiança mútua. Naquela noite, eles concordaram com um contrato de 42 milhões de dólares. Steinberg diz: "A chave para negociações bem-sucedidas é desenvolver relacionamentos, não conquistas" (*Investors' Business Daily*, 22 set. 1998).

Uma maneira infalível de engendrar um ambiente agradável é pelo riso e humor. Consideremos a forma como Greg Matusky 'quebrou o gelo' da outra parte presente na mesa de barganha, que era simplesmente a U.S. Technologies. Matusky estava envolvido em negociações de alto risco, que incluíam a compra de uma empresa que ele havia vendido anteriormente para a U.S. Technologies. Ao se dirigir para o escritório no centro de Washington, D.C., ele abriu a reunião sacudindo uma nota falsa de 1 milhão de dólares, dizendo: "A oferta real é de 900 mil dólares. Vou querer meu troco de 100 mil quando for embora". A risada encheu a sala e, assim, Matusky percebeu que tinha sido bem-sucedido em quebrar o gelo (*Inc.*, 1º ago. 2003b).

Presença física

As pessoas criam relacionamentos pessoais e de negócios com quem esteja fisicamente próximo a elas. Por exemplo, quando os alunos são posicionados numa sala de aula de acordo com uma ordem alfabética, as amizades têm, significativamente, uma probabilidade maior de surgir entre aqueles cujos sobrenomes começam com a mesma letra ou letras próximas[1] (Segal, 1974). Isto é o que se chama *efeito da proximidade*. Pode parecer uma coisa sem importância até que você considere o fato de que pode vir a conhecer alguns de seus melhores amigos e, talvez, até um futuro parceiro de negócios, simplesmente pela disposição dos alunos escolhida por seu professor em sala de aula! Do mesmo modo, aqueles a quem foram designadas as cadeiras de canto ou um escritório no final do corredor acabam fazendo menos amizades em suas organizações (Maisonneuve, Palmade & Fourment, 1952). Se um instrutor altera uma ou duas vezes o lugar designado para os alunos durante o semestre, os alunos acabam fazendo mais amizades (Byrne, 1961). Para verificar a extensão deste efeito, consideremos a turma que iniciou suas aulas na Academia de Treinamento da Polícia do Estado de Maryland — Estados Unidos (Segal, 1974). As carteiras e dormitórios dos participantes foram designados de acordo com a ordem alfabética de seus últimos sobrenomes. Algum tempo mais

---

1. Embora no Brasil o costume seja a ordem alfabética ser em relação ao primeiro nome da pessoa, nos Estados Unidos ela é feita em relação ao *last name* — ou último sobrenome. (N. do T.)

tarde, solicitou-se que eles indicassem seus três melhores amigos no grupo. Suas escolhas seguiram, quase que exatamente, as mesmas regras da ordenação alfabética. Os Larson eram amigos dos Lee, mas não dos Abromowitz ou Xiernicke, mesmo que estivessem separados por apenas poucos metros em sala de aula (Byrne, 1961; Kipnis, 1957).

Como exemplo adicional, consideremos a formação de amizades entre casais moradores de um complexo de edifícios. Neste caso particular, os residentes tiveram seus apartamentos definidos de acordo com uma ordem randômica, resultante de vagas disponíveis no prédio, e todos eram praticamente estranhos ao se mudarem para lá. Quando lhes foi pedido que indicassem o nome dos três melhores amigos em todo o complexo residencial, 65 por cento das pessoas indicaram amigos que residiam no mesmo prédio. Dentre aqueles que moravam no mesmo prédio, o efeito da proximidade entrou em ação: 41 por cento de vizinhos de porta indicaram que eram grandes amigos, enquanto isso aconteceu com 22 por cento das pessoas que viviam a duas portas de distância umas das outras e somente com 10 por cento dos que moravam em extremidades opostas do corredor do mesmo andar.

O efeito da proximidade tem um impacto sobre a *distância funcional*. Certos aspectos do projeto arquitetônico fazem que seja mais provável que algumas pessoas entrem mais em contato com umas do que com outras, mesmo que fisicamente a distância entre elas seja exatamente a mesma. Por exemplo, mais amizades são feitas entre pessoas que moram no mesmo andar, provavelmente porque subir escadas requer mais esforço do que andar no corredor, mesmo que a distância seja a mesma nos dois casos.

Reciprocidade

De acordo com o *princípio da reciprocidade*, sentimo-nos obrigados a retribuir aquilo que os outros nos ofereceram ou nos deram. Chamamos anteriormente esse poderoso princípio de lei do universo. Apesar de soar exagerado, esse é um princípio que todas as sociedades humanas adotam — é uma regra que permeia trocas de todos os tipos (Gouldner, 1960). A gratidão é um sentimento tão poderoso que, se permanece não resolvido, é carregado para o futuro e repassado à próxima geração, que assume o ônus de seu pagamento. As pessoas se sentem incomodadas e estressadas se recebem um favor de outra e não podem retribuí-lo.

Madeleine Albright (secretária de Estado dos Estados Unidos, 1997-2001) conhece o poder da reciprocidade. Uma de suas primeiras reuniões públicas com membros do Congresso dos Estados Unidos foi um comparecimento para testemunhar diante do Subcomitê de Apropriações, presidido pelo republicano Harold Rogers. Albright precisava ter boas relações com Rogers, pois a jurisdição de seu subcomitê incluía o orçamento operacional do Departamento de Estado. Para a ocasião, ela carregou consigo uma caixa grande, embrulhada para presente com fitas nas cores vermelha, azul e branca. Dentro da caixa havia um álbum de fotografias. Albright tinha descoberto que Rogers perdera todos os seus papéis e fotos num incêndio em sua casa, um desastre que eliminara muitas lembranças de sua carreira e se agravara ainda mais pela dor decorrente da morte recente de sua esposa. Albright instruiu as embaixadas dos países que havia visitado a fornecer cópias de fotos tiradas em eventos de que o republicano tivesse participado e as compilou num álbum que lhe entregou ao encontrá-lo na sala de audiência (*National Journal*, 3 jun. 2000).

Não é de se admirar observar que as pessoas têm consciência do poder que a reciprocidade exerce sobre elas. Muitas vezes elas declinam favores e recompensas de outras pessoas porque não querem ter a obrigação de retribuir.

Até agora dissemos que a reciprocidade é poderosa, mas não encontramos qualquer coisa inerentemente ilógica ou perigosa com ela no que tange a negociações. Normalmente, a reciprocidade diz mais respeito ao padrão de concessão do que ao seu grau. Portanto, se alguém nos faz um favor ou uma concessão, sentimo-nos obrigados a retribuir. No entanto, a não ser que tenhamos cuidado, podemos nos tornar vítimas de um oponente que nos transforma em presa de nosso sentimento de gratidão.

Por exemplo, suponhamos que um oponente nos faça um favor, dê um presente ou preste um serviço que nunca solicitamos e que talvez até tenhamos procurado evitar. Nossas tentativas de devolvê-lo não deram certo e agora temos nas mãos um presente indesejado. Mesmo sob estas circunstâncias, a regra de reciprocidade pode operar. Assim, devemos ter cuidado com presentes não solicitados de nosso corretor imobiliário, com o sinal de cortesia de nosso associado de negócios e com o almoço pago pela empresa de consultoria. Ao enfrentar essas situações, devemos agradecer o favor e então, se ainda nos sentirmos em dívida, retribuir o favor em um nível semelhante.

Não se gabar

Os negociadores devem resistir à vontade de se gabar ou de demonstrar presunção após uma negociação (ver também Raiffa, 1982). Em um estudo, alguns negociadores se gabaram após a negociação ("Eu me sinto muito bem com a negociação que concluí"; "Eu consegui tudo o que queria"). Outros mantiveram uma postura humilde, fazendo declarações como: "Não me saí tão bem assim". Mais tarde, os negociadores que tinham ouvido a outra parte se manifestar tiveram a oportunidade de oferecer valiosas opções de ações para essas mesmas partes. As que se gabaram receberam uma quantidade significativamente menor de opções de ações do que as que apresentaram uma postura discreta e humilde (Thompson, Valley & Kramer, 1995).

'Papo furado'

As conversas superficiais parecem não ter função. Trocar informações sobre o clima ou nosso time de futebol predileto parece uma coisa absolutamente sem propósito, exceto por fazerem parte da etiqueta social. Entretanto, em um nível pré-consciente, o 'papo furado' tem grande impacto sobre a aceitação dos outros e sobre a confiança que temos neles. Até mesmo uma pequena troca pode levar as pessoas a desenvolverem consideravelmente mais confiança nas outras quando comparada à ausência de interação (Nadler, Kurtzberg, Morris & Thompson, 1999). Segundo Susan Pravda, sócia-gerente do escritório da firma de advogados Epstein, Becker & Green em Boston, o 'papo furado' é uma parte fundamental das negociações. Ela aconselha: "Não entre simplesmente no recinto e já comece a cumprir a lista dos temas que tem que abordar. Se houver uma foto de bebê sobre a mesa, não custa perguntar: 'Este é um neto novo?'. As pessoas gostam de falar de si mesmas. Isso pode criar as condições para você obter o que está tentando conseguir" (*The Wall Street Journal*, 27 jan. 1998). Peter J. Pestillo, vice-presidente-executivo de relações corporativas da Ford Motor e um dos maiores negociadores de contratos de trabalho da indústria automobilística, é conhecido por suas partidas de golfe com membros de sindicatos. Pestillo diz: "Se você conhece alguém, conhece algo que pode ser mais importante para ele do que para você" (*The Wall Street Journal*, 27 jan. 1998, p. B1).

Elogios

As pessoas gostam de quem as aprecia e admira, e tendem a confiar mais em quem gosta delas e responder de forma mais favorável quando elogiadas. Tem-se a impressão de que os efeitos positivos de um elogio na divisão de um montante de barganha podem ser contrários quando há suspeita de interesses velados; porém, mesmo que se suspeite que o elogio esconda segundas intenções, ainda assim ele pode aumentar o apreço e a confiança sob determinadas condições (Jones, Stires, Shaver & Harris, 1968). O tipo mais estratégico de elogio, em termos de se promover o próprio interesse, é elogiar outra pessoa em uma dimensão importante para ela, mas na qual ela se sente um pouco insegura (Jones, Stires, Shaver & Harris, 1968). John Wakeham, ex-chefe de gabinete de Margaret Thatcher, fala sobre a política de Westminster: "Eu era absolutamente fascinado pela maneira como

Westminster funcionava... as salas enfumaçadas, os acenos, as piscadas. Como homem de negócios, compreendia isso muito melhor do que a maioria dos políticos. Outra coisa que descobri como chefe de gabinete foi a infinita capacidade dos seres humanos em absorver elogios" (*The Guardian*, 15 jan. 2000, p. 6).

Divulgação pessoal

Divulgação pessoal significa compartilhar informações sobre si mesmo com outra pessoa. É uma forma de construir um relacionamento com alguém se tornando vulnerável, já que o negociador que mostra seu lado pessoal para outrem revela informações que podem ser potencialmente exploradas. A divulgação pessoal também convida explicitamente a outra pessoa a retribuir com o mesmo tipo de compartilhamento, aumentando dessa forma a confiança entre elas.

O que leva à falta de confiança?

Uma das maiores ameaças à confiança existente num relacionamento é aquilo conhecido como *quebra*, ou *deserção*. Uma quebra ocorre quando uma ou ambas as partes violam a confiança anteriormente construída entre elas. Por exemplo, em 19 de março de 2003, o presidente norte-americano George W. Bush emitiu ordens para "focar alvos selecionados de importância militar para minar a capacidade de Saddam Hussein de participar da guerra". De acordo com os Estados Unidos, Saddam Hussein tinha se envolvido em uma quebra de confiança ao posicionar "tropas e equipamentos iraquianos em áreas civis, tentando usar homens e mulheres inocentes como escudos para suas próprias Forças Armadas" e ao demonstrar desrespeito pelas "convenções de guerra [e] regras de moralidade" (CNN, 19 mar. 2003).

Mal-entendidos

Em alguns casos, não há quebra real de confiança mas, de alguma forma, ocorre uma comunicação truncada, fazendo que uma ou mais partes interpretem erradamente o ocorrido. Os mal-entendidos acontecem mais quando as partes não entram regularmente em contato, especialmente quando têm pouco contato face a face.

Aumento ineficaz do tamanho do montante

Por falta de competência dos negociadores em utilizar estratégias para aumentar o tamanho do montante de barganha (conforme discutimos no Capítulo 4, que tratou da negociação integrativa), a confiança entre as partes pode ser ameaçada. Portanto, é imprescindível que eles tenham essa habilidade, de modo a aumentar e sustentar a confiança entre si e entre as demais partes envolvidas em uma negociação.

Atribuições de temperamento

Os negociadores freqüentemente atribuem ao temperamento, em lugar de atribuir às situações, os comportamentos questionáveis da outra parte envolvida, o que pode ameaçar o nível de confiança (Morris, Larrick & Su, 1999). Uma *atribuição de temperamento* é aquela que coloca o caráter e as intenções da outra pessoa (como arrogância, mesquinharia etc.) como a causa de um comportamento ou incidente. Por outro lado, uma atribuição situacional considera uma ou mais situações como a causa disso (como um congestionamento de trânsito, um sistema de entrega de correspondência que falha etc.). Associar o temperamento à causa do comportamento de oponentes pode ameaçar a confiança entre os negociadores e a outra parte, pois é muito mais difícil para as pessoas responderem a uma questão de temperamento do que a uma situacional. Kramer e Wei (1999), por exemplo, examinaram como as pessoas interpretam interações sociais ambíguas e ligeiramente negativas (ou seja, quando uma pessoa que você conhece não o reconhece ao passar na sua frente). É importante notar que o diferencial de poder ou de status é significativo para interpretar essas situações. A pessoa mais poderosa que não reconhece um colega geralmente diz estar tendo um dia cheio ou, o que é mais freqüente, que nem percebeu a presença do outro. Em comparação, a pessoa de pouco poder fica muitas vezes paranóica ou deprimida, acreditando que a pessoa poderosa está tentando colocá-la no ostracismo ou puni-la. Assim, a pessoa de pouco poder faz uma atribuição de temperamento para o que na realidade é um exemplo situacional.

Concentrando-se na 'maçã podre'
Em uma equipe ou grupo, alguém pode ter a reputação de ser menos confiável, mais inflexível ou mais difícil de trabalhar com os outros membros do grupo. Essa pessoa representa o que chamamos de 'maçã podre' e pode chamar a atenção. O problema é que a impressão que se tem da maçã podre pode causar uma má impressão de todo o 'cesto'. Naquin (1999), por exemplo, descobriu que em negociações entre trabalhadores e grupos de gestão em interações simuladas os negociadores tendiam a confiar significativamente menos no grupo como um todo do que em qualquer indivíduo pertencente a ele. Parece que a 'maçã podre' no grupo coloca em questão a confiança do grupo todo.

Comparação social
A comparação social — ou necessidade e desejo das pessoas de se compararem com outras pessoas em termos de competências, atratividade, sucesso, benefícios e muitas outras qualidades — leva inevitavelmente à desconfiança. É sempre possível encontrar uma dimensão na qual nos sentimos tratados de forma menos igualitária. Portanto, é importante que os negociadores percebam que a comparação social geralmente tende a ser uma proposta inferior para criar laços positivos entre as pessoas.

Recuperando a confiança perdida
Quando a confiança foi perdida, é normal que ambas as partes, na defesa de seus interesses, tentem recuperar a confiança, pois relacionamentos interrompidos são muitas vezes custosos no tocante às emoções envolvidas e às oportunidades perdidas. E é possível recuperar a confiança perdida (ver Bottom, Gibson, Daniels & Murnighan, 2000). A seguir, descreveremos um processo para fazer exatamente isso (O Quadro 6.2 apresenta um breve sumário do processo).

Passo 1: Propor uma reunião pessoal
Quando a confiança foi violada, uma das pessoas (parte envolvida) direta ou indiretamente acusa a outra (alvo) de ter feito algo injusto. A primeira reação do alvo é normalmente de surpresa combinada com negação, e a pessoa pode sentir uma necessidade de 'tirar o time de campo'. O alvo deve sugerir uma reunião frente a frente com a parte envolvida o mais rápido possível. Na verdade, as explicações verbais são mais eficazes do que as escritas (Shapiro, Buttner & Barry, 1994).

Passo 2: Colocar o foco no relacionamento
Em vez de mergulhar em discussões sobre quem está certo ou quem está errado, mantenha o foco naquilo que preocupa ambos os lados: o relacionamento. Quase sempre, ambos os lados prontamente concordam que vale a pena salvar o relacionamento. Na raiz do grave rompimento entre os planos de saúde do Estado da Pensilvânia, Highmark e Capital Blue-Cross, estava o fato de que cada parte acusava a outra de causar esse rompimento. Ambos declaravam que a outra parte tinha dado o primeiro tiro. O CEO da Capital, Jim Mead, disse que o CEO da Highmark, John Brouse, o chamara de incompetente. Mead respondeu lembrando aos consumidores que a Highmark desejava 'fartar-se em aquisições'. O aspecto trágico dessa briga é que os dois CEOs eram amigos e vizinhos (*Best's Review*, 1º out. 2002).

| QUADRO 6.2 | PASSOS PARA RECUPERAR A CONFIANÇA PERDIDA |

Passo 1: Propor uma reunião pessoal
Passo 2: Colocar o foco no relacionamento
Passo 3: Pedir desculpas
Passo 4: Deixar a outra parte desabafar
Passo 5: Não assumir uma postura defensiva
Passo 6: Solicitar informações esclarecedoras
Passo 7: Testar sua compreensão
Passo 8: Formular um plano
Passo 9: Pensar nas formas de prevenir futuros problemas
Passo 10: Fazer um check-up do relacionamento

Passo 3: Pedir desculpas

A sinceridade é muito importante. Os alvos devem se desculpar por seu comportamento e aceitar a responsabilidade por suas ações. A expressão de remorso que se segue a uma ação incorreta pode mitigar punições. O alvo deve se desculpar de uma forma tal que assuma a responsabilidade por suas ações ou comportamento, ainda que não aceite a versão da parte envolvida sobre a intenção de violar a confiança. Por exemplo, um alvo poderia dizer a uma parte envolvida: "Desculpe-me por não tê-lo consultado antes de preparar o relatório". Ao dizer isso, o alvo não concorda com a acusação feita pela parte envolvida de que o violador da confiança tentou assumir mais crédito pelo relatório; em vez disso, o alvo somente identifica a ação como prejudicial para a vítima. Na verdade, quando as empresas reconhecem que cometeram atos que ameaçam a sua legitimidade (como declarações de conduta ilegal em jornais), elas têm mais sucesso em minimizar as críticas quando apontam para circunstâncias externas e mitigadoras (como normas da empresa, problemas orçamentários etc.; Elsbach, 1994; Bies, Shapiro & Cummings, 1988).

Passo 4: Deixar a outra parte desabafar

É importante para as pessoas externar seu rancor, raiva, desapontamento e sentimentos de traição relacionados com o acontecido. Simplesmente conversar sobre eventos negativos pode ser verdadeiramente parte da cura (Pennebaker, Hughes & O'Heeron, 1987). Estudos sobre justiça processual (Lind & Tyler, 1988) indicam que ter uma chance para expressar seu desapontamento normalmente ajuda as pessoas a dar um passo significativo no processo de cura.

Passo 5: Não assumir uma postura defensiva

Instintivamente, os alvos tentarão defender a própria honra. Entretanto, é importante não assumir uma postura defensiva, independentemente do quão mal informada ou equivocada você acredita que a outra parte possa estar. É adequado dizer à outra pessoa que você vê a situação de uma forma diferente e mostrar-lhe que a situação pode ser vista sob vários prismas. Somente após a parte envolvida ter tido a oportunidade de desabafar e explicar sua perspectiva é que o violador da confiança deve tentar dizer à parte, em termos simples e claros, quais foram suas intenções no episódio. Um alvo pode, por exemplo, dizer: "Minha intenção era submeter o relatório sem incomodar muita gente com solicitações desnecessárias para editá-lo".

Passo 6: Solicitar informações esclarecedoras

Os alvos devem convidar a parte envolvida a oferecer informações esclarecedoras de uma forma não defensiva. Por exemplo, um alvo poderia dizer: "Estou errado em achar que você não tinha pedido para ter seu nome listado no relatório?" ou "Você recebeu cópia do rascunho do relatório que eu enviei na semana anterior?"

Passo 7: Testar sua compreensão
Se uma pessoa sente que está sendo compreendida, as chances de recuperar a confiança aumentam muito. É bastante útil que uma parte tenha verdadeira empatia pela perspectiva da outra (por exemplo: "Posso entender o porquê de você ter se sentido 'uma carta fora do baralho', pois eu também já me senti assim"). A capacidade de entender as emoções dos outros é uma característica de inteligência emocional (Mayer, Salovey & Caruso, 2000). Na verdade, a capacidade de um negociador compreender emoções alheias está diretamente relacionada a quanta satisfação a outra parte tem, independentemente do valor monetário do resultado (Mueller & Curhan, 2004).

Passo 8: Formular um plano
Um importante obstáculo no processo de recuperação da confiança reside no fato de as partes terem concepções diferentes sobre o que é justo. O viés egocêntrico se manifesta, fazendo que aquele que cometeu a infração se sinta mais prejudicado do que quem foi injustiçado. No entanto, o mero fato de se perguntar ao injustiçado do que ele ou ela necessita pode levar, no longo prazo, à recuperação da confiança perdida. Em uma pesquisa empírica sobre quebra de confiança, os agentes violadores que perguntavam "O que eu posso fazer?" eram mais bem-sucedidos em recuperar a cooperação do que aqueles que não perguntavam nada ou que levantavam a questão: "Quanto vai custar?" (Bottom, Gibson, Daniels & Murnighan, 2000). De acordo com Bottom e seus colegas (2000), a penitência representa um aspecto essencial para se obter confiança em relacionamentos de motivação mista. Provocar um oponente após uma quebra de confiança oferecendo uma penitência que não parece sincera pode aumentar ainda mais o antagonismo. Por outro lado, tomar a iniciativa de fazer uma penitência, mesmo em pequenas doses, pode ser particularmente eficaz.

Em uma importante pesquisa sobre como as pessoas recuperam a confiança de outras, uma descoberta-chave foi a de que a velocidade e a quantidade de 'recuperação de confiança' são significativamente influenciadas pelas *promessas* que uma pessoa faz (Schweitzer, Hershey & Bradlow, 2003). Ninguém deve subestimar o poder da palavra falada, especialmente quando ela contém um pedido de desculpas. Por exemplo, a explicação verbal pode reduzir substancialmente as reações negativas a comportamentos repugnantes (Bottom, Gibson, Daniels & Murnighan, 2002). Entretanto, quando chega a hora de reconstruir verdadeiramente a cooperação, o poder dos documentos escritos supera o poder do discurso verbal. "As retificações materiais têm consideravelmente mais efeitos positivos do que as simples explicações [para reconstruir a cooperação]" (p. 497).

Passo 9: Pensar nas formas de prevenir futuros problemas
Não tente somente remediar o passado; em vez disso, pense numa forma de garantir que esse problema e outros semelhantes não se repitam no futuro. Esse esforço pode levar algum tempo, mas com certeza vale a pena.

Passo 10: Fazer um check-up do relacionamento
É normalmente uma decisão sábia verificar sua agenda e marcar um almoço ou café-da-manhã para reunir as partes envolvidas e discutir sobre como cada uma delas se sente no que se refere à situação e às ocorrências surgidas desde que a quebra de confiança aconteceu. É também bastante útil já marcar esse encontro no dia da reunião pessoal descrita no passo 1 deste processo, pois voltar ao assunto depois pode parecer estranho. Esse passo garante que as partes tenham uma razão para se encontrarem e uma oportunidade para conversar sobre os problemas numa ocasião futura.

REPUTAÇÃO

Algo que um negociador precisa definitivamente proteger é sua reputação. De acordo com Glick e Croson (2001), você não precisa ser um famoso magnata do mercado imobiliário para que as outras pessoas tenham uma impressão formada a seu respeito. Glick e Croson (2001) argumentam que as reputações dos gerentes são criadas rapidamente em comunidades de negociação. E as reputações que as pessoas conquistam afetam a forma como os outros lidam com elas. Como exemplo, eles descrevem a reputação de Donald Trump:

> O incorporador imobiliário Donald Trump tem uma reputação pública de ser um negociador 'linha dura'. Em um artigo que descreve suas negociações com os proprietários do Taj Mahal Casino Resorts', os conselheiros de Trump contam como, após o acordo ter sido fechado, ele sempre voltava exigindo alguma coisa a mais. Os oponentes bem informados, familiarizados com sua reputação, preparam-se para essa tática e a antecipam, decidindo quantas concessões farão no período que antecede a assinatura do acordo. Da mesma forma, Trump tem uma reputação de tumultuar as negociações no meio destas. Um participante anônimo da negociação com os proprietários do caso acima citado disse: "Você sabe que Donald vai levantar e sair, você só não sabe ao certo quando isso vai acontecer" (Glick & Croson, 2001, p. 177).

Glick e Croson mencionam o Vale do Silício como exemplo de comunidade de negociação, onde um comércio ativo de tecnologia ajuda a gerar um rico fluxo de informações referentes a reputações. Como os capitalistas de risco investem juntos em várias empresas, eles compartilham informação. Além do mais, como tempo é dinheiro, você pode nem entrar na agenda desses investidores, a não ser que sua reputação seja boa.

As impressões que temos de outras pessoas formam-se rápida e imediatamente, algumas vezes apenas minutos após as termos conhecido, pois os julgamentos que fazemos sobre elas são normalmente automáticos (Bargh, Lombardi & Higgins, 1988). Não surpreende constatar que formamos as impressões sobre outras pessoas com base em informações limitadas. As reputações são normalmente mais extremadas e polarizadas do que as pessoas que representam e podem ser resumidas em quatro palavras: *críticas, consistentes, imediatas e inferidas*. As reputações atribuídas a outras pessoas tendem a ser altamente avaliativas, o que significa que são 'boas' ou 'más' (Osgood, Suci & Tannenbaum, 1957). Além disso, são internamente consistentes. Uma vez que decidamos que alguém é confiável, percebemos outras qualidades dessa mesma pessoa como estando em concordância com essa impressão favorável. Essa tendência leva ao surgimento do *Efeito Auréola*, que é a propensão de acreditarmos que as pessoas em que confiamos e de quem gostamos são inteligentes e capazes.

É claro que o Efeito Auréola pode funcionar na direção oposta. *O efeito tridente significa que, uma vez que você tenha formado uma impressão negativa de alguém, surge uma tendência de ver qualquer outra coisa sobre essa mesma pessoa de forma negativa. Por esse motivo, é muito difícil alguém se recuperar depois de ter deixado uma má impressão.*

Glick e Croson (2001) observam que as reputações se baseiam numa combinação de informações de primeira e segunda mão. A informação de primeira mão é formada por nossa experiência direta com alguém. Informação de segunda mão é o que escutamos sobre a experiência de outra pessoa com alguém.

Glick e Croson (2001) conduziram uma pesquisa sobre as reputações obtidas por 105 alunos matriculados em uma turma. Eles classificaram uns aos outros, com base em experiências próprias, do menos para o mais cooperativo:

- **Mentiroso-manipulador** (faz qualquer coisa para obter vantagem)
- **Durão, mas honesto** (negociador durão, mas não mente e faz poucas concessões)
- **Legal e razoável** (faz concessões)
- **'Maria-mole'** (faz concessões e é conciliador independentemente do que o outro faça)

A principal descoberta dessa pesquisa, que durou várias semanas, foi que as pessoas agem de forma muito mais dura quando lidam com alguém cuja reputação seja de mentiroso (61 por cento relataram usar táticas clássicas e distributivas de divisão do montante com essas pessoas). Contra negociadores duros, esse comportamento caiu para 49 por cento e as táticas integrativas (de aumento do montante) foram usadas em 35 por cento do tempo. Contra negociadores legais, somente 30 por cento utilizaram táticas distributivas e 64 por cento lançaram mão de táticas integrativas. E contra 'marias-moles', 40 por cento fizeram uso de táticas distributivas e 27 por cento de táticas integrativas. A principal conclusão a que se chega é que as pessoas usam táticas duras ou manipuladoras de forma defensiva com negociadores mentirosos e durões e de uma forma oportunista com os 'marias-moles'.

O processo de reparar uma má reputação é muito parecido com o de tentar construir confiança. As pessoas focarão sua atenção mais nos seus comportamentos do que nas suas palavras, o que faz com que agir de forma confiável — e não só falar que age assim — seja muito importante.

RELACIONAMENTOS EM NEGOCIAÇÕES

As experiências passadas que tivemos com outras pessoas moldam a forma como agimos em relação a elas no presente. Na verdade, a qualidade dos acordos que as pessoas conseguem é muito afetada por suas experiências anteriores de barganha. Por exemplo, os negociadores que chegaram a um impasse podem se ver aprisionados por 'espirais distributivas', nas quais interpretam seus desempenhos como mal-sucedidos, experimentam emoções negativas e desenvolvem uma percepção negativa de seus oponentes e do processo de negociação como um todo (O'Connor & Arnold, 2001). Além disso, os negociadores que chegaram a um impasse numa negociação anterior apresentam uma maior probabilidade de atingir novamente um impasse na próxima negociação ou de chegar a acordos de baixo valor (perde-perde), quando comparados aos negociadores que chegaram a um acordo com sucesso (ou seja, conseguiram um acordo de nível 1; O'Connor, Arnold & Burris, 2003). Mais ainda, esse efeito se mantém mesmo quando o negociador lida com uma pessoa diferente. Assim, se um negociador carrega uma 'bagagem' do passado, isso afeta a sua capacidade de seguir em frente. De uma forma ainda mais contundente, as emoções incidentais do passado (como a raiva resultante de uma discussão com a esposa) podem influenciar a confiança num outro ambiente (como a probabilidade de confiar em um colega de trabalho; Dunn & Schweitzer, 2003). Em suma, a raiva de alguma coisa — mesmo em nosso passado e relacionada a outra pessoa — faz que sejamos suscetíveis de confiar menos em outras pessoas no futuro.

As pessoas se sentem melhor com a divisão do montante e se encontram numa posição melhor para aumentá-lo quando têm um bom relacionamento com a outra parte e confiam nela. Por exemplo, Pruitt e Carnevale (1993) consideram que uma grande preocupação para consigo e para com a outra parte é algo que gera mais resultados integrativos ('ganha-ganha') (para uma visão geral, ver Rubin, Pruitt & Kim, 1994). Os níveis de cooperação decrescem conforme a distância social aumenta entre as pessoas (Buchan, Croson & Dawes, 2002). E, em nossa própria pesquisa, descobrimos que quando é importante fechar um acordo, os negociadores que já têm um relacionamento estabelecido têm mais capacidade de chegar a um acordo 'ganha-ganha' que os outros que não têm nenhum tipo de relação anterior (Kray, Lind & Thompson, 2004).

A maioria das pessoas negocia em sua vida pessoal. Elas negociam com esposas, amigos e vizinhos, por exemplo (ver Valley, Neale & Mannix, 1995). Elas também negociam repetidamente com outras pessoas em sua vida pessoal que não podem, necessariamente, ser enquadradas nas categorias 'amigos' ou 'familiares' (como os proprietários de imóveis que negociam com prestadores de serviços; os pais que negociam com outros pais sobre 'a carona dos filhos'; os pais que negociam com babás a respeito de como cuidar de seus filhos etc.). Além de negociar em nossa vida pessoal, também o fazemos em nossa vida profissional, com colegas, supervisores e membros da equipe. Em alguns casos, nossa vida pessoal se mescla com nossa vida profissional, tornando difícil classificar os relacionamentos como puramente pessoais ou estritamente profissionais, mas na verdade como um pouco de cada um. Vamos nos referir a esse tipo de relacionamento como relacionamento 'embutido' (Uzzi, 1997). Faremos, a seguir, uma exposição das normas e regras implícitas que governam cada um desses três tipos de relacionamento e suas implicações para a confiança nas negociações. O comportamento das pessoas em seus relacionamentos é guiado por conjuntos de regras compartilhadas (ver Argyle & Henderson, 1984; Clark & Mills, 1979). Em seus relacionamentos, os indivíduos procuram se pautar pelas regras definidas nessas relações e não violar as expectativas dos outros.

Negociando com amigos

A maioria das pessoas negocia com bastante freqüência, mesmo nos relacionamentos pessoais mais íntimos. Consideremos, por exemplo, como James e Lloyd Maritz decidiram negociar suas diferenças sobre como gerenciar os negócios de sua empresa. Em 1950, eles decidiram dividir a empresa ao meio e, seguindo a regra comum entre irmãos, um 'cortou' e o outro escolheu a sua metade primeiro (*The Wall Street Journal*, 12 ago. 2002). O que sabemos sobre fazer 'negócios' com familiares e amigos?

McGinn e Keros (2002) examinaram negociações entre desconhecidos e entre amigos e descobriram que um dos três padrões mostrados a seguir emerge logo no início do processo:

- Abertura total: honestidade completa e mútua
- Trabalho conjunto: resolução cooperativa dos problemas
- Regateio: tentativa competitiva de se obter o melhor negócio para si

Esses negociadores usam um de três processos dinâmicos — teste de confiança, esclarecimento do processo e pontuação emocional — quando têm dificuldade de interagir. Quando desconhecidos interagem, eles em geral começam imediatamente pelo regateio. Em comparação com isso, os amigos quase que imediatamente iniciam pela abertura total.

Por que as pessoas se sentem desconfortáveis em negociar com amigos

Um lema seguido por muita gente é o de que 'amigos não devem fazer negócios'. As pessoas relutam muito em negociar com amigos, se isso significa que dinheiro, bens ou serviços vão trocar de mãos. Aqueles que, mesmo assim, negociam com amigos dizem se sentir desconfortáveis (Kurtzberg & Medvec, 1999). De acordo com Kurtzberg e Medvec, "a amizade estabelece que devemos nos preocupar com o tratamento justo e com o bem-estar da outra pessoa, enquanto as negociações ditam que devemos obter um bom acordo para nós mesmos" (p. 356). Essas duas imposições são conflitantes. A razão para o desconforto decorre do fato de que a maioria das amizades é construída sobre normas comunitárias, que basicamente nos obrigam a tomar conta das pessoas amadas, a responder às suas necessidades e não 'controlar' quem participou com o quê (Clark & Mills, 1979). Portanto, a norma comunitária prescreve que devemos ser sensíveis às necessidades dos que amamos ou de quem gostamos e que devemos tentar atender a essas necessidades, em vez de tentar maximizar nossos próprios interesses. O extremo oposto das normas comunitárias é representado pelas *normas de troca*, que basicamente estabelecem que as pessoas devem controlar quem participa com o quê num relacionamento, e que devem ser compensadas com base no valor e na qualidade de suas contribuições. Assim, as pessoas precisam ter um sistema de contabilidade mental que controle as contribuições feitas num relacionamento.

A verdade é que negociamos com nossos amigos o tempo todo. Por exemplo, fazemos arranjos com nossos vizinhos para cuidar dos filhos, planejamos festas e férias em conjunto e até compramos equipamentos em parceria (como os cortadores de grama). Amigos não chamam essas coisas de 'negociações', mas dizem que estão 'resolvendo pendências', 'fazendo planos', 'descobrindo soluções' e assim por diante. Acima de tudo, as pessoas nessas interações tomam o cuidado de não envolver trocas monetárias e, algumas vezes, dão uma grande volta para evitá-las.

Amigos são menos competitivos entre si
Não surpreende saber que amigos são menos competitivos entre si do que com desconhecidos (para uma revisão, ver Valley, Neale & Mannix, 1995). Amigos trocam mais informações, fazem mais concessões e menos demandas. Conseqüentemente, os negociadores que têm um relacionamento anterior são muitas vezes incapazes de explorar as oportunidades de forma lucrativa para criar valor. Curhan, Neale, Ross e Rosencranz-Engelmann (2004) referem-se a um padrão muito observado, em que as pessoas com relacionamentos próximos atingem resultados monetariamente ineficientes, mas aumentam a satisfação em sua relação, como o *Efeito O. Henry*, definido a partir dos principais personagens — marido e mulher — da história desse mesmo autor, intitulada *O Presente dos magos* (*The gift of the magi*). Esses personagens estão loucamente apaixonados, mas se envolvem numa troca ineficiente ao tentar desesperadamente dar um ao outro o melhor presente de Natal. Curhan, Neale, Ross e Rosencranz-Engelmann (2004) testaram essa idéia com negociadores reais e descobriram que, quando parceiros de relacionamento sacrificam valores instrumentais, eles realmente aumentam a satisfação em sua relação.

Amigos podem não atingir acordos integrativos de nível 3
Amigos e parceiros de relacionamento amoroso estão sempre ávidos por fazer concessões (Fry, Firestone & Williams, 1983; Thompson & DeHarpport, 1998). Os amigos relutam em adotar a regra de flexibilidade e firmeza que normalmente se exige para atingir os acordos integrativos de nível 3. Em suma, os amigos acreditam que chegar a um impasse pode prejudicar definitivamente seu relacionamento, então preferem chegar rapido a um acordo. Ainda assim, como vimos em nossa discussão sobre acordos integrativos no Capítulo 4, é importante concentrar-se nas diferenças de interesse e definir aspirações altas para se atingir resultados integrativos de nível 3. Quando as pessoas fazem concessões rapidamente, pois querem evitar conflito e minimizar a ameaça do impasse, há uma probabilidade maior de elas deixarem valor sobre a mesa de negociação. Em suma, elas se satisfazem minimamente em vez de atingir uma solução ótima. As pessoas quase sempre justificam esse comportamento como necessário para evitar o conflito, mas nós achamos que estão se vendendo por pouco. Pensemos mais uma vez no exemplo das irmãs que queriam a laranja, que foi discutido no Capítulo 4. As irmãs muito provavelmente fizeram concessões imediatas porque não queriam arriscar um dano permanente em seu relacionamento. Ainda assim, o resultado que obtiveram não foi de fato 'ganha-ganha'. Teria sido muito melhor se elas tivessem uma conversa sobre suas necessidades individuais. Amigos que desejam de verdade atingir o 'ganha-ganha' devem explorar as necessidades da outra parte envolvida.

Amizade e o mito da leitura dos pensamentos
As pessoas em relacionamentos íntimos e de amizade sentem-se muitas vezes feridas e chateadas se suas necessidades não são atendidas. Mais que isso, elas normalmente esperam que os outros sejam capazes de adivinhá-las. Por esta razão, relutam em expressar essas necessidades. Assim, inicia-se uma espiral crescente de sentimentos feridos e de rancor.

Amizade e o mau gerenciamento do acordo
A história do caminho para Abilene, de autoria do psicólogo organizacional Jerry Harvey (1974) (ver o Quadro 6.3) resume a noção de que, entre amigos e familiares, deve-se evitar o conflito a qualquer custo, mesmo que isso signifique resultados 'perde-perde' para todos os envolvidos. A necessidade de amigos manterem a ilusão de se ter um acordo significa que importantes diferenças nas preferências, nos interesses e nas crenças são relegadas a segundo plano ou enterradas. Paradoxalmente, são precisamente essas as diferenças que deveriam vir à tona em qualquer negociação, de modo a capacitar os negociadores em relacionamentos pessoais a utilizar *tradeoffs* de valor agregado e desenvolver contratos contingenciais. De alguma maneira, amigos e familiares precisam tornar suas necessidades conhecidas, de forma a tirar proveito delas de um modo 'ganha-ganha'.

QUADRO 6.3 — O PARADOXO DE ABILENE

Aquela tarde de julho em Coleman, Texas (população de 5.607 habitantes), estava particularmente quente — 40 °C, de acordo com o termômetro da Walgreen's Rexall Ex-Lax. Além disso, o vento soprava uma poeira formada pelo fino solo da parte ocidental do Texas através da casa. Mas aquela tarde estava ainda tolerável, até mesmo potencialmente agradável. Havia um ventilador funcionando na varanda atrás da casa e limonada gelada sobre a mesa; finalmente, havia diversão: jogo de dominós. Perfeito para as condições daquele dia. O jogo exigia muito pouco esforço físico, além de um comentário eventual sussurrado: "Misture as peças" e um movimento moroso dos braços para colocar as peças na perspectiva apropriada sobre a mesa. Tudo isso tinha a marca de uma agradável tarde de domingo em Coleman, até que meu sogro subitamente disse: "Vamos de carro até Abilene para jantar na cafeteria".

Eu pensei: "O quê? Ir para Abilene? Mais de 80 quilômetros? Nesta poeira e neste calor? E em um Buick 1958 sem ar-condicionado?".

Mas minha mulher veio com a frase: "É uma ótima idéia. Eu adoraria ir. E você, Jerry?". Como minhas preferências pessoais estavam obviamente em desalinho com as das demais pessoas, respondi: "Acho ótimo" e acrescentei: "Só espero que sua mãe queira ir também".

"É claro que eu quero", respondeu a sogra. "Eu não vou a Abilene há muito tempo."

Então entramos no carro e rumamos para Abilene. Minhas previsões se confirmaram. O calor estava infernal. Fomos cobertos por uma fina camada de poeira que grudava no corpo pela transpiração até que chegamos a nosso destino. A comida na cafeteria deu testemunhos de primeira ordem para comerciais de antiácidos.

Quatro horas e 170 quilômetros mais tarde nós voltamos para casa, derretidos pelo calor e exaustos. Sentamos em frente ao ventilador por um bom tempo, em silêncio. Então, para ser sociável e quebrar o silêncio, eu disse: "Foi uma grande viagem, não foi mesmo?".

Ninguém emitiu um ruído. Finalmente minha sogra falou, com certa irritação: "Bem, para dizer a verdade, eu não curti muito e preferia ter ficado em casa. Eu só fui junto porque vocês três estavam muito animados para ir. Eu não teria ido se vocês todos não tivessem me pressionado tanto".

Eu não acreditava no que estava ouvindo. "O que você quer dizer com 'vocês todos'?", eu disse. "Não me inclua nesse 'vocês todos'. Eu estava adorando ficar aqui fazendo o que estava fazendo. Eu não queria ir. Só fui para satisfazer todos vocês. Vocês são os culpados."

Minha mulher me olhou chocada. "Não me chame de culpada. Você, papai e mamãe eram as pessoas que queriam ir. Eu só fui junto para ser sociável e deixar vocês felizes. Eu teria que ser muito doida para querer sair de casa num calor daqueles."

O pai dela interrompeu abruptamente a conversa. "Que droga!", disse ele.

Ele continuou e disse o que já estava absolutamente claro. "Escutem, eu nunca quis ir para Abilene. Eu só achei que vocês poderiam estar entediados. Vocês nos visitam tão raramente que eu quero sempre ter certeza de que vocês estão gostando de ficar aqui. Eu preferia jogar outra partida de dominó e comer as sobras da geladeira."

Após a explosão de recriminações, todos se sentaram em silêncio. Aqui estávamos nós, quatro pessoas razoavelmente inteligentes que, por sua própria escolha, tinham enfrentado uma viagem de 170 quilômetros através de um deserto, numa temperatura infernal e dentro de uma tempestade de poeira, para comer uma comida intragável em uma cafeteria mambembe em Abilene, onde nenhum de nós queria realmente ir. De fato, para ser mais preciso, tínhamos feito exatamente o contrário do que gostaríamos de fazer. A situação como um todo não fazia o menor sentido (Harvey, 1974).

Se tivermos que negociar, devemos dividir ao meio

Quando é chegada a hora de dividir o montante, os amigos usam uma *regra de igualdade* (alocando, portanto, parcelas iguais para todas as pessoas envolvidas), enquanto desconhecidos e associados de negócios utilizam a *regra da eqüidade* — também conhecida como *regra baseada no mérito* — na qual aqueles que contribuíram mais esperam receber mais em troca (Austin, 1980). Infelizmente, as normas de igualdade podem resultar em acordos com concessões, inibindo, portanto, a descoberta de *tradeoffs* integrativos. No entanto, normas de igualdade não são cegamente aplicadas por quem tem um relacionamento próximo. Por exemplo, os amigos que diferem em suas capacidades e esforços num esforço conjunto favorecerão os parceiros menos capazes, mas mais diligentes, ao alocar recursos (Lamm & Kayser, 1978). Do mesmo modo, as pessoas que têm um relacionamento comunitário atenderão às necessidades das outras sem esperar remuneração (Clark & Mills, 1979). A eqüidade, na qual os resultados são alocados de acordo com as contribuições, é uma marca registrada do mundo dos negócios. A maioria de nós, por exemplo, não espera ganhar o mesmo salário que ganham nossos colegas; nós ganhamos salários com base em diversas contribuições e *inputs* para a situação específica de negócios. A eqüidade, no entanto, não parece desempenhar um papel legítimo nos relacionamentos pessoais.

Negociando em nossa vida profissional

Diferentemente do que acontece em negociações com amigos, as negociações profissionais tendem a ser reguladas por uma norma de troca. Essas normas têm sua base no conceito de precificação de mercado. A precificação de mercado é um método por meio do qual tudo é reduzido a um único valor ou métrica que permite a comparação de muitos fatores diferentes em termos qualitativos e quantitativos (Fiske, 1992). Ela capacita as pessoas a negociar tomando como referência os índices ligados a essas métricas, como a percentagem de participação em um empreendimento de negócios. O dinheiro é o meio típico dessas relações e o capitalismo é a sua expressão máxima. A precificação de mercado pode ser vista sob outro ângulo como um instrumento de influência social. Em um relacionamento verdadeiro de precificação de mercado, as pessoas farão virtualmente qualquer coisa se lhes for oferecido dinheiro suficiente, pois "todo mundo tem um preço". Entretanto, o fato de esta ser a abordagem predominante no mundo de negócios, por si só, não garante que todos irão segui-la.

Escolhemos nossos amigos, mas não as pessoas com quem trabalhamos

Nós (normalmente) gostamos de nossos amigos, mas não necessariamente gostamos daqueles com quem trabalhamos. Ainda assim, não podemos evitar negociar e lidar com eles. De fato, muitas vezes temos que lidar com pessoas das quais não gostamos e a quem consideramos ofensivas. Por exemplo, uma mulher pode ter que negociar com um homem grosseiro e metido a garanhão. É normalmente difícil para as pessoas separar seus sentimentos com relação a alguém, como pessoa, dos negócios que ela enfrenta. (A Nota 6.3 apresenta um exemplo de relacionamento desconfortável de negócios.)

Nota 6.3 Relacionamento desconfortável de negócios

Esse tipo de relacionamento ocorre quando uma negociação envolve interações que, num contexto pessoal, assumiriam um significado diferente e, por conseguinte, poderiam ser consideradas inadequadas. Consideremos, por exemplo, dois gerentes, um homem e uma mulher, ambos casados, cujos vôos chegam tarde da noite a seu destino mas que têm agendas muito apertadas, portanto precisam negociar. Eles combinam de se encontrar num bar, pois é o único local aberto até mais tarde. Entretanto, quando chegam ao bar, o garçom os trata como se fossem um casal. A situação é embaraçosa para os associados de negócios porque seu relacionamento é visto de forma diferente por aqueles fora de seu contexto de negócios e pelas pessoas de 'dentro'. Essa percepção tem implicações na negociação. Se o garçom apresentar a conta para o homem, por exemplo, isso pode criar, potencialmente, uma desconfortável dinâmica de poder entre eles. (Discutiremos isso em mais detalhe no Capítulo 7.) Com muita freqüência, as oportunidades de negócios são conduzidas no contexto dos relacionamentos sociais (Uzzi, 1997). Por essa razão, é difícil formar relacionamentos entre os sexos se eles forem construídos por meio de atividades sociais, tais como jogar golfe, ir ao teatro ou se encontrar para jantar, pois essas práticas têm, muitas vezes, um significado diferente entre homens e mulheres do que entre pessoas do mesmo sexo (Etzkowitz, Kemelgor & Uzzi, 1999).

Relacionamentos de negócios normalmente apresentam questões de status ou hierarquia associadas a eles

A maioria das amizades não é hierárquica, o que significa dizer que, em amizades, as pessoas não têm status nem níveis hierárquicos diferentes. Em comparação com isso, os negócios são geralmente organizados em torno de nível e status, quer seja de forma explícita (por exemplo, num organograma) ou implícita (como em salários, número de subordinados, tamanho do escritório etc.). Como veremos no Capítulo 7, as diferenças de poder preparam o palco para negociações 'acaloradas'. Portanto, negociar no mundo dos negócios é, de modo geral, consideravelmente mais desafiante, pois as negociações sobre uma determinada questão estão incorporadas numa disputa maior por status entre os atores da organização. Questões de status podem certamente variar entre culturas, assim como entre organizações. Como veremos no Capítulo 10, em algumas culturas é perfeitamente aceitável para os membros de diferentes status e níveis hierárquicos se encontrarem na mesa de negociação. Em outras culturas, porém, as pessoas consideram isso desconfortável e insultante.

A necessidade de confiança imediata

A natureza dinâmica e mutante das interações de negócios faz que precisemos construir a confiança de forma mais rápida, com base numa quantidade menor de informações (normalmente sem nenhum histórico) e, em muitos casos, sem qualquer expectativa de futuras interações significativas. Por exemplo, uma nova parceria temporária envolvendo a necessidade de confiança imediata foi formada recentemente entre o leiloeiro Sotheby's Holdings, Inc. e a Rossi & Rossi, um estabelecimento de comércio de arte localizado em Londres, para uma exposição e venda de arte tibetana (*The Wall Street Journal*, 19 mar. 1999). A parceria aconteceu na hora certa, já que a arte e os objetos do Tibete e do Himalaia, negligenciados por muito tempo, são de interesse tanto de colecionadores quanto de compradores. Essa exposição marcou a primeira vez em que uma importante casa de leilões se associou a um estabelecimento de comércio independente para vender obras de arte publicamente e longe do ambiente dos leilões. Normalmente, a casa de leilões não mantém estoque; o novo parceiro, porém, fez que a Sotheby's se transformasse num estabelecimento comercial com estoque próprio para proteger e oferecer. A Sotheby's ofereceu à Rossi & Rossi a utilização de sua galeria e promoveu a exposição com todo o seu conhecido poder de marketing em retorno por uma parte dos lucros obtidos nas vendas.

A parceria entre a Sotheby's e a Rossi & Rossi é um exemplo de *confiança imediata*. Este é o mecanismo que permite às pessoas estabelecer confiança rapidamente (Meyerson, Weick & Kramer, 1996). Muitos relacionamentos de negócios novos requerem que desconhecidos se juntem e produzam algo em conjunto (um bem, um serviço) ou realizem alguma tarefa e então, quase que de imediato, se separem, para talvez nunca mais se verem novamente. Nossos relacionamentos pessoais, pelo contrário, são de longo prazo. Temos uma história passada com a família e os amigos e esperamos ter interações futuras com eles. As situações de negócios no século XXI exigem, cada vez mais, confiança imediata, que é necessária entre pessoas cujo relacionamento tem duração finita num sistema temporário, como é o mercado. A questão é: como podemos estabelecer confiança sem um passado e até mesmo sem um futuro provável? Trataremos desta questão mais adiante neste livro.

Não existem negócios feitos em uma única oportunidade

Vista isoladamente, esta afirmação contradiz a idéia da confiança imediata. Em uma análise superficial, poderia parecer que a confiança imediata implica uma situação de negócios de uma única oportunidade, em que as pessoas que não se conhecem devem, de alguma forma, confiar umas nas outras o suficiente para fazer um negócio e depois terminar o relacionamento, e nunca mais se encontrarem novamente. No entanto, no mundo dos negócios, em virtude da teia de redes de relacionamento, é impossível não experimentarmos as conseqüências de nossas interações com os outros. Se estas se infiltrarem em nossas redes de negócios, a situação não é mais, tecnicamente falando, uma interação única. As redes sociais implicam que, apesar de o participante de uma negociação específica nunca mais interagir com outra pessoa ou vê-la novamente, suas empresas voltarão a interagir, ou outras pessoas pertencentes às suas redes sociais podem tomar ciência da negociação, o que, por sua vez, afetará a natureza de futuras negociações. Portanto, é importante perceber que uma única negociação pode ser virtualmente impossível.

Quando em negócios com amigos e familiares

Em 1999, Eric Hunter, que abrira mão de seu posto de CEO em favor de seu irmão Neal em sua empresa familiar, a Cree Inc., começou a achar que o irmão mais novo estava gerenciando mal a empresa. Os ânimos se exaltaram certa noite quando eles faziam uma guerra de bolas de neve e Neal derrubou Eric no chão, cortando sua perna. A briga saiu de controle e se tornou uma guerra familiar de alta tecnologia, completada por processos judiciais, alegações de fraude e assédio e, até mesmo, ameaças de morte (*BusinessWeek*, 11 ago. 2003d). Quando amigos e familiares fazem negócios, o relacionamento é mais complexo e é conhecido como *relacionamento embutido*. A manifestação clássica desse tipo de relacionamento é o negócio familiar — como o de Eric e Neal Hunter — em que as pessoas que são ligadas por laços de família ou amizade participam conjuntamente dos negócios.

O relacionamento 'embutido' tem, aparentemente, uma série de vantagens, das quais a mais importante é facilitar a natureza das trocas de negócios ao desencadear arranjos de autogovernança que funcionam sob uma expectativa de confiança e reciprocidade, e não sob mecanismos caros de dissuasão (Uzzi, 1999a). Por exemplo, em uma pesquisa empírica, as firmas que embutem suas trocas bancárias em relacionamentos sociais têm mais chance de ter acesso a capital e de receber taxas de juros mais favoráveis nos empréstimos (Uzzi, 1999b).

Outro exemplo de relacionamento 'embutido' é aquele entre Magic Johnson (ex-estrela do time de basquetebol Los Angeles Lakers) e Jerry Buss (proprietário dos Lakers). Eles sempre socializavam fora das quadras e jantavam juntos depois de quase todas as partidas realizadas na casa dos Lakers. Formalmente, eram empregador e empregado. O empregador deveria pagar e os jogadores deveriam jogar. De acordo com Magic Johnson, os dois homens desenvolveram um relacionamento fora dos negócios formais porque "ele me via como um de seus filhos" (*Los Angeles Times*, 23 abr. 1996). Johnson diz: "É por causa disso que eu nunca negociei com ele... nunca fizemos uma negociação. Ele dizia: 'Eu quero lhe dar isto'. Eu dizia: 'O.K.'. As coisas aconteciam dessa forma. Não existe contrato, você só diz 'O.K.'. Essa é a maneira como fazemos negócios" (p. 1). Buss chama Johnson de seu herói; Johnson chama Buss de pai substituto.

Entretanto, pode haver ciladas nos relacionamentos 'embutidos'. Descreveremos algumas delas a seguir.

O potencial emocional é mais alto

O potencial emocional dos relacionamentos 'embutidos' é maior porque mais dimensões estão presentes entre os envolvidos. Quando se combinam negócios e amizade, o potencial emocional pode ser impressionante e o resultado disso pode ser o conflito interpessoal. Por exemplo, se alguém faz uma troca ruim com um vizinho, o que o leva a questionar a amizade, isso incomoda bastante, mas a pessoa pode pelo menos ir para o trabalho sabendo que a situação está 'controlada'. Do mesmo modo, uma pessoa pode ter um dia terrível no trabalho e ainda assim poder ir para casa naquela noite e ser confortada pela família e pelos amigos. De alguma forma, a separação entre trabalho e amizade cria um 'santuário' para as partes envolvidas. No entanto, quando as coisas vão mal durante uma negociação em um relacionamento embutido, todos os sistemas podem potencialmente falhar. Consideremos a Maritz Company, que sofreu com três gerações de hostilidades (*The Wall Street Journal*, 12 ago. 2002). Antes de Bill Maritz falecer, ele escreveu, no final de seu testamento: "Ainda acho impossível compreender e aceitar a falta de respeito e amor que meus dois filhos têm demonstrado para comigo". A mãe, Phyllis Maritz, disse: "Tenho esperança de que a empresa seja vendida e fique fora da minha família para sempre. Então, pode ser que a família seja curada".

Conflito de valores internos

Os relacionamentos pessoais são direcionados pela necessidade que as pessoas têm de aceitação, amor e identidade, enquanto os relacionamentos de negócios são quase sempre guiados por uma necessidade de realização e por metas utilitárias. Em relacionamentos 'embutidos', as pessoas freqüentemente experimentam mais conflitos de valores internos, pois competência e apreço estão lutando um contra o outro. Por exemplo, podemos encontrar alguém que seja um amigo sensacional, um ouvinte maravilhoso e empático e uma boa pessoa com quem passar o tempo; entretanto, essa pessoa pode ser incompetente para cumprir a tarefa de negócios em questão. Por outro lado, a pessoa mais competente pode ser muito chata para nos fazer companhia. A questão é: qual desses fatores deve ser priorizado nessa situação, competência ou apreço?

Miopia

Vimos que relacionamentos 'embutidos' podem normalmente reduzir os custos associados à vigilância. Esse tipo de relacionamento, porém, pode criar uma espécie de miopia se as pessoas relutarem em ir além das próprias redes de relacionamento. Em uma situação extrema, imaginemos uma rede isolacionista em que as pessoas tratam de assuntos de negócio somente com seus amigos. Essa interação pode, por fim, resultar em uma visão míope da realidade, se as pessoas dentro da rede de relacionamentos apresentarem vieses em suas percepções e não estiverem conectadas com outras que possuem mais ou melhores informações. Valley e T. Thompson (1998) fazem referência a esse tipo de relacionamento como 'laços pegajosos' para descrever a resistência à mudança que emana de hábitos impregnados por interações sociais passadas. Além disso, mudanças obrigatórias nos laços sociais criam uma resistência passiva ou inércia, na qual a maioria das pessoas reluta em mudar para o novo, para parceiros novos em busca de informação, recursos e variedade de interação que se fazem necessários numa organização.

O essencial sobre relacionamentos

Virtualmente todos os relacionamentos que uma pessoa tem se encaixam em um dos três tipos que descrevemos: amizade, negócio puro ou amigos de negócios. Como um negociador pode avaliar a qualidade do relacionamento que tem com uma determinada pessoa? Como ponto de partida, você pode considerar onde seu relacionamento se posiciona em cada uma das dimensões listadas na Tabela 6.3 na página 149. Se a maioria das dimensões de seu relacionamento estiver listada do lado direito da tabela, você poderá deduzir que desenvolveu um relacionamento eficaz.

CONCLUSÃO

Neste capítulo, argumentamos que os resultados sociais, como a boa vontade, a confiança e o respeito, são tão importantes quanto os resultados econômicos. Estabelecer confiança e construir relacionamentos são pontos essenciais para uma negociação eficaz. Discutimos três tipos de relacionamentos de 'confiança', incluindo aquele baseado na dissuasão (fundamentado em sanções e monitoramento), no conhecimento (alicerçado na previsibilidade e na informação), e finalmente a confiança baseada na identificação (cujo pilar é a empatia verdadeira). Discutimos estratégias para construir e recuperar a confiança, incluindo a transformação do conflito pessoal em conflito de tarefa, a concordância com uma meta comum, o reconhecimento de um problema compartilhado e o foco no futuro. Revisamos estratégias psicológicas que normalmente engendram confiança, tais como a similaridade, a mera exposição, bom humor, presença física, reciprocidade, bate-papo, elogios e divulgação pessoal. Revisamos três tipos comuns de relacionamentos nas negociações: somente negócios, somente amizade e relacionamentos que envolvem amizade e negócios.

TABELA 6.3 Resumo de dimensões diádicas ao longo das quais os relacionamentos se desenvolvem

De	*Para*
Abertura e divulgação pessoal	
Limitada a tópicos seguros e socialmente aceitáveis	A divulgação vai além das áreas seguras para incluir tópicos de sensibilidade pessoal, privados e controversos, além de características da própria pessoa
Conhecimento de seu oponente	
Conhecimento superficial e 'biográfico': impressionista por natureza	O conhecimento é multifacetado e se estende a aspectos centrais de personalidade, necessidades e estilo
Previsibilidade das reações e respostas das outras pessoas	
Limitada a respostas socialmente esperadas ou correlacionadas ao papel; baseadas em primeiras impressões ou em repetidos encontros superficiais	A previsibilidade das reações das outras pessoas se estende além da troca estereotipada e inclui um conhecimento das contingências que afetam as reações dos outros
Singularidade da interação	
Trocas são estereotipadas, orientadas pelas normas sociais prevalentes ou expectativas do papel	As trocas são idiossincráticas para as duas pessoas, orientadas por normas singulares ao relacionamento
Multimodalidade da comunicação	
Bastante limitada a canais verbais de comunicação e canais não-verbais estereotipados ou não intencionais	Envolve diversas modalidades de comunicação, incluindo comunicações verbais e não-verbais específicas do relacionamento ou indivíduos envolvidos; menos restrições à linguagem não-verbal
Capacidade de substituição da comunicação	
Pouca substituição entre modos alternativos de comunicação	Capacidade de usar modos alternativos de comunicação para transmitir a mesma mensagem
Competência para conflito e avaliação	
Competência limitada para lidar com o conflito; uso de técnicas de fuga para gestão do conflito; relutância em criticar	Prontidão e capacidade para expressar conflito e fazer avaliações positivas ou negativas
Espontaneidade na troca	
Interações tendem a ser formais ou 'confortavelmente informais', conforme prescrito pelas normas sociais prevalentes	Maior informalidade e facilidade de interação; a mudança de tópicos de conversa ocorre prontamente e sem hesitação ou formalidade; as comunicações fluem e mudam de direção facilmente
Sincronização e ritmo	
Exceto para modos estereotipados de resposta, ocorre um limitado sincronismo diádico	Respostas verbais e não-verbais tornam-se sincronizadas; o fluxo de interação é suave; as dicas são interpretadas rápida e precisamente
Eficiência da comunicação	
A comunicação de significados pretendidos algumas vezes requer discussão exaustiva; mal-entendidos ocorrem a menos que as declarações sejam qualificadas ou elaboradas adequadamente	Significados pretendidos são transmitidos e compreendidos rapidamente de forma precisa e com sensibilidade a nuances
Investimento mútuo	
Pouco investimento em outras pessoas, exceto em áreas relacionadas ao papel ou interdependências situacionais	Investimentos extensos no bem-estar da outra pessoa e em eficácia

Fonte: Adaptado de Galegher, J., Kraut, R. E. e Egido, C. *Intellectual Teamwork: Social and Technological Foundations of Cooperative Work*. Mahwah: Lawrence Erlbaum & Associates, 1990.

CAPÍTULO 7

Poder, persuasão e ética

"As fotos que as agências de notícias enviavam da recente Conferência de Cúpula pela Reconciliação Global do Fórum Econômico Mundial, realizadas perto do Mar Morto, na Jordânia, representavam um tutorial de poder: Carly Fiorina encostada em Colin Powell, sussurrando nos ouvidos do secretário de Estado norte-americano." Não estão claras quais são suas reais habilidades de persuasão, seu conhecimento das pessoas certas ou seu magistral foco nos princípios; mas fica bastante óbvio que ela tem um toque poderoso. Ela aconselha o presidente Bush em questões econômicas; faz sugestões para o secretário do Departamento de Segurança Nacional dos Estados Unidos, Tom Ridge, sobre como integrar grandes organizações; e é amiga de Nelson Mandela. De acordo com a revista *Fortune*, Fiorina é uma "diplomata global disfarçada de executiva presente na lista das empresas *Fortune* 500, tão bem-sucedida que a mera citação de seu primeiro nome já é suficiente". Ex-professora de inglês e a primeira pessoa sem formação em engenharia a comandar a Hewlett-Packard, Fiorina deu início, de forma discutível, à consolidação da indústria de computadores em 2002, com a aquisição da Compaq por 19 bilhões de dólares. Ela foi duramente criticada e ridicularizada por esse passo, mas perseverou, enfrentando uma batalha impiedosa e dolorosa com os acionistas (*Fortune*, 11 ago. 2003, p. 78).

Poder em negociações refere-se a obter uma fatia do montante de barganha. Entretanto, também está relacionado a criar novas oportunidades para um ganho conjunto. Neste capítulo, defendemos o 'poder esclarecido'. O negociador esclarecido sabe que pode obter uma fatia maior criando um montante de tamanho também maior. É certo que nem sempre as negociações se concentram na tentativa de se conseguir o maior pedaço possível do montante de barganha; no entanto, todos os negociadores precisam conhecer as táticas de persuasão disponíveis quando é necessário dividi-lo. Neste capítulo, listamos dois tipos distintos de estratégia de influência que apelam para a mente e para o coração, respectivamente. As estratégias 'cerebrais' baseiam-se em princípios da lógica, da informação e da racionalidade. As estratégias 'baseadas na emoção' operam de acordo com as necessidades e motivações humanas. Todas e qualquer uma delas estão sujeitas a preocupações éticas – um tópico que também será visitado.

Os negociadores precisam estar cientes das duas maneiras como as estratégias de poder e persuasão mostradas neste capítulo podem ser lidas. Uma forma é lê-las sob o ponto de vista do *detentor* do poder. Este capítulo apresenta aos negociadores várias opções para aumentar seu poder nas negociações. Entretanto, aqueles que lerem este livro devem ter consciência de que seus oponentes também podem estar lendo a mesma fonte de informação; assim, todas as estratégias e táticas deste capítulo poderiam ser usadas (e provavelmente o serão) contra eles por algum oponente. Portanto, é importante lembrar-se do modelo dos 'gêmeos fraternos' introduzido no Capítulo 1. Em pontos relevantes deste capítulo, apresentamos 'estratégias de defesa' que os negociadores podem usar para lidar com uma fonte de poder ou tática de persuasão empregadas pela outra parte durante o curso da negociação.

SUA MASA É A FONTE MAIS IMPORTANTE DE PODER NUMA NEGOCIAÇÃO

Se um negociador tem uma grande MASA, a negociação ocorre quase sem esforço. Tomemos como exemplo a maneira como a treinadora de basquetebol Brenda Oldfield usou sua MASA (uma proposta de Maryland) para obter uma oferta para a posição que ocupava na ocasião em Minnesota (*Star-Tribune*, 1º abr. 2002). Quando perguntada sobre o que Maryland tinha a oferecer que [Minnesota] não podia igualar, ela respondeu: "Eles estão me oferecendo mais dinheiro em três anos do que eu ganharia em Minnesota em sete" (parágrafo 13). Na maior parte do tempo, no entanto, as pessoas não têm uma boa MASA – elas são medíocres, pífias. Por essa razão, alertamos os negociadores para não as revelarem. É essencial que os negociadores tentem cultivar e melhorar sua MASA antes de começarem a negociação. Quem alavanca sua MASA conseguirá os termos de acordo mais favoráveis para si. Assim, recomendamos fortemente que os negociadores utilizem as seguintes estratégias durante as negociações:

- **Manter abertas suas opções:** É importante manter alternativas abertas mesmo depois de comparecer à mesa de negociação com outra parte, pois, em algum momento antes de se chegar a um acordo mútuo, as negociações podem ser interrompidas por uma série de razões previsíveis ou não. As pessoas precisam lutar contra sua necessidade instintiva de fechamento e manter suas opções abertas para o caso de a negociação não dar certo. Consideremos a forma como a NBC manteve suas opções abertas nas negociações com a estação KRON, localizada na Bay Area (San Francisco, Califórnia) em 2002 (*San Francisco Chronicle*, 13 jan. 2002). Por vários anos, a KRON foi a retransmissora da programação da NBC naquela região. Em 2002, porém, a NBC começou a observar uma emissora alternativa, a KNTV. É interessante notar que os donos da KNTV é que estavam acompanhando a briga entre NBC e KRON e vislumbraram uma oportunidade. Mais ainda, a KNTV sugeriu pagar à NBC para mudar sua programação para aquela emissora — uma forma incomum de compensação reversa.
- **Deixar a outra parte saber que você tem outras opções:** Suas opções não serão transparentes para a outra parte a não ser que você as sinalize apropriadamente. A ética pode ter um papel importante neste ponto, pois fazer alusão a opções irreais pode caracterizar uma deturpação. Nós não defendemos nenhum tipo de ação fraudulenta com relação à sua MASA durante as negociações. No entanto, não é uma declaração falsa de sua MASA mostrar a seu oponente que você tem cursos alternativos de ação (se você verdadeiramente os tiver). Nas negociações entre a NBC e a KRON, esta última erroneamente presumiu que a primeira estava blefando quando disse que existia uma emissora alternativa em seus planos (KNTV). Assim, quando a NBC disse à emissora filiada à sua rede: "Esta é sua última chance, é pegar ou largar. Pague-nos 10 milhões de dólares ou não haverá acordo", a KRON respondeu fazendo um release de imprensa, anunciando que deixara de ser afi-

liada da NBC. Entretanto, a NBC se surpreendeu e declarou: "Ainda não terminamos [de negociar]". Cinco dias mais tarde, a NBC fechou um acordo com a KNTV.
- **Avaliar a MASA da outra parte:** Você deve usar métricas objetivas para avaliar a MASA de seu oponente. Comece logo. Não espere até chegar à mesa de negociação: as pistas são mais difíceis de identificar porque a maioria dos negociadores não revela a sua MASA. No exemplo da NBC mostrado acima, fica claro que a KRON não avaliou adequadamente a MASA da NBC: ela presumiu que a MASA era pior do que era de fato e, assim, nenhum contrato foi fechado. Empregue algum tempo antes de negociar avaliando dados atuais (se estiverem disponíveis), dados de anos anteriores, tendências atuais de mercado – qualquer coisa que você possa conseguir. Consulte também fontes variadas. Seu investimento na pesquisa da MASA de seu oponente se converterá em tempo e dinheiro bem gastos. Por exemplo, na negociação de 2003 entre o Pentágono e a Boeing para o leasing de 100 aviões modelo 767, o Departamento de Defesa dos Estados Unidos tinha uma avaliação precisa da péssima MASA da Boeing na ocasião. Era bem sabido que os pedidos de aeronaves comerciais 767 tinham secado e muitos acreditavam que, sem esse contrato com o Pentágono, a Boeing seria obrigada a fechar sua planta de produção do Boeing 767 em Everett, estado de Washington. Legisladores conjecturaram que o contrato geraria 2.500 postos de trabalho diretos na Boeing e cerca de 8 mil empregos indiretos. Não foi surpresa a Boeing fazer importantes concessões para fechar o acordo. O preço de cada aeronave foi negociado em 131 milhões de dólares, que estava 17 milhões de dólares abaixo da oferta inicial da Boeing (148 milhões de dólares). Além disso, a Boeing teve que garantir que se um avião de abastecimento desse tipo fosse vendido para outro país por um preço menor, a empresa devolveria a diferença para o governo dos Estados Unidos (*Seattle Post-Intelligencer*, 24 mai. 2003).

EXPLORANDO O SEU PODER

As MASAs não constituem sua única fonte de poder em uma negociação.

Informação

A informação é uma vantagem diferencial numa negociação. Por essa razão, aconselhamos aos negociadores fazer todo o dever de casa possível antes de negociar (veja Capítulo 2). Lembre-se de identificar as seis diferentes informações presentes em *toda* negociação:

- Informação sobre a MASA
- Posições
- Interesses e necessidades por trás das posições
- Prioridades (entre as questões)
- Argumentos substantivos
- Fatos principais

Os negociadores devem avaliar as informações disponíveis para eles e *para a outra parte*. Obviamente, um negociador não pode esperar que seja possível avaliar de forma perfeita a MASA, os interesses e prioridades da outra parte, mas, com certeza, vale muito a pena pesquisar esses aspectos da melhor e mais completa forma possível. O que é melhor, só ao *pensarem* nesta informação, os negociadores já melhoram seu desempenho na divisão do montante em comparação com *aqueles que não o fazem* (Galinsky & Mussweiler, 2001).

Durante a negociação, fique ligado no seu foco de informação. Em primeiro lugar, esse foco o ajuda a evitar o conflito interpessoal e negativo e a manter-se concentrado nas questões da negociação (ou seja, "separar as pessoas do problema"; Fisher & Ury, 1981). Em segundo lugar, isso ajuda a analisar padrões e a identificar oportunidades. Betty Pat McCoy, a tarimbada veterana compradora de mídia que abriu o escritório de Chicago da GSD&M e é compradora para a SKG, a MasterCard e o Wal-Mart, fala de uma época em que os compradores de mídia calculavam seus índices sem a ajuda de computadores. Esses dias acabaram. Diz ela: "Digo a meus funcionários para tirarem seus Nielsen Pocket Piece do bolso e me dizerem de onde vêm os números" (*Advertising Age*, 1º out. 2001). Da mesma forma, David Colburn, da AOL, fazia verdadeiros ensaios antes de negociar: ele era devotado e enviava e-mails para as pessoas no meio da noite para que revissem detalhes específicos relacionados à negociação (*Washington Post*, 15 jun. 2003).

Status

Dois tipos de status são relevantes para a maioria das negociações: as características primárias e as secundárias de status. *As características primárias de status* referem-se às marcas e aos indicadores de autoridade legítima. O título de uma pessoa dentro do organograma, por exemplo; o número de subordinados que pertencem à sua unidade e as variadas titulações acadêmicas e profissionais que ela possui, tudo isso denota o status primário. O impacto do status sobre a conduta de barganha pode ser enorme (lembre-se do exemplo de abertura do Capítulo 3, no qual o negociador usava o 'patrimônio dos cabelos grisalhos'). Indivíduos com status elevado falam mais, mesmo que não saibam necessariamente mais. Uma pessoa de status elevado também geralmente controla quando fala numa conversa; além disso, uma pessoa de baixo status dará prioridade à de status mais elevado para ter vez em uma conversação. Esses fatores afetam a divisão do montante de barganha numa negociação.

Quando as dicas de status primário (como nível hierárquico em uma organização e outros indicadores) estão indisponíveis, ou quando as pessoas de igual status negociam entre si, elas normalmente prestam atenção às características secundárias de status, que são pistas e características que não têm nenhum embasamento legítimo no que se refere a alocação de recursos ou normas de interação, mas que, não obstante, exercem uma influência poderosa sobre o comportamento. Essas características também são conhecidas como características de pseudo-status, que incluem sexo, idade, etnia, status em outros grupos e *background* cultural. As três características mais comuns de status secundário são gênero, idade e raça. Em outras palavras, os homens têm mais influência do que as mulheres; as pessoas mais velhas influenciam mais do que as mais novas; e os brancos têm mais influência que os negros numa interação interpessoal (Mazur, 1985). Não raro, as características de pseudo-status são bastante visíveis. Elas têm, é claro, muito pouca relação com a capacidade, mas as pessoas agem como se essa relação existisse.

As pistas de status são percebidas rapidamente, quase sempre apenas minutos após os negociadores sentarem-se à mesa de negociação. Já as características de pseudo-status não deveriam, de acordo com qualquer senso normativo ou racional, exercer algum efeito sobre a negociação; no entanto, com freqüência isso acontece. Além do mais, mesmo quando o negociador não considera essas dicas importantes (ou mesmo quando as rejeita por completo), se alguém mais na mesa de negociação considerá-las significativas, essa pessoa pode criar uma *profecia auto-realizável*. Para termos um exemplo de como essa profecia funciona em outra área, consideremos o seguinte: os afro-americanos que precisaram indicar sua raça antes de fazerem o teste de aptidão escolar dos Estados Unidos (SAT) tiveram um desempenho significativamente pior do que outros que não tiveram que indicá-la antecipadamente (Steele & Aronson, 1995). Presumivelmente, os estudantes afro-americanos, assim como a maioria da população dos Estados Unidos, estão bem cientes do estereótipo (falso) de que estudantes negros não são tão competentes intelectualmente quanto seus colegas brancos. Quando uma pessoa negra toma consciência do falso estereótipo e do fato de que a atividade que está desempenhando é relevante para aquele estereótipo, ela corre o risco de torná-lo verdadeiro. Este fenômeno é chamado de *ameaça de estereótipo* (Steele, 1997). Em um nível cognitivo, os atributos do estereótipo, tais como a falta de inteligência, a preguiça e a capacidade atlética[1] estão ligados ao repertório comportamental de uma pessoa, que é a razão pela qual a mera menção de um falso estereótipo pode levar a comportamentos consistentes com ele. O mais importante é que aqueles que parecem resistentes aos estereótipos negativos (isto é, afro-americanos talentosos e realizadores) freqüentemente são presas das ameaças do estereótipo. Essa tendência sugere que a profecia auto-realizável ocorre porque os estereótipos que atrapalham o desempenho são ativados.

Em um estudo correlato, Spencer, Steele e Quinn (1999) examinaram o efeito da profecia auto-realizável entre mulheres no campo da matemática. Um estereótipo bastante difundido é o de que as mulheres são piores do que os homens para resolver problemas difíceis nessa área (Benbow & Stanley, 1980). De acordo com Spencer e seus colegas (1999), as mulheres somente apresentavam desempenho inferior aos dos homens em situações nas quais percebiam estar sob o risco de confirmar este estereótipo de gênero. Na verdade, quando avisadas de que nenhuma diferença devida ao gênero havia sido anteriormente observada no teste que elas estavam por fazer, os resultados de homens e mulheres eram absolutamente semelhantes. Entretanto, se fosse dito às mulheres que diferenças devidas ao sexo tinham sido encontradas previamente, os homens obtinham melhores resultados nos mesmos testes.

Assim, em ambos os exemplos mostrados, descobrimos que pessoas que tradicionalmente estão em desvantagem (neste caso, afro-americanos e mulheres) são vulneráveis à confirmação de estereótipos negativos sobre si, mesmo quando não consideram tais estereótipos aplicáveis a eles. Uma dinâmica semelhante pode ocorrer em negociações. Por exemplo, quando um homem de valores tradicionais em relação ao sexo negocia com uma mulher, seu sistema de crenças pode colocar em risco a divisão justa do montante de barganha (ver Nota 7.1).

Nota 7.1 Determinantes e conseqüências de negociações salariais feitas por formandos de MBAs

Quando os comportamentos durante a negociação salarial e os resultados dos salários iniciais de 205 estudantes de MBAs foram pesquisados, não se observou nenhuma diferença entre homens e mulheres em sua tendência a negociar – o que significa dizer que as mulheres tinham a mesma probabilidade de tentar renegociar as ofertas iniciais feitas a elas pelos empregadores que os homens. Entretanto, elas obtiveram retornos monetários mais baixos nas negociações (um incremento de 4,3 por cento do salário inicial para os homens e de 2,7 por cento para as mulheres). Ao longo de suas carreiras, a soma de tais diferenças pode ser substancial. Uma estimativa disso é que a diferença para menos no valor presente do salário pode chegar a mais de 29 mil dólares em uma carreira de 30 anos (Gerhart & Rynes, 1991).

Desejávamos analisar diretamente como as diferenças em gênero funcionavam numa mesa de negociação, então meus colegas Laura Kray, Adam Galinsky e eu criamos uma série de simulações de negociações bastante realistas entre alunos e alunas de MBA numa pesquisa que acabou sendo conhecida como 'Guerra dos Sexos' (Kray, Thompson & Galinsky, 2001). O que descobrimos nos surpreendeu. Em primeiro lugar, percebemos que em todos os grupos os homens foram mais bem-sucedidos que as mulheres na divisão do montante – eles inevitavelmente conquistaram o maior pedaço (Kray, Thompson & Galinsky, 2001; Kray, Galinsky & Thompson, 2002). Em segundo lugar, quando os negociadores acreditavam que as simulações podiam realmente prever a sua verdadeira

---
[1]. Energia intensa (N. do T.)

capacidade de negociação, os homens se saíam ainda melhor. Aparentemente, as mulheres – neste caso, gerentes muito bem-sucedidas de empresas importantes – eram prejudicadas por causa do estereótipo cultural muito difundido de que as 'mulheres são dóceis'. Embora essas mulheres de sucesso fossem qualquer coisa menos dóceis, o mero conhecimento da existência desse estereótipo sobre elas era suficiente para formar um bloqueio mental nas negociações. Nós especulamos que talvez se esse estereótipo cultural sobre as mulheres fosse formulado de forma mais proeminente, elas poderiam atacá-lo mentalmente. Criamos uma simulação na qual mencionamos, deliberadamente, o estereótipo feminino clássico e a maré mudou. Essas alunas de MBA altamente competentes não somente ignoraram o estereótipo, como também reivindicaram uma parte maior do montante do que seus colegas homens. Qual a mensagem a ser passada? Os estereótipos que se escondem abaixo da superfície encontram uma forma de se infiltrarem em recessos do nosso subconsciente e acabam por interferir negativamente em nosso desempenho. Ao expormos esses estereótipos negativos – deixando-os claros e atacando-os mentalmente – as mulheres conseguem se sair muito melhor.

Esses resultados nos deram uma idéia de como mudar completamente esse estereótipo feminino no seu âmago: criamos uma simulação de negociação na qual dissemos abertamente a todos os alunos e alunas do MBA que o sucesso em uma negociação era decorrente de *habilidades pessoais* – capacidade de ouvir, fluência verbal, discernimento não-verbal e assim por diante, ou seja: todos os elementos do estereótipo feminino clássico. Assim, as mulheres tiveram um melhor desempenho sob essas condições (Kray, Galinsky & Thompson, 2002). A principal conclusão é que se uma tarefa (como a negociação) puder ser positivamente associada ao seu próprio estereótipo de gênero, você terá um desempenho melhor. Talvez esse raciocínio explique em parte por que a apresentadora Oprah Winfrey é tão poderosa. (Ver também a Nota 7.2 para ter um exemplo de como uma poderosa líder feminina alavancou seu papel.)

Nota 7.2 As habilidades verbais e não-verbais do poder
Madeleine Korbel Albright é a primeira mulher a assumir o posto de secretária de Estado na história dos Estados Unidos e a mulher mais graduada a servir na área executiva do governo. A ex-professora da Georgetown University, com seu discurso duro e comentários inteligentes, buscou o cargo e aceitou-o de forma ávida, sem relutância e sem demonstrar qualquer falsa modéstia sobre suas credenciais estelares (*National Journal*, 3 jun 2000). Em seu reinado como secretária de Estado, a 'Dona da Última Palavra' Albright reuniu uma lista impressionante de realizações poderosas. Ela conseguiu uma aliança que finalmente desafiou a agressão sérvia nos Bálcãs e a manteve firme durante a guerra, fazendo isso sem uma ruptura total com Moscou. Ao mesmo tempo, evitou que as negociações de paz entre Israel e a Palestina falhassem completamente, quando Benjamin Netanyahu era o primeiro-ministro, de modo que o sucessor dele, Ehud Barak, pudesse erigir uma solução com base em uma fundação que ainda permanecia intacta. Ela alimentou o relacionamento com a China e abriu a porta para melhores relações com o Irã. Seu segredo de poder: "Interrompa!". Pelo menos, este é o conselho que ela dá para as mulheres jovens: "Não espere que os homens peçam a sua colaboração" (*National Journal*, 3 jun. 2000). E ela faz o que prega: em seu curso em Georgetown, instituiu uma regra de não levantar a mão para perguntar, porque acreditava que se os estudantes fossem avisados para levantar suas mãos antes de falar, as mulheres respeitariam isso, mas os homens não. O sucesso que ela obteve com a variedade de pessoas com quem lidou revela impressionantes habilidades de persuasão e poder de barganha.

Redes sociais de relacionamento

Enquanto o poder de informação em uma negociação se relaciona ao poder ligado ao *que* você sabe, o poder de redes de relacionamento refere-se a *quem* você conhece. O *capital social* é o poder resultante do acesso dos gerentes a outras pessoas dentro e fora de suas organizações. É um valor que advém de quem, quando e como se coordenam vários contatos dentro da empresa e para além dela. Mark Isakowitz criou uma empresa inteira com base no poder da rede de relacionamentos. Seu trabalho é atuar como negociador-mediador para pessoas de negócios que desejam ter influência no Capitol Hill, sede do congresso norte-americano. A associação de hospitais buscou suas habilidades de negociação para matar o decreto legislativo acerca do sistema norte-americano de saúde pública. A legislação era apoiada por republicanos de alto escalão, o que fez que Isakowitz usasse uma rede de relacionamentos de nível mais alto – a liderança do partido – para evitar a aprovação do decreto. Um dia, ele se posicionou nos corredores movimentados do segundo andar do Capitólio, entre a Rotunda e a porta do Plenário. Ali, de pé, ele tinha a certeza de poder encontrar o líder da maioria, Tom DeLay (do Partido Republicano do Texas) e o articulador Roy Blunt (do Partido Republicano de Missouri). Quando eles apareceram, ele disparou sua ameaça: o setor de hospitais havia produzido anúncios de TV nos quais rotulavam qualquer legislador que apoiasse o decreto como inimigo da assistência médica. O grupo estava disposto a gastar 4 milhões de dólares para colocar os comerciais no ar e Isakowitz podia fornecer aos congressistas, naquela mesma hora, uma fita demo desses comerciais. Os republicanos não aceitaram a fita, mas cederam à ameaça. Em algumas semanas, o comitê encarregado do decreto reprovou a redução do serviço público de saúde. As ações dos hospitais na bolsa se estabilizaram e os comerciais nunca chegaram a ser transmitidos na TV. Esse é um exemplo do poder do relacionamento e do capital social (*Fortune*, 11 ago. 2003b, p. 121).

Você não precisa ser lobista do Capitol Hill para alavancar redes sociais. Gerentes com mais capital social obtêm maiores retornos sobre seu capital humano porque sua posição lhes permite identificar e desenvolver oportunidades mais recompensadoras (Burt, 1992). Os negociadores com grande poder de rede são aqueles que agem como *integradores*, criando pontes sobre gaps funcionais existentes em organizações e unidades. Em outras palavras, eles representam uma ligação fundamental entre pessoas que, de outra forma, não teriam contato. Como integradores, ocupam uma posição singular dentro da rede organizacional por reunir pessoas, conhecimento e informação que, sem eles, não seriam reunidos. A posição de um negociador como elo singular em uma rede de relacionamentos implica que ele consegue aproveitar mais oportunidades que outros membros da rede que não detêm essas mesmas características. Além disso, os negociadores integradores estão em posição de criar oportunidades para outras pessoas ou impedir que estas aconteçam. Os integradores intermedeiam o fluxo de informações entre as pessoas e controlam a informação. Os negociadores que fecham gaps são aqueles que conhecem as oportunidades recompensadoras, têm-nas em mãos e exercitam mais controle sobre elas. Eles têm mais acesso às informações por causa de seus variados contatos. Isso significa que eles, muitas vezes, estão cientes de novas oportunidades e têm acesso mais fácil a elas do que seus pares – mesmo aqueles com capital humano semelhante ou maior. Por esta razão, também acabam sendo candidatos mais freqüentes e mais fortes a aproveitar novas oportunidades e têm mais probabilidade de mostrar sua competência por terem mais controle sobre o conteúdo de seus cargos, definido pelos relacionamentos com subordinados, superiores e colegas.

Aparência física

É perturbador o fato de as pessoas atraentes serem mais eficazes para conseguir o que querem do que as pessoas menos atraentes fisicamente, independentemente de suas habilidades reais. Por exemplo, o trabalho produzido por pessoas alegadamente mais atraentes é mais valorizado do que aquele produzido por outras menos atraentes. Para ilustrar esse ponto, alguns homens participantes de um estudo avaliaram um texto que tinha uma foto anexada da suposta autora – uma mulher atraente ou não (conforme julgado por um grupo independente de pessoas; para uma revisão, ver Feingold, 1992). Embora os textos fossem idênticos em todos os aspectos, os julgamentos emitidos pelos homens foram fortemente afetados pela atratividade da mulher na foto. Quanto mais atraente ela fosse, melhor a avaliação dada (Landy & Sigall, 1974). As pessoas pensam que os indivíduos atraentes são mais talentosos, bacanas, honestos e inteligentes (Eagly, Ashmore, Makhijani & Longo, 1991). Conseqüentemente, as pessoas atraentes são mais persuasivas para mudar as atitudes de outros (Chaiken, 1979) e conseguirem o que querem (Benson, Karabenick & Lerner, 1976). A atratividade física tem um impacto favorável sobre a eficácia em vendas (Kivisilta, Honkaniemi & Sundvi, 1994; Reingen & Kernan, 1993) e sobre os níveis de receita em um amplo universo de ocupações (Hamermesh & Biddle, 1994). A atratividade é normalmente alcançada pela vestimenta e pela aparência na maioria desses estudos.

Como é de se esperar, os benefícios da atratividade são transferidos para a mesa de negociação. Consistentemente com a idéia de 'prêmio por beleza', mais dinheiro é oferecido às pessoas atraentes, mas, ao mesmo tempo, exige-se delas um desempenho melhor (Solnick & Schweitzer, 1999).

A avaliação de um candidato a emprego também pode ser afetada por sua atratividade física (Dion, 1972). As pessoas atraentes são avaliadas de forma mais positiva e tratadas melhor do que as não atraentes. Comunicadores e vendedores atraentes são mais eficazes para mudar as atitudes das outras pessoas (Kiesler & Kiesler, 1969). Por essa razão, as campanhas publicitárias normalmente mostram pessoas atraentes tentando vender um produto ou serviço. Muitas vezes presume-se que as pessoas atraentes tenham outras qualidades: por exemplo, elas são consideradas mais equilibradas, interessantes, sociáveis, independentes, dominantes, fascinantes, sensuais, bem ajustadas, socialmente habilidosas e bem-sucedidas do que as não atraentes (Dion & Dion, 1987; Moore, Graziano & Millar, 1987). Esta atribuição de qualidades positivas a pessoas atraentes faz parte do 'efeito auréola' descrito no Capítulo 6. A mensagem subjacente é: fique ao modo como seu julgamento (e de outras pessoas) é afetado pela aparência física.

Os efeitos do poder sobre quem tem menos poder

Quais são os efeitos psicológicos dos que têm mais poder sobre aqueles que têm menos? Em termos de percepção e precisão, quem tem menos poder percebe mais precisamente os comportamentos e atitudes daqueles que detêm mais poder (Fiske & Dépret, 1996). Essa competência faz muito sentido, especialmente porque os menos poderosos dependem dos que têm mais poder para obter importantes recompensas organizacionais. Se alguém controla uma gama de benefícios organizacionais que podem afetar radicalmente o seu bem-estar, você provavelmente acompanhará de perto o comportamento dessa pessoa. No entanto, essa grande precisão pode cobrar um preço. As pessoas que detêm pouco poder podem exibir sinais de paranóia e acreditar que são constantemente acompanhadas e avaliadas pelos mais poderosos (Kramer & Hanna, 1988).

Os efeitos do poder sobre quem detém o poder

As pessoas muito poderosas freqüentemente se esquecem das menos poderosas (Gruenfeld, Keltner & Anderson, 1998). Presumivelmente, as pessoas poderosas têm pouca ou nenhuma razão para prestar atenção naquelas com menos poder. Afinal, os poderosos controlam a situação e as ações dos outros têm pouco efeito sobre o seu bem-estar. Conseqüentemente, os mais poderosos tendem a ser menos precisos com relação à situação. Em termos de negociação, as pessoas com mais poder (seja este legítimo ou não) podem ser menos vigilantes e coletar informações menos abrangentes sobre os menos poderosos. Os mais poderosos também se 'automonitoram' menos, o que significa dizer que não mudam seu comportamento para se ajustarem a uma determinada situação (Snyder, 1974; Gruenfeld, Keltner & Anderson, 1998). Por exemplo, para um estudo, pessoas muito poderosas foram secretamente filmadas enquanto interagiam com outras de menor poder. Esse intercâmbio aconteceu numa reunião social, onde um coquetel e bebidas foram servidos. Os mais poderosos comeram mais e de forma desordenada, o que tornou sua aparência mais desgrenhada (Gruenfeld, Keltner & Anderson, 1998). Elas ficaram menos preocupadas com a própria aparência que as demais pessoas, pois consideravam que a percepção dos outros não teria conseqüência alguma. Em comparação com isso, as pessoas menos poderosas apresentaram um nível muito mais alto de monitoramento de seu próprio comportamento (isto é, comeram menos e ficaram com a aparência menos desleixada).

TÁTICAS DE PERSUASÃO

Você não precisa necessariamente ter poder para conseguir persuadir outras pessoas. Alguns negociadores são mestres em mudar atitudes e comportamentos. Nós identificamos técnicas que os negociadores podem usar para induzir essas mudanças em seus oponentes. Entretanto, precisamos alertá-los que tal poder também pode ser usado contra eles.

Dois desejos são de especial importância nas negociações: a de ser admirado e aprovado e a de ser racional e preciso. Os negociadores experientes captam as necessidades das pessoas para ganhar aprovação, ser respeitados por outros e saciar sua necessidade de serem vistos como racionais e lógicos. A seguir, identificamos duas rotas primárias que vão ao encontro dessas duas necessidades.

Duas rotas para a persuasão

Essas duas rotas ou caminhos (Chaiken, Wood & Eagly, 1996) correspondem, grosso modo, à nossa distinção entre a mente e o coração do negociador. A primeira é conhecida como a *rota central* para a persuasão. É um caminho direto, cerebral e baseado em informações. Nele, encontramos uma tendência à avaliação da força ou racionalidade do argumento de um oponente e a se decidir sobre se o conteúdo da negociação está em acordo ou desacordo com as crenças de um negociador. Quando as mensagens de um oponente são processadas por meio dessa rota central, a persuasão acontece se os argumentos apresentados por um negociador forem suficientemente convincentes e se os fatos que direcionam seu comportamento forem significativos. *A rota central é ideal quando se lida com pessoas analíticas que tendem a manter o foco nas informações, nos fatos e nos dados.*

O outro caminho possível é tomar a *rota periférica* para a persuasão. Ao contrário do que ocorre na rota central, há pouco trabalho cognitivo ou cerebral quando se tenta persuadir alguém por meio da rota periférica. Em vez disso, a persuasão, quando ocorre, envolve uma resposta aparentemente automática a várias pistas ou dicas. Normalmente os apelos ao prestígio, à credibilidade ou à admiração de uma determinada pessoa são os que têm mais sucesso quando se navega pela rota periférica. A persuasão por meio desse caminho ocorre mais comumente quando o negociador está distraído ou emocionalmente muito envolvido com a situação.

As rotas central e periférica criam duas 'linguagens' diferentes, pelas quais é possível negociar e persuadir. A rota central é racional, direta, cognitiva e baseada em informações; a rota periférica é emocional e motivacional. Nas próximas seções deste capítulo, trataremos das táticas que podem ser utilizadas por meio dessas duas rotas. Novamente, alertamos os negociadores de que essas táticas podem ser usadas contra eles e provavelmente o serão em algum momento de sua carreira. Portanto, ao descrevermos cada uma dessas táticas, indicamos também uma estratégia de defesa que pode ser usada pelo negociador se ele desconfiar que seu oponente está usando exatamente aquela abordagem. Vale observar, porém, que o melhor sistema de defesa é se conscientizar a respeito dessas táticas e fazer uma preparação excelente antes de iniciar as negociações.

Táticas de persuasão da rota central

Este grupo de táticas envolve estratégias racionais e intencionais que podem ser usadas para organizar o conteúdo e o fluxo de informações durante uma negociação.

O poder da agenda

Em uma negociação, os participantes seguem, explícita ou implicitamente, uma agenda. Na maior parte das vezes, os negociadores discutem as questões uma a uma, como se fossem uma 'lista de compras'. As negociações normalmente dizem respeito a quem controla a agenda. Tom Smerling, o diretor em Washington do Fórum de Política Israelense, um grupo que apóia um papel ativo dos Estados Unidos nas conversações de paz no Oriente Médio, observa que, virtualmente, toda negociação internacional é iniciada com uma discussão sobre a agenda ou pauta (*USA Today*, 5 jan. 2000).

Conforme indicamos no Capítulo 4 sobre a negociação integrativa, desaconselhamos veementemente que os negociadores tratem as questões uma a uma. Pelo contrário, é pelo *agrupamento de questões* que as oportunidades integrativas podem ser descobertas. Não obstante, o negociador experiente pode usar o poder da agenda não somente para aumentar o montante, como também para dividi-lo favoravelmente para si. O negociador que conseguir colocar as questões de uma forma que reflita suas prioridades mais altas pode ter uma chance maior de obter ganhos em suas questões mais prioritárias.

Estratégia de defesa É uma boa idéia discutir o que parecem ser interesses implícitos ou não divulgados (por exemplo: "Tenho a sensação de que você tem um plano de como cobrir as questões. Eu gostaria de ouvir suas idéias e então poder compartilhar as minhas. Talvez possamos chegar a uma pauta que faça sentido para ambas as partes, após escutarmos o que cada um tem a dizer").

O poder das alternativas

Os negociadores que conseguem gerar alternativas para cada uma das questões podem obter uma vantagem na barganha, pois formulam alternativas que beneficiam a si próprios. Obviamente, um número infinito de alternativas pode ser pensado para uma situação específica de barganha. O negociador experiente especificará as alternativas que lhe sejam mais favoráveis.

Estratégia de defesa Você não precisa ficar muito na defensiva se seu oponente estiver 'dando as cartas' com relação às alternativas que serão escolhidas. Esse fato o ajuda a avaliar as necessidades e interesses de seu oponente. Certifique-se de ter refletido sobre suas próprias alternativas e de tê-las colocado sobre a mesa de negociação.

O poder das opções

Em nosso capítulo sobre a barganha integrativa (Capítulo 4), defendemos a criação de várias opções, todas de igual valor para as pessoas envolvidas na barganha. O negociador que assume o controle da criação de opções tem um diferencial de poder na negociação.

Estratégia de defesa *Se* seu oponente sugerir várias opções, isso é uma boa notícia, pois indica que ele não é um negociador posicional. Entretanto, certifique-se de não fazer concessões unilaterais. A melhor forma de se evitar isso é criar várias opções para apresentar à outra parte.

Estruturação das atitudes

Se um negociador suspeitar que seu oponente tem uma MASA incerta ou não específica, ele pode influenciar a percepção dessa MASA. Dessa forma, ele pode manipular a outra parte para que ela revele sua MASA.

Estratégia de defesa A melhor estratégia para se defender quando um oponente tenta manipular a percepção de sua própria MASA é pesquisar a fundo a sua melhor alternativa sem acordo e desenvolver seu preço de reserva antes de começar a negociação. Com freqüência testemunhamos situações nas quais um negociador é manipulado para revelar sua MASA quando o oponente presume que ela é fraca. Como exemplo ilustrativo, consideremos a seguinte negociação:

Negociador A: Sabe, o mercado está realmente bom para os compradores. Sugiro que você reflita sobre minha oferta [para a casa] antes de descartá-la. Pode ser que você não encontre outro comprador por algum tempo.
Negociador B: Na verdade, eu tenho vários interessados na casa.
Negociador A: No mercado atual? Isto não parece muito provável. De fato, minha irmã está vendendo a casa dela e até agora não recebeu oferta nenhuma.
Negociador B: Para dizer a verdade, na semana passada, um comprador de fora do Estado veio ver a casa e disse que, provavelmente, me faria uma oferta de 230 mil dólares ainda esta semana. Você pode perguntar a meu corretor, se não acredita em mim.
Negociador A: Que interessante. Na noite passada eu e meu marido decidimos que estaríamos dispostos a oferecer 231 mil dólares por sua casa – imagine só!

Nessa interação, vimos que a negociadora A foi bem-sucedida em conseguir que o negociador B revelasse sua MASA, colocando-o na defensiva.

O poder do contraste

Os negociadores podem muitas vezes inventar ou apresentar alternativas irrelevantes para serem consideradas por seus oponentes. Muitas vezes o negociador que propõe tais alternativas sabe que a outra parte vai considerá-las inaceitáveis, mas, psicologicamente, as alternativas podem criar um *efeito de contraste*. Como exemplo para ilustrar como este efeito funciona, consideremos o comportamento de alguns corretores de imóveis (ver Cialdini, 1993). Os corretores que querem que um comprador potencial faça uma oferta para a compra de uma determinada casa podem mostrar a essa pessoa diversas residências. Eles montam um circuito de visitas que começa com alguns 'abacaxis' que estão há meses no mercado e que, ou são completamente sem atrativos, ou têm um preço bem acima do mercado. Assim, o comprador fica um pouco deprimido ao ver casas nessas condições ou com preços tão altos. Nesse momento, o corretor passa então a mostrar as casas que ele realmente quer que o potencial comprador considere. Essa tática cria um efeito de contraste psicológico, pois o comprador olhará para essas casas de uma forma muito mais favorável do que olhou para as residências mais caras vistas anteriormente e, assim, estará ávido por fazer uma oferta. Nas negociações, o contraste é muitas vezes utilizado quando o oponente faz uma oferta inicial radical e depois apresenta uma segunda que parece mais razoável. Os índices de aceitação da segunda oferta são mais altos quando ela é precedida de uma primeira oferta extremada.

Estratégia de defesa A melhor defesa contra o efeito do contraste é definir um ponto-alvo claro antes de iniciar a negociação. Por exemplo, o comprador potencial de um imóvel deveria pesquisar suficientemente o mercado para perceber que valor de casa está disponível. Em muitas situações, é uma postura sábia fazer uma contraproposta a uma oferta baixa por parte de seu oponente que seja igual ao seu ponto-alvo. Os negociadores devem evitar a todo custo fazer concessões prematuras – aquelas feitas antes de eles tentarem conseguir o que realmente desejam.

Compromisso e consistência

O *princípio da consistência* diz respeito à necessidade fundamental de sermos consistentes com nossas crenças, sentimentos e comportamentos, não só em relação às outras pessoas como também em relação a nós mesmos. Contradizer a nós mesmos, seja em pensamento ou em ações, é um sinal de irracionalidade. Assim, os negociadores experientes normalmente tentam obter um compromisso verbal de seus oponentes.

Quais são as implicações do princípio da consistência para o negociador? Se concordar com alguma coisa (isto é, com um conjunto específico de termos etc.), ele estará motivado para se comportar de modo consistente com seu compromisso verbal. Uma manobra comum de barganha freqüentemente utilizada por vendedores é perguntar aos consumidores sobre suas intenções de compra (por exemplo: "Você está pronto para comprar um carro hoje a um preço justo?"). A maioria das pessoas responderia que sim, pois isso não as obriga a comprar um determinado carro. No entanto, poderosos processos de compromisso psicológico começam a entrar em ação a partir do momento em que nos reconhecemos como um 'comprador'.

Estratégia de defesa   Tenha cuidado ao concordar com alguma coisa. Se um vendedor de carros perguntar se você está pronto para adquirir um automóvel, não responda "sim" imediatamente mas, em vez disso, diga: "Tudo depende de como as coisas evoluírem e de encontrar o que quero nas condições que desejo".

Efeitos de *Framing*: Tirando vantagem do copo meio-cheio ou meio-vazio

Como vimos no Capítulo 2, as pessoas são avessas ao risco em situações de ganho e aceitam arriscar quando enfrentam perdas. Lembre-se que o *ponto de referência* define o que uma pessoa considera ser o *status quo* a partir do qual os ganhos e as perdas são avaliados. Os negociadores experientes sabem que, se quiserem induzir um oponente a manter o *status quo* – ou seja, induzir à aversão ao risco ou ao conservadorismo – devem apresentar as opções como ganhos em relação ao ponto de referência. Da mesma forma, se quiserem induzir à mudança, eles devem enquadrar as opções como perdas.

Estratégia de defesa   **Determinar seu ponto de referência antes de entrar na negociação para evitar o *framing*.**

Heurística do tratamento justo: tirando vantagem do viés egocêntrico

O tratamento justo é uma 'chave' fundamental numa negociação. Quanto mais os negociadores puderem caracterizar suas ofertas como 'justas', maior a probabilidade de ela ser aceita pela outra parte. Entretanto, existem vários índices e medidas do que é um tratamento justo

Estratégia de defesa   *Esteja consciente das muitas regras de tratamento justo* (como eqüidade, igualdade e necessidade). Quando um oponente acionar uma manobra para tirar proveito do tratamento justo, o negociador deve estar pronto para apresentar um contra-argumento que seja favorável e consistente com suas próprias percepções de tratamento justo (ver Capítulo 3).

Pressão do tempo

A intuição comum diz que o negociador que está sob a maior pressão encontra-se em desvantagem numa negociação. Embora seja verdade que o negociador que precisa chegar mais rapidamente a um acordo (porque sua MASA pode se deteriorar com o passar do tempo) está em desvantagem, as limitações de tempo podem se transformar em vantagem para ele (Moore, 2004).

Estratégia de defesa Lembre-se de que a parte que tem um prazo apertado para ser cumprido define o prazo final da outra parte envolvida. Defina limites de por quanto tempo você quer continuar a negociar. Um prazo final limita custos potenciais ligados ao tempo. Se tiver que enfrentar um prazo final para a negociação, tenha ele sido definido por você ou não, certifique-se de que as pessoas com quem você está negociando estão cientes das restrições de tempo que você coloca sobre elas. Se quiserem chegar a algum tipo de acordo, terão que trabalhar para atingi-lo antes do prazo final (Moore, 2004).

Táticas de persuasão da rota periférica

As estratégias que descreveremos a seguir funcionam por meio de um mecanismo fundamentalmente diferente: a necessidade inerente das pessoas de serem admiradas, aprovadas e respeitadas pelos outros. O negociador que utiliza as estratégias mostradas a seguir manipula o senso que o oponente tem de sua própria identidade e, por meio dessas estratégias, tenta mudar o comportamento de seu oponente. Desenvolver estratégias de defesa, neste caso, torna-se mais difícil, pois essas táticas de persuasão nos pegam muitas vezes desprevenidos. Uma boa defesa é tornar-se consciente das estratégias mais comuns.

Apreço postergado

Você deve demonstrar seu apreço pela outra parte imediatamente ou deve esperar um pouco para fazê-lo? Para obter compromissos da outra parte, é muito mais eficaz o apreço pela outra parte *ir aumentando gradativamente* (Aronson & Linder, 1965). A forma mais eficaz de apreço – para conseguir o que se deseja de alguém – não é demonstrar que se gosta da outra pessoa imediatamente. Ao contrário, a opção de aumentar gradativamente esse apreço é muito mais eficaz para se obter o que se quer. Consideremos, por exemplo, uma pesquisa de feedback avaliativo na qual as pessoas podiam receber quatro avaliações feitas por um colega: completamente positiva, inicialmente negativa e então positiva, sempre negativa e inicialmente positiva e depois negativa. Solicitou-se então que a pessoa que recebeu o feedback de avaliação indicasse o quanto ela apreciava a outra parte. O apreço em relação à outra parte foi maior na situação em que a avaliação era inicialmente negativa e tornou-se mais tarde positiva (Aronson & Linder, 1965).

Errar é humano

As pessoas que entram numa negociação naturalmente desconfiam de negociadores atraentes e de 'conversa mole'. Portanto, é importante mostrar a seu oponente que você é um ser humano, com fraquezas e defeitos. Fazer isso pode criar um bom clima. Em um estudo, por exemplo, as pessoas escutavam alguém altamente competente (ou seja, que obteve 92 por cento de acerto em questões difíceis de exames). Durante a entrevista subseqüente, era revelado que tal pessoa também era competente em outras áreas – um aluno premiado, editor do livro do ano da escola e com desempenho excelente em esportes. Em outra situação, as pessoas assistiram a uma palestra do mesmo indivíduo mas, nessa ocasião, ele derrubou café em si mesmo durante a entrevista. Mesmo com as mesmas qualificações nas duas situações, quando essa pessoa cometeu o erro humano (derrubar café), foi muito mais admirada do que quando era 'a perfeita'. De fato, a admiração por ela aumentou em 50 por cento (Aronson, Willerman & Floyd, 1966).

Preparando o terreno

Os julgamentos e comportamentos das pessoas são afetados pela *preparação inconsciente*, que se refere ao impacto que sinais sutis e informações obtidas no ambiente têm sobre o nosso comportamento (em um nível abaixo de nosso consciente).

Consideremos o seguinte cenário hipotético: você e seu associado de negócios estão formulando a estratégia para a próxima rodada de negociações com um importante cliente. Vocês dois estão discutindo sua estratégia em um bar local, onde uma TV de tela gigante está transmitindo uma luta de boxe particularmente cruel. Você e ele não estão prestando muita atenção à luta, mas escutam, no fundo, as marcações do árbitro e o desenrolar da ação. Você percebe que seu associado usa termos como 'armar um soco' e 'golpe abaixo da cintura' e você fica pensando se o contexto social está afetando o julgamento de seu associado sobre a negociação. Você sugere uma caminhada pela rua até o Honey Bear Café, onde o grupo de folk Brotherly Love está tocando naquela noite. Enquanto tomam café, seu associado uma vez mais começa a conversar sobre as negociações que estão por vir. Você o ouve falar em 'harmonia' e 'construir uma comunidade' e imagina se as características do ambiente em que se encontram estão influenciando, novamente, o julgamento de seu amigo. Essa situação ilustra como as pessoas são freqüentemente manipuladas por sinais no ambiente que agem como fatores de preparação. Algumas vezes esses sinais são aleatórios ou produtos naturais do ambiente (como no caso do bar); outras vezes eles podem ser 'plantados' (por um negociador experiente). Obviamente, é importante compreender como a preparação para certos aspectos de uma situação a ser enfrentada pode afetar nosso comportamento.

Reforço

Apesar de a maioria das pessoas não ter consciência disto, gestos simples e não verbais, como a anuência com a cabeça, o sorriso e o olho no olho são formas de reforço social. Se os negociadores oferecem esses reforços a seus oponentes quando estes dizem coisas que os primeiros consideram aceitáveis, mas evitam reforços em outros momentos durante a negociação, eles podem ter sucesso em manipular o comportamento da outra parte envolvida. Consideremos, novamente, o grande talento interpessoal de Madeleine Albright. Políticos conservadores do Sul dos Estados Unidos, como o congressista republicano Sonny Callahan, geralmente têm muito pouca coisa em comum com democratas liberais, como Albright, ou seja, até que ela use seu charme pessoal como reforço. Durante um jantar na Câmara de Comércio, em Mobile, Alabama, Callahan presenteou Albright com uma cópia pessoalmente autografada do livro *Forrest Gump*, de Winston Groom. Albright instintivamente sabia que devia reforçar o recebimento do presente e, assim, disse para a multidão que estava participando do evento: "Bem, usando algo que está escrito neste livro, lidar com Sonny é parecido com ganhar uma caixa de chocolates. Você nunca sabe o que vai conseguir, mas com ele você sempre tem certeza de que tem um recheio doce" (*National Journal*, 3 jun. 2000).

Evidência social

No filme *Harry e Sally, feitos um para o outro*, Sally (Meg Ryan) está almoçando com Harry (Billy Crystal) e mostrando como uma mulher pode fingir prazer sexual. Uma senhora sentada à mesa próxima vê Sally gemendo em êxtase e diz para a garçonete: "Quero o mesmo que você serviu para ela". A mulher usou o princípio da evidência social para direcionar o seu próprio comportamento.

De acordo com o *princípio da evidência social*, observamos o comportamento de outras pessoas para determinar o que é desejável, apropriado e correto. Esse comportamento é sensato em várias dimensões; se queremos nos relacionar com outras pessoas, faz todo o sentido saber o que elas esperam. Não obstante, esse processo psicológico fundamental pode funcionar contra nós em negociações, se olharmos para os outros – especialmente para nosso oponente – para determinar uma oferta apropriada ou um acordo adequado. Vendedores de carros novos, por exemplo, escolhem como alvo os vizinhos de consumidores que recentemente adquiriram automóveis. Os atendentes de bares muitas vezes 'batizam' suas jarras de gorjeta, e os coletores de igreja 'preparam' as cestinhas com moedas antes de passá-las. A evidência social é a razão pela qual os anunciantes usam slogans como "a que mais vende" ou "a que cresce mais rapidamente". Uma tática conhecida como *técnica de listagem* envolve fazer uma solicitação após se mostrar a uma pessoa, considerada alvo, uma lista de pessoas semelhantes que já atenderam à mesma solicitação. Por exemplo, estudantes universitários e proprietários de imóveis doaram sangue ou dinheiro para a caridade em volumes muito maiores após terem visto uma lista de pessoas que já tinham feito a mesma coisa anteriormente (Reingen, 1982). As pessoas não percebem a real extensão em que seu comportamento é influenciado pelas ações dos que as circundam. Além disso, quanto mais ambígua uma situação for, maior a probabilidade de confiarmos em pistas da situação e no comportamento dos outros para sabermos como agir.

Técnica da reação

A *técnica da reação* (também conhecida como *psicologia reversa* ou *efeito bumerangue*) refere-se à necessidade inata que as pessoas têm de expressar sua liberdade individual sempre que os outros tentam tirá-la (Brehm, 1983). Os negociadores podem usar uma forma interessante da psicologia reversa para extrair o que desejam e de que necessitam de seus oponentes. (*Cuidado*: esta técnica pode ser extremamente arriscada; sugerimos que os negociadores a pratiquem bastante antes de usá-la em negociações, de modo a não cometer erros possivelmente fatais.)

Uma estratégia para se provocar uma 'reação' em seu oponente é parafrasear a posição dele de forma a fazer que ela soe mais extremada do que realmente é. Consideremos, por exemplo, a seguinte conversa ocorrida após duas horas de uma negociação, na qual cada parte já parou de fazer concessões:

Negociador A (*com profunda sinceridade e respeito*): Então, o que você parece estar dizendo é que sua melhor oferta está sobre a mesa. Esta é sua oferta final; não existem outras oportunidades de espécie alguma. Sua oferta é uma linha desenhada no chão.

Negociador B (*parecendo levemente perplexo*): Bem, não, as coisas não são bem assim. Eu simplesmente tentei deixar clara a posição de minha empresa e dizer que tenho um compromisso de atingir nossas metas. E esta oferta final que apresentei está alinhada às metas da minha empresa.

Negociador A (*com resignação*): Eu respeito uma pessoa que assume um compromisso, que desenha uma linha no chão e não se move um milímetro além dessa linha. Você é uma pessoa que fica firme com suas armas e tem a tenacidade e a firmeza de um exército e...

Negociador B (*interrompendo o negociador A*): Veja, eu não estou desenhando uma linha no chão, ou fazendo qualquer coisa parecida. Eu sou uma pessoa razoável e estou pronto para considerar ofertas razoáveis...

Negociador A (*parecendo incrédulo*): Você quer dizer que tem o poder e a liberdade para criar mais opções? Eu estava com a impressão que você estivesse amarrado à sua posição...

Negociador B (*de certo modo defensivo*): Bem, é claro que eu posso fazer qualquer coisa aqui dentro dos limites racionais. Posso vislumbrar alternativas.

Negociador A (*com interesse*): Estou muito interessado em escutar suas idéias.

Técnica do pé na porta

Na *técnica do pé na porta*, pede-se a uma pessoa que ela concorde em fazer um pequeno favor ou declaração (como responder afirmativamente uma pergunta como "Você está pronta para comprar um carro hoje a um preço justo?" ou assinar um abaixo-assinado). Mais tarde, a mesma pessoa é confrontada com uma solicitação de maior impacto para ela (como comprar um carro ou votar a favor de uma determinada coalizão em uma reunião departamental). A probabilidade de a pessoa concordar com uma solicitação mais impactante é maior quando ela já concordou previamente com uma solicitação mais simples (Beaman, Cole, Preston, Glentz & Steblay, 1983). Esta estratégia se aproveita da necessidade que as pessoas têm de demonstrar um comportamento consistente.

Técnica da porta na cara

Outra estratégia para se ganhar adesão é chamada de técnica da porta na cara (ou *tática da rejeição e posterior retratação*) na qual um negociador inicia uma negociação solicitando uma concessão ou um favor muito grande da outra parte – algo que quase certamente será recusado pelo oponente (Cialdini, 1975). Quando essa recusa acontece, o negociador faz uma solicitação mais simples, que é a verdadeira opção desejada por ele. Descrevemos este princípio no Capítulo 3, que alerta os negociadores quanto à manifestação de altas aspirações. Esse nível de aspiração cria um efeito de contraste, no qual o oponente vê qualquer outra solicitação menos extremada que a inicial como algo mais razoável.

Técnica do 'isso não é tudo'

Muitos negociadores lançam mão da técnica do 'isso não é tudo' (também conhecida como 'adoçar a boca') oferecendo-se para adicionar algo a um pacote negociado ou a um acordo. Por exemplo, os vendedores de carro muitas vezes adicionam opcionais para o carro que está sendo negociado para fechar a venda. Evidências sugerem que esta técnica realmente funciona: em um estudo envolvendo a venda de bolos, quando os clientes perguntavam quanto custava um bolinho e os vendedores diziam que dois bolinhos saíam por 0,75 centavos de dólar, 40 por cento deles decidia comprá-los. Entretanto, essa porcentagem aumentou para 73 por cento quando era dito a eles que um bolinho custava os mesmos 0,75 centavos de dólar e que na compra de um o segundo seria grátis (Burger, 1986).

NEGOCIAÇÃO ÉTICA

O aspecto distributivo da negociação pode incentivar as pessoas a violarem padrões éticos de comportamento. Algumas regras curtas e grossas definem o que é ético em negociações mas, mais freqüentemente, os negociadores acabam enfrentando situações onde os limites da ética não são muito nítidos. A ética é uma manifestação de normas culturais, contextuais e interpessoais que tornam inaceitáveis certas estratégias e comportamentos. De acordo com Robinson, Lewicki e Donahue (2000), as pessoas avaliam táticas em um *continuum* que vai do 'eticamente adequado' ao 'eticamente inadequado' quando decidem se devem ou não usar determinadas táticas. Vamos tratar a seguir da questão de quais comportamentos podem ser considerados antiéticos ou questionáveis em negociações, que fatores levam a isso e como desenvolver padrões éticos pessoais.

Mentir

Mais do que qualquer outra coisa, mentir é considerado antiético (assim como ilegal em algumas ocasiões). Uma declaração pode ser considerada fraudulenta quando seu emissor faz uma representação falsa de um fato material no qual a vítima deposita uma razoável confiança, e que acaba causando prejuízos a ela. Ao desmembrarmos essa definição, descobrimos vários aspectos importantes ligados ao ato de mentir: (1) o emissor está consciente de que está transmitindo informações não-verdadeiras (2) referentes a um fato material. A outra parte (3) confia nesse fato e, (4) sendo assim, acaba prejudicada de alguma forma – econômica ou emocionalmente. Consideremos um caso em que um proprietário de imóveis da cidade de Nova York disse a um inquilino potencial que se ele não alugasse o apartamento, o proprietário o alugaria para outra pessoa de imediato. Nesta situação, o proprietário apresentou o interesse existente no apartamento de forma inapropriada; o inquilino acreditou neste fato para tomar uma decisão de locação do imóvel e acabou prejudicado em termos econômicos.

Usando esse padrão de mentira, examinaremos alguns dos conceitos fundamentais que já foram discutidos até agora, mais especificamente posições, interesses, prioridades, MASAs, preços de reserva e fatos relevantes.

1. *Posições:* Em uma negociação, as posições ou posicionamentos consistem de demandas largamente subjetivas feitas por uma das partes à outra; portanto, os negociadores não têm nenhuma obrigação de declarar verdadeiramente suas posições. Por exemplo, uma candidata a emprego que negocia um contrato de trabalho pode dizer ao empregador que pensa fazer jus a um salário anual de 100 mil dólares quando, na verdade, está propensa a aceitar 85 mil dólares. Observemos que essa negociadora não está mentindo sobre sua MASA nem tampouco insinuando que tem outra oferta de trabalho; ela está somente dizendo que acredita ter direito a 100 mil dólares anuais.

2. *Interesses:* Em uma negociação, quase sempre se supõe que as pessoas estão interessadas no benefício próprio, sem "nenhuma obrigação de boa-fé". De acordo com a Sétima Vara de Apelações dos Estados Unidos:

> Em uma transação de negócios, ambos os lados tentam, presumivelmente, obter o melhor acordo para si. Esta é a essência da barganha e do livre mercado... Nenhuma regra legal limita o funcionamento dos interesses de negócios. Portanto, ninguém pode caracterizar o interesse no benefício próprio como má-fé. Nenhuma demanda particular em negociações pode ser chamada de desonesta mesmo que pareça ultrajante para a outra parte envolvida. O recurso adequado, nesse caso, é deixar a mesa de barganha e não processar a outra parte por "má-fé nas negociações" (*Feldman x Allegheny International, Inc.*, 1998).

3. *Prioridades e preferências:* Com respeito às prioridades, da mesma forma que em relação aos interesses, um negociador pode tê-las, não importando se elas são muito ou nada idiossincráticas; além disso, não caracteriza um fato material um negociador fazer representações falsas de seus interesses.

> "Estimativas de preço de um valor colocado como motivo de uma transação e as intenções de uma das partes para com um acordo aceitável de uma reivindicação" não são fatos materiais no contexto da regra que proíbe os advogados de fazer declarações falsas a uma terceira pessoa. (Padrões de Conduta Profissional da *American Bar Association*, 2004)

Você pode avaliar as complexidades do compartilhamento de informações (ou da falta dele) por meio do seguinte exemplo: consideremos duas pessoas que tenham sido contratadas para atuar como uma equipe de projeto em uma determinada empresa. Aos dois associados (*A* e *B*) é dado um grande escritório para ser compartilhado e, assim, eles começam a arrumar seus locais de trabalho. O escritório contém duas mesas e somente uma janela cuja vista externa pode ser desfrutada somente pela pessoa que se sentar em uma das mesas. Uma conversa entre *A* e *B* revela que a pessoa A deseja ficar com a mesa próxima à janela e está pronta para sacrificar outros recursos conjuntos de forma a obtê-la – como abrir mão da vaga de estacionamento mais próxima e de espaços de armazenamento de itens pessoais. Com total desconhecimento por parte de *A*, *B* tem um medo terrível de altura; a janela tem vista para um precipício íngreme e, francamente, *B* prefere a outra mesa que fica próxima de um aquário de água salgada. *B* considera a opção de não mencionar sua verdadeira preferência, esperando com isso *parecer* estar se sacrificando e, desta forma, extrair mais recursos para si. Esta estratégia é conhecida como *deturpação passiva*, pois um negociador não menciona suas verdadeiras preferências e permite que a outra parte chegue a conclusões equivocadas. Imagine, agora, que *A* surpreenda *B* perguntando diretamente qual mesa *B* prefere – aquela próxima da janela ou do aquário. A pessoa *B* mentirá sobre suas preferências? Se ela assim proceder, estará cometendo um ato de *deturpação ativa* se direcionar deliberadamente seu oponente para uma conclusão não verdadeira. Essa manobra de manipulação estratégica é usada em cerca de 28 por cento do tempo (O'Connor & Carnevale, 1997).

4. *MASAs:* Conforme discutido no Capítulo 2, a MASA de um negociador constitui um estado objetivo de negócios e, portanto, é material e sujeita a litígio. A mensagem é: não invente ofertas que não existem! Os negociadores que agem dessa forma (ou mesmo fazem alusão e essas ofertas) estão blefando. De acordo com Lewicki (1983), um blefe pode ser uma falsa promessa ou ameaça. Uma falsa promessa (por exemplo, "se você fizer *x*, eu o recompensarei") e uma ameaça falsa (como: "se você não fizer *x*, eu o punirei") são atos fraudulentos, pois a pessoa que faz a ameaça não tem a intenção de executá-la ou não pode fazê-lo.

5. *Preços de reserva:* Conforme discutido no Capítulo 2, o preço de reserva de um negociador é a quantificação da sua MASA. Assim, o preço de reserva declarado por um negociador (o mínimo ou o máximo valor pelo qual o negociador irá vender ou comprar) não é um fato material por si só e, dessa forma, embora possa ser repreensível o ato de se mentir sobre ele, isso não é antiético em termos legais.

6. *Fatos relevantes:* A preparação e transmissão de informações incorretas é uma ação antiética (e sujeita à punição). Por exemplo, um vendedor de imóveis residenciais que não divulga problemas conhecidos nos alicerces de uma determinada casa é culpado de fraude. Consideremos as acusações feitas pelo acionista da Chrysler, Kirk Kerkorian, contra a DaimlerChrysler referentes à "fusão das empresas" (*BusinessWeek*, 24 nov. 2003b). De acordo com Kerkorian, o CEO da Daimler, Jürgen E. Schrempp anunciou o acordo de 36 bilhões de dólares como uma 'fusão de iguais' e não como uma 'aquisição'. Apesar do uso dessas palavras poder parecer, simplesmente, uma diferença trivial, ele trazia uma conseqüência considerável para os acionistas da Chrysler, que detinham cerca de 14 por cento da empresa naquele momento: a eles não foi pago um prêmio referente à aquisição. Na verdade, suas ações perderam 56 por cento do valor.

Outras estratégias questionáveis de negociação

Além da mentira sobre suas posições, interesses, preferências, prioridades, MASAs, preços de reserva ou fatos materiais, algumas pessoas citam pelo menos mais cinco outros comportamentos como antiéticos:

- **Barganha competitiva tradicional:** Em uma análise realizada com estudantes de MBA sobre percepções de comportamento antiético, a barganha competitiva tradicional, que inclui, por exemplo, esconder os objetivos reais, fazer ofertas de abertura muito altas ou muito baixas e obter informações fazendo perguntas à rede de contatos de um oponente, foi considerada antiética (Lewicki & Robinson, 1998). Na verdade, os negociadores que se consideram 'agressivos' aceitam com mais facilidade tais táticas do que outros mais 'cooperativos' (Lewicki & Robinson, 1998).
- **Manipulação da rede de relacionamentos do oponente:** Esta tática envolve uma tentativa de enfraquecer a posição de um oponente influenciando seus pares ou subordinados. Consideremos, por exemplo, a forma como os sindicatos estaduais de trabalhadores tentaram usar o acesso a

redes sociais para derrotar uma iniciativa antiimposto no estado de Washington, Estados Unidos (*Seattle Times*, 4 abr. 2002). Grupos de sindicatos de trabalhadores enviaram e-mails, fingindo fazer parte de um grupo de apoiadores da campanha que solicitavam petições, adesivos e faixas. A idéia era fazer que o grupo que fosse favorável aos impostos gastasse muito tempo e dinheiro enviando panfletos, adesivos e outros itens para as pessoas, que no final seriam jogados fora. A diretora política do Conselho de Trabalhadores do Estado de Washington, Diane McDaniel, disse: "Isto custará [ao outro lado] recursos valiosos de campanha para o envio de centenas e possivelmente milhares de pacotes de divulgação".

- **Quebra de acordos negociados:** Em muitas negociações importantes, os acordos são fechados sem a assinatura de documentos formais. Por exemplo, mesmo na compra de casas e carros, um entendimento entre as partes é normalmente celebrado antes que os papéis oficiais sejam assinados. Mesmo após a formalização desses contratos, existe um período de rescisão em que cada parte pode abandonar, legalmente, o acordo. Não obstante, há bastante divergência e debates éticos sobre a questão de se as partes têm o direito de quebrar um acordo, uma vez ocorrido fechamento informal (como, por exemplo, por meio de um aperto de mão).
- **Retratação de uma oferta:** De acordo com uma regra não escrita, uma vez que um negociador coloca uma oferta sobre a mesa, ele não pode se retratar. Isso caracterizaria má-fé na barganha. Mesmo assim, os negociadores podem necessitar desfazer ofertas porque ocorreu um erro. Por exemplo, uma loja de departamentos publica números vencedores de um concurso entre consumidores, mas um erro de digitação é cometido e um grande número de pessoas acredita, equivocadamente, que está entre os ganhadores (ver Nota 7.3). Entretanto, o que pode ser visto pelo negociador, que fez a oferta, como um engano é freqüentemente entendido pelo recipiente da oferta como má-fé.
- **Caça-níqueis:** A estratégia de continuamente pedir "só mais uma coisa" após um acordo ter sido presumivelmente fechado irrita a maioria das pessoas. Elas relutam em fazer concessões quando temem que a outra parte vá prolongar as negociações. Os negociadores têm uma maior tendência de fazer concessões quando sentem que terão sucesso em fechar um acordo. Dessa forma, é normalmente uma estratégia eficaz informar à outra parte os termos que você precisa para fechá-lo. Ainda melhor é preparar a papelada oficial e indicar que você "assinará hoje" se suas condições forem atendidas. A perspectiva de se fechar um acordo é normalmente um fator sedutor o suficiente para que os negociadores concordem com os termos propostos pela outra parte envolvida.

Nota 7.3 Retratação de uma oferta
Em cinco de novembro de 1999, o *New York Daily News* publicou números errados do vencedor da loteria chamada Scratch 'N' Match. O jornal, citando as regras do jogo, disse que não pagaria o prêmio aos 'falsos vencedores', mas anunciou que concederia a soma diária regular de prêmios de 192.500 dólares mantendo em seu caixa, até o mês seguinte, parte do que fosse recebido por todas as pessoas que entregassem bilhetes vencedores. Como já era esperado, pessoas com raiva e frustradas inundaram as linhas telefônicas da empresa e muita gente entupiu o saguão de entrada do prédio do jornal em Nova York. Um segurança já idoso do prédio foi esmurrado e ficou com o olho roxo. Alguns ganhadores irados ameaçaram processar o jornal (*New York Times*, 6 nov. 1999).

Delitos de omissão e comissão

É quase unânime a idéia de que os delitos de comissão (mentira ativa) são mais antiéticos que os de omissão (não dar informação, ver Quadro 7.1). Afinal, uma negociadora pode reivindicar que seu oponente não fez "as perguntas corretas" ou que ela pensou que a informação não fosse relevante para a situação. Para exemplificar a complexidade dos delitos de omissão, consideremos a situação apresentada no Quadro 7.2. É possível reter informações e não ser considerado antiético, mas a blindagem proposital de informações materiais não isenta de culpa o negociador. Em outras palavras, um homem de negócios não deveria se recusar a examinar os relatórios da empresa para continuar acreditando que a saúde financeira da sua companhia está boa.

Os custos de mentir

O senador norte-americano Sam Ervin observou que "o problema maior com a mentira é que você acaba tendo que possuir uma memória muito mais privilegiada" (Audiência do Caso Watergate no Senado dos Estados Unidos, 1974). Diversos custos, ou desvantagens, estão associados à mentira, sendo o primeiro dos quais o fato de o mentiroso poder ser pego e enfrentar um processo criminal. Mesmo que o flagrante não ocorra, a reputação e a confiabilidade da pessoa podem ficar prejudicadas. Quando isso ocorre repetidamente, pode então levar a uma cultura envenenada, onde todos na empresa mentem e as suspeitas entre as pessoas são cada vez maiores e mais freqüentes. Mentir pode também não ser estratégico. Como um negociador que mente sobre o seu preço de reserva efetivamente reduz o tamanho da zona de barganha, a probabilidade de se criar um impasse torna-se maior.

QUADRO 7.1 LIÇÕES NA ARTE DA ENROLAÇÃO

Ofereça sinceridade, não a verdade. "Fleischer nunca promete contar toda a verdade. Ele simplesmente promete dizer o que sabe. Dessa forma, a Casa Branca pode segurar a verdade limitando o que Fleischer sabe. Em 10 de janeiro, ele anunciou que dois secretários do gabinete do presidente tinham recentemente discutido a situação financeira da Enron com executivos daquela empresa. Quando os jornalistas perguntaram por que somente agora ele admitia esse fato, após ter sido inquirido 'por semanas sobre contatos entre a empresa e o presidente e sua equipe', Fleischer explicou que somente agora ele descobrira isso e que 'todas as perguntas que vocês tinham me feito ... eram sobre o presidente. Eu falo pelo presidente'. Um repórter perguntou então se Cheney tinha participado das conversas com os executivos da Enron. 'Nada me foi trazido à atenção ou informado', disse Fleischer. Então, se mais tarde se descobrisse que Cheney tinha tido tais conversas, os jornalistas não poderiam acusar Fleischer de mentir. Ele não pode ser acusado de nada. O fato de ele ser inútil é problema deles (dos jornalistas), não dele (Fleischer)." (*Slate*, 23 jan. 2003)

Observação: Para mais informações sobre Ari Fleisher, consulte o site http://slate.msn.com/?id=2061084.

QUADRO 7.2 — DELITOS DE OMISSÃO

Um casal interessado em comprar uma casa trabalhou em quase todos os aspectos de um acordo. O corretor imobiliário estava ciente de que o casal tinha uma forte preferência pela Casa B, que tinha sido vendida para outra pessoa no mês anterior, quando o casal ainda estava em busca de uma residência. O corretor mostrou a eles a Casa A e o casal acabou fazendo uma oferta por ela, que foi aceita. Antes do fechamento da compra da Casa A, a Casa B voltou a ser colocada à venda, devido a um conjunto completamente imprevisto de circunstâncias. O corretor estava ciente de que a Casa B estava de novo no mercado, mas não informou o casal desse fato antes do fechamento da compra da Casa A. Foi somente após tudo estar sacramentado (e após uma comissão de 7,5 por cento do valor de compra ter sido paga ao corretor) que ele resolveu informar o casal de que a Casa B voltara ao mercado e que, caso assim o desejassem, eles poderiam colocar à venda a Casa A recentemente adquirida e comprar a Casa B.

Essa postura do corretor caracteriza um comportamento antiético? Aos olhos do agente imobiliário, como a Casa B ainda não estava oficialmente listada e como o casal não havia perguntado mais sobre se esse imóvel estava novamente à venda, ele não tinha tido um comportamento antiético. Aos olhos do casal, a postura do corretor foi extremamente antiética por não informá-los de que a sua casa preferida encontrava-se novamente disponível para compra, no momento em que isso aconteceu.

Sob quais condições as pessoas se envolvem em uma fraude?

Não é claro com que freqüência ou que fatores desencadeiam o uso do logro ou fraude numa negociação. Para ajudar a esclarecer essa questão, conduzimos um levantamento junto a alunos de MBA matriculados em um curso de negociação. Pedimos a eles para descrever as condições sob as quais eles pessoalmente se envolveriam com fraude (definida como mentira) em negociações. Para nossa surpresa, a maioria dos alunos identificou situações nas quais mentiriam. Somente duas pessoas de um total de 47 disseram que nunca fariam isso. Mais de 25 por cento dos participantes da pesquisa disseram que usariam 'mentiras leves' ou exageros em quase todas as negociações. O motivo mais comum para mentir foi acharem que a outra parte também estava mentindo (ver Figura 7.1 na página 172).

Viés psicológico e comportamento antiético

A ética é um problema constante em negociações, nem tanto pelo fato de as pessoas serem inerentemente más e fazerem *tradeoffs* entre lucro e ética, ou por não levarem em consideração os interesses e o bem-estar dos outros envolvidos, mas sim por causa das tendências psicológicas que estimulam a tomada incipiente de decisões (Messick & Bazerman, 1996). As pessoas normalmente acreditam que estão se comportando de forma ética, mas devido às tendências que elas têm de servir aos próprios interesses, alguns problemas surgem e os negociadores reclamam de postura indevida. Alguns dos vieses humanos que levam a problemas éticos nas negociações são a ilusão de superioridade, a ilusão de controle e a confiança exacerbada (ver Messick & Bazerman, 1996).

- **Ilusão de superioridade:** As pessoas têm uma tendência de enxergar a si mesmas e às suas ações de uma forma muito mais favorável do que os outros as vêem (Taylor & Brown, 1988). Elas tendem a se concentrar em suas características positivas e minimizar seus pontos fracos. Em termos relativos, acreditam que são mais honestas, éticas, capazes, inteligentes, corteses, brilhantes e justas do que os outros. Foi assim que Frank Quattrone, o diretor anterior dos negócios bancários de investimentos em tecnologia da CSFB, tornou-se prisioneiro da ilusão de superioridade em sua fascinação pelo risco e pela sede de poder.
- **Ilusão de controle:** As pessoas tendem a pensar que têm mais controle sobre os eventos do que realmente têm. Em jogos de azar, por exemplo, elas muitas vezes acham que podem controlar os resultados (Langer, 1975). Obviamente, essa forma de pensar pode levar a um tipo de 'falácia de jogatina' aplicada à tomada de decisão. No entanto, isso também pode criar problemas éticos, como quando as pessoas declaram que têm um controle de qualidade que não está, na verdade, sendo atendido.
- **Confiança exacerbada:** A maioria das pessoas confia demais em seu próprio conhecimento. Por exemplo, quando se fazem questões factuais a determinadas pessoas e depois pede-se a elas que avaliem a probabilidade de suas respostas estarem certas, os julgamentos pessoais excedem em muito os percentuais reais de acerto. Na média, elas reivindicam estarem certas em 75 por cento das vezes, quando o índice preciso de acertos é de somente 60 por cento (Fischhoff, Slovic & Lichtenstein, 1977). E as pessoas cujas metas não são atingidas (provavelmente por causa do excesso de confiança) demonstraram uma tendência maior a apresentar comportamentos antiéticos (Schweitzer, Ordóñez & Douma, 2004).

Como nossos julgamentos de comportamento ético estão sujeitos a vieses, como os negociadores podem responder melhor à questão de se um dado comportamento é ético ou não? Consideremos o seguinte:

1. *O teste da primeira página:* Este teste, também conhecido como o teste à luz do dia, coloca o seguinte desafio ético para os negociadores: você se sentiria completamente à vontade se suas ações e declarações aparecessem na primeira página do jornal local ou fossem relatadas no noticiário da TV? Se isso não acontecer, seu comportamento ou as estratégias em questão podem ser considerados antiéticos. Outra versão do teste: "Como eu me sentiria se tivesse que ficar diante de um tribunal de inquisição e explicar o que fiz?"
2. *A Regra de Ouro reversa:* A Regra de Ouro prega que se "faça aos outros aquilo que você gostaria que eles fizessem a você". Nessa estratégia, o negociador se pergunta: "Se as mesas fossem viradas, como eu me sentiria se meu oponente fizesse isso comigo?" Se a resposta for "eu não iria gostar muito", isso significa que o comportamento em questão pode ser considerado antiético.
3. *A modelagem de papéis:* "Você aconselharia outras pessoas a fazer isso?" ou "Eu me sentiria orgulhoso de ver meu filho agindo dessa forma?" ou "E se todo mundo negociasse dessa forma? Essa seria a sociedade que tanto desejamos para nós?"
4. *Conselho de terceiros:* Aconselhar-se com terceiros é uma postura sábia – alguém que tenha uma visão imparcial da negociação – para verificar como aquela pessoa considera seu comportamento planejado. Ao pedir aconselhamento a um terceiro, não revele sua própria posição. Descreva o evento ou a situação na terceira pessoa.
5. *Fortalecimento de sua posição de barganha:* Os negociadores que tiverem se preparado adequadamente ficarão menos tentados a mentir. Por exemplo, um negociador que se esforça para melhorar sua MASA não precisa mentir sobre ela. Um negociador que tenha pensado sobre os fatores que afetam seu preço de reserva pode simplesmente dizer à outra parte: "Isso não é da sua conta". E um negociador que tenha considerado os fatos pode expressar uma 'opinião' com base nesses fatos.

FIGURA 7.1 Condições sob as quais os negociadores dizem que se envolveriam em um logro ou fraude.

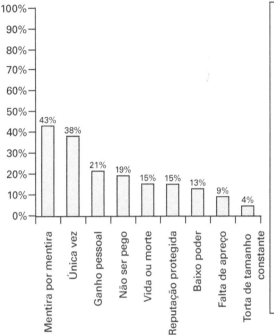

CONCLUSÃO

A MASA de um negociador é a fonte mais importante de poder em uma negociação. Dito isso, o uso eficaz do poder não é simplesmente a ameaça de exercitar a sua MASA. O negociador esclarecido sabe que pode obter uma fatia maior do montante se aumentar o seu tamanho. Listamos dois tipos de estratégias de influência que apelam, respectivamente, para a mente e para o coração do negociador. As estratégias cerebrais se baseiam no uso estratégico da informação e incluem controlar a agenda, gerar alternativas dentro das questões, gerar opções entre as questões, a estruturação da atitude e a consistência na persuasão e, por último, o *framing* estratégico. Dentre as estratégias psicológicas que foram discutidas encontram-se o apreço postergado, certo grau de comportamento modesto, preparação estratégica, reforço, evidência social, reação, pé na porta, porta na cara e a técnica do 'isso não é tudo'.

Todos os negociadores precisam se preocupar com o comportamento ético em uma negociação e saber que, como tudo o mais, nem sempre vemos nossas ações da forma como os outros as vêem. Discutimos as desvantagens morais e estratégicas de mentir a respeito das seis coisas sobre as quais os negociadores mais mentem (posições, interesses, prioridades, MASAs, preços de reserva e fatos importantes). Discutimos também como a ilusão de superioridade, a ilusão de controle e a confiança exacerbada podem contribuir para a decisão de um negociador de se envolver em atividades fraudulentas. Sugerimos que os negociadores se submetam a cinco 'testes' quando tiverem dúvidas sobre se um determinado comportamento é ético ou não: o teste da primeira página, a Regra de Ouro reversa, a modelagem de papéis, o aconselhamento de terceiros e o fortalecimento de suas posições de barganha.

CAPÍTULO 8

Criatividade e resolução de problemas em negociações

Em 1991, as duas empresas geradoras de energia da Costa Oeste dos Estados Unidos descobriram uma nova forma de ajudar os salmões do rio Columbia e melhorar a qualidade do ar poluído do sul da Califórnia sem gastar um único centavo. As empresas Southern California Edison Co. e Bonneville Power Administration chegaram, em 1991, a um acordo que ajudou a proteger os salmões jovens na costa noroeste do Pacífico. Por esse acordo, a Bonneville Power aumentaria o volume de água liberado no rio Columbia durante o verão e a Edison aceitaria a energia hidrelétrica gerada em decorrência dessa ação. O fluxo adicional de água ajudaria
os salmões jovens a nadar mais rapidamente através dos reservatórios, evitando que um grande número desses peixes se perdesse ou fosse comido nas águas paradas.
No outono e no inverno, a Edison devolveria a energia que tomara emprestada da Bonneville. Esse arranjo fazia com que a empresa não precisasse utilizar as usinas termoelétricas (à base de óleo e carvão) durante o verão. Esse intercâmbio, de cerca
de 200 megawatts de potência e suficiente para atender cerca de 100 mil lares, melhorou a migração para jusante de salmões jovens no rio. Isto também melhorou a qualidade de ar do sul da Califórnia por reduzir a necessidade de operar usinas geradoras de energia movidas a combustíveis fósseis durante os meses de maior poluição no verão. A Edison declarou que o arranjo reduziu a quantidade de poluição em Los Angeles em algo em torno de 46 toneladas, o equivalente a tirar 5 mil carros das autopistas. Neste acordo criativo, nenhuma quantia de dinheiro mudou de mãos (The Oregonian, 7 mar. 1991).

CRIATIVIDADE NA NEGOCIAÇÃO

O aspecto criativo da negociação é muitas vezes ignorado pelos negociadores, que acabam se fixando na dimensão competitiva. Essa tendência é bastante direcionada pela difundida *percepção do montante de tamanho constante*, ou pela crença de que a negociação é um empreendimento em que se ganha ou se perde. Até mesmo os negociadores que acreditam em um potencial de 'ganha-ganha' muitas vezes confundem 'aumentar o tamanho do montante' com fazer concessões, em vez de um verdadeiro processo de ganhos conjuntos. A negociação bem-sucedida requer uma grande dose de criatividade e de resolução de problemas e o processo de divisão do montante pode ficar muito mais fácil quando ele aumenta de tamanho por meio de estratégias criativas e criteriosas de resolução de problemas, como foi mostrado no caso envolvendo a Bonneville Power e a Edison. Este capítulo consiste de um 'curso avançado' em barganha integrativa, usando criatividade e resolução de problemas para chegar a resultados 'ganha-ganha'.

Este capítulo fornece os meios pelos quais os negociadores podem transformar suas negociações em empreendimentos de 'ganha-ganha'. Para começar, convidamos os negociadores a colocar em teste suas habilidades de resolução de problemas e sua criatividade. A partir daí, tratamos do tópico da criatividade em negociações e com o que se parecem os acordos de uma negociação criativa. A seguir, consideramos as maiores ameaças ou 'matadores' da solução criativa de problemas em negociações. Concluímos a discussão oferecendo uma 'rotina de exercícios' para manter sua mente criativa afiada, de modo a conseguir enfrentar uma gama de atividades gerenciais que incluem a negociação mas não se limitam a ela.

Teste sua própria criatividade

O Quadro 8.1 apresenta 13 problemas. Use 30 minutos agora para tentar resolvê-los. Se você tiver dúvidas, dê o seu melhor palpite, mas faça uma tentativa honesta de resolver cada problema. Conforme for avançando, faça uma anotação mental de como você tenta resolver cada problema. Leia o restante do capítulo antes de verificar as respostas que se encontram no Quadro 8.7 (localizado no final deste capítulo). Conforme você lê, veja se surgem alguns *insights* e faça anotações sobre eles.

QUAL É SEU MODELO MENTAL DE NEGOCIAÇÃO?

Entrevistas com gestores, a literatura acadêmica da área e os livros mais populares publicados sobre negociação revelam cinco modelos mentais distintos de negociação, dentre os quais 'regateio', 'análise de custo-benefício', 'jogador', 'parceria' e 'resolução de problemas' (Thompson & Loewenstein, 2003). Os modelos mentais dos negociadores definem seus comportamentos. Em outras palavras, se eu abordar uma negociação como se ela fosse um empreendimento no qual 'um engole o outro', serei muito mais duro do que se encarar a negociação como uma 'parceria'. Conforme você for aprendendo mais sobre os cinco modelos mentais, reflita sobre qual deles melhor caracteriza a forma como você aborda pessoalmente uma negociação.

Regateio

Provavelmente o modelo mental de negociação mais comum é o que chamamos de *modelo de regateio*. A imagem que melhor encerra esta abordagem é a de dois cachorros brigando por um único osso. Por exemplo, Joe Bachelder, que negocia contratos para altos executivos corporativos, é um regateador. "De uma pequena sala de conferências que ele chama de 'caverna', o sr. Bachelder vai regatear no telefone por horas para ganhar pacotes multimilionários de remuneração de executivos, que muitas vezes causam assombro ou raiva quando vêm a público. Em um único dia, ele pode batalhar por algo tão importante quanto o plano de pensão de 19 milhões de dólares de um CEO ou tão pequeno quanto o direito de um empregado de levar as fotos do escritório para casa se for demitido. Joe é 'incansável', diz John Wood, um recrutador de executivos da Spencer Stuart. 'Ele volta repetidamente às questões até conseguir obter tudo o que deseja'" (*The Wall Street Journal*, 25 jun. 2003, parágrafo 3). A resolução, neste modelo, é decorrente de uma disputa entre duas partes, na qual cada uma delas tenta obter a maior fatia possível do montante. Este modelo se baseia na percepção do montante de tamanho fixo na negociação.

QUADRO 8.1 — TESTE DE CRIATIVIDADE

Decidindo a carta[1]

Olhe os seguintes números e letras. Cada número ou letra representa uma carta. Em cada uma das quatro cartas, uma letra aparece de um lado e um número no seu verso. Sua tarefa é julgar a validade da seguinte regra: "*Se uma carta tem uma vogal de um lado, então ela contém um número par em seu verso*" Sua tarefa é a de virar somente aquelas cartas que necessitam ser viradas para julgar a validade da regra. Que cartas você virará? [*Faça um círculo em volta das cartas que você escolher para testar a regra.*]

E   K   4   7

Decidindo o que a pessoa na sala FAZ[2]

Uma pessoa foi escolhida aleatoriamente em um grupo de 100 pessoas, constituído de 30 engenheiros e 70 advogados. Qual é a probabilidade de Jack, a pessoa escolhida aleatoriamente, ser um engenheiro?

"Jack é um homem de 45 anos. Ele é casado e tem quatro filhos. Ele é geralmente conservador, cuidadoso e ambicioso. Não demonstra qualquer interesse em questões políticas e sociais e gasta a maior parte de seu tempo livre com muitos *hobbies*, que incluem marcenaria, vela e desafios matemáticos."

Jack é [*faça um círculo em uma das opções*]:

um engenheiro   um advogado

Decidindo o que apostar[3]

Em qual opção você apostaria? [*Faça um círculo em torno de A ou B.*]

A: 1/3 de chance de ganhar 80 mil dólares

B: 5/6 de chance de ganhar 30 mil dólares

Agora, imagine que você tenha que escolher entre uma das opções mostradas a seguir. Em qual você apostaria? [*Faça um círculo em torno de C ou D.*]

C: 50 por cento de chance de ganhar 10 mil dólares e 50 por cento de chance de perder 10 mil dólares

D: $0

Jarros de água[4]

Você recebeu um conjunto de jarros de diferentes capacidades e um suprimento ilimitado de água. Sua tarefa é medir uma quantidade específica de água. Você deve supor que tem acesso a uma torneira e uma pia, de modo a poder encher e esvaziar os jarros. Os jarros começam vazios. Você pode enchê-los, esvaziá-los e passar água de um para outro. Como exemplo, consideremos os problemas 1 e 2 mostrados a seguir:

Problema Exemplo	Capacidade do Jarro A	Capacidade do Jarro B	Capacidade do Jarro C	Quantidade Desejada
1	5 xícaras	40 xícaras	18 xícaras	28 xícaras
2	21 xícaras	127 xícaras	3 xícaras	100 xícaras

---

1. Watson, P. C. & Johnson-Laird, P. N. (1972). *Psychology of Reasoning: Structure and Content*. Cambridge, MA: Harvard University Press.
2. Kahneman, D. & Tversky, A. (1973). On the psychology of prediction. *Psychological Review*, 80, 237–251.
3. Tversky, A. & Kahneman, D. (1981). The framing of decisions and psychology of choice. *Science*, 211, 453–458.
4. Luchins, A. S. (1942). Mechanization in problem solving. *Psychological Monographs*, 5(46), whole no. 248.

Para resolver o problema 1, você encheria o jarro A e derrubaria seu conteúdo no jarro B, encheria A e derrubaria o líquido em B, e encheria C e passaria seu conteúdo para B. A solução deste problema é representada pela expressão **2A + C**.

Para resolver o problema 2, você primeiro encheria o jarro B com 127 xícaras, encheria A com o conteúdo de B, de modo que 106 xícaras fossem deixadas em B; encheria C com o restante em B, de modo que 103 xícaras ainda permanecessem em B; esvaziaria C e o encheria de novo com o conteúdo de B de modo que a meta de 100 xícaras no jarro B fosse atingida. A solução para este problema pode ser representada pela expressão **B-A-2C**.

Problemas reais

Problema	Capacidade do Jarro A	Capacidade do Jarro B	Capacidade do Jarro C	Quantidade desejada	Solução
1	14	163	25	99	
2	18	43	10	5	
3	9	42	6	21	
4	20	59	4	31	
5	23	49	3	20	
6	15	39	3	18	
7	28	76	3	25	
8	18	48	4	22	
9	14	36	8	6	

O problema dos palitos[5]

Você tem seis palitos, todos de mesmo comprimento. Você precisa arranjá-los de modo a formar quatro triângulos, que sejam eqüiláteros e que tenham o comprimento de um palito. (Você não pode cortar os palitos.) Indique como você faria isso.

Seqüência de letras[6]

Qual é a próxima letra na seqüência mostrada abaixo?

UDTQCSS___

Corrente de ouro

Isaac está hospedado em um hotel quando seu dinheiro acaba. Verificando suas finanças, ele descobre que em 23 dias terá muito dinheiro mas, até lá, está 'quebrado'. O dono do hotel se recusa a deixá-lo ficar sem pagar a conta a cada dia, mas como ele possui uma pesada corrente de ouro, com 23 elos, o proprietário do hotel permite que ele pague por cada um dos 23 dias com um elo da corrente. Então, quando Isaac receber seu dinheiro, o dono do hotel devolverá a parte da corrente que estiver em seu poder. Isaac realmente deseja manter a corrente da forma mais intacta possível, portanto quer somente cortar os elos que forem necessários. O proprietário do hotel, porém, insiste em um pagamento diário e não aceita pagamentos adiantados. Quantos elos devem

---

5. Scheer, M. (1963). *Scientific American*, 208, 118–218.
6. Letter sequence: Source unknown.

ser cortados por Isaac para pagar um elo por dia de hospedagem ao dono do hotel?

_____elos

Susan e Martha

Susan e Martha estão conversando sobre seus filhos, quando Susan pergunta a Martha as idades dos três filhos que ela tem. Martha responde: "A soma das idades deles é 13 e o produto das idades é igual à sua idade". Susan responde: "Eu ainda não sei a idade deles". Quantos anos Susan deve ter?

a. 24   b. 27   c. 63   d. 36   e. 48

O problema do colar[7]

Uma mulher tem quatro correntes. Cada corrente é composta de três elos. Ela quer juntar as peças para obter uma única corrente fechada. O custo de abrir um elo é de dois centavos; o de fechar é de três centavos. Todos os elos encontram-se fechados, neste momento. Ela só dispõe de 15 centavos. Como ela pode proceder?

O problema dos nove pontos[8]

Consideremos os nove pontos mostrados a seguir. Desenhe quatro linhas retas ou menos *sem levantar o lápis do papel*, de forma que essas retas passem por todos os nove pontos.

O chiqueiro[9]

Nove porcos são mantidos em um chiqueiro quadrado, conforme mostrado na figura. Desenhe mais dois quadrados internos, de modo que cada porco fique em um chiqueiro individual.

Lírios d'água[10]

Lírios d'água dobram sua área a cada 24 horas em certo lago. No primeiro dia de verão, não existe nenhum lírio no lago. No sexto dia, a superfície do lago está completamente coberta pelas flores. Em que dia as flores cobrem a metade da superfície do lago?

O problema do barman[11]

Um homem entra em um bar e pede um copo de água. O barman aponta uma arma para ele. O homem diz: "Obrigado" e sai. O que está acontecendo nesta situação?

---

7. Wickelgren, W. A. (1974). *How to Solve Problems*. San Francisco, CA: W.H. Freeman.

8. Weisberg, R. W. & Alba, J. W. (1981). An examination of the alleged role of "fixation" in the solution of several insight problems. *Journal of Experimental Psychology: General,* 110, 169–192.

9. Fixx, J. F. (1972). *More Games for the Super-Intelligent*. New York: Warner Books.

10. Sternberg, R. J. & Davidson, J. E. (1983). Insight in the gifted. *Educational Psychologist,* 18, 51–57.

11. Dayton, T., Durso, F. T. & Shepard, J. D. (1990). A measure of the knowledge reorganization underlying insight. Em R.W. Schraneveldt (Ed.), *Pathfinder Associative Networks: Studies in Knowledge Organization*. Norwood, NJ: Ablex.

Análise de custo-benefício

Alguns negociadores pensam na negociação como um modelo de tomada de decisão racional, no qual mapeiam uma análise de custo-benefício e tentam maximizar seus retornos. Por exemplo, Robert Rubin, ex-secretário do Tesouro dos Estados Unidos, calcula os riscos de praticamente todas as decisões que enfrenta, usando tanto anotações reais quanto mentais (*Fortune*, 22 dez. 2003). Como ilustração, ele uma vez sugeriu ao conselho diretivo do American Ballet Theatre, do qual fez parte, que fosse feita uma redução de custos pelo corte de 10 por cento dos cisnes na apresentação do balé 'O Lago dos Cisnes'.

Jogador

O modelo de negociação de *game-playing* é um jogo de sagacidade e coragem. Ele poderia ser muito bem chamado de modelo mental do 'jogo de pôquer'. Esta abordagem eleva a negociação de um nível de 'briga de rua' para o de uma batalha sagaz entre duas ou mais pessoas altamente inteligentes. No game-playing, cada pessoa tem seus próprios interesses em mente e, em muitos casos, um motivo competitivo, pelo qual ela tenta derrotar a outra parte no 'jogo' da negociação. Este jogo é conduzido, no entanto, de uma forma civilizada e refinada. Jerry Ford, por exemplo, o CEO da First Nationwide Corporation, é um homem genial e de fala mansa, de comportamento tranqüilo e autoconfiante. Ele não é o tipo de negociador que bate na mesa, eleva a voz ou tenta vencer pela intimidação: é uma pessoa respeitosa e um bom ouvinte. "Com seu adversário encantado e desarmado, ele golpeia para matar" (*US Banker*, 1º fev. 1997, p. 28). Essa é a fórmula que Ford tem usado repetidamente em 22 anos de compra e venda de bancos e instituições financeiras.

Parceria

Um modelo mental de negociação completamente diferente é o que chamamos de *modelo de parceria*, que é muitas vezes adotado por vendedores e empresas que acreditam na fórmula de tratar seus clientes como parceiros. Os negociadores que utilizam o modelo de relacionamento acreditam que é importante construir *rapport* entre as partes para alimentar um relacionamento de longo prazo e, em muitos casos, fazer sacrifícios em nome da criação do bem-estar duradouro.

Resolução de problemas

A *resolução de problemas* é um modelo mental no qual as pessoas consideram a negociação uma tarefa de definir e solucionar um problema. Nas negociações em que essa abordagem é utilizada, duas pessoas se sentam do mesmo lado da mesa e tentam resolver juntas um 'quebra-cabeça'. Este modelo tem seu foco nos aspectos cooperativos da tarefa e envolve uma grande dose de criatividade, *framing* do problema e pensamento fora da caixa.

Investigamos os modelos mentais utilizados pelos negociadores e como eles afetam o desempenho (van Boven & Thompson, 2003). Em primeiro lugar, os negociadores que atingiram resultados 'ganha-ganha' tinham modelos mentais mais precisos sobre os interesses subjacentes da outra parte, quando comparados aos que não obtiveram resultados deste tipo. Em segundo lugar, a análise de 'negociadores que chegaram a resultados ganha-ganha' revelou que eles possuíam modelos mentais mais semelhantes entre si do que aqueles que não atingiram esse tipo de resultado. Em suma, os negociadores 'ganha-ganha' pensam, literalmente, de forma alinhada. Finalmente, um treinamento vivencial foi eficaz para ajudar os negociadores a desenvolver modelos mentais que se pareciam mais com modelos de experts e de 'ganha-ganha'. As aulas didáticas mostraram-se bastante ineficazes – um tópico que retomaremos em detalhe ainda neste capítulo.

ACORDOS CRIATIVOS DE NEGOCIAÇÃO

A criatividade na negociação segue normalmente o padrão de 'artilheiro em uma segunda-feira após o grande jogo', o que significa dizer que olhando para trás é fácil ver oportunidades para ser criativo. Não obstante, elas fogem à nossa atenção no momento em que ocorrem. A seguir, listamos as características mais marcantes das negociações verdadeiramente criativas (ver também Pruitt & Carnevale, 1993).

Fracionar problemas em partes solucionáveis

A maior parte das negociações se apresenta para nós como eventos que giram em torno de uma única questão (isto é, até que algum negociador criativo descubra uma forma de dividir o problema em partes menores e, no decorrer do processo, priorize as questões e pense em *tradeoffs* relacionados a elas). A marca registrada do acordo altamente criativo é o fato de os negociadores poderem ver possibilidades integrativas em uma situação que parece ter somente uma única questão envolvida. Criar negociações de múltiplas questões a partir do que aparenta ser a negociação de uma questão única é provavelmente o aspecto mais importante da negociação criativa. Consideremos, por exemplo, como as negociações entre os membros do sindicato Local 175 de trabalhadores do ramo de alimentos e comércio e a Wilfrid Laurier University evitaram uma greve, mesmo quando o problema que enfrentavam era um déficit de 300 mil dólares. Eles fracionaram o assunto de barganha de um único tópico – aumentos salariais – em várias questões que incluíam segurança, controle sobre os uniformes, taxas de estacionamento, acesso a instalações esportivas e custos de horas extras (*Kitchener-Waterloo Record*, 29 jul. 2003). As pessoas vão muito bem ao resolver problemas quando estes são apresentados diretamente para elas; no entanto, elas não são boas em *definir* os problemas. Um dos principais aspectos das negociações é justamente definir um problema, não solucioná-lo (ou seja, buscar as diferenças de modo a encontrar *tradeoffs* criativos). Os psicólogos chamam a esta tarefa a *representação do problema*, em comparação à resolução do problema – o que não quer dizer que resolvê-lo não seja uma habilidade importante. Pelo contrário, a maneira como um negociador concebe um problema pode tanto colocar limitações quanto criar importantes oportunidades no processo de resolução.

Descobrir diferenças: alinhamento e realinhamento de questões

Antes que os negociadores possam descobrir diferenças que gerem *tradeoffs*, eles precisam alinhar as questões envolvidas, de modo que seja possível negociá-las de forma independente e, idealmente, fazer *tradeoffs* (Lax & Sebenius, 1986). O ato de conectar as questões cria uma série de restrições que limitam a capacidade de os negociadores fazerem *tradeoffs* com elas. Idealmente, eles deveriam criar questões *ortogonais* entre si, de forma que os *tradeoffs* pudessem ser obtidos sem causar muito impacto sobre outras questões. Os negociadores habilidosos sabem como realinhar as questões para descobrir nichos de oportunidade. Consideremos, por exemplo, a negociação entre o arquiteto Daniel Libeskind e o incorporador Larry Silverstein, referente à reconstrução da área do World Trade Center (WTC), em Nova York (*New York Times*, 16 jul. 2003a). Ao identificar questões adicionais e fazer um realinhamento de todos os tópicos envolvidos, eles atingiram um acordo negociado, encerrando meses de discussões acaloradas entre Silverstein e Libeskind. O impasse estava centrado em quanta influência o arquiteto (Libeskind) teria sobre o design do primeiro prédio de escritórios a ser construído no local – a torre de 540 metros de altura que define a presença do WTC reconstruído no horizonte da parte baixa de Manhattan. O incorporador (Silverstein) queria envolver outros arquitetos no projeto da torre maior e fazer mudanças no plano mestre. Um acordo foi celebrado pelos dois por meio da definição de outra questão – mais especificamente, o desenvolvimento de diretrizes comerciais de design que governassem futuras incorporações comerciais naquela área. Libeskind ganhou essa questão. Mas Silverstein conseguiu contratar outra empresa para trabalhar como arquiteta de design e gerente de projetos para a Freedom Tower, o primeiro prédio comercial a ser construído no local.

Aumentar o tamanho do montante

Este é um método importante pelo qual se estabelecem acordos criativos. Quando isso é feito eficazmente pelos negociadores, podem-se evitar conciliações que fiquem abaixo do nível ótimo. Assim, a chave é encontrar o suficiente para todas as partes envolvidas. À primeira vista, pode parecer que a expansão do montante não seja uma opção viável em muitas situações. Entretanto, os negociadores que rezam pela cartilha da percepção do montante de tamanho fixo podem limitar, desnecessariamente, suas opções. Consideremos, por exemplo, como uma negociação entre uma unidade do Corpo de Bombeiros e uma escola fundamental foi transformada de um impasse em um acordo criativo, devido ao aumento do tamanho do montante de barganha (*Richmond-Times Dispatch*, 18 fev. 1998). Inicialmente, a escola queria adquirir um terreno para sua expansão, mas os bombeiros bloquearam essa sua manobra. Então o tamanho do montante foi aumentado, de modo que cada parte pagou a um terceiro não relacionado a elas por um terreno separado. No acordo final, a cidade doou um terreno de três acres de terra para um proprietário privado que, em troca, cedeu sete acres e meio de sua propriedade (localizada ao lado da escola e da unidade dos bombeiros) de volta à cidade. Nesse ponto, a unidade de bombeiros e a escola aumentaram, de forma bem-sucedida, o tamanho dos terrenos disponíveis para atingir as metas de ambos. Desta forma, ao expandir o montante para incluir outro terreno que pudesse entrar em uma 'troca', as partes acabaram conseguindo o que desejavam – a escola se expandiu e a unidade dos bombeiros pôde tornar suas entradas e saídas mais convenientes e seguras.

Conexão entre partes separadas (*Bridging*)

De tempos em tempos, não é possível para os negociadores chegar a uma solução conciliatória, fazendo que o aumento do tamanho do montante de barganha não funcione. Além disso, pode ser que nenhuma das partes seja capaz de conseguir o que é desejado em *tradeoffs* que atendam a seus interesses. *Conectar as partes separadas* cria uma nova alternativa para atender os interesses subjacentes dos lados envolvidos na negociação. Essa abordagem reforça a nossa posição de que é necessário compreender os interesses da outra parte e se evitar a barganha posicional. Se os negociadores conseguirem compreender as necessidades básicas de seus oponentes, haverá uma probabilidade maior de se modelar um acordo baseado em *bridging*. O exemplo de abertura deste capítulo, que fala das empresas de geração de energia e do salmão do noroeste do Pacífico dos Estados Unidos, é um exemplo de solução deste tipo.

Corte de custos

Em algumas ocasiões, as pessoas relutam em negociar porque chegar a um acordo parece ser custoso. A maioria das pessoas concorda em arriscar quando está em posição de perda, o que significa dizer que relutam muito em fazer concessões, e podem se comportar de forma irracional quando acreditam que não poderão deixar de fazer concessões. O corte de custos é uma maneira de fazer que a outra parte se sinta inteira por meio da redução de seus custos. Um exemplo de corte de custos de valor agregado ocorreu nas negociações entre a The Nature Conservancy e a Great Northern Paper Company (National Public Radio, 28 ago. 2002). Na realidade, poderíamos esperar que os interesses dessas duas organizações representassem o clássico montante de tamanho constante – a The Nature Conservancy, dedicada a preservar tudo à sua frente, da água a árvores, dificilmente desejaria trabalhar em conjunto com uma empresa que ganha dinheiro derrubando árvores para consumidores e uso industrial. Kent Wommack, da The Nature Conservancy, diz: "Em meus 20 anos com a The Nature Conservancy, eu freqüentemente escutava de pessoas céticas que os ambientalistas e a indústria de papel nunca poderiam sentar lado a lado e conversar francamente" (National Public Radio, 28 ago. 2002). Mas em uma parceria sem precedentes, a The Nature Conservancy assumiu dívidas da Great Northern no valor de 50 milhões de dólares. Em troca, a Great Northern Paper concordou em proteger um quarto de milhão de acres de possíveis desenvolvimentos.

Compensação não-específica

Em um acordo negociado com compensação não-específica, um negociador recebe o que deseja e o outro é compensado (ou pago) por algum método que inicialmente se encontrava fora dos limites da negociação. Por exemplo, Phil Jones, diretor-executivo da Real Time, o estúdio de design interativo sediado em Londres, lembra de uma ocasião na qual usou a compensação não-específica em suas negociações. O problema era que seu cliente, uma equipe da Fórmula 1, queria lançar sites na Internet, mas não tinha orçamento para pagar por seus serviços. No entanto, aos olhos de Phil Jones, o cliente tinha um perfil diferenciado e projetos desafiadores com os quais a Real Time gostaria de se envolver. A Fórmula 1 propôs uma oferta com compensação não-específica para fazer que o acordo acontecesse: tickets para os principais eventos da temporada de Fórmula 1. Isso funcionou muito bem. Phil Jones conta: "Os tickets são como pó de ouro. Eles podem ser usados como um agrado para a equipe ou como uma oportunidade para fidelizar clientes atuais ou cortejar potenciais clientes" (*Management Today*, 1º nov. 1998).

Estruturar contingências

Em 2003, um acordo inovador na área de petróleo foi assinado entre a Royal Dutch/Shell e o Total Group na Arábia Saudita. Diferentemente de arranjos anteriores, em que as empresas de petróleo faziam enormes compromissos financeiros em troca de acesso limitado aos hidrocarbonetos sauditas, a Shell e a Total concordaram em gastar 200 milhões de dólares ao longo de cinco anos de exploração. Se nada fosse encontrado, elas poderiam se retirar do negócio. Se descobrissem petróleo, poderiam vender toda a quantidade encontrada e reportar as reservas em seus livros contábeis (*BusinessWeek*, 4 ago. 2003a). A negociação da Shell-Total com o ministro do Petróleo da Arábia Saudita é um exemplo de contrato contingencial.

Freqüentemente, um grande obstáculo para se chegar a acordos negociados são as crenças dos negociadores sobre algum evento ou resultado futuro (Lax & Sebenius, 1986). Os impasses normalmente resultam de crenças conflitantes difíceis de superar, especialmente quando cada lado confia na precisão de sua previsão e, por conseguinte, desconfia das previsões do outro lado. Muitas vezes, fazer concessões não é uma solução viável e cada parte pode relutar em mudar seu ponto de vista pessoal. Felizmente, os contratos contingenciais podem oferecer uma saída para isso. Com um *contrato contingencial*, as diferenças de opinião entre negociadores referentes a futuros eventos não precisam ser conciliadas; elas se tornam o cerne do acordo (Bazerman & Gillespie, 1999). De acordo com Bazerman e Gillespie, as empresas podem apostar no futuro em vez de discutir sobre ele. Em algumas áreas de negócios, os contratos contingenciais são rotineiros. Os CEOs, por exemplo, normalmente concordam em amarrar seus salários ao preço da ação da empresa para a qual trabalham e, em negócios da área editorial, os direitos autorais são normalmente amarrados às vendas.

Em muitas negociações profissionais, porém, os contratos contingenciais são ignorados ou rejeitados por diversos motivos básicos (Bazerman & Gillespie, 1999). Primeiro, as pessoas não sabem preparar contratos contingenciais. Quase nunca ocorre a elas apostar em suas diferenças quando estão envolvidas em um conflito. Em segundo lugar, esses contratos são freqüentemente vistos como uma forma de jogo ou empreendimento de alto risco. Em terceiro lugar, nenhuma forma sistemática de pensar na formulação deste tipo de contrato está normalmente disponível, o que significa dizer que eles parecem ser uma boa idéia, mas permanece sendo um enigma como formalizá-los e agir de acordo com eles. Em quarto lugar, muitos negociadores têm um viés de "chegar ao sim", o que quer dizer que se concentram em atingir um acordo com a outra parte e relutam em aceitar diferenças de interesse, mesmo quando isso poderia criar opções viáveis para um ganho conjunto (Gibson, Thompson & Bazerman, 1994). Na verdade, a maioria dos negociadores acredita que as diferenças de crença são uma fonte de problemas numa negociação. A visão paradoxal sugerida pela estratégia de contratos contingenciais afirma que as diferenças são normalmente construtivas. Com esse tipo de contrato, os negociadores podem manter o foco nos verdadeiros interesses mútuos e não nas diferenças especulativas (Bazerman & Gillespie, 1999). Quando as empresas não descobrem uma forma de vencer suas diferenças em crenças, elas normalmente vão para o tribunal, criando atrasos custosos, custos de litígio, perda de controle por ambas as partes e deterioração de suas MASAs. (A Nota 8.1 apresenta um exemplo de como os negociadores deixam de usar contratos contingenciais e sofrem com os custos advindos disso).

Nota 8.1 Fracasso em usar contratos contingenciais

"Consideremos a forma como um contrato contingencial poderia ter mudado a história de um dos casos antitrustes mais famosos e infrutíferos do século XX. Em 1969, o Ministério da Justiça dos Estados Unidos (U.S. Department of Justice [DOJ]) abriu um processo contra a IBM, alegando comportamento monopolista. Mais de uma década depois, o caso ainda estava encrencado em litígio. Cerca de 65 milhões de páginas de documentos tinham sido produzidas e cada uma das partes tinha gasto milhões de dólares em despesas judiciais. O DOJ finalmente desistiu do caso em 1982, quando ficou claro que o domínio que a IBM um dia tivera no mercado de computadores estava erodindo rapidamente.

"Durantes os 13 fúteis anos gastos no caso, a IBM e o governo norte-americano tinham essencialmente discutido suas diferenças em expectativas sobre eventos futuros. A IBM presumia que sua participação no mercado diminuiria nos anos ainda por vir, conforme a competição pelo competitivo mercado de computadores aumentasse. O governo supunha que a IBM, como um monopólio, manteria sua grande participação no mercado para o futuro que podia ser previsto. Nenhuma das partes achava que a visão de seu oponente fosse viável e, assim, nenhum deles tinha uma base para concessões.

"Uma forma eficiente e racional de resolver essa disputa teria sido a IBM e o governo negociarem um contrato contingencial – fazer uma aposta no futuro. As partes poderiam ter concordado, por exemplo, que se até 1975 a IBM ainda mantivesse pelo menos 70 por cento do mercado – sua participação em 1969 –, ela teria que pagar uma multa preestabelecida e renunciar à propriedade de certos negócios. Se, no entanto, sua participação no mercado caísse para 50 por cento ou menos, o governo norte-americano não implantaria quaisquer medidas antitrustes. Se a participação ficasse no intervalo entre 50 por cento e 70 por cento, algum outro tipo de contingência entraria em ação.

"Elaborar um contrato contingencial como este não teria sido fácil. Existiria, no final, um número infinito de permutações viáveis e muitos detalhes teriam que ser trabalhados. Mas teria sido mais racional – e muito mais barato – fazer que os advogados de ambos os lados dedicassem algumas poucas semanas discutindo como estruturar um contrato contingencial do que gastar anos fazendo moções, tomando depoimentos e revisando documentos."

Fonte: Bazerman & Gillespie, 1999, p. 4–5.

Outro aspecto maravilhoso dos contratos contingenciais é que eles constituem um equipamento quase perfeito de detecção de mentiras. Nas negociações profissionais, o medo de ser enganado pode ser um grande impedimento para se chegar a acordos. Os contratos contingenciais são uma metodologia poderosa para revelar mentiras e neutralizar suas conseqüências. Eles são particularmente úteis porque criam oportunidade para que os negociadores testem a veracidade de seu oponente de uma maneira não confrontada, permitindo, desta forma, que as partes preservem a imagem. Estes contratos também fazem que as partes preocupadas com a possibilidade de ser enganadas fiquem protegidas. Este medo é precisamente o que Cristóvão Colombo sentia quando negociou o acordo sobre o Novo Mundo com a rainha Isabel e o rei Fernando. Preocupado com a possibilidade de arriscar a vida e uma oportunidade e não ganhar absolutamente nada, Colombo insistiu que lhe fosse oferecida a oportunidade de cobertura de um oitavo dos custos de futuras expedições e que lhe fosse garantido um oitavo de todos os lucros obtidos com elas. Infelizmente, a realeza cancelou o acordo após seu retorno e Colombo teve que ir aos tribunais para receber seus direitos (*Investors' Business Daily*, 11 dez. 1998).

QUADRO 8.2 — OS SEIS BENEFÍCIOS DOS CONTRATOS CONTINGENCIAIS

1. Os contratos contingenciais permitem aos negociadores *tirar vantagem de suas diferenças*, em vez de brigar por causa delas. Não brigue com o futuro. Aposte nele.
2. Os contratos contingenciais permitem aos negociadores *gerenciar predisposições na tomada de decisão*. Apesar de o excesso de confiança e o egocentrismo poderem apresentar barreiras aos acordos eficazes, os contratos contingenciais usam essas predisposições para criar uma aposta.
3. Os contratos contingenciais permitem aos negociadores *resolver problemas de falta de confiança*, quando um lado tem a informação que falta ao outro. A parte menos informada pode criar uma contingência para se proteger contra a informação desconhecida que a outra parte possui.
4. Os contratos contingenciais permitem aos negociadores *diagnosticar a honestidade do outro lado*. Quando uma parte reivindica para si algo em que a outra parte não acredita, pode-se fazer uma aposta para proteger um negociador contra uma mentira.
5. Os contratos contingenciais permitem aos negociadores reduzir o risco por meio de seu compartilhamento. A divisão de parte dos ganhos e perdas pode não somente reduzir o risco, como também criar um sentimento de boa vontade pelo fortalecimento da parceria entre as partes.
6. Os contratos contingenciais permitem aos negociadores *aumentar a motivação para que as partes tenham um desempenho* de nível esperado ou acima dos níveis especificados contratualmente. Os contratos contingenciais devem ser considerados especialmente quando a motivação de uma das partes está em questão.

Fonte: Bazerman & Gillespie, 1999.

Justamente por isso, os contratos contingenciais podem criar confiança e boa-fé entre os negociadores, pois podem-se oferecer incentivos para cada empresa de forma que elas tenham um desempenho excepcional. Por exemplo, quando Phil Jones, o diretor-executivo da Real Time, negociou um acordo com a Associação de Futebol (do inglês, Football Association — FA) para um site de e-commerce dedicado à proposta do Reino Unido para sediar a Copa do Mundo de 2006, a sua empresa já era a responsável pela logomarca e pelo website original da proposta. "A FA tem um orçamento limitado para gastar em uma variedade de mídias. Assim, estou conversando com eles sobre talvez receber uma porcentagem daquilo que for vendido no novo site... Isso é apostar de verdade naquilo em que se acredita" (*Management Today*, 1º nov. 1998, p. 128). Portanto, contratos contingenciais fornecem uma rede segura, limitando as perdas de cada empresa caso um acordo azede inesperadamente. (O Quadro 8.2 apresenta um resumo dos benefícios dos contratos contingenciais).

Apesar de acreditarmos que os contratos contingenciais possam ser valiosos em muitos tipos de negociações profissionais, eles nem sempre representam a estratégia correta a ser usada. Bazerman e Gillespie (1999) sugerem os seguintes critérios-chave para avaliar a viabilidade e a utilidade de contratos contingenciais em negociações:

1. Os contratos contingenciais requerem *algum grau de interação contínua entre as partes*. Como seus termos finais não serão determinados até que algum tempo tenha decorrido após o acordo inicial ter sido assinado, alguma interação futura entre as partes é necessária, permitindo, dessa forma, que elas avaliem os termos do acordo. Assim, se o futuro parecer altamente incerto, ou se houver uma suspeita de que uma das partes está se preparando para deixar permanentemente a situação, os contratos contingenciais podem não ser uma opção sábia.

2. As partes precisam pensar sobre o *cumprimento* do contrato contingencial. Sob a égide de um contrato desse tipo, uma ou mais partes provavelmente não terão certeza sobre os resultados a serem obtidos, pois o contrato normalmente funciona como uma aposta. Essa perspectiva cria um problema para o 'perdedor' da aposta, que pode relutar em pagar o que é devido à outra parte quando as coisas não correrem do jeito que ele espera. Por esse motivo, o dinheiro em questão poderia ser mais bem alocado em um tipo de escritura, afastando dessa forma a tentação de cada uma das partes de desertar.

3. Os contratos contingenciais requerem um alto grau de *clareza e capacidade de mensuração*. Se for ambíguo em sua mensuração ou se for de natureza subjetiva, o excesso de confiança, o viés egocêntrico e uma gama de outros vieses ligados ao atendimento de interesses pessoais podem transformar a avaliação objetiva de um contrato contingencial em uma questão de opinião pessoal. Assim, sugerimos que as partes concordem antecipadamente com medidas claras e específicas com as quais o contrato será avaliado. Por essa razão, é normalmente sábio consultar um terceiro.

AMEAÇAS À SOLUÇÃO EFICAZ DE PROBLEMAS E À CRIATIVIDADE

Vários preconceitos e deficiências humanas podem ameaçar a capacidade de alguém pensar criativamente. As pessoas pensam de acordo com esquemas particulares e desgastados e são, normalmente, impenetráveis a novas idéias e *insights*. A seguir, esclarecemos as ameaças mais comuns à solução eficaz de problemas e à criatividade e fazemos sugestões de como evitá-las. Um passo fundamental a ser trilhado para se prevenir contra esses vieses é *conscientizar-se* de sua existência.

O problema do conhecimento inerte

A capacidade que as pessoas têm de solucionar problemas em novos contextos depende da acessibilidade de seu conhecimento relevante para a situação. Falando simplesmente, se um gerente é confrontado com novos desafios profissionais, ele consulta, normalmente, sua base de conhecimento oriunda de experiências anteriores para tentar ver que estratégias podem ser úteis para a resolução do novo problema. O *problema do conhecimento inerte* é a falta de habilidade para acessar os conhecimentos relevantes quando mais necessitamos deles (Whitehead, 1929). Em outras palavras, as informações necessárias para resolver um novo problema específico faz parte do repertório cognitivo do gerente, mas não está necessariamente acessível no momento certo. Essa indisponibilidade não se deve a fatores como senilidade ou amnésia, mas à maneira muito particular como nossa memória de longo prazo é construída.

QUADRO 8.3 — O PROBLEMA DO TUMOR

Suponha que você é um médico que tenha que enfrentar uma situação na qual um paciente tem um tumor maligno no estômago. É impossível operar o paciente, mas a menos que o tumor seja eliminado, o paciente morrerá. Um tipo de radiação pode ser usado para destruir o tumor. Se a radiação atingir o tumor de uma só vez a uma intensidade suficientemente alta, ele será completamente destruído. Infelizmente, nessa intensidade, o tecido saudável que é atravessado pela radiação, a caminho do tumor, também é destruído. Em intensidades mais baixas, a radiação é inofensiva para o tecido saudável, mas também não é eficaz no combate ao tumor. Que tipo de procedimento poderia ser usado para destruir o tumor e, ao mesmo tempo, preservar o tecido saudável? (Gick & Holyoak, 1980; adaptado de Duncker, 1945)

Há uma dissociação evidente entre o que é mais *acessível* em nossa memória e o que é mais *útil* para a resolução de problemas e para o raciocínio humano. As pessoas muitas vezes não se recordam do que, afinal, é mais útil para solucionar novos problemas (Forbus, Gentner & Law, 1995; Gentner, Rattermann & Forbus, 1993). Consideremos um exemplo de B. H. Ross (1987). As pessoas estudaram casos contendo princípios da teoria da probabilidade e então tentaram resolver problemas que requeriam o uso desses princípios. Se as histórias relatadas nos estudos e nos testes fossem do mesmo contexto, as pessoas teriam uma tendência maior de se lembrarem dos princípios do que se as histórias pertencessem a contextos diferentes.

Em outro exemplo, os participantes tinham que ler a história de um gavião que cobria de penas um caçador (Gentner, Rattermann & Forbus, 1993). A eles, então, era passada uma de quatro histórias resultantes da combinação de similaridades superficiais e estruturais (ou seja, uma história com personagens e enredo semelhantes; outra com personagens diferentes, mas com mesmo enredo; personagens semelhantes, mas enredo diferente; ou personagens e enredo diferentes). A probabilidade de os participantes se lembrarem da história inicial era quatro vezes maior quando mais tarde lhes era mostrada uma história com personagens semelhantes do que se a história apresentada contivesse personagens diferentes. A conclusão que se pode tirar é que as pessoas normalmente não se lembram do que realmente é mais valioso para a solução de novos problemas (Forbus, Gentner & Law, 1995; Gentner, Rattermann & Forbus, 1993). Após serem informados sobre a abordagem correta a ser usada numa negociação, os estudantes de administração freqüentemente expressam arrependimento: "Eu sabia de tudo isso. Só não pensei em usar".

Infelizmente, no mundo real, os negociadores normalmente não experimentam arrependimento, pois não são avisados quando cometem erros de aprendizagem e de aplicação de conceitos. Dessa forma, a capacidade dos gerentes de *transferir* conhecimento de um contexto para outro é altamente limitada. A transferência é a capacidade de aplicar uma estratégia ou idéia aprendida em uma situação para resolver um problema em um contexto diferente, porém relevante. É importante fazer uma distinção entre *transferência em nível superficial* e *transferência profunda*. O primeiro tipo citado ocorre quando uma pessoa tenta transferir uma solução de um contexto para outro superficialmente similar. Em grande parte das situações, porém, é desejável que as pessoas apliquem soluções e estratégias que tenham semelhanças profundas e significativas, e não somente superficiais. Desafortunadamente, essa tarefa se prova muito difícil para a maioria dos gerentes. Em geral, se dois problemas têm características superficiais similares, os gerentes têm uma grande chance de transferir conhecimento de uma situação-problema para a outra. Idealmente, no entanto, eles deveriam ser capazes de transferir soluções para problemas que tivessem características de similaridade profunda (ou estrutural), mas que tivessem características superficiais significativamente diferentes.

QUADRO 8.4 — A HISTÓRIA DA FORTALEZA

Um pequeno país ficou sob o comando da mão de ferro de um ditador. Ele governava o país de dentro de uma superfortaleza que se situava no centro do país, cercada de fazendas e vilarejos. Muitas estradas saíam, de forma radial, da fortaleza, como os raios de uma roda. Um grande general surgiu no país, juntando um grande exército próximo a uma das fronteiras, e jurou capturar a fortaleza e libertar o país das mãos do ditador. O general sabia que se seu exército atacasse a fortaleza de uma só vez, ela seria capturada. Suas tropas estavam posicionadas na entrada de uma das estradas que levavam à fortaleza e prontas para atacar. Entretanto, um espião trouxe um relatório perturbante para o general. O impiedoso ditador havia plantado minas em todas as estradas. As minas tinham sido colocadas de modo que pequenos contingentes de homens pudessem passar por cima delas em segurança, pois o ditador precisava conseguir movimentar tropas e trabalhadores de dentro da fortaleza e de lá para fora. Entretanto, qualquer força maior passando por sobre as minas as detonaria. O ditador não somente explodiria as estradas e as tornaria intransitáveis, como também destruiria muitos vilarejos como retaliação. Um ataque direto em grande escala na fortaleza parecia impossível.

O general, no entanto, era um homem destemido. Ele dividiu seu exército em pequenos grupos e despachou cada um deles para a entrada de uma estrada diferente. Quando todos estavam prontos, ele deu o sinal e cada grupo adentrou na sua estrada. Todos os pequenos grupos passaram, em segurança, pelas minas e o exército atacou a fortaleza com poder total. Dessa forma, o general foi capaz de capturar a fortaleza e destituir o ditador (Gick & Holyoak, 1980; adaptado de Duncker, 1945).

Como exemplo característico, consideremos o "problema do tumor", apresentado no Quadro 8.3. Quando confrontadas com este problema, poucas pessoas se saem bem ao resolvê-lo; mas se ele for precedido pelo problema da fortaleza, mostrado no Quadro 8.4, o índice de soluções corretas aumenta drasticamente (Gick & Holyoak, 1980). Apesar de uma solução parecida poder ser aplicada a ambos os problemas, como as informações superficiais são bastante diferentes (uma trata de um problema médico e a outra, de um problema político), as pessoas acabam, normalmente, não conseguindo acessar seu conhecimento sobre um dos problemas para ajudar a resolver o outro.

O mesmo ocorre em negociações. Estudos realizados com alunos de MBA, executivos e consultores que estão trabalhando suas habilidades de negociação revelam um problema fundamental de conhecimento inerte (Loewenstein, Thompson & Gentner, 1999, 2003; Thompson, Loewenstein & Gentner, 2000; Gentner, Loewenstein & Thompson, 2003; para uma revisão, ver Loewenstein & Thompson, 2000). As taxas de transferência são muito baixas quando um princípio-chave precisa ser aplicado a situações distintas de negociação que envolvam características superficiais diferentes. Por exemplo, quando as pessoas são desafiadas por uma situação envolvendo uma companhia de teatro que tenha potencial para o uso de um contrato contingencial, elas são muitas vezes incapazes de empregar esse princípio, mesmo se já tiverem recebido um treinamento intensivo desse princípio em uma negociação prévia que envolva um contexto diferente, como o de uma fazenda de controle familiar. A razão pela qual isso acontece é que tendemos a usar nosso conhecimento prévio somente quando ele parece semelhante ao novo problema que enfrentamos. As pessoas parecem não conseguir reconhecer problemas que possam se beneficiar de princípios e estratégias de resolução de problemas similares.

A questão óbvia é: o que pode reduzir o problema do conhecimento inerte e aumentar a capacidade das pessoas de transferir conhecimento que possuem quando têm de enfrentar uma situação que pode potencialmente se beneficiar daquele conhecimento? Uma resposta parece ser muito simples e poderosa. Ela envolve fazer uma comparação explícita entre dois ou mais casos relevantes (Thompson, Loewenstein & Gentner, 2000). Dependendo da extensão com que as pessoas comparam mentalmente casos e problemas, elas conseguem criar um esquema de solução de problemas livre de informações superficiais irrelevantes. Assim, os esquemas de resolução de problemas criados por meio desse processo de comparação mental são mais portáteis e apresentam maior chance de ser lembrados quando os negociadores são desafiados por um problema original. Na ausência de comparações, não fica claro para eles quais informações sobre a situação são relevantes ou irrelevantes. Além disso, independentemente do quanto pode ser útil fazer comparações, reconhecer *quando* fazê-las nem sempre é simples e óbvio. Em nosso treinamento de alunos de MBA e executivos, por exemplo, freqüentemente apresentamos aos negociadores vários casos de treinamento, normalmente posicionados em uma única página. Muito raramente eles compararam ativamente os casos impressos na mesma página, mesmo quando eles contêm o mesmo princípio subjacente. Assim, a chave parece ser fazer comparações entre experiências, uma estratégia em que vamos trabalhar mais adiante.

Heurística da disponibilidade

O que é mais comum: as palavras em inglês que começam com a letra K — por exemplo, *king* (rei) — ou palavras cuja terceira letra é K — por exemplo, *awkward* (estranho) (Kahneman & Tversky, 1982)? Na língua inglesa, o número de palavras cuja terceira letra é K é o dobro do número de palavras que começam com K. Apesar disso, a maioria das pessoas escolhe a resposta incorreta, por presumirem que existem mais palavras que começam com K, devido à *heurística da disponibilidade*. De acordo com ela, quanto mais um grupo ou categoria é julgado predominante, mais fácil é relembrar situações que reforçam essa suposição. Essa heurística afeta a qualidade do julgamento dos negociadores de uma forma tal que eles podem ser influenciados pela facilidade com que a informação é lembrada. Em um estudo, por exemplo, foi apresentada aos participantes uma lista de 39 nomes de pessoas conhecidas (Tversky & Kahneman, 1973). Dezenove delas eram mulheres; 20 eram homens. As mulheres da lista eram mais famosas que os homens. Mais tarde, pediu-se às pessoas que julgassem quantos nomes de mulheres apareciam naquela lista. Elas superestimaram em muito o número de nomes femininos, presumivelmente porque era mais fácil lembrar-se deles – outra ilustração da heurística da disponibilidade.

Esta heurística está associada ao *efeito do falso consenso* (Sherman, Presson & Chassin, 1984). Esse efeito refere-se ao fato de que a maioria das pessoas pensa que os outros concordam com elas em mais oportunidades do que isso é comprovado. Por exemplo, quem fuma estima que 51 por cento das outras pessoas são fumantes, mas os não-fumantes fazem uma estimativa de 38 por cento para o mesmo fato (Sherman, Presson & Chassin, 1984). Além disso, as pessoas superestimam a porcentagem de concordância de outrem no que se refere a suas posições em relação a drogas, aborto, uso do cinto de segurança e até mesmo o consumo de biscoitos do tipo cream cracker (Nisbett, Krantz, Jepson & Kunda, 1995). Quando um negociador se torna vítima da heurística da disponibilidade, a probabilidade de ele empregar estratégias criativas (que estão normalmente menos disponíveis) é substancialmente reduzida.

Caráter representativo

Imagine que você tenha acabado de conhecer sua nova chefe. Ela é magra, usa óculos, tem fala mansa e se veste em um estilo conservador. Mais tarde, você percebe que você e ela nunca conversaram sobre hobbies e interesses pessoais. Ela gosta de ler ou de assistir a competições esportivas? Para responder tais perguntas, as pessoas julgam com base numa regra relativamente simples: quanto mais uma pessoa é parecida com um estereótipo de grupo, mais provável é que ela pertença àquele grupo. A maioria das pessoas presume que a supervisora gosta muito de ler. Basicamente, quanto mais uma pessoa se *parece* com o estereótipo dos membros de um grupo, mais tendemos a estereotipá-la como membro dele. A heurística do *caráter representativo* é baseada em estereótipos que podem algumas vezes ter fundamento na realidade, mas normalmente estão desatualizados e errados. Por exemplo, quando a maioria das pessoas escuta o nome de 'Betty Pat McCoy', presume que ela é do estado do Texas e usa o cabelo armado. Entretanto, ela é uma experiente executiva da área de propaganda, no comando de uma agência responsável pela compra de 700 milhões de dólares em mídia (*Advertising Age*, 1º out. 2001). Além disso, confiar em informações estereotipadas pode levar as pessoas a desprezar outras informações que poderiam ser potencialmente úteis em negociações. A informação mais importante se relaciona às taxas básicas. As *taxas básicas* constituem a freqüência com que um evento ou padrão ocorre numa população geral. Consideremos, por exemplo, um negociador interessado em adquirir um carro novo. Uma fonte de informação relativa ao novo carro pode ser um relatório popular de satisfação de consumidores. Ele é baseado em milhares de dados fornecidos por consumidores e em pesquisa e, portanto, é altamente confiável. Contudo, além de consultar essa fonte, as pessoas interessadas nesse tipo de aquisição consultam seus vizinhos e amigos. Algumas vezes, uma das pessoas consultadas pode ter tido uma experiência com um carro que seja muito diferente daquela relatada na revista que contém o relatório da satisfação de muitos consumidores. Com freqüência, no entanto, as pessoas que consultam seus vizinhos e amigos desprezam informações perfeitamente válidas (ou seja, informações de taxas básicas) e escolhem confiar em um único dado. Esse erro é conhecido como *falácia das taxas básicas*.

Os julgamentos equivocados de probabilidade estão associados àquilo que é conhecido como *falácia do jogador*, a tendência de se tratar eventos acidentais como se eles tivessem um mecanismo estruturado e claro. No entanto, cada evento é determinado de forma independente. Tomemos como exemplo o seguinte problema: suponhamos que você joga uma moeda para cima e obtém o resultado 'cara' cinco vezes seguidas. Qual você acha que será o próximo resultado? A maioria das pessoas acha que existe uma alta probabilidade de dar 'coroa'. Na verdade, é claro, a probabilidade de dar 'cara' ou 'coroa' é sempre a mesma – 50 por cento – para cada vez que a moeda é jogada, independentemente do resultado anterior. A maioria das pessoas, porém, acha que uma determinada seqüência de resultados (como cara, coroa, cara, coroa) é muito mais provável de ocorrer do que outras (como uma seqüência de caras ou de coroas; Tversky & Kahneman, 1974).

Ancoragem e ajuste

Normalmente os recrutadores pedem a candidatos a emprego que informem a faixa salarial desejada. O candidato, querendo maximizar o seu salário, mas ao mesmo tempo não querendo ser retirado da lista de pessoas a ser consideradas, enfrenta um dilema. Da mesma forma, o potencial comprador de uma residência se pergunta qual oferta inicial deve ser feita. Que fatores determinam a forma como devemos fazer tais avaliações de valor?

De acordo com Tversky e Kahneman (1974), as pessoas usam um ponto de referência como âncora e então ajustam aquele valor para baixo ou para cima, conforme parece apropriado. Por exemplo, um candidato potencial a um emprego pode dividir moradia com alguém que acabou de conseguir um salário anual de 80 mil dólares. O candidato decide usar esse valor como ponto de partida. Duas preocupações fundamentais surgem com o processo de ancoragem e ajuste. A primeira delas é que as âncoras que usamos para fazer esses julgamentos são normalmente arbitrárias (Tversky & Kahneman, 1974). Em várias ocasiões, as âncoras são escolhidas com base em sua proximidade temporal e não em função de sua relevância para o julgamento em questão. A segunda é que tendemos a fazer ajustes insuficientes na âncora; sentimo-nos oprimidos por ela. (Lembre-se de como as estimativas das pessoas sobre o número de médicos em Manhattan foram afetadas por seus números de previdência social!) A mensagem para o negociador é clara: selecione as âncoras com cuidado e fique esperto em relação às tentativas de seu oponente de ancorar você.

Causa não garantida

Consideremos os seguintes fatos:

- Mulheres que moram na região de São Francisco apresentam um índice maior de câncer de mama.
- Mulheres de classes socioeconômicas mais desfavorecidas têm uma tendência menor de amamentar seus bebês.
- As pessoas que se casam mais tarde se divorciam menos.

Antes de continuar sua leitura, tente explicar cada um dos fatos acima. Quando se pede às pessoas que façam isso, elas muitas vezes chegam às seguintes conclusões:

- Viver em São Francisco causa câncer de mama.
- As pessoas de classes socioeconômicas mais desfavorecidas não recebem cuidados pós-natal.
- As pessoas ficam mais sábias com a idade.

Todas estas explicações são razoáveis, mas elas não podem ser confirmadas a partir das informações fornecidas. A tendência de se inferir uma *relação causal* entre dois eventos não pode ser garantida porque desconhecemos o sentido da causalidade (por exemplo, é possível que as mulheres com câncer sejam atraídas para a área de São Francisco). Além disso, uma terceira variável pode ser a causa do evento (as pessoas que se casam mais tarde podem ser mais ricas ou ter um nível educacional mais alto). Talvez, mulheres mais velhas e com maior qualificação profissional sejam atraídas para a região de São Francisco e este grupo seja estatisticamente mais suscetível ao câncer. Talvez as mulheres de classes socioeconômicas mais desfavorecidas sejam mais jovens e se sintam menos à vontade para amamentar ou possam ser mais convencidas por fabricantes de alimentos infantis ou menos capazes de conseguir licença-maternidade. O ponto a ser colocado é que cada situação pode ter uma miríade de explicações possíveis.

Perseverança na crença

O efeito da perseverança é uma tendência de se continuar acreditando que algo é verdadeiro, mesmo após a revelação de que isso é falso ou após o fato ter sido refutado (Ross & Lepper, 1980). Imagine, por exemplo, que você fez um teste de aptidão e lhe disseram que sua pontuação foi baixa. Mais tarde, você descobre que a correção foi equivocada e que sua pontuação foi melhor. Você consegue apagar essa experiência de sua mente? Não, se você for como a maioria dos estudantes universitários, que continua a perseverar em suas crenças (Ross & Lepper, 1980). Por que esta tendência é tão predominante? Uma vez que uma explicação causal seja construída, é difícil mudá-la. Se você ou seu oponente de negociação tiverem uma crença equivocada sobre a outra parte, mesmo que se prove que ela estava errada, a crença pode mesmo assim prevalecer. O importante é examinar com cuidado as crenças que você mantém sobre seu oponente e ter conhecimento das crenças falsas que ele possa ter sobre você.

Correlação ilusória

A correlação ilusória é a tendência de se ver correlações inválidas entre eventos. As pessoas, por exemplo, freqüentemente estabelecem uma relação entre informações distintas como mera conseqüência de elas terem sido apresentadas ao mesmo tempo (Hamilton & Gifford, 1976). Para ilustrar esse ponto, realizou-se um estudo em que as pessoas liam diagnósticos de pacientes com problemas mentais (Chapman & Chapman, 1967, 1969). Mais especificamente, desenhos supostamente feitos por esses pacientes eram mostrados às pessoas e, em seguida, os diagnósticos desses pacientes eram disponibilizados para leitura. Na verdade, não havia qualquer correlação entre os tipos de desenho e a natureza dos diagnósticos (paranóia, esquizofrenia). Não obstante, as pessoas que liam as evidências acreditavam encontrar correlações – por exemplo, entre um diagnóstico de paranóia e o desenho de um olho gigante. Mesmo quando se apresentavam evidências contraditórias ou ambíguas aos participantes do estudo, eles relutavam muito em rever seus julgamentos. Como outro exemplo, suponhamos que você tome conhecimento, durante o período de uma negociação com um representante de negócios do país X, que 60 por cento da população masculina do país não tem educação formal. Suponhamos também que, no mesmo dia, você descubra que 60 por cento dos crimes cometidos naquele país são violentos. Apesar de não haver qualquer relação lógica conectando as duas estatísticas, a maioria das pessoas infere uma correlação, isto é, elas presumem que os homens sem educação formal do país X são os responsáveis pelos crimes violentos. Na verdade, não existe nenhuma relação entre as duas coisas – a correlação é ilusória. Tais correlações entre fatos separados não são verdadeiras devido à ausência de uma base objetiva para as relações. Mas nossas teorias implícitas são construídas de tal forma que acabamos inferindo a existência de relações entre eventos temporalmente próximos.

Mundo justo

A maioria de nós acredita que o mundo é um lugar justo: as pessoas obtêm da vida aquilo que merecem e merecem o que lhes acontece (Lerner, 1980). Este modelo mental leva a avaliações positivas de outras pessoas que vivenciam experiências positivas; a maioria das pessoas, por exemplo, acredita que as 'pessoas boas' têm boas chances de ganhar na loteria. São produzidas impressões negativas não confirmadas quando outras pessoas sofrem algum infortúnio; presumimos, por exemplo, que as pessoas más ou ignorantes são vítimas de crimes (Saunders & Size, 1986). Atribuições como 'culpar a vítima' são *atribuições defensivas* porque capacitam os observadores a lidar com as iniqüidades percebidas nas vidas dos outros de forma a manter a crença de que o mundo é justo (Thornton, 1992). Em suma, se acreditarmos que as coisas ruins podem facilmente acontecer conosco (como morrer em um acidente de avião ou ter um membro amputado), o mundo se torna assustador e menos previsível.

Viés de retrospectiva

O *viés de retrospectiva* refere-se a uma tendência humana bastante freqüente de as pessoas inferirem um processo quando o resultado é conhecido, mas serem incapazes de prever os resultados quando somente os processos e os eventos precipitadores são conhecidos (Fischhoff, 1975). Esse viés, ou o efeito "eu já sabia", faz que as soluções integrativas para uma negociação pareçam ser óbvias quando as vemos em retrospectiva, apesar de elas se parecerem com um 'montante de tamanho fixo' antes de terem sido descobertas.

Somos muitas vezes chamados a explicar as causas de eventos, como a derrocada de uma organização ou o sucesso de uma determinada empresa. Com freqüência vemos eventos já ocorridos como inevitáveis. Em outras palavras, uma vez conhecido o resultado de um evento, nós o percebemos como uma conseqüência inevitável de fatores que levam a esse resultado. Este *determinismo rastejante* (Fischhoff, 1975) engloba o fenômeno do 'artilheiro em uma segunda-feira após o grande jogo' ou o do 'eu já sabia'. Portanto, uma vez que alguém conheça o resultado, os eventos que levaram a ele parecem óbvios. O viés de retrospectiva também é responsável pelo fato de os negociadores freqüentemente acharem que os acordos integrativos são óbvios após terem sido conquistados, mas deixarem de obtê-los quando se deparam com uma negociação original.

Rigidez funcional

A *rigidez funcional* ocorre quando um solucionador de problemas baseia sua estratégia em métodos com os quais já está familiarizado (Adamson & Taylor, 1954). O problema dessa rigidez é que as estratégias previamente aprendidas para a resolução de problemas atrapalham o desenvolvimento de estratégias eficazes para novas situações. A pessoa fica amarrada a uma abordagem e não consegue passar rapidamente para outro método para solucionar um problema. Em outras palavras, a experiência numa área produz um pensamento restrito a determinados limites em outro campo. Usar a abordagem do meio a meio como estratégia de negociação pode gerar rigidez funcional.

O conceito aqui mostrado é o de que as experiências passadas podem limitar a solução de problemas. Consideremos o problema do tumor apresentado no Quadro 8.3. O índice de pessoas que chegam à solução quando tomam conhecimento do problema isoladamente é de 37 por cento. No entanto, quando um diagrama mostrando uma seta que atravessa um ponto negro é mostrado às pessoas anteriormente, a taxa de solução cai para 9 por cento. O diagrama da seta atravessando o ponto negro define a função dos raios X como uma linha reta atravessando o corpo humano. Dessa forma, ele bloqueou a capacidade das pessoas de pensar em vários raios concentrados no tumor. A rigidez funcional ocorre quando as pessoas têm um bloqueio mental que as impede de usar um objeto de uma forma nova, de modo a solucionar um problema. Em um outro exemplo, algumas pessoas foram desafiadas a fixar uma vela verticalmente em uma tela para funcionar como abajur. Os únicos materiais fornecidos foram uma caixa de fósforos, uma caixa de velas e outra de tachinhas. A solução criativa seria colocar a vela no topo da caixa de fósforos derretendo a cera sobre a caixa e fixando a vela sobre ela, depois grudar a caixa na tela com as tachinhas. Essa solução elegante é muito mais difícil de ser descoberta quando as caixas que as pessoas recebem estão cheias de tachinhas (ou seja, como elas normalmente são usadas), em vez de vazias (Anderson, 1995).

Efeito de endurecimento

Intimamente ligado ao problema de rigidez funcional encontra-se o *efeito de endurecimento*, no qual as experiências prévias podem também ter efeitos negativos em situações que envolvam a resolução de novos problemas. Também conhecida como *transferência negativa*, a experiência prévia pode limitar a capacidade do gerente de desenvolver estratégias que tenham amplitude e generalidade suficientes. Consideremos o problema do jarro de água, apresentado no Quadro 8.1. As pessoas que tiveram a oportunidade de trabalhar em todos os problemas de água normalmente usaram um método mais demorado e custoso para resolver esse problema. As pessoas sem experiência em resolvê-los quase sempre optaram pela solução curta e direta. O pensamento mecanizado e os efeitos do endurecimento são o equivalente a uma artrite do pensamento gerencial e a um cobertor molhado sobre o fogo da criatividade numa negociação.

Atenção seletiva

Em negociações, somos bombardeados por informações: a aparência física dos oponentes, suas observações iniciais, nosso conhecimento de boatos, comportamento não-verbal e assim por diante. Entretanto, processamos somente cerca de 1 por cento de todas as informações em nosso campo de estímulo (Kaplan & Kaplan, 1982). Isso representa apenas uma ínfima fração de tudo que ocorre na sala de negociação. Como podemos saber se estamos prestando atenção às indicações certas?

A função básica de nossos *buffers* sensoriais de informação é dividir e codificar estímulos em símbolos reconhecíveis. Como os estímulos externos não podem ir direto para dentro de nosso cérebro, representamos cognitivamente os estímulos como símbolos internos e suas inter-relações como estruturas simbólicas. Os *buffers* sensoriais – visuais, auditivos e táteis – guardam o estímulo como imagem ou ícone enquanto suas características são extraídas. Essa atividade ocorre rapidamente e abaixo do limiar de nossa consciência. As características extraídas de um determinado objeto de estímulo englobam uma descrição codificada do objeto. Por exemplo, nossa interação com um colega referente a uma *joint-venture* é um evento real, mas nossas mentes não são câmeras de vídeo que registram tudo; mais propriamente, usamos um processo conhecido como atenção seletiva.

Excesso de confiança

Consideremos uma situação na qual você avalia a probabilidade que uma determinada empresa tem de ser bem-sucedida. Algumas pessoas podem achar que a probabilidade é muito boa; outras, que as chances são pequenas; e outras ainda poderiam fazer avaliações intermediárias. Para o tomador de decisão, o que mais importa é fazer uma avaliação precisa. Com que precisão as pessoas fazem julgamentos de probabilidade? Como elas fazem essas avaliações, especialmente quando não se encontram disponíveis informações completas e objetivas?

Os julgamentos sobre a possibilidade de ocorrência para certos tipos de eventos são normalmente mais otimistas do que garantidos. O *efeito do excesso de confiança* refere-se a níveis não comprovados de confiança, presentes no julgamento que as pessoas fazem de suas capacidades e da ocorrência de eventos positivos. Além disso, o efeito subestima a probabilidade dos efeitos negativos. Em negociações envolvendo a resolução de disputas por terceiros, por exemplo, os negociadores que representam cada lado acreditam que a parte neutra irá beneficiá-los em suas decisões (Farber, 1981; Farber & Bazerman 1986, 1989). Obviamente, isso não pode ocorrer, já que a parte neutra tem de ser imparcial em suas decisões. Da mesma forma, em uma arbitragem de oferta final em que cada uma das partes faz a sua oferta final para uma terceira parte, que então toma a decisão em função das duas propostas, os negociadores superestimam consistentemente a probabilidade de o árbitro neutro escolher a oferta deles (Neale & Bazerman, 1983; Bazerman & Neale, 1982). É claro que a probabilidade de uma oferta final ser aceita é sempre de 50 por cento; não obstante, as estimativas de ambas as partes somadas chegam, geralmente, a um valor maior que os 100 por cento possíveis. A moral da história é que se deve ter cuidado com o efeito do excesso de confiança. Quando percebemos que estamos muito confiantes na ocorrência de um determinado resultado (seja nosso oponente submeter-se à nossa vontade, um gerente sênior apoiar nossa decisão etc.), é importante analisarmos o porquê.

Os limites da memória de curto prazo

A *memória de curto prazo* é a parte de nossa mente que guarda a informação que recebe o foco atual de nossa atenção e processamento consciente. Infelizmente, essa memória tem uma capacidade bastante limitada; ela só é capaz de manter ativos de cinco a nove símbolos ou itens codificados. A regra de "sete mais ou menos dois" estende-se a quase tudo de que tentamos nos lembrar (Miller, 1956). Tomemos como exemplo uma interação que você possa ter com o presidente de uma empresa referente aos detalhes de uma contratação de consultoria. O presidente lhe conta vários fatos sobre a empresa dele; você se lembrará, em média, de cinco a nove informações. Sem uma prática deliberada, a informação em sua memória de curto prazo desaparecerá e será substituída por novas informações percebidas por seus registros sensoriais. Obviamente, percebemos muito mais informações do que acabamos armazenando e recordando.

ESTRATÉGIAS CRIATIVAS DE NEGOCIAÇÃO

As estratégias mostradas a seguir foram esboçadas para aguçar a sua mente criativa. Portanto, não são específicas de negociações, mas constituem um programa de exercícios para melhorar a criatividade. Já que a negociação, como exercício, é uma atividade que precisamos praticar regularmente, essas estratégias podem ser extraordinariamente benéficas para o aumento da criatividade nas negociações.

Vários caminhos levam a Roma (e uma compreensão de *expert*)

Em nossa pesquisa, examinamos cuidadosamente a capacidade dos gerentes de aplicar o que aprendem em sala de aula a negociações da vida real. Os índices de 'transferência positiva' (aplicação do conhecimento obtido em uma situação à outra) são bastante limitados (Thompson, Loewenstein & Gentner, 2000; Loewenstein, Thompson & Gentner, 2003). Além disso, até mesmo a capacidade de nos beneficiarmos de nossa experiência direta é limitada. Por exemplo, 100 por cento dos respondentes de uma pesquisa que leram um caso de negociação contendo potencial de 'ganha-ganha' sugeriram concessões (abaixo da condição ótima) (Gentner, Loewenstein & Thompson, 2003). Encontramos evidências contundentes de que ao se tentar aprender alguma coisa nova (como uma estratégia importante, um princípio etc.), é importante ter acesso a dois (ou mais) casos ou exemplos, em vez de um único. A razão para isso é clara: o essencial para qualquer exemplo ou caso ensinado numa escola de negócios não são os detalhes do caso, mas a idéia principal subjacente. A capacidade de um gerente em separar o joio do trigo, ou a idéia principal das idiossincrasias do exemplo, é limitada se ele tiver acesso a somente um caso. Na verdade, nossa pesquisa indica que a exposição a um caso não é mais eficaz do que a ausência total de exemplos (Loewenstein, Thompson & Gentner 2003). Entretanto, não é suficiente ter-se simplesmente acesso a dois casos; o gerente precisa comparar mentalmente, de forma ativa, os dois. Além do mais, mesmo que o instrutor não forneça mais de um caso, o gerente (ou *trainee*) ficará em vantagem, em termos de aprendizado, se puder pensar em exemplos a partir de sua própria experiência.

Feedback

Ninguém pode melhorar sem *feedback*. Mesmos as grandes estrelas do golfe buscam *feedback* sobre suas tacadas. E quando o assunto é aprendizagem, quanto mais intenso e focado o *feedback* for, mais proveitoso ele será. Por exemplo, o guru do golfe Jim McLean cobra 500 dólares para dar a líderes de negócios, como Henry Kravis, Charles Schwab, Ken Chenault e David Rockefeller, um *feedback* direto sobre como suas tacadas são ruins (*Fortune*, 11 ago. 2003c). Seu estilo de ensinar é simples e poderoso: analisar, ser direto e concentrar-se naquilo que precisa ser melhorado. McLean diz: "Estas pessoas [de negócios] estão acostumadas a obter bons resultados no trabalho. Eles querem conseguir o mesmo em suas partidas de golfe" (p. 126). Se considerarmos o fato de que existe uma correlação quase perfeita entre nossa competência em negociar e nossa capacidade de conduzir os negócios de uma empresa de forma bem-sucedida, não faz sentido buscar *feedback* para nossa competência em negociar?

É claro que damos suporte àquilo em que acreditamos e conduzimos investigações científicas e controladas no tocante à importância do *feedback* sobre a capacidade de melhorar, os quais mostraram um efeito causal e direto entre receber *feedback* e a habilidade de melhorar (Thompson & DeHarpport, 1994; Nadler, Thompson & van Boven, 2003).

O tipo e a metodologia do *feedback* são importantes. Por exemplo, em uma pesquisa das negociações conduzidas por gerentes de negócios, um dos quatro tipos de *feedback* mostrados a seguir foi dado aos negociadores (supostamente por parte de seus oponentes) após o término delas, com variações de positivo a negativo e que focavam suas habilidades ou sua ética (Kim, Diekmann & Tenbrunsel, 2003).

- ***Feedback* positivo quanto à capacidade** (" ...que negociador hábil você aparenta ser")
- ***Feedback* negativo quanto à capacidade** (" ...que negociador inábil você aparenta ser")
- ***Feedback* positivo quanto à ética** (" ...que negociador ético você aparenta ser")
- ***Feedback* negativo quanto à ética** (" ...que negociador antiético você aparenta ser")

A questão principal era a de como o *feedback* afetaria o desempenho dos negociadores em uma negociação subseqüente. Os negociadores que receberam o *feedback* negativo quanto à capacidade foram os menos competitivos e atingiram os piores desempenhos individuais. Os que receberam o *feedback* negativo quanto à ética foram os mais honestos. Por fim, aqueles que receberam o *feedback* positivo quanto à ética foram os mais cooperativos (Kim, Diekmann & Tenbrunsel, 2003).

Além do tipo de *feedback* que os negociadores atribuem uns aos outros, examinamos aquele que um mentor poderia dar a um negociador (Nadler, Thompson & van Boven, 2003). Primeiro, mensuramos o desempenho referência de gerentes em uma negociação inicial. Depois, nós os separamos em cinco diferentes 'grupos de *feedback*': nenhum *feedback* (nossa condição científica de 'controle'); *feedback* no estilo tradicional de sala de aula (também conhecido como '*feedback* didático'); *feedback* baseado em informações (em que os negociadores aprendem sobre os interesses subjacentes da outra parte); *feedback* de observação (em que os negociadores observam especialistas em ação em um vídeo por cerca de 15 minutos); e, finalmente, aprendizagem analógica (na qual casos relevantes que focavam em uma única habilidade importante de negociação são apresentados aos negociadores). Quais foram os resultados? Quase tudo é melhor do que a ausência de *feedback*. E quase tudo também é melhor do que a aprendizagem tradicional, didática, no estilo de sala de aula. (Ver Figura 8.1; ver também van Boven & Thompson, 2003, para outra ilustração de como o treinamento baseado na experiência é melhor do que o treinamento instrucional.)

Modelos de criatividade

Jacob Goldenberg e seus colegas (Goldenberg, Nir & Maoz, no prelo) desenvolveram uma metodologia para estimular a criatividade na inovação de produtos e que pode ser estendida às negociações. O Modelo de Negociação Criativa (Creative Negotiation Template) capacita um negociador a identificar e entender exemplos passados de soluções negociadas de forma bem-sucedida e oferece uma forma sistemática de buscar essas soluções em negociações futuras. Goldenberg identifica quatro modelos principais: dependência de atributo, multiplicação, substituição e deslocamento. Consideremos como o princípio do deslocamento, que implica remover um componente de um sistema, pode sugerir uma resolução criativa em uma negociação entre duas empresas (Bazerman & Neale, 1992). Uma grande corporação (Corporação) pretendia fazer a aquisição amigável de um de seus fornecedores, uma empresa privada (Empresa). A Corporação ofereceu 14 milhões de dólares, mas a Empresa insistia no valor de 16 milhões de dólares. Nenhum dos lados considerou aceitável o valor de 15 milhões de dólares. Os dois tinham visões substancialmente diferentes de uma nova divisão empreendedora de alta tecnologia da Empresa: a Corporação a avaliava em 1 milhão de dólares e a Empresa, em 6 milhões). Elas chegaram a um acordo, no qual a Corporação adquiria a empresa por 12 milhões de dólares (2 milhões a menos do que ela inicialmente oferecera), mas os donos da Empresa mantiveram o controle da divisão empreendedora, avaliada em 6 milhões de dólares, além de ter recebido o valor de 12 milhões de dólares pelo restante da empresa. A técnica de 'deslocamento' permitiu às partes 'dividir' os componentes do acordo de forma a criar o surgimento de uma ZOPA (ou zona de possível acordo).

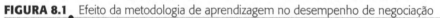

FIGURA 8.1 Efeito da metodologia de aprendizagem no desempenho de negociação

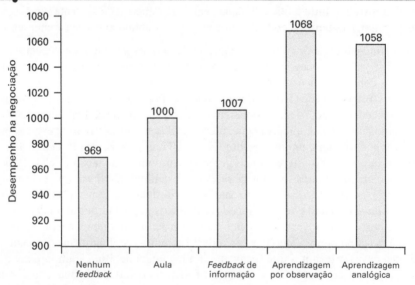

Fonte: Reimpresso com permissão, J.Nadler, L.Thompson, L. van Boven. "Learning Negotiation Skills; Four Models of Knowledge Creation and Transfer", *Management Science* 49(4), p. 529-540. Copyright 2003, The Institute for Operations Research and the Management Sciences, 901 Elkridge Landing Road, Suite 400, Linthicum, Maryland 21090 EUA.

Incubação

Exímios solucionadores de problema relatam, com freqüência, que, após terem tentado resolver um determinado problema e não chegarem a lugar nenhum, deixam-no de lado por horas, dias e até semanas e, após retomá-los, conseguem encontrar rapidamente uma solução. (A Nota 8.2 apresenta um exemplo real do efeito de incubação). A fase de incubação representa normalmente um dos passos de um processo de resolução de problemas detalhado na seguinte lista:

1. **Preparação.** Durante esta fase, o solucionador do problema reúne informações e faz tentativas preliminares de chegar a uma solução. O mais importante aqui é entender e definir o problema. Conforme observamos, descobrir um bom problema é a essência de uma negociação eficaz.
2. **Incubação.** Quando as tentativas iniciais de resolução do problema fracassam, as pessoas podem colocá-lo de lado para trabalhar em outras atividades ou até para dormir. Apesar de ninguém ter certeza do que leva essa tática a funcionar, as pessoas muitas vezes chegam à solução implícita do problema em um nível abaixo da consciência.
3. **Elucidação.** Durante esta fase, a chave para uma solução normalmente aflora. Isso freqüentemente ocorre enquanto as pessoas estão fazendo algo que não tem relação nenhuma com a solução do problema.
4. **Verificação.** Nesta fase, as pessoas responsáveis pela resolução do problema precisam verificar a solução encontrada de modo a garantir que ela realmente funcione. Como exemplo, pense no problema do colar mostrado no Quadro 8.1, no qual você recebe quatro pequenas correntes para montar um único colar com um orçamento limitado. Três grupos de pessoas trabalharam neste problema (Silveira, 1972). Um dos grupos levou 30 minutos para resolvê-lo, com um índice de êxito na solução de 55 por cento. Outro grupo levou 30 minutos tentando resolvê-lo, mas fez uma interrupção de meia hora durante esse período para descanso. Neste grupo, 64 por cento dos integrantes chegaram à solução. Um terceiro grupo também gastou 30 minutos tentando resolver esse problema, mas teve o processo de solução interrompido por quatro horas para um intervalo. Nesse grupo, 85 por cento dos integrantes solucionaram o problema. Embora não possamos garantir que negociações difíceis possam sempre encontrar iluminação, após o problema ter sido deixado de lado por algum tempo, certamente não custa tentar.

Nota 8.2 Efeitos da incubação

Numerosos exemplos de incubação foram relatados pelo famoso matemático francês Poincaré (1929), incluindo o seguinte:

"Então eu voltei minha atenção para o estudo de algumas questões aritméticas aparentemente sem muito sucesso e sem suspeitar de qualquer conexão com minhas pesquisas anteriores. Desgostoso com meu fracasso, decidi passar alguns dias na praia e pensar em qualquer outra coisa. Uma manhã, caminhando próximo às encostas, a idéia veio à minha mente, com a mesma brevidade, surpresa e certeza imediata de que as transformações aritméticas de formas ternárias quadráticas indeterminadas são idênticas às da geometria não-euclidiana." (p. 388)

Modelo racional de resolução de problemas

Este modelo, padronizado por Pólya (1957, 1968), também descreve um processo constituído de quatro passos para a solução de problemas. Entretanto, diferentemente do método de incubação, este modelo é deliberado e incremental:

1. **Entender o problema.** Neste passo o negociador precisa se perguntar: *"O que é conhecido? O que é desconhecido? Quais são os dados que estou usando? Quais são minhas suposições?"*
2. **Delinear um plano.** Durante este passo, o negociador pode se questionar se uma experiência passada é uma forma valiosa de descobrir um método de solução, buscando problemas similares ou talvez redefinindo os objetivos do problema.
3. **Implementar o plano.** Nesta etapa, o negociador leva seu plano adiante e pode, talvez, testá-lo.
4. **Olhar para trás.** Neste último passo, o negociador pergunta a si mesmo se é possível obter um resultado através do uso de outros métodos e tenta entender como isso tudo se encaixa. Neste passo é importante que o negociador se pergunte qual é a principal lição aprendida (*takeway*).

Fluência, flexibilidade e originalidade

O que é criatividade? O que constitui uma idéia criativa? Para ser considerada como tal, ela deve ser altamente original e útil. O último passo é que constitui o desafio: muita gente pode ter idéias totalmente bizarras e inúteis. O que importa é que essas idéias sejam valiosas. Uma forma comum de avaliar a criatividade é por meio de três índices: fluência, flexibilidade e originalidade (Guilford, 1959, 1967).

- **Fluência:** É a capacidade de criar *muitas soluções* que atendam a algum requisito; um negociador que consiga pensar em várias soluções para um conflito (que é igual à noção do poder em números).
- **Flexibilidade:** É a capacidade de mudar as abordagens para um problema, como conseguir resolver uma série de tarefas que requeiram uma estratégia diferente; um negociador que seja capaz de elaborar muitos *tipos diferentes de soluções*.
- **Originalidade:** É a capacidade de criar *soluções não usuais*, como chegar a respostas singulares; um negociador que consiga pensar em soluções que escapem à atenção de outras pessoas.

Como uma forma de refletir sobre esses três índices de criatividade, faça o seguinte exercício: veja quantos usos possíveis você pode descobrir para uma caixa de papelão. (Para este exercício, use cerca de dez minutos.) Suponhamos que uma pessoa que tenha completado este exercício, José, tenha tido duas idéias: usar a caixa como jaula para um hamster e como uma casa de cachorro. José receberia dois pontos pela fluência de idéias, por ter oferecido duas idéias diferentes, mas somente um ponto por flexibilidade, pois ambas as idéias pertencem à mesma categoria (ou seja, uma casa para animais). As pessoas criativas pensam em mais formas novas e não-usuais de usar a caixa de papelão. Outra pessoa, Eva, pensou nas seguintes utilizações não-usuais para a caixa: usá-la como a representação de um deus, como um telefone (com duas caixas e um fio) e trocá-la como moeda. Eva obteria três pontos pela fluência e a mesma pontuação por flexibilidade, visto que suas idéias caracterizam três diferentes categorias de uso, envolvendo religião, comunicação e economia. As idéias de Eva foram extremamente originais.

É fácil ver como a flexibilidade no modo de pensar — isto é, pensar em diferentes categorias de utilização — pode influenciar a originalidade. Desta forma, um aspecto simples para melhorar a criatividade é *diversificar o uso de categorias*. Ao listar possíveis categorias de uso para a caixa de papelão (contêineres, estantes, material de construção, terapia, religião, política, armamento, comunicação etc.), a pontuação obtida por uma pessoa nessas três dimensões (fluência, flexibilidade e originalidade) poderia aumentar drasticamente. Assim, uma estratégia-chave é pensar em *categorias* de idéias – e não simplesmente *número* de idéias. Essa abordagem pode normalmente ajudar os negociadores a fugir de uma perspectiva restrita em um conflito e abrir novas oportunidades para soluções criativas.

Brainstorming

Alex Osborn, um executivo de propaganda da década de 1950, queria aumentar a criatividade nas organizações. Ele acreditava que um dos principais bloqueadores da criatividade fosse a avaliação prematura de idéias. Osborn estava convencido de que duas cabeças eram melhores do que uma no momento de gerar idéias, mas somente se as pessoas pudessem ser treinadas para adiar o julgamento das próprias sugestões e daquelas propostas por outras pessoas durante o processo de geração de idéias. Assim, Osborn desenvolveu a estratégia para encorajar o pensamento criativo cujo uso é o mais difundido entre as organizações: o *brainstorming*.

Brainstorming é uma técnica utilizada por um grande número de empresas e organizações para liberar a criatividade do grupo e evitar o impacto negativo da dinâmica de grupo sobre a criatividade. A meta do *brainstorming* é maximizar a quantidade e a qualidade das idéias. Osborn pôde observar que a quantidade é um bom presságio de qualidade: um grupo tem mais chances de descobrir uma idéia realmente boa se puder escolhê-la dentre muitas, mas o *brainstorming* envolve muito mais do que somente quantidade. Osborn acreditava que as idéias geradas por uma pessoa numa equipe poderiam estimular idéias em outras pessoas de uma forma sinérgica.

Osborn também acreditava que o produto coletivo poderia ser maior do que a soma das contribuições individuais, se certas condições fossem atendidas. Assim, ele desenvolveu regras para o *brainstorming*. Ao contrário do saber popular corporativo que vê as suas sessões como algo louco e desorganizado, em que cada pessoa pode fazer o que tiver vontade, o *brainstorming* tem regras bem definidas para sua condução (Osborn, 1957, 1963). Essas sessões ainda são amplamente utilizadas nos dias de hoje e muitas empresas colocam as diretrizes e regras do *brainstorming* de forma proeminente em suas salas de reunião (ver Tabela 8.1). No entanto, esta técnica não é usada com freqüência em negociações.

TABELA 8.1 Regras para o *brainstorming*

Liberdade de expressão: Os membros do grupo devem expressar qualquer idéia que venha à mente, não importando o quão estranha, esquisita ou extravagante ela seja. Os membros do grupo são incentivados a não se comportarem de forma contida ou tímida. Eles devem se soltar sempre que possível.

Não-avaliação: Não criticar nem julgar as idéias. Os membros do grupo não devem avaliar nenhuma idéia, de nenhuma forma, durante a fase de geração; todas as idéias devem ser consideradas valiosas.

Quantidade: Os membros do grupo devem gerar o máximo possível de idéias. Os grupos devem se empenhar em obter quantidade: quanto mais idéias, melhor. Essa quantidade aumenta a probabilidade de se chegar a soluções excelentes.

Construção: Como todas as idéias pertencem ao grupo, os seus membros devem tentar modificar e complementar ou estender as idéias sugeridas por outros membros, sempre que possível.

Fonte: Adaptada de Osborn, A. F. (1957). *Applied Imagination* (rev. ed.). New York: Scribner.

Pensamento convergente *versus* divergente

Duas habilidades fundamentais estão envolvidas no pensamento criativo: o pensamento divergente e o pensamento convergente (Guilford, 1959, 1967). O *pensamento convergente* é aquele que segue em direção a uma única resposta: o valor esperado para 70 por cento de se ganhar mil dólares é obtido multiplicando-se 1.000 por 0,7, para se chegar a 700 dólares. O *pensamento divergente* distancia-se do problema em muitas direções possíveis e envolve pensar sem fronteiras. Esse tipo de pensamento está ligado aos conceitos de flexibilidade de categorias e originalidade de pensamento. Ele *é* pensar para além dos limites, ou pensar fora-da-caixa.

Muitos dos fatores que compõem a resolução criativa de problemas parecem mais proximamente relacionados ao pensamento divergente. Não obstante, chega um momento em que as idéias precisam ser avaliadas e trabalhadas, que é quando o pensamento convergente entra em ação. No pensamento convergente, um negociador julga e avalia as várias idéias apresentadas, de acordo com sua viabilidade, praticidade e mérito global.

As pessoas que trabalham de forma independente se sobressaem em pensamento divergente, pois nenhum tipo de pressão social ou cognitiva limita seus pensamentos. Em suma, elas não estão sujeitas a pressões por conformidade. Mas, de forma geral, as pessoas são muito menos proficientes no que tange ao pensamento divergente. As principais razões para isso são as já citadas pressões por conformidade. Para evitar a censura social, elas avaliam as normas da situação e se submetem a elas. Por outro lado, grupos se sobressaem quando comparados com indivíduos em termos de pensamento convergente. Os grupos se saem melhor ao julgarem a qualidade das idéias. Essa capacidade sugere que um plano eficaz para promover a criatividade em uma negociação envolva separar a geração de idéias – deixando essa tarefa para os indivíduos – e então avaliar e discutir as idéias como uma equipe. (Entretanto, o pensamento divergente nem sempre é visto de forma favorável; ver a Nota 8.3.)

Nota 8.3 Pensamento divergente

Pensamento divergente (ou criativo) não costuma ser recompensado em escolas e organizações. Por exemplo, Getzels e Jackson (1962) observaram que os professores preferem os alunos que têm QI alto, mas que não se sobressaem pela criatividade. Os alunos e gerentes com QI privilegiado tendem a mensurar o sucesso por padrões convencionais (ou seja, a se comportarem como os professores esperam que eles o façam e buscar carreiras que confirmem o que os outros esperam). Por outro lado, as pessoas altamente criativas usam padrões não-convencionais para determinar o sucesso e suas escolhas de carreira não costumam obedecer às expectativas. A maior parte da educação formal, incluindo os MBAs, favorece o pensamento lógico e convergente e não estimula o pensamento criativo ou divergente.

Raciocínio dedutivo

Para serem eficazes na barganha, os negociadores devem se sair bem tanto no raciocínio dedutivo quanto no indutivo. Primeiro, discutiremos o tópico do *raciocínio dedutivo,* ou processo para se chegar a conclusões lógicas. A maioria das pessoas, por exemplo, passou por algum tipo de treinamento para resolver silogismos lógicos, como aqueles mostrados no Quadro 8.5. A dificuldade em resolver tais problemas não significa que os gerentes sejam incapazes em termos intelectuais; pelo contrário, indica que os processos lógicos e formais e os processos individuais (ou psicológicos) não são necessariamente os mesmos. Muitas pessoas, porém, transgridem as leis da lógica constantemente. Algumas das transgressões mais freqüentes dessas regras são as seguintes:

- **Concordar com uma conclusão:** O desejo de se chegar a uma determinada conclusão muitas vezes direciona a avaliação da realidade por parte das pessoas. Esse comportamento, é claro, é uma forma de ilusão, bem como um viés egocêntrico. É forte a tendência que as pessoas têm de achar válidas as conclusões com as quais concordam e inválidas aquelas com as quais discordam.
- **Consistência cognitiva:** As pessoas têm uma tendência em interpretar as informações de uma forma consistente com as informações que elas já têm. A tendência de julgar as conclusões verdadeiras se a informação estiver de acordo com o que as pessoas já sabem que é verdade ilustra a necessidade de consistência na sua estrutura de crenças.
- **Viés de confirmação:** As pessoas têm uma forte tendência de buscar informações que confirmem o que elas já sabem. Um bom exemplo desse viés é a tarefa de escolha da carta apresentada no Quadro 8.1.

Raciocínio indutivo

O *raciocínio indutivo* é uma forma de teste de hipóteses, ou de tentativa e erro. Em geral, as pessoas não se saem particularmente bem ao testar hipóteses e tendem a usar métodos confirmatórios. Um bom exemplo disso é o problema da escolha das cartas no Quadro 8.1. Outro exemplo é a heurística da disponibilidade que discutimos anteriormente, de forma que os julgamentos de freqüência tendem a ser influenciados pela facilidade com que a informação pode ser recuperada pela mente.

As pessoas, por exemplo, fazem julgamentos imprecisos quando estimam probabilidades. Consideremos o problema mostrado no Quadro 8.6 (Tversky & Kahneman, 1974). Quando se pede que as pessoas respondam àquela pergunta, 22 por cento delas selecionam a primeira resposta (ou seja, o hospital maior), 22 por cento optam pela segunda resposta (ou seja, o hospital menor) e 56 por cento escolhem a terceira resposta (ou seja, ambos os hospitais). Elas não incluem na sua avaliação nenhum tipo de compensação ligada ao tamanho dos hospitais. Elas acreditam que um evento extremo – por exemplo, 60 por cento dos nascituros serem do sexo masculino – é tão provável em um hospital grande quanto em um pequeno. Na verdade, é muito mais provável que esse tipo de evento ocorra quando se considera uma amostra pequena, pois um número menor de casos é incluído na média. As pessoas normalmente deixam de considerar o tamanho da amostra quando fazem uma inferência.

Em suma, os gerentes não formam generalizações (raciocínio indutivo) da maneira como a estatística e a lógica sugerem. Quando as pessoas fazem inferências sobre eventos, com base em suas experiências no mundo real, elas não se comportam como estatísticos. Ao contrário, parecem ser altamente influenciadas por características salientes que permanecem em sua memória e ficam confusas ao lidar com eventos extremos, mesmo quando o tamanho da amostra é pequeno.

QUADRO 8.5 — AMOSTRAS DE SILOGISMOS

Escolha a alternativa que representa as conclusões que você possa tirar em cada uma das questões abaixo (Stratton, 1983):

1. Todos os S são M. Todos os M são P. Portanto,
   a. Todos S são P.
   b. Nenhum S é P.
   c. Alguns S são P.
   d. Alguns S não são P.
   e. Nenhuma dessas conclusões é válida.

2. Conforme a tecnologia evolui e as reservas naturais de petróleo são exauridas, obter petróleo a partir de fontes não-convencionais se torna cada vez mais necessário. Uma dessas fontes são as areias impregnadas por alcatrão de Athabasca, no norte da província de Alberta, no Canadá. Como algumas areias desse tipo são fontes de hidrocarbonetos refináveis, esses depósitos merecem uma investigação comercial. Alguns depósitos de kerogênio também são fontes de hidrocarbonetos refináveis. Portanto:
   a. Todos depósitos de kerogênio são areias impregnadas por alcatrão.
   b. Nenhum depósito de kerogênio é de areias impregnadas por alcatrão.
   c. Alguns depósitos de kerogênio são areias impregnadas por alcatrão.
   d. Alguns depósitos de kerogênio não são areias impregnadas por alcatrão.
   e. Nenhuma das anteriores.

3. As delicadas flores conhecidas como Glórias da Argentina, que se abrem somente no clima frio, são todas sassóides. As igualmente delicadas Fragilas, encontradas somente em áreas úmidas, não são Glórias. O que você pode inferir a partir dessas declarações?
   a. Todas Fragilas são sassóides.
   b. Nenhuma Fragila é sassóide.
   c. Algumas Fragilas são sassóides.
   d. Algumas Fragilas não são sassóides.
   e. Nenhuma das anteriores.

Se você pensa como a maioria das pessoas, o problema 1 é provavelmente o mais fácil de resolver (a resposta correta é a letra a). Entretanto, os problemas 2 e 3 geram índices de erro muito mais altos (um índice de erro de 75 por cento para o problema 2, em grande parte ocasionado pela escolha da resposta c em vez da e; e de 90 por cento para o problema 3, principalmente devido à escolha da alternativa d em vez da correta, que é também a letra e).

QUADRO 8.6 — O PROBLEMA DO HOSPITAL

Certa cidade é atendida por dois hospitais (Tversky & Kahneman, 1974). No hospital maior, cerca de 45 bebês nascem por dia, enquanto no hospital menor nascem 15 bebês por dia. Como se sabe, 50 por cento de todos os bebês que nascem são do sexo masculino. Entretanto, a porcentagem exata varia de um dia para o outro. Às vezes ela pode ser maior que 50 por cento e outras vezes, menor. Pelo período de um ano, cada um dos hospitais registrou os dias em que mais de 60 por cento das crianças nascidas eram do sexo masculino. Em que hospital você acha que houve mais dias com esse registro?

1. No hospital maior
2. No hospital menor
3. A freqüência era praticamente a mesma nos dois hospitais (com diferença menor que 5 por cento entre eles)

Fluxo

De acordo com Csikszentmihalyi (1997), *a experiência autotélica*, ou *fluxo*, é um tipo particular de experiência tão atraente e agradável que se torna algo que vale a pena fazer, mesmo que possa não ter nenhuma conseqüência fora de seu próprio contexto. As atividades criativas em nossa vida pessoal, como música, esportes, jogos e assim por diante, são fontes típicas desse tipo de experiência. É claro que as pessoas nunca fazem algo simplesmente por fazer – suas motivações são sempre uma combinação de considerações intrínsecas e extrínsecas. Por exemplo, cineastas podem fazer filmes pelo prazer de criar algo artístico, mas também porque o filme pode render dinheiro ou ganhar um Oscar. Da mesma forma, os gerentes e executivos criam novas idéias e produtos não somente pelo prazer de criá-los, mas porque tais produtos aumentarão a lucratividade da empresa. No entanto, se as pessoas estiverem somente motivadas por recompensas extrínsecas, elas perderão um ingrediente-chave no que se refere a experiências. Além das recompensas externas, elas também podem gostar de uma determinada atividade, como a negociação, intrinsecamente.

Esse tipo de experiência de fluxo intenso não é limitado às iniciativas criativas. Ele também é encontrado nas atividades mais mundanas na vida pessoal e profissional, como ir trabalhar todo dia, interagir com pessoas etc. Uma condição importante para a experiência de fluxo é que a pessoa sinta que suas competências estão alinhadas às oportunidades de agir. Se os desafios estiverem muito além das habilidades da pessoa, ela pode vivenciar uma ansiedade intensa ou *sufocamento*. Entretanto, se as habilidades pessoais superarem os desafios da experiência, ela pode se sentir entediada. A mensagem a ser passada é que o processo é mais importante do que o resultado de uma interação. Em uma negociação, esse efeito de fluxo significa que trabalhar as diferenças, satisfazer necessidades subjacentes e agregar valor é mais importante do que o conteúdo de uma negociação específica. Quanto mais a negociação for vista como desagradável, desconfortável ou demasiadamente difícil, menores as chances de ocorrência do fluxo (e do processo criativo decorrente dele).

CONCLUSÃO

A negociação eficaz requer um pensamento criativo. A capacidade de se pensar criativamente é afetada pelo modelo mental de negociação de uma pessoa. Neste capítulo, identificamos cinco modelos mentais freqüentemente encontrados: o regateio, a análise de custo-benefício, o jogador, as parcerias e a resolução de problemas. Observamos que as negociações criativas incluem o fracionamento dos problemas em diversas partes mais simples; a descoberta de diferenças a serem exploradas; o aumento do tamanho do montante; a conexão entre partes separadas ('bridging'); o corte de custos; a compensação não-específica e a estruturação de contratos contingenciais. Revisamos muitas das maiores ameaças à criatividade em uma negociação, dentre elas o problema de conhecimento inerte, o viés de disponibilidade, o caráter representativo, a ancoragem e ajuste, a causa não garantida, a correlação ilusória, o viés de retrospectiva, a rigidez funcional, a atenção seletiva e o excesso de confiança. Descrevemos várias estratégias para repensar praticamente qualquer problema de negociação, aí incluídos o *feedback*, a incubação, o *brainstorming*, o pensamento divergente (em oposição ao convergente), os raciocínios dedutivo e indutivo e o fluxo psicológico.

QUADRO 8.7 — RESPOSTAS AO TESTE DE CRIATIVIDADE

Decidindo a carta

Resposta correta: E e 7

Considerando-se a média de uma grande quantidade de experimentos realizados (Oaksford e Chater 1994), foi descoberto que cerca de 89 por cento das pessoas seleciona E, que é a escolha logicamente correta, pois um número ímpar no verso da carta 'furaria' a regra. Entretanto, 62 por cento também escolhe virar a carta que tem o número 4 em um dos lados, o que não fornece nenhuma informação pertinente, visto que a existência tanto de uma vogal quanto de uma consoante no verso da carta não teria qualquer conseqüência sobre a validade ou não da regra. Somente 25 por cento escolhem virar a carta que tem o número 7, o que nos parece lógico, pois a existência de uma vogal no seu verso faria que a regra não fosse válida. Por último, somente 16 por cento dos participantes nos experimentos optaram por virar a carta com o K, cuja escolha não acrescenta, no entanto, nenhuma informação pertinente para o problema.

Decidindo o que a pessoa na sala faz

Resposta correta: Jack é advogado.

Este problema ilustra um problema clássico de referências básicas. Recebemos a informação de que a probabilidade de qualquer pessoa ser selecionada é equivalente às referências básicas declaradas; a solução normativamente adequada é de 30 por cento, fazendo assim que seja mais provável Jack ser um advogado. Ainda assim, a maioria das pessoas opta por ignorar a informação de referências básicas e presume que Jack seja um engenheiro. Uma resposta que vai contra uma teoria da probabilidade explicitamente declarada tem o risco de se basear em estereótipos. Os grupos podem ter uma tendência maior de defender uma decisão estereotipada.

Decidindo o que apostar

Resposta correta: A (para a primeira aposta)

O raciocínio normativamente adequado aqui é usar a teoria do valor esperado, na qual o valor esperado de uma escolha arriscada é determinado pelo valor da compensação multiplicada por sua probabilidade de ocorrência. Usando-se esta técnica, o valor esperado da aposta A é de 8 dólares × 0,3333 = 2,66 dólares. O valor esperado da aposta B é de 3 dólares × 0,8333 = 2,50 dólares. Dessa forma, a aposta A maximiza o valor esperado. Entretanto, muitas pessoas supervalorizam probabilidades mais altas e acabam escolhendo a aposta B. Grupos tendem a arriscar mais do que indivíduos, sendo bastante freqüente sua opção por decisões mais arriscadas, sejam elas normativamente apropriadas ou não. Para a segunda aposta, qualquer uma das respostas é normativamente correta, pois seus valores esperados são iguais.

Jarros de água

As pessoas podem ficar influenciadas por suas experiências e preferir certos operadores na solução deste problema. Este viés na solução do problema é conhecido como efeito de endurecimento. Também conhecido como efeito Einstellung, ou mecanização do pensamento, este viés pode, paradoxalmente, levar a uma piora no desempenho. O efeito Einstellung envolve guardar uma seqüência particular de operações e é a memorização dessa seqüência que impede que os gerentes vejam outras possibilidades. Nessa série de problemas, todos eles, exceto o de número 8, podem ser solucionados usando o método B – 2C – A. Para os problemas de 1 a 5, esta é a solução mais simples, mas para os problemas 7 e 9, uma solução mais simples representada por A – C também é aplicável. O problema 8 não pode ser resolvido usando-se a expressão B –

2C – A, mas pode ser solucionado com a utilização da expressão mais simples (A – C) . Os problemas 6 e 10 são resolvidos de forma mais simples por meio de A – C do que de B – 2C – A.

Dos participantes que receberam o pacote completo de 10 problemas, 83 por cento deles usou a expressão B – 2C – A nos problemas 6 e 7, 64 por cento não solucionaram o problema 8, e 79 por cento usou a expressão B – 2C – A nos problemas 9 e 10. O desempenho das pessoas que trabalharam nos dez problemas foi comparado com o daqueles que viram somente os cinco últimos problemas. Essas pessoas não viram a manifestação do viés do uso da expressão B – 2C – A na solução dos problemas. Menos de 1 por cento deles usou soluções desse tipo e somente 5 por cento deixaram de resolver o problema número 8. Dessa forma, conclui-se que os cinco primeiros problemas podem criar um viés poderoso para o uso de uma solução particular. Esse viés atrapalha a solução dos problemas 6 a 10.

O problema dos palitos

Resposta correta: Formar um tetraedro (algo parecido com uma pirâmide)
A maioria das pessoas pega seis palitos e forma um quadrado com um X em seu interior. No entanto, essa solução não é aceitável porque os triângulos formados não são eqüiláteros — cada um deles tem um ângulo de 90 graus. Outra resposta incorreta que é bastante comum é formar um triângulo com três palitos e sobrepô-lo com outro triângulo de ponta-cabeça formado pelos palitos restantes; isto produz quatro triângulos, mas os lados de cada um não medem o comprimento de um palito. Para conseguir resolver o problema, o solucionador deve pensar em três dimensões, construindo uma pirâmide com uma base triangular. Esta é uma classe geral de situações-problema que freqüentemente envolve *insight* — um rearranjo das partes de uma determinada maneira para resolver um problema.

Seqüência de letras

Resposta correta: O
A resposta a este problema do tipo 'Eureka' é O. As letras da seqüência representam as primeiras letras dos sete primeiros números arábicos: Um, Dois, Três, Quatro, Cinco, Seis, Sete. Fica claro que a escolha seguinte é referente à primeira letra de Oito, portanto O.

Cadeia de ouro

Resposta correta: 2
O enigma da corrente é um problema do tipo 'Eureka'. Muitos grupos responderam onze elos, pois isto envolveria simplesmente cortar elos alternados. A resposta correta, no entanto, é dois elos. Se o quarto e o décimo primeiro elos forem cortados, todos os valores de 1 a 23 podem ser obtidos pela 'negociação com troco' com o dono do hotel. Elos separados (o quarto e o décimo primeiro) são entregues nos dias 1 e 2, mas no dia 3, a unidade com três elos é dada ao proprietário que, de troco, devolve os elos separados. Esses mesmos elos são então usados para pagar os dias 4 e 5, mas no dia 6, a unidade com seis elos é utilizada, e o dono do motel devolve todas as outras em seu poder como troco. O processo pode ser continuado por 23 dias.

Susan e Martha

Resposta correta: 36
Esta é uma tarefa que envolve uma decisão disjuntiva. É também um problema do tipo 'Eureka' e sua resposta deve ser calculada. Somente 14 combinações levam a um total igual a 13 (por exemplo, 1, 1, 11; 1, 2, 10; 1, 3, 9 etc.), e somente duas delas têm um produto idêntico (1, 6, 6 e 2, 2, 9). Se assumirmos que Susan sabe sua própria idade, ela somente ficaria confusa se tivesse 36 anos de idade.

O problema do colar

Inicialmente, as pessoas tendem a quebrar um elo de cada corrente, conectá-lo a outra corrente e então fechar o círculo, formando o colar. A solução mais elegante (e mais barata) é quebrar uma única corrente em três partes e usá-la para conectar as três outras correntes e formar o colar. O custo de abrir três elos é de seis centavos. O custo total da ligação das partes é de nove centavos, fazendo que o colar saia por quinze centavos.

O problema dos nove pontos

Resposta correta: Ver painéis 3 e 4

A maioria das pessoas implicitamente presume que as linhas retas devam ser desenhadas dentro de uma fronteira imaginária, formada pelos pontos externos, conforme mostrado no segundo painel do diagrama. Uma solução possível, que é a preferida pelos *experts*, é mostrada no terceiro painel do diagrama. O solucionador do problema deve ir além das fronteiras auto-impostas (quadrado). Outra solução criativa usa linhas que não cortam os pontos em seus centros, conforme apresentado no quarto painel. Essa solução envolve a superação de outro limite auto-imposto sobre o problema – a saber, perceber que não é necessário desenhar as linhas passando pelo centro de cada ponto. Assim, um tipo importante de bloqueio conceitual é a tendência de impor muitas restrições sobre o problema (ou seja, representar o problema de uma forma tal que limite os tipos potenciais de solução). Superar bloqueios conceituais é semelhante a vencer a rigidez funcional ou o efeito Einstellung; em vez disso, busque formas alternativas de representar o problema.

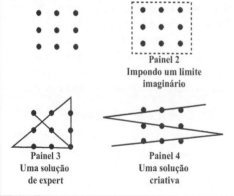

Chiqueiro

Resposta correta: Ver diagrama

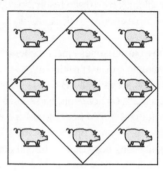

Este é um problema de *insight*. A maioria das pessoas supõe que cada chiqueiro deve ser quadrado. A solução correta envolve chiqueiros em formato de diamantes.

Lírios d'água

Resposta correta: Dia 59

Este é um puro problema de *insight*. As pessoas inicialmente abordam o problema como se ele envolvesse uma quantidade que cresce de forma linear e, para resolvê-lo, simplesmente dividem pela metade o tempo necessário para cobrir toda a superfície. No entanto, como os lírios crescem exponencialmente, em termos da área coberta, essa abordagem está incorreta e uma nova representação se faz necessária. Tal mudança na forma de solucionar o problema pode ser obtida se um dos participantes tentar imaginar o que aconteceria se o lago fosse totalmente coberto e, então, fazer o caminho inverso a partir desse ponto, em vez de realizar uma análise formal do problema.

O problema do barman

O homem que entrou no bar soluçava. O barman percebeu isso e resolveu dar um susto no homem apontando uma arma para ele, para causar o fim dos soluços. Algumas pessoas conseguem resolver este problema imediatamente; outras, não. Este é um problema do tipo 'Eureka'.

ESTUDO DE CASO

O vendedor de caminhões

Marcus S. Piaskowi[*]

No final daquela tarde, José Luiz esboçava, em um quadro pendurado na parede da sala de reuniões, a estratégia que utilizaria nos próximos dias. A conquista do novo cliente dependia de uma apresentação impecável. José Luiz sabia disso, mas estava confiante, ele estava se tornando bom nisso. Lembrava-se de como tudo isso havia começado.

Formado em engenharia mecânica, José Luiz saiu da faculdade pronto para pôr as mãos na graxa, mas sua carreira tomou outro rumo. Depois de se formar, recebeu uma oferta de trabalho irrecusável, o salário era ótimo, o desafio também. Iria trabalhar com uma de suas paixões: caminhões. Em vez da oficina, ele assumiria um cargo no departamento de vendas de caminhões pesados no escritório regional de uma marca líder de mercado. Trabalhar com vendas não era exatamente o que José Luiz tinha em mente, mas resolveu aceitar o desafio, visto que técnicas e conhecimentos de venda não lhe faltavam. Afinal, tinha algumas noções básicas de vendas. Trabalhara com seu tio, que era dono de uma concessionária de veículos no interior de São Paulo. Durante os cinco anos em que cursou a universidade, José Luiz aproveitava as férias para estagiar na loja, em busca de experiência e dinheiro extra. Lá também ficou dividido entre o prazer e a necessidade. Sua preferência era a área da oficina, por conta da sua paixão pelos problemas mecânicos, mas precisou trabalhar também no balcão de peças e na venda de veículos novos.

Fazendo uma retrospectiva, José Luiz considerava-se um vendedor muito bom, conhecia o produto e certamente tinha bons argumentos técnicos. Seus colegas o consideravam uma 'pessoa simpática'. Entretanto, sabia que teria de aprender a controlar sua timidez. Na faculdade, chegou a fazer um curso eletivo de retórica, para tentar combater o pânico que teimava em dominá-lo quando era obrigado a falar em público.

Após ser contratado pela montadora de caminhões, ingressou em um programa de cursos para novos vendedores. O programa obrigatório versava principalmente sobre o conhecimento de produtos, técnicas de prospecção de mercado e as mais modernas práticas em venda.

Agora, desenvolvendo a estratégia no quadro à sua frente, relembrava mentalmente alguns dos conceitos que seriam necessários para a elaboração da negociação do dia seguinte.

Estava desenvolvendo a estratégia de negociação para uma importante empresa da região. O cliente estava interessado na compra de uma quantidade de caminhões de grande porte somados a um lote de peças sobressalentes (de desgaste) dimensionadas para suprir a frota pelo período de um ano. Além disso, o pacote incluía o treinamento técnico para alguns mecânicos.

A sua marca, assim como os outros quatro principais concorrentes, foram convidados a apresentar suas propostas.

José Luiz perguntou-se: "Em primeiro lugar, o que eu sei sobre o cliente?"

Sabia que o seu cliente, Sr. César, dono da empresa transportadora, era a terceira geração de imigrantes italianos, com fortes laços familiares. O avô, Sr. Domenico, iniciou a empresa em 1938 com apenas um caminhão, utilizado para transportar frutas e legumes do interior para a capital. De lá para cá, as coisas mudaram, hoje são mais de 300 caminhões que percorrem todo o Mercosul. A empresa conta com um escritório central em São Paulo e nove escritórios regionais equipados com oficinas de apoio às frotas. Apesar de ser uma empresa familiar, a administração é profissional e al-

---

[*] Professor de marketing de serviços da Escola Superior de Propaganda e Marketing – ESPM.

tamente informatizada, possuindo controle 24 horas por dia sobre a frota. O monitoramento feito em tempo real informa a localização, a velocidade e o estado mecânico de cada veículo.

A missão da empresa, gravada em uma placa no saguão da matriz, destacava 'eficácia' e 'satisfação de clientes'. Segundo as palavras do Sr. César, "nós não fazemos simplesmente o transporte de mercadorias; nós cuidamos das necessidades de logística dos nossos clientes". A história de luta e o trabalho unidos por um alto grau de senso ético e tecnologia são motivos de orgulho e, segundo César, parte da razão do sucesso da empresa.

Na semana passada, José Luiz teve contato com o cliente pela primeira vez e ficou impressionado com a personalidade 'quase intimidadora' do Sr. César. Ele certamente conhecia muito bem o seu negócio e tinha uma memória extraordinária para dados e índices de desempenho de sua empresa e do mercado. Durante a conversa, ficou claro que o Sr. César tomaria uma posição irredutível em relação ao preço máximo que pagaria pelo 'pacote' produto + peças + treinamento.

Para driblar essa questão, José Luiz deveria pôr em prática uma das principais regras da negociação: "Não negocie posições, negocie os interesses!"

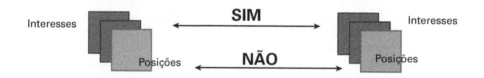

VENDEDOR CLIENTE

José Luiz temia que se a discussão ficasse focada apenas na posição de preços adotada pelo Sr. César a negociação estaria fadada ao fracasso.

De acordo com a primeira entrevista, a preocupação do cliente estava voltada para a melhoria dos equipamentos de transporte e para o aumento da eficiência na operação. O Sr. César procurava reduzir o CPK (Custo por quilômetro rodado), que poderia ser traduzido em economia de combustível, de pneus e o menor número possível de horas paradas durante o ano. Se José Luiz pudesse provar que o seu produto traria essas vantagens, o cliente poderia concordar em pagar um preço mais alto no início em troca de uma economia substancial no decorrer dos próximos anos.

Para isso, teria de preparar um quadro para demonstrar o retorno sobre o investimento em tempos e valores.

Uma ênfase no treinamento dos mecânicos que receberiam as planilhas de manutenção preventiva dos equipamentos deveria reforçar a sua argumentação. Isso também precisaria ser demonstrado de forma eficaz.

O segundo ângulo seria a apresentação de um programa de financiamento altamente competitivo — oferecido pela fábrica —, que também reduziria o impacto do custo inicial de aquisição dos produtos.

A próxima fase seria o desenvolvimento de uma lista de opções ou alternativas endereçadas às principais objeções do cliente. Algumas objeções já haviam sido apresentadas na primeira reunião (custo inicial, custo de manutenção dos equipamentos e custos de horas paradas). Esses assuntos certamente reapareceriam no decorrer do processo negocial. Daí a importância de estar preparado. O interessante, especialmente na venda de bens duráveis, é que no decorrer do tempo a maioria das objeções torna-se muito similares.

José Luiz listou no quadro as diferentes opções e os possíveis rumos que a negociação poderia tomar, apresentando, em seguida, as possíveis soluções para cada uma das alternativas — ou, pelo menos, aquelas para as quais ele já tinha as respostas.

Durante a listagem das diferentes alternativas, José Luiz lembrou que a empresa que ele representava exigia que qualquer negociação fosse conduzida em um alto nível ético. Isso significava que as informações deveriam corresponder à verdade, sem exageros, e todas passíveis de comprovação. Da mesma forma, todos os compromissos assumidos durante o processo negocial deveriam ser rigorosamente cumpridos dentro dos prazos acordados.

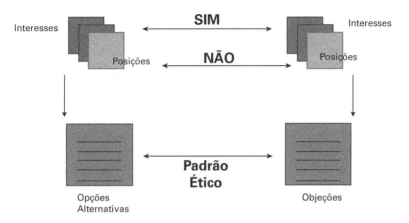

A terceira e última parte do processo de preparação para a negociação seria a preparação da MASA. De forma simples, a MASA determinaria o ponto de mutação a partir do qual José Luiz deveria abandonar a negociação. Era o ponto em que o negócio deixava de ser rentável para a empresa.

Adotando essa estratégia, José Luiz saberá não apenas qual é o ponto de corte, mas tentará durante o processo de negociação, terá parâmetros para tentar melhorar a sua posição — a sua MASA. A outra parte (comprador) provavelmente também terá uma MASA em mente e deixará a mesa de negociação se não conseguir um determinado preço mínimo, a menos que 'seja convencida do contrário'. A estratégia do cliente estará focada durante toda a negociação na redução do valor da mercadoria e ele não hesitará em usar todas as táticas e recursos para isso. José Luiz deverá estar preparado para esses ataques e entender que não são direcionados a ele — simplesmente fazem parte do processo negocial.

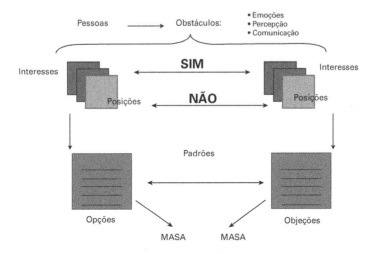

"Não há substituto para uma boa preparação" — uma lição que José Luiz aprendeu na teoria e na prática. Uma desagradável lembrança das vezes em que se sentou à mesa de negociação e não estava suficientemente preparado volta a sua mente. Lembra-se de como é desagradável aprender com o erro. Sorri, sabe que aprendeu a lição. Dessa vez, será bem diferente. José Luiz coloca suas anotações na pasta, apaga a luz da sala e segue para casa sabendo que será o começo de uma excelente semana.

CAPÍTULO 9

PARTE 3:

APLICAÇÕES E CENÁRIOS ESPECIAIS

Múltiplas partes, coalizões e equipes

> Em maio de 2003, CEOs de todas as empresas da lista da Fortune 1000 e da *Fortune* Global 500 receberam uma correspondência e descobriram que seriam processados judicialmente se alguma pessoa em suas empresas usasse a plataforma Linux – o sistema operacional gratuito e de código aberto que estava invadindo departamentos de TI no mundo inteiro. Uma empresa pouco conhecida chamada SCO Group, com sede em Lindon, no estado de Utah, Estados Unidos, havia enviado essa carta. Dois meses antes, a SCO tinha dado entrada em um processo de 1 bilhão de dólares contra a IBM, acusando a 'Big Blue' de ter aproveitado partes do sistema Unix, de propriedade da SCO, e as incluído no Linux. De acordo com Darl McBride, CEO da SCO, algumas empresas estavam usando o código do Unix de forma indevida, por meio da inserção de parte dele em outros programas por eles usados, um privilégio que só seria possível com um pagamento à SCO na forma de licenças adicionais do Unix. A forma escolhida pela SCO para acirrar sua briga com a IBM foi envolver os consumidores da 'Big Blue'. Quanto mais a empresa desenvolvedora do Unix amedrontasse os consumidores, maior o poder obtido por ela. Para complicar ainda mais as coisas, Ralph Yarro, a pessoa no comando do Canopy Group, detinha 43 por cento da SCO. O Canopy, de propriedade da Noorda, era composto de 35 empresas startups. Quando McBride recebeu uma recusa de acordo por parte da IBM, ele voou para o escritório da firma de advocacia Boies, na Flórida, Schiller e Flexner para uma reunião com o litigante anti-Microsoft David Boies, que concordou em assumir o caso com uma remuneração que combinava contingências com valor de horas trabalhadas. Neste ínterim, a Microsoft chamou o sócio-gerente da BayStar Capital, Lawrence Goldfarb, para lhe perguntar se ele consideraria a possibilidade de investir na SCO (*Fortune*, 21 jul. 2003; *BusinessWeek*, 22 mar. 2004).

A situação envolvendo a SCO ilustra a complexidade de uma negociação com várias partes envolvidas. Numa mesa primária estão a SCO e a IBM. Quando a 'Big Blue' reluta em negociar, a SCO coloca suas fichas na mesa oculta ou secundária da IBM: seus consumidores. A segunda mesa de negociação da SCO inclui o Canopy Group, que é uma extensão da Noorda, e a BayStar Capital, que está associada à SCO. Além deles, agentes e firmas de advocacia são envolvidos, o que aumenta a dinâmica da mesa de barganha.

Até agora examinamos um mundo de negociação que envolvia somente duas partes. No exemplo de abertura deste capítulo, no entanto, discutiu-se uma situação na qual existe um emaranhado complexo de participantes. Alguns deles são negociadores, outros são agentes e clientes das empresas. Normalmente as negociações não são puramente 'um a um'. Freqüentemente outras pessoas estão na mesa e nos bastidores. Para negociar com eficácia em grupos, os negociadores precisam de todas as habilidades descritas até este ponto e algo mais. Discutiremos as habilidades específicas para as negociações com várias partes neste capítulo.

ANALISANDO NEGOCIAÇÕES COM VÁRIAS PARTES ENVOLVIDAS

Como poderíamos analisar a negociação entre a SCO e a IBM? Ela envolve uma miríade de participantes, relacionamentos e questões (ver Figura 9.1). No exemplo mostrado na figura em questão, duas partes principais estão envolvidas na negociação: a SCO e a IBM. A Noorda, o Canopy Group e a BayStar Capital são potenciais partes principais. Uma coalizão pode envolver a SCO e a Microsoft, a SCO e os consumidores da IBM, ou a IBM e a firma de advocacia Boies, Schiller e Flexner. Além disso, outras empresas estão em posições semelhantes à da IBM (por terem recebido uma carta) e podem agir como parceiros de coalizão. As negociações dentro das organizações e entre elas estão envolvidas em uma teia intricada de relacionamentos e interesses interdependentes. Assim como um entendimento completo da anatomia humana requer a análise de níveis de química celular, tecidos, órgãos e sistemas, uma compreensão completa da negociação, dentro das organizações e entre elas, requer análises em diferentes níveis (Thompson & Fox, 2000).

Neste capítulo, revisaremos seis níveis de análise para além das negociações um a um : (1) negociações com várias partes; (2) coalizões; (3) relacionamento entre parte principal e agente; (4) constituintes; (5) negociação em equipe e (6) negociações entre equipes ou intergrupais (ver Figura 9.2). Para cada nível descrito acima identificamos desafios-chave e, a partir daí, sugerimos conselhos práticos e estratégias para maximizar a eficácia na negociação.

FIGURA 9.1 Estrutura de Negociações entre SCO e IBM

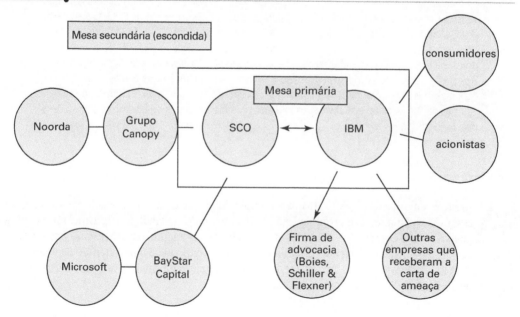

FIGURA 9.2 Níveis de análise em uma negociação multiparte

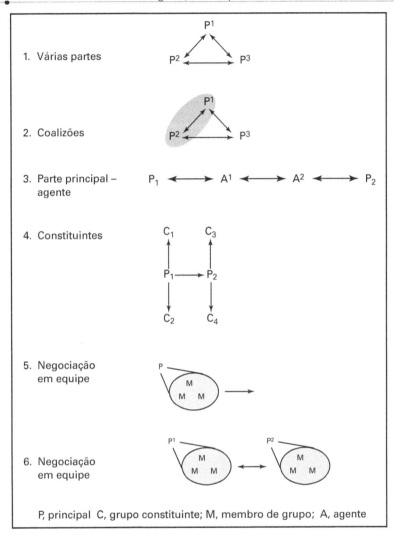

NEGOCIAÇÕES MULTIPARTES

Uma *negociação multiparte* é caracterizada por um grupo de três ou mais indivíduos, cada um representando a si mesmo, que tentam solucionar diferenças percebidas em seus interesses (Bazerman, Mannix & Thompson, 1988; Kramer, 1991). Por exemplo, um grupo de alunos que deve preparar e apresentar, em conjunto, um projeto para obter a nota em um curso participa de uma negociação multiparte, assim como um grupo de especialistas de um escritório de arquitetura que projeta uma casa para um cliente. As partes de uma negociação podem ser indivíduos, equipes ou grupos. O governador eleito de Wisconsin, Jim Doyle, por exemplo, prefere negociar os termos do acordo de caça entre governo e tribos indígenas no Estado com o grupo de tribos de Wisconsin e não com cada tribo individualmente. Essas negociações grupais diferem do processo usado pelo ex-governador

Tommy Thompson, que negociava com cada uma das 11 tribos do Estado separadamente (Associated Press, 3 dez. 2002). O envolvimento de mais de dois principais[1] na mesa de negociação complica enormemente a situação. As interações sociais se tornam mais complexas, as demandas por processamento de informações aumentam exponencialmente e podem surgir coalizões. Ainda assim, os grupos podem fazer julgamentos mais precisos e agregar informação mais prontamente do que os indivíduos (Bottom, Ladha & Miller, 2002).

Principais desafios de negociações multipartes

Vários desafios, que ocorrem tanto no nível cognitivo (mente) quanto no emocional (coração), podem surgir em negociações multipartes. Apresentamos a seguir quatro dos desafios principais presentes em negociações desse tipo, juntamente com algum aconselhamento prático.

Lidar com coalizões

Uma diferença fundamental entre as negociações com duas partes e as de grupo é o potencial existente para que duas ou mais partes dentro de um grupo formem uma coalizão, de maneira que juntem seus recursos e exerçam uma influência maior sobre os resultados (para uma revisão da literatura, ver Komorita & Parks, 1995). Uma *coalizão* é um (sub)grupo de dois ou mais indivíduos que se juntam para usar seus recursos, de modo que afetam o resultado de uma decisão, numa situação que envolva uma gama de motivações (ver Komorita & Parks, 1995; Murnighan, 1978) e que tenha o envolvimento de pelo menos três partes (Gamson, 1964). Por exemplo, as partes podem buscar maximizar o controle sobre outros membros, o seu status no grupo e a similaridade de atitudes e valores, ou minimizar conflitos entre os seus membros. A formação de uma coalizão é uma maneira de fazer que os membros fracos do grupo possam obter uma parcela maior dos recursos. As coalizões envolvem tanto cooperação quanto competição. Os seus membros cooperam uns com os outros, mas competem entre si no que se refere à alocação dos recursos que a coalizão venha a obter. As coalizões são tão importantes que dedicamos uma seção especial deste capítulo para discuti-las.

Formular *tradeoffs*

Acordos integrativos são mais difíceis de conquistar em negociações multipartes, pois os *tradeoffs* são mais complexos. As questões podem estar conectadas, tornando difícil estabelecer *tradeoffs* entre as questões. Além do mais, em uma negociação multipartite, os *tradeoffs* integrativos podem ser conquistados por meio de troca mútua, circular ou recíproca, de favores (Palmer & Thompson, 1995). O *troca mútua de favores circular* envolve *tradeoffs* que requerem que cada membro do grupo faça uma concessão para outro membro numa determinada questão, enquanto recebe uma concessão de outro membro do grupo referente a outra questão. Um *tradeoff* circular é tipicamente exemplificado pela tradição de se sortear nomes em um chapéu para dar presentes de natal para as pessoas. O indivíduo recebe um presente de uma pessoa e presenteia outra. Em uma situação ideal, dão-se presentes que são mais valorizados por quem recebe do que por quem dá. Por outro lado, os *tradeoffs de reciprocidade* são realizados entre dois membros de um grupo maior. Eles são caracterizados pela forma tradicional de troca de presentes. Os *tradeoffs* circulares apresentam um nível de risco mais alto que os de reciprocidade, por envolverem a cooperação de mais de dois membros do grupo.

Votar e usar a regra da maioria

Muitas vezes, os grupos simplificam a negociação multiparte que envolve diversas questões, usando votação e regras de decisão. Entretanto, se não forem usadas com bom senso, as regras de decisão podem impedir uma negociação eficaz, tanto em termos de divisão do montante quanto do

---

[1] De agora em diante chamaremos a 'parte principal' simplesmente de 'principal' (N. do T.).

aumento do seu tamanho. Um número representativo de problemas está associado com a votação e com a regra da maioria (para uma visão geral do assunto, ver Bottom, Eavey, Miller & Victor, 2000; Bottom, Handlin, King & Miller, no prelo).

Problemas com a votação e com a regra da maioria A votação é o procedimento que coleta as preferências de indivíduos referentes a alternativas sobre as questões e seleciona a alternativa mais popular, transformando-a na escolha de todo o grupo. O procedimento mais comum utilizado para agregar preferências dos membros de uma equipe é a regra da maioria. Não obstante, essa regra apresenta uma série de problemas para gerar acordos eficientes em negociações. Apesar de seu apelo democrático, a regra da maioria não reconhece a força das preferências individuais. Uma pessoa num grupo pode se sentir muito confiante sobre uma determinada questão, mas seu voto conta tanto quanto o de outra que não tem uma opinião formada sobre o assunto. Conseqüentemente, a regra da maioria não promove *tradeoffs* integrativos entre questões. Na verdade, os grupos que negociam usando uma regra de unanimidade conquistam resultados mais eficientes do que aqueles que lançam mão da regra da maioria (Beersma & De Dreu, 2002; Mannix, Thompson & Bazerman, 1989; Thompson, Mannix & Bazerman, 1988).

Apesar de a regra da unanimidade consumir muito tempo, ela incentiva os membros do grupo a considerar alternativas criativas para aumentar o tamanho do montante de barganha e satisfazer os interesses de todos. Pelo fato de a força da preferência ser um componente crucial para obter acordos integrativos, a regra da maioria prejudica o desenvolvimento de *tradeoffs* mutuamente benéficos. A votação em combinação com outros dispositivos de apoio à decisão, como agendas ou pautas, pode ser especialmente prejudicial à obtenção de resultados eficientes por evitar a troca mútua de favores (Mannix, Thompson & Bazerman, 1989; Thompson, Mannix & Bazerman, 1988).

Outros problemas podem surgir em decorrência da votação. Dentro de grupos que demonstram motivações mais 'egoístas' (em comparação com motivações sociais), a regra da maioria gera um comportamento mais distributivo e menos integrativo (Beersma & De Dreu, 2002). Os membros do grupo podem não concordar com uma metodologia de votação; alguns deles, por exemplo, podem insistir em usar a regra da unanimidade, outros podem pedir uma regra de maioria simples e os demais podem defender uma regra de maioria ponderada. Mesmo se todos concordarem com o uso da votação, ela pode não levar a qualquer resultado. Por exemplo, um grupo pode não chegar a uma maioria se estiver dividido exatamente ao meio (em seus interesses). Votar não elimina conflitos de interesse, mas, em vez disso, oferece um meio para que os membros do grupo convivam com esses conflitos. Por isso, as decisões baseadas na regra da maioria podem não ser estáveis. Nesse sentido, a votação esconde discordâncias dentro de grupos, o que ameaça a sua coesão e a eficácia organizacional no longo prazo.

Paradoxo da votação Consideremos uma equipe de desenvolvimento de produto composta por três pessoas (Raines, Warner e Lassiter). Os três não conseguem se decidir sobre qual design deve ser utilizado: *A*, *B* ou *C*. A ordem de preferência de cada um deles é mostrada na Tabela 9.1. Todos estão frustrados e o grupo está discutindo há horas. Como forma de resolver o conflito, Warner sugere uma votação entre os designs *A* e *B*. Nessa votação, *A* vence e o estilo *B* é descartado. Ele então propõe que o grupo vote entre *A* e *C*. Nessa segunda votação, a vitória é do design *C*. Warner então declara que o design *C* será utilizado. Lassiter conclui que a votação em grupo foi justa e concorda em desenvolver o design *C*. Entretanto, Raines fica perplexo e sugere que seja feita outra votação. Warner ri e diz: "Você votou e perdeu; portanto, simplesmente aceite o resultado!". Raines olha para Warner e diz: "Vamos votar novamente e eu aceitarei o resultado. Desta vez, porém, quero que a primeira votação seja entre *B* e *C*". Warner não tem outra alternativa a não ser concordar. Nessa votação, *B* é claramente o vencedor e *C* é eliminado. A seguir, acontece uma votação entre *A* e *B*, com vitória de *A*. Raines declara alegremente que *A* é o estilo vencedor. Lassiter, então, levanta-se agitado e declara que o processo de votação como um todo é fraudulento, mas não sabe explicar o porquê disso.

TABELA 9.1 Preferências dos gerentes por designs de produtos

Gerente	Design A	Design B	Design C
Raines	1	2	3
Warner	2	3	1
Lassiter	3	1	2

Raines, Warner e Lassiter são vítimas do *paradoxo de Condorcet*. Esse paradoxo demonstra que os vencedores de eleições feitas com base na regra da maioria mudarão em função da *ordem* em que as alternativas forem propostas. As alternativas propostas num momento posterior têm mais chances de sobreviver a votações seqüenciais (May, 1982). Dessa forma, os negociadores espertos dão um jeito de fazer que suas alternativas preferidas sejam introduzidas somente nos estágios mais tardios de um processo de votação seqüencial.

A natureza instável dos resultados da votação da equipe de desenvolvimento de produto aponta para uma preocupação maior conhecida como *teorema da impossibilidade* (Arrow, 1963). Esse teorema diz que a definição da preferência do grupo a partir da preferência individual é indeterminada. Em outras palavras, nenhum método pode combinar as preferências dos membros de modo a garantir que a preferência do grupo seja maximizada quando ele contiver três ou mais membros e estiver diante de três ou mais opções. Ou seja, embora as preferências individuais de cada gerente sejam transitivas, a preferência em nível de grupo é intransitiva.

Votação estratégica O problema da escolha indeterminada do grupo é ainda mais complicado pela tentação, por parte dos membros, de *fazer declarações estrategicamente falsas* de suas verdadeiras preferências, para que uma opção preferida encontre mais probabilidade de ser favorecida pelo grupo (Chechile, 1984; Ordeshook, 1986; Plott, 1976; Plott & Levine, 1978). Por exemplo, um membro pode votar na opção de que menos gosta para garantir que a segunda opção de escolha seja eliminada. Raines poderia ter votado de forma estratégica na primeira eleição, de modo a garantir que sua estratégia preferida não fosse eliminada na primeira rodada.

Decisões consensuais Os acordos consensuais requerem a concordância de todas as partes envolvidas numa negociação antes de serem vinculantes. Entretanto, eles não implicam unanimidade. Para que um acordo seja unânime, as partes devem concordar com seus aspectos tanto interna quanto externamente. Os acordos consensuais implicam que as partes concordem *publicamente* com um determinado acerto, mesmo que suas *visões privadas* da situação possam estar em conflito.

Apesar de os acordos consensuais serem desejáveis, eles acabam gerando vários problemas. Eles consomem tempo, pois exigem o consentimento de todos os membros, que muitas vezes não estão de acordo. Em segundo lugar, levam freqüentemente a uma concessão em que as partes identificam o menor denominador comum aceitável para todas elas. Acordos desse tipo constituem um método fácil de chegar a uma concordância e são convincentes, pois parecem ser justos, mas são normalmente ineficientes, uma vez que deixam de explorar potenciais *tradeoffs* de melhoria paretiana. (Ver Mnookin, 2003, para uma discussão do 'padrão suficiente de consenso' aplicado a negociações na África do Sul e na Irlanda do Norte.)

Interrupções na comunicação

A maioria das pessoas não dá o devido valor às comunicações em suas interações com várias partes. Num sistema perfeito de comunicação, um emissor transmite ou envia uma mensagem que é recebida de forma precisa por um receptor. Os erros podem acontecer em três pontos diferentes: o emissor pode não enviar a mensagem; a mensagem pode ser enviada, mas de uma forma imprecisa ou distorcida; ou uma mensagem precisa é enviada, mas acaba distorcida ou não recebida pelo receptor. Em um ambiente multiparte, a complexidade cresce quando várias pessoas estão simultaneamente enviando e recebendo mensagens. A intensidade com que a comunicação é restringida influencia a maneira como se divide o montante de barganha. As partes que tenham MASAs mais fracas, por exemplo, se beneficiam de uma estrutura de comunicação que contenha restrições, especialmente se estiverem no conduto de comunicação (Bolton, Chatterjee & McGinn, 2003). Por outro lado, os negociadores com MASAs mais fortes têm mais benefícios em uma estrutura mais pública de comunicação que promova a oferta competitiva (Bolton, Chatterjee & McGinn 2003).

Comitê privado Quando os grupos ficam maiores, a comunicação entre as partes se torna difícil. Uma maneira de simplificar as negociações é fazer com que os negociadores se comuniquem em grupos menores, evitando-se, dessa forma, a comunicação do grupo como um todo. Muitas vezes os membros do grupo formam comitês privados por motivos estratégicos. No entanto, essa abordagem pode causar problemas. A comunicação do grupo como um todo consome mais tempo, mas melhora a equalização dos resultados dos seus membros, aumenta a lucratividade conjunta e minimiza as percepções de competição (Palmer & Thompson, 1995). Um cuidado, porém, deve acompanhar os benefícios da comunicação como um todo: quando a estrutura de tarefas requer que os membros do grupo façam o troca mútua de favores de reciprocidade (em vez do circular), a comunicação restrita gera resultados conjuntos melhores do que os obtidos na comunicação total. Os comitês privados podem assumir muitas formas diferentes. Por exemplo, em 2003, a China propôs um arranjo de comitês para reiniciar negociações multipartes entre os Estados Unidos e a Coréia para encerrar as pressões sobre o programa de armas nucleares da Coréia do Norte (*Seattle Post-Intelligencer*, 16 jul. 2003). O arranjo proposto incluía uma reunião multilateral, na qual conversações bilaterais aconteceriam em sessões periféricas. Esse arranjo atendia à demanda da Coréia do Norte por negociações individuais e frente a frente com os Estados Unidos, ao mesmo tempo que acomodava a insistência dos Estados Unidos de que quaisquer conversações envolvessem o Japão, a Coréia do Sul e a China.

Interpretação viesada As pessoas normalmente ouvem o que querem ouvir quando recebem mensagens, especialmente quando estas são ambíguas. Por exemplo, quando recebem informações neutras sobre um determinado produto, elas as interpretam de uma forma favorável à sua própria posição. Além do mais, prestam atenção seletiva a informações em relatórios de modo a favorecer seu ponto de vista inicial e ignoram ou interpretam de forma equivocada a informação que contradiz sua posição.

Não assumir perspectivas As pessoas são impressionantemente incompetentes para assumir a perspectiva de outrem. Por exemplo, os indivíduos que têm acesso a informações e conhecimentos que eles sabem que os outros não têm agem, não obstante, como se os outros tivessem consciência disso, mesmo que seja impossível para o receptor ter tal conhecimento (Keysar, 1998). Esse problema é conhecido pelo nome de *maldição do conhecimento* (Camerer, Loewenstein & Weber, 1989). A título de exemplo, numa simulação, os negociadores que possuíam informação privilegiada, que poderia ter sido usada para seu próprio benefício, comportaram-se como se seus parceiros na negociação também tivessem acesso àquela informação. As dificuldades de assumir as perspectivas de outros também explicam por que alguns professores que compreendem perfeitamente uma idéia são incapazes de ensiná-la aos alunos. Eles não conseguem se colocar na posição de seus alunos para explicar a idéia de uma forma que possa ser entendida por eles.

Manifestações de discursos indiretos Cada declaração que uma pessoa faz à outra tem um significado embutido expresso nas conversas casuais. As 'manifestações de discursos indiretos' são formas pelas quais os indivíduos pedem às pessoas para fazer coisas – mas de modo indireto. Tomemos como exemplo as várias formas de requisitar que alguém feche a porta (ver Tabela 9.2). Cada frase pode servir como solicitação para realizar aquele ato, apesar de (com exceção da frase 'feche a porta') as formas empregadas não serem solicitações, mas afirmações e perguntas. Deste modo, as frases de 2 a 9 representam manifestações de discurso indireto; a compreensão da intenção do comunicador por parte do ouvinte requer um ou dois passos cognitivos extras, o que pode não funcionar, especialmente em casos em que há estresse envolvido.

As manifestações de discurso indireto são uma função da magnitude da solicitação sendo feita (isto é, solicitações triviais, como perguntar a hora para alguém, são fáceis de atender; perguntar a alguém se você pode conseguir um emprego é bem mais difícil), do poder que o receptor tem sobre o emissor e da distância social existente na cultura (Brown & Levinson, 1987). Assim, com o aumento da magnitude da solicitação, da distância do poder e da distância social, as solicitações feitas pelos negociadores serão mais indiretas. É claro que essa abordagem indireta pode ser desastrosa para uma comunicação eficaz.

Problema com audiências múltiplas Em algumas situações, os negociadores precisam se comunicar com outra pessoa na presença de alguém que não deveria entender a mensagem. Tomemos como exemplo um casal que está vendendo uma casa e tem uma conversa cara a cara com um comprador potencial. Idealmente, o casal quer trocar informações entre si de modo que o cônjuge compreenda, mas o comprador não – melhor ainda, de um modo tal que o comprador nem mesmo suspeite que uma comunicação sub-reptícia entre o casal esteja acontecendo. Fleming e Darley (1991) chamam essa questão de *problema com audiências múltiplas*.

Como se descobriu, as pessoas têm bastante habilidade para comunicar informação para o receptor desejado de tal modo que as outras partes nem percebam (Fleming & Darley, 1991). Os indivíduos são capazes de 'sintonizar' suas mensagens para audiências específicas. Por exemplo, o ex-presidente dos Estados Unidos, Ronald Reagan, tinha o talento de enviar mensagens diferentes para platéias distintas dentro de um mesmo discurso. O discurso de Reagan sobre 'o império do mal', em 8 de março de 1983, feito para a Associação Nacional dos Evangélicos dos Estados Unidos (*National Association of Evangelicals*) (e, indiretamente, para o mundo todo) é um bom exemplo disso. Nas seções iniciais de seu discurso, Reagan estabeleceu uma identidade com a platéia evangélica por meio de um ethos que exemplificava seus ideais, usando até mesmo o vocabulário técnico deles (como 'eu acredito na oração de intercessão'). A parte de seu discurso que tratava da política externa

TABELA 9.2 Formas diferentes de fazer uma solicitação e que requerem, progressivamente, mais inferências e mais conhecimento comum por parte do receptor

1. Feche a porta.
2. Você pode fechar a porta?
3. Você fecharia a porta?
4. Ajudaria se você fechasse a porta.
5. Você ficaria chateado se eu lhe pedisse para fechar a porta?
6. Você se esqueceu da porta?
7. Que tal um pouco menos de vento?
8. Está ficando frio aqui.
9. Eu realmente não queria que os gatos saíssem da casa.

Fontes: Adaptado de Krauss, R. M. e Fussell, S. R. (1996). Social psychological models of interpersonal communication. *In* E. T. Higgins e A. W. Kruglanski (Eds.), *Social Psychology: Handbook of Basic Principles* (págs. 655–701). New York: Guilford; Levinson, S. C. (1983). *Pragmatics* (p. 264). Cambridge, England: Cambridge University Press.

foi dirigida a uma matriz complexa de platéias, tanto estrangeiras quanto internas. A frase do 'império do mal' teve uma repercussão retumbante não somente entre os evangélicos, mas também entre os opositores da União Soviética, localizados em todas as partes do globo, incluindo elementos dentro da Polônia e da Tchecoslováquia. Para o bem de suas audiências diplomáticas, no entanto, Reagan evitou cuidadosamente fazer referências específicas às ações maléficas da União Soviética, eliminando pessoalmente todas as referências à guerra química no Afeganistão, presentes em versões iniciais do discurso. E o ataque ao movimento de redução nuclear daquele momento foi equilibrado pela menção a um 'desarmamento honesto' no discurso, um termo que criava 'presença' para sua proposta "de extensivas negociações prévias sobre sistemas e números a se limitar e medidas para garantir sua verificação e seu cumprimento eficaz" (Myers, 1999, p. 65). Para suas platéias nas comunidades internacionais e diplomáticas, bem como na comunidade de controle de armas, incluindo aquelas dentro da União Soviética, tal posicionamento aludia a fatos fora do texto que davam àquela parte da mensagem uma conotação pragmática (Myers, 1999).

Estratégias principais para negociações multipartes

Como as negociações multipartes são complexas e apresentam desafios especiais, quais estratégias e práticas os negociadores deveriam colocar em ação para melhorar sua capacidade de expandir o montante e dividi-lo num contexto multiparte? Consideremos as estratégias mostradas a seguir:

Saber quem estará na mesa

Além disso, entender os interesses dos clientes que eles representam (a mesa oculta).

Gerenciar a informação e sistematizar a oferta de propostas

As pessoas vivenciam uma 'sobrecarga de informações' quando lidam com várias partes e múltiplas questões. É quase impossível manter o controle de questões, alternativas e preferências de cada parte sem algum dispositivo de gerenciamento de informação. Recomendamos fortemente que os negociadores desenvolvam uma matriz para listar cada parte envolvida (ao longo das linhas) e cada questão ao longo das colunas e, então, controlem as preferências da pessoa para cada questão. Quanto mais essa informação for publicamente criada e divulgada, maior a melhoria da capacidade de o grupo descobrir verdadeiros acordos 'ganha-ganha'.

Observações de negociações multipartes sugerem que os grupos envolvidos gerenciam muito mal o uso do tempo. Por exemplo, os grupos de negociação começam fazendo uma barganha distributiva e depois passam para a negociação integrativa (Olekalns, Brett & Weingart, 2003). Eles tendem a não formular propostas e explorar opções e alternativas de uma forma sistemática. Esse comportamento pode levar à chamada *visão de túnel*, que é tendência apresentada pelas pessoas em negociações grupais de subestimar o número de opções viáveis disponíveis. Em um de nossos estudos, por exemplo, perguntamos às pessoas que tinham acabado de completar uma negociação multiparte quantos acordos viáveis elas julgavam ser possíveis (a negociação envolvia quatro questões e de quatro a cinco alternativas para cada uma delas). A resposta modal foi uma solução. Na média, a estimativa aproximada do grupo foi de quatro resultados possíveis (a estimativa mais alta foi de 12). Na verdade, o número de resultados possíveis era 55! Esse exemplo ilustra a visão de túnel (e posterior desespero) que pode tomar conta de um grupo se ele não sistematizar a preparação de propostas. Encorajamos os membros de um grupo a formular várias propostas que envolvam múltiplas questões e manter um registro das que foram consideradas.

Usar o *brainstorming* com bom senso

Também encorajamos os grupos a usarem o *brainstorming* de maneira inteligente. A maior parte dos grupos sugere menos idéias, e de qualidade mais baixa, que indivíduos pensando de forma independente

(Diehl & Stroebe, 1987). Sugerimos que se instruam as partes a usarem *brainwriting* antes de se encontrarem face a face para a negociação em grupo. O *brainwriting*, ou escrita solitária, é a estratégia na qual os membros do grupo escrevem, independentemente, suas idéias para resolver as negociações e, mais tarde, quando o grupo se reúne, compartilham essas idéias. O *brainwriting* tira vantagem do fato de que os indivíduos são melhores para gerar idéias, mas os grupos são mais bem-sucedidos para avaliá-las.

Desenvolver e designar papéis no processo

As negociações multipartes necessitam, no mínimo, de alguém que monitore como o tempo é empregado, de um gerente de processos e de um encarregado de registrar as informações. Nós incentivamos os grupos a designar esses papéis para membros internos e, em seguida, considerar que papéis adicionais desse processo serão úteis antes da negociação e atribuí-los a outras pessoas do grupo. Essas funções podem ser rotativas, de forma a não oferecer vantagem ou desvantagem a um determinado membro.

Permanecer na mesa

Não é uma postura sábia de membros de um grupo abandonar a mesa de negociação quando todas as partes precisam chegar a um acordo (Palmer & Thompson, 1995). Quando os grupos deixam a mesa, a tendência a se formarem coalizões aumenta, o que pode ser prejudicial para o grupo (Mannix, 1993).

Brigar por uma participação igual

O problema da participação 'desigual', em que somente uma ou duas pessoas falam o tempo todo, impede a troca de informação nos grupos. Conforme o grupo fica maior, a 'participação desigual' se torna um problema.

Chegar a alguns pontos de concordância, mesmo que somente no processo

Em algumas ocasiões, as negociações grupais podem se arrastar, pois nelas o tempo para as partes chegarem a um acordo é maior – mesmo quando se envolve uma única questão. Não atingir um acordo nas questões negociadas pode fazer que os membros do grupo sintam que não estão progredindo e que as negociações chegaram a um beco sem saída. Além disso, pode-se criar uma atmosfera de combate. Por exemplo, quanto mais persistentes os negociadores cooperativos forem no uso de estratégias integrativas, melhor o resultado que obterão para si (Kern, Brett & Weingart, 2003). Uma boa estratégia nesse ponto é não chegar a um acordo somente por chegar, mas concordar com o processo usado para atingir esse objetivo. Por exemplo, um membro do grupo pode sugerir algo como o que é mostrado a seguir:

Sei que estamos trabalhando por mais de duas horas e não conseguimos concordar em uma única questão. Podemos entender esta situação como um sinal de fracasso ou de falta de vontade, mas não acho que essa seja uma postura sábia. Sugiro que o grupo faça um intervalo de dez minutos para listar todas as possibilidades de acordo já consideradas e depois priorizá-las, de forma independente, da mais para a menos favorável. Essa classificação poderá nos dar alguma idéia de onde e como chegar a possíveis acordos.

Evitar o viés de 'fatias iguais'

Uma tendência que freqüentemente surge em negociações grupais é a de querer dividir as coisas igualitariamente entre as partes envolvidas (ver também o Capítulo 3, sobre divisão do montante). Esse viés é problemático por várias razões. Primeiro e mais importante, como vimos no Capítulo 3, nenhum método justo de alocação é universalmente aceito. Vários critérios de tratamento justo podem ser reconhecidos como 'justos' em algum sentido e nenhum deles é necessariamente superior aos outros. Segundo, a pressão para se comportar de uma forma igualitária é forte em muitos grupos; porém, em seu íntimo, as pessoas não são inclinadas à igualdade.

Evitar o viés de acordo

Nós alertamos os negociadores sobre o viés do acordo, que foi descrito num capítulo anterior. Esse comportamento ocorre especificamente quando os negociadores se concentram em chegar a um denominador comum com a outra parte, mas relutam em aceitar diferenças de interesse, mesmo que essa aceitação possa criar opções viáveis para um ganho comum.

Outro alerta: não presuma que todas as pessoas queiram 'chegar ao sim'. Em algumas situações, as pessoas são pagas para quebrar acordos e adiar a concordância entre as partes. Algumas partes presentes à mesa podem não querer chegar a nenhum tipo de acordo, mas, pelo contrário, estão lá para impedir que isso aconteça. Por exemplo, o proprietário do Crowne Plaza Hotel, Steve Cohn, despendeu esforços para matar um acordo que traria um novo Marriott Hotel para a região de Phoenix, no estado do Arizona. Cohn disse que a presença de um hotel da rede Marriott inviabilizaria o seu negócio e lançou um ataque para parar as negociações. Primeiro, patrocinou uma petição para colocar a questão em votação. Os membros do conselho, confrontados com a demora e incerteza no resultado de uma votação de referendo, quebraram o acordo com o Marriott. A prefeitura rapidamente fechou um segundo acordo, com uma cláusula de emergência que impedia o voto público. Em resposta, Cohn moveu uma ação judicial para bloquear os hotéis e então anunciou uma petição para uma votação que exigia voto público para contratos com hotéis. Cohn sabia que o Marriott não esperaria o tempo necessário para chegar a um veredicto para o processo. O prefeito de Phoenix, Skip Rimsza, declarou: "O atraso continua a aumentar o custo e Cohn controla o atraso" (*The Arizona Republic*, 7 dez. 1999).

Evitar a barganha seqüencial

Os grupos muitas vezes usam barganha seqüencial (e discutem uma questão por vez) ao invés da negociação simultânea (em que várias questões são consideradas num mesmo momento). Ao discutir e votar de forma independente cada questão, os negociadores não conseguem formular *tradeoffs* 'ganha-ganha' entre as questões (Mannix, Thompson & Bazerman, 1989; Thompson, Mannix & Bazerman, 1988).

COALIZÕES

As coalizões enfrentam três conjuntos de desafios: (1) a formação da coalizão, (2) sua manutenção e (3) a distribuição dos recursos entre os seus membros. A seguir, analisaremos esses desafios e sugeriremos estratégias para maximizar a eficácia das coalizões.

Principais desafios da coalizão

Tamanho ótimo da coalizão

Em uma situação ideal, as coalizões deveriam conter o número mínimo de participantes suficiente para se conquistar uma determinada meta. As coalizões dificilmente se mantêm íntegras, pois seus membros são tentados por outros indivíduos a se juntar a outras coalizões e os acordos celebrados são de difícil cumprimento (Mannix & Loewenstein, 1993).

Confiança e tentação nas coalizões

A integridade de uma coalizão é função dos custos e recompensas de ser membro dela. Quando não são mais recompensadoras, as pessoas as deixam. Não obstante, os membros de coalizões experimentam uma forte pressão para mantê-la intacta, mesmo quando não é racional fazê-lo (Bottom, Eavey & Miller, 1996). De acordo com o *viés do status quo*, mesmo quando é possível surgir uma nova coalizão que ofereça um ganho maior, seus membros são influenciados por uma norma de *integridade de coalizão*, de modo a permanecerem fiéis à sua coalizão atual (Bottom, Eavey & Miller, 1996). Os negociadores devem formar suas coalizões no início das negociações, de forma a não ficarem sem parceiros.

Divisão do montante

A distribuição de recursos entre os membros de coalizões é complexa, pois não existe um método normativo de alocação justa do montante (Raiffa, 1982). A experiência e a tolerância ao risco influenciam a porção do montante que os negociadores da coalizão recebem (Bottom, Holloway, McClurg & Miller, 2000). Por exemplo, Bottom e seus colegas (2000) descobriram que os negociadores novatos muitas vezes aceitavam uma 'divisão igual', mas os negociadores experientes nunca o faziam. Estes queriam e podiam explorar as diferenças em seu poder relativo de barganha. Bottom e seus colegas (2000) notaram que políticos veteranos como Sam Rayburn, Lyndon Johnson e Dan Rostenkowski são conhecidos por sua capacidade de explorar suas fontes de poder e construir coalizões vitoriosas em torno de iniciativas políticas. Para ilustrar esse ponto, consideremos o seguinte exemplo: Lindholm, Tepe e Clauson são três pequenas empresas de produção de produtos e equipamentos especializados, além de pesquisas de reabilitação na comunidade médica. Essa área tornou-se uma indústria essencial e de rápido crescimento, e cada uma das firmas está explorando formas de expandir e melhorar suas tecnologias, por meio de inovações em seus departamentos de pesquisa e desenvolvimento (P&D). Todas elas se inscreveram para receber patrocínio para sua pesquisa e desenvolvimento do Conselho Nacional de Pesquisa em Medicina da Reabilitação dos Estados Unidos (*National Rehabilitation Medicine Research Council – NRMR*).

O NRMR é um órgão governamental dos Estados Unidos dedicado ao financiamento de pesquisa em medicina e tratamento de reabilitação. Ele deseja oferecer fundos para a pesquisa proposta, mas pelo fato de as solicitações das firmas serem muito semelhantes, ele financiará somente um *consórcio* de duas ou três firmas. O NRMR não concederá financiamento em separado para Lindholm, Tepe ou Clauson.

A maior das três empresas é a Lindholm, seguida da Tepe e da Clauson. O NRMR levou uma série de fatores em consideração ao estabelecer limites sobre o financiamento, conforme mostrado na Tabela 9.3.

O NRMR estipulou estritamente que, para um consórcio de empresas poder receber financiamento, as partes que dele participam (duas ou três firmas) devem estar em total acordo no tocante à alocação de recursos entre si.

Se você fosse a Lindholm, que tipo de consórcio consideraria ser melhor para você? É óbvio que você desejaria estar em algum tipo de consórcio com a Tepe, com a Clauson ou com ambas, para não ser deixado ao relento. Mas qual é a melhor divisão de recursos dentro de cada um desses consórcios? Suponha que você aborde a Tepe sugerindo um empreendimento bipartite, e a Tepe queira receber metade dos 220 mil dólares, ou seja, 110 mil dólares. Você argumenta que, pelo fato de ser maior e trazer mais sinergia para o acordo, deve ganhar uma parte maior. Sua demanda é de 200 mil dólares, deixando 20 mil dólares para a Tepe. Nesse ponto, a Tepe ameaça abandonar você e se juntar à Clauson. A empresa argumenta que a Tepe e a Clauson podem levar 150 mil dólares como consórcio sem sua participação, recebendo, cada uma delas, 75 mil dólares. Nessa hora, você argumenta que pode cobrir a oferta da Tepe para a Clauson, concedendo 80 mil dólares e mantendo 110 mil dólares para si. No momento em que a Tepe ameaça fazer uma oferta melhor para a Clauson, esta entra na sala e diz à Tepe que quer pelo menos 100 mil dólares do montante de 150 mil a que as duas empresas juntas fariam jus. A Tepe está frustrada, mas cede.

Você fica nervoso em seu papel de Lindholm, pois certamente não quer ser deixado de fora do financiamento. Você poderia tentar incluir a Clauson ou a Tepe num consórcio. Mas, então, um pensamento surge em sua mente: talvez vocês três possam formar um consórcio. Afinal, as três firmas juntas comandariam a maior quantia em financiamento (240 mil dólares). Mas como os 240 mil dólares poderiam ser divididos entre as três empresas? Você representa a firma maior, então propõe manter a metade dos 240 mil dólares (ou seja, 120 mil), que a Tepe fique com 80 mil dólares e a Clauson com 40 mil. Essa divisão de recursos lhe parece justa. Nesse ponto, a Clauson fica decepcionada e lhe diz que Clauson e Tepe podem ficar por conta própria e ganhar 150 mil dólares. A Clauson considera sua parcela injusta e que deveria ser reduzida para algo abaixo de 90 mil dólares. Você então relembra à Clauson que você e a Tepe podem levantar juntas 220 mil dólares, dos quais você certamente merece pelo menos metade, que é melhor que a oferta de 90 mil. Então, aí estão os três novamente em um círculo vicioso de formação e demolição de uma coalizão.

A negociação entre Lindholm, Tepe e Clauson ilustra a natureza instável das coalizões. Neste exemplo, a parte deixada de fora pode sempre se aproximar de uma das duas partes participantes da coalizão e fazer uma oferta melhor, que pode então ser batida pela parte remanescente, *ad infinitum*. Além disso, dividir o montante de três maneiras parece não ter nenhuma solução óbvia. Então, o que deveriam fazer as três partes? Existe uma solução? Ou as partes estão destinadas a ficar rodando em círculos para sempre?

Saindo do círculo vicioso Como forma de sair do círculo vicioso, conceituaremos o problema como um sistema de equações simultâneas a ser resolvido, ou seja,

$$L + T = US\$220.000$$
$$L + C = US\$190.000$$
$$T + C = US\$150.000$$
$$L + T + C = US\$240.000$$
$$L + T + C = (US\$220.000 + US\$190.000 + US\$150.000)/2$$
$$= US\$560.000/2$$
$$= US\$280.000 \text{ no total de fundos necessários}$$

TABELA 9.3 Limites máximos de financiamento em função das partes envolvidas no consórcio

Organizações no consórcio	*Limite para financiamento de P&D*
Lindholm sozinha	0
Tepe sozinha	0
Clauson sozinha	0
Lindholm e Tepe	US$220.000
Lindholm e Clauson	US$190.000
Tepe e Clauson	US$150.000
Lindholm, Tepe e Clauson	US$240.000

Entretanto, é impossível resolver todas as equações simultâneas. Faltam 40 mil dólares para satisfazer as necessidades mínimas de cada uma das partes. O que deveríamos fazer? Consideremos as três seguintes soluções: a solução central, a solução de Shapley e um modelo híbrido (Raiffa, 1982).

A solução central. Esta solução é composta por um conjunto de alternativas que não apresentam dominância (McKelvey & Ordeshook, 1980). Uma alternativa é central se nenhuma coalizão tiver tanto o poder quanto o desejo de superá-la.

O primeiro passo para o cômputo da solução central é determinar qual seria a parcela de cada uma das partes se a falta de fundos não fosse problema. Assim, resolvemos o sistema para as parcelas referentes a L, T e C da seguinte forma:

$$(L + T) - (L + C) = US\$220.000 - US\$190.000$$
$$= (T - C) = US\$30.000$$
$$(L + T) - (T + C) = US\$220.000 - US\$150.000$$
$$= (L - C) = US\$70.000$$
$$(T + C) - (T - C) = US\$150.000 + US\$30.000$$
$$2T = US\$180.000$$
$$T = US\$90.000$$
$$L + T = US\$220.000$$
$$L + US\$90.000 = US\$220.000$$
$$L = US\$220.000 - US\$90.000$$
$$L = US\$130.000$$
$$L + C = US\$190.000$$
$$US\$130.000 + C = US\$190.000$$
$$C = US\$190.000 - US\$130.000$$
$$C = US\$60.000$$

verificação:

$$L = US\$130.000$$
$$T = US\$90.000$$
$$C = US\$60.000$$
$$Total = US\$280.000$$

Assim, se tivermos um total de 280 mil dólares, poderemos resolver cada equação. Mas a dura realidade é que não dispomos dessa quantia. Então, o segundo passo é reduzir o total para 240 mil dólares por meio da dedução, em algum lugar, de 40 mil dólares. Na falta de algum argumento para justificar por que a parcela de uma única parte deve ser cortada, deduzimos uma quantia igual a 13.333 dólares de cada uma das partes envolvidas. No passo final, computamos as parcelas 'centrais', conforme mostrado a seguir:

Lindholm: US$116.670
Tepe: US$76.670
Clauson: US$46.670

Por ser Lindholm, você está muito satisfeito. Tepe concorda, mas Clauson não está nem um pouco feliz. Clauson acha que 46.670 dólares é muito pouco e contrata um consultor para avaliar a situação. O consultor propõe uma metodologia diferente, chamada de modelo Shapley.

O modelo Shapley. Consideremos a formação de uma coalizão na qual cada participante começa sozinho e depois se junta a um segundo e a um terceiro participante. O modelo Shapley determina o retorno global que um participante pode esperar com base em seu *poder de pivô essencial*, ou seja, na capacidade de transformar uma coalizão perdedora em vencedora. O consultor considera todas as permutações possíveis de participantes que se juntam a coalizões, um de cada vez. O valor marginal agregado a cada resultado de coalizão é atribuído ao participante pivô. O chamado valor Shapley é representado pela média do valor agregado por um participante (ver Tabela 9.4). Quando todos os participantes contribuem com uma quantidade igual de recursos, o valor Shapley é igual ao total de recursos dividido pelo número total de pessoas. Esse resultado, é claro, representa o princípio da 'divisão igual', assim como o 'princípio da eqüidade'.

Quando o consultor da Clauson apresenta seu relatório, ele fica encantado com sua parcela, que aumentou quase 20 mil dólares. Lindholm não está satisfeito com sua parcela, que foi reduzida. Tepe está cansado de toda essa disputa e propõe que todos concordem com algo entre as duas soluções propostas.

Modelo híbrido de Raiffa. Já apresentamos dois modelos para calcular as parcelas de cada parte em coalizões. A fatia do participante de poder intermediário em ambos os modelos é idêntica, mas as dos outros dois participantes (de maior e de menor poder) oscilam drasticamente. É possível que uma argumentação egocêntrica possa surgir entre Lindholm e Clauson sobre qual modelo empregar. Uma solução é um modelo híbrido, no qual a média do valor de Shapley e dos valores centrais é calculada (Raiffa, 1982). Esse modelo leva às seguintes parcelas para cada uma das partes:

Lindholm: US$107.500
Tepe: US$77.500
Clauson: US$55.000

TABELA 9.4 Análise do poder pivotal no modelo de Shapley

Ordem de adesão	Valor agregado por Lindholm	Valor agregado por Tepe	Valor agregado por Clauson
LTC	0	US$220.000	US$20.000
LCT	0	US$50.000	US$190.000
TLC	US$220.000	0	US$20.000
TCL	US$90.000	0	US$150.000
CLT	US$190.000	US$50.000	0
CTL	US$90.000	US$150.000	0
Shapley (média)[2]	US$98.333	US$78.333	US$63.333

Dicas para participantes com pouco poder Apresentamos três diferentes modelos de soluções justas. Cada um deles é convincente e defensável, pois torna explícita a lógica por trás da divisão de recursos. É fácil ser um participante muito poderoso em situações de coalizão. Entretanto, o

---
2. Esses números foram ligeiramente arredondados (N. do T.).

verdadeiro 'pulo do gato' é saber como ser um participante pouco poderoso e eficaz. Os pontos fracos podem representar poder se você conseguir reconhecer e desfazer coalizões instáveis.

O poder está intimamente ligado à formação de coalizões e à divisão de recursos entre os membros participantes delas. O desequilíbrio de poder entre seus membros pode ser prejudicial para o grupo. Quando comparadas com os relacionamentos de poder igualitário, as relações com poder desequilibrado produzem um maior número de coalizões que desertam de um grupo maior (Mannix, 1993), uma quantidade menor de acordos integrativos (Mannix, 1993; McAlister, Bazerman & Fader, 1986), uma maior possibilidade de impasse na barganha (Mannix, 1993) e um comportamento mais competitivo (McClintock, Messick, Kuhlman & Campos, 1973). O desequilíbrio faz com que as questões ligadas ao poder saltem aos olhos dos membros do grupo, cuja principal preocupação é proteger seus próprios interesses. O melhor para a coalizão nem sempre é o melhor para a organização.

É possível descobrir uma maneira ideal de se alocar recursos para diversas partes para que os membros do grupo não sejam tentados a formar coalizões que prejudiquem o bem-estar desse grupo? Normalmente não. Apesar de várias maneiras defensáveis poderem ser utilizadas para alocar recursos entre os membros de uma coalizão, não existe uma única forma que seja sempre a melhor (para um tratamento abrangente do assunto, ver Raiffa, 1982). A seguir são discutidas algumas estratégias interpessoais para se navegar de forma eficaz em coalizões (ver Bottom, Eavey, Miller & Victor, 2000, para estratégias estruturais).

Estratégias para maximizar a eficácia de coalizões

Fazer os contatos o mais cedo possível

Por causa do processo de compromisso, as pessoas tendem a sentir que têm obrigação para com aqueles com quem firmaram acordos explícitos ou implícitos. Por esse motivo, é importante fazer contato com as partes mais importantes logo no início do processo de uma negociação multipartite, antes que elas se tornem psicologicamente comprometidas com outras pessoas. Por exemplo, Gina Cuff, uma estudante de MBA da University of Washington, contatou, em 2002, seu empregador mais desejado – a Alaska Airlines – logo no início do curso, fez um estágio na empresa e trabalhou meio período para ela (*Seattle Times*, 21 abr. 2002). Esse contato inicial gerou uma oferta de emprego em tempo integral após a conclusão do seu MBA.

Buscar compromissos verbais

Uma das estratégias mais eficazes para aumentar a eficácia da coalizão é obter compromissos verbais das pessoas com quem você deseja desenvolver confiança e chegar a um resultado final. A maioria das pessoas se sente obrigada a cumprir as promessas que fazem para os outros, mesmo quando os compromissos verbais não são legalmente sacramentados de alguma forma (Cialdini, 1993). Por exemplo, com base somente em um acordo verbal, a Davel Communications, maior empresa de telefones públicos dos Estados Unidos, contratou a INFONXX para prestar serviços de auxílio à lista de alta qualidade (*Business Wire*, 6 dez. 2001). Esse novo serviço foi disponibilizado para todos os 60 mil telefones públicos da Davel em menos de 20 horas após o acordo verbal ter sido firmado. (O contrato escrito levou 40 dias para ser formalizado.)

Usar um raciocínio aparentemente não viesado para dividir o montante

Lembre-se de que o 'tratamento justo' é um constructo psicológico e o determinante mais forte da satisfação dos negociadores com o resultado e, conseqüentemente, de seu desejo em prosseguir com os compromissos verbais. Se um ou mais membros da coalizão considerarem que a alocação de recursos proposta é injusta, esta será menos estável e seus membros mais propensos a desertar dela.

Quanto mais os membros da coalizão sentirem que a distribuição do montante é justa, maior a probabilidade de resistirem a tentativas de persuasão por parte de outrem para deixarem a coalizão.

NEGOCIAÇÃO ENTRE PARTES PRINCIPAIS E AGENTES

De acordo com Bottom, Holloway, Miller, Mislin e Whitford (2003), a razão pela qual as negociações entre as partes principais e os agentes são problemáticas é que "um principal neutro quanto ao risco deve negociar um contrato de incentivo para motivar um agente avesso ao risco a realizar ações custosas que não podem ser observadas" (p. 1). Um agente tem interesse no resultado (por exemplo, um agente imobiliário recebe uma comissão sobre a venda de uma casa). Na Figura 9.1, o CEO Darl McBride faz o papel de intermediário entre a SCO e a IBM, e também entre a SCO e o Canopy Group, e potencialmente com a Noorda.

Podem-se perceber muitas vantagens no uso de agentes para representar os interesses de alguém (Rubin & Sandler, 1988):

- **Expertise**: os agentes, presumivelmente, têm mais expertise no processo de negociação (por exemplo, um agente imobiliário).
- **Conhecimento substantivo**: Os agentes pedem mais informação sobre algumas áreas do que o principal. Um advogado tributarista, por exemplo, tem informações valiosas sobre legislação e isenções tributárias.
- **Redes de relacionamento e influência especial**: Freqüentemente, as pessoas trabalham por meio de agentes por não saberem em que aspectos de seus produtos e serviços outros potenciais principais podem estar interessados. Por exemplo, proprietários oferecem aos agentes-corretores tudo, desde vale-presentes da loja Nordstrom até uma moto Harley-Davidson inteiramente grátis para que eles consigam inquilinos para seus imóveis de aluguel (*Orange County Business Journal*, 21 abr. 2003).
- **Desapego emocional**: Os agentes podem ser uma opção de desapego emocional e flexibilidade tática. Por exemplo, metade dos casais nos Estados Unidos irão, em algum momento, se divorciar, e o divórcio está entre os eventos mais estressantes da vida de uma pessoa. Um 'planejador de divórcio' não é um advogado, mas uma pessoa que pode agir como uma espécie de agente e trazer racionalidade e perspectiva para um processo emocional que de outra forma seria extremamente conturbado (*Times Union-Albany*, 9 mar. 2003).
- **Ratificação**: Exatamente pelo fato de o agente não ter autoridade para fazer nem aceitar ofertas (a não ser que seja orientado pelo principal a agir desta forma), ele tem tanto poder quanto um vendedor de carro tem autoridade limitada para oferecer reduções no preço (sem a aprovação do proprietário ou gerente).
- **Manter a imagem**: Os agentes podem fornecer um tipo de *buffer* para os principais poderem manter sua imagem. Por exemplo, quando Marian Gaborik, do Minnesota Wild, exigiu que sua equipe lhe pagasse 19,5 milhões de dólares por um contrato de três anos, a equipe contrapropôs 9,45 milhões de dólares. Marian, então, concedeu uma redução para 13,2 milhões de dólares, que a equipe não 'bancou'. No final, Marian mandou seus agentes 'passearem' e aceitou os 9,5 milhões de dólares com algumas pequenas mudanças em seu pacote de bônus (*Vancouver Sun*, 1º nov. 2003).

Entretanto, a representação vem acompanhada de custos. Como são normalmente remunerados por seus serviços, os agentes acabam diminuindo os recursos a serem divididos entre as partes principais. Em segundo lugar, agentes ineficazes complicam a dinâmica das negociações e acabam inibindo o fechamento de potenciais acordos. Ainda mais problemático é o fato de que os interesses dos agentes podem estar em desacordo com os dos principais (para uma visão geral das questões entre principais e agentes na Economia, ver Jensen & Meckling, 1976).

Tomemos como exemplo a venda típica de uma casa envolvendo dois principais e dois agentes. É uma postura sábia para a compradora de uma casa revelar sua MASA para seu agente (quanto ela está disposta a gastar por uma determinada casa)? Do mesmo modo, um vendedor deveria dizer a seu agente qual a quantia mínima que ele aceitaria por seu imóvel? Os agentes de compradores de imóveis querem preços mais altos de venda porque suas comissões se baseiam no preço de venda do imóvel. Por essa razão, pode não ser interessante para a compradora revelar ao agente o seu preço de reserva (ou seja, o máximo que ela está disposta a pagar). Na verdade, os preços reais da venda de imóveis apontam para outra desvantagem para as partes que tenham agentes: os preços de venda são mais baixos quando o agente conhece somente o preço de reserva do vendedor e mais altos quando somente o preço de reserva do comprador é conhecido (Valley, White, Neale & Bazerman, 1992). Não surpreende constatar que, quando os compradores não revelam seu preço de reserva, seus agentes empregam mais tempo inquirindo sobre isso (Valley, White & Iacobucci, 1992).

A presença de agentes aumenta a probabilidade de impasse (Bazerman, Neale, Valley, Zajac & Kim, 1992). Agentes podem maximizar a eficácia somente quando seus interesses estão alinhados com os do principal. Para tratar do problema principal-agente, Bottom e seus colegas (2003) descobriram que o relacionamento social que um agente tem com seu principal afeta o esforço que o principal exerce. A intensidade com que o agente acredita que seu principal é um 'indivíduo benevolente' está diretamente relacionada com a recompensa que ele oferece ao agente. Contudo, dinheiro também é importante: o tamanho do bônus oferecido prevê quanto de esforço será despendido pelos agentes.

Desvantagens do uso de agentes

ZOPA encolhida

Os agentes fazem a zona de barganha encolher. Assim, adicionar agentes no processo significa que mais partes estarão dividindo um excedente fixo de barganha. Uma zona de barganha pequena pode significar uma probabilidade de impasse. Para um exemplo ilustrativo, ver a Tabela 9.5.

Estrutura incompatível de incentivos

A maior parte dos relacionamentos entre agentes e principais apresenta uma estrutura incompatível de incentivos: os interesses do agente não são perfeitamente alinhados com os da parte principal que ele representa. Consideremos o conflito de interesses que a firma de advocacia Boies, Schiller e Flexner pode vivenciar ao representar a IBM. Antes dessa situação, sua condição de 'anti-Microsoft' a tornava uma aliada potencial do Linux. No entanto, ao lutar contra a SCO, ela arriscou criar um relacionamento de adversário com o Linux e seus parceiros. A compatibilidade de incentivos é a única forma de garantir que o agente atenda a seus interesses. Por essa razão, aconselhamos os principais a nunca revelar sua MASA para seus agentes sob quaisquer condições. Os agentes rotineiramente perguntarão aos principais contratantes sobre sua MASA. Resista à vontade de confidenciá-la a seu agente, independentemente do quão bom ele ou ela pareça ser. Seu agente não precisa conhecer sua MASA para negociar de forma eficaz por você. Não é uma postura sábia confiar em alguém para efetivamente representar seus interesses quando os incentivos dele não estão alinhados com os seus. No final, o trabalho de um agente é fazer a corretagem de um acordo e, assim, eles são incentivados a colocar pressão sobre quem quer que pareça estar motivado para fechar um negócio. Eles têm um

TABELA 9.5 A zona de barganha, o excedente máximo e as taxas de comissão de agentes para a venda de uma casa

Comissão	PR* do Vendedor* [ajustada por US$410.000/ (1-c)]	Zona de barganha [PR do comprador (US$440.000) - PR* do vendedor]	Excedente máximo do comprador	Excedente máximo do vendedor	Intervalo do excedente do agente
0% (venda pelo proprietário)	US$410.000	US$30.000	US$30.000	US$30.000	US$0
2%	US$418.367	US$21.633	US$21.633	US$21.200	US$8.367 – 8.800
4%	US$427.083	US$12.917	US$12.917	US$12.400	US$17.083 – 17.600
5%	US$431.578	US$8.422	US$8.422	US$8.000	US$21.579 – 22.000
6%	US$436.170	US$3.830	US$3.830	US$3.600	US$26.170 – 26.400

Zona de Barganha

PR do vendedor   PR do comprador   Preço pedido
$410.000 $418.367 $427.083 $431.578 $436.170 $440.000 $450.000

Zona de barganha real = $25.000

Zona de barganha com 2% de comissão

Zona de barganha com 4% de comissão

Zona de barganha com 5% de comissão

Zona de barganha com 6% de comissão

Nota: PR = preço de reserva. Neste exemplo, suponhamos que a casa está originalmente listada para venda por 450 mil dólares; suponhamos que o preço de reserva do comprador é de 440 mil dólares e o do vendedor é de 410 mil dólares. Se nenhuma taxa de representação estivesse incluída, a zona de barganha seria de 30 mil dólares (ou seja, a diferença de preço entre 410 mil dólares e 440 mil dólares). As taxas de comissão do agente fazem que o vendedor tenha que ajustar seu preço de reserva para cima. Por exemplo, se a taxa de comissão do agente for de 6 por cento, o vendedor não pode vender o imóvel por menos de 436.170 dólares.

incentivo para fazer transações acontecerem: por exemplo, na compra de casas, o agente do comprador é, na realidade, um empregado da empresa. A preferência do agente é por um preço mais alto, pois ele ganha uma comissão. Além do mais, ele pode dar informações preconceituosas para obter um acordo para seu contratante.

De acordo com Kurtzberg, Dunn-Jensen e Matsibekker (2003), uma questão fundamental para os agentes é se eles devem se alinhar com seu principal ou com outro agente. Obviamente, certas leis e regulamentos governam a divulgação, mas a questão é qual laço social é mais importante para o acordo final. Kurtzberg e seus colegas descobriram que, inicialmente, os agentes demonstravam maior lealdade a seus principais, mas, com o passar do tempo, sua lealdade passava a ser maior para com outro agente. Além do mais, dependendo do quão forte era o relacionamento entre os agentes presentes à mesa de negociação, a probabilidade de se chegar a um acordo era maior e eles aconteciam no meio da zona de barganha. Mais notadamente, quanto mais os agentes fossem socialmente semelhantes (isto é, graduados na mesma escola etc.) e familiarizados uns com os outros, maior a chance de eles criarem uma ligação.

Distorção na comunicação

Como muitas vezes é o agente (e não o principal) quem realiza a negociação, há mais chances de ocorrer distorção na comunicação. Qualquer mensagem pode ser enviada de infinitas formas. *A sintonia da mensagem se refere a como os emissores personalizam as mensagens para receptores específicos.* As pessoas que enviam mensagens (por exemplo: "Estou sem gasolina"; "Não recebi o arquivo em anexo") irão editá-las do modo que consideram atender melhor o receptor. Por exemplo, as pessoas oferecem orientações e instruções mais completas e elaboradas sobre endereços para indivíduos que eles presumem não ser da cidade ou não estar familiarizados com ela (Krauss & Fussell, 1991). Igualmente, os emissores tiram vantagem do conhecimento que acreditam que o receptor já tem (por exemplo: "Vire à direita quando você vir a árvore grande que os funcionários da prefeitura podaram na semana passada"). Por essa razão, os negociadores podem trocar mensagens mais curtas e menos completas entre si, por acreditarem que podem aproveitar uma base existente de conhecimento compartilhado. Entretanto, eles muitas vezes superestimam a quantidade de informações comuns compartilhadas com os outros. Conseqüentemente, as mensagens enviadas tornam-se menos claras (tomando o exemplo anterior, a outra pessoa pode não conhecer a localização da árvore que foi podada pela prefeitura na semana que passou).

Há um viés pelo qual os emissores de mensagens apresentam a informação que acreditam ser recebida favoravelmente pelo receptor; portanto, eles acabam distorcendo as mensagens (Higgins, 1999). Por exemplo, quando se apresenta uma mensagem a uma platéia que as pessoas pensam ser favorável ou contrária a um determinado tópico, elas erram ao tentar adotar o ponto de vista da platéia. É como se soubessem que o mensageiro que traz notícias desagradáveis está em perigo de extermínio, de modo que uma maneira de lidar com este fator é modificando a mensagem. Infelizmente, a distorção da mensagem pode destruir a eficácia do trabalho em equipe.

Perda de controle

Como um agente está negociando em seu lugar, você acaba abrindo mão do controle sobre o processo de negociação e, no fim, sobre o resultado. Na verdade, os agentes são mais ativos em uma negociação e iniciam mais interações do que qualquer um dos principais (Valley, White & Iacobucci, 1992).

Acordo a qualquer custo

Como os agentes têm um incentivo para chegar a um acordo, eles podem se tornar presas do viés de 'chegar ao sim', no qual um acordo é mais importante que o conteúdo do negócio (Gibson, Thompson & Bazerman, 1994). Em outras palavras, o desejo de se chegar a um acordo rápida e eficientemente pode levar os agentes a não revelar informações recebidas do principal, o que pode impedir o fechamento de um negócio.

Estratégias para trabalhar de modo eficaz com agentes

Fazer pesquisa

Não suponha que o primeiro agente que você encontra é o único qualificado para poder representá-lo. Pergunte ao agente como ele pode ser bem-sucedido em representar os seus interesses com sucesso. Pergunte também o que ele espera de você. Questione-o acerca da natureza de seu relacionamento e que obrigações, se é que existe alguma, vocês terão um para com o outro. Por exemplo, muitos corretores contam com uma cláusula de 'saída fácil' no contrato, que permitem às partes principais destituí-los sem dificuldade. Na ausência dessa cláusula, um principal pode ficar comprometido com um agente por um longo período de tempo. Darcy Bouzeous, por exemplo, é uma das poucas mulheres no mundo que negocia contratos de talento para estrelas do esporte e personalidades da mídia. Diz ela: "Não acredito em acordo de retenção. Se eles não gostarem do que eu fiz, não acho que eles têm de ficar presos a mim" (*Chicago Sun-Times*, 22 out. 1990). Pergunte aos agentes sobre seu treinamento e estratégias de negociação. (A Tabela 9.6 apresenta algumas sugestões de perguntas aos agentes.)

Conhecer sua MASA antes de se reunir com seu agente

Faça seu dever de casa antes de se reunir com seu agente. Conheça sua própria MASA. Prepare perguntas para o agente que permitam a você testar a solidez de sua MASA, mas não a revele. Por exemplo, o vendedor de uma casa poderia dizer: "Eu gostaria que você me dissesse quais os preços médios de venda para este tipo de residência".

Comunicar seus interesses para seu agente sem revelar sua MASA

Uma das tarefas mais desafiantes para um negociador é comunicar seus interesses, prioridades e preferências sem revelar sua MASA. Você pode colaborar para que seu agente o ajude da forma mais eficaz listando, em ordem de prioridade, seus principais interesses e quais são, na sua percepção, as alternativas dentro de cada uma dessas áreas de interesse. Esteja antecipadamente pronto para ser inquirido por seu agente, de diversas formas, acerca de sua MASA. Quando essas perguntas forem feitas (e elas serão), concentre a conversa em suas prioridades (por exemplo: "Não sei ao certo o quanto ajuda dizer a você o máximo que estou disposto a pagar pela casa que você me mostrou hoje. No entanto, estou realmente interessado numa residência na área desta escola com uma garagem para dois carros. Na verdade, eu estaria disposto a pagar mais por estas características do que por uma suíte e uma cozinha reformada").

Tirar vantagem da *expertise* de seu agente

Os bons agentes são aqueles que têm grande *expertise* em sua área particular de atuação. Pergunte quais são, na percepção deles, as principais estratégias para aproveitar oportunidades e fechar negócios.

TABELA 9.6 Perguntas que potenciais compradores de casas deveriam fazer aos agentes imobiliários

1. Você pode me representar como agente do comprador?
2. Como você encontrará casas para mim?
3. Como você pode alavancar minha entrada, taxa de juros e pagamento mensal?
4. Que pontos diferentes você poderá negociar de acordo com meus interesses?
5. Há quanto tempo você vende imóveis em tempo integral?
6. O que eu posso esperar em termos de comunicação?
7. O seu contrato inclui uma cláusula de 'saída fácil'?
8. Sob que condições você estabelecerá sua comissão?

Fonte: Ron Holdridge, Re/Max Metro Realty, Seattle, Washington.

Encontrar as fontes de informação de seu agente

Os agentes, em função de suas afiliações profissionais e redes de relacionamento, têm acesso a muita informação. Você não deve esperar, porém, que a passividade de sua parte leve seu agente a lhe fornecer toda a informação necessária. Você deve solicitar a ele as informações importantes para você. Se seu agente não quer ou não pode fazer isso, entreviste outro agente e verifique se ele pode lhe fornecer a informação que você deseja.

Discutir ratificação

Por causa da natureza da relação principal-agente, a autoridade deste último é limitada para fazer certas concessões ou tipos de acordo (ou seja, seu agente não pode reduzir nem aumentar sua oferta sem uma orientação explícita de sua parte). Assim, os agentes podem efetivamente resistir às muitas e profundas concessões que você poderia impulsivamente fazer no calor das negociações. Nesse sentido, seu agente lhe oferece um '*buffer* de segurança' entre você e a outra parte.

Usar seu agente para ajudá-lo a preservar a imagem

Em algumas ocasiões, os negociadores fazem propostas que crêem ser perfeitamente razoáveis, mas que são consideradas ultrajantes pela outra parte. Quando acontece uma situação como essa (e quando seu oponente é do tipo emocional), as negociações podem descambar para uma rota de colisão. Em uma negociação mediada por um agente, você pode tentar salvar egos e relacionamentos feridos transferindo a culpa da situação para ele.

Usar seu agente como um *buffer* para emoções

Continuando com a questão de salvaguardar a imagem, os agentes podem representar um '*buffer* emocional' eficaz entre as partes que podem não se gostar ou ser irracionais (ver Capítulo 5 sobre estilos de barganha). Agentes eficazes podem dar um tom positivo às comunicações de cada uma das partes e rapidamente 'sintonizá-las' nas necessidades de seus principais.

RELACIONAMENTOS COM REPRESENTADOS

Quando uma parte envolvida numa negociação se insere dentro de uma organização, vários participantes periféricos podem ter interesse indireto no resultado e influenciar no processo de negociação. Um *representado* encontra-se ostensivamente do 'mesmo lado' do principal, mas exerce uma influência independente sobre o resultado por meio da parte principal. Os representados podem ser usados para exercer pressão sobre o outro lado da mesa. Tomemos o exemplo dos clientes envolvidos na disputa de 2002 entre uma organização de mulheres poderosas e o clube só para homens Augusta National Golf Club (*Business Week*, 12 ago. 2002, p. 75). A disputa começou quando Martha Burke, a presidenta da National Council of Women's Organizations, enviou uma carta para o presidente do Clube Augusta, William W. 'Hootie' Johnson, pressionando-o para abrir o clube para sócias mulheres. Após ter sido desprezada por Johnson, Burke consultou seu eleitorado, incluindo os patrocinadores do Torneio de Masters como a Coca-Cola, a IBM, a GM, e o Citigroup, cujo presidente, Sanford Weill, é membro do Clube Augusta.

Da mesma forma, os envolvidos também podem influenciar os negociadores. Por exemplo, na disputa entre os Estados Unidos e a Coréia do Norte sobre a proliferação de armas nucleares, a China era um participante envolvido. Ela mandou um enviado à capital da Coréia do Norte e propôs uma fórmula para reiniciar as negociações. Além disso, a China exerceu pressão sobre ambos os lados para encontrarem uma solução diplomática para o conflito (*New York Times*, 16 jul. 2003b).

Nós distinguimos três tipos de participantes envolvidos: superiores, que têm autoridade sobre os principais; subordinados, que estão sob a chancela dos principais; e os verdadeiros constituintes, ou seja, a parte que o principal representa – isto é, por quem o principal é responsável e a quem ela tem que prestar contas (partes colaterais são representadas pela letra *C* na Figura 9.2). No exemplo de abertura deste capítulo, a IBM tem que prestar contas a seus principais acionistas e consumidores, que estão ostensivamente ao seu lado, mas que podem ter interesses próprios. Além disso, o grupo SCO tem que prestar contas duplamente ao Canopy Group (como donos de 43 por cento da SCO, assim como a seu investidor BayStar Capital e também à Noorda como empresa controladora do Canopy).

Desafios para relações com representados (ou constituintes)

Prestação de contas

Os negociadores à mesa de barganha constituem o relacionamento principal em uma negociação. A relação que as partes compartilham com seus clientes forma a *mesa secundária* (Ancona, Friedman & Kolb, 1991). Os representados não têm de estar fisicamente presentes na mesa de negociação para que sua presença seja forte (Kramer, Pommerenke & Newton, 1993; Pruitt & Carnevale, 1993; Tetlock, 1985). Os negociadores que têm responsabilidade para com seus representados fazem demandas mais altas e são menos propensos a fazer concessões na negociação do que aqueles que não precisam prestar contas (Ben-Yoav & Pruitt, 1984; Carnevale, Pruitt & Britton, 1979; O'Connor, 1994).

A mesa secundária tem um efeito paradoxal sobre a principal. Aos representantes de clientes não é dado, normalmente, o poder de fechar acordos, ou seja: o representante não é monolítico (Raiffa, 1982). Em alguns casos, essa restrição poderia parecer um redutor de seu poder à mesa de barganha, mas o contrário pode ser verdade. O negociador cujas 'mãos estão amarradas' é normalmente mais eficaz do que aquele que tem o poder de ratificar acordos. Qualquer pessoa que já tenha negociado um acordo para a compra de um carro novo deve ter ouvido frases do tipo "minhas mãos estão atadas" ou "preciso conversar com meu chefe", com as quais um vendedor induz o cliente a se comprometer com um preço que exige aprovação antes que o negócio seja fechado.

A prestação de contas para atores colaterais é um aspecto inevitável da vida organizacional (Tetlock, 1985, 1992). Pelo menos dois processos motivacionais são 'disparados' pela prestação de contas: a vigilância na tomada de decisões e a preocupação com a avaliação.

Vigilância na tomada de decisão Os tomadores de decisão que são responsabilizáveis[3] por suas ações consideram mais cuidadosamente as informações relevantes e as alternativas (Tetlock, 1985, 1992). A prestação de contas aumenta o processamento reflexivo e deliberado da informação e reduz o processamento automático e heurístico (ver também Chaiken, 1980; Fiske & Neuberg, 1990). A prestação de contas parece melhorar uniformemente a qualidade das decisões tomadas pelos negociadores e aumentar a probabilidade de se conseguir acordos integrativos.

Não obstante, essa responsabilidade nas decisões nem sempre promove um processamento mais abrangente e não viesado de informações se os atores organizacionais forem partidários de alguma visão particular (Thompson, 1995b). Imaginemos uma situação na qual um observador assiste a filmagens de pessoas negociando. Alguns observadores são instruídos a assumir uma visão objetiva e imparcial da situação; outros, a assumir a perspectiva de uma das partes. Além disso, alguns observadores são avisados de que serão responsabilizados por suas ações e comportamentos (por exemplo, deverão justificar suas decisões para outros, que irão questioná-los), enquanto outros não prestam contas a ninguém. Após assistir à filmagem, os observadores indicam o que eles acham que cada negociador queria. Os partidários que devem prestar contas tornam-se presas da suposição do mon-

---

3. No original, o termo utilizado é accountable, que não possui um equivalente em português com o mesmo sentido do inglês, embora a expressão 'prestador de contas' possa ser utilizada, porém, com perda de sentido. (N. da RT.)

tante de tamanho fixo porque são motivados a chegar a uma determinada conclusão. Entretanto, os observadores não partidários querem chegar a qualquer conclusão apoiada pelos dados e seus julgamentos são, portanto, direcionados por evidências em vez de desejos.

Preocupação com a avaliação e a iniciativa de manter a imagem Os negociadores responsáveis por seu comportamento se preocupam com a maneira como são vistos pelos outros. Quando as pessoas se preocupam com o que os outros pensarão, elas usam estratégias para manter a imagem e fazem suas ações parecerem mais favoráveis a pessoas consideradas relevantes. Os negociadores que desejam manter a imagem serão mais agressivos e intransigentes, de forma a não serem vistos como aproveitadores ou encostados. Os que prestam contas aos representados tendem mais a manter uma posição firme de barganha, fazer menos concessões e atrasar o fechamento para chegar a acordos mais favoráveis do que aqueles que não têm que prestar contas (ver Carnevale & Pruitt, 1992).

No entanto, uma mudança interessante acontece quando as equipes são responsáveis por suas ações à mesa de barganha. Uma *difusão de responsabilidade* ocorre entre os seus membros (O'Connor, 1997). As equipes reagem de uma forma diferente dos negociadores individuais à pressão da prestação de contas.

Conflitos de interesse

Os negociadores freqüentemente enfrentam um conflito entre suas metas e as de seus representados. Para o gerente interessado na resolução eficaz de uma disputa, não é suficiente compreender os relacionamentos que os negociadores compartilham na mesa de negociação, mas também é importante entender a 'mesa oculta' dos relacionamentos dos representados (ver Kolb, 1983). Consideremos uma negociação envolvendo equipes de duas pessoas que podem ser conhecidas ou estranhas entre si. Cada equipe se reporta a um gerente. Algumas delas estão subordinadas a um gerente 'orientado para o resultado', que as instrui a 'servir aos interesses do grupo a qualquer custo'. Outras têm um gerente 'orientado para pessoas', que as instrui para maximizar os interesses ao mesmo tempo que mantêm relações intergrupais harmoniosas. As equipes com o supervisor 'de resultados' reivindicam uma parcela maior dos recursos do que as que se reportam ao supervisor 'de pessoas' e das que não prestam contas a nenhum gerente (Peterson & Thompson, 1997). Quando os membros da equipe são conhecidos, não ocorre nenhuma diferença na lucratividade relativa. Por quê? Os negociadores são mais capazes de maximizar os resultados quando a meta a ser atingida é clara e eles não compartilham um relacionamento prévio.

Estratégias para melhorar o relacionamento com os representados

Comunicar-se com seus representados

Os representantes precisam compreender as necessidades e interesses reais de seus representados e não apenas as suas posições. Além disso, quando os representados sentem que são ouvidos, representados uma tendência menor de adotarem ações extremas. Em muitos casos, os representantes agem muito cedo, antes de entenderem as necessidades reais de seus representados, para demonstrar sua competência. O Riddle Memorial Hospital tomou a iniciativa de criar um serviço de atendimento telefônico para os clientes e pacientes quando o hospital iniciou as negociações com a Blue Cross. O CFO do hospital, Ron Eyler, explicou: "Achamos importante que a comunidade não ficasse no meio da negociação, e penso que a Blue Cross compartilhava desse sentimento. O serviço telefônico foi criado para fornecer informações à nossa comunidade, de modo que ela não entrasse em pânico" (*Bestwire*, 3 jul. 2000, parágrafo 10).

Não esperar homogeneidade nas visões dos representados

Os representados são normalmente compostos de indivíduos e subgrupos com diferentes necessidades e interesses. Num certo nível, eles se dão conta de que podem conquistar mais por meio de uma ação e de uma representação coletivas, mas tenha consciência da heterogeneidade das visões dentro do grupo de clientes. Examinemos as negociações entre David Trimble e Gerry Adams, membros dos partidos Unionista e Republicano da Irlanda. Ambos estavam pessoalmente ansiosos por fazer progressos em março de 1999; contudo, sua liberdade de movimento era seriamente limitada devido às pressões de seus eleitorados. Trimble liderava uma união severamente dividida, estruturalmente fragmentada em várias partes e freqüentemente confusa em seus objetivos (*The Independent*, 10 mar. 1999).

Educar seus representados sobre seu papel e suas limitações

Os representados, como quaisquer outras pessoas, sofrem do viés egocêntrico, o que significa dizer que vêem o mundo sob uma perspectiva que atenda a seus interesses. Do ponto de vista deles, o seu papel é educar o outro lado sobre a realidade da situação. Eles podem muitas vezes crer que sua tarefa é mais fácil do que realmente é. É importante definir claramente seu papel para seus representados logo no início do processo. Defina expectativas realistas. Não se caracterize como um 'missionário' numa 'cruzada'. Compartilhe todos os resultados possíveis com seus representados e não somente os favoráveis que eles pensam que terão.

Ajudar seus representados a pensar de modo a expandir os horizontes

O pensamento visionário envolve fazer projeções sobre resultados futuros. As pessoas têm dificuldade em pensar em eventos futuros (Gilbert & Wilson, 2000), tendem a sub- ou superestimar a duração de estados emocionais futuros (Gilbert, Pinel, Wilson, Blumberg & Wheatley, 1998) e a não levar em consideração as circunstâncias negativas ou positivas que possam surgir (Loewenstein & Schkade, 1999; Schkade & Kahneman, 1998; Wilson et al., 1998). Você pode ajudar seus representados a desenvolver uma grande MASA e aspirações realistas auxiliando-os a ter um pensamento visionário.

NEGOCIAÇÃO EM EQUIPE

Consideremos as seguintes situações:
- Um marido e a esposa negociam com um vendedor o preço de um carro novo.
- Um grupo de empregados descontentes aborda a administração para discutir salários e condições de trabalho.
- Uma grande empresa de software aborda uma pequena empresa da mesma área com o intuito de adquiri-la.

Em todos esses exemplos, as pessoas se juntam de um mesmo lado da mesa de barganha como se constituíssem uma equipe. Presume-se que, em cada um desses casos, um membro poderia fazer toda a negociação pela equipe, mas as equipes acreditam que serão mais eficazes se contarem com a presença de todos os seus membros à mesa de negociação. Ao contrário de negociadores individuais, os membros de uma equipe de negociação podem desempenhar papéis diferentes por razões estratégicas, tal como o 'bom e o mau policial' (Brodt & Tuchinsky, 2000). As equipes são eficazes para explorar o potencial integrativo à mesa de barganha? Para responder à questão de se duas cabeças são melhores do que uma, Thompson, Peterson e Brodt (1996) compararam três tipos de configurações de negociação: equipe *versus* equipe, equipe *versus* negociador individual e indivíduo *versus* indivíduo. A presença de pelo menos uma equipe à mesa de barganha aumentou muito a incidência de acordos integrativos (ver também Morgan & Tindale, 2002).

Por que as equipes são tão eficazes? Os negociadores trocam muito mais informações sobre seus interesses e prioridades quando pelo menos uma equipe está na mesa de barganha do que quando dois indivíduos negociam (O'Connor, 1994; Rand & Carnevale, 1994; Thompson, Peterson & Brodt, 1996). A troca de informações gera uma maior precisão de julgamento sobre os interesses das partes envolvidas (O'Connor, 1994; Rand & Carnevale, 1994; Thompson, Peterson & Brodt, 1996), o que promove acordos integrativos (Thompson, 1991). O *efeito de equipe* é bastante robusto: não é nem mesmo necessário que os membros das equipes se reúnam em comitês privados para que haja eficácia (Thompson, Peterson & Brodt, 1996). Em negociações com potencial integrativo, as equipes têm desempenho superior a indivíduos; contudo, em tarefas extremamente competitivas, as equipes apresentam mais chances de se comportar de uma forma competitiva (Morgan & Tindale, 2002).

A presença de uma equipe na mesa de barganha aumenta o caráter integrativo de acordos conjuntos (Morgan & Tindale, 2002; O'Connor, 1994; Rand & Carnevale, 1994), mas o que acontece com o componente distributivo? Nesse aspecto, as equipes têm um desempenho melhor do que seus oponentes individuais? Não necessariamente. Não obstante, tanto equipes quanto participantes individuais acreditam que as equipes têm uma vantagem – um *efeito de eficácia de equipe* (O'Connor, 1994; Rand & Carnevale, 1994; Thompson, Peterson & Brodt, 1996). Mesmo nas situações em que as equipes obtêm fatias de lucro maiores do que os seus oponentes individuais, estes últimos se saem melhor ao negociar com uma equipe do que com outro indivíduo. O negociador individual ganha menos do que a equipe, mas a quantidade de recursos conjuntos disponíveis é maior em uma negociação equipe-indivíduo do que em outra indivíduo-indivíduo.

Desafios enfrentados por uma equipe de negociação

Para uma revisão abrangente, ver Brodt e Thompson (2001).

Escolhendo seus companheiros de equipe

Não podemos lhe dizer como selecionar sua equipe de negociação, mas podemos ajudá-lo a descobrir o que se deve buscar. Consideremos as três seguintes habilidades como critérios para a escolha e avaliação de colegas de equipe:

1. *Expertise* **em negociação**: As pessoas com boas habilidades de negociação podem valer seu peso em ouro se, por exemplo, conseguirem vislumbrar uma solução integrativa para uma situação complexa de conflito. Um especialista em negociação pode desmistificar a preparação, certificar-se de que a equipe evite as quatro principais armadilhas da negociação (ver Capítulo 1), evitar estratégias destrutivas para gerenciar o conflito e instigar um processo criativo de resolução de problemas.
2. *Expertise* **técnica**: É muito útil ter alguém com *expertise* técnica no seu domínio de interesse. Por exemplo, ao se comprar uma casa, é maravilhoso contar com alguém que seja talentoso em arquitetura, instalações elétricas e sanitárias etc. Além disso, ao utilizar a *expertise* técnica de nossos colegas de equipe, podemos priorizar melhor nossos próprios interesses.
3. **Habilidades interpessoais**: Normalmente é de grande valia ter alguém com habilidades interpessoais numa equipe de negociação, mesmo que esta pessoa não tenha um treinamento específico em negociação, pois essa situação envolve muitas habilidades interpessoais, como a capacidade de estabelecer *rapport*, de se comunicar eficazmente e de redirecionar uma discussão baseada em poder ou em direitos para um foco nos interesses (Ury, Brett & Goldberg, 1988).

Quantas pessoas na equipe?

Duas ou três cabeças pensam melhor que uma, mas, em um dado momento, as pressões por conformidade aumentam com o tamanho do grupo, sendo seu pico atingido com cerca de cinco pessoas e depois disso decaindo (Latané, 1981). Conforme a equipe aumenta de tamanho, os problemas de coordenação também crescem.

Comunicação na equipe

A comunicação, ou *junção de informações*, é facilitada se os membros forem conhecidos ou compartilharem um relacionamento. Por exemplo, quando as pistas para solucionar um jogo que envolve um assassinato são distribuídas entre os membros da equipe, os grupos de amigos têm mais chances de juntar suas informações diversas do que os grupos de estranhos (Gruenfeld, Mannix, Williams & Neale, 1996).

Coesão da equipe

Coesão é a força das relações positivas dentro de uma equipe (Evans & Dion, 1991), a soma das pressões agindo para manter os indivíduos num grupo (Back, 1951) e o resultado de todas as forças agindo sobre os membros para fazê-los permanecer nele (Festinger, 1950). Os grupos coesos têm um desempenho superior àqueles que têm pouca coesão (Evans & Dion, 1991). As três fontes de coesão são (1) atração para o grupo ou resistência em deixá-lo, (2) moral e motivação e (3) coordenação de esforços.

Diferentes tipos de laços mantêm as equipes juntas. Os *grupos de propósitos comuns* são compostos de membros atraídos para o grupo; os membros individuais podem entrar e sair. Por exemplo, Joe é membro de uma organização de estudantes gays. Ele tem vários amigos no grupo, mas a base de sua atração para entrar no grupo é sua missão e propósito. Os *grupos de laços comuns* são compostos de membros atraídos pela presença de determinados membros no grupo (Prentice, Miller & Lightdale, 1994). Por exemplo, vejamos a equipe de negociação de George Madison, diretor do Escritório de Relações Trabalhistas do Governador de Nova York e de John Currier, o diretor-executivo adjunto. Na aparência, eles parecem tão diferentes quanto a água e o vinho: Madison veste ternos de risca de giz feitos sob encomenda, camisas sociais com monogramas e abotoaduras de ouro, exalando um estilo Gucci de elegância ao sorver seus Martinis em copos com bordas prateadas. Por outro lado, Currier veste camisas de trabalhador e sapatos de caminhada e diz: "Tenho um coração de pedreiro" (*Times Union-Albany*, 2 mar. 2003, p. B1). Ainda assim, eles têm laços comuns como a base para seu trabalho em equipe: os dois perderam o pai quando ainda eram muito jovens e foram criados por uma mulher de fibra que os impregnou com uma intensa ética no trabalho'. Eles trabalham em escritórios adjacentes em um conjunto conectados por um corredor aberto. E parecem inseparáveis quando caminham para suas reuniões no Capitólio.

Processamento da informação

Muitas vezes os membros de uma organização negociam como equipe porque nenhuma pessoa tem todos os requisitos de conhecimento e *expertise* necessários para negociar eficazmente. Assim, o conhecimento está distribuído entre os membros da equipe. Quão eficazes são as equipes em utilizar o conhecimento distribuído entre membros?

A questão de como as equipes decidem quem é o responsável por armazenar e reter informação é crucial para a eficácia dela. Há *tradeoffs* envolvidos na armazenagem de informação. É mais eficiente que cada membro da equipe seja responsável por uma informação particular, de modo que cada um não se sinta sobrecarregado com muitos dados. Entretanto, conforme a redundância no armazenamento é minimizada, diminuem também as chances de se recuperar com sucesso a informação desejada. Além disso, os grupos têm uma tendência menor de considerar e discutir informações compartilhadas somente por um subconjunto de seus membros. Eles sofrem do *viés da informação compartilhada* (Gigone & Hastie, 1993; Stasser, 1992).

Não se pode nem se deve supor que os membros de um grupo tenham acesso aos mesmos fatos e informações. As pessoas dependem de outras na busca por informações. Na verdade, os membros de equipes de desenvolvimento de produtos baseiam-se em trocas sociais informais mais do que em relatórios técnicos para obter informações. As equipes podem ser mais eficazes por meio da divisão do trabalho. No entanto, a cognição distribuída é arriscada, pois se a equipe perder um de seus membros, a informação que ele detém pode ser perdida pelo grupo inteiro. Assim, os grupos enfrentam um dilema: dividir responsabilidades, o que aumenta sua dependência de cada membro, ou compartilhar informação, o que é pesado e redundante.

Estratégias para melhorar as negociações em equipe

Preparar-se como equipe

Preparar-se para uma negociação como uma equipe é muito mais eficaz do que a opção de todos os membros se prepararem separadamente. A preparação em equipe é tão importante que desenvolvemos uma planilha para que as equipes possam fazê-lo de forma mais eficaz (ver Quadro 9.1). A preparação conjunta cria um sistema de memória transacional, no qual os membros do grupo entendem a informação que os outros têm e como e quando acessá-la. Num estudo realizado, por exemplo, os grupos receberam instruções sobre como montar um rádio transistorizado. Alguns grupos treinaram juntos; em outros grupos, os membros treinaram individualmente (ou com um grupo diferente). Quando chegou o momento do desempenho real, os grupos que haviam treinado juntos foram muito superiores aos que tinham se preparado individualmente ou com grupos diferentes do seu original (Moreland, Argote & Krishnan, 1996).

Planejar intervalos pré-agendados

Certifique-se de pré-agendar intervalos em sua negociação para permitir que os membros da equipe se reúnam privadamente. Entretanto, um cuidado deve ser tomado: muitas equipes acabam gastando muito tempo em comitês privados e ficam pouco tempo à mesa de barganha. Esse comportamento acaba não sendo eficaz para a negociação.

Avaliar a prestação de contas

É importante avaliar a extensão com que os membros da equipe prestam contas a outros fora do grupo. Por exemplo, quando as equipes têm que prestar contas a um supervisor, elas são mais eficazes do que quando negociam somente em seu próprio nome (Peterson & Thompson, 1997).

NEGOCIAÇÃO INTERGRUPAL

Os indivíduos que representam diferentes grupos sociais freqüentemente negociam com membros de outros grupos (ver Deutsch, 1973; Klar, Bar-Tal e Kruglanski, 1988; Sherif, 1936). Por exemplo, os membros de um conselho de administradores de universidades, negociadores de sindicatos e da administração de empresas e grupos de alunos de universidades rivais são todos exemplos de negociadores intergrupais. Em uma escala maior, as nações negociam com outras nações. O preço em termos de mortes, sofrimento e deslocamentos provocados pelos conflitos intergrupais chegou a proporções assustadoras na última década. Estima-se que os conflitos armados tenham ceifado a vida de 30 milhões de pessoas e tirado outros 45 milhões de seus locais de origem.

| QUADRO 9.1 | PREPARANDO-SE PARA UMA NEGOCIAÇÃO EQUIPE-EQUIPE |

A negociação equipe-equipe pode ser vantajosa em comparação com uma negociação individual se a equipe se preparar adequadamente. Aqui estão algumas diretrizes:

Passo 1: Preparação individual
- Identificar as questões envolvidas.
- Identificar sua MASA.
- Determinar o que você acredita ser o pior cenário para sua equipe.
- Determinar o que você acredita ser o melhor cenário para sua equipe.
- Colocar esses cenários no papel e preparar-se para compartilhá-las com os membros de sua equipe.

Passo 2: Como equipe, decidir os seus procedimentos para realizar a reunião de preparação
- Quem vai realizar a reunião (isto é, quem vai resumir, sintetizar etc.)?
- De que materiais você precisa para ser eficaz (calculadora, *flipcharts*, computador etc.) e quem vai providenciá-los?
- Qual é a sua linha de tempo, e quem fará que seja cumprida para que a equipe chegue à mesa de negociação preparada e renovada?

Passo 3: Como equipe, esclarecer fatos e informações (*Nota:* Você ainda não está discutindo a estratégia!)
- Desenvolver um gráfico de 'posições e interesses'.
- Priorizar suas questões. Entender os motivos para suas prioridades.
- Identificar quais você acha que são as prioridades da outra parte.

- Identificar de que informações da outra parte você necessita.
- Determinar a sua MASA.
- O que você sabe sobre a MASA da outra parte?
- Identificar o pior cenário para você (preço de reserva).
- Identificar o melhor cenário para você (alvo).
- Conforme você completa as tarefas anteriores, fazer uma lista de questões a pesquisar.
- Identificar informações muito delicadas para serem reveladas a qualquer momento e sob quaisquer condições (obtenha esclarecimentos e fechamento dentro da equipe sobre este ponto).
- Identificar informações que você se dispõe a compartilhar com a outra equipe, se for inquirido (obtenha esclarecimentos e fechamento dentro da equipe sobre este ponto).

Passo 4: Estratégia
- Como equipe, planejar sua OFERTA DE ABERTURA. (*Nota*: Não é aconselhável querer simplesmente que a 'outra parte' faça a abertura; você precisa ser capaz de colocar algo sobre a mesa em algum momento.)
- Escolher um *negociador líder* (porta-voz).
- Escolher um *estrategista líder* (ouvinte e 'cão-de-guarda' estratégico).
- Escolher um *contador* para lidar com os números.
- Escolher um *redator* para manter o registro das ofertas. Definir um sinal para interromper as negociações de forma a poder se reunir privadamente.

Desafios das negociações intergrupais

Estereotipagem

Em negociações intergrupais, as partes envolvidas se identificam com suas organizações e normalmente têm impressões negativas dos membros de outras organizações (Kramer, 1991; para revisões da literatura, ver Stroebe, Kruglanski, Bar-Tal & Hewstone, 1988; Worchel & Austin,1986). A SCO, por exemplo, pode pensar que a IBM representa os 'grandes negócios'; a IBM pode achar que a SCO está tentando obter lucros de forma injusta em cima de *software* de 'código aberto'. Essas percepções díspares e provavelmente exageradas influenciam o desejo de ambas as empresas colaborarem.

Identificação mutante

As pessoas se identificam com muitos grupos sociais diferentes (Kramer, 1991). Por exemplo, um estudante poderia considerar como grupo relevante: outros alunos em seu grupo de estudo, a classe inteira, os estudantes de Marketing ou todo o corpo discente. Em um dado momento, um determinado grupo pode saltar mais ou menos aos olhos do aluno: em uma partida de futebol, os alunos poderiam se identificar mais fortemente com o corpo discente como um todo; em um restaurante universitário, poderiam ter uma identificação mais próxima com alunos de um determinado alojamento.

Imagine que você trabalha para uma organização na qual Marketing e Finanças são dois subgrupos distintos, localizados em diferentes andares de um mesmo prédio. Faça uma comparação desse arranjo com outro no qual Marketing e Finanças não são unidades funcionais separadas, mas partes da mesma equipe de produção. O que acontece em uma situação em que um gerente de marketing negocia com um gerente financeiro? As negociações entre indivíduos que representam diferentes grupos sociais são menos mutuamente benéficas do que aquelas realizadas entre pessoas que se vêem como pertencentes a uma organização social mais ampla – que englobe todos os presentes à mesa de barganha (Kramer, 1991). Quando as pessoas definem sua identidade social no nível da organização, elas têm chances maiores de fazer mais escolhas benéficas à organização do que quando essa identidade é definida em um nível individual ou de subgrupo. Por exemplo, quando os membros de um grupo são instruídos a considerar características que têm em comum com um grupo diferente, o comportamento em relação a pessoas de fora é mais generoso do que quando são consideradas as características distintas (Kramer & Brewer, 1984).

Viés pró-membro interno

De acordo com Eidelson e Eidelson (2003), cinco crenças alimentam o conflito em grupos: superioridade, injustiça, vulnerabilidade, desconfiança e desamparo. Essas crenças, se profundamente arraigadas, podem desencadear uma ação bastante destrutiva. Além do mais, dependendo de quanto suporte social os grupos recebem de seus membros, tais crenças podem levar até mesmo a conflitos intergrupais maiores (Wildschut, Insko & Gaertner, 2002). Podem-se criar distinções grupais e fronteiras sociais com base em características completamente arbitrárias (Tajfel, 1970). Por exemplo, Thompson (1993) dividiu participantes em dois grupos com base em um procedimento arbitrário (sortear nomes aleatoriamente de uma caixa). Então, os indivíduos negociavam com um membro de seu 'próprio grupo' ou um do 'outro grupo'. Apesar da informação referente à negociação ser idêntica em ambos os casos, previu-se que as negociações com membros de fora do grupo seriam mais contenciosas do que as realizadas com membros internos. Além disso, a mera antevisão de uma negociação com alguém de um outro grupo gerava um aumento do viés pró-membro interno, ou avaliações positivas de membros do próprio grupo em comparação com indivíduos de fora.

Quando antevemos negociações com pessoas de fora de nosso grupo, temos maior tendência de fazermos uma *comparação social depreciativa* (Wills, 1981). Nossa avaliação do competidor o coloca num nível menos atraente em uma série de dimensões organizacionais relevantes (como inteligência, competência e confiança) do que os membros de nosso próprio grupo. No entanto, após negociações bem-sucedidas com pessoas de outros grupos, as relações intergrupais melhoram e a comparação social depreciativa praticamente desaparece (Thompson, 1993). A negociação com membros de outros grupos é ameaçadora para os atores organizacionais, mas sempre que acordos integrativos são viáveis, ela tem um potencial impressionante para melhorar as relações intergrupais. Apesar de nossas expectativas iniciais serem bastante pessimistas, as interações com membros de grupos oponentes normalmente têm um impacto positivo sobre as relações intergrupais, se algumas condições fundamentais forem atendidas, tal como a dependência mútua por consecução de metas (ver Aronson & Bridgeman, 1979).

As pessoas de alto status, as de baixo status que têm poucas alternativas e membros de grupos que têm a oportunidade de melhorá-lo são os que têm maior probabilidade de se identificar com seus grupos. Os membros de grupos de status considerado mais baixo demonstram mais o viés pró-membros internos do que quem tem um status percebido como mais alto (Ellemers, Van Rijswijk, Roefs & Simons, 1997). Não obstante, aqueles que têm status mais alto demonstram mais esse viés em dimensões do grupo relacionadas com o status, enquanto os membros de baixo status consideram a superioridade de membros internos em dimensões alternativas (Ellemers & Van Rijswijk, 1997).

Extremismo

Os grupos em conflito normalmente têm percepções equivocadas das crenças de outras pessoas. As partes em conflito não têm uma compreensão precisa das visões da outra parte e exageram a posição do oponente de uma maneira que promove a percepção de conflito (Robinson, Keltner, Ward & Ross, 1994; Ross & Ward, 1996). Cada lado vê o outro como alguém que tem visões mais extremas e opostas do que realmente são. Consideremos o incidente de 1986 em Howard Beach, envolvendo a morte de um jovem negro americano, que foi atropelado por um carro quando tentava fugir de um grupo de perseguidores brancos na área de Howard Beach, na cidade de Nova York. Um julgamento acabou levando à condenação de alguns (mas não de todos os) perseguidores do homem. Muitos detalhes do caso eram ambíguos e controversos, levando cada parte a assumir visões exageradas, exacerbando dessa forma a percepção das diferenças de opinião. Os partidários de cada lado do debate sobre a ação afirmativa superestimam o liberalismo de proponentes e o conservadorismo de oponentes (Sherman, Nelson & Ross, 2003). O mesmo efeito de polarização é encontrado em outras questões políticas, como o aborto e a imigração.

Por que o extremismo ocorre? De acordo com o princípio de *realismo inocente* (Ross & Ward, 1996), as pessoas esperam que os outros tenham uma visão do mundo semelhante à sua. Quando o conflito aflora, as pessoas são inicialmente inclinadas a influenciar a outra parte com evidências. Quando essa tática não alinha interesses, as pessoas passam a considerar os dissidentes como extremistas fora da realidade.

Estratégias para otimizar negociações intergrupais

Separar conflito de interesses do conflito simbólico

O conflito entre grupos nem sempre é decorrente da disputa por recursos escassos. Muitos conflitos que surgem entre grupos não têm suas raízes na escassez de recursos, mas sim em diferenças fundamentais em valores (Bobo, 1983). Tomemos como exemplo os fortes protestos feitos contra o transporte escolar pelas pessoas que não têm suas vidas afetadas por ele (Sears & Allen, 1984). Presume-se que as pessoas que não têm filhos ou netos não sejam afetadas pelo transporte escolar. Entretanto, elas tendem a ter opiniões fortes a respeito do assunto. O transporte escolar não constitui para elas uma questão econômica, mas sim uma questão simbólica. É importante entender quais questões são simbólicas e quais são econômicas.

Além do mais, os adversários ficam mais otimistas acerca da negociação intergrupal quando são expostos às visões reais de seus oponentes, e não às que se supõe que eles tenham (Sherman, Nelson & Ross, 2003).

Buscar uma identidade comum

Se as pessoas envolvidas num conflito conseguirem compartilhar uma identidade comum, o conflito e a competição podem diminuir drasticamente (Kramer & Brewer, 1986). Kramer observa que as pessoas nas organizações podem se identificar, em diferentes níveis dentro da organização, (como pessoa, grupo de trabalho, departamento, unidade de negócios, com a organização como um todo etc.). Em um estudo, por exemplo, os participantes foram avisados para se concentrar nas identidades de seus grupos. Outros grupos envolvidos em um conflito objetivamente idêntico foram instruídos a focar a organização como um todo. A cooperação aumentou bastante quando os grupos focaram o coletivo e não as suas identidades grupais.

Evitar o viés de homogeneidade de outros grupos

Suponhamos que três gerentes brancos vejam uma fita de vídeo que contém uma discussão entre membros de um grupo miscigenado, composto de três homens negros e três caucasianos. Após verem o filme, os gerentes têm acesso ao texto real da conversa e pede-se que indiquem quem disse o quê. Eles são muito bons em se lembrar se um determinado comentário foi dito por um homem negro ou por um caucasiano, mas sua precisão para distinguir qual homem negro fez qual comentário é péssima (Linville, Fischer & Salovey, 1989). Assim, os erros cometidos no âmbito da raça (ou no âmbito de um grupo) são mais correntes que entre raças diferentes, pois as pessoas categorizam membros de um grupo de fora simplesmente como 'americanos negros'. Dessa forma, é importante que as pessoas tratem os membros de grupos externos como indivíduos.

Contato

A estratégia do 'mero contato' se baseia no princípio de que um maior contato entre membros de diferentes grupos aumenta a cooperação entre eles. Infelizmente, o contato por si só não cria melhores relações intergrupais e, em alguns casos, pode até mesmo exacerbar as relações negativas entre os grupos. Por exemplo, o contato entre negros e caucasianos em escolas que forçavam a convivência das duas raças nos Estados Unidos não reduziu o preconceito racial (Gerard, 1983; Schofield, 1986). Observou-se pouca relação entre o contato interdepartamental e o conflito em organizações (Brown et al, 1986) e universitários que estudam em países estrangeiros tornam-se cada vez mais negativos em relação aos países que os acolhem com o aumento do período de tempo em que permanecem neles (Stroebe, Lenkert & Jonas, 1988).

Várias condições precisam ser atendidas antes que o contato possa ter os efeitos desejados na redução do preconceito.

- **Apoio social e institucional**: para que o contato funcione, é necessária a existência de uma estrutura de suporte social e institucional, isto é, as pessoas em posição de autoridade deveriam não ser ambíguas em seu endosso das metas de políticas de integração. Esse apoio incentiva o desenvolvimento de um novo clima social, no qual normas mais tolerantes podem surgir.
- **Potencial de conhecimento pessoal**: a segunda condição para um contato ser bem-sucedido é que ele tenha freqüência, duração e proximidade suficientes para permitir o desenvolvimento de relacionamentos significativos entre membros dos grupos em questão. A interação infreqüente, curta e casual fará muito pouco para incentivar atitudes mais favoráveis e pode até mesmo piorar a situação corrente (Brewer & Brown, 1998). Essa interação próxima levará à descoberta de semelhanças e irá desmascarar estereótipos negativos.

- **Status igual**: a terceira condição necessária para que um contato tenha sucesso é que os participantes tenham o mesmo status. Muitos estereótipos de grupos externos estão ligados a crenças sobre a capacidade inferior de seus membros em desempenhar diversas tarefas. Se a situação de contato envolver, por exemplo, um relacionamento de homens e mulheres com status desiguais, com as mulheres desempenhando papéis subalternos (isto é, fazendo anotações, atuando como secretárias), os estereótipos serão provavelmente reforçados ao invés de desmistificados (Bradford & Cohen, 1984). Se, porém, os membros dos grupos trabalharem no mesmo nível, será difícil sustentar crenças discriminatórias em função da repetida demonstração da competência em realizar as tarefas por parte dos membros do grupo externo.
- **Meta compartilhada**: Quando membros de diferentes grupos dependem uns dos outros para a realização de um objetivo conjunto desejado, eles têm razões instrumentais para desenvolver melhores relacionamentos. A importância de uma meta grupal forte, clara e compartilhada é um determinante fundamental das relações intergrupais. Em algumas ocasiões, um inimigo em comum é um catalisador para juntar pessoas e grupos diversos. Por exemplo, ao 'travar uma luta contra o câncer' os membros de diferentes grupos médicos e laboratórios podem trabalhar juntos.
- **Amizades entre grupos**: Algumas vezes não é necessário que os grupos tenham um contato real entre si para melhorar as suas relações intergrupais. Se os membros do grupo souberem que outro membro de seu próprio grupo tem uma amizade ou algum relacionamento com um membro de outro grupo, ou uma amizade intergrupal, os membros internos passam a ter atitudes menos negativas em relação ao grupo externo (Wright, Aron, McLaughlin-Volpe & Ropp, 1997). Não é necessário que todos os membros de um determinado grupo tenham amizades intergrupais; somente saber que um membro do grupo tem essa amizade pode fazer a diferença para reduzir atitudes negativas em relação a membros do grupo externo.

Muitas dessas estratégias são preventivas em sua abordagem e podem ajudar a minar a competição não saudável e destrutiva entre grupos. Que passos um gerente pode seguir para lidar com um conflito após ele ter se manifestado?

A estratégia GRIT

O *modelo GRIT* (**G**raduated and **R**eciprocal **I**nitiative in **T**ension Reduction – Iniciativa Gradual e Recíproca em Redução da Tensão) é um modelo de redução de conflito para grupos combatentes. Originalmente desenvolvido como um programa para negociações internacionais para o desarmamento, ele também pode ser utilizado para reduzir problemas intergrupais em uma escala menor e nacional (Osgood, 1979). As metas dessa estratégia são aumentar a comunicação e a reciprocidade entre os grupos, ao mesmo tempo que se reduz a falta de confiança, permitindo, assim, a diminuição das hostilidades e a criação de um conjunto maior de resultados possíveis. O modelo prescreve uma série de passos que clamam pela comunicação específica entre os grupos, na esperança de estabelecer as 'regras do jogo'. Outros estágios são projetados para aumentar a confiança entre os dois grupos conforme a consistência nas reações de cada grupo demonstre credibilidade e honestidade. Alguns passos são necessários somente em situações de conflito intenso, nas quais a interrupção das relações intergrupais implica perigo para os membros do grupo.

As decisões de Mikhail Gorbachev, no período compreendido entre 1986 e 1989, lembram de perto o modelo GRIT (Barron, Kerr & Miller, 1992). Gorbachev fez um número de concessões unilaterais que resultaram em uma séria redução das tensões mundiais naquele período. Em duas ocasiões, os soviéticos suspenderam o reinício de testes nucleares atmosféricos apesar de sua incapacidade de estender um tratado anterior com a gestão Reagan. Eles concordaram duas vezes em realizar reuniões para conversações de cúpula, apesar da recusa da gestão Reagan em discutir o sistema de defesa Guerra nas Estrelas (*Star Wars*). Eles, então, concordaram em assinar o Tratado sobre Mísseis Nucleares de

Alcance Intermediário e Estratégico (Intermediate and Strategic Range Nuclear Missile Treaty – INF), excedendo as solicitações dos Estados Unidos por verificação, com a continuada recusa por parte dos Estados Unidos de abrir negociações sobre o Programa Guerra nas Estrelas. Em seguida, vieram os acordos sobre o Muro de Berlim e a unificação da Alemanha. No final, até mesmo o regime fortemente anticomunista e anti-soviético de Reagan e Bush teve que dar a mão à palmatória. Esses eventos levaram a um período de esfriamento de tensões entre essas duas superpotências (ver Tabela 9.7).

Apesar de o modelo GRIT poder parecer muito elaborado e, portanto, inaplicável para a maioria dos conflitos organizacionais, ele esclarece as dificuldades inerentes ao estabelecimento da confiança mútua entre as partes envolvidas em conflitos prolongados. Apesar de alguns estágios do modelo não serem aplicáveis a todos os conflitos, a importância de se anunciar claramente as intenções, fazer concessões prometidas, e usar de reciprocidade são relevantes para todos, menos os conflitos mais transitórios.

Tabela 9.7 A estratégia GRIT

1. Anunciar suas intenções gerais para desanuviar tensões e sua intenção específica para fazer uma concessão inicial.
2. Executar a concessão inicial de maneira unilateral, completa e pública. Fornecer o máximo possível de verificações.
3. Estimular a reciprocidade por parte de pessoas de outros grupos. Prepare-se para que elas reajam a estes passos com desconfiança e ceticismo. Para superar isso, devem-se fazer concessões contínuas.
4. Retribuir cada concessão decorrente de reciprocidade feita por alguém de outro grupo e estimular a continuidade dessa prática.
5. Diversificar a natureza de suas concessões.
6. Manter sua capacidade em retaliar se o outro grupo aumentar a tensão. Tal retaliação deve ser cuidadosamente calibrada para equiparar a intensidade de transgressão do outro grupo.

Fonte: Barron, R. S., Kerr, N. L. e Miller, N. (1992). *Group Process, Group Decision, Group Action* (p. 151). Pacific Grove, CA: Brooks/Cole.

CONCLUSÃO

As negociações multipartes requerem habilidades de divisão e de aumento do tamanho do montante iguais às das negociações com duas partes envolvidas, e algo mais. Os desafios principais deste tipo de negociação são o desenvolvimento e o gerenciamento de coalizões, a complexidade da gestão da informação, as regras de votação e as interrupções na comunicação. Discutimos vários níveis diferentes de análise envolvidos em negociações multipartes e estratégias cruciais para atacar com astúcia cada situação, incluindo o gerenciamento da coalizão, relacionamentos entre partes principais e agentes, negociação em equipe, negociação intergrupal e tratamento de representantes. Tendo explorado algumas características da negociação entre a SCO e a IBM em cada nível de análise, torna-se claro que todos os níveis são necessários para entender por completo a dinâmica das negociações com várias partes envolvidas e tirar proveito delas. Por exemplo, se tivéssemos restringido nossa análise meramente para o nível de interação entre as partes principais, não teríamos detectado a segunda mesa de negociação que inclui os consumidores da IBM, a BayStar Capital, a Microsoft, os proprietários da SCO e os acionistas. Além disso, teríamos deixado de avaliar como os agentes, vindo para a mesa com suas próprias reputações (como 'anti-Microsoft'), influenciam o curso das negociações. A Tabela 9.8 apresenta um resumo dos seis níveis de análise, os desafios principais enfrentados pelo negociador em cada nível e as melhores estratégias para vencer esses desafios.

TABELA 9.8 Resumo de desafios e estratégias para cada nível da análise multiparte

Nível de Análise	*Desafios*	*Estratégias*
Negociação multiparte	Formação da coalizão Dificuldade em formular *tradeoffs* Paradoxos de votação • Votação estratégica Regra da maioria suprime a força da preferência Interrupções na comunicação • Comitês privados • Interpretação viesada • Falhas ao assumir perspectiva • Manifestações de discurso indireto • Problemas com múltiplas platéias	Gerenciar informações Sistematizar a apresentação de propostas Usar com bom senso o *brainstorming* Desenvolver e designar papéis em processos Permanecer na mesa Lutar pela participação igual Evitar o viés de 'partes iguais' Evitar o 'viés de acordo' Evitar programas definidos
Coalizões	Tamanho ótimo da coalizão? Confiança e tentação Divisão do montante	Solução central Modelo Shapley Modelo híbrido de Raiffa (1982) Fazer contatos o mais cedo possível Buscar compromissos verbais Alocar recursos de forma justa
Relacionamentos entre partes principais e agentes	Incentivos conflitantes Redução da zona de barganha Distorção na comunicação Perda de controle Acordo a qualquer custo	Sair à procura Conhecer sua MASA antes de se reunir com seu agente Comunicar interesses, mas não revelar sua MASA Tirar vantagem da *expertise* de agentes Demandar as fontes de informação de seu agente Discutir a ratificação Usar o agente para manter as aparências Usar o agente para criar um *buffer* para as emoções
Relacionamentos entre partes principais e representados	Prestação de contas • Preocupação com avaliação • Manter a imagem Conflito de interesse	Entender os interesses dos representados Não esperar a existência de homogeneidade entre representados Educar os representados sobre seu papel e limitações Ajudar representados a pensar de modo a expandir seus horizontes
Negociação em equipe	Escolhendo colegas de equipe Quantos na equipe? Comunicação dentro da equipe Coesão da equipe Processamento da informação	Preparar-se como equipe (e não separadamente) Planejar intervalos pré-agendados (para reagrupar) Fazer simulações de papéis entre si Determinar a prestação de contas
Negociação intergrupal	Estereotipagem Identificação mutante Viés pró-membros internos Extremismo	Separar o conflito de interesses do conflito simbólico Buscar a identidade comum Evitar o viés de homogeneidade de outros grupos Contato Estratégia GRIT

CAPÍTULO 10
Negociação transcultural

"Após ter adquirido a empresa que fabricava a Koosh Ball, era meu trabalho garantir que a lucratividade e as vendas aumentassem. Voamos para Hong Kong para nos reunirmos com fornecedores importantes e verificar se havia uma oportunidade de melhorar a precificação. Testamos a integridade do preço do fornecedor atual com um segundo fabricante e descobrimos que poderíamos conseguir as bolas com redução de três centavos de dólar por unidade. Depois fomos a um jantar suntuoso com o fabricante atual e toda a sua família para descobrir se era possível baixar o seu preço. [...] Estávamos sentados numa sala, 16 pessoas à mesa, tentando conquistar três coisas. Primeiro, queríamos ter um bom relacionamento. Principalmente na China, a palavra de alguém realmente tem valor e a honra destinada ao parceiro é tudo. Se tivéssemos chegado lá e dito: 'Consultamos um segundo fornecedor de seu produto e descobrimos que podemos obtê-lo por três centavos a menos', ele teria se levantado e ido embora, pois se sentiria envergonhado. Segundo, queríamos deixá-lo saber que aumentaríamos os negócios e que haveria uma oportunidade para ele fabricar mais produtos para nós. Terceiro, tínhamos que solicitar a sua ajuda. Nunca dissemos que ele precisava baixar seus preços, mas lhe perguntamos se havia alguma coisa que ele poderia fazer para nos ajudar. Ele entendeu o que queríamos dizer e voltou com um preço um centavo abaixo do oferecido pela segunda fonte" (*Inc.*, 1º ago. 2003a, p. 77).

Este exemplo revela uma diferença cultural importante entre o estilo de negociação ocidental e a comunicação no estilo do Oriente. O negociador ocidental resistiu ao instinto de discutir o preço diretamente; em vez disso, ao sinalizar sutilmente a questão, permitiu que a outra parte mantivesse a dignidade. As negociações entre culturas diferentes são comuns e, em muitos casos, constituem um pré-requisito para a gestão eficaz em empresas multinacionais e internacionais. Nem sempre as negociações transnacionais terminam sem percalços (ver o Quadro 10.1 para alguns exemplos de negociações transculturais fracassadas). A maioria dos gerentes não pode achar que negociará somente com pessoas de seu próprio país ou cultura ao longo de sua carreira. Na verdade, os norte-americanos representam uma minoria — cerca de 7 por cento da população mundial. Para se ter uma melhor idéia da composição do mundo, imaginemos que a população mundial seja composta somente por cem pessoas. Neste caso, a população incluiria 55 asiáticos, 21 europeus, nove africanos, oito sul-americanos e sete norte-americanos (Triandis, 1994).

| QUADRO 10.1 | NEGOCIAÇÃO TRANSCULTURAL FRACASSADA |

Jayant J., que representava uma empresa de software da Índia, esperava impacientemente por uma fabricante local em São Paulo, Brasil, para fechar um acordo de negócio. Após esperar por quase uma hora e meia, ele se esforçou para receber bem o relaxado brasileiro, que adentrou o *lobby* sem se desculpar e começou a conversa contando uma piada. O hábito do brasileiro de se comunicar numa posição muito próxima ao interlocutor e o tocar freqüentemente fez que Jayant, um defensor veemente da etiqueta, se sentisse muito desconfortável e irritado. No fechamento do acordo, a resposta do brasileiro ao pedido de comprometimento, "se Deus quiser", foi o golpe de misericórdia para Jayant, que achou que o brasileiro estava sendo vago. A reunião foi um fracasso retumbante e eles nunca mais se encontraram (*Economic Times*, 8 nov. 1999).

Um gerente japonês queria estudar uma proposta multimilionária de negócio antes de responder à sua contraparte norte-americana. "Dême cinco minutos", disse ele. O norte-americano sorriu e esperou. Alguns segundos mais tarde, a boca do americano se contraiu. Então ele se inquietou ainda mais. Dezoito segundos mais tarde, ele interrompeu seu silêncio, assustando o executivo japonês, que estava muito mais acostumado ao silêncio (*The Star-Ledger*, 27 abr. 1995).

Como já é sabido, até mesmo os negociadores da mesma cultura muitas vezes não atingem resultados integrativos. Quando pessoas oriundas de *diferentes* culturas se juntam para negociar, elas podem deixar ainda mais dinheiro sobre a mesa de negociação, a não ser que estejam muito bem preparadas (Brett, 2001). Deixar de aumentar o tamanho do montante tem uma série de efeitos em cadeia indesejáveis, incluindo (mas não se limitando a) sentimentos de exploração, azedamento de um relacionamento potencialmente recompensador e a destruição de potenciais relacionamentos globais.

Muitas vezes, algum valor é deixado sobre a mesa porque as pessoas não estão preparadas para enfrentar os desafios de uma negociação transcultural. Este capítulo fornece um plano de negócios para uma negociação transcultural eficaz. Começamos definindo cultura; depois, identificamos as dimensões principais por meio das quais esta afeta o julgamento, a motivação e o comportamento à mesa de barganha. Em seguida, identificamos as maiores barreiras a uma negociação intercultural eficaz e oferecemos estratégias para a negociação transcultural efetiva.

APRENDENDO SOBRE AS CULTURAS

Precisamos deixar, antecipadamente, uma coisa absolutamente clara: este capítulo não oferece um curso rápido de como negociar com pessoas de culturas diferentes. Assim, não damos conselhos diferentes de país para país por duas razões. Primeiro, isso seria contrário ao foco deste livro, que é fornecer habilidades de negociação que funcionem em vários contextos. Além disso, não queremos promover estereótipos culturais. Ao preparar uma lista de características genéricas por cultura reforçamos estereótipos, o que não é nem prático nem informativo. A maioria das pessoas prefere ser considerada como um indivíduo singular, ainda que muitas vezes agrupemos rapidamente pessoas de diferentes países, como se elas fossem 'todas iguais'.

Uma abordagem mais útil é a de desenvolver uma estrutura para se pensar sobre cultura. Jeanne Brett (2001) descreve a diferença entre 'estereótipos' e 'protótipos', de modo que a última definição reconhece que uma variação substancial é provável dentro de uma mesma cultura. Usar uma abordagem de protótipos apresenta várias vantagens. Primeiro, pode-se encontrar uma grande diversidade entre pessoas de qualquer cultura. Uma estrutura de referência cultural é sensível à heterogeneidade existente dentro de grupos culturais. Segundo, a maioria das culturas é diferente hoje daquilo que era dez anos atrás. Estereótipos existentes hoje estarão desatualizados amanhã. Precisamos de uma estrutura dinâmica que nos permita aprender como as culturas mudam e se desenvolvem. Este capítulo oferece um meio pelo qual podemos expor nossas crenças culturais e a de outras pessoas e ensina como evitar equívocos e como nos beneficiarmos de negociações interculturais (para um tratamento abrangente do assunto, ver Brett, 2001).

Definindo cultura

Muitas pessoas concebem a cultura estritamente em termos geográficos; ela, no entanto, não pertence somente a nações e países. Pelo contrário, a cultura representa a característica singular de um grupo social específico: os valores e normas compartilhados por seus membros os diferenciam de outros grupos sociais (Lytle, Brett & Shapiro, 1999). Ela envolve instituições econômicas, sociais, políticas e religiosas. Também engloba tudo de único produzido por esses grupos — arte, arquitetura, música, teatro e literatura (Brett, 2001). As instituições culturais preservam e promovem as ideologias de uma cultura. A cultura influencia modelos mentais sobre o funcionamento das coisas, comportamentos e relações de causa e efeito. Para ampliar nossa reflexão sobre cultura, consideremos que possíveis diferenças culturais estão contidas em todos os seguintes grupos:

- Famílias
- Grupos sociais e departamentos em uma organização
- Organizações
- Setores da economia
- Estados
- Regiões
- Países
- Sociedades (como as de abastecimento, horticultura, serviços, informação, pastoral, agrária, industrial)
- Continentes
- Hemisférios

As nações, grupos ocupacionais, classes sociais, gêneros, raças, tribos, corporações, clubes e movimentos sociais podem se tornar a base de subculturas específicas. Ao refletir sobre cultura e diversidade, evite a tentação de pensar nisso como uma única dimensão (como país de origem). A cultura é um todo altamente complexo e é sempre melhor usar muitos critérios para se distinguir uma cultura de outra.

A cultura como um iceberg

Usamos o modelo da cultura como um iceberg de Schneider (1997) (ver também Brett, 2001, para um tratamento abrangente sobre o assunto). Normalmente, cerca de um nono de um iceberg é visível; o restante está sempre submerso. Conforme indica a Figura 10.1, o topo (parte visível) do iceberg cultural é composto de comportamentos, artefatos e instituições que caracterizam uma cultura. Essa porção inclui tradições, costumes, hábitos e coisas semelhantes. Esses comportamentos

FIGURA 10.1 Folha de preparação para informação

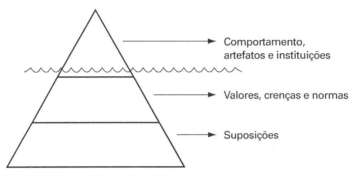

Fonte: Adaptada de Susan Schneider (HEC University of Geneva) a partir de Schein, E. H. *Organizational Culture and Leadership*, página 14, São Francisco, Califórnia, Estados Unidos: Jossey-Bass.

óbvios e artefatos são uma expressão de valores, crenças e normas profundamente enraizados. Direcionando esses valores e normas estão suposições fundamentais sobre o mundo e a humanidade, que se encontram na 'base' do iceberg cultural. Os artefatos e costumes que caracterizam uma cultura não são arbitrários; pelo contrário, representam manifestações de valores e crenças fundamentais sobre o mundo. Dessa forma, mudar tais expressões e costumes seria desafiar crenças e valores seculares.

VALORES CULTURAIS E NORMAS DE NEGOCIAÇÃO

As culturas podem diferir bastante de diversas formas. A seguir, identificaremos três dimensões da cultura, seguindo uma classificação de Brett (2001; ver Tabela 10.1; Gelfand & Brett, 2004):

- Individualismo *versus* coletivismo
- Igualitarismo *versus* hierarquia
- Comunicação direta *versus* indireta

Essas três dimensões referem-se, respectivamente, à motivação, influência e informação (Brett, 2001). Especificamente, como discutiremos a seguir, *o individualismo versus coletivismo* refere-se à motivação humana básica ligada à preservação da própria pessoa *versus* a preservação do coletivo. A dimensão de *igualitarismo versus hierarquia* refere-se aos meios pelos quais as pessoas influenciam outras, seja no mesmo nível ou hierarquicamente. Finalmente, a *comunicação direta versus indireta* está relacionada com a maneira como as pessoas trocam informações e mensagens.

Individualismo *versus* coletivismo

Uma das formas importantes em que as culturas diferem é em termos de individualismo e coletivismo (Triandis, 1994; Hofstede, 1980; Schwartz, 1994; ver Gelfand, Bhawuk, Nishii & Bechtold, 2004, para uma revisão da literatura). A seguir, descrevemos valores culturais individualistas e coletivistas, para então identificarmos questões estratégicas de negociação.

Individualismo

Na discussão do Capítulo 5 sobre estilos de barganha, listamos três orientações motivacionais: individualista, cooperativa e competitiva. O individualismo, como estilo cultural, sintetiza a orientação motivacional individualista.[1] Em culturas individualistas, a busca de felicidade e a preocupa-

---
1. Por simplicidade, incluímos o estilo competitivo dentro do estilo individual.

TABELA 10.1 Dimensões da Cultura

Dimensão cultural		
Meta: Orientação individual *versus* coletiva	*Individualistas/Competidores* A meta principal é maximizar o próprio ganho (e talvez a diferença entre o seu e o dos outros); a fonte de identidade é a própria pessoa; as pessoas se consideram autônomas e atores independentes.	*Coletivistas/Cooperadores* A meta principal é maximizar o bem-estar coletivo ou do grupo; a fonte de identidade é o grupo; os indivíduos se consideram membros do grupo; o foco recai nas relações sociais.
Influência: Igualitarismo *versus* hierarquia	*Igualitários* Não são percebidas muitas obrigações sociais; normalmente consideram a MASA como a principal fonte de poder de barganha.	*Hierárquicos* Considera a ordem social como um fator importante na determinação das estratégias de gerenciamento de conflitos; espera-se que os subordinados prestem deferência aos superiores; espera-se que os superiores cuidem dos subordinados.
Comunicação: Direta *versus* indireta	*Comunicadores diretos* Trocam informações direta e explicitamente; fazem perguntas diretas e não são afetados por restrições situacionais; podem surgir questões ligadas à preservação da imagem.	*Comunicadores indiretos* Trocam informações de forma tácita, tal como contar histórias e fazer inferências; normas situacionais.

Fonte: Brett, J. M. (2001). *Negotiating Globally: How to Negotiate Deals, Resolve Disputes, and Make Decisions Across Cultural Boundaries*. São Francisco, Califórnia, Estados Unidos: Jossey-Bass.

ção pelo bem-estar pessoal estão acima de tudo. As pessoas desse tipo de cultura dão prioridade às suas metas pessoais, mesmo quando elas conflitam com as de sua família, grupo de trabalho ou país. A felicidade e a expressão individuais são mais valorizadas do que as necessidades coletivas e de grupo. As pessoas de culturas individualistas gostam de ter influência e controle sobre o seu mundo e sobre os outros. Conseqüentemente, as realizações individuais são recompensadas por instituições econômicas e sociais. Além do mais, as instituições legais em culturas individuais são projetadas para proteger direitos individuais. Uma conseqüência clara do individualismo está relacionada ao uso de táticas distributivas. As pessoas mais interessadas em si mesmas são motivadas a usar mais táticas que aumentam seu poder de barganha. De fato, os alunos norte-americanos de MBA são mais tolerantes com certas táticas eticamente questionáveis do que alunos de MBA de outros países (Lewicki & Robinson, 1998). Os alunos norte-americanos, especificamente, aceitam melhor as táticas de barganha competitiva e o blefe, o que levanta a possibilidade de negociadores dos Estados Unidos serem considerados menos éticos por seus pares internacionais (ver Lewicki & Robinson, 1998). Por outro lado, os negociadores norte-americanos aceitam significativamente menos as declarações falsas feitas para a rede de relacionamentos de um oponente. A norma existente nos Estados Unidos de não espalhar boatos, particularmente para a sua rede de amigos, está bem entrincheirada na cultura do país.

Coletivismo

As culturas coletivistas têm suas raízes em grupos sociais e os indivíduos são vistos como membros desses grupos. As pessoas nesse tipo de cultura priorizam as metas grupais. A motivação dominante é a preocupação para com (e o sentimento de pertencer a) o grupo. As pessoas de culturas coletivistas vêem seus grupos de trabalho e organizações como partes fundamentais de sua vida. Os coletivistas se preocupam com o modo como os resultados de suas ações afetarão os membros internos de seu grupo. Eles compartilham recursos com seus colegas de grupo, sentem-se interdependentes em relação a eles e envolvidos em sua vida (Billings, 1989; Hui & Triandis, 1986). Ao contrário das culturas individualistas, que se concentram na influência e no controle, as pessoas de culturas coletivistas enfatizam a importância da adaptação. Não surpreende constatar que esse tipo de cultura preocupa-se mais em manter a harmonia nos relacionamentos interpessoais com os membros internos do grupo do que as culturas individualistas. As normas e instituições sociais promovem a interdependência dos indivíduos, por meio da ênfase em obrigações sociais e do sacrifício de necessidades pessoais pelo bem maior. As instituições legais colocam o bem maior do coletivismo acima dos direitos individuais e as instituições políticas e econômicas recompensam classes de pessoas em vez de indivíduos (Brett, 2001).

Enquanto os individualistas querem manter a imagem e se preocupam com seus resultados pessoais, os coletivistas preocupam-se também com os resultados dos outros. Uma análise de negociações nos Estados Unidos e em Hong Kong revela que os negociadores norte-americanos têm maior tendência a apoiar o interesse pessoal e normas conjuntas para resolução de problemas, enquanto os negociadores chineses de Hong Kong têm mais chances de seguir a norma da igualdade (Tinsley & Pillutla, 1998). Além disso, os norte-americanos ficam mais satisfeitos quando conseguem maximizar o ganho conjunto, enquanto os de Hong Kong ficam mais felizes quando obtêm uma paridade nos resultados. A tendência dos norte-americanos de se auto-adular, um traço individualista, é mais que superficial. Num estudo de canadenses (individualistas) e japoneses (coletivistas), seus comportamentos foram secretamente mensurados (Heine, Takata & Lehman, 2000). Os canadenses relutavam em concluir que tinham apresentado desempenho pior do que a média de seus colegas de classe (auto-adulação); por outro lado, os japoneses hesitavam em concluir que tinham apresentado um desempenho melhor — ou seja, eles criticavam a si mesmos. O individualismo e o coletivismo formam um contínuo com variações substanciais dentro de culturas. Um fator que pode levar as pessoas a se comportarem de uma forma mais alinhada a seus valores culturais nativos é a pressão pela prestação de contas — simplesmente o quanto eles têm de responder por se conduzirem de uma determinada maneira (Gelfand & Realo, 1999).

Conseqüências para a negociação

O individualismo-coletivismo envolve uma gama de implicações para conduzir uma negociação. Listamos sete delas abaixo:

1. Redes sociais
2. Cooperação
3. Favoritismo interno do grupo
4. Preguiça social *versus* empenho social
5. Legado
6. Predisposição *versus* situacionismo
7. Preferências envolvendo a resolução de disputas

Redes sociais As culturas diferem drasticamente em suas redes sociais (Morris, Podolny & Ariel, 1999). Mais especificamente, os membros de diferentes culturas distinguem-se na densidade de suas amizades no trabalho (ou seja, quantos amigos eles compartilham no ambiente de trabalho), na sobreposição de laços instrumentais e sócio-emocionais (isto é, se as pessoas que procuram para obter informação são também as que eles buscam quando precisam de conforto e apoio emocional), na proximidade e longevidade desse laço, e na orientação de suas redes de relacionamento de forma ascendente, lateral ou descendente. Em um estudo, estudantes dos Estados Unidos e de Hong Kong negociavam com alguém que acreditavam ser um amigo ou um estranho de sua própria cultura. Conforme esperado, os alunos de Hong Kong, com base em sua orientação coletivista, mudavam seu comportamento mais intensamente quando interagiam com um amigo do que os norte-americanos (Chan et al., 1994). Igualmente, enquanto os gerentes dos Estados Unidos apresentavam a tendência de confiar num parceiro e retribuir suas ações da mesma forma como o fazem com alguém na rede de relacionamento (a quem eles não conheciam diretamente), os gerentes coletivistas somente agiam dessa forma quando a interação ocorria com alguém que fazia parte do seu círculo de conhecimento (Buchan, Croson & Dawes, 2002). Talvez esse fator seja o motivo pelo qual muitos corretores imobiliários relatam que os hispânicos ficam muitas vezes perplexos com o hábito da cultura dos Estados Unidos de não se conhecer o vendedor do imóvel que se está comprando (*Star-Tribune*, 14 jun. 2003). Do mesmo modo, os agentes com quem o principal hispânico trabalha são normalmente tratados como parte de sua família estendida, recebendo convites pelo resto da vida para comparecer a eventos da família.

Morris, Podolny e Ariel (1999) examinaram quatro culturas — norte-americana, chinesa, alemã e espanhola — e concluíram que cada uma desenvolvia redes sociais dentro da organização de acordo com um conjunto diferente de normas (ver Tabela 10.2). Os relacionamentos de negócios dos norte-americanos são caracterizados por uma orientação de mercado, na qual as pessoas se relacionam de acordo com o padrão que estipula que isso só deve acontecer se for lucrativo. Na prática, essa tendência significa dizer que os norte-americanos formam laços sem uma base prévia de amizade, prestando atenção somente à instrumentalidade da ação. Os relacionamentos de negócios dos chineses são marcados por uma orientação familiar, na qual os empregados se sacrificam pelo bem-estar da organização. O compartilhamento de recursos entre os membros internos, a lealdade e a deferência aos superiores caracterizam os relacionamentos na rede. As relações de negócios dos alemães se distinguem por uma orientação legal e burocrática, categorias formais e regras. Finalmente, os relacionamentos de negócio dos espanhóis são orientados por afiliação, como a sociabilidade e a postura amistosa. Uma comparação transnacional controlada de relacionamentos em redes no Citibank deu suporte a essas normas (Morris, Podolny & Ariel, 1999).

TABELA 10.2 Normas dominantes em relações de negócio

Cultura	Atitude dominante	Relacionamentos de negócio
Norte-americana *Normas de mercado*	Individualismo econômico	Curta duração Baixa multiplicidade
Chinesa *Normas familiares*	Lealdade filial Coletivismo econômico	Orientados de forma ascendente para os poderosos
Alemã *Normas legais-burocráticas*	Coletivismo econômico	Controlado por regras formais Baixa afetividade
Espanhola *Normas de afiliação*	Coletivismo auto-expressivo	Alta afetividade

Fonte: Morris, M. W., Podolny, J. M. e Ariel, S. (1999). *Missing Relations: Incorporating Relational Constructs into Models of Culture.* **Paper** apresentado na Conferência da SESP (*Society of Experimental Social Psychology* – Sociedade de Psicologia Social Experimental), 1988, Lexington, Kentucky, Estados Unidos.

Cooperação As pessoas de tradições culturais coletivistas apresentam comportamentos mais cooperativos em interações com motivações mistas do que os indivíduos oriundos de culturas individualistas (Cox, Lobel & McLeod, 1991). Os negociadores japoneses, por exemplo, são mais cooperativos (e, por conseguinte, esperam que os outros também o sejam) que os norte-americanos (Wade-Benzoni, Okumura, Brett, Moore, Tenbrunsel & Bazerman, 2002). Uma maior cooperação, em face da incerteza e do potencial por exploração, implica que as pessoas de culturas coletivistas coloquem uma ênfase maior nas necessidades e nas metas de seus grupos e tenham uma tendência maior de querer sacrificar seus interesses pessoais em prol da conquista das metas do grupo. Na verdade, os norte-americanos lembram-se mais facilmente de situações em que eles *influenciaram* outras pessoas; por outro lado, os japoneses têm mais chance de se lembrar de situações nas quais se *adaptaram* aos outros (uma forma de cooperação; Morling, Kitayama & Miyamoto, 2002). Uma análise das matérias publicadas em jornais dos Estados Unidos e do Japão envolvendo conflitos revela que os jornais japoneses fazem referência, mais freqüentemente, à culpa mútua do que os norte-americanos, presumivelmente porque atribuir a culpa a ambas as partes colabora na manutenção da unidade social e é uma postura menos ameaçadora para o coletivo (Gelfand, Nishii, Holcombe, Dyer, Ohbuchi & Fukuno, 2001). Além do mais, os norte-americanos que foram bem-sucedidos em influenciar outras pessoas relataram se sentir muito *eficazes* (uma emoção tipicamente individualista), enquanto os japoneses que se ajustaram relatam se sentir *relacionados* (uma emoção coletivista).

A conscientização de diferentes normas culturais pode ser uma poderosa estratégia de barganha. Consideremos, por exemplo, as negociações ocorridas em Kyoto, em 1997, para se atingir um pacto sobre o aquecimento global. Por mais de uma semana, os negociadores presentes à conferência sobre a mudança do clima tergiversaram sobre os termos de um tratado que teria que percorrer uma longa jornada para lidar, produtivamente, com o aquecimento global. Nas últimas horas de negociação, todas as nações industrializadas do mundo concordaram em definir alvos para reduzir seis diferentes gases causadores do efeito-estufa. Todas menos o Japão. Aos japoneses foi designada a meta mais modesta: cortar as emissões em 6 por cento abaixo dos níveis existentes em 1990 até o ano de 2012, em comparação com 7 por cento dos Estados Unidos e aos 8 por cento de 15 nações da União Européia. Os japoneses não concordaram. Cinco por cento era o seu limite. Então a delegação dos Estados Unidos ligou para Washington para relatar o impasse e, às duas da manhã, um exausto vice-presidente Al Gore telefonou para o primeiro-ministro Ryutaro Hashimoto. As habilidades transculturais de Gore estavam afiadas. Ele primeiro elogiou Hashimoto pela demonstração de liderança por parte do Japão, ao desempenhar o papel de anfitrião da conferência (focando em normas culturais hierárquicas), para em seguida mostrar como seria ruim para o país anfitrião sair dos trilhos do acordo, por causa de mero 1 por cento (focando no bem-estar coletivo). A estratégia funcionou (*Time*, 22 dez. 1997).

Favoritismo interno Caracteriza-se pela forte tendência de favorecer os membros do próprio grupo mais que quem faz parte de outros grupos, mesmo quando não existir qualquer base lógica para se agir assim. O viés que favorece os membros internos de um grupo é muito poderoso, mesmo quando os grupos são formados com base em um procedimento completamente arbitrário, como por uma designação aleatória ou sorteio de nomes. As pessoas tendem a avaliar mais positivamente os membros de seus grupos e a recompensá-los com mais recursos do que os membros de grupos externos (Tajfel, 1982). Como se poderia esperar, os participantes de culturas coletivistas demonstram mais favoritismo interno do que os membros de culturas individualistas. Por exemplo, realçar as fronteiras do grupo cria um comportamento mais competitivo entre membros de culturas coletivistas do que entre aqueles pertencentes a culturas individualistas (Espinoza & Garza, 1985). Além do mais, os membros de culturas coletivistas tornam-se mais competitivos quando percebem que seu grupo está em minoria (Espinoza & Garza, 1985). O favoritismo interno tem efeitos normalmente positivos para os membros de dentro do grupo, mas pode ser bastante prejudicial para quem está fora dele e para as relações intergrupais (ver Capítulo 9 para mais informações sobre negociação intergrupal). Entretanto, de acordo com Gabriel e Gardner (1999), você não precisa fazer parte de uma cultura coletivista para demonstrar comportamentos coletivistas, como o favoritismo interno; pelo contrário, todas as pessoas têm um eu 'interdependente' e outro 'independente', que podem 'vir à tona' (ver Quadro 10.2 para um exemplo ilustrativo).

Preguiça social *versus* empenho social A preguiça social é a tendência de trabalhar menos arduamente e contribuir com menos esforço e recursos no contexto de grupo do que quando se trabalha individualmente. Por exemplo, as pessoas batem palmas com menor intensidade, trabalham com menor

---

QUADRO 10.2 — PREPARANDO* O TERRENO: INDIVIDUALISMO E COLETIVISMO

Todo mundo precisa ser individualista em algumas ocasiões e mais coletivista, ou focado em grupos, em outras. Numa série de estudos, 'preparamos' gerentes dos Estados Unidos para serem individualistas (focados em si mesmos) ou relacionais (focados nos outros). Para criar esse foco, fizemos os gerentes lerem uma história sobre um líder que tinha uma importante decisão a tomar — escolher um sucessor. Em uma versão da história, o líder escolhia alguém com base no talento pessoal e no mérito (valor individualista); em outra versão da mesma história, a escolha era feita com base no relacionamento do líder com seu escolhido (valor coletivista). Então observamos como os gerentes norte-americanos resolviam a disputa. Aqueles que detinham uma posição de poder numa disputa mostravam-se significativamente mais generosos e cooperativos se tivessem lido anteriormente a história na versão coletivista. Por outro lado, os gerentes que tinham lido a versão individualista se interessaram significativamente mais por si mesmos (Seeley, Thompson & Gardner, 2003).

Em outra rodada, colocamos equipes de gerentes para negociar com outras equipes. Tínhamos a hipótese que, se usássemos a mesma preparação coletivista, a lealdade do negociador para com sua equipe aumentaria, o que levaria a um significativo crescimento do favoritismo interno e a uma redução da generosidade na mesa de barganha. Os resultados confirmaram as expectativas (painel A). No painel A, vemos que os negociadores são mais generosos quando são 'preparados' para agir com interdependência (e não com independência) em uma abordagem um a um (negociação diádica). Entretanto, a situação se inverte quando a preparação ocorre em um ambiente de grupo: aqui o negociador preparado com interdependência é menos generoso. No painel B, vemos que a probabilidade de impasse segue o mesmo padrão: com negociadores interdependentes, há uma probabilidade *menor* de chegar a um impasse quando a negociação é diádica e *maior* quando é equipe contra equipe.

Qual é a mensagem? O comportamento com interesse em si mesmo ou com foco nos outros pode ser suscitado em negociações com preparações sutis. Suscitar o coletivismo numa situação envolvendo duas partes levará a pessoa com mais poder a ser mais generosa na mesa; não obstante, em uma situação envolvendo equipes, o coletivismo causa um maior favoritismo interno (em mais de 80 mil dólares). Grupos preparados para o coletivismo foram mais bem-sucedidos em evitar ações judiciais custosas do que os que foram preparados para ser independentes — apesar de os fatos envolvidos na situação (como preços de reserva e outros detalhes) serem absolutamente idênticos (Seeley, Thompson & Gardner, 2003). Na verdade, ninguém que tenha sido preparado para agir com interdependência chegou a uma ação judicial, mas 20 por cento daqueles cujo foco era independente chegaram.

---

* No original, a palavra usada é *priming*, um verbo bastante usado em psicologia experimental, que significa 'deixar algo — ou alguém — pronto para uso ou ação; fornecer informação a alguém antes de um evento específico para que ele saiba como agir'. 'Preparar', embora esteja um pouco longe do real significado, é um bom correspondente na língua portuguesa (N. da R.T.).

PAINEL A

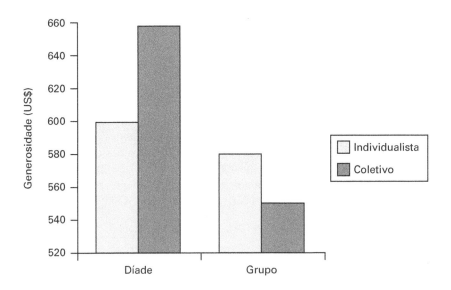

Fonte: Seeley, R., Thompson, L. e Garnder, W. (2003). *Power and Exploitation in Groups: Effects of Construal and Group Size*. *Paper* apresentado nas reuniões da *Academy of Management*. Seattle, Estado de Washington, Estados Unidos.

PAINEL B

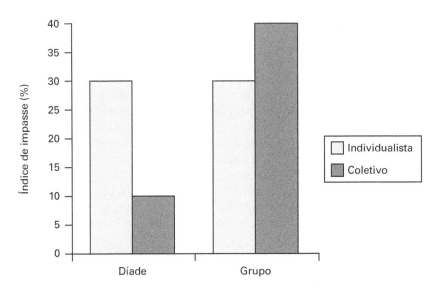

Fonte: Seeley, R., Thompson, L. e Garnder, W. (2003). *Power and Exploitation in Groups: Effects of Construal and Group Size*. *Paper* apresentado nas reuniões da *Academy of Management*. Seattle, Estado de Washington, Estados Unidos.

afinco e contribuem menos quando trabalham em grupo do que quando estão sozinhas desenvolvendo suas atividades (Kerr, 1983). A preguiça social deveria ocorrer com menor freqüência em culturas coletivistas do que em individualistas, presumivelmente porque essas últimas não recompensam o esforço em grupo, o que as primeiras fazem bem. Em um estudo da preguiça social entre candidatos a gerente nos Estados Unidos e na República Popular da China, os alunos norte-americanos demonstraram este tipo de comportamento (o desempenho individual declinou em um ambiente grupal), mas o mesmo não ocorreu entre os alunos chineses (Earley, 1989). Na verdade, entre participantes japoneses, o padrão oposto se manifestou no grupo: o empenho social — preocupações coletivistas pelo bem-estar do grupo — aumentou a motivação e o desempenho das pessoas (Shirakashi, 1985; Yamaguchi, Okamoto & Oka, 1985). Vieses de auto-satisfação, como o egocentrismo (conforme discutido no Capítulo 3), são mais dominantes em culturas individualistas, como a dos Estados Unidos, nas quais o ego é satisfeito pelo foco em atributos positivos e no desejo de se sobressair e ser melhor que os outros. Em comparação, os membros de culturas coletivistas têm uma tendência menor de manter uma visão de auto-satisfação, fazendo que, nesse caso, o foco seja nas características negativas, de modo a diluí-las (Gelfand, Higgins, Nishii, Raver, Dominguez, Murakami, Yamaguchi & Toyama, 2002).

Legado O coletivismo tem implicações para a propriedade de recursos. O legado é a tendência das pessoas de dar mais valor a coisas que possuem atualmente do que a outras que elas não possuem, independentemente do valor do bem em si. No Capítulo 2, observamos que os alunos a quem foi dada uma caneca de café ou uma caneta esferográfica pediam um preço maior para vender esses itens do que outros alunos, a quem se pedia para fazer uma oferta pelos mesmos itens, estavam dispostos a pagar (Kahneman, Knetsch & Thaler, 1990). As culturas individualistas demonstram um forte efeito de legado; no entanto, isso não ocorre entre membros de culturas coletivistas (Carnevale & Radhakrishnan, 1994). As pessoas de culturas coletivistas demonstram um efeito de legado de grupo — elas valorizam mais um bem ou recurso em contextos onde acreditam que os outros podem compartilhá-lo (Carnevale & Radhakrishnan, 1994, experimento 2).

Predisposição *versus* situacionismo A *predisposição* é a tendência de se atribuir a causa do comportamento de uma pessoa a seu caráter ou personalidade subjacente. Já o *situacionismo* é a tendência de se atribuir a causa desse comportamento a fatores e forças fora do controle de alguém. Suponhamos que você esteja no meio de uma negociação de alto risco e deixe uma mensagem urgente na caixa postal de seu sócio. Ele não retorna sua ligação, mas você sabe que ele está na cidade, pois contatou a secretária no escritório. O que está causando esse comportamento por parte de seu sócio? É possível que ele seja irresponsável (predisposição); da mesma forma, é possível que ele não tenha recebido sua mensagem (situacionismo). Dependendo de qual você considera ser a verdadeira causa, seu comportamento em relação a seu sócio poderá ser diferente — talvez raiva *versus* perdão (Rosette, Brett, Barsness & Lytle, 2000).

As pessoas de culturas individualistas vêem a relação causa-efeito de uma forma diferente da dos membros de culturas coletivistas. A predisposição é mais difundida em culturas individualistas do que nas coletivistas. Para ver o quanto essas diferenças culturais estão sedimentadas, consulte a Figura 10.2, painéis A e B.

Nesses painéis, o peixe azul nada numa trajetória que se diferencia da dos outros (indicada por setas mais escuras). Quando se solicitou que descrevessem o que estava acontecendo nos vídeos de peixes nadando, cujos movimentos eram muito semelhantes aos mostrados na Figura 10.2, os membros de culturas individualistas (norte-americanos) perceberam uma maior influência de fatores internos (predisposição), enquanto os membros de culturas coletivistas (chineses) consideraram uma

FIGURA 10.2 Predisposição *versus* situacionismo

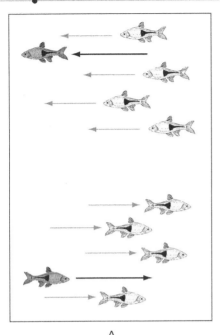
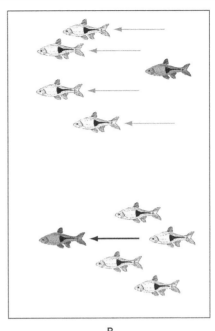

A   B

Os diagramas mostram trajetórias de peixes. Os peixes azuis têm as setas mais escuras nestes diagramas. Em A, o grupo se junta ao indivíduo (acima), e o indivíduo se junta ao grupo (abaixo); em B, o grupo deixa o indivíduo (acima), e o indivíduo deixa o grupo (abaixo).

Fonte: Adaptado de Morris, M. W. e Peng, K. (1994). "Culture and Cause: American and Chinese Attributions for Social and Physical Events." *Journal of Personality and Social Psychology, 67*(6), 949–971.

maior influência externa (situacionismo) nos movimentos do peixe azul. Os chineses, especificamente, tiveram uma tendência maior a ver o peixe como se ele quisesse atingir um estado de harmonia, enquanto os norte-americanos foram mais propensos a acreditar que o peixe azul tentava se virar sozinho. Da mesma forma, um estudo de matérias em jornais norte-americanos e chineses revela que os jornais de língua inglesa têm uma tendência à predisposição e os chineses são mais situacionais ao explicar as mesmas histórias sobre crimes (Morris & Peng, 1994). Mais especificamente, quando se analisaram artigos sobre escândalos envolvendo 'comerciantes patifes', os jornais norte-americanos fizeram mais menção ao comerciante individualmente, enquanto os jornais japoneses se referiram mais à organização da qual ele fazia parte (Menon, Morris, Chiu & Hong, 1999). Da mesma forma, quando um membro de uma equipe se comporta de maneira desajustada, os participantes norte-americanos são mais propensos a focar os traços daquele membro, enquanto em Hong Kong o foco é em fatores situacionais. A predisposição também afeta alguns vieses. As pessoas de culturas individualistas, como a dos Estados Unidos, apresentam mais chances de se tornarem vítimas do viés do montante de tamanho fixo do que os indivíduos de culturas coletivistas, como a da Grécia (Gelfand & Christakopolou, 1999).

Preferências para a resolução de disputas Morris, Leung e Sethi (1999) observaram quatro tipos de procedimentos que os membros de culturas diferentes podem utilizar para resolver disputas: barganha, mediação, adjudicação litigiosa e adjudicação inquisitória. Na *barganha*, ou negociação, dois disputantes retêm o controle total sobre o processo de discussão e resultado do acordo. Na *mediação*, os disputantes retêm o controle sobre a decisão final, mas uma terceira parte orienta o processo. Na *adjudicação litigiosa*, um juiz determina a decisão obrigatória de acerto, mas os disputantes retêm o controle do processo. Finalmente, na *adjudicação inquisitória*, os disputantes abrem mão do controle tanto do processo quanto da decisão final em favor de uma terceira parte. As culturas coletivistas, como a chinesa, diferenciam-se de culturas individualistas, como a norte-americana, no tocante às preferências para a resolução de disputas (Leung, 1987; Morris, Leung & Sethi, 1999). Quando é necessário resolver um conflito, por exemplo, os gerentes japoneses preferem passar essa decisão para uma pessoa de status mais alto, os alemães escolhem controlar os comportamentos por meio de regras e os norte-americanos abordam preferencialmente a questão usando um modelo que se baseie na resolução de interesses subjacentes (Tinsley, 1998, 2001). Além disso, diferenças culturais em tendências de atribuição (isto é, os coletivistas vêem o comportamento como uma função da situação; os individualistas o vêem como uma função da predisposição) criam uma lacuna ainda maior entre as preferências. Se os negociadores encontram, especificamente, pessoas cujas posições sejam discordantes na mesa de barganha, os individualistas atribuem o comportamento daquele indivíduo a uma disposição subjacente e escolhem procedimentos mais formais para resolver as disputas; os coletivistas, por sua vez, são mais propensos a atribuir o comportamento a fatores situacionais e preferem procedimentos informais (Morris, Leung & Sethi, 1999).

Igualitarismo *versus* hierarquia

Fatores cruciais que moldam o comportamento transcultural são o meio pelo qual as pessoas influenciam outras e a base de poder nos relacionamentos. Algumas culturas têm limites de status relativamente permeáveis e praticam o igualitarismo. Outras têm essas fronteiras de status relativamente fixas e a influência é determinada por relacionamentos hierárquicos existentes. Esses relacionamentos são descritos em detalhe a seguir.

Relacionamentos igualitários de poder

Neste tipo de relacionamento, todos esperam ser tratados de forma igual. As relações igualitárias de poder não implicam que todas as pessoas detenham o mesmo status, mas que as diferenças em status sejam facilmente permeadas. As fronteiras sociais existentes dentro das organizações são permeáveis e as posições de status social superior podem ter vida curta. As culturas igualitárias delegam poder a seus membros para que eles resolvam os conflitos por conta própria. Além do mais, a base de poder em negociações pode diferir. Em culturas igualitárias, a MASA e as informações são fontes fundamentais de poder (e o status e a posição são irrelevantes). A mesma base de poder não é necessariamente válida em culturas hierárquicas.

Relacionamentos hierárquicos de poder

Em algumas culturas, uma grande importância é dada ao status; ele implica poder social e não é facilmente permeado ou mudado. As pessoas socialmente inferiores devem ter deferência para com seus superiores que, em troca desse privilégio, são obrigadas a cuidar das necessidades de seus subordinados sociais (Leung, 1987). O conflito ameaça a estabilidade de uma cultura hierárquica. Isso é decorrência do fato de os socialmente inferiores não serem capazes de cumprir as expectativas, ou de os socialmente superiores não atenderem às necessidades de seus inferiores sociais (Brett, 2001). A norma em culturas hierárquicas é a de não desafiar membros de status alto; assim, o conflito é menos freqüente entre membros de diferentes níveis sociais do que em culturas igualitárias (Brett, 2001). Além disso, o conflito entre membros de mesmo nível social em sociedades hierárquicas é tratado mais freqüentemente por meio da transferência da decisão para um superior do que por confrontação direta entre os socialmente iguais (Leung, 1987). Em culturas, como em organizações, a hierarquia reduz o conflito por meio da definição de normas para interação. A principal fonte de poder numa negociação é o status, em vez da MASA de uma pessoa (apesar de os poderes emanados do status e da MASA serem muitas vezes correlacionados).

Para examinar quais países eram coletivistas e quais eram hierárquicos, Hofstede (1980) analisou as respostas que os empregados da IBM davam a um questionário de valores. Os respondentes apresentavam diversidade em termos de nacionalidade, ocupação dentro da IBM, idade e sexo. A Figura 10.3 apresenta um gráfico em quadrantes no qual diferentes países estão posicionados em termos de individualismo e de distância do poder. A distância do poder reflete a tendência de se ver uma grande distância entre aqueles na parte superior da estrutura social e aqueles na sua parte inferior.

FIGURA 10.3 Posicionamento dos países em relação à distância do poder e ao individualismo

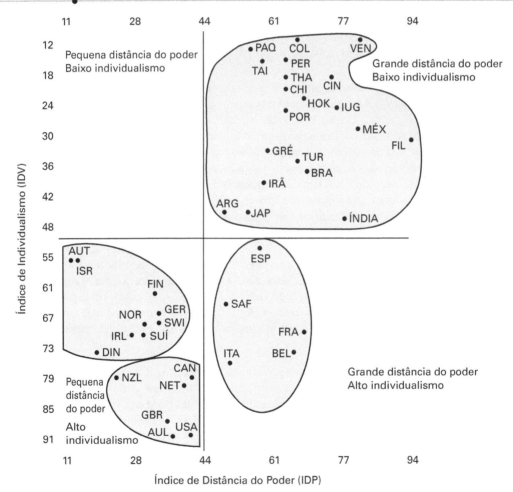

Fonte: G. Hofstede. *Culture's Consequences: International Differences in Work-Related Values*, p. 223, copyright © 1980 por Sage Productions, Inc. Reimpresso por permissão da Sage Productions, Inc.

A partir da observação da Figura 10.3, torna-se claro que o individualismo e a distância do poder são altamente relacionados: os países fortes em coletivismo também apresentam uma grande distância do poder. Os maiores expoentes dentre os países coletivistas com alto poder foram a Venezuela, vários outros países da América Latina, as Filipinas e a antiga Iugoslávia. Os países mais individualistas e de pequena distância do poder foram a Áustria e Israel.

Conseqüências para a negociação

Escolher seu representante   As diferenças culturais nas fontes e nas demonstrações de poder podem ser impactantes e preocupantes, pois o poder é a base para a divisão do montante. Uma das primeiras questões que os negociadores devem considerar antes de iniciar negociações interculturais é quem fará a negociação. Em culturas igualitárias, o poder é normalmente determinado pela MASA da pessoa e, assim, não é incomum que pessoas de diferentes status estejam na mesma mesa de negociação. Por outro lado, em culturas hierárquicas, o poder está associado à posição e ao título de uma pessoa e é insultante enviar um empregado menos graduado para se reunir com um CEO. Na China, por exemplo, os relacionamentos estão atrelados às pessoas e não às organizações. O negociador ideal é um 'velho amigo da China' com quem o chinês tenha tido experiências positivas ou a quem deva favores (*International Business*, 1º jul. 1998).

Compreender a rede de relacionamentos   Em culturas que possuem relacionamentos hierárquicos de poder, as negociações freqüentemente requerem vários níveis de aprovação para chegar ao topo. Por exemplo, numa negociação fracassada, o governo central da China invalidou um acordo de longo prazo do McDonald's com a administração da cidade de Pequim, pois aluguéis com mais de dez anos de duração requerem a aprovação do governo central da China (*International Business*, 1º jul. 1998). Na centralizada estrutura chinesa de autoridade, os negociadores raramente têm a autoridade para aprovar o acordo final. Uma consequência dessa estrutura de autoridade é que os negociadores chineses tentam garantir um negócio que esteja claramente pendendo a seu favor, de modo que seja mais fácil de persuadir as autoridades mais altas de que os chineses 'venceram' a negociação.

Preocupações com a imagem   Manter a imagem e mostrar respeito são aspectos importantes em culturas hierárquicas. Os negociadores precisam saber como mostrar respeito para as outras pessoas. Esse comportamento aumenta a estima do negociador aos olhos de seus superiores e, por sua vez, os ajuda a manter a imagem para seus *stakeholders*. A bajulação, por exemplo, é uma forma bastante usada pelos chineses para preservar a imagem (*International Business*, 1º jul. 1998). Pachtman alerta:

> Tenha cuidado com o efeito que o elogio pode ter sobre você; a reação adequada não é um agradecimento, mas uma recusa e um cumprimento ainda maior em retorno à adulação. Pedir desculpas é outra forma poderosa de mostrar respeito, mas pode coagir quem pede desculpas; esteja preparado para fazer uma concessão simbólica no caso de o chinês querer 'tirar vantagem' de seu pedido de desculpas. (p. 25)

A conduta de negociação   Uma visão ocidental da negociação estipula que cada parte manifeste seus próprios interesses e que haverá uma troca de mão dupla. A visão oriental da negociação é muito diferente. Por exemplo, a negociação entre pessoas japonesas é semelhante à realizada entre pai e filho, segundo Adler (1991). O relacionamento de status é explícito e importante. O filho (vendedor) explica cuidadosamente sua situação e pede o máximo possível, pois ele não terá uma segunda chance para pedir mais depois que seu pai (comprador) tiver tomado sua decisão. O filho (vendedor) aceita a decisão tomada porque acha que qualquer discussão prejudicaria o relacionamento, e também por confiar que o pai (comprador) cuidará de suas necessidades.

Comunicações diretas *versus* indiretas

As culturas têm formas distintas de comunicar a mesma mensagem. O compartilhamento direto *versus* indireto de informações representa uma dimensão cultural relacionada à quantidade de informações contidas numa mensagem explícita, em comparação com sinais contextuais implícitos (Hall, 1976). Por exemplo, culturas diferentes têm normas distintas para reger estratégias de compartilhamento de informações numa negociação (Hall, 1976). Em termos gerais, em algumas culturas as normas favorecem a comunicação direta, enquanto em outras as pessoas se comunicam de uma maneira indireta e discreta. A dimensão de comunicação direta-indireta tem uma implicação direta sobre o quanto as pessoas devem se basear em indicadores contextuais (Hall & Hall, 1990; Cohen, 1991).

Comunicação direta

Em uma cultura de comunicação direta, como a dos Estados Unidos, as mensagens são transmitidas explícita e diretamente e as comunicações são orientadas para a ação e ligadas à solução (Ting-Toomey, 1985). Nesse tipo de cultura, as pessoas ficam à sua frente e dizem na sua cara o que você fez de errado, favorecendo a confrontação direta e discutindo problemas livremente. Numa cultura de comunicação direta, o significado está contido na mensagem e a informação é dada explicitamente, sem nuanças (Brett, 2001). Além disso, a informação é *independente do contexto*, o que significa dizer que o lugar e as condições sob os quais a informação é transmitida são completamente irrelevantes. Em negociações, esses fatores significam que as partes normalmente farão perguntas diretas sobre interesses e alternativas.

Comunicação indireta

Em algumas culturas, as pessoas evitam a confrontação direta quando o conflito ocorre. Essa observação não significa dizer que elas não tratam do conflito, mas sim que isso é feito de forma indireta. O significado da comunicação é inferido em vez de interpretado diretamente; o contexto da mensagem estimula conhecimentos preexistentes que são então usados para se ganhar entendimento (Brett, 2001). Em negociações neste tipo de cultura, fazer perguntas diretas não é normativo; em lugar disso, fazer muitas propostas é uma característica da comunicação indireta (Brett et al., 1998). O padrão das propostas permite que se façam inferências sobre o que seria importante para cada uma das partes e onde os pontos de concessão poderiam estar. Ao contrário das culturas diretas, as indiretas (como a do Japão) transmitem as mensagens de forma indireta e implícita e a comunicação é evasiva (Ting-Toomey, 1985). Por exemplo, os negociadores japoneses são menos inclinados a dizer não e se mantêm mais em silêncio do que os norte-americanos, quando confrontados com uma opinião desfavorável (Graham & Sano, 1984; março, 1990). (Para uma classificação de culturas de comunicação direta e indireta (ver Tabela 10.3).

O ponto principal referente à comunicação direta *versus* indireta é o de que a cultura afeta a maneira como os negociadores compartilham informação. Os negociadores de culturas diretas preferem compartilhar diretamente as informações, fazendo perguntas e obtendo retornos – em retribuição por assim também proceder. Por outro lado, os negociadores de culturas indiretas preferem compartilhar indiretamente as informações, contando histórias na tentativa de influenciar seus oponentes e colhendo informações de propostas (Brett, Adair, Lempereur, Okumura, Shikhirev, Tinsley & Lytle, 1998). As normas e os valores culturais têm conseqüências para o princípio da reciprocidade na negociação. Por exemplo, Adair (1999a) investigou negociações intraculturais e interculturais entre os Estados Unidos e o Japão. Os negociadores agiram de forma recíproca em relação a

TABELA 10.3 Culturas de comunicação direta e indireta

Culturas de Comunicação Direta	Culturas de Comunicação Indireta
Alemanha	Japão
Estados Unidos	Rússia
Suíça	França
Culturas escandinavas	Árabes
	Povos mediterrâneos
	Em geral, culturas nas quais as pessoas têm redes de informação intensiva entre parentes, amigos, colegas e clientes, e com as pessoas com quem estão envolvidas em relacionamentos pessoais próximos.

Fonte: Brett, J. M. (2001). *Negotiating Globally: How to Negotiate Deals, Resolve Disputes, and Make Decisions Across Cultural Boundaries.* São Francisco, Califórnia, Estados Unidos: Jossey-Bass.

comportamentos culturalmente normativos. Trocando em miúdos, os negociadores dos Estados Unidos tendiam a retribuir a troca direta de informações, enquanto os japoneses apresentavam uma probabilidade maior de retribuir a troca indireta.

Conseqüências para a negociação

Informações necessárias para se chegar a acordos integrativos Abrir informações na mesa de negociação é de vital importância para aumentar o tamanho do montante. Confiar somente no contexto para transmitir as informações necessárias para preparar acordos integrativos não é suficiente (Brett et al., 1998). Adair (2003) examinou seqüências integrativas em negociações dentro de uma única cultura e entre culturas. Gerentes de Hong Kong, Japão, Rússia e Tailândia usavam estratégias integrativas mais indiretas (como fazer múltiplas ofertas ao mesmo tempo); por outro lado, os gerentes de Israel, da Alemanha, Suécia e dos Estados Unidos usavam estratégias integrativas diretas (como solicitar informações prioritárias). Além do mais, como a comunicação indireta é tecnicamente mais complexa, as pessoas de culturas caracterizadas pela comunicação direta não conseguem se adaptar imediatamente. Como a comunicação direta é mais simples, as pessoas de culturas indiretas, por sua vez, podem se comunicar dessa nova forma facilmente. Esta situação cria, então, uma assimetria, fazendo que os membros de culturas indiretas sejam talentosos em ambas as formas de comunicação, direta e indireta, sem que o mesmo se aplique aos de culturas diretas (Hall, 1976). Por outro lado, estas últimas entram facilmente na 'dança' de troca indireta e complementar de informações (Adair & Brett, 2003). Ao complementar informação prioritária e ofertas, por exemplo, os negociadores de culturas indiretas suplementam a informação que pode não ter sido suficientemente transferida por meio de ofertas recíprocas.

Brett e seus colegas (1998) investigaram estratégias de negociação nas culturas dos seis seguintes países: França, Rússia, Japão, Hong Kong, Brasil e Estados Unidos. As que usavam estratégias diretas (comparadas às indiretas) de compartilhamento de informações, ou uma combinação de estratégias diretas e indiretas, chegaram a acordos mais integrativos que aumentavam o tamanho do montante de barganha. Além disso, a troca de informações sobre preferências e prioridades era insuficiente. Por exemplo, no mesmo estudo de negociações intraculturais envolvendo Estados Unidos, Japão, Brasil, França, Rússia e Hong Kong, os negociadores destas duas últimas culturas geraram os menores ganhos conjuntos ou os acordos menos integrativos (Brett, Adair, Lempereur, Okumura, Shikhirev, Tinsley & Lytle, 1998). A Rússia e Hong Kong eram países caracterizados pela comunicação indireta. Contudo, os negociadores japoneses tiveram altos ganhos conjuntos, apesar de também terem uma cultura baseada na comunicação indireta. Por quê? A diferença residia no fato de que os negociadores japoneses trocavam informações mais diretamente (isto é, faziam perguntas) do que os da Rússia ou de Hong Kong. Dessa forma, comparar para identificar *tradeoffs* e reações diretas parece ser essencial (Brett, Adair, Lempereur, Okumura, Shikhirev, Tinsley & Lytle, 1998).

Uma das implicações da comunicação indireta é que os relacionamentos normalmente vêm antes da mecânica de fazer negócios. Em culturas diretas, o processo de fazer negócios vem primeiro; em outras culturas, o relacionamento vem primeiro e oferece um contexto para se fazer negócios. Como exemplo, Vinita Kennedy, diretora de serviços de consultoria para o Lacek Group, uma empresa de marketing de Minneapolis, aprendeu essa lição ao assumir uma missão em Tóquio, em 1997. Uma das funções de Kennedy era ajudar a empresa aérea All Nippon Airways a criar um programa de fidelidade que incluía cadeias locais de hotéis. "Você precisa desenvolver um relacionamento com as pessoas antes de poder fechar um negócio", ela diz (Kiser, 1999, p. 117). Conseqüentemente, as decisões não são tomadas tão rapidamente quanto seriam nos Estados Unidos. "Todo mundo tem que dar um passo atrás, conversar com todo o departamento e obter uma total adesão antes de poder dar o próximo passo", diz ela (p. 117). E se um consumidor japonês não gostar dos termos do negócio, ele não aparecerá para dizer isso. "É raro um japonês dizer 'não' para você", diz Vinita. "Você precisa conseguir ler nas entrelinhas" (p. 117).

Preferências na resolução de disputas Os gerentes dos Estados Unidos normalmente se sentem satisfeitos com seus resultados decorrentes de um procedimento baseado nos interesses (Tinsley, 2001). Outras culturas, porém, utilizam diferentes estratégias de resolução de disputas, muitas vezes com resultados igualmente satisfatórios (Tinsley, 2001). Por exemplo, como dito acima, os norte-americanos preferem discutir os interesses das partes envolvidas e sintetizar múltiplas questões (Tinsley & Brett, 2001). Em uma negociação específica, os gerentes norte-americanos estavam mais propensos que os chineses de Hong Kong a solucionar um número maior de questões e atingir resultados mais integrativos; em comparação com isso, os chineses de Hong Kong tinham uma maior tendência a envolver a alta administração na resolução de conflitos (Tinsley & Brett, 2001). Uma forma usada pelas pessoas de culturas indiretas para comunicar sua desaprovação é através da humilhação de outras. Por exemplo, os gerentes chineses demonstram um desejo mais forte de humilhar e dar lições de moral do que seus pares norte-americanos (Tinsley & Weldon, 2003). Em culturas coletivistas, a humilhação é uma forma comum de controle social (Creighton, 1990; Demos, 1996). Os gerentes norte-americanos, por sua vez, tendem a escolher uma abordagem direta em resposta a um conflito.

DESAFIOS FUNDAMENTAIS DA NEGOCIAÇÃO INTERCULTURAL

Quais são os principais desafios enfrentados pelos negociadores quando a negociação é realizada entre culturas diferentes? Identificamos, a seguir, oito desafios interculturais comumente enfrentados.

Aumentar o tamanho do montante

Os negociadores têm mais dificuldade em expandir o montante quando negociam entre culturas diferentes do que dentro de uma única cultura. Num importante estudo de cinco países (Japão, Hong Kong, Alemanha, Israel e os Estados Unidos), Brett (2001) analisou negociações intraculturais (realizadas dentro da mesma cultura) e interculturais (realizadas entre culturas diferentes) e descobriu que as negociações entre o Japão e os Estados Unidos resultaram em menor aumento do tamanho do montante do que as negociações intraculturais (entre japoneses e entre norte-americanos). Em outro estudo, Brett e Okumura (1998) analisaram ganhos conjuntos em negociações intra e interculturais, envolvendo negociadores japoneses e norte-americanos, e descobriram que os ganhos conjuntos eram significativamente menores em negociações interculturais, quando comparados com os obtidos nas intraculturais. A principal razão para isso pareceu ser o grau com que as partes entendiam as prioridades de seus oponentes e a oportunidade para explorar questões compatíveis. Em negociações transculturais, os estilos de barganha dos negociadores não combinavam, o que significava que eles tinham um entendimento pior das prioridades de seus oponentes e, conseqüentemente, não era criado muito valor. Cada cultura esperava que a outra adotasse o seu próprio estilo de negociação – os norte-americanos esperavam que os outros conversassem diretamente, enquanto as pessoas oriundas de culturas indiretas preferiam usar outras formas implícitas de comunicação, como a heurística da tentativa e erro. Os negociadores dos Estados Unidos trocam informações diretamente e evitam usar estratégias de influência quando negociam de forma intra e intercultural. Por outro lado, os japoneses trocam informações indiretamente e lançam mão da influência quando negociam intraculturalmente, mas adaptam seus comportamentos quando a negociação é intercultural (Adair, 1999b; Adair, Okumura & Bret, 2001).

Dividir o montante

Anteriormente, nós fizemos uma colocação de que é sempre do interesse das pessoas aumentar o tamanho do montante, pois isso significa mais valor para todos. Portanto, a expansão do montante representa o aspecto colaborativo ou cooperativo da negociação. Em oposição a isso, dividir o montante representa o aspecto competitivo, e nós observamos que os sentimentos sobre tratamento justo são fortes. Podemos apontar uma série de preconceitos quando se pensa sobre tratamento justo e estes vieses são até mais intensificados quando pessoas de diferentes culturas se sentam para negociar.

Quando comparados com pessoas de outras culturas, os norte-americanos não têm a menor vergonha de pensar mais em si mesmos e, conseqüentemente, ter aspirações mais altas. Chamamos a atenção para o fato de que as aspirações se manifestam nas ofertas iniciais feitas pelos negociadores e que elas são fortemente preditivas da fatia final que eles recebem. Na verdade, os negociadores dos Estados Unidos cujas aspirações são mais altas que as de seus oponentes conquistam um lucro maior do que os gerentes chineses e japoneses, principalmente porque estas culturas coletivistas não estimulam o auto-interesse (Chen, Mannix & Okumura, 2003).

Valores sagrados e *tradeoffs* envolvendo tabus

Valores sagrados, ou valores protegidos, são as crenças, costumes e suposições que formam a base do sistema de crenças de um grupo ou cultura (Baron & Spranca, 1997; Tetlock, Peterson & Lerner, 1996). Esses valores são, por definição, aqueles valores e crenças que as pessoas consideram tão fundamentais que não estão sujeitos ao debate nem à discussão. Valores sagrados resistem a *tradeoffs* com outros valores, particularmente os econômicos. A maioria das pessoas se preocupa com sua participação em transações que envolvem valores sagrados, não somente nas conseqüências que podem resultar disso. Tomemos como exemplo o debate sobre as florestas no Oeste dos Estados Unidos. Em 2003, o presidente Bush promoveu uma 'iniciativa pela existência de florestas saudáveis' que aceleraria a limpeza das florestas, entulhadas de arbustos altamente combustíveis, para prevenir mais incêndios florestais desastrosos. Contudo, seus críticos ficaram apavorados com o plano que, segundo eles, permitiria o corte de lenha além dos padrões autorizados até então (*National Public Radio*, 12 ago. 2003). A maioria das pessoas tem raiva só de pensar em fazer *tradeoffs* com valores sagrados e negam sua necessidade. Consideremos, por exemplo, a reação que John Poindexter, um contra-almirante reformado, recebeu em 2003 quando colocou em ação um plano para o Pentágono para gerenciar um 'mercado futuro de negócios terroristas' — um *site online* que recompensaria investidores que previssem, de maneira precisa, ataques, assassinatos e golpes terroristas (*New York Times*, 1º ago. 2003). Um dia após o plano ser anunciado, Poindexter foi forçado a renunciar ao seu cargo, pois várias pessoas, incluindo os senadores democratas Byron Dorgan (do Estado de Dakota do Norte) e Ron Wyden (de Oregon), o chamaram de 'moralmente repulsivo'. (Para um exemplo de como avaliar valores sagrados ou protegidos (ver Quadro 10.3). As respostas 'sim' ou 'não tenho certeza' implicam que um determinado valor é secular (negociável); respostas 'não' significam que o valor é sagrado.

Valores sagrados constituem o oposto de valores seculares, que são questões e recursos passíveis de serem negociados e trocados. Dentro de uma cultura há uma atenção quase universal aos valores sagrados, com algumas exceções notáveis. Contudo, entre diferentes culturas, um conflito extremo pode ocorrer em decorrência de uma cultura considerar uma questão como sagrada e a outra tratá-la como secular. Os *tradeoffs* envolvendo tabus ocorrem quando se propõe que valores sagrados sejam negociados ou trocados (Tetlock, Peterson & Lerner, 1996).

A maioria das pessoas fica horrorizada e chocada quando pais oferecem seus filhos para venda, cidadãos vendem seus direitos a um julgamento justo e imigrantes compram privilégios de voto. Entretanto, consideremos a famosa história de O. Henry sobre *The Gift of the Magi*, na qual uma mulher vende seu cabelo para comprar para seu marido uma corrente de relógio como presente de Natal. É um belo e aceitável *tradeoff*. Claramente, uma fronteira muito tênue separa *tradeoffs* aceitáveis dos que envolvem tabus. Num nível puramente racional, essas trocas refletem simplesmente o poderoso princípio de *tradeoff*, que discutimos no Capítulo 4 sobre a barganha integrativa.

QUADRO 10.3 | VALORES SAGRADOS

Instruções: A lista mostrada a seguir contém ações às quais as pessoas se opõem. Algumas destas atividades ocorrem na atualidade e outras não. Suponha que aquelas pessoas que apóiam cada uma delas estejam dispostas a pagar uma grande soma de dinheiro para garantir que elas continuem a acontecer. Por favor, responda às seguintes questões com 'sim', 'não' ou 'não tenho certeza', dependendo de sua disposição de aceitar ou não dinheiro para desempenhar estas ações. (Adaptado de Baron & Spranea, 1997.)

Ações:

1. Destruição de florestas naturais pela atividade humana, resultando na extinção em definitivo de plantas e espécies de animais
2. Aumento do QI de crianças normais por meio da administração de medicamentos (totalmente seguros)
3. Usar a engenharia genética para fazer que as pessoas sejam mais inteligentes
4. Realizar abortos de fetos normais em estágios iniciais da gravidez
5. Realizar abortos de fetos normais no segundo trimestre da gravidez
6. Pescar de modo a causar a morte dolorosa de golfinhos
7. Forçar a esterilização de mulheres mentalmente retardadas
8. Forçar mulheres a abortar quando tiverem muitos filhos, por motivos de controle populacional
9. Colocar pessoas na cadeia por expressar visões políticas de não-violência
10. Deixar as pessoas venderem seus órgãos (por exemplo, um rim ou um olho) pelo preço que elas conseguirem cobrar
11. Recusar-se a tratar de alguém que necessite de um transplante de rim porque ele ou ela não pode pagar por isso
12. Deixar um médico assistir a um suicídio com o consentimento de um paciente terminal
13. Deixar uma família vender uma filha em um 'leilão de noivas' (ou seja, a filha se torna a noiva daquele que oferecer mais)
14. Punir pessoas por expressar opiniões políticas de não-violência

O princípio do *tradeoff* é ideal para tratar conflitos por recursos escassos contendo questões fungíveis. Os princípios da racionalidade (ver Apêndice 1) pressupõem que as pessoas podem comparar recursos, e fazer comparações do tipo 'alhos com bugalhos' e negociá-los de forma a maximizar os resultados. A teoria racional de barganha supõe que tudo é comparável e tem um preço (ver Apêndice 1). Entretanto, o conceito de negócio se torna inescrupuloso em algumas situações de conflito (Tetlock, Peterson & Lerner, 1996). Em certas oportunidades, as pessoas se recusam a atribuir um valor monetário a um bem ou até mesmo a pensar em negociá-lo. O simples ato de sugerir um negócio já é causa de ultraje moral e pode azedar as negociações. Atribuir um valor monetário a uma garrafa de vinho, a uma casa ou aos serviços de um jardineiro pode ser uma tarefa cognitivamente exigente, mas não levanta quaisquer questões sobre a moralidade do indivíduo que propõe a venda ou o negócio. Por outro lado, atribuir um preço à vida humana, a obrigações familiares, à honra nacional e ao ecossistema leva a um questionamento sério da identidade social ou da imagem de uma pessoa aos olhos das outras (Schlenker, 1980). Numa disputa referente à construção de uma barragem que removeria nações indígenas da terra de seus ancestrais, um adolescente Yavapia disse: "A terra é nossa mãe. Não se vende a própria mãe" (Espeland, 1994).

Propostas para trocar valores sagrados (como os órgãos do corpo humano) por valores seculares (como dinheiro, tempo ou conveniência) são *tradeoffs* que envolvem tabus. Devido aos valores inerentemente sagrados que operam em vários países, os conceitos familiares de negócio e troca mútua de favores, tão importantes em uma negociação baseada em interesses, têm uma grande probabilidade de ser considerados inaceitáveis e repreensíveis para membros de culturas diferentes.

Questões sagradas e seculares são culturalmente definidas, sem uma posição absoluta (Tetlock, Peterson & Lerner, 1996). Normas socioculturais afetam a 'santidade' de certas posições, como o ato de fumar, que hoje é geralmente considerado pernicioso, mas que no passado recente era completamente aceitável. A santidade das questões também é influenciada pelos rótulos e nomes utilizados para definir conflitos. Em 1994, por exemplo, todos os três membros da delegação do Estado do Alasca no Congresso dos Estados Unidos começaram a se referir à parte da Reserva Nacional da Vida Selvagem Ártica — ANWR (do inglês, *Arctic National Wildlife Refuge*) que estava sujeita à exploração de petróleo como 'Reserva de Óleo do Ártico' (do inglês, *Arctic Oil Reserve*). O grupo acreditava que esse era o nome mais preciso, pois aquela parte da reserva não estava oficialmente classificada como vida selvagem ou reserva. Os ambientalistas, por outro lado, fizeram objeção a esse termo e nem mesmo aprovavam o uso da sigla ANWR, pois se preocupavam com o fato de que, a não ser que as palavras '*reserva da vida selvagem*' estivessem claramente declaradas, o público não entenderia o valor daquela terra.

Valores verdadeiramente sagrados não podem existir porque fazemos *tradeoffs* de valor todos os dias, o que significa dizer que todas as pessoas 'têm o seu preço'. A conseqüência disso é que, com uma compensação suficiente, todos se dispõem a fazer um *tradeoff* de um valor 'sagrado'. A questão crítica não é quanto custa compensar alguém por um valor sagrado, mas sim quais fatores possibilitam a ocorrência deste tipo de *tradeoff*.

O termo *sagrado* descreve as preferências das pessoas em questões nas quais elas se vêem como intransigentes. Torna-se imediatamente óbvio, no entanto, que rotular uma questão como sagrada pode ser um truque de negociação, em vez de uma reflexão de um valor sincero e profundo. Ao 'ungir' certas questões como sagradas e removê-las da consideração de barganha, um negociador aumenta a probabilidade de um acordo favorável. Isso se assemelha à estratégia do compromisso irrevogável (Schelling, 1960). Nós nos referimos a questões que não são realmente sagradas, mas que são posicionadas como tal, como **pseudo-sagradas**[2] (Thompson & Gonzalez, 1997; Wade-

---

2. Somos muito gratos a Max Bazerman por este termo.

Benzoni, Okumura, Brett, Moore, Tenbrunsel & Bazerman, 2002). Assim, por exemplo, se os índios Yavapia trocassem um acre de suas terras por um hospital, uma nova escola ou dinheiro, a terra não seria verdadeiramente sagrada, mas pseudo-sagrada.

Marcação viesada do conflito

A marcação viesada do conflito ocorre quando as pessoas interpretam as interações com seus adversários como se essas fossem focadas em auto-satisfação e menosprezo de outrem (Kahn & Kramer, 1990). Um ator, A, percebe a história de outro ator, B, como uma seqüência de B-A, B-A, B-A, na qual o movimento hostil ou agressivo inicial foi feito por B, fazendo que A usasse ações retaliatórias defensivas e legítimas. O ator B vê a mesma história, de forma exagerada, como se fosse uma seqüência A-B, A-B, A-B, invertendo, assim, os papéis de agressor e defensor. A marcação viesada é uma causa freqüente de guerras. Consideremos a longa e triste história do conflito internacional entre árabes e israelenses. Cada lado escolhe diferentes momentos históricos de origem para justificar suas próprias reivindicações sobre a terra e, assim, atribuir ao outro lado o papel de invasor.

Os comportamentos de negociação são um fluxo contínuo de relacionamentos de causa e efeito em que as ações de cada pessoa influenciam as ações de outras (Jones & Gerard, 1967). Para um observador externo, sua interação é uma seqüência ininterrupta de intercâmbios. No entanto, as pessoas ativamente envolvidas num conflito nem sempre vêem as coisas dessa forma. Diferentemente, elas organizam suas interações numa série de blocos causais discretos (Swann, Pelham & Roberts, 1987), um processo conhecido como blocagem causal (do inglês, *chunking*) ou *marcação* (Whorf, 1956). Os blocos causais influenciam o quanto as pessoas têm consciência de sua influência sobre as outras, assim como as suas impressões dos outros indivíduos. Dois tipos de padrões de *blocagem* são o de causa própria e o de causa atribuída a outrem. As pessoas formam blocos de causa própria (por exemplo: "Minha ação causa a ação de meu parceiro") quando possuem um conjunto ofensivo, e do tipo de causa atribuída a outros quando possuem um conjunto defensivo.

As discordâncias sobre como marcar uma seqüência de eventos num relacionamento de conflito estão na raiz de muitas disputas transculturais. Consideremos a disputa pela água do rio Wind entre as tribos Shoshone e Arapaho e o Estado de Wyoming (representando fazendeiros não indígenas). A disputa se resume a qual lei deveria ser aplicada dentro do território da nação indígena, se a lei indígena ou a lei estadual. As tribos indígenas viam sua ação de literalmente fechar a água como uma resposta razoável às posturas agressivas tomadas pelos não-índios, "recuperando algo que foi erradamente tirado deles". Não obstante, os não-indígenas viam as ações tomadas pelos índios como algo não provocado ("agressivas tribos indígenas demandando...") (*Toronto Star*, 14 jul. 1990).

Etnocentrismo

Enquanto o egocentrismo refere-se a crenças positivas não confirmadas sobre uma pessoa em relação a outras, o *etnocentrismo* está relacionado a crenças positivas não confirmadas sobre o grupo de uma pessoa em relação a outros grupos (LeVine & Campbell, 1972). Observamos no Capítulo 9 que a maioria das pessoas demonstra um viés interno de grupo por avaliar os membros de seu próprio grupo mais positivamente do que os de fora, além de recompensá-los, em termos comparativos, com mais recursos, mesmo quando as alocações de recursos não afetam o seu próprio bem-estar (Doise, 1978). Uma tendência quase universal é a de classificar o grupo da própria pessoa como superior aos demais, mesmo que isso seja baseado em pouca ou nenhuma informação. O etnocentrismo, ou a intensidade com que se costuma gostar de seu próprio grupo e a simultânea avaliação negativa dos demais grupos, gera um conjunto de estereótipos recíprocos, o que faz que cada cultura se veja como boa e qualquer outra cultura como ruim, mesmo que ambos os grupos apresentem os mesmos comportamentos. O comportamento pode ser semelhante, mas a sua interpretação não: "Nós somos leais, eles agem como um clã; nós somos honrados e prontos a defender nossos direitos, eles são hostis e arrogantes".

Mesmo quando os membros de grupos não se conhecem e nunca interagem entre si, as pessoas demonstram favoritismo interno (Brewer, 1979; Tajfel, 1982; Tajfel & Turner, 1986). Entretanto, o conflito entre grupos e o viés intergrupal nem sempre resultam da competição por recursos escassos. Muito do viés intergrupal advém de diferenças fundamentais em valores culturais. O conflito simbólico pode ocorrer entre grupos culturais devido ao choque de valores e crenças fundamentais.

Um subproduto indesejável do favoritismo interno é a tendência de se ver as pessoas de uma forma mais homogênea do que realmente são. Assim, a frase 'eles parecem todos iguais' significa que erros dentro de raças e dentro de culturas são mais disseminados do que os inter-raciais e os interculturais, pois as pessoas não categorizam os membros de outras culturas como indivíduos, mas como parte de um grupo. Tomemos como exemplo o longo conflito entre ativistas pró-aborto (a favor de escolha) e antiaborto (a favor da vida) sobre a questão do aborto nos Estados Unidos (ver Nota 10.1).

Nota 10.1 Estereotipando a outra parte

Para exemplificar como membros de grupos tendem a estereotipar a outra parte envolvida, consideremos a conversa ocorrida entre Naomi Wolf, autora do best-seller *The Beauty Myth* (O mito da beleza) e Frederica Mathewes-Green, uma colunista religiosa sindicalizada e autora de um livro chamado *Right Choices* (*As escolhas certas*). Tente descobrir que mulher fez cada um dos seguintes comentários, durante uma discussão em 1996:

> O erro cometido pelo movimento antiaborto está em manter seu foco somente no bebê, e não na mulher... Você pode resumir os 25 anos de retórica do antiaborto em três palavras: 'é um bebê'.

> Existe toda uma indústria promovendo os laços com os fetos desejados, enquanto os fetos indesejados são tratados como se fossem massas disformes indesejadas.

A crítica do foco do movimento antiaborto ('é um bebê') veio de Mathewes-Green, uma das participantes do movimento. As críticas à retórica de 'massas disformes indesejadas' veio de Wolf, uma ferrenha defensora do direito ao aborto.

Quando Wolf e Mathewes-Green se encontraram para conversar, Wolf disse que essa era a primeira vez que ela estava "conscientemente na presença de uma militante antiaborto" (*St. Louis Post-Dispatch*, 10 jun. 1996, p. 11B). Para surpresa dela, o outro lado estava desejoso de conversar. E Mathewes-Green reconheceu que o movimento antiaborto tinha sido estereotipado por "manter seu foco somente no bebê e não na mulher" (p. 11B).

Os estereótipos constituem outra manifestação do etnocentrismo. Os estereótipos de grupos sociais são bastante comuns, mas normalmente não têm base na realidade. O problema é que se as pessoas agirem como se os estereótipos fossem verdadeiros, eles têm uma grande probabilidade de criar uma profecia auto-realizável, em que os estereótipos afetam os comportamentos. Os norte-americanos, por exemplo, descreveram seus oponentes japoneses como tendo 'expressões faciais de jogadores de pôquer' ou não demonstrando expressão nenhuma em uma simulação de negociação. Entretanto, no laboratório, uma câmera focada na face de cada uma das pessoas durante uma negociação intercultural registrou todas as expressões faciais e não revelou nenhuma diferença no número de expressões faciais (sorrisos e carrancas) entre americanos e japoneses. O que aconteceu, então? Os americanos não foram capazes de 'decifrar' as expressões dos japoneses e equivocadamente consideraram seus oponentes como pessoas 'sem expressão' (Graham, 1993).

Viés de afiliação

O *viés de afiliação* ocorre quando as pessoas avaliam as ações de um indivíduo com base em suas afiliações e não com base nos méritos de seu próprio comportamento. Por exemplo, quando fãs de futebol assistem a uma partida, eles acreditam que a equipe adversária comete mais infrações do que a equipe pela qual torcem (Hastorf & Cantril, 1954). Consideremos as seguintes ações que podem ser tomadas por um país: estabelecer uma base de foguetes próxima à fronteira de um país com o qual tem relações estremecidas; testar uma nova arma de assalto; ou estabelecer relações comerciais com um país poderoso. As percepções das pessoas sobre a aceitabilidade dessas ações diferem drasticamente em função do agente. Durante o período da Guerra Fria, por exemplo, os cidadãos norte-americanos consideravam as ações citadas anteriormente como muito mais benéficas quando os Estados Unidos eram os responsáveis por elas do que quando o agente era a então União Soviética (Oskamp, 1965). As pessoas percebem o mesmo comportamento objetivo como sinistro ou benigno, meramente em conseqüência da afiliação do agente.

Percepções falhas de conciliação e coerção

Durante a Segunda Guerra Mundial, o jornalista norte-americano Edward R. Murrow transmitia um programa de rádio noturno direto de Londres, relatando as conseqüências psicológicas e físicas do bombardeio nazista das cidades inglesas (Rothbart & Hallmark, 1988). Ao contrário do que queriam os nazistas, o bombardeio não levou à rendição dos ingleses. Ele teve o efeito oposto, fortalecendo, ao invés de enfraquecer, a determinação inglesa de resistir à dominação germânica. Pouco depois de os Estados Unidos entrarem na Segunda Guerra Mundial, os americanos se juntaram aos ingleses para lançar custosos bombardeios sobre a Alemanha. Em parte, a intenção era reduzir a vontade do povo alemão de resistir. Pesquisas posteriores relatadas pelo Escritório de Serviços Estratégicos, que compararam bombardeios leves e pesados, descobriram diferenças insignificantes na vontade dos civis em resistir.

Vários outros conflitos seguiram o mesmo padrão psicológico, como os de Pearl Harbor, África do Sul e Vietnã do Norte. Cada uma dessas situações aponta para importantes diferenças nas percepções dos países sobre o que será eficaz para motivar um inimigo e o que poderá contribuir efetivamente para motivar a si mesmo e a seus aliados. A coerção é vista como mais eficaz para com nossos inimigos do que em relação a nós mesmos, enquanto a conciliação tem efeitos inversos. A conseqüência desafortunada, é claro, é que essa percepção encoraja ações agressivas em vez das construtivas.

Três razões fundamentais explicam o porquê da ocorrência desse comportamento (Rothbart & Hallmark, 1988). Uma preferência do uso de estratégias punitivas para com os seus inimigos pode refletir um desejo de infligir ferimento ou dor, assim como uma vontade de influenciar o comportamento na direção desejada. A preferência relativa pela punição é baseada no desejo incompatível de tanto causar danos quanto de modificar o comportamento do inimigo. Alternativamente, as pessoas podem se inclinar a usar mais estratégias coercitivas com um oponente porque a aparência de rigidez transmite informações sobre suas motivações e intenções, o que, no longo prazo, pode levar ao resultado desejado. Finalmente, a mera criação de categorias sociais mutuamente excludentes (como 'eles' e 'nós') leva a diferentes suposições sobre os membros de tais grupos. Os atributos mais favoráveis são designados para membros internos em detrimento dos externos (Brewer, 1979; Tajfel, 1970). Os processos de categorização social podem ser particularmente poderosos em disputas transculturais por causa dos estereótipos.

Realismo ingênuo

Há um debate acalorado entre professores de inglês sobre que livros deveriam ser incluídos numa lista de leitura obrigatória para alunos matriculados em escolas do ensino médio (*high schools*) nos Estados Unidos. O Western Canon Debate inclui tradicionalistas, que preferem ver os clássicos nessa lista de leituras, e revisionistas, que acreditam que essa lista deveria ser mais diversificada em termos raciais, étnicos e de gênero. Em uma análise recentemente realizada, os tradicionalistas e os revisionistas foram entrevistados sobre os livros preferidos por eles e pela outra parte envolvida (Robinson & Keltner, 1996). De forma absolutamente notável, cada parte exagerou a visão de seus oponentes de modo a fazer que as suas diferenças parecessem maiores e não menores. Os tradicionalistas enxergavam os revisionistas como muito mais extremados do que realmente eram; os revisionistas viam os tradicionalistas como muito mais conservadores. Na verdade, os grupos concordaram em sete dos 15 livros presentes na lista de leitura! Não obstante, cada grupo exagerou bastante a diferença entre o seu sistema de crenças e o do oponente, de modo a exacerbar o conflito. Além disso, as pessoas tinham a nítida sensação de que o outro lado era muito uniforme em sua forma de ver as coisas, embora vissem o seu lado como detentor de visões mais variadas e heterogêneas (Linville, Fischer & Salovey, 1989). Essa percepção falha, é claro, leva a acreditar em coisas como 'eles são todos iguais'. O conflito ideológico é normalmente exacerbado desnecessariamente pelo fato de os partidários de uma corrente verem os valores de seus oponentes como mais extremistas e inflexíveis do que realmente são.

Por exemplo, em 1995, o congressista republicano dos Estados Unidos, George Gekas, do Estado da Pensilvânia, foi acusado pelo partido de oposição de defender atitudes antiambientalistas. O enraivecido Gekas zombou da acusação: "Senhor Presidente e membros da Casa, eu odeio ar puro. Eu não quero respirar ar puro. Eu quero o ar mais poluído possível para mim, para minha família e para meu eleitorado. Isso é o que os apoiadores desta moção querem que o povo acredite ser a nossa posição sobre este assunto. Agora vocês já sabem que isto é absolutamente insustentável" (*National Public Radio*, 3 nov. 1995).

O *erro fundamental de atribuição* ocorre quando as pessoas explicam as causas do comportamento de outras por suas disposições subjacentes e desprezam o papel desempenhado pelos fatores situacionais (Ross, 1977). Muitas disputas ambientais envolvem um grupo interessado no desenvolvimento econômico do ambiente e um grupo de oposição que representa os interesses do ecossistema. De acordo com o erro fundamental de atribuição, quando se solicita que cada grupo cite a causa da disputa, cada uma delas atribuirá os aspectos negativos do conflito às inclinações da outra parte. Em outras palavras, os desenvolvedores consideram os ambientalistas lunáticos fanáticos e estes últimos julgam que os primeiros são pessoas sinistras e mesquinhas.

INDICADORES DO SUCESSO EM INTERAÇÕES INTERCULTURAIS

A empresa farmacêutica para a qual você trabalha quer expandir sua base internacional. Você está encarregado da tarefa de selecionar alguns gerentes para participar de uma missão de iniciativas especiais globais em vários países. Você sabe que índices de fracasso de até 70 por cento podem ser evitados (Copeland & Griggs, 1985). Os custos de um fracasso incluem não somente o desperdício de salário de um executivo, o custo do transporte da família dele e o custo de instalação de um escritório no exterior, mas também prejuízo para sua organização, perda em vendas, erros no trabalho e perda de boa vontade. Infelizmente, medições instantâneas de personalidade não são bons indicadores de sucesso no exterior. As seguintes características têm algum valor na previsão do sucesso (Martin, 1989; Triandis, 1994):

- Complexidade conceitual: as pessoas conceitualmente complexas (pensam em tons de cinza e não em preto-e-branco) demonstram uma distância social menor de pessoas diferentes delas (Gardiner, 1972)

- Categorização ampla: as pessoas que usam categorias amplas se ajustam melhor a novos ambientes do que os que categorizam de forma restrita (Detweiler, 1980)
- Empatia
- Sociabilidade
- Aceitação crítica de estereótipos
- Abertura a diferentes pontos de vista
- Interesse na cultura anfitriã
- Orientação para tarefas
- Flexibilidade cultural (capacidade de substituir atividades na cultura anfitriã por atividades valorizadas na sua própria cultura)
- Orientação social (capacidade de estabelecer novos relacionamentos interculturais)
- Desejo de se comunicar (por exemplo, usar a língua do país anfitrião sem medo de cometer erros)
- Paciência (suspender julgamentos)
- Sensibilidade intercultural
- Tolerância com as diferenças existentes entre as pessoas
- Senso de humor
- Habilidades na resolução colaborativa de conflitos

CONSELHO PARA NEGOCIAÇÕES TRANSCULTURAIS

As negociações globais se caracterizam por diferenças que surgem nos níveis comportamentais interpessoais e que são manifestações de diferenças sociais e institucionais mais profundamente enraizadas (Tinsley, Curhan & Kwak, 1999). De acordo com Tinsley e colegas, os negociadores deveriam evitar discutir sobre a legitimidade inerente de um sistema social e, no lugar disso, manter seu foco no entendimento em nível interpessoal. Brett (2001) pesquisou e propôs várias estratégias que podem melhorar a eficácia transcultural (ver Quadro 10.4 para sugestões semelhantes feitas por Tinsley). Uma discussão sobre o conselho prescritivo de Brett (2001) aparece nas seções seguintes.

QUADRO 10.4 CONSELHOS PARA NEGOCIADORES INTERNACIONAIS

1. Reconhecer diferenças nos níveis individuais e sociais.
2. Fazer *tradeoffs* de diferenças em preferências e capacidades.
3. Fazer perguntas para garantir o entendimento da perspectiva da outra parte.
4. Entender as normas e o significado por trás delas.
5. Evitar discutir a legitimidade inerente de um sistema social.
6. Preparar-se para gerenciar interações burocráticas com governos.

Fonte: Tinsley, Curhan & Kwak (1999).

Prever diferenças em estratégias e táticas que possam causar mal-entendidos

Os negociadores de culturas diferentes apresentam diferenças em três dimensões principais, que afetam seu comportamento e estilo de negociação: individualismo *versus* coletivismo, hierarquia *versus* igualitarismo e comunicações diretas *versus* indiretas. O negociador que for capaz de prever diferenças nessas três dimensões terá vantagem para aumentar o tamanho do montante e dividi-lo em negociações interculturais. Mais do que isso, ao encontrar diferenças, o negociador ciente das diferenças culturais não fará atribuições negativas a seu oponente, mas verá o desconforto como uma conseqüência natural de estilos culturais.

Analisar diferenças culturais para identificar valores que aumentem o tamanho do montante de barganha

Observamos nos Capítulos 4 (negociação integrativa) e 8 (criatividade na negociação) que são as diferenças entre negociadores, e não as similaridades, que podem abrir portas para o aumento do tamanho do montante e a criação de um ganho conjunto. Mais graus de diferença estão presumivelmente presentes entre membros de culturas diferentes do que entre os da mesma cultura. O nível de diferenças significa que o potencial integrativo, ou de ganha-ganha, é mais alto em negociações interculturais do que nas realizadas dentro de uma única cultura. O negociador culturalmente esclarecido buscará diferenças em crenças, valores, expectativas e capacidades que possam ser usadas para alavancar oportunidades de ganho conjunto, como a criação de *tradeoffs* de valor agregado (*troca mútua de favores*) e o estabelecimento de contratos contingenciais.

Reconhecer que a outra parte pode não compartilhar sua visão daquilo que constitui o poder

A estimativa da outra parte sobre o poder dela pode ser baseada em fatores que você considera irrelevantes para a negociação. Os negociadores de culturas igualitárias deveriam estar preparados para apresentar informações sobre sua empresa e seus produtos, mesmo quando acham que tais informações não deveriam ter nenhum peso nos resultados. Ao não fazer uma apresentação comparável à feita por um negociador de uma cultura hierárquica, esses negociadores se arriscam a parecerem fracos. Da mesma forma, os negociadores de culturas hierárquicas deveriam estar conscientes de que a persuasão baseada no poder, apesar de normativa nas negociações para se fazer negócios em suas próprias culturas, não o é em culturas igualitárias. Além disso, em culturas igualitárias a persuasão com base no poder tem uma grande chance de ser revidada diretamente na mesma moeda, o que pode levar a um impasse (Brett & Okumura, 1998). Um homem de negócios dos Estados Unidos padeceu devido à falta de entendimento de estilos comportamentais culturais. Após uma longa e árdua negociação, uma empresa norte-americana firmou um grande contrato com uma empresa japonesa. Na cerimônia de assinatura do contrato, no entanto, um executivo japonês começou a ler o contrato com atenção. Seu exame minucioso do documento parecia interminável. O americano entrou em pânico e ofereceu tirar 100 dólares de cada item. O que ele não sabia é que o presidente da empresa japonesa estava meramente demonstrando autoridade, e não desistindo do acordo (*Chicago Sun-Times*, 10 fev. 1986).

Evitar erros de atribuição

Um erro de atribuição é a tendência de se atribuir o comportamento de uma determinada pessoa ou a ocorrência de um evento à causa errada. As pessoas freqüentemente atribuem o comportamento de outros à sua personalidade subjacente (por exemplo, um sorriso recebido é normalmente atribuído a uma 'boa' disposição; da mesma forma, um olhar carrancudo é normalmente considerado uma manifestação de uma personalidade enfadada; Ross, 1987). Entretanto, o comportamento alheio é mais freqüentemente um reflexo de aspectos particulares da situação e não de traços permanentes da personalidade. Os negociadores ingênuos em termos interculturais têm mais probabilidade de se tornarem vítimas do erro fundamental de atribuição do que os interculturalmente sensíveis, que são mais propensos a ver o comportamento como uma manifestação de normas culturais e das situações.

Descobrir como demonstrar respeito em outra cultura

Um dos passos preparatórios mais importantes que um negociador tem que seguir ao começar uma negociação intercultural é descobrir como demonstrar respeito em outra cultura. É uma falácia presumir que a outra cultura vai ter os mesmos costumes da cultura original do negociador e que a falta de conhecimento dos costumes diferentes será perdoada. Em uma simulação, as partes posicionadas em lados opostos da mesa de negociação tentaram demonstrar respeito estudando o estilo cultural do oponente e se adaptando a ele (ver Nota 10.2). Para um exemplo de fracasso em demonstrar respeito em outra cultura, ver Nota 10.3.

> **Nota 10.2 Um experimento para se assumir uma perspectiva cultural**
> Dois professores — Shyam Kamath e Martin Desmaras — organizaram uma negociação simulada, mas realista, entre gerentes dos Estados Unidos e do Brasil (*Ascribe News*, 5 jun. 2003). No mais das vezes, os executivos de diferentes culturas não estão preparados para seus oponentes, mas os gerentes nesta situação específica extrapolaram: cada parte pesquisou cuidadosamente o estilo cultural do oponente e decidiu adaptar seu próprio estilo de barganha a ele. O estranho resultado disso foi uma situação em que os brasileiros queriam fazer negócios imediatamente e os norte-americanos evitavam as negociações, enquanto tentavam estabelecer relacionamentos antes de conversar sobre os detalhes do contrato. Um dos americanos disse: "O que realmente nos surpreendeu foi descobrir que eles queriam fazer negócios imediatamente. Nós preferíamos conhecê-los melhor e não pressioná-los a tomar uma decisão no início, mas eles apareceram com sua oferta de preço imediatamente na mão" (parágrafo 3). Os brasileiros disseram: "Eles [os americanos] pareciam querer gastar mais tempo no início. Nosso lado agiu mais como se fôssemos norte-americanos" (parágrafo 4). Kim Smith, gerente de desenvolvimento de negócios da Hertz Corp., disse: "Comecei a me preocupar por pensar que, se o lado deles agisse como norte-americanos e nós nos comportássemos como brasileiros, não chegaríamos a lugar algum" (parágrafo 5).

> **Nota 10.3 Não demonstrar respeito em outra cultura pode levar ao conflito**
> Em 1992, a Walt Disney Company decidiu se envolver no projeto de 5 bilhões de dólares para a construção da EuroDisney, um parque temático em Paris. Tudo começou com grandes visões de uma força de trabalho unida vestindo roupas da Disney e adotando a aparência norte-americana. Códigos comportamentais baniam o consumo de álcool no parque e as reuniões eram conduzidas em inglês. Os franceses perceberam esses requisitos e restrições como uma imposição cultural desnecessária. Eles retaliaram com insultos, tumultuando as reuniões de treinamento e iniciando ações judiciais. A imprensa francesa aderiu, lançando uma campanha anti-Disney e os trabalhadores das ferrovias francesas fizeram greves na linha de trem que ligava Paris à EuroDisney regularmente por meses a fio. A rotatividade anual de funcionários atingiu a marca inacreditável de 25 por cento, aumentando os custos com mão-de-obra em 40 por cento. A Disney pagou um preço caro antes de fazer mudanças necessárias (*Economic Times*, 8 nov. 1999).

Conhecer suas opções para a mudança

Ter sucesso em negócios internacionais requer que as pessoas ganhem competência internacional, assim como competência nos negócios (Matsumoto, 1996). Você já fez seu dever de casa, pesquisou a cultura de seu oponente na negociação, tem uma boa idéia do que esperar durante a reunião e de que costumes são importantes. Você também desvendou um fato inusitado: na cultura de seu cliente, as mulheres são consideradas propriedade e cidadãs de segunda classe. Não se espera que elas manifestem suas opiniões nem que tenham cargos com importância de tomada de decisão. Imagine que você é um homem e seu principal parceiro de negócios é uma mulher educada em uma universidade da Ivy League, bem versada em questões culturais e na situação estratégica de seu cliente. O ato de vocês dois sentarem-se juntos à mesa de negociação constituiria um insulto para seu cliente. Seu supervisor o está pressionando para conseguir abrir as portas para fazer negócios com a empresa deste cliente. O que você faria?

Esta não é uma situação invejável. É difícil pensar em deixar sua colega para trás; você precisa das habilidades dela e, mais do que isso, não quer terminar essa parceria. Ainda assim, trazê-la para a mesa de negociações envolveria um confronto cultural inevitável. Além disso, fechar as portas para esse cliente geraria repercussões nos negócios com a empresa dele no país inteiro. Você pensa até em conversar com seu cliente para colocar um pouco de luz na mente dele, mas fica imaginando se uma lição de cinco minutos seria capaz de superar séculos de discriminação profundamente enraizada na cultura de um país.

Esse é um dilema sem uma resposta que seja a melhor. Entretanto, o gerente capaz de identificar logo uma situação como esta está em melhores condições de abordá-la positivamente do que outro que ingenuamente sai de casa com a questão não resolvida.

Algumas vezes, as opções para a mudança são direcionadas por conjuntos de habilidades – ou pela falta deles. A maioria dos norte-americanos é monolíngüe, comparados com outras culturas. Além disso, membros de outras culturas sabem que os norte-americanos são monolíngües e, portanto, se adaptam a essa realidade. Por exemplo, Lindsley (1999) observou interações entre norte-americanos e mexicanos e percebeu que os gerentes bilíngües mexicanos mudavam automaticamente a conversação para o inglês quando interagiam com norte-americanos; a recíproca, porém, raramente era verdadeira.

Antes de continuar sua leitura, pense alguns instantes sobre que ações você poderia escolher. Berry (1980) descreveu quatro formas para duas culturas se relacionarem entre si (ver Figura 10.4). A primeira questão a ser analisada é se o indivíduo (ou grupo) acha que é importante manter uma identidade e características culturais distintas. A segunda questão envolve descobrir se o indivíduo (ou grupo) deseja manter relacionamentos com outros grupos (culturais).

- **Integração** É um tipo de aculturação onde cada grupo mantém a sua própria cultura e também trava contato com a outra cultura. Assim, você leva sua parceira nas reuniões e, claramente, demonstra as atitudes igualitárias de sua empresa, mas deixa claro que, ainda assim, tem um grande desejo de construir um relacionamento com o outro grupo.
- **Assimilação** Ocorre quando uma pessoa ou um grupo não mantém as características de sua cultura, mas trava contato com a outra cultura. Você deixa sua parceira na empresa e tenta seguir os costumes da cultura da outra parte.
- **Separação** Ocorre quando um grupo ou indivíduo mantém sua cultura, mas não trava contato com a outra. Você leva sua parceira às reuniões e permanece alheio à cultura do outro grupo, ou diz a seu supervisor que não quer essa tarefa.

FIGURA 10.4 Estrutura de aculturação

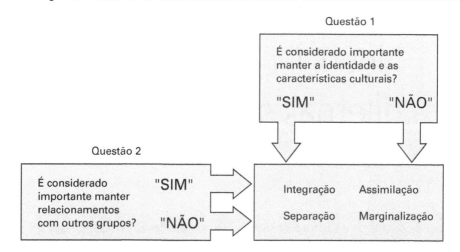

Fonte: Reimpresso com permissão de John W. Berry.

- **Marginalização** Ocorre quando nem a manutenção da própria cultura do grupo nem o contato com a outra cultura são tentados. Você deixa sua parceira na empresa e também não tenta compreender os valores culturais da outra empresa. A marginalização é a condição mais desfavorável possível (Berry, Poortinga, Segall & Dasen, 1992).

CONCLUSÃO

A negociação entre culturas é uma necessidade para obter sucesso no mundo dos negócios porque a globalização é um objetivo importante para a maioria das empresas. Infelizmente, as negociações transculturais freqüentemente resultam em um aumento do tamanho do montante menos eficaz do que aquele conseguido em negociações intraculturais. Parte do problema se deve à falta de compreensão das diferenças culturais. Usamos o modelo tripartite de cultura de Brett (2001) e identificamos o individualismo *versus* coletivismo, o igualitarismo *versus* hierarquia e a comunicação direta *versus* indireta como as três dimensões fundamentais das diferenças culturais. Os principais desafios da negociação intercultural são a expansão do montante, sua divisão, a forma de lidar com valores sagrados e os *tradeoffs* que envolvem tabus, a acentuação preconceituosa do conflito, o etnocentrismo, o viés de afiliação, as percepções equivocadas de conciliação e coerção e o realismo ingênuo. Sugerimos que os negociadores aprendam a analisar as diferenças culturais de forma a identificar distinções em valores que poderiam aumentar o tamanho do montante, reconhecer diferentes concepções de poder, evitar erros de atribuição, descobrir como demonstrar respeito em outras culturas e avaliar opções para a mudança, incluindo a integração, a assimilação, a separação e a marginalização.

CAPÍTULO 11
Negociações tácitas e dilemas sociais

"Em 5 de dezembro de 1994, a Comissão Federal de Controle das Comunicações dos Estados Unidos — FCC (do inglês, *Federal Communication Commission*) começou a aceitar ofertas para 99 licenças que permitiriam aos vencedores da licitação oferecer serviços de comunicação pessoal de banda larga [*wireless*] (PCS) em regiões que abrangiam os Estados Unidos e seus territórios. O leilão continuou por mais três meses e, na sua conclusão, o total das ofertas vencedoras somou mais de 7 bilhões de dólares. Trinta proponentes se envolveram nos estágios iniciais do leilão e 18 deles acabaram conseguindo licenças. Do lado da FCC, Evan Kwerel sugeriu que as licenças fossem alocadas por leilão e o Congresso Nacional [dos Estados Unidos] deu autorização à FCC para assim proceder. Entretanto, essa autorização foi escrita em termos amplos e deixou para a FCC o papel de decidir qual tipo de processo de leilão seria utilizado (...) A forma mais óbvia de comunicar o interesse de alguém é por meio de propostas para itens desejados. O formato de leilão escolhido pela FCC forneceu outras formas para que os proponentes se comunicassem [tacitamente] entre si. Talvez a forma mais espalhafatosa de comunicação fosse codificar mensagens usando os dígitos de ordem mais baixa das ofertas da pessoa (...) Usar os três ou quatro últimos dígitos de uma proposta para enviar um sinal teria um custo irrisório. Por exemplo, suponhamos que um proponente esteja competindo com outro numa determinada licença e o segundo participante tenha a proposta mais alta, com um preço atraente, para alguma outra licença. Então uma oferta do primeiro proponente para a licença em disputa, com número de rastreamento igual ao número de identificação da outra licença, pode soar como uma ameaça: 'Se você oferecer mais do que eu aqui, aumentarei minha oferta para a sua licença na próxima rodada de negociações.' (...) Enquanto os proponentes tiverem uma boa idéia dos interesses gerais das outras partes envolvidas, a mensagem será fácil de decodificar." No leilão, os preços estavam bem abaixo das expectativas de preços para acordo final. Uma análise cuidadosa dos 'dígitos de rastreamento' contidos nas ofertas de empresas como WirelessCo (um consórcio formado pela Sprint e por três empresas de TV a cabo), PCS PrimeCo (um consórcio formado por quatro empresas Bell de operações regionais de telefonia) e American Portable Telecommunications sugere que as empresas estavam tacitamente sinalizando uma para a outra de modo a puxar os preços para baixo (Weber, 1997, p. 529–533, 545).

O primeiro leilão da FCC para a banda larga sugere que mesmo os competidores mais impetuosos podem descobrir uma forma de conspirar para atender aos interesses da outra parte, mesmo quando não se comunicam diretamente. O fato de eles poderem ler e interpretar informações sobre as intenções das outras partes por meio dos dígitos de rastreamento presentes em suas ofertas facilitou a redução estratégica da demanda. O comportamento no leilão do acesso por banda larga está em claro contraste com as guerras de preços das quais muitas empresas participam.

Até agora, focamos situações de negociação nas quais as pessoas buscavam atingir um acordo mútuo, no âmbito de um contrato vinculante, conhecidas como *negociações explícitas*. Em comparação com isso, muitas negociações que acontecem dentro de organizações e entre elas são conduzidas sem contratos e sem acordos explícitos, como ocorreu no caso dos leilões do acesso à banda larga da FCC. Chamamos essas situações de *negociações tácitas* (Schelling, 1960). Nesse tipo de negociação, os negociadores são interdependentes com respeito aos resultados, mas tomam decisões independentes. Diferentemente do que acontece em negociações tradicionais, neste caso as partes não precisam se encontrar e conversar para que se alcance um resultado. Em vez disso, o destino é determinado pelas ações tomadas por eles e pelos outros. As pessoas tanto podem se comportar de uma forma cooperativa (por exemplo, não fazendo ofertas para determinadas licenças; um empregado faz uma solicitação modesta de recursos da empresa) quanto de um modo competitivo (por exemplo, fazendo ofertas agressivas pelas licenças; um empregado 'enrola' uma solicitação ou evita o trabalho em equipe de modo a favorecer o avanço de sua própria carreira). Outro exemplo: uma empresa lança uma campanha publicitária visando a denegrir a imagem da concorrência. O principal concorrente da empresa começa então também a agir da mesma forma. Consideremos, por exemplo, a forma como o fundador e presidente do Commerce Bancorp, Vernon W. Hill II, enfrentou a concorrência: ele dava 5 mil dólares a seus gerentes caso eles conseguissem fechar a agência de um rival (*BusinessWeek*, 11 ago. 2003e). No caso dos leilões do acesso à banda larga da FCC, a cooperação tácita entre os competidores prejudicou o público consumidor (como no caso de fixação de preços); e no caso da propaganda negativa, a competição extrema também prejudica o consumidor final. Dessa forma, os efeitos de cooperação ou de competição extrema, em termos de vantagens ou desvantagens, dependem da posição em que se encontra uma determinada pessoa.

A distinção entre esses dois diferentes tipos de negociação foi inicialmente articulada pelo famoso matemático John Nash (1951, 1953), que fez referência a um ramo de negociações como 'jogos cooperativos' e ao outro como 'jogos não-cooperativos'. Ao usar os dois termos, *cooperativo* e *não-cooperativo*, Nash não se referiu às motivações ou comportamentos das partes envolvidas, mas à forma como a situação subjacente encontrava-se estruturada (ver Tabela 11.1 para verificar as diferenças entre os dois principais tipos de negociação).

Nos negócios, nosso bem-estar depende das ações de outras pessoas. O *dilema social* é uma situação que resulta de as pessoas se comportarem de maneira que maximizem o auto-interesse, mas que levem a um desastre coletivo, como uma guerra de propostas ou uma campanha negativa (difamatória). Neste capítulo, discutimos dois tipos de dilemas sociais: os que envolvem duas pessoas e os que envolvem várias pessoas. O primeiro tipo é conhecido como *dilema do prisioneiro*; o segundo é o dilema social. Essas situações são consideradas dilemas porque as opções disponíveis para os negociadores são arriscadas. Algumas escolhas têm o risco de caracterizar uma exploração, outras correm o risco de antagonizar pessoas. Neste capítulo, discutiremos como os dilemas podem ser efetivamente gerenciados.

TABELA 11.1 Dois tipos principais de situações de negociação

Negociações cooperativas	Negociações não-cooperativas
• Contrato é explícito	• Contrato é tácito
• Entendimento mútuo (as pessoas sabem o que estão obtendo antes de concordarem)	• As pessoas normalmente não sabem o que as outras irão fazer
• As pessoas negociam por meio de propostas e contrapropostas e podem usar palavras para explicar e justificar suas ofertas	• As pessoas negociam por meio de seus comportamentos e ações (e não por meio de promessas do que irão fazer)
• As pessoas normalmente vêm para a mesa de forma voluntária	• As pessoas normalmente são incluídas na negociação sem o desejarem

Fontes: Nash, J. (1951). Non-cooperative games. *Annals of Mathematics*, 54(2), p. 286–295; e Nash, J. (1953). Two person cooperative games. *Econometrica*, 21, p. 129–140.

O NEGÓCIO COMO UM DILEMA SOCIAL

Pelo menos quatro desafios de futuro sugerem que as pessoas têm que aprender como realizar uma negociação tácita eficaz e como lidar inteligentemente com dilemas sociais, tanto dentro de suas empresas quanto ao interagir com outras companhias.

Descentralização

Muitas empresas estão deixando de lado sistemas gerenciais hierárquicos do tipo 'top-down' em favor de sistemas descentralizados de gestão, em que os gerentes recebem *empowerment* para tomar decisões, fechar negócios e tirar proveito de oportunidades. Não obstante, a descentralização de unidades de negócios muitas vezes leva a um conflito de interesses — o que significa dizer que as partes envolvidas têm seus próprios interesses em mente, que não estão necessariamente alinhados com os dos outros. Nessas situações, os gerentes têm que decidir entre agir de forma a defender ainda mais seus interesses pessoais ou acatar os anseios da outra parte (talvez em detrimento de parte de seus próprios interesses).

Alianças estratégicas

Em muitos setores da economia e em transações realizadas entre eles, as empresas estão formando alianças estratégicas. Essas alianças são cruciais para as empresas que brigam por um aumento de sua participação no mercado. O aumento das pressões competitivas torna imperativo para as empresas desenvolver novos pontos fortes e entregar produtos e serviços de uma forma rápida e a custos mais baixos. As alianças estratégicas capacitam as empresas a desenvolver produtos e rapidamente expandir seus mercados, ao mesmo tempo que seus riscos e custos são gerenciados por meio do compartilhamento de recursos. No entanto, a maior parte das alianças não é bem-sucedida (Segil, 1999). Cinquenta e cinco por cento das alianças e 78 por cento das fusões e aquisições fracassam dentro de um período de três anos, e somente em 23 por cento dos casos os custos são recuperados. Entre os fatores cruciais no desenvolvimento de alianças estratégicas está o gerenciamento da concorrência. Embora algumas empresas se recusem a considerar alianças com concorrentes, outras descobrem formas de transformar o relacionamento em parcerias bastante lucrativas (Segil, 1999). Por exemplo, em 2003, várias 'Baby Bells'[1] — SBC, BellSouth e Qwest — firmaram alianças com a EchoStar e com a DirectTV para comercializar alternativas para a TV a cabo (*San Antonio Express-News*, 1º set. 2003). Da mesma forma, em

---

1. Empresas provedoras de serviço de telefonia fixa que nasceram do desmembramento da AT&T, por determinação do governo norte-americano (N. do T.).

2003, a SkyTeam Alliance, liderada pela Air France e pela Delta Air Lines, convidou a KLM a se juntar à aliança juntamente com seus parceiros norte-americanos, Continental e Northwest (*Wall Street Journal Europe*, 11 dez. 2003).

Especialização

A intensidade com que as unidades de negócios e as empresas encontram-se especializadas define a sua dependência de outras. A General Motors, por exemplo, tem várias fábricas especializadas em somente uma área de manufatura (como freios etc.). Para montar um automóvel completo, porém, é necessário que cada uma das fábricas coopere com as outras. Se os empregados de uma delas entram em greve, eles podem criar um cataclismo nas outras e levar à interrupção da produção de automóveis. Os funcionários de cada planta de manufatura sentem-se incentivados a perseguir os seus próprios interesses (por exemplo, aumentando seus salários), mas com freqüência essas ações acontecem às expensas das outras fábricas e da empresa como um todo.

Concorrência

Os competidores enfrentam rotineiramente dilemas sociais. Alguns setores da economia, como as companhias telefônicas, parecem particularmente afetados por isso. Ivan Seidenberg, o CEO da Verizon, por exemplo, é implacável ao tratar com seus concorrentes. Em março de 2003, a Verizon foi a primeira empresa do grupo Bell a reduzir seus preços de serviços de Internet de banda larga em 30 por cento – cerca de 20 por cento abaixo de seus competidores, AOL e Comcast. Um concorrente, a SBC Communications Inc., reagiu a esse corte nos preços declarando: "Vamos observá-los [Verizon] de perto e aprender com eles caso tenham descoberto algo econômico" (*BusinessWeek*, 4 ago. 2003b, p. 53). A Comcast e outras empresas de prestação de serviço a cabo estão tentando torpedear os planos de Seidenberg por meio da destruição dos lucros da Verizon, antes que a empresa possa usá-los para entrar no negócio de vídeo.

Em comparação com isso, outros setores têm tentado descobrir pontos de cooperação que possam alinhar suas metas competitivas. Por exemplo, em 1998, duas empresas norte-americanas da área de laticínios usaram campanhas publicitárias separadas para criar um único plano de marketing para aumentar as vendas de leite nos Estados Unidos. A Dairy Management, Inc., que usou a campanha "Já tomou leite?", e a National Fluid Milk Processor Promotion Board, que usou uma coleção de anúncios populares, na qual algumas celebridades estão com 'bigodes de leite', coordenaram suas campanhas de modo a aumentar as vendas totais de leite líquido em 4 por cento até o ano 2000 (*New York Times*, 6 fev. 1998). A disposição em fazer uma campanha genérica (como fazer propaganda do shopping center local em vez de propaganda da própria loja) é uma forma comum de cooperação entre firmas. Uma simulação de propaganda genérica revelou que as empresas que enfrentavam uma tendência de declínio contribuíram com significativamente mais dólares para esse tipo de propaganda. Além disso, a propaganda influenciou positivamente suas expectativas de que os outros também contribuiriam (Krishnamurthy, Bottom & Rao, 2003).

MITOS COMUNS SOBRE A TOMADA DE DECISÃO INTERDEPENDENTE

Ao abordar dilemas sociais e a negociação tácita, muitas vezes somos vítimas do pensamento mítico. A seguir, expomos os três principais mitos que podem prejudicar a tomada de decisão, antes de apresentarmos o que acreditamos ser uma estratégia eficaz para abordar esta ação.

Mito 1: "É um jogo de perspicácia: eu posso ser mais esperto do que eles"

Muitas pessoas acreditam que podem estar sempre um passo à frente do 'outro cara'. No entanto, a tomada de decisão eficaz em situações não-cooperativas não se baseia em ser mais esperto do que os outros. Não é razoável acreditar que podemos ser constantemente mais espertos do que os outros – uma ilusão egocêntrica. Uma meta melhor e mais realista é entender a estrutura de incentivos da situação e assumir a perspectiva da outra parte. No modelo de gêmeos fraternos, precisamos imaginar que a pessoa com quem estamos lidando é tão inteligente e motivada quanto nós – e é muito difícil ser mais esperto do que nós mesmos!

Mito 2: "É um jogo de força: mostre a eles que você é 'duro na queda'"

Este negociador entra numa batalha usando fogo contra fogo. O problema é que esse comportamento pode piorar desnecessariamente as situações de conflito, especialmente se as pessoas têm um senso falso de primazia. Por exemplo, horas após Carly Fiorina, CEO da Hewlett Packard, prometer numa conferência telefônica, em agosto de 2003, ser menos agressiva na precificação de PCs para melhorar as margens, a Dell anunciou uma ampla lista de corte de preços, que chegava a 22 por cento, para PCs e servidores. "A crítica silenciosa ficou clara" (*BusinessWeek*, 1º set. 2003, p. 80).

Mito 3: "É um jogo de sorte: torça pelo melhor"

Este negociador acredita que os resultados são imprevisíveis e dependem de aspectos da situação que se encontram em constante mudança: personalidade, humor, hora do dia etc. Essa pessoa acredita, erradamente, que ou leva muito tempo para se descobrir uma boa estratégia ou isso é simplesmente impossível de se conseguir.

Neste capítulo, sugerimos que a negociação tácita e os dilemas não são jogos de perspicácia, força ou sorte, mas oportunidades de se tomar uma decisão. Usamos princípios da lógica e da psicologia para lidar com dilemas sociais em negócios.

O DILEMA DO PRISIONEIRO

Thelma e Louise são criminosas comuns que acabaram de ser presas por suspeita de roubo. Os policiais têm evidências suficientes para acusar cada uma delas de crime de invasão, mas provas insuficientes para condená-las por delitos mais graves, como roubo e agressão. O promotor separou imediatamente Thelma e Louise após prendê-las. Cada uma das suspeitas foi abordada separadamente e colocada diante de duas opções: confessar o roubo ou permanecer em silêncio (sem uma confissão). As conseqüências de cada uma dessas ações dependem do que a outra pessoa decide fazer. O truque é que Thelma e Louise devem fazer sua escolha de forma independente. Elas não podem se comunicar de nenhuma forma antes de tomarem uma decisão independente e irrevogável. A situação de tomada de decisão que cada suspeita tem que enfrentar está ilustrada na Figura 11.1, que indica que Thelma e Louise ficarão encarceradas por um período de até quinze anos, dependendo do que a outra parte decidir fazer. Obviamente, essa é uma decisão importante. Imagine que você esteja na posição de advogado de Thelma. Sua preocupação principal não é com moralidade ou ética; você simplesmente tenta conseguir uma pena menor para ela. O que você a aconselharia a fazer?

O ideal seria que nenhum dos acusados confessasse, de forma a minimizar a sentença de prisão para um ano cada (célula A). Essa opção, no entanto, é arriscada. Se uma das acusadas confessar, aquela que não tiver admitido a culpa vai para a prisão para cumprir a sentença máxima de 15 anos – um resultado totalmente indesejável (células B ou C). Na verdade, a melhor situação, sob o ponto de vista de cada suspeito, seria confessar e torcer para que a outra pessoa não procedesse da mesma

FIGURA 11.1 Conseqüências dos comportamentos de Thelma e Louise

	Thelma	
	Não confessa (permanece em silêncio)	**Confessa**
Louise — Não confessa (permanece em silêncio)	A T = 1 ano L = 1 ano	B T = 0 ano L = 15 anos
Louise — Confessa	C T = 15 anos L = 0 ano	D T = 10 anos L = 10 anos

Nota: Entradas representam tempo de pena a ser cumprida na cadeia

forma. Assim, o suspeito que admitisse o delito seria libertado e seu parceiro iria para a cadeia para cumprir a sentença máxima de 15 anos. Dadas essas condições, o que Thelma deveria fazer? Antes de continuar a ler o texto, pare e pense sobre qual você acha que seria o melhor curso de ação.

A resposta não é fácil e esse é o motivo pelo qual a situação constitui um dilema. Logo será demonstrado que sempre que cada pessoa segue o curso de ação que lhe parece mais racional, sob o seu ponto de vista pessoal, o resultado é um desastre para ambas as partes envolvidas. Isto é, tanto Thelma quanto Louise vão para a cadeia por dez anos (célula D). O paradoxo do dilema do prisioneiro é que a busca por interesses pessoais leva ao desastre coletivo. O conflito entre o bem-estar individual e o coletivo é decorrente da análise racional. É fácil para Thelma e Louise perceber que cada uma poderia se sair melhor através da cooperação, mas não é tão fácil saber *como* implementar esse comportamento. Os participantes somente conseguem alcançar essa meta por meio de um esforço coordenado.

Cooperação e deserção como escolhas unilaterais

Usaremos a situação de dilema de prisioneiro detalhada na Figura 11.1 para analisar a tomada de decisão. Faremos referências às escolhas que as participantes realizam neste jogo como *cooperação* e *deserção*, dependendo de se elas permanecem caladas ou confessam. A linguagem de cooperação e deserção permite que a estrutura do jogo de dilema do prisioneiro seja significativamente estendida para outras situações que não envolvam criminosos, mas que, não obstante, tenham a mesma estrutura subjacente, como, por exemplo, se uma companhia aérea deve ou não fazer uma oferta por uma empresa de porte menor no mesmo setor, ou se uma empresa fabricante de refrigerantes, ou um político, deve ou não fazer propaganda negativa. Entretanto, os dilemas do prisioneiro não descrevem somente criminosos e estratégia de negócios; na verdade, esse tipo de dilema foi inicialmente desenvolvido para oferecer uma análise convincente das negociações entre os Estados Unidos e a União Soviética. Cada uma das duas superpotências procurava desenvolver e posicionar estrategicamente arsenais de armas nucleares que julgavam necessárias para a defesa militar. Na década de 1960, a preocupação do público em geral com relação a uma possível guerra nuclear cresceu.

Análise racional

Usamos a lógica da teoria dos jogos para fornecer uma análise racional desta situação. Em nossa análise, consideramos três casos diferentes: (1) situações de decisão única, não repetida (como no caso de Thelma e Louise); (2) casos em que a decisão é repetida por um número finito de vezes (como poderia ocorrer numa eleição anual para um posto numa força-tarefa com duração de cinco anos); e (3) casos em que a decisão é repetida por um número potencialmente infinito de tentativas ou quando o fim não é conhecido (como poderia ocorrer em empresas financeiras, companhias aéreas, hotéis e empresas fabricantes de refrigerantes).

Caso 1: Decisão única, não repetida

A análise da teoria de jogos baseia-se no princípio da detecção da dominância; uma estratégia dominante leva a um resultado melhor para o jogador 1, independentemente do que o jogador 2 fizer.

Para ilustrar o princípio da dominância, suponhamos que você seja Thelma e que sua parceira de crime seja Louise. Consideremos primeiro o que aconteceria se Louise permanecesse calada (não confessasse). Dessa forma, estamos focando na primeira linha da Figura 11.1. Permanecer em silêncio o coloca na célula A: vocês duas recebem uma pena de um ano. Esse resultado não é muito ruim, mas você poderia se sair melhor. Suponhamos que você decida confessar. Na célula B você recebe zero ano de detenção e Louise vai para a cadeia por 15 anos. Certamente, nenhuma pena é muito melhor do que uma sentença de um ano, de maneira que a confissão parece ser a escolha ótima para você, considerando que Louise não confesse.

Agora, o que aconteceria se Louise confessasse? Nessa situação, mudamos nosso foco para a linha 2. Permanecer em silêncio coloca você na célula C: você vai para a cadeia por 15 anos e Louise recebe zero ano, o que não é muito bom para você. Agora, suponhamos que você confesse. Na célula D, você duas recebem uma sentença de dez anos de prisão. Nenhum desses dois resultados é esplêndido, mas a opção de dez anos é certamente melhor que a de 15. Se Louise confessasse, o que você gostaria de fazer? A escolha refere-se a você ir para a cadeia por dez ou 15 anos. Novamente, a confissão continua sendo a escolha ótima para você.

Acabamos de ilustrar o princípio da detecção da dominância. Independentemente do que Louise venha a fazer (permanecer calada ou confessar), confessar representa a melhor opção para Thelma. A confissão é uma estratégia dominante; sob todas as situações do mundo, os participantes deste jogo deveriam optar pela confissão. Sabemos que Louise é esperta, que vê a situação da mesma forma que Thelma e chega à mesma conclusão. Nesse sentido, a deserção mútua é um *resultado de equilíbrio*, o que significa dizer que nenhum jogador pode melhorar unilateralmente (por conta própria) seu resultado fazendo uma escolha.

Assim, tanto Thelma quanto Louise são guiadas pela análise racional a confessar e acabam, coletivamente, se posicionando na célula D, na qual ambas vão para a prisão por um longo período de tempo. Esse resultado parece, ao mesmo tempo, desafortunado e evitável. Certamente as duas suspeitas prefeririam estar na célula A. É possível escapar dos resultados trágicos produzidos pelo dilema do prisioneiro? Estamos condenados a um desastre coletivo em tais situações?

Pode parecer possível aos jogadores ficarem livres do dilema se eles se comunicarem, mas já foi observado que a comunicação está fora do escopo do jogo não-cooperativo. Além disso, como a estrutura do jogo é não-cooperativa, quaisquer acordos que possam ser feitos entre os jogadores são passíveis de não-cumprimento. Por exemplo, a legislação antitruste proíbe as empresas de fixar preços, o que quer dizer que qualquer comunicação entre empresas referente à fixação de preço pode não ser cumprida, sem mencionar que essa ação pode ser punida por instrumentos legais.

Que outro mecanismo poderia permitir que as partes envolvidas em tais situações evitassem resultados desastrosos decorrentes da deserção mútua? Uma possibilidade seria fazer que ambas tomassem tais decisões por meio de *tentativas múltiplas*. Suponhamos que as partes não tomem uma única decisão, mas que possam tomar uma decisão, receber *feedback* sobre a escolha da outra parte, vivenciar as conseqüências e depois fazer uma nova escolha. Talvez a interação repetida com a outra parte possa prover um mecanismo para que as partes coordenem suas ações. Se o jogo for jogado mais de uma vez, os participantes poderão perceber que, ao cooperarem uns com os outros na primeira rodada, pode haver cooperação também em períodos subseqüentes. Consideraremos essa situação a seguir.

Caso 2: Interação repetida por um número finito de tentativas

Em vez de fazerem uma única escolha e terem que viver com as conseqüências dessa decisão, suponhamos que Thelma e Louise participem do jogo mostrado na Figura 11.1 por um total de dez vezes. Pode parecer estranho pensar em criminosos repetindo uma interação específica uma série de vezes, mas poderia ser útil pensar em dois candidatos a um cargo político decidindo entrar ou não em uma campanha negativa (de agora em diante referenciada somente como campanha). Limitações de mandato no Estado deles estipulam que só é possível concorrer e manter o cargo por um máximo de cinco anos. As eleições ocorrem anualmente. Durante cada período eleitoral, cada candidato faz uma escolha independente (fazer campanha ou não). Após a eleição, os candidatos consideram as mesmas alternativas mais uma vez e fazem uma nova escolha independente; essa interação continua por cinco eleições separadas.

Usamos o conceito de dominância, conforme aplicado anteriormente, para analisar essa situação, mas precisamos de outra ferramenta que nos diga como analisar a natureza repetitiva do jogo. A *indução reversa* é o mecanismo pelo qual uma pessoa decide o que fazer numa situação de jogo repetitivo, olhando para trás a partir do último estágio do jogo.

Começamos analisando o que os participantes deveriam fazer na eleição 5 (a última eleição). Se os candidatos fizerem suas escolhas na última eleição, o jogo é idêntico àquele analisado no caso de decisão única mostrado anteriormente. Assim, a lógica das estratégias dominantes também se aplica e somos deixados com a conclusão de que cada candidato optará por fazer campanha. Agora que já sabemos que cada candidato concorrerá na última eleição, a pergunta é: o que eles farão na quarta eleição?

Do ponto de vista de um candidato, a única razão para cooperar (ou de não fazer campanha) seria influenciar o comportamento da outra parte na eleição subseqüente. Em outras palavras, um participante do jogo pode sinalizar desejo de cooperar ao fazer uma escolha cooperativa no período anterior ao que está sendo considerado. Já se determinou que ambos os candidatos decidiram desertar (escolherão fazer campanha) na última eleição, de modo que seria uma decisão fútil optar por uma estratégia cooperativa (não fazer campanha) na quarta eleição. Portanto, vamos nos concentrar na terceira eleição. Como os candidatos não cooperarão na última eleição e nem na penúltima, faria pouco sentido cooperar na antepenúltima eleição, pela mesma razão pela qual a cooperação está fadada a ser ineficiente na penúltima eleição. Dessa forma, essa lógica pode ser aplicada a todas as eleições, se pensarmos do fim para o início. Além disso, esse raciocínio é verdadeiro em qualquer situação com um número finito de eleições. Esta percepção nos leva à conclusão de que a deserção continua sendo a estratégia dominante, mesmo no caso de tentativas repetidas.[2]

Esse resultado é desanimador. Ele sugere que a cooperação não é possível, mesmo em relacionamentos de longo prazo. Ele é, porém, contrário à intuição, à observação e à lógica. Devemos considerar outro caso, presumivelmente representando a mais realista das situações que queremos estudar

---

2. Formalmente, se o dilema do prisioneiro for repetido um número finito de vezes, todos os equilíbrios de Nash dos jogos seqüenciais resultantes apresentam a característica de que o resultado não-cooperativo, que é Pareto inferior, ocorre em cada período, independentemente de quão grande seja o número de períodos.

na maior parte do tempo, no qual interações repetidas continuam ocorrendo por um número infinito de vezes ou por um período indefinido de tempo.

Caso 3: Interações repetidas por um número infinito de vezes ou um período indefinido de tempo

Caso as partes interajam entre si por um número infinito de vezes ou por um período indefinido de tempo, a lógica da indução reversa falha. Não existe um ponto final identificável a partir do qual podemos aplicar o raciocínio. Nossa única opção é a lógica de pensar para a frente.

Se previrmos um jogo de dilema do prisioneiro com outra pessoa por um período infinitamente longo ou indefinido de tempo, poderíamos influenciar seu comportamento a partir do nosso próprio. Podemos sinalizar um desejo de cooperar em base mútua ao fazer uma escolha cooperativa na tentativa inicial. Da mesma forma, podemos recompensar e punir seu comportamento por meio de nossas ações.

Sob tais condições, a análise da teoria dos jogos indica que a cooperação no primeiro período é a escolha ótima (Kreps, Milgrom, Roberts & Wilson, 1982). Nossa estratégia deveria ser cooperar independentemente das circunstâncias? Não! Se uma pessoa adotasse a cooperação como estratégia geral, isso com certeza poderia levar à exploração por parte dos outros. Então, que estratégia seria a melhor a adotar? Antes de continuar sua leitura, pare e indique qual seria uma boa estratégia.

O torneio dos campeões

Em 1981, Robert Axelrod, um dos expoentes da teoria dos jogos, colocou a seguinte questão para os leitores em um artigo da revista *Science*: ele detalhou as contingências do jogo do dilema do prisioneiro e convidou os membros da comunidade científica a submeter uma estratégia (um plano que diria a um tomador de decisão o que fazer em cada tentativa sob todas as condições possíveis) na forma de um programa de computador escrito em linguagem FORTRAN. Ele explicou que cada estratégia enfrentaria todas as demais ao longo de 200 tentativas de um jogo de dilema do prisioneiro. Ele ainda explicou que as estratégias seriam avaliadas pela maximização dos ganhos entre todos os oponentes enfrentados. Centenas de estratégias foram submetidas por estudiosos eminentes de todo o mundo.

O vencedor é um perdedor

A vencedora do torneio foi a estratégia mais simples. O código FORTRAN tinha somente quatro linhas. A estratégia era chamada *olho por olho* (*tit-for-tat* ou *TFT*) e foi submetida por Anatol Rapoport. Ela acumulou o maior número de pontos em todas as tentativas com todos os oponentes. Seu princípio básico é bastante simples. Ela sempre determina a cooperação na primeira tentativa e, nas tentativas subseqüentes, faz exatamente o que o oponente fez na tentativa anterior. Por exemplo, suponhamos que alguém usando essa estratégia jogue contra alguém que cooperou na primeira tentativa, desertou na segunda e cooperou na terceira. De acordo com a estratégia em questão, a cooperação seria a abordagem utilizada na primeira e segunda tentativas, enquanto a deserção seria usada na terceira e a cooperação na quarta.

A estratégia TFT nunca derrota nenhuma das estratégias contra a qual disputa. Pelo fato de pregar a cooperação na primeira rodada, ela nunca pode ser melhor que a estratégia oponente. O máximo que ela pode fazer é ganhar tanto quanto seu oponente. Se nunca vence (isto é, derrota seu oponente), como ela pode ser tão bem-sucedida em maximizar os ganhos totais? A resposta é que ela induz a cooperação de seus oponentes. Como ela motiva este comportamento? Várias características fazem dela uma estratégia especialmente eficaz para induzir a cooperação.

Análise psicológica de por que a estratégia TFT é eficaz

Não invejosa Uma razão que faz que esta estratégia seja eficaz deve-se ao fato de ela não ser invejosa. Ela não se incomoda por nunca derrotar o oponente. Essa estratégia não pode ganhar, em situação nenhuma, mais do que qualquer outra contra a qual joga. Em vez disso, ela é projetada para maximizar o seu próprio ganho no longo prazo.

Legal Esta estratégia sempre começa a interação pela cooperação. Além disso, nunca é a primeira a desertar. Assim, esta é uma estratégia legal. Essa característica é importante porque é difícil alguém se recuperar de deserções iniciais. Um comportamento competitivo e agressivo normalmente estremece um relacionamento. Mais ainda, a agressão, via de regra, gera mais agressão. Essa estratégia evita, de forma elegante, a armadilha de escalada mútua altamente custosa que pode levar à derrocada de ambas as partes.

Dura Uma estratégia de cooperação unânime pode ser facilmente explorada pelo oponente. A estratégia TFT pode ser provocada – ela levará à deserção se o oponente quiser competição. Ela retribui a deserção com uma atitude idêntica, o que é uma característica importante. Ao retribuir a deserção, a estratégia transmite a mensagem de que não se pode abusar dela. Na verdade, os jogadores que adotam essa estratégia jogam eficazmente os jogadores competitivos para longe, minimizando, dessa forma, a interação não-cooperativa (Van Lange & Visser, 1999).

Clemente Observamos que esta estratégia é dura porque retribui a deserção. Ela também é clemente, por retribuir igualmente a cooperação, outra importante característica sua. Muitas vezes, é difícil para as pessoas que entram em conflito recuperarem-se de uma deserção e dar fim a uma espiral crescente de agressão. A estratégia TFT garante que suas reações à agressão recebida do outro lado nunca serão maiores do que o que foi recebido.

Não-engenhosa Ironicamente, uma razão pela qual a TFT é tão eficaz é que ela não é muito engenhosa. É uma estratégia extremamente simples e as pessoas podem rapidamente descobrir o que esperar de um jogador que a utiliza. Essa previsibilidade tem propriedades psicológicas importantes. Quando as pessoas não têm certeza ou clareza sobre o que esperar, elas ficam mais propensas a apresentar um comportamento defensivo. Quando a incerteza é alta, as pessoas freqüentemente supõem o pior sobre o outro indivíduo. A previsibilidade aumenta, portanto, a atração interpessoal.

Em suma, a TFT é uma estratégia extremamente estável. Os negociadores que a adotam normalmente induzem seus oponentes a adotá-la também. Entretanto, poucas pessoas que participam de jogos de dilema do prisioneiro a seguem de verdade. Por exemplo, em nossa análise de mais de 600 executivos participantes deste jogo, a taxa de deserção é de aproximadamente 40 por cento e os lucros médios são somente um décimo do máximo possível! Mas a TFT não é a única estratégia estável; outras também apresentam essa característica. Uma deserção unânime, por exemplo, é uma estratégia estável. Dois jogadores que desertam em toda tentativa têm poucos motivos para fazer algo diferente. A mensagem é a de que se alguém desertou uma vez, é difícil renovar a cooperação.

Recuperando-se da deserção

Suponhamos que você seja o gestor de uma grande organização de gestão de saúde. O setor de planos e seguros de saúde é altamente competitivo, com diferentes empresas tentando arduamente capturar mais participação no mercado por meio da adoção de baixas franquias etc. Você considera a situação que enfrenta com seus concorrentes um jogo não-cooperativo. Você pensou sobre como seu concorrente deve ver essa situação e decidiu adotar uma abordagem cooperativa e não fazer propaganda negativa. Mais tarde, na mesma semana, você descobre que seu oponente usou um anúncio de página inteira do *The Wall Street Journal* para denegrir a imagem de sua organização, através da publicação de estatísticas questionáveis sobre suas taxas de mortalidade, declarações de pacientes insatisfeitos e acusações de negligência por parte de médicos associados. Você contra-ataca com algumas aparições na TV fazendo publicidade negativa de seu concorrente. Vocês estão gastando rios de dinheiro e estão muito contrariados. Você pode dar fim a essa espiral crescente de deserção? Provavelmente sim, se considerar as seguintes estratégias.

Fazer atribuições situacionais Muitas vezes atribuímos a culpa pela incidência da escalada de conflitos mutuamente destrutivos às intenções doentias e malignas dos outros. Não percebemos que poderíamos fazer a mesma coisa que nosso concorrente fez se estivéssemos no lugar dele. Por quê? Nós pontuamos os eventos de forma diferente da de nossos oponentes. Vemos nosso comportamento como uma reação defensiva à ação dos outros. Por outro lado, vemos as outras pessoas agredindo sem ser provocadas. A solução para esse problema é ver o comportamento do outro lado como uma reação às nossas próprias ações. Na situação anterior, a campanha de propaganda negativa de seu competidor pode ser uma retaliação à sua campanha de um ano antes.

Um passo de cada vez A confiança não é reconstruída num único dia. Podemos fazer isso de forma crescente seguindo uma série de pequenos passos que efetivamente 'recompensem' a outra parte se ela se comportar de forma cooperativa. Por exemplo, a estratégia do GRIT (revisada no Capítulo 9) conclama as partes em conflito a fazerem pequenas concessões (Osgood, 1979). Essa abordagem reduz o risco da parte que faz a concessão.

Desforrar e ficar em situação de igualdade Conforme vimos no Capítulo 3 sobre negociação distributiva (divisão do montante), as pessoas se preocupam particularmente com o tratamento justo. A percepção de iniqüidade é uma ameaça crucial à continuidade de relacionamentos. Uma forma de reconstruir a confiança é deixar que a outra parte 'venha à desforra' e fique em situação de igualdade. A ressurreição de um relacionamento prejudicado pode depender de arrependimento por parte de quem infligiu um dano e perdão por parte de quem foi prejudicado (Bottom, Gibson, Daniels & Murnighan, 1996). Ainda mais surpreendente é o fato de que o que conta é a intenção: pequenas emendas são tão eficazes quanto as grandes para gerar a cooperação futura.

Tomar decisões ao mesmo tempo Imagine que você esteja participando de um jogo do dilema do prisioneiro, como aquele descrito no caso de Thelma e Louise. Você é avisado sobre as contingências e compensações do jogo e requisitado a fazer uma escolha. O que muda é que você é avisado de que nesta situação seu oponente: (1) já fez a sua escolha anteriormente no mesmo dia, (2) fará sua escolha mais tarde naquele dia ou (3) fará sua escolha no mesmo momento em que você fizer a sua. Em todos os casos, você não conhecerá a escolha da outra parte antes de fazer a sua própria. Quando colocadas frente a frente com essa situação, as pessoas têm uma tendência maior a cooperar quando a decisão do oponente é contígua em termos temporais com a sua própria – ou seja, quando o oponente toma a decisão ao mesmo tempo que você (Morris, Sim & Girrotto, 1995). A contigüidade temporal incentiva uma ilusão causal: a idéia de que nosso comportamento num determinado momento pode influenciar o comportamento dos outros. Essa impossibilidade lógica não é considerada em decisões tomadas em momentos diferentes.

No jogo do dilema do prisioneiro, as pessoas fazem escolhas simultaneamente; portanto, a escolha de alguém não pode influenciar a opção escolhida pela outra pessoa numa determinada tentativa – somente nas tentativas subseqüentes. Ou seja: quando Thelma toma sua decisão de confessar ou não, isso não influencia Louise, a não ser que ela seja telepática. No entanto, as pessoas agem como se seu comportamento influenciasse o dos outros, mesmo que logicamente isso não seja possível.

Numa interessante análise dessa percepção, Douglas Hofstadter escreveu uma carta, publicada na revista *Scientific American*, para 20 amigos (ver Quadro 11.1). Ele levantou a questão de se a ação de uma pessoa nesta situação pode ser considerada um indicador do que todos farão. Hofstadter concluiu que, se os participantes forem verdadeiramente racionais, eles ou escolherão desertar de forma unânime ou cooperar também unanimemente. Já que todos os participantes submeterão a mesma resposta, que escolha seria mais lógica? Poderia parecer que a cooperação seria a melhor resposta (cada jogador ganha 57 dólares quando todos cooperam e somente 19 dólares quando todos escolhem a deserção). Neste ponto, a lógica se parece com o pensamento mágico: a escolha de uma pessoa num determinado momento influencia o comportamento dos outros no mesmo momento. Outro exemplo: as pessoas explicam que decidiram votar numa eleição, portanto os outros também farão a mesma coisa. É claro que é impossível que o comportamento de votar de uma pessoa possa afetar outras numa determinada eleição, mas as pessoas agem como se isso realmente acontecesse. Hofstadter argumenta que os tomadores de decisão que lutam com tais escolhas devem dar crédito aos outros por verem a lógica que eles mesmos já viram. Assim, precisamos acreditar que os outros são racionais (como nós mesmos) e que acreditam que toda pessoa é racional. Hofstadter chama essa racionalidade de *super-racionalidade*. Por essa razão, escolher desertar mina a própria razão para fazê-lo. No jogo de Hofstadter, 14 pessoas desertaram e seis cooperaram. Os desertores receberam 43 dólares e os cooperadores ganharam 15. Robert Axelrod foi um dos participantes que desertaram, observando que jogos com uma única tentativa não oferecem nenhum motivo para a cooperação.

QUADRO 11.1 | CARTA DE HOFSTADTER PARA 20 AMIGOS NA REVISTA *SCIENTIFIC AMERICAN*

Prezado____ :

Estou enviando esta carta por entrega especial para 20 de vocês (vários amigos meus em todo o país). Proponho a todos participar de um jogo do dilema do prisioneiro com uma rodada, com compensação em dinheiro (fornecida pela *Scientific American*). É tudo muito simples, como explicarei a seguir.

Cada um de vocês tem que me passar uma única letra: C ou D, que significam 'cooperar' ou 'desertar'. Ela será usada conforme vocês forem avançando no Dilema do Prisioneiro com *cada* um dos outros 19 participantes.

Assim, se todos me enviarem a letra C, todos ganharão 57 dólares, ao passo que, se todos enviarem a letra D, todos farão jus a 19 dólares. Vocês não têm como perder! E, é claro, qualquer pessoa que me enviar um D ganhará pelo menos tanto quanto todas as outras. Se, por exemplo, 11 pessoas enviarem um C e nove enviarem um D, então os 11 optantes pela letra C ganharão 3 dólares de cada um que fez a mesma opção (perfazendo 30 dólares) e não ganharão nada daqueles que optaram por D. Portanto, os que responderem C ganharão 30 dólares cada. Os que responderem com D, por outro lado, ganharão 5 dólares de cada um que escolher C (totalizando 55 dólares) e 1 dólar dos outros optantes da letra D (ganhando 8 dólares), para um grande total de 63 dólares. Independentemente de como a distribuição seja feita, os optantes de D sempre se sairão melhor do que os que optarem por C. É claro que quanto mais pessoas optarem por C, melhor *todos* se sairão!

A propósito, devo deixar claro que ao fazer sua escolha você não deve ter em mente ser o *vencedor*, mas ganhar a maior quantia de *dinheiro* possível. Assim, você deve ficar mais feliz em ganhar 30 dólares (como resultado da opção por C junto com outras dez pessoas, mesmo que os nove optantes por D ganhem mais que você) do que em conseguir 19 dólares (ao escolher D junto com todas as demais pessoas, de modo que ninguém o 'derrote'). Além disso, não se espera que você pense que algum tempo depois você se encontre com as outras pessoas para compartilhar os bens com elas. Seu foco não é maximizar o número total de dólares que a *Scientific American* vai disponibilizar, mas maximizar o valor que vem para o *seu bolso!*

É claro que você tem a esperança de ser o único desertor, desta forma 'limpando a banca': se 19 pessoas escolherem C, você ganhará 95 dólares e eles ganharão 18 vezes 3 cada um, ou seja, 54 dólares. Mas por que estou fazendo todas essas contas de multiplicação? Você é uma pessoa brilhante. E as outras também. São todas igualmente brilhantes, eu diria. Assim, tudo que vocês têm que fazer é me informar suas escolhas. Eu quero que todas as respostas sejam dadas por telefone (ligue a cobrar, por favor) *no dia em que receberem esta carta.*

Entenda (é *quase* desnecessário dizer isso) que você não deve tentar confabular com outras pessoas que achar que também foram convidadas a participar do jogo. Na verdade, qualquer consulta é proibida. O propósito é ver o que as pessoas farão por conta própria, numa situação de isolamento. Finalmente, eu gostaria de receber uma breve declaração acompanhando sua decisão, dizendo-me o porquê de sua escolha.

Seu amigo,
Doug H.

Fonte: Hofstadter, D. (1983). Metamagical thinking. *Scientific American, 248,* 14–28.

DILEMAS SOCIAIS

Em algumas ocasiões, os gerentes acabam envolvidos num dilema de prisioneiro entre várias pessoas (como no exemplo de abertura do grupo de pesquisa). Nesse tipo de situação, os negociadores têm que escolher entre estratégias cooperativas ou de auto-interesse. O dilema do prisioneiro que envolve diversas pessoas é conhecido como dilema social (ver Notas 11.1 e 11.2 para outros tipos de dilema social – dilemas do voluntário e dilemas de ultimato). Em geral, as pessoas tendem a se comportar de forma mais competitiva (de um modo a defender seus próprios interesses) em dilemas sociais do que no caso de dilema do prisioneiro. Por que elas agem dessa forma?

Nota 11.1 Dilema do voluntário

O dilema do voluntário é característico de uma situação em que pelo menos uma pessoa num grupo deve sacrificar os próprios interesses para o benefício do grupo. Um exemplo desse dilema é um grupo de amigos que quer sair para uma noitada de drinques e celebração. O problema é que nem todos podem beber, pois uma pessoa deve dirigir o carro do grupo em segurança na volta para casa. Um motorista 'designado' é um voluntário para o grupo. A maior parte das entidades organizadas não funciona a não ser que alguém seja o voluntário. O voluntariado fortalece a ligação entre os membros do grupo (Murnighan, Kim & Metzger, 1993).

Nota 11.2 Dilema do ultimato

Em uma situação de barganha de ultimato, uma pessoa faz uma oferta final – um ultimato – para outra. Se a segunda pessoa aceita a oferta, a primeira recebe a demanda que ele ou ela fez e a segunda concorda em receber o que lhe foi oferecido. Se a oferta for recusada, nenhum acordo é alcançado – ocorre um impasse – e os negociadores recebem seus respectivos pontos de reserva.

Como deveríamos negociar em situações de ultimato? Que tipo de oferta final deveria ser feita para a outra pessoa? Quando as posições se invertem, em que bases deveríamos aceitar ou recusar uma oferta que alguém nos faz?

Suponhamos que alguém com uma nota de 100 dólares nas mãos se aproxime de você e da pessoa que está sentada ao seu lado no ônibus. Essa pessoa explica que a nota de 100 dólares deve ser dividida por você e seu vizinho de banco de ônibus, se você conseguir propor uma divisão que seja aceita pela outra pessoa. O único problema é que a divisão proposta deve ser uma decisão única: você não pode discuti-la com a outra pessoa e ela tem que ser 'pegar ou largar'. Se a outra pessoa aceitar sua proposta, os 100 dólares serão divididos de acordo com o proposto. Se a outra pessoa rejeitar a proposta, ninguém fica com o dinheiro e você não tem a chance de fazer uma nova proposta. Diante dessa situação, o que você faria? (Antes de continuar a ler, indique o que você faria e por quê.)

É bastante útil resolver este problema usando os princípios da teoria da decisão para então ver se a solução está alinhada à nossa intuição. Uma vez mais, usamos o conceito de indução reversa, trabalhando do fim para o início a partir do último período do jogo. A última decisão neste jogo é um ultimato. Neste jogo, o participante número 2 (a pessoa ao seu lado no ônibus) deve decidir se aceita a proposta que você lhe faz, ou se a rejeita e não ganha absolutamente nada. Sob o ponto de vista racional, o participante 2 deveria aceitar qualquer oferta positiva que você lhe faça, pois, afinal, qualquer coisa (mesmo um centavo) é melhor do que nada.

Agora podemos examinar a decisão imediatamente anterior à última no jogo e perguntar que proposta o participante 1 (você) deveria fazer. Como você sabe que o participante 2 deveria aceitar qualquer oferta positiva maior do que nada, a solução teórica do jogo seria oferecer 1 centavo para o participante 2 e ficar com 99,99 dólares para você. Esta proposta representa um equilíbrio perfeito de subjogo (Selten, 1975) porque é racional dentro de cada período do jogo. Em outras palavras, mesmo que o jogo tivesse etapas adicionais no futuro, sua oferta de 99,99 dólares para você e de 0,01 dólar para a outra pessoa ainda seria racional nesse ponto.

Ao contrário das previsões teóricas do jogo, a maioria das pessoas não se comporta dessa forma. Isto é, a maioria dos participantes na posição 1 propõe quantias substancialmente maiores do que 0,01 dólar para participantes na posição 2, normalmente em torno do ponto médio, ou seja, 50 dólares. Além disso, os participantes na posição 2 freqüentemente rejeitam propostas que não sejam divisões meio a meio (Pillutla & Murnighan, 1995). Dessa forma, algumas pessoas na posição 2 preferem não ganhar nada a ter 1 ou 2 dólares – ou mesmo 49 dólares. Essa reação parece completamente contrária aos interesses de alguém, mas como foi visto no Capítulo 2, as pessoas estão mais preocupadas em como seus resultados se comparam com os dos outros do que com o valor absoluto deles (ver Loewenstein, Thompson & Bazerman 1989; Messick & Sentis, 1979).

Croson (1996) também descobriu que os índices de aceitação são direcionados por quantas informações o respondente tem sobre o tamanho total do montante de barganha. Quando ele não conhece o tamanho do montante e recebe uma oferta em dólares, a probabilidade de ele rejeitar a proposta é bem maior.

Em primeiro lugar, o dilema do prisioneiro envolve duas partes; o dilema social envolve várias pessoas. Essa diferença de tamanho é importante. As pessoas têm uma tendência de se comportar de forma mais competitiva em grupos do que em situações que envolvem somente duas pessoas (Insko et al., 1994).

Em segundo lugar, *os custos de uma deserção são distribuídos*, e não mais concentrados em uma única pessoa. Ou seja, quando uma pessoa faz uma escolha baseada em interesses próprios e as outras optam pela cooperação, todos, menos o 'desertor', têm que arcar com algum (mas não todo) custo. Dessa forma, a pessoa que 'abandona o barco' pode dizer para si que todos estão sofrendo um pouco, mas não muito. Esse modelo mental pode levar as pessoas a ficarem mais inclinadas a perseguir os seus próprios interesses.

Em terceiro lugar, os dilemas sociais envolvem mais *riscos* que os dilemas do prisioneiro. Em um dilema que envolve duas pessoas, certa recompensa mínima pode ser antecipada às partes envolvidas. Entretanto, isso não se aplica num dilema social. O pior quadro é aquele em que o negociador opta por cooperar e todas as demais pessoas envolvidas decidem desertar. Os custos dessa situação são enormes. Um risco maior associado a mais incerteza leva as pessoas a se comportarem de uma forma mais competitiva, com uma tendência a atender mais a seus próprios interesses.

Em quarto lugar, os dilemas sociais *oferecem anonimato* que não é provido pelo dilema do prisioneiro. Embora esse anonimato seja impossível em situações que envolvem duas partes, nos dilemas sociais as pessoas podem se 'esconder no grupo'. Quando as pessoas percebem que têm de prestar menos contas, elas tendem a se comportar de uma forma mais competitiva, com uma tendência a atender mais a seus próprios interesses.

Finalmente, as pessoas envolvidas em dilemas sociais *têm menos controle* sobre a situação. Em um dilema do prisioneiro clássico, as duas partes envolvidas podem moldar e modificar diretamente o comportamento da outra pessoa. Ao optar, especificamente, por 'abandonar o barco', uma pessoa pode punir a outra; ao escolher a cooperação, ela pode recompensar a outra parte envolvida. Esta lógica representa a beleza da estratégia 'olho por olho, dente por dente' (TFT). Não obstante, em um dilema social, se alguém 'abandona o barco', uma pessoa não necessariamente consegue punir a outra na próxima rodada, pois outras pessoas também serão afetadas e, como já vimos anteriormente, os custos dessa deserção são distribuídos. Tomemos como exemplo um dilema social clássico — a OPEP – Organização dos Países Produtores de Petróleo (ver o site oficial na Internet em http://www.opec.org). A OPEP é um grupo formado, em sua maioria, por empresas de petróleo do Oriente Médio que concordam, em sua totalidade, em reduzir a sua produção de petróleo. Baixar o volume de petróleo disponível cria uma demanda maior e, conseqüentemente, faz que os preços subam. Obviamente, cada empresa participante da OPEP tem um incentivo para aumentar a sua produção de petróleo, obtendo, dessa forma, uma lucratividade maior. No entanto, se todas as empresas participantes violarem o acordo da OPEP e aumentarem a sua produção de petróleo, a demanda é reduzida, fazendo que o mesmo ocorra com os preços, com a conseqüente queda da lucratividade para todo o grupo.

A tragédia do campo comunitário

Imagine que você seja fazendeiro. Você é dono de várias vacas e compartilha um campo de pastagem conhecido como 'campo comunitário' com outros cem fazendeiros. Cada um é autorizado a ter uma vaca pastando. Como o campo comunitário não é policiado, existe a tentação de você adicionar mais uma vaca. Ao fazer isso, você pode duplicar seu resultado e ninguém sofrerá de verdade. Se todos fizerem a mesma coisa, porém, o campo ficará congestionado e o pasto destruído. O resultado cumulativo será desastroso. O que você deveria fazer nessa situação se desejasse manter sua família viva?

A análise da 'tragédia no campo comunitário' (feita por Hardin, 1968) pode ser aplicada a muitos problemas do mundo real, como a poluição, o uso de recursos naturais e a superpopulação. Nessas situações, as pessoas são tentadas a maximizar o próprio ganho, raciocinando que a sua poluição, não votar e descartar copos de isopor em aterros não terão um impacto mensurável sobre os outros. Entretanto, se todas as pessoas se comportarem da mesma maneira, o resultado coletivo será desastroso. O ar será irrespirável, não haverá votos suficientes para apoiar um determinado candidato numa eleição e os aterros ficarão lotados. Assim, no dilema social, a busca racional do auto-interesse produz um desastre coletivo.

Na situação de dilema social, cada pessoa faz escolhas comportamentais similares àquelas do dilema do prisioneiro, para beneficiar a si mesmo ou ao grupo. Como no dilema do prisioneiro, nos referimos às opções como cooperação e deserção. A opção de desertar sempre resulta em resultados pessoais melhores, pelo menos no futuro imediato, mas a deserção universal gera resultados piores para todos do que a cooperação universal.

Uma marca característica dos dilemas sociais é que a busca racional do interesse próprio é prejudicial para o bem-estar coletivo. Esse fator tem implicações sérias e potencialmente desastrosas. (Nesse sentido, os dilemas sociais contradizem o princípio do hedonismo e a economia do *laissez-faire*). A não ser que se coloque algum limite na busca das metas pessoais, a sociedade como um todo pode sofrer.

Tipos de dilema social

As duas principais formas de dilema social são: dilemas de conservação de recursos (também conhecidos como armadilhas coletivas) e dilemas de bens públicos (também conhecidos como cercas coletivas; ver Messick & Brewer, 1983). No primeiro dilema citado acima, os indivíduos tomam ou extraem recursos de uma fonte comum (como os fazendeiros que têm bens compartilhados). Os exemplos de efeitos prejudiciais do interesse individual incluem a poluição, a extração de combustíveis fósseis, a queima desses combustíveis, falta de água e propaganda negativa (ver Nota 11.3 e anúncios reais). A escolha de 'abandonar o barco' ocorre quando as pessoas consomem os recursos em demasia. O resultado desse excesso de consumo é o desastre coletivo. Para que os grupos sejam auto-sustentáveis, a taxa de consumo não pode exceder a taxa de renovação dos recursos.

Nota 11.3 Propaganda comparativa

Desde a década de 1970, com a tendência à 'propaganda comparativa', as empresas comparam seus produtos com os dos competidores e apontam as vantagens de seu próprio produto e as desvantagens dos produtos da concorrência. Todos os setores da economia têm tido dificuldades para conseguir evitar a propaganda comparativa. Os profissionais de propaganda têm brigado a respeito da qualidade do leite, óleo de peixe, sabor da cerveja, barbeadores elétricos, refrigerantes de cola, café, revistas, carros, serviços telefônicos, bancos, cartões de crédito e manteiga de amendoim. Os anúncios atacam os produtos e serviços fornecidos pelas outras empresas. Qual é o efeito de um anúncio que ataca a concorrência? Para o consumidor, esse tipo de anúncio mantém os preços baixos e a qualidade alta. No entanto, isso também pode levar a um ressentimento por parte do consumidor em relação ao setor da economia. O efeito é muito mais sério para os profissionais de propaganda, que podem efetivamente tirar um ao outro de circulação (ver exemplos de propaganda comparativa nas páginas subseqüentes).

NOTA 11.3 Exemplo de propaganda negativa (competitiva)

YOU WON'T FIND THE FASTEST GROWING DOCUMENT OUTPUT COMPANY UNDER X.

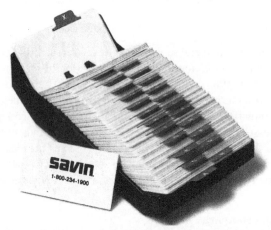

(You won't find it under C or M for that matter, either.)

Here's an interesting fact. The name of the fastest growing major document output company isn't Xerox, Canon, or Mita. It's Savin. That's right, Savin.

After all, Savin not only has the award-winning, multi-functional digital imaging systems today's networked offices require, we're also committed to becoming the fastest, most responsive name in the business. With smart, energetic, highly-trained Savin professionals willing to do whatever it takes to give you the satisfaction and service you deserve.

To find out more about Savin's full line of black & white and full-color digital imaging solutions, as well as our unshakable commitment to service, contact us at 1-800-234-1900 or www.savin.com. Or look in your card file under S.

WE'VE GOT WHAT IT TAKES TO WIN YOU OVER℠
SAVIN CORPORATION, 333 LUDLOW ST., STAMFORD, CT 06904

©1999 Savin Corporation

Fonte: cortesia da The Savin Corporation, Stanford, Connecticut.

NOTA 11.3 Exemplo de anúncio comparativo explícito

Business Class Legroom

Delta BusinessElite	36.5"
Continental	31"
British Airways	24"
Lufthansa	23"
American Airlines	22"

Business Class Recline

Delta BusinessElite	160°
Continental	152°
British Airways	140°
Lufthansa	135°
American Airlines	132°

Nonstop European Destinations

Delta BusinessElite	23
Continental	17
American Airlines	12
British Airways	3
Lufthansa	3

Nonstop destinations from the U.S.

Concierge Service At Every Gateway

Delta BusinessElite	Yes
Continental	No
British Airways	No
Lufthansa	No
American Airlines	No

Looks great on paper. Feels even better in person.

Presenting Delta BusinessElite.™

There are a lot of reasons to fly Delta's new BusinessElite, but don't take our word for it. Experience it for yourself. With more personal space than other leading airlines' business classes, and our convenient BusinessElite Concierge service at all 32 intercontinental destinations, we think you'll agree. BusinessElite to Europe, Japan, India and Brazil simply outclasses business class.

BUSINESS*elite*

For reservations, visit us at www.bizelite.com or call Delta Air Lines at 1-800-241-4141. Or see your Travel Agent today.

Personal space is defined as the sum of legroom and recline. Legroom based on measurements taken from the foremost point of the bottom seat cushion to the back of the seat in front of it using non-bulkhead seats on a widebody aircraft of Continental (DC10-30), British Airways (747-200), Lufthansa (A340-300) and American Airlines (767-300). ©1999 Delta Air Lines, Inc.

Fonte: cortesia da Delta Air Lines, Atlanta, Georgia.

Nos dilemas envolvendo bens públicos, as pessoas contribuem ou dão recursos para um destino comum ou comunidade. Dentre os exemplos estão doar quantias para rádio e televisão pública, pagar impostos, votar, fazer trabalho de comitê e juntar-se a sindicatos. A escolha de desertar está relacionada a não contribuir. Aquelas pessoas que não contribuem são conhecidas como desertores ou caronistas. Os que pagam enquanto os outros se posicionam como caronistas são afetivamente conhecidos como 'trouxas'.

Pense nos dilemas de conservação de recursos como situações em que as pessoas *tiram* coisas; e nos dilemas de bens públicos como situações em que as pessoas devem *contribuir*. Além disso, ambos os tipos de dilema – tirar muito e não contribuir – podem ocorrer dentro de uma organização ou entre diferentes organizações (ver Tabela 11.2 para exemplos).

Como construir cooperação em dilemas sociais

A maioria dos grupos em organizações poderia ser caracterizada como situações de dilemas sociais (Kopelman, Weber & Messick, 2002; Kramer, 1991; Mannix, 1993). Os seus membros são deixados por conta própria para decidir o quanto tirar ou contribuir para o benefício comum. Consideremos uma organização em que o acesso a suprimentos e equipamentos, como computadores, papel de copiadora, selos e envelopes, não é regulamentado. Cada membro pode se sentir tentado a abusar no uso ou surrupiar recursos, contribuindo dessa forma para uma rápida falta de suprimentos.

Muitas características individuais das pessoas têm sido estudadas, como o gênero, raça, maquiavelismo, status, idade e assim por diante (para uma revisão da literatura, ver Kopelman, Weber & Messick, 2002). Poucas (ou nenhuma) diferenças individuais confiáveis realmente prevêem o comportamento num jogo de dilema do prisioneiro. Na verdade, as pessoas cooperam mais do que se pode prever pela análise racional. Muitas investigações usam uma única tentativa ou um número finito delas em que a estratégia racional é a deserção unânime. Quando o jogo é infinito ou quando o número de tentativas é indefinido, porém, as pessoas cooperam menos do que deveriam. Que passos o gerente deve seguir para construir uma maior cooperação e confiança entre os membros da organização? As duas principais abordagens para maximizar a cooperação são: estratégias estruturais (que normalmente são mudanças institucionais) e estratégias psicológicas (nas quais normalmente o ator organizacional se envolve; ver Tabela 11.3).

Estratégias estruturais

Esta abordagem envolve mudanças fundamentais na forma como os dilemas sociais são construídos. Elas são normalmente o resultado de uma solução reflexiva de um problema e muitas vezes produzem uma mudança em incentivos.

Alinhar incentivos Os incentivos monetários para cooperação, privatização de recursos e um sistema de monitoramento aumentam a incidência da cooperação. Por exemplo, ao definir 'faixas para veículos com alta ocupação' nas principais rodovias, as pessoas que costumam andar sozinhas em seu carro são incentivadas a exercitar o 'transporte solidário'. Entretanto, o realinhamento de incentivos pode ser demorado e caro.

TABELA 11.2 Diferentes tipos de dilema social

	Tirando	*Contribuindo*
Interno (intra-organizacional)	Recursos (como dinheiro, imóveis, funcionários) Manipulação do orçamento	Trabalho de comitê Reconhecimento
Externo (interorganizacional)	Competição de preços Competição de marcas Excesso de extração Poluição	Pagar impostos Televisão pública

TABELA 11.3 Resumo das estratégias para maximizar a cooperação em dilemas sociais

Estratégias Estruturais	*Estratégias Psicológicas*
Alinhar incentivos	Contratos psicológicos
Monitorar comportamento	Objetivos superiores
Regulamentação	Comunicação
Privatização	Personalizar os outros
Licenças de comercialização	Sanções sociais
	Foco nos benefícios da cooperação

Fonte: Brett, J. & Thompson, L. (2003) *Negotiation Strategies for Managers*. Executive course, Kellogg School of Management, Northwestern University, Evanston, IL.

Com freqüência, os desertores relutam em cooperar porque os custos da cooperação parecem exorbitantemente caros. Por exemplo, as pessoas muitas vezes desertam por meio do não-pagamento de suas multas de estacionamento ilegal, pois o preço delas é alto e as pessoas têm várias multas acumuladas. Em alguns casos, as autoridades da cidade dão anistia ao atraso de multas não quitadas por estacionamento ilegal, fazendo que as pessoas cooperem em virtude de terem um custo menor que o esperado. As prefeituras têm adotado políticas semelhantes para induzir as pessoas a devolver livros que foram tomados por empréstimo à biblioteca pública (para uma descrição do programa de anistia das multas por estacionamento na cidade de Nova York, visite o *site* http://www.parkingticket.com/amnesty).

A cooperação pode também ser incentivada pela recompensa e reconhecimento nas organizações. Prêmios de reconhecimento, como a estrela de ouro, o prêmio de funcionário do mês e outros, são desenvolvidos para induzir a cooperação, não a deserção, em várias situações que envolvem dilemas sociais nas organizações.

Em algumas instâncias, a cooperação pode ser incentivada pelo aumento do risco associado à deserção. Por exemplo, algumas pessoas não pagam seus impostos federais ou estaduais sobre a receita nos Estados Unidos. Esse comportamento é ilegal e, se o desertor for pego, pode ser considerado culpado de crime. A ameaça de passar anos na cadeia normalmente reduz a tentação de não cooperar. No entanto, a maioria das negociações tácitas em organizações não é policiada dessa forma; conseqüentemente, a deserção é mais tentadora para os potenciais desertores.

Monitorar o comportamento Quando monitoramos o comportamento das pessoas, elas normalmente passam a respeitar as normas do grupo. O mesmo efeito benéfico pode ser observado quando as pessoas monitoram os seus próprios comportamentos. Quando as pessoas medem seu consumo de água durante uma falta deste recurso vital, por exemplo, elas passam a usar menos água no seu diaa-dia (Van Vugt & Samuelson, 1999). Além disso, aqueles que controlam seu consumo de água expressam uma preocupação maior com os custos do consumo excessivo durante uma seca.

Um método de se controlar o comportamento é eleger um líder. As pessoas serão favoráveis a eleger um líder quando receberem um *feedback* de que seu grupo não conseguiu restringir a extração de um recurso coletivo, por exemplo (Messick et al., 1983; Rutte & Wilke, 1984). Quando um líder é apresentado a uma situação que envolve um dilema social, especialmente um líder autocrático (Van Vugt & De Cremer, 1999), os membros do grupo podem temer por uma restrição das liberdades individuais. Em um teste objetivo do desejo das pessoas de eleger um líder, van Dijk, Wilke e Wit (2003) descobriram que elas relutam mais em instaurar lideranças nas situações que envolvem bens públicos (contribuição) do que nas que envolvem recursos comuns (extração), pois é mais ameaçador abrir mão da liberdade de decisão sobre a propriedade privada do que sobre a propriedade coletiva.

Regulamentação A regulamentação envolve uma intervenção governamental para corrigir imperfeições no mercado, com o propósito de melhorar o bem-estar social. Exemplos podem incluir o racionamento, no qual se colocam limites sobre o acesso a recursos de uma fonte comum (como uso da água). A regulamentação também ocorre em outros mercados, como na agricultura. O setor de telefonia nos Estados Unidos é bastante regulamentado; em 1934, o Congresso dos Estados Unidos criou a Comissão Federal de Comunicações para supervisionar todas as comunicações por cabo e rádio (como rádio, televisão, telefone). Apesar de a regulamentação nem sempre produzir um sistema que encoraje o comportamento responsável (ver o problema do risco moral criado pelo sistema de seguros de depósitos federais), a sua intenção é a de proteger os interesses públicos (sociais).

Privatização A idéia básica da privatização é a de colocar recursos públicos sob o controle de indivíduos ou grupos específicos — a coisa pública em mãos privadas. O raciocínio por trás disso é o de que os recursos públicos serão mais bem protegidos se estiverem sob o controle de grupos ou indivíduos da iniciativa privada. Por exemplo, as disputas prolongadas sobre terras públicas no Estado de Novo México levaram o Congresso dos Estados Unidos a desenvolver uma reserva nacional que não é gerenciada por administradores federais de terras, mas por um conselho composto por nove membros da iniciativa privada, apontados pelo presidente da República (National Public Radio, 23 set. 2002). Valles Caldera, no Estado de Novo México, é um sítio vulcânico de 90 mil acres, cheio de mirantes. O governo federal dos Estados Unidos comprou aquelas terras dois anos antes por 100 milhões de dólares. Os membros do conselho, que incluíam especialistas em ranchos, florestas, governo e conservação do meio ambiente, decidiram quais atividades seriam permitidas com base em sua opinião do que serviria melhor ao bem comum. Por exemplo, um pasto de vacas nos vales gramados de Caldera — um arranjo temporário para ajudar 40 fazendeiros locais atingidos por uma seca. Os praticantes de trilha só têm acesso permitido por ônibus, a um custo individual de 40 dólares. Além disso, a região contém ricas reservas de petróleo e gás natural, potencial de corte de madeira e é uma área excelente para a caça de milhares de alces.

Outro exemplo: o Hawaii's Sea Grant, em parceria com o Instituto Oceânico (Oceanic Institute), trabalha com o governo e com instituições privadas para analisar a viabilidade biológica, ambiental e econômica de aqüiculturas 'offshore' na região do Pacífico. O *moi*, um peixe cultivado por pesquisadores havaianos, é altamente valorizado pela população do Havaí, mas atualmente desapareceu das águas locais. Esse peixe se desenvolve bem em cativeiro e atinge um tamanho adequado para comercialização em apenas seis a oito meses. No final da primeira estação de cultivo, o Projeto de Pesquisa de Aqüicultura *Offshore* do Havaí – HOARP (do inglês, *Hawaii Offshore Aquaculture*

Research Project) obteve mais de 19 toneladas de *moi*. No segundo ano, a densidade de peixe armazenado duplicou e a quantidade total obtida suplantou a marca das 34 toneladas (SOBEL, 2004).

Licenças de comercialização As estruturas de governança da permissão ambiental de comercialização – TEA (do inglês, *Tradable environmental allowance*) representam outra forma de navegar em águas povoadas por dilemas sociais. Nos arranjos referentes às TEAs, em vez da competição por recursos escassos (como o direito a poluir), as empresas compram direitos de poluir ou usar recursos escassos (Brett & Kopelman, 2004). A idéia é tratar esses direitos como os da propriedade convencional e, assim, conservar cuidadosamente os recursos (Ackerman & Stewart, 1988; Kriz, 1998; Tipton, 1995). As licenças de comercialização obtiveram sucesso em áreas como gerenciamento de viveiros de peixes, suprimento de água e poluição do ar e da água em muitos países diferentes (Tietenberg, 2002). Na piscicultura, por exemplo, a pesca total permitida (ou *total allowable catch*) é definida por agências governamentais e, subseqüentemente, alocada para associações ou usuários individuais. Como no caso da poluição, essas alocações podem ser negociadas por indivíduos ou empresas.

Estratégias psicológicas

Ao contrário das estratégias estruturais, que freqüentemente requerem um ato governamental ou vários níveis de burocracia para entrar em ação, as estratégias psicológicas são de fácil implementação, necessitando apenas da sagacidade do agente influenciador.

Contratos psicológicos Os contratos jurídicos envolvem papelada e são semelhantes aos mecanismos de confiança baseada na dissuasão que discutimos no Capítulo 6. Em comparação com isso, os contratos psicológicos são comumente conhecidos como 'negócios fechados com um aperto de mão'. Eles normalmente não são passíveis de discussão em tribunais de justiça, mas criam uma pressão psicológica para o compromisso. As pessoas apresentam uma probabilidade maior de cooperar quando prometem assim agir. Apesar de não se poder exigir o cumprimento dessas promessas e elas serem, portanto, um tipo de 'conversa fiada', as pessoas, não obstante, agem como se elas representassem algo sério e obrigatório de ser cumprido. A razão para esse comportamento, de acordo com a norma de compromisso, é que as pessoas se sentem psicologicamente comprometidas a manterem até o fim o que disseram (Cialdini, 1993). A norma de compromisso é tão poderosa que as pessoas muitas vezes fazem coisas que estão em total desacordo com suas preferências ou que são altamente inconvenientes. Por exemplo, uma vez que uma pessoa concorde em deixar um vendedor fazer uma demonstração de um produto em sua casa, ela tem uma tendência maior a comprá-lo. Os proprietários de imóveis têm uma probabilidade maior de permitir a instalação de uma placa de sinalização grande (mais de 3 m de altura), no jardim da frente de sua casa, com os dizeres 'Dirija com Cuidado', se tiverem concordado com uma solicitação menor feita uma semana antes (Freedman & Fraser, 1966).

Objetivos superiores Nosso comportamento em situações que envolvem dilemas sociais é influenciado por nossa percepção sobre que tipos de comportamento são apropriados e esperados em um determinado contexto. Numa análise fascinante dessa idéia, algumas pessoas realizaram uma tarefa de dilema do prisioneiro. O jogo, no entanto, não foi descrito aos participantes como um 'dilema de prisioneiro'. Em um grupo o jogo foi chamado de 'jogo de Wall Street' e em outra situação de 'jogo da comunidade' (Ross & Samuels, 1993). Tirando-se isso, o jogo, as recompensas e as escolhas eram idênticas. Apesar de a análise racional estipular que a deserção constitui a estratégia ótima, independentemente do nome do jogo, na verdade a incidência de cooperação foi três vezes maior no jogo da comunidade do que no de Wall Street, indicando que as pessoas são sensíveis a indicações situacionais tão triviais quanto o nome do jogo. Na verdade, as pessoas se comportam de forma mais competitiva em dilemas sociais que envolvem decisões econômicas do que naqueles que envolvem decisões não-econômicas (Pillutla & Chen, 1999).

Comunicação   Um fator determinante da cooperação é a *comunicação* (Komorita & Parks, 1994; Liebrand, Messick & Wilke, 1992; Messick & Brewer, 1983; Sally, 1995). Se for permitido às pessoas comunicar-se com os membros do grupo antes de fazer suas escolhas, a incidência e o nível de cooperação aumentam substancialmente (Sally, 1995).

Duas razões justificam o aumento da cooperação (Dawes, van de Kragt, & Orbell, 1990). Em primeiro lugar, a comunicação melhora a identidade do grupo e a solidariedade. Em segundo, ela permite que os membros do grupo façam compromissos públicos com a cooperação. Os compromissos verbais em tais situações indicam o desejo que os outros têm de cooperar. Nesse sentido, eles reduzem a incerteza que as pessoas têm em relação às outras e oferecem uma medida de garantia para os tomadores de decisão. Kerr e Kaufman-Gilliland (1994) descobriram que, das duas explicações mencionadas, o fator de compromisso era o mais importante no tocante à comunicação.

Em nossas pesquisas sobre a eficácia relativa da comunicação frente a frente, quando comparada com a somente escrita ou com a falta total de comunicação, descobrimos que as pessoas que se comunicam dessa forma são muito mais propensas a atingir um acordo mutuamente lucrativo, pois são capazes de coordenar um preço acima da MASA de ambas as partes (Valley, Thompson, Gibbons & Bazerman, 2002). Os compromissos também moldam o comportamento subseqüente. As pessoas relutam muito em quebrar sua palavra, mesmo que não haja como obrigá-las a agir assim. Se as pessoas forem impedidas de fazer compromissos verbais, elas tentam fazer outros não-verbais.

A outra razão pela qual a comunicação é eficaz para engendrar a cooperação é que ela capacita os membros do grupo a desenvolverem uma identidade grupal compartilhada. A comunicação permite que as pessoas conheçam melhor umas às outras e se sintam mais atraídas para o grupo. Elas desenvolvem um sentido de identidade a partir dos relacionamentos com grupos sociais (Tajfel, 1979). Quando nossa identidade é ligada aos relacionamentos que temos com outras pessoas em grupos, buscamos um envolvimento ainda maior com os interesses desses grupos. Essa identificação produz escolhas mais cooperativas, ou de bem-estar do grupo, em dilemas sociais.

A identidade social é normalmente construída por meio de relacionamentos. Por exemplo, como conseqüência do crescimento populacional, das políticas de distribuição de água e de cinco anos de seca, o Estado da Califórnia teve falta d'água no Estado todo em 1991. Residentes de muitas áreas foram incentivados a conservar água voluntariamente e ficaram sujeitos às regulamentações impostas pela Public Utilities Commission. Uma pesquisa telefônica feita com centenas de moradores da área de São Francisco revelou que as pessoas estavam mais dispostas a apoiar as autoridades quando tinham laços fortes com elas (Tyler & Degoey, 1995). A eficácia das autoridades para obter cooperação em dilemas de falta d'água está ligada aos laços sociais que elas compartilham com os membros da comunidade.

Personalizar os outros   As pessoas muitas vezes se comportam como se estivessem interagindo com uma entidade ou organização em vez de com uma pessoa. Um consumidor insatisfeito, por exemplo, reclama de uma empresa aérea que se recusou a lhe dar um reembolso quando, na verdade, foi o representante da empresa que não o concedeu. Se os outros puderem ser mais personalizados, ou seja, vistos como indivíduos, as pessoas se sentirão mais motivadas a cooperar do que se acreditarem que estão lidando com uma burocracia desumanizada. Ainda mais importante é que vejam você como alguém que coopera. As pessoas cooperam mais quando os outros assim o fizeram numa situação anterior (Pillutla & Chen, 1999).

Por exemplo, Knez e Camerer (2000) criaram uma simulação que se assemelha à transferência de normas cooperativas em pequenas firmas (que costumam ser altamente cooperativas), conforme essas empresas ficam maiores e se transformam em algo que mais se assemelha a um dilema do prisioneiro (que confronta o interesse próprio com a cooperação). Alguns gerentes compartilharam um histórico de coordenação de seu comportamento, mas outros não. Os que se enquadram na categoria dos que conseguem coordenar suas ações com as de outros foram mais propensos a cooperar numa situação subseqüente de dilema do prisioneiro. Além disso, a diferença foi acentuada – os que tinham um histórico prévio de coordenação cooperaram em cerca de 71 por cento do tempo no jogo do dilema do prisioneiro, enquanto os outros somente cooperaram em 15 a 30 por cento do tempo.

Ainda outra razão para as pessoas cooperarem é que elas querem acreditar que são legais. Por exemplo, uma pessoa atribuiu sua decisão em fazer uma escolha cooperativa no jogo de 20 pessoas do dilema do prisioneiro ao fato de não querer que os leitores da revista *Scientific American* pensassem que ele era um desertor (Hofstadter, 1983). Esse comportamento constitui um tipo de administração da impressão (Goffman, 1959). A administração da impressão levanta a questão de se o comportamento das pessoas é diferente quando é anônimo e quando é público. A resposta parece ser sim. Contudo, nem sempre é o caso de o comportamento público ser mais cooperativo que o comportamento privado. Os negociadores que têm que prestar contas a alguém, por exemplo, normalmente barganham de forma mais árdua e mais competitiva do que se fossem responsáveis por seu próprio comportamento (ver Carnevale, Pruitt & Seilheimmer, 1981).

Sanções sociais Em novembro de 1995, a USAir anunciou que estava sendo colocada à venda (para um tratamento completo do caso, ver Diekmann, Tenbrunsel & Bazerman, 1998). Os analistas financeiros especularam que a venda da USAir levaria a uma guerra de propostas de compra entre as principais empresas aéreas, pois quem quer que adquirisse a USAir teria uma vantagem no mercado. Nenhuma das empresas aéreas queria estar na posição de não comprar a empresa e ver uma concorrente adquiri-la.

Após o anúncio da venda da USAir, a estranha série de eventos que se seguiram não foi prevista nem mesmo pelos analistas: ninguém fez oferta nenhuma pela USAir. Os analistas não tinham percebido que as principais empresas aéreas tinham aprendido um importante princípio com a experiência em 1980 com os programas de milhagens, que foram desenvolvidos para ser uma estratégia competitiva capaz de aumentar participação no mercado. Contudo, a abordagem mostrou-se um 'tiro no pé' do setor de aviação, quando todas as principais empresas aéreas desenvolveram seus programas de milhagem e a guerra de preços começou, resultando na perda de milhões de dólares entre as diversas companhias.

Robert Crandall, o presidente da American Airlines, foi eficaz em prever uma guerra custosa de propostas cada vez maiores pela USAir. Como ele fez isso? Antes de continuar sua leitura, pare e indique como você agiria se esta fosse a sua empresa.

Robert Crandall escreveu e publicou uma carta aberta aos empregados da American Airlines que apareceu no jornal *Chicago Tribune* (ver Quadro 11.2). A carta indicava claramente que a American Airlines estava interessada em evitar uma guerra custosa de ofertas com a United Airlines pela compra da USAir. A carta declarava de forma bastante clara as *intenções* da American de não fazer a oferta de abertura para a USAir. Ela ainda indica que a American faria ofertas competitivas se a United fizesse a oferta inicial. A carta sinalizava eficientemente as intenções da American Airlines, de modo a fazer o comportamento de disputa de propostas parecer muito custoso. Apesar de a carta estar endereçada aos empregados da American Airlines, era óbvio que os reais alvos daquela mensagem eram as outras empresas aéreas.

| QUADRO | CARTA AOS EMPREGADOS DA AMERICAN AIRLINES ENVIADA POR ROBERT CRANDALL, |
| 11.2 | PRESIDENTE DA EMPRESA |

> Continuamos a acreditar, como sempre fizemos, que a melhor forma de a American aumentar seu tamanho e alcance é por meio do crescimento interno – e não da consolidação. Assim, não seremos os primeiros a fazer uma oferta pela USAir. Por outro lado, se a United quiser adquirir a USAir, estaremos preparados para responder com uma oferta, ou agir por outros meios, se necessário, para proteger a posição competitiva da American.
>
> *Fonte:* S. Ziemba. American to United: Avoid bidding war. *Chicago Tribune*, 10 nov. 1995.

Foco nos benefícios da cooperação De acordo com Camerer e seus colegas (Anderson & Camerer, 2000; Camerer & Ho, 1998, 1999a, 1999b), a probabilidade de uma pessoa fazer uma escolha particular em um dilema social é função da atratividade daquela escolha em termos de capacidade em retornar um resultado desejado imediatamente. Nossa atração para com uma escolha é normalmente decorrente da reflexão de nossa capacidade de imaginar ou de simular mentalmente bons resultados (Parks, Sanna & Posey, 2003). Numa análise direta da capacidade das pessoas de pensar positivamente no jogo de dilema do prisioneiro, os participantes foram instruídos a refletir sobre algumas alternativas que fossem 'piores' ou 'melhores' do que aquela que realmente aconteceu, e depois jogar um pouco mais. Os resultados foram impressionantes: a cooperação subseqüente entre os negociadores estava diretamente relacionada ao número de situações boas que eles conseguiram gerar, e os negociadores que geraram situações pessimistas 'pularam do barco' maciçamente (Parks, Sanna & Posey, 2003). Qual a mensagem? Pensar sobre o quão bem podemos estar aumenta em muito a cooperação. Por exemplo, Steve Ballmer, CEO da Microsoft, explica que conseguiu conquistar o arqui-rival Larry Ellison (CEO da Oracle) em um gesto de cooperação: "Logo após eu me tornar CEO, fui visitar Larry Ellison e conversamos sobre como poderíamos trabalhar de forma cooperativa em coisas que fossem importantes para nossos consumidores" (*BusinessWeek*, 1º dez. 2003, p. 72).

Como incentivar a cooperação em dilemas sociais quando as partes envolvidas não deveriam conspirar

Nos exemplos mostrados até agora, sugerimos maneiras que os negociadores podem utilizar para incitar a cooperação de outros, de modo a aumentar o ganho conjunto e, por fim, o ganho individual. Entretanto, em muitas situações, a cooperação caracteriza uma ação ilegal. Consideremos, por exemplo, o problema da fixação de preços entre empresas de um mesmo setor da economia. Nosso exemplo de abertura deste capítulo, sobre os leilões de prestação de serviços de banda larga, é uma boa ilustração de como as empresas sinalizam seu desejo de cooperar entre si. Outro exemplo relaciona-se com como uma empresa farmacêutica poderia responder à entrada de um novo competidor numa classe específica de medicamento. Outro exemplo, ainda, incluiria a forma pela qual Robert Crandall, o ex-CEO da American Airlines, sinalizou suas intenções relacionadas à compra da USAir (Quadro 11.2). Brett (2001) sugere os seguintes princípios para encorajar a cooperação em situações que envolvem dilemas sociais, quando as empresas não deveriam conspirar de forma privada:

- **Mantenha sua estratégia simples**: Quanto mais simples for a sua estratégia, mais fácil será para seus competidores prever o seu comportamento. A correspondência entre incerteza e comportamento competitivo é quase 1 para 1. Uma incerteza maior leva a mais comportamentos competitivos (ver Kopelman, Weber & Messick, 2002); assim, minimizar a incerteza para seus competidores é bastante útil.

- **Sinalize por meio de ações**: É importante lembrar-se do ditado que diz que as ações falam mais alto do que as palavras. Seus competidores concentram-se em suas ações e não em suas palavras.
- **Não seja o primeiro a desertar**: Como foi visto, é difícil se recuperar de espirais crescentes de deserção. Portanto, não seja o primeiro a 'abandonar o barco'.
- **Mantenha o foco nas suas compensações e não na relação entre as suas e as dos outros**: Muitas vezes, os dilemas sociais 'disparam' motivações competitivas (conforme foi discutido no Capítulo 5). Como você deve se lembrar, a motivação competitiva é representada por um desejo de 'derrotar' a outra parte envolvida. Uma abordagem melhor é a de manter o foco em seus próprios resultados.
- **Seja sensível ao viés egocêntrico**: Conforme já discutimos, a maioria das pessoas vê o seu próprio comportamento como mais cooperativo que o dos outros. Nós vemos a nós mesmos como mais virtuosos, éticos e menos competitivos do que os outros nos vêem. Ao planejar sua estratégia, considere o fato de que seus competidores verão você de uma forma mais negativa do que aquela com que você se vê. Steve Ballmer, da Microsoft, é bem consciente do viés egocêntrico: "Não importa como vemos a nós mesmos, temos que procurar enxergar a nós mesmos da forma como os outros nos vêem. Esta, sem dúvida, é a maior das lições" (*BusinessWeek*, 1º dez. 2003, p. 72).

ESCALADA DE COMPROMISSO

Suponhamos que você faça um pequeno investimento numa empresa *startup* da Internet que parece ter um grande potencial. Após o primeiro trimestre, você descobre que a empresa está tendo uma perda operacional. Você não pode recuperar seu investimento; sua meta é maximizar o seu patrimônio no longo prazo. Você deve continuar a investir na empresa? Considere duas formas possíveis de olhar esta situação: se você levar em conta que o desempenho da empresa durante o primeiro trimestre foi de perdas e vislumbrar a continuação do investimento como uma escolha entre

1. Perder a pequena soma em dinheiro que você já investiu ou
2. Assumir um risco adicional investindo mais dinheiro na empresa, que pode dar a volta por cima e obter um grande lucro ou afundar ainda mais.

O efeito do ponto de referência, descrito no Capítulo 2, poderia prever que a maioria dos negociadores continuaria a investir na empresa porque já teriam adotado um 'frame' de perda baseado no investimento inicial feito por eles. Suponhamos que você reconheça que a empresa da Internet não tenha se desempenhado bem no primeiro período avaliado e considere que seu investimento inicial seja um 'custo a ser assumido', ou seja, água debaixo da ponte. Em suma, você adapta seu ponto de referência. Agora, pergunte-se se seria mais sábio

1. Não investir na empresa neste momento (um resultado certo de 0 dólar) ou
2. Arriscar e investir mais dinheiro em uma empresa que não demonstrou um bom desempenho no passado recente.

Sob tais circunstâncias, a maioria das pessoas escolheria não investir na empresa, pois não trocariam algo certo por uma possível perda. O ponto de referência psicológica de um negociador também influencia a tendência de se cair na armadilha da escalada. Lembre-se que os negociadores buscam riscos quando estão tendo perdas e os evitam quando a situação está caracterizada por ganhos. Quando os negociadores se vêem em posição de ter que recuperar as perdas, as chances de assumirem um risco maior aumentam, quando comparadas com outra situação na qual eles estão começando do zero. Como os apostadores em Las Vegas, os negociadores que esperam resistir por mais tempo que seus oponentes (como em uma greve) acabam caindo na armadilha da escalada. A maioria dos tomadores de decisão e negociadores não reajusta seus pontos de referência. Em vez disso, eles deixam de adaptá-los e continuam tomando decisões arriscadas, que normalmente acabam se mostrando não-lucrativas.

A *escalada do compromisso* refere-se à tendência desafortunada que os negociadores têm em persistir num curso de ação perdedor, mesmo diante de evidências claras de que seus comportamentos não estão funcionando bem e que a negociação está se deteriorando rapidamente. Os dois tipos de dilema de escalada são o pessoal e o interpessoal. Em ambos os casos, o dilema seria revelado quando uma pessoa fizesse algo diferente se já não estivesse envolvida na situação.

Dilemas pessoais de escalada envolvem somente uma pessoa e referem-se ao fato de a pessoa dar seguimento ao que parece ser um curso derrotado de ação ou cortar suas perdas imediatamente. Continuar a apostar após ter-se perdido muito dinheiro, colocar dinheiro num carro ou numa casa que continuam a funcionar mal ou a se deteriorar e esperar em filas longas que não andam são exemplos de dilemas pessoais de escalada. Parar com isso representa de alguma forma a admissão de um fracasso e a aceitação da perda certa. Continuar a investir mantém a possibilidade de se recuperar as perdas incorridas. Tomemos como exemplo o caso de John R. Silber, ex-presidente da Boston University, que decidiu investir na Seragen, uma empresa de biotecnologia que detinha os direitos de uma droga promissora para a cura do câncer. Após investir 1,7 milhão de dólares ao longo de seis anos, o valor da empresa em 1998 era de 43 mil dólares (*New York Times*, 20 set. 1998).

Dilemas interpessoais de escalada envolvem duas ou mais pessoas, normalmente em um relacionamento competitivo, como uma negociação. As greves sindicais são normalmente dilemas de escalada, assim como as guerras. Consideremos a situação enfrentada por Lyndon Johnson, presidente dos Estados Unidos, durante os estágios iniciais da Guerra do Vietnã. Johnson recebeu o seguinte memorando de George Ball, o subsecretário de Estado da ocasião:

> A decisão que você enfrenta agora é crucial. Uma vez que grandes contingentes de tropas norte-americanas estejam comprometidas com o combate direto, eles começarão a sofrer baixas graves em uma guerra para a qual estão mal equipados para lutar num país não-cooperativo, para não dizer bastante hostil. Uma vez que tenhamos sofrido grandes baixas, teremos começado um processo quase irreversível. Nosso envolvimento será tamanho que não seremos capazes – sem a humilhação nacional – de parar antes de atingir todos nossos objetivos. Das duas possibilidades existentes, acho que a humilhação será mais provável do que o cumprimento de nossos objetivos – mesmo após termos pagado um custo terrível (*The Pentagon Papers*, 1971, p. 450).

Em dilemas de escalada, os negociadores comprometem recursos adicionais naquilo que, aos olhos de observadores imparciais, parece um curso de ação fadado ao fracasso. Em muitos casos, as pessoas caem em armadilhas de escalada porque, inicialmente, a situação de fato não parece ser um empreendimento perdedor. A situação torna-se um dilema de escalada quando as pessoas envolvidas na decisão tomassem uma decisão diferente se não estivessem envolvidas até aquele ponto, ou se outras pessoas com uma postura mais objetiva não escolhessem aquele curso de ação. Freqüentemente, em situações de escalada, uma decisão é tomada a fim de comprometer mais recursos para 'reverter a situação', como no caso de fazer apostas (dilema pessoal) ou fazer uma oferta final (dilema interpessoal). Este processo pode se repetir e se agravar várias vezes conforme os recursos adicionais vão sendo investidos. Quanto maior o investimento e quanto mais severa a perda possível, mais propensas as pessoas estarão a tentar reverter a situação.

A escalada do processo de compromisso é ilustrada na Figura 11.2 (Ross & Staw, 1993). No primeiro estágio da escalada de compromisso, uma pessoa é confrontada com resultados questionáveis ou negativos (como a rejeição da oferta feita por um oponente na negociação, redução na participação de mercado, avaliação ruim de desempenho, mau funcionamento ou comportamento agressivo por parte de um concorrente). Este evento externo leva a um reexame do curso atual de ação do negociador, no qual a utilidade de continuar a ação é pesada em comparação com a opção de desistir dela ou mudar a abordagem. Esta decisão determina o compromisso do negociador com seu curso atual de ação. Se esse compromisso for baixo, o negociador pode fazer uma concessão, realizar negociações integrativas (ao invés de distributivas) ou possivelmente reverter para sua MASA. Se esse compromisso for alto, contudo, o negociador dará continuidade a ele e prosseguirá nos estágios de decisão.

Se os negociadores receberem uma indicação de que os resultados de uma negociação podem ser negativos, eles devem se perguntar: *Quais são as recompensas pessoais para mim nesta situação?* Em muitos casos, o *processo* em si de negociação, e não o *resultado* obtido nela, torna-se a razão principal para começar as negociações ou dar seguimento a elas. Esse raciocínio leva a uma armadilha do reforço que é perpetuada, em que as recompensas decorrentes da continuidade não estão alinhadas com os objetivos reais do negociador. Ironicamente, as pessoas que têm uma auto-estima alta são as que têm maior probabilidade de se tornarem vítimas de forças psicológicas. Essas pessoas investem muito mais em seus egos e em sua manutenção do que os indivíduos de baixa auto-estima (Taylor & Brown, 1988). Algumas vezes, a preocupação em salvaguardar a imagem leva os negociadores a aumentarem o compromisso; alguns deles se preocupam com a possibilidade de parecerem tolos ou estúpidos se recuarem da posição inicialmente assumida. A proteção do ego torna-se muitas vezes a prioridade mais alta do que o sucesso da negociação.

FIGURA 11.2 Escalada de compromisso

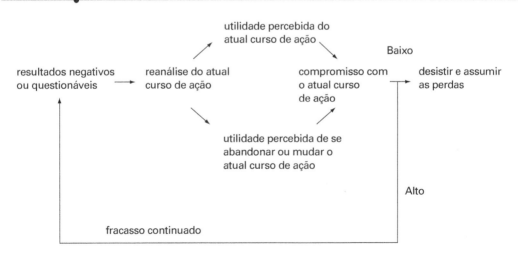

Fonte: Adaptado de Ross, J. e Staw, B. M. (agosto de 1993). Organizational escalations and exit: Lessons from the Shoreham Nuclear Power Plant. *Academy of Management Journal*, 701-732.

Evitar a escalada de compromisso em negociações

A maioria dos negociadores não percebe que está em um dilema de escalada até que seja tarde demais. Para complicar as coisas, na maior parte desses dilemas um negociador (por exemplo, um apostador) pode ter algumas 'vitórias' iniciais ou sinais positivos que reforcem seu posicionamento inicial. Qual a melhor maneira de um negociador sair de um dilema de escalada?

O melhor conselho é adotar uma política de gerenciamento de risco: esteja consciente dos riscos envolvidos na situação; aprenda como gerenciar melhor esses riscos e imponha limites, restringindo efetivamente as perdas a níveis toleráveis. É também importante descobrir formas de obter informação e *feedback* sobre a negociação sob uma perspectiva diferente.

Impor limites

Idealmente, um negociador deve ter uma MASA claramente definida. Em nenhum momento um negociador deve fazer ou aceitar uma oferta pior do que a sua MASA.

Evitar a 'visão de túnel'

Um negociador deveria obter várias perspectivas sobre a situação. Peça uma avaliação para pessoas que não estejam pessoalmente envolvidas na negociação. Tome cuidado para não contaminar a avaliação delas com suas próprias visões, esperanças, expectativas ou outros detalhes, como o custo de desembarcar da situação, pois isso somente criará uma predisposição deles na direção de seu ponto de vista, o que não é o que você deseja – você quer uma avaliação honesta e crítica.

Reconhecer custos 'perdidos'

Provavelmente, a forma mais poderosa de fugir da escalada de compromisso é simplesmente reconhecer e aceitar os custos 'perdidos'. Esses custos são basicamente água sob a ponte: dinheiro (ou outros compromissos) previamente despendido que não pode ser recuperado. Normalmente é útil para os negociadores considerar a possibilidade de extinguir um projeto, programa ou produto. Dessa forma, a situação é redefinida como outra na qual uma decisão pode ser tomada imediatamente sobre investir ou não, ou seja, se você estivesse tomando a decisão inicial hoje, você faria o investimento que está sendo atualmente considerado (como um investimento contínuo) ou você escolheria outro curso de ação? Se a decisão for a de não continuar, você pode começar a pensar em como encerrar o projeto e passar para o próximo.

Diversificar responsabilidade e autoridade

Em alguns casos, é necessário remover ou substituir os negociadores originais do papel de fazer deliberações, precisamente porque eles estão com uma visão contaminada. Uma forma de levar avante esta remoção é pela ajuda de uma revisão externa ou apontando alguém que não tem interesse pessoal na situação.

Redefinir a situação

Freqüentemente, isto ajuda ver a situação não como o 'mesmo velho problema', mas como uma nova questão a ser enfrentada. Além disso, normalmente é útil mudar os critérios de decisão. Por exemplo, considere a forma como Johns-Manville, a fabricante de amianto, lidou com uma catástrofe. Como gerente na Manville por mais de 30 anos, Bill Sells testemunhou exemplos colossais de auto-enganação. Os gerentes da Manville, em todos os níveis, não desejavam reconhecer a evidência já disponível na década de 1940 sobre os perigos do amianto, e sua competência em negar isso se manteve firme através de várias décadas seguintes, apesar da evidência crescente de velhos e novos perigos:

A empresa desenvolveu um caso clássico de mentalidade de 'bunker': recusando-se a aceitar os fatos; presumindo que os consumidores estavam conscientes dos perigos e mesmo assim arriscavam-se a usar o amianto; negando a necessidade e a possibilidade real de mudança numa empresa que havia tido sucesso em manter a cabeça enterrada na areia por cem anos. A Manville financiava pouca pesquisa médica; fazia pouco esforço para comunicar aquilo que já era sabido e assumia pouca ou nenhuma responsabilidade proativa pelos danos que o amianto pudesse produzir (...) com conseqüências trágicas para a saúde dos trabalhadores e, decididamente, efeitos negativos sobre custos de manutenção, produtividade e lucratividade. Uma vez, ao levantar algumas objeções, Sells foi avisado por seu chefe: "Bill, você não está sendo leal", ao que respondeu: "Não, não, você entendeu tudo errado. Eu sou a pessoa que *é* leal". (Teal, 1996, p. 38)

Em 1968, Sells redefiniu com sucesso a situação. Ele a viu como um problema de integridade de negócios, lançando um programa de 500 mil dólares para substituir e reconstruir praticamente todo equipamento de segurança numa fábrica problemática em Illinois. Era muito tarde para salvar o amianto ou suas vítimas, mas ele colocou em prática importantes mudanças, como financiar estudos cooperativos, fornecer imediata e total divulgação e eliminar vieses pró-empresa em quaisquer resultados de estudos realizados (Teal, 1996).

CONCLUSÃO

A maioria das pessoas está envolvida em negociações tácitas, em que se comunicam por meio de seus comportamentos. O dilema do prisioneiro e os dilemas sociais são caracterizados pela ausência de contratos ou de mecanismos de coação. Nesses dilemas, as pessoas escolhem entre atender seus próprios interesses ou se comportar de forma cooperativa, o que torna o negociador vulnerável à exploração por parte de outras pessoas. Estratégias otimizadas de aumento do tamanho do montante e divisão deste em situações que envolvem o dilema do prisioneiro podem ser alcançadas por meio de uma estratégia do tipo 'olho por olho, dente por dente', mas essa abordagem só funciona com dois participantes em um jogo repetitivo. No entanto, muitas negociações tácitas dentro de organizações e entre elas envolvem mais de dois participantes e constituem dilemas sociais. A melhor forma de se garantir a cooperação em situações de dilema social é por meio do alinhamento de incentivos, da remoção das tentações para a deserção, da busca de compromissos verbais, da comunicação entre as partes envolvidas, da construção de uma identidade social, da publicação de compromissos, da personalização dos outros, da redefinição da situação e da ajuda para gerenciar as impressões sobre as pessoas. Os dilemas de escalada ocorrem quando as pessoas investem naquilo que é (para quaisquer padrões objetivos) um curso perdedor de ação. As pessoas podem reduzir essa escalada por meio da imposição de limites, da obtenção de várias perspectivas, do reconhecimento de custos perdidos e da diversificação da responsabilidade.

CAPÍTULO 12
Negociando via tecnologia da informação

"Em 8 de novembro de 1999, os 107 empregados da área de notícias do *Calgary Herald* entraram em greve pela primeira vez desde a fundação do jornal, em 1883. Dois dias antes de a notificação oficial de greve ser publicada, eles foram trancados fora do prédio, sem ter tido tempo de remover seus pertences. O sistema computadorizado de segurança foi reprogramado para evitar o acesso de funcionários que não estivessem ligados à gestão da empresa, exceto os que tinham informado à companhia antecipadamente que furariam os piquetes. A condução das negociações durante aquele período foi marcada por algo sem precedentes, sob um ponto de vista tecnológico. Os grevistas usaram intensamente a tecnologia durante a greve, que durou oito meses. Em uma província com relativamente pouca ou nenhuma sindicalização, os grevistas tinham poucos modelos de como proceder. Entretanto, a linha de piquete era formada por alguns repórteres e editores com grande conhecimento de computação, fotógrafos que sabiam como usar bem uma câmera digital (para tirar fotos surpreendentes de pilhas de jornais não entregues prontos para a incineração) e programadores sofisticados. Um *site* de greve foi estabelecido como ferramenta de comunicação entre os grevistas, 75 por cento dos quais tinham acesso à Internet de casa, permitindo que todos tomassem conhecimento das últimas notícias da greve 24 horas por dia. Ao mesmo tempo, a empresa usava tecnologia extremamente sofisticada para captar cada palavra que os piqueteiros diziam. Os boatos de que estavam sendo utilizados microfones e que se faziam filmagens e gravações de áudio dos grevistas mostraram-se verdadeiros. Como suporte ao *site* 'high-tech', os sofisticados tecno-grevistas usavam impressoras para criar panfletos que fornecessem endereços na Internet e de correio eletrônico. Os constantes e-mails entre os membros da equipe de greve ajudaram a levantar o moral e criar uma conexão emocional durante o que, de outra forma, seria uma longa luta solitária. Dentre os usos mais inovadores da tecnologia estava a 'linha de piquete cibernética'. Os telefones celulares também se tornaram uma arma importante para os grevistas (Barnett, 2003).

O impacto da tecnologia durante as negociações no *Calgary Herald* foi impressionante e sugere claramente que a tecnologia pode moldar o comportamento à mesa de barganha e efetivamente o faz. Este capítulo examina o impacto da tecnologia da informação (TI) sobre a negociação, com um foco particular nas negociações por e-mail, de agora em diante chamadas de *e-negociações*. Descreveremos um modelo simples de interação social chamado modelo lugar-tempo e o usaremos para avaliar o impacto acima mencionado. O modelo se concentra nos negociadores, que podem tanto proceder com suas negociações na mesma localização física ou em locais diferentes, bem como ao mesmo tempo ou em momentos distintos. Para cada um desses casos, descrevemos o que se espera e quais as formas para se lidar com as limitações daquela alternativa de comunicação. Damos seguimento a essa discussão com a seção sobre como a tecnologia da informação afeta o comportamento de negociação. A partir daí passamos a descrever as estratégias que podem ajudar os negociadores a expandir e dividir o montante de barganha de uma forma eficaz.

MODELO LUGAR-TEMPO DE INTERAÇÃO SOCIAL

Qualquer negociação, falando-se de uma forma ampla, é caracterizada por uma dentre as quatro possibilidades detalhadas no *modelo lugar-tempo* mostrado na Tabela 12.1 (ver também Englebart, 1989; Johansen, 1988). Este modelo é baseado nas opções às quais os negociadores têm acesso quando fazem negócios em diferentes lugares e tempos. Como se pode suspeitar, o comportamento de negociação se desenrola de uma forma diferente nas negociações presenciais frente àquelas dos fóruns eletrônicos.

A riqueza é a capacidade potencial de um determinado meio de comunicação de transmitir informações (Drolet & Morris, 2000). Tal meio pode ser organizado em um contínuo de riqueza, com as comunicações presenciais posicionadas numa extremidade relativamente 'rica', e as mensagens formais e escritas – como memorandos e correspondência de negócios – na extremidade 'leve' ou de modalidade restrita (Daft & Lengel, 1984; Daft, Lengel & Trevino, 1987; ver Figura 12.1).

A negociação presencial pode transmitir a informação mais rica, pois permite a observação simultânea de vários indícios que incluem linguagem corporal, expressão facial e tom de voz, proporcionando maior contextualização. Por outro lado, a documentação formal numérica transmite a informação menos rica possível, oferecendo poucos indícios do contexto. Além disso, a proximidade geográfica e as restrições de tempo também afetam as negociações.

Consideraremos cada uma das quatro alternativas de comunicação oferecidas pelo modelo lugar-tempo em mais detalhe.

Comunicação frente a frente

A comunicação presencial ou frente a frente tem a preferência clara da maior parte dos negociadores, o que é bastante justificável. O contato presencial é crucial para o início de relacionamentos e cola-

TABELA 12.1 Modelo de interação lugar-tempo

	Mesmo lugar	*Lugar diferente*
Mesmo tempo	Frente a frente	Telefone Videoconferência
Tempo diferente	Edição simples de texto Trabalho em turnos	E-mail Correio de voz

FIGURA 12.1 Modelo de distanciamento psicológico

Fonte: Adaptado de Wellens, A. R. (1989) Effects of telecommunication media upon information sharing and team performance: Some theoretical and empirical findings, *IEEE AES* Magazine, setembro, p. 14.

borações e as pessoas são mais cooperativas quando interagem frente a frente do que quando o fazem por outras formas de comunicação.

O contato pessoal, frente a frente, é o lubrificante do motor dos negócios. Sem ele as coisas não se desenvolvem tão bem e os relacionamentos entre as pessoas são muitas vezes tensos e contenciosos (ver Nota 12.1 para um exemplo).

> **Nota 12.1 A importância da comunicação frente a frente**
> Um grupo de importantes gerentes em uma avançada empresa do Vale do Silício odiava suas reuniões semanais, mas adorava e-mails, pois essa forma de comunicação era rápida, direta e objetiva. Eles achavam as reuniões "pura tagarelice, demoradas e, em suma, um desperdício de tempo". Então decidiram cancelar suas reuniões regulares e se encontrar somente quando confrontados com problemas muito difíceis de se resolver pela rede. Três meses mais tarde, as mesmas pessoas retomaram suas reuniões presenciais regularmente marcadas. Elas descobriram que tinham criado um "pesadelo tecnológico destruidor do moral do grupo". Quando os gerentes se reuniam, as reuniões eram desagradáveis e improdutivas. Precisamente pelo fato de poderem usar o e-mail para chegar a um consenso sobre questões simples, discutir as questões mais sensíveis de forma presencial acabou transformando as reuniões, que eram seu 'grande problema', em uma zona de combate. A interação por e-mail tinha eliminado as ocasiões para os acordos casuais e para as gentilezas sociais que tornavam as reuniões mais agradáveis. Até mesmo a comunicação por e-mail acabou ficando mais hostil, pois os participantes agiam tendo em vista a reunião que tratava dos grandes problemas (Schrage, 1995).

As negociações presenciais são particularmente importantes quando os negociadores se encontram pela primeira vez. Esta reunião é a ocasião em que se estabelecem as normas de interação e quando mal-entendidos devem ser solucionados. Os negociadores cooperam mais quando interagem frente a frente do que pelo telefone (Drolet & Morris, 1995). A comunicação face a face (em comparação com a comunicação por telefone e outras formas mais restritivas) incentiva o desenvolvimento de um sincronismo interpessoal e de *rapport*, levando, assim, a um comportamento mais confiável e cooperativo (Drolet & Morris, 1995). As reuniões presenciais são ideais quando é necessário enfrentar negociações complexas. Valley, Moag e Bazerman (1998) afirmam que "qualquer modo de comunicação durante a barganha aumenta a eficiência dos resultados em relação a previsões econômicas" (p. 212). De acordo com Valley e seus colegas (1998), que investigaram e compararam negociações presenciais e aquelas feitas somente por telefone ou troca de mensagens escritas, os negociadores que estavam frente a frente atingiram resultados mais integrativos (ganha-ganha) e distribuições mais equilibradas de excedentes (divisão mais igual do montante) do que os que participavam dos outros tipos de negociação citados. Além disso, as negociações escritas apresentaram mais impasses e as negociações por telefone aumentaram a probabilidade de prejuízo aos compradores e a incidênca de altas margens de lucro entre os vendedores.

Na maior parte das empresas, a incidência e a freqüência de comunicação face a face é quase perfeitamente prevista por quão próximas as pessoas estão umas das outras: os empregados que trabalham no mesmo escritório ou no mesmo andar se comunicam com mais freqüência do que aqueles que se encontram em andares ou prédios diferentes. A incidência de comunicação está literalmente ligada à distância — uns poucos passos podem ter um impacto enorme. Por exemplo, a freqüência de comunicação entre pesquisadores de P&D cai de forma logarítmica com somente cinco ou dez metros de distância entre escritórios (Allen, 1977). Os trabalhadores instalados em escritórios adjacentes se comunicam duas vezes mais do que os que ficam no mesmo andar, aí incluídas as comunicações via e-mail e telefone (Galegher, Kraut & Egido, 1990).

Mas o que exatamente as pessoas conseguem obter em contatos presenciais que torna essa conduta tão importante para que as negociações sejam tranqüilas? Em primeiro lugar, a comunicação frente a frente é mais fácil e, portanto, mais provável do que outras formas de comunicação. Em outras palavras, a maioria das pessoas precisa de um bom motivo para subir as escadas ou fazer um telefonema. Nós costumamos subestimar a quantidade de negociações decorrentes de encontros casuais, que possivelmente nunca ocorreriam de nenhuma outra forma que não a presencial, por causa do esforço necessário para isso. As negociações de ocasião são muito importantes para o sucesso do negócio no longo prazo.

Em segundo lugar, apesar de raramente estarem conscientes disso, as pessoas se baseiam, primeiramente, em sinais não-verbais para conduzir suas interações sociais. Estima-se que 93 por cento do significado das mensagens esteja contido na parte não-verbal da comunicação, como a entonação da voz (Meherabian, 1971; ver também o Apêndice 2 sobre comunicação não-verbal). Talvez esse aspecto não-verbal seja o motivo pelo qual os executivos enfrentam a inconveniência de viajar milhares de quilômetros e enfrentar diferentes fusos horários para poderem negociar frente a frente.

A ênfase no fator humano não constitui simplesmente uma superstição ligada à forma antiga de se fazer negócios. Processos comportamentais, cognitivos e emocionais importantes acontecem quando as pessoas se encontram frente a frente. No entanto, a menos que as pessoas sejam treinadas para isto, elas não saberão o que exatamente na interação presencial facilita a negociação – elas somente saberão que as negociações são mais tranqüilas e amigáveis. A negociação presencial permite às pessoas desenvolver *rapport* — o sentimento de se estar em 'sintonia' ou no 'mesmo comprimento de onda' — que é um fator determinante da construção ou não de confiança mútua. Os comportamentos não-verbais (orientação corporal, gesticulação, contato visual, anuência com a cabeça) e paraverbais (fluência em discurso, uso de 'hum-hum' etc.) são fundamentais para se estabelecer *rapport*. Quando a pessoa com quem estamos negociando se senta a uma distância maior, tem uma orientação corporal indireta, se inclina para trás, cruza os braços e evita o contato visual, sentimos menos *rapport* do que se a mesma pessoa se sentasse inclinando-se para a frente e com uma postura corporal mais receptiva, e se mantivesse um contato visual ininterrupto.

Não obstante, nem sempre podemos nos dar ao luxo de fazer reuniões presenciais. As pessoas muitas vezes optam pelo telefone mas, mesmo assim, nem sempre conseguem atingir seus objetivos. Algumas estimativas sugerem que até 70 por cento das tentativas de contato inicial por telefone não atingem o alvo pretendido (Philip & Young, 1987).

Mesma hora, lugares diferentes

A opção de mesma hora, lugares diferentes, na qual as pessoas negociam em tempo real mas não estão fisicamente no mesmo local, é normalmente uma alternativa às negociações frente a frente. A sua manifestação mais comum é por meio do telefone (a mensagem telefônica é a alternativa de horários diferentes e lugares diferentes); a videoconferência é outro exemplo.

Em conversas telefônicas, as pessoas não têm sinais faciais; em videoconferência, as pessoas sentem falta de sinais sociais em tempo real, como pausas, encarar-se mutuamente e a reação não-verbal de outra pessoa ao que é dito (desviar o olhar, mexer os olhos ou balançar e fazer anuências com a cabeça).

Quando a tecnologia tenta substituir a dinâmica da interação presencial, ela costuma falhar. Como exemplo, consideremos um grupo de trabalho de engenharia, localizado em dois escritórios distantes mil quilômetros um do outro, que decidiram fazer a experiência de ligar os dois locais por um sistema de câmeras e projetores de vídeo em todos os escritórios (Abel, 1990). No geral, os engenheiros interagiam à distância como se fossem um único grupo coeso, mas alguns incidentes perturbadores acabaram acontecendo. As conexões de vídeo não eram muito eficazes para criar novos relacionamentos ou resolver dissensões, e as falhas na comunicação eram tratadas como grosseria. Os membros de uma equipe de design eram incapazes de ouvir as idéias uns dos outros até que se reuniram frente a frente por três dias, quando então chegaram a um consenso.

A seguir, identificamos quatro desafios relacionados à opção de negociações na mesma hora e em lugares diferentes.

Perda da comunicação informal

Provavelmente o aspecto mais limitante desta alternativa de negociação seja a incapacidade de se conversar informalmente no corredor ou dentro dos escritórios. As conversas improvisadas e casuais que os negociadores têm no banheiro, perto do bebedouro ou voltando a pé do almoço são as ocasiões em que se resolvem os problemas mais difíceis e as questões interpessoais mais relevantes são tratadas. Freqüentemente, as negociações entravadas são resolvidas fora do fórum oficial de barganha. Além de uma pequena distância, as pessoas não se beneficiam de trocas espontâneas que ocorrem fora de reuniões formais. Muitas empresas percebem claramente que a comunicação informal que ocorre em suas organizações é o que há de mais importante e mais fundamental e começam a trabalhar nisso. Os sistemas de mensagens instantâneas, por exemplo, são cada vez mais usados entre os funcionários nas empresas. Por serem curtas e oferecerem respostas rápidas, as mensagens instantâneas são utilizadas para marcar reuniões e como 'canal de *backup*' para as comunicações durante chamadas de vendas (*Investors' Business Daily*, 12 nov. 2003). Elas podem, porém, estar mais suscetíveis às emoções espontâneas que os e-mails.

Oportunidade perdida

As negociações não acontecem somente quando as pessoas estão em desacordo e lutando pela posse de recursos escassos. Na verdade, muitas negociações são de oportunidade – como as *joint-ventures* empreendedoras. Elas são assim chamadas porque não são planejadas e normalmente acontecem durante encontros informais e casuais.

Separação de *feedback*

Outro impacto negativo da separação física é a ausência de *feedback*. As distâncias maiores tendem a bloquear os ciclos corretivos de *feedback*, normalmente fornecidos em negociações frente a frente. Um gerente comparou a forma como os empregados que trabalhavam no mesmo escritório negociavam com ele e a forma de negociar usada pelos funcionários que estavam a 15 quilômetros de distância (Armstrong & Cole, 1995). Os engenheiros que trabalhavam no mesmo local passavam na sala dele, encontravam-no na hora do almoço ou no saguão de entrada do escritório. "Eu escutei que vocês estão planejando mudar o projeto X", diziam. "Deixe-me dizer a você por que acho que isso seria uma estupidez." O gerente prestava atenção aos pontos elencados por eles, esclarecia alguns detalhes e saía mais bem informado. Por outro lado, os empregados do local remoto recebiam sua visita semanal com objeções formalmente preparadas, que levavam mais tempo para ser discutidas e que raramente eram resolvidas de forma tão completa quanto as discussões informais no saguão. Em suma, os negociadores que interagem remotamente não aproveitam as coincidências para detectar e corrigir problemas de maneira casual.

Timing na negociação

Os conflitos são expressos, reconhecidos e tratados mais rapidamente quando os negociadores trabalham próximos. Um gerente pode identificar um problema e 'cortá-lo pela raiz' se trabalhar perto de seus empregados. Quando as pessoas estão fisicamente separadas, há mais chance de que as questões pendentes permaneçam sem solução. Essa tendência contribui para um ciclo crescente de comportamentos destrutivos na negociação.

Apesar das muitas desvantagens da distância poderem ser listadas quando se tem uma negociação, nem sempre elas representam um 'passivo' para os negociadores. A formalidade de uma reunião telefônica pré-agendada pode fazer que cada uma das partes se prepare melhor para a negociação e trate as questões de forma mais eficiente. Além disso, pode criar uma 'zona de amortecimento' entre as partes, o que significa dizer que pode ser bom uma parte não ver a outra virar os olhos.

Horários diferentes e mesmo lugar

Na opção de horários diferentes e mesmo lugar, os negociadores interagem de forma assíncrona, mas têm acesso ao mesmo documento ou espaço físico. Um exemplo pode ser o trabalho em turnos, em que um indivíduo que entra para trabalhar continua o que foi deixado pelo funcionário do turno anterior. Outro exemplo é o de dois colaboradores trabalhando em um mesmo documento eletrônico. Um colega termina sua parte e repassa o texto para o companheiro, que continua a editá-lo e melhorá-lo. Apesar de as pessoas raramente perceberem isso, elas negociam com bastante freqüência de forma assíncrona. Vejamos o exemplo de uma equipe de engenheiros de *software* distribuída por Bangalore, Palo Alto (Califórnia) e Londres, trabalhando no desenvolvimento de um novo *software*. O seu 'laboratório 24 horas por dia' usa ativamente as diferenças globais de fuso horário. No final de um dia de trabalho, o grupo de Bangalore envia seu trabalho para a equipe de Londres, que contribui com a sua parte; o trabalho é então assumido pela equipe localizada em Palo Alto (*Australian Financial Review*, 30 set. 1998).

Lugares diferentes e horários diferentes

Na opção de lugares e horários diferentes, os negociadores se comunicam de forma assíncrona em diferentes locais. A revista *Training* (1º out. 1999) observa que, assim como o telefone se tornou um meio importante para desenvolver acordos, a Internet está se transformando rapidamente na mídia preferida por muitos 'tecnonegociadores'. O exemplo mais comum disso é o correio eletrônico (e-mail): Jerry, que está em Seattle, Estado de Washington, Estados Unidos, envia uma mensagem para Sally, que está no Japão. Com o e-mail, as partes envolvidas não têm que estar disponíveis simultaneamente para que a negociação ocorra. Para uma visão geral sobre a dinâmica das negociações por e-mail, ver Thompson e Nadler (2002). Nós identificamos quatro vieses importantes que afetam a capacidade das pessoas em negociar por e-mail.

Viés do sincronismo temporal

O **viés do sincronismo temporal** é a tendência que os negociadores têm de se comportar como se estivessem se comunicando de forma síncrona, quando, de fato, não estão. Certamente, aqueles que fazem *e-negociações* têm consciência de que o e-mail é, na verdade, uma forma assíncrona de comunicação, mas eles normalmente não levam isso em consideração ou ignoram algumas das implicações desse fato. Uma das coisas que os negociadores apreciam na negociação é a capacidade de fazer propostas e contra-ofertas, quase no estilo de uma partida de tênis. Howard Raiffa (1982) refere-se a esta interação como a 'dança da negociação'. As *e-negociações* interrompem a dança natural das negociações. Em nossa pesquisa, descobrimos que há uma incidência menor de um comportamento caracterizado pela alternância de controle em negociações conduzidas por e-mail do que nas presenciais (Morris, Nadler, Kurtzberg & Thompson, 2002). Além do mais, é o volume de alternância de controle ou 'dança' dentro das negociações que prevê o comportamento de jogar conversa fora e facilita o desenvolvimento de confiança e *rapport* (Morris et al., 2002).

A troca de controle na conversação não faz somente que ela pareça fluir melhor, mas também desempenha uma importante função em termos de informação. Ela permite às pessoas envolverem-se num processo natural de correção imediata, que é de alguma forma semelhante à idéia da aprendizagem de dois ciclos (Capítulo 1). Em interações presenciais, os receptores e os emissores normalmente participam de um processo de correção rápida da informação (por exemplo, Higgins, 1999; Krauss & Chiu, 1998). Entretanto, em negociações por e-mail ou *e-negociações*, os negociadores são confrontados com a misteriosa tarefa de interpretar comunicações empobrecidas sem a oportunidade de obter esclarecimentos. Assim, os *e-negociadores* são forçados a fazer mais suposições do que quem participa de negociações frente a frente. Na verdade, nossas pesquisas sobre *e-negociações* revelam que os envolvidos nessa modalidade de negociação fazem menos perguntas esclarecedoras do que os negociadores presenciais (Morris et al., 2002).

O viés de fechar portas

Este viés representa a tendência que as pessoas têm de apresentarem mais freqüentemente comportamentos interpessoais arriscados (como fazer ameaças, exigências e ultimatos) em uma mídia empobrecida do que em interações presenciais. Quando as pessoas se comunicam frente a frente, elas agem de acordo com o que os psicólogos chamam de 'ritual de cortesia', no qual concordam, sorriem, fazem contato visual direto e verbalizam (com 'hum-hum' etc.), o que serve para confirmar o que a outra pessoa diz e fortalecer o relacionamento entre os negociadores. Assim, o ritual de cortesia prepara o 'palco' para a confiança e o *rapport* entre os negociadores que estão navegando em um relacionamento de motivações diversas. Na verdade, os negociadores mais bem-sucedidos em desenvolver um *rapport* positivo têm uma maior probabilidade de construir confiança (Morris et al., 2002).

Várias razões explicam o porquê de os *e-negociadores* fecharem as portas de um relacionamento. Primeiro, eles têm que prestar menos contas sobre o relacionamento. Esse tipo de negociação ocorre em um vácuo social. As negociações presenciais, ao contrário, normalmente acontecem no solo fértil das redes sociais; neste sentido, os indivíduos sentem uma maior responsabilidade por seu comportamento (Wicklund & Gollwitzer, 1982). Na verdade, os observadores de interações presenciais conseguem avaliar imediatamente o '*rapport* sentido' entre as pessoas que interagem. Além disso, parecem prestar atenção às pistas certas. Quanto maior o sincronismo das manifestações não-verbais, maior a probabilidade de alguém de fora julgar que um alto nível de *rapport* está presente na interação (Bernieri, 1991; Bernieri, Davis, Rosenthal & Knee, 1994).

Em segundo lugar, os negociadores normalmente usam estratégias mais agressivas porque não pensam no futuro de seu relacionamento. Novamente, o fator prestação de contas desempenha um papel importante e muitos *e-comunicadores* não reconhecem que suas comunicações estão ligadas a eles para sempre. Apesar de os e-mails poderem ser 'deletados', eles são recuperáveis em grande parte dos sistemas computacionais. Ainda assim, as pessoas agem como se as mensagens tivessem um caráter efêmero (Sproull & Keisler, 1991). Por exemplo, durante uma audiência no Congresso dos Estados

Unidos, Oliver North foi extremamente cuidadoso em suas entrevistas orais (presumivelmente consciente de que a câmera tinha seu foco nele, registrando indelevelmente cada palavra dita); no entanto, ele foi obviamente muito mais relaxado em seu correio eletrônico (Sproull & Keisler, 1991).

O viés do 'chato' ou do 'quem fala mais alto leva'

Este viés consiste na tendência manifestada pelos negociadores de adotar um estilo de negociação de confronto (semelhante ao estilo emocional exigente e negativo descrito no Capítulo 5) ao se comunicarem via e-mail — embora o mesmo negociador possa usar um estilo emocional positivo numa interação presencial. Na verdade, as pessoas são mais propensas a apresentar um comportamento social fora dos padrões quando interagem por e-mail (Keisler & Sproull, 1992). Elas se concentram mais no conteúdo da tarefa e menos na etiqueta adequada para a situação. Por exemplo, uma notícia ruim é transmitida para os superiores com menos atraso através de e-mail do que em encontros presenciais (Sproull & Keisler, 1991). Em uma comparação direta entre as negociações presenciais e as realizadas por e-mail, as pessoas que negociam pela última forma são mais propensas a confrontar negativamente seus oponentes (Morris, Nadler, Kurtzberg & Thompson, 2002). Um comportamento impulsivo e rude, como o 'comportamento inflamado', aumenta quando as pessoas interagem por e-mail, em parte porque elas prestam mais atenção ao conteúdo da mensagem que ao seu estilo. Uma investigação da questão sugere que as pessoas têm oito vezes mais chance de se comportar dessa forma ao se comunicarem por e-mail do que em interações presenciais (Dubrovsky, Keisler & Sethna, 1991). O conflito cresce mais rápida e freqüentemente, o que funciona como um bloqueio para a negociação integrativa eficaz.

Quando as indicações de contexto social estão ausentes ou fracas, as pessoas sentem-se distantes umas das outras e de alguma forma anônimas. Elas se preocupam menos em criar uma boa aparência e o humor tende a sumir ou a ser mal-interpretado. A exteriorização das emoções negativas não é mais minimizada, pois os fatores que levam as pessoas a evitarem sua manifestação não estão presentes quando elas se comunicam por meio da tecnologia da informação. Simplesmente, na ausência de normas sociais que prescrevam a expressão de emoções positivas, as pessoas ficam mais propensas a expressar emoções negativas. Um aluno de MBA perdeu seu emprego quando enviou ao seu supervisor uma mensagem de e-mail que foi interpretada como insensível. O estudante estava usando o e-mail para renegociar suas responsabilidades no trabalho e listou o que via como problemas dentro da organização e as pessoas que os estavam causando. Logo depois, ele foi chamado para uma reunião com a alta administração e todos estavam de posse de uma cópia de seu e-mail (*Training*, 1º out. 1999).

Sem qualquer surpresa, a tendência das pessoas de ter um comportamento 'inflamado' nos e-mails tem levado algumas delas a tentar humanizar a *e-comunicação*. O uso de símbolos representa uma forma de adicionar um toque mais humano à comunicação até então impessoal. (A Tabela 12.2 ilustra as expressões mais freqüentemente usadas na troca de e-mails).

Viés da atribuição sinistra

As pessoas muitas vezes fazem atribuições equivocadas de comportamento a seus traços subjacentes de caráter, ao mesmo tempo que ignoram a influência de fatores temporários e relacionados à situação (Ross, 1977). O *viés da atribuição sinistra* refere-se à tendência dos e-comunicadores por e-mail de imputar intenções diabólicas à parte oponente (Thompson & Nadler, 2002). Kramer (1995) cunhou o termo *erro de atribuição sinistra* para se referir à tendência de atribuir motivações malevolentes às pessoas que não conhecemos ou que representam interesses externos aos do nosso grupo. Atribuir motivações sinistras a membros externos ao nosso grupo é especialmente comum na comunicação por e-mail, na qual a ausência de indicações sociais gera uma sensação de isolamento e de distância social. Na verdade, Fortune e Brodt (2000) descobriram que os *e-negociadores*

TABELA 12.2 _Emoticons_ na comunicação por e-mail, usados para expressar emoções

Emoticons	Definição
:)	O *emoticom* básico. Usado para reforçar uma declaração sarcasticamente cômica, pois você não pode ouvir uma inflexão de voz por e-mail.
;-)	Piscada ou piscadela. O usuário acabou de fazer uma observação de flerte ou sarcasmo. É como querer dizer "não me bata pelo que eu acabei de falar".
:-(	Triste. O usuário não gostou da última declaração ou está triste ou deprimido com alguma coisa.
:-T	Indiferente. Melhor que um :-(mas não tão bom quanto um :-).
:->	O usuário acabou de fazer uma observação realmente sarcástica. Pior que um ;-).
>:->	O usuário acabou de fazer uma observação diabólica.
>;-.	Combinação de piscadela e diabólico. Uma observação muito lasciva acabou de ser feita.
l-)	He he - risadinha
l-D	Ho ho – sorriso aberto
:-o	Surpreso
:-P	Nyahhh! – língua de fora (sarcasmo ou deboche)

costumavam desconfiar e suspeitar mais que a outra parte teria mentido ou os enganado do que os negociadores que atuam presencialmente. Ainda assim, os *e-negociadores* tinham a mesma probabilidade que os negociadores presenciais de enganar a outra parte. Em suma, a situação não ofereceu base factual alguma para alimentar as suspeitas crescentes da outra parte.

Uma questão fundamental é a preocupação de como a Tecnologia da Informação afeta o desempenho na negociação. A Tabela 12.3 resume as principais descobertas relacionadas a como a Tecnologia da Informação – e, em particular, as e-negociações – afeta as medidas econômicas (acordos interativos de nível 1, resultados distributivos) e as medidas sociais de desempenho (como confiança, respeito etc.; ver também McGinn & Croson, 2004). Os negociadores que se comunicam frente a frente estão mais propensos a chegar a acordos e evitar impasses do que os *e-negociadores*. Além disso, a probabilidade de chegarem a uma negociação mutuamente lucrativa (e evitar o impasse) é uma função da riqueza da comunicação. Por exemplo, quando os negociadores são autorizados a se comunicar por escrito ou frente a frente, eles têm uma probabilidade muito maior de chegar a um acordo dentro da ZOPA do que aqueles que não interagem e somente fazem ofertas (McGinn, Thompson & Bazerman, 2003). Um debate considerável continua a circundar a questão de se a tecnologia da informação prejudica ou não a capacidade dos negociadores de aumentar o tamanho do montante. Croson (1999) comparou resultados em negociações frente a frente com aqueles obtidos em negociações mediadas por computador e descobriu que as últimas eram tão ou mais integrativas do que as primeiras. Croson (1999) também relatou que as negociações mediadas por computador geravam resultados que eram mais justos, se julgados em termos de serem mais iguais em valor.

TECNOLOGIA DA INFORMAÇÃO E SEUS EFEITOS SOBRE O COMPORTAMENTO SOCIAL

Além de afetar resultados negociados, a tecnologia da informação tem um efeito extremamente poderoso sobre o comportamento social em geral (Keisler & Sproull, 1992). Muitas pessoas se surpreendem ao se dar conta de como agem quando se comunicam por e-mail. Para ter sucesso, os negociadores devem entender como o seu próprio comportamento é afetado pela tecnologia.

TABELA 12.3 O efeito da tecnologia da informação sobre o desempenho dos negociadores

	E-negociações versus negociações presenciais	E-negociações melhoradas ('jogando conversa fora', status de membros do grupo etc.) versus e-negociações não-melhoradas
Percentual de impasse (descobrindo a ZOPA)		Uma divulgação pessoal breve por e-mail reduz a probabilidade de impasse. Negociações fora do grupo resultam em mais impasses do que negociações dentro do grupo.
Comportamento integrativo (por exemplo, ofertas que envolvem múltiplas questões)	Os negociadores que se valem da e-negociação fazem mais ofertas ligadas a múltiplas questões.	
Tamanho do montante (aumentando o tamanho)	Os resultados não são claros, com alguns estudos revelando que a interação presencial resulta em melhores ganhos conjuntos; outros estudos não indicam diferença alguma.	Uma breve chamada telefônica antes das e-negociações melhora os resultados conjuntos.
Comportamentos distributivos (por exemplo, ameaças)		Os negociadores preocupados com a reputação do grupo usam estratégias mais agressivas, levando a resultados piores que os obtidos por negociadores que se concentram em sua própria reputação.
Divisão do montante (resultados distributivos)	Negociações mediadas pelo computador resultam em mais pedaços iguais na divisão do montante do que a interação presencial.	
Confiança e *rapport*	Menos *rapport* nas e-negociações.	Uma breve chamada telefônica antes das e-negociações aumenta a cooperação e a qualidade dos relacionamentos. Negociadores que tentam desenvolver *rapport* constroem mais confiança do que aqueles que tentam simplesmente dominar a situação.

Fonte: Tabela parcialmente adaptada de Thompson, L. & Nadler, J. (2002). Negotiating via information technology: Theory and application. *Journal of Social Issues,* 58(1), p. 109–124.

Status e poder: o efeito do 'fraco que se transforma em forte'

Em interações presenciais, as pessoas não contribuem de forma igual para a conversa. Entre em uma sala de aula, inicie uma discussão ou reunião de negócios e ficará imediatamente óbvio que uma pessoa num grupo de duas falará quase o tempo todo, e umas poucas pessoas são responsáveis por mais de 75 por cento de toda a conversa em um grupo maior. Por exemplo, num típico grupo de quatro pessoas, duas falam 70 por cento do tempo; em um grupo de seis pessoas, três delas respondem por 85 por cento e, em um grupo de oito, três pessoas são responsáveis por 77 por cento de toda a conversa (Shaw, 1981). Mesmo quando o desempenho depende de contribuições, a participação não é igual.

Quem, então, domina a maior parte das discussões em negociações presenciais? Quase sem nenhuma exceção, o status prediz isso. As pessoas de status mais alto falam mais, mesmo se não forem especialistas no assunto em discussão. Não é surpreendente descobrir que os gerentes falam mais que seus subordinados e os homens falam mais do que as mulheres. Se nenhum sistema inerente de status organizacional estiver óbvio, os negociadores se basearão em símbolos superficiais de status como sexo, idade e raça. Alguns pontos da situação também afetam o status percebido. A pessoa que se senta na cabeceira da mesa fala mais do que quem se senta dos lados, mesmo que a disposição das cadeiras tenha sido arbitrária (Strodtbeck & Hook, 1961). A aparência pode afetar o status: as pessoas de terno falam mais do que as outras. Os sinais dinâmicos podem definir status, como balançar a cabeça em aprovação a algo, tocar as pessoas (os indivíduos de alto status tocam os de baixo status, mas não o contrário), hesitar e franzir a testa.

O que acontece quando os negociadores interagem usando tecnologia, como por meio de correio eletrônico? Os sinais tradicionais de status estão ausentes e os sinais dinâmicos são distintivamente menos impactantes, o que tem um efeito acentuado sobre o comportamento na negociação. As diferenças de poder e de status são minimizadas. As pessoas em posições tradicionalmente mais fracas em negociações frente a frente tornam-se mais poderosas quando se comunicam por meio da tecnologia da informação, pois os sinais de status são mais difíceis de decodificar (Sproull & Keisler, 1991). Em um teste direto desta idéia, fizemos alguns participantes negociarem via e-mail e outros por mensagem instantânea (tipo MSN Messenger) (Chakravarti, Loewenstein, Morris, Thompson & Kopelman, 2004). Argumentamos que a mensagem instantânea funciona mais como uma interação presencial porque os negociadores precisam responder rapidamente e em tempo real. Por exemplo, se se pede a alguém para responder uma pergunta sobre a qualidade de um produto em um sistema de mensagens instantâneas, o vendedor precisa fornecer uma resposta rápida e da qual tenha certeza. Nossa hipótese é que a mídia de mensagens eletrônicas representaria uma vantagem quando os negociadores tivessem uma posição sólida de barganha, mas uma armadilha quando esta posição é fraca, pois eles estariam 'expostos' e poderiam não conseguir suporte tão facilmente. Este foi exatamente o resultado que encontramos. Os vendedores que tinham argumentos convincentes sobre seus produtos se saíram particularmente bem com as mensagens instantâneas, pois podiam, de certa forma, convencer verbalmente os compradores; os vendedores que possuíam argumentos fracos, porém, não conseguiram manter sua posição nessa mídia e se saíram muito melhor em negociações por e-mail tradicional. A mensagem a ser passada é: se você possuir uma posição sólida de barganha, a mídia empobrecida pode ajudá-lo; se você, por outro lado, estiver em uma posição fraca, insista na comunicação frente a frente ou imediata.

A natureza específica do e-mail esconde sinais tradicionais de status. Quando as pessoas recebem um e-mail de outras, elas normalmente não sabem o status do emissor, onde a pessoa trabalha ou se ela está em uma empresa. As pessoas que normalmente não se aproximariam de outras pessoalmente têm uma probabilidade muito maior de iniciar uma troca de e-mails. As indicações tradicionais e estáticas, como a posição e o título, não são tão óbvias num e-mail. É muitas vezes impossível dizer se você está se comunicando com o presidente ou com um auxiliar de escritório, pois o e-mail tradicional simplesmente lista o nome da pessoa e não o título. Os endereços eletrônicos contêm apenas partes abreviadas do nome da pessoa e podem ser difíceis de entender. Mesmo quando podem ser decifrados, os endereços de e-mail identificam a organização, mas não a subunidade, o título do cargo, a importância social ou o nível em que o emissor está na organização. Sinais dinâmicos de status como a vestimenta, maneirismos, idade e sexo também estão ausentes dos e-mails. Nesse sentido, o e-mail age como um equalizador, pois torna difícil para as pessoas de status mais alto dominarem a discussão. A falta dessas indicações faz que as pessoas respondam de forma mais aberta e menos hesitante do que nas interações presenciais. As pessoas são menos propensas a se submeter a normas sociais e a outras pessoas quando interagem por meio da comunicação eletrônica.

No geral, a quantidade de participação será menor em comunicação eletrônica do que na presencial, mas as contribuições por parte dos membros será mais equilibrada (para uma revisão da literatura, ver McGrath & Hollingshead, 1994). Por exemplo, quando um grupo de executivos se reúne frente a frente, os homens têm cinco vezes mais probabilidade de fazer a primeira proposta decisiva do que as mulheres. Quando o mesmo grupo se reúne por meio do computador, as mulheres fazem a proposta inicial com tanta freqüência quanto os homens (McGuire, Keisler & Siegel, 1987). Além disso, o tempo para se completar uma tarefa é maior por e-mail do que em uma interação presencial, provavelmente porque as pessoas falam muito mais rápido do que escrevem.

Redes sociais

Em organizações tradicionais, as redes sociais são determinadas por quem fala com quem; na nova organização, ela é determinada por quem se comunica com quem pelo uso de tecnologia. As pessoas estabelecidas na periferia das empresas que se comunicam eletronicamente integram-se mais em suas organizações (Eveland & Bikson, 1988). A interação computadorizada aumenta os recursos das pessoas que têm a rede de relacionamento pequena.

A natureza das redes sociais que modela o comportamento de negociação muda radicalmente quando a tecnologia da informação entra em ação, como uma forma de comunicação. As redes de e-mails, ou a conexão entre pessoas que se comunicam por correio eletrônico, aumentam os recursos daqueles que têm uma pequena rede de relacionamento. Quando as pessoas precisam de assistência (como informações ou recursos), elas normalmente a procuram na sua rede social mais próxima. Quando tal ajuda não está disponível, elas acabam usando laços fracos, como relacionamentos com conhecidos ou estranhos, para buscar a ajuda que não está disponível com amigos ou colegas. Entretanto, isso gera um problema: na ausência de relacionamentos pessoais ou da expectativa de reciprocidade direta, a ajuda oriunda de pessoas com quem se mantém laços fracos pode não estar disponível ou pode ser de baixa qualidade.

Algumas empresas, particularmente as globais e as da área de tecnologia da informação e comunicações, precisam se basear em e-mails e em empregados da empresa que formam conexões entre si com base em nenhum contato físico. Os incentivos para dedicar um tempo para ajudar alguém com um problema e localizado em outra parte do mundo são minúsculos.

A Tandem Corporation é uma fabricante global de computadores que tem uma organização altamente dispersa em termos geográficos (Sproull & Keisler, 1991). Os seus gerentes precisam de aconselhamento técnico para resolver problemas, mas eles nem sempre podem obter conselhos úteis de seus colegas locais. Em outras palavras, as redes sociais locais não são normalmente suficientes para resolver os problemas. O que se pode fazer então?

Um estudo dos e-mails da Tandem revelou descobertas surpreendentes e encorajadoras (Sproull & Keisler, 1991): os gerentes que fazem uma solicitação de assistência técnica recebem uma média de 7,8 respostas por solicitação. Todas elas são sérias e os respondentes gastam nove minutos por resposta. Elas resolvem o problema em 50 por cento das oportunidades. Os fornecedores de informação contribuem com conselhos úteis e resolvem os problemas, independentemente de sua falta de conexão pessoal com o solicitante.

Outra possibilidade é catalogar ou armazenar informações em alguma base de dados facilmente acessível. Em uma empresa técnica, essa base de dados incluiria relatórios publicados e manuais científicos. Os engenheiros e gerentes, contudo, não gostam de consultar relatórios técnicos para obter a informação necessária: a maior parte das informações usadas por eles para resolver seus problemas é obtida em discussões presenciais. As pessoas nas organizações normalmente preferem ajudar por meio de fortes laços de associação, desenvolvidos através da proximidade física, similaridade e familiaridade. Voltando ao final da década de 1990, várias indústrias previam que compradores e vendedores usariam *sites Web* para se encontrar e, portanto, romperiam os canais tradicionais de distribuição e provocariam a baixa dos preços. Ainda assim, das 1500 empresas B2B (*business-to-business*) iniciadas, somente 43 por cento continuam existindo (*Inc.*, 1º ago. 2003c). Os compradores valorizam muito os relacionamentos de longo prazo com seus fornecedores.

É por meio do envio ou recebimento de e-mails que se pode expandir a rede social de uma pessoa e, no final, aumentar o compromisso? A quantidade de e-mails que uma pessoa envia (e não a que recebe) prediz o compromisso (Sproull & Keisler, 1991). Dessa forma, o e-mail pode oferecer uma rota alternativa para levar as pessoas a ter uma voz a ser ouvida se elas contribuírem pouco em reuniões presenciais.

Assumindo riscos

Considere as seguintes opções:

1. Um retorno de 20 mil dólares ao longo de dois anos
2. Cinqüenta por cento de chance de um retorno de 40 mil dólares e 50 por cento de chance de nenhum retorno no mesmo período

Obviamente, a opção 1 representa a escolha 'segura' (sem riscos); a opção 2 é a escolha arriscada. Entretanto, essas duas opções são matematicamente idênticas, o que significa que, sob um ponto de vista objetivo, as pessoas não deveriam favorecer uma em detrimento da outra (ver também o Apêndice 1). Quando defrontados com essas duas escolhas, a maioria das pessoas tem aversão ao risco, o que quer dizer que escolhem a recompensa garantida e não assumem o risco de ganhar uma quantia maior (ou de, igualmente, perder tudo). Consideremos o que acontece quando a seguinte escolha é proposta:

1. Perda garantida de 20 mil dólares ao longo de dois anos
2. Cinqüenta por cento de chance de uma perda de 40 mil dólares e 50 por cento de chance de nenhuma perda

Nesta situação, a maioria dos gerentes assume o risco e opta pela alternativa 2. Por quê? De acordo com o efeito de *framing* (Capítulo 2; Kahneman & Tversky, 1979), as pessoas têm aversão ao risco para ganhos, mas estão dispostas a arriscar no que se refere a perdas. Essa tendência pode gerar um comportamento contraditório e estranho. Ao se manipular o ponto de referência, as escolhas de política fiscal de uma pessoa podem mudar.

Os grupos tendem a tomar decisões mais arriscadas que os indivíduos, se considerarmos uma situação com as mesmas opções de escolha. Assim, a busca por risco é bastante exagerada em grupos que interagem presencialmente. Paradoxalmente, os grupos que tomam decisões por comunicação eletrônica buscam o risco tanto para ganhos quanto para perdas (McGuire, Keisler & Siegel, 1987). Além disso, os executivos são muito confiantes em suas decisões, sejam elas tomadas por comunicação eletrônica ou presencial. Por exemplo, em comparações realizadas com pessoas negociando presencialmente, por e-mail ou por uma combinação dessas duas (Shell, 1999), as pessoas que usam somente o e-mail acabam chegando a mais impasses. De acordo com Shell, "as pessoas tendem a aumentar a discordância quando focam os problemas e a posição sem o benefício de uma informação contextual pessoal que surge normalmente quando falamos frente a frente com nosso oponente" (p. 106).

Rapport e normas sociais

O desenvolvimento de confiança e *rapport* é crucial para o sucesso em negociações. Quanto maior o contato frente a frente entre os negociadores e quanto maior o *rapport*, maior a chance de obter resultados integrativos. O *rapport* é mais difícil de se estabelecer em meios de comunicação considerados pobres (Drolet & Morris, 2000). Por exemplo, Drolet e Morris (2000) testaram a hipótese de que o acesso visual entre negociadores estimula o *rapport* e facilita, desta forma, a cooperação e a expansão do montante. Eles instruíram alguns negociadores a se posicionar frente a frente ou lado a lado (incapazes de ver um ao outro) numa negociação simulada de greve. Os negociadores que estavam frente a frente ficaram mais propensos a coordenar seus esforços para chegar a um acordo no início da greve, o que resultou em maiores ganhos conjuntos. Além disso, o *rapport* foi maior entre eles do que entre negociadores posicionados lado a lado. Em um estudo diferente (Drolet & Morris, 1995), foram feitas comparações entre interações frente a frente, por videoconferência e somente por áudio. Os negociadores que estavam frente a frente perceberam uma intensidade de *rapport* maior do que os negociadores dos outros dois grupos. Além disso, observadores independentes julgaram que eles estavam 'mais sintonizados' entre si. Eles também tinham mais confiança mútua e foram mais bem-sucedidos em coordenar suas decisões.

Paranóia

No programa de TV *Saturday Night Live*, Pat (Julia Sweeney) era uma personagem de sexo desconhecido. Pat tinha um nome andrógino, usava roupas largas e não externava qualquer característica masculina ou feminina, ou preferências estereotipadas. A maioria das pessoas percebeu que estava enlouquecendo para interagir com Pat, sem saber o seu gênero. A ambigüidade sexual também ocorre quando interagimos pela tecnologia. É geralmente falta de educação perguntar a alguém se ele ou ela é um homem ou uma mulher.[1] Assim, somos deixados à mercê de um sentimento de incerteza. A incerteza, conseqüentemente, aumenta a paranóia. As pessoas paranóicas ficam mais propensas a supor o pior sobre as outras ou sobre a situação (Kramer, 1995).

Quando a mudança tecnológica cria novas situações sociais, as expectativas e as normas tradicionais perdem o seu poder. As pessoas inventam novas formas de se comportar. A tecnologia eletrônica atual é pobre em sinais sociais e experiência compartilhada. As pessoas 'conversam' com outras, mas fazem isso sem a companhia de ninguém (Sproull & Keisler, 1991). Como resultado, suas mensagens têm uma tendência de demonstrar menos consciência social. A vantagem é que a pose social e a bajulação diminuem. A desvantagem é que a cortesia e a preocupação com os outros também declinam. Duas características da comunicação baseada no computador, o texto puro e a efemeridade percebida das mensagens, fazem que seja relativamente simples para uma pessoa esquecer ou ignorar sua platéia e, conseqüentemente, enviar mensagens que ignoram fronteiras sociais, que divulgam a própria pessoa ou que são muito ásperas (Sproull & Keisler, 1991).

A interação descrita a seguir ocorreu, em sua opinião, em uma sala de reunião ou via Internet?

Negociador A: Se eu não tiver uma resposta sua até amanhã, então vou presumir que você concorda com a minha proposta.

Negociador B: Da minha perspectiva, não há nenhuma lógica ou motivação para transferir esta tecnologia revolucionária para a sua divisão.

Negociador A: Eu não preciso lembrar a você o quanto nossas carreiras serão prejudicadas se essa questão for levada a instâncias superiores.

Negociador B: Sua oferta é ridícula.

Negociador A: Esta é minha oferta final.

---

1. Isto ocorre com mais freqüência nos Estados Unidos, onde o mesmo nome é utilizado para pessoas de ambos os sexos, como Pat (reduzido de Patrick ou Patricia), Robin, Leslie etc. No Brasil isso ocorre com alguns nomes também, como Darcy, Ariel, entre outros. (N. do T.)

A maioria das pessoas observa corretamente que essa interação ocorreu via Internet. O fenômeno do comportamento inflamado sugere que, por correio eletrônico, as ações e decisões (e não somente as mensagens) podem se tornar mais extremadas e impulsivas (Sproull & Keisler, 1991).

ESTRATÉGIAS PARA MELHORAR NEGOCIAÇÕES MEDIADAS POR TECNOLOGIA

Muitas vezes, os negociadores não podem se dar ao luxo de ter reuniões presenciais durante todo o processo de negociação. Sob tais circunstâncias, que estratégias podem ser utilizadas para aumentar o sucesso no aumento do tamanho do montante ou em sua divisão? Consideremos as seguintes táticas.

Experiência inicial frente a frente

Alge, Wiethoff e Klein (2003) compararam a eficácia de equipes virtuais e presenciais trabalhando em um exercício de *brainstorming* e em outro de negociação. As equipes virtuais trabalharam melhor no exercício de *brainstorming*, enquanto as presenciais se saíram melhor no de negociação. Além disso, Alge e seus colegas (2003) descobriram que, mesmo apesar de as equipes presenciais se comunicarem melhor inicialmente (durante os estágios iniciais de um projeto), conforme as equipes virtuais iam ganhando experiência elas se comunicavam tão abertamente e compartilhavam informação tão eficazmente quanto as equipes presenciais. De acordo com Alge, "um gerente que queira formar um grupo de trabalho para um projeto longo e complexo deveria escolher uma equipe cujos membros estivessem no mesmo local ou investir inicialmente em recursos que lhes dessem a oportunidade de se conhecerem bem. Então, conforme as equipes forem se tornando mais experientes e os membros mais familiarizados com seus companheiros e com a tecnologia, eles podem trocar idéias mais eficazmente usando a mídia mais 'leve' da Internet, que não dispõe de comunicação não-verbal, indicações sociais e nuances que existem nas 'interações presenciais'" (*Associated Press*, 23 abr. 2003).

Muitas vezes, as pessoas podem desenvolver *rapport* com base em reuniões presenciais curtas, o que pode reduzir a incerteza e construir confiança. O contato frente a frente humaniza as pessoas e cria expectativas para os negociadores usarem em seus trabalhos subseqüentes à distância, que venham a realizar juntos. Christopher H. Browne, por exemplo, diretor executivo da Tweedy Browne Company, uma firma de gestão de investimentos sediada em Nova York, é um autodeclarado 'viciado em e-mail'. Quando deu à Universidade da Pensilvânia um presente de 10 milhões de dólares, sua sugestão era a de que a universidade elaborasse on-line os detalhes do pagamento e propósito de seu presente. Ele foi, porém, cuidadoso ao fazer essa sugestão após uma reunião presencial que teve com as autoridades da universidade sobre o presente. Quatro dias e vários e-mails mais tarde, o negócio foi completado. Tanto Browne quanto as autoridades da universidade disseram que o processo poderia ter levado semanas se eles tivessem contado apenas com telefonemas e faxes. As autoridades universitárias disseram que fariam uma viagem a Nova York para agradecer Brown pessoalmente: "Apesar de este [acordo] ter sido feito no ciberespaço, não queremos perder de vista o fato de que existem pessoas reais envolvidas" (*Chronicle of Higher Education*, 9 fev. 2000, p. 2).

Videoconferência/teleconferência de um dia

Se uma reunião inicial presencial estiver fora de questão, uma boa alternativa pode ser conseguir que todas as pessoas envolvidas estejam on-line, de modo que todas possam ligar um nome a um rosto. Dependendo do tamanho da equipe e da localização dos diferentes membros, essa alternativa pode ser mais viável que uma reunião presencial. Por exemplo, em um estudo, negociadores que nunca tinham se encontrado foram instruídos a ter uma breve conversa telefônica antes de iniciar negociações somente por e-mail (Morris, Nadler, Kurtzberg & Thompson, 2002). Um outro grupo não teve essa conversa inicial por telefone com seus oponentes. O único propósito da conversa telefônica era de as pessoas se conhecerem. O simples ato de papear e trocar informações pessoais fez que o *rapport* se desenvolvesse e que algumas dificuldades de comunicação ligadas à mídia empobrecida do e-mail fossem superadas. Os negociadores que realizaram uma conversa telefônica inicial descobriram que suas atitudes em relação a seus oponentes mudaram; os que conversaram com seus oponentes tornaram-se menos competitivos e mais cooperativos antes de as negociações começarem, quando comparados com os que não tiveram essa conversa prévia. No final, os negociadores que tiveram um contato pessoal com seus oponentes se sentiram mais confiantes de que as futuras interações que tivessem com as mesmas pessoas seriam mais tranqüilas. Uma relação de confiança foi assim desenvolvida entre as partes por meio da construção de *rapport* devido à chamada telefônica antes do início das negociações. Sem nenhuma surpresa, aqueles que tiverem o contato telefônico inicial apresentaram menor propensão a chegar a um impasse do que os outros. O simples ato de fazer esforço para estabelecer um relacionamento pessoal pelo telefone, antes de iniciar em negociações por e-mail, pode ter conseqüências bastante positivas.

'Papo furado'

O *papo furado* (conforme descrito no Capítulo 6) é o nome que damos para um contato que não esteja relacionado a tarefas e cujo efeito psicológico é estabelecer um relacionamento com alguém (Moore, Kurtzberg, Thompson & Morris, 1999; Morris et al., 2002). A eficácia de 'jogar conversa fora' eletronicamente tem sido colocada à prova, com resultados excelentes. Esta prática aumenta a aceitação e o *rapport* e resulta em acordos mais lucrativos de negócios do que quando as pessoas vão 'direto ao ponto' (Moore et al., 1999). Os negociadores que 'jogam conversa fora' por telefone desenvolvem metas mais realistas, que resultam em uma gama mais ampla de resultados possíveis, e em uma menor possibilidade de impasse quando comparados com aqueles que não se valem dessa abordagem. O fator crucial de mediação é o *rapport*. Além disso, os negociadores que usam o 'papo furado' ao telefone antes de entrar na negociação à distância (*e-negociação*) propriamente dita expressam um maior otimismo sobre um futuro relacionamento de trabalho do que os que não usam essa estratégia (Morris et al., 2002).

Uma outra via para desenvolver confiança e *rapport* é pela construção de uma identidade social compartilhada. Por exemplo, a comparação de *e-negociações* entre gerentes de uma mesma universidade (empresa) com outras entre universidades (empresas) concorrentes revela que a associação com a mesma universidade (empresa) reduz a probabilidade de impasse em *e-negociações* (Moore et al., 1999). Por outro lado, os negociadores que não compartilham laços sociais com seus oponentes apresentam, consistentemente, um baixo desempenho em medidas importantes do desempenho negocial.

Talvez o aspecto mais atraente de se 'jogar conversa fora' seja o seu custo relativamente baixo e a sua eficiência. Trocar alguns poucos e-mails descrevendo quem você é pode levar a melhores relações de negócios. No entanto, você não deve esperar que as pessoas 'joguem conversa fora' naturalmente – pelo menos não no início de um relacionamento de negócios. Os membros de equipes que trabalham remotamente têm uma tendência de fazer os negócios sem rodeios. Como um ponto de partida para o 'papo furado', diga à outra pessoa algo sobre você mesmo que não esteja necessariamente relacionado com o negócio em questão (por exemplo: "Eu adoro andar de caiaque no mar"); forneça, também, um contexto para seu ambiente de trabalho (por exemplo: "Já está tarde e eu tenho umas 20 pessoas me esperando na porta de meu escritório. Assim, não posso escrever uma longa mensagem"). Além disso, faça perguntas que demonstrem que você está interessado na pessoa do outro lado; essa abordagem é uma forma excelente de buscar pontos comuns. Finalmente, forneça o *link* para o próximo e-mail ou interação (por exemplo: "Aguardo ansiosamente as suas opiniões sobre o relatório preliminar e também enviarei as fitas que você solicitou").

CONCLUSÃO

Usamos um modelo lugar-tempo de interação social para analisar como o meio de comunicação afeta a negociação. Examinamos como o uso da tecnologia de informação pode influenciar o comportamento social. Em particular, focamos a forma como a interação não-presencial pode resultar em mais tempo real 'sob os holofotes' do que quando o mesmo grupo se encontra frente a frente. Em parte, a razão para isso é que as indicações sobre o status e autoridade de uma determinada pessoa não são evidentes em uma interação não-presencial. Discutimos as redes sociais e como a tecnologia de informação expande efetivamente o potencial de alcance e influência dos gerentes. Observamos que as pessoas têm mais chances de demonstrar um comportamento propenso ao risco (isto é, escolher o incerto pelo certo) quando interagem pela tecnologia de informação do que quando o fazem frente a frente. Provavelmente, a maior ameaça a uma negociação eficaz numa situação não-presencial é a perda de *rapport* e a tendência das pessoas de estarem menos conscientes das normas sociais, como os rituais de cortesia. Discutimos vários métodos para melhorar as negociações mediadas por tecnologia, incluindo uma experiência inicial frente a frente, de modo que os negociadores possam estabelecer normas sociais, uma videoconferência de um dia e 'jogar conversa fora', considerando-se especialmente que a maioria das pessoas tende a ir direto para os negócios por e-mail e não se socializar.

ESTUDO DE CASO

Negociações e mentiras

Marcus S. Piaskowi[*]

O chanceler do império alemão, Otto von Bismarck (1815-1898), dizia que "as pessoas nunca mentem tanto quanto depois de uma caçada, durante uma guerra e antes de uma eleição".

Toda negociação é um processo, e ter a consciência e a capacidade de observar o processo da negociação é fundamental para o sucesso. Isso inclui ler mensagens não-verbais, uma vez que mentir ou dissimular são comportamentos absolutamente normais em qualquer negociação. Quando há uma inconsistência entre a mensagem verbal e a mensagem não-verbal, esta é a mais confiável e a que mais se aproxima dos sentimentos, das atitudes ou crenças de uma pessoa.

O estudo sobre mensagens não-verbais começa quase que acidentalmente no final do século XIX. Em 1872, treze anos após publicar o livro *A origem das espécies*, Charles Darwin publicou um segundo livro que escandalizou a sociedade vitoriana da época. A obra *A expressão das emoções em humanos e animais* fazia algumas alegações controversas. A tese desenvolvida por Darwin era que todos os mamíferos possuem emoções, e uma das formas de demonstrá-las é por meio das expressões faciais. Portanto, um cachorro com olhos lúgubres deve estar triste, enquanto um ser humano com olhos alegres provavelmente manifeste contentamento. O livro causou indignação quando foi lançado, mas foi logo esquecido e permaneceu na obscuridade por mais de cem anos.

---
[*] Professor de marketing de serviços da Escola Superior de Propaganda e Marketing – ESPM.

Em psicologia, acreditava-se que os seres humanos expressavam seus sentimentos por meio de expressões faciais, mas estas variavam de acordo com o ambiente cultural na qual a pessoa estava inserida. Foi no ano de 1965 que um jovem psicólogo chamado Paul Ekman interessou-se pelo assunto. Munido de fotos com diferentes expressões faciais, viajou para Japão, Argentina, Brasil e Chile. Descobriu que na Ásia e na América do Sul as interpretações das expressões faciais tinham o mesmo sentido que nos Estados Unidos. Paul Ekman ficou intrigado. Talvez fosse por causa da influência da televisão e dos programas produzidos na América do Norte.

Na viagem seguinte, foi para o interior de Nova Guiné e apresentou as mesmas fotos para tribos indígenas que nunca haviam visto televisão e que raramente tinham contato com os 'homens brancos'. Para sua surpresa, a interpretação das expressões faciais das fotos eram exatamente as mesmas que na América do Sul, na América do Norte ou no Japão. A pesquisa demonstrou que Darwin estava certo. Expressões faciais são universais. Levantar uma sobrancelha de um olho tem o mesmo significado em Nova York, Buenos Aires ou nos planaltos de Nova Guiné. No decorrer do tempo, Paul Ekman continuou as pesquisas nessa área e fez importantes contribuições para diversos campos de estudo – inclusive para a área de negociações.

Hoje em dia, sabemos que a capacidade de desenvolver empatia, independentemente do contexto cultural, é uma das características mais valorizadas entre os profissionais engajados em processos de negociação. Empatia está relacionada às emoções, ou seja, sentir o que o outro está sentindo. O problema é que as emoções raramente são colocadas em palavras. Na maioria das culturas, as pessoas são condicionadas desde a infância a reprimir ou evitar a demonstração de qualquer tipo de emoção, especialmente em um ambiente profissional. Entretanto, os seres humanos emitem sinais incontroláveis do seu estado de espírito por meio de gestos sutis, expressões faciais e tonalidade da voz. A 'tela' para as emoções é o rosto, e a interpretação desses sinais dá ao negociador algumas pistas importantes sobre o rumo do diálogo.

Em todas as interações humanas, mentiras são lugar-comum. Desde as 'socialmente aceitáveis' até as 'criminalmente puníveis', mentiras fazem parte do cotidiano. Em um processo de negociação, exageros, omissões, mentiras, falsificações e fraudes surgem em maior ou menor grau, independente da língua, país ou cultura. Historiadores concordam que a civilização humana foi construída sobre uma sólida base de mentiras, falsidades e conceitos abstratos aceitos como verdadeiros. Muitos deles sem a menor constatação de veracidade.

Depois de três décadas de estudo sobre como detectar mentiras, Paul Ekman desenvolveu uma metodologia que foi adotada pelo FBI, a polícia federal norte-americana, e por inúmeros departamentos de polícia ao redor do mundo. Paul Ekman relatou em um dos seus estudos sobre a mentira do cotidiano que os seres humanos não são mentirosos perfeitos.

O fascínio pela detecção da mentiras atraiu psicólogos, que desenvolveram experiências focadas principalmente no exame das expressões faciais. Em seu livro *Análise do caráter*, Wilhelm Reich, psicanalista austríaco do início do século passado, já havia proposto uma nova análise do caráter humano quando começou a considerar os aspectos não-verbais da comunicação humana. Freud, o mestre com quem Reich rompeu, dizia que "quem vê cara vê coração". Na época, parecia uma afirmação pouco exata, mas novas pesquisas sugerem que ainda é difícil para as pessoas sem o treino perceberem as emoções e detectarem mentiras que estão estampadas no rosto.

Outro estudioso do comportamento humano foi o biólogo Alan Grafen. Segundo Grafen, "A mentira esteve a ponto de destruir a humanidade em diversas ocasiões, mas se pode dizer que foi ela que nos trouxe até aqui". Ele concluiu que a mentira social é característica de equilíbrio em sociedades avançadas. Quanto mais dependente o convívio entre as partes, maior a necessidade da mentira. "Podemos até chamar esse processo de alta diplomacia. No Vaticano e na Organização das Nações Unidas, por exemplo, a mentira é o amálgama que ajuda essas instituições a sobreviver às crises", declara Grafen.

Referências acadêmicas

Abel, M. J. (1990). Experiences in an exploratory distributed organization. In: J. Galegher, R. E. Kraut, & C. Egido (Eds.), *Intellectual Teamwork: Social and Technological Foundations of Cooperative Work* (pp. 489–510). Hillsdale, NJ:Lawrence Erlbaum.

Abramowitz, C.V., Abramowitz, S. I., & Weitz, L. J. (1976). Are men therapists soft on empathy? Two studies in feminine understanding. *Journal of Clinical Psychology*, 32(2), 434–437.

Ackerman, B. A., & Stewart, R. B. (1988). Reforming environmental law:The democratic case for market incentives. *Columbia Journal of Environmental Law*, 13, 171–199.

Adair,W. (1999a). Exploring the norm of reciprocity in the global market: U.S. and Japanese intra- and intercultural negotiations. Working paper, J. L. Kellogg Graduate School of Management, Northwestern University, Evanston, IL.

Adair,W. (1999b).U. S. and Japanese mental models for negotiation. Working paper, J. L. Kellogg Graduate School of Management, Northwestern University, Evanston, IL.

Adair,W. (2003). Integrative sequences and negotiation outcome in same- and mixedculture negotiations. Working paper, Northwestern University, Evanston, IL.

Adair,W., & Brett, J. M. (2003).The negotiation dance:Time, culture, and behavioral sequences in negotiation. Working paper, Dispute Resolution Research Center, Northwestern University, Evanston, IL.

Adair,W., Okumura,T., & Brett, J. M. (2001). Negotiation behavior when cultures collide: The U.S. and Japan. *Journal of Applied Psychology*, 86(3), 371–385.

Adams, S. (1965). Inequity in social exchange. In L. Berkowitz (Ed.), *Advances in Experimental Social Psychology*, vol. 2. New York: Academic Press.

Adamson, R. E., & Taylor,D.W. (1954). Functional fixedness as related to elapsed time and situation. *Journal of Experimental Psychology*, 47, 122–216.

Adler, N. J. (1991). *International Dimensions of Organizational Behavior*. Boston: PWK-Kent.

Akerlof,G. (1970).The market for lemons: Quality uncertainty and the market mechanism. *Quarterly Journal of Economics*, 84, 488–500.

Alge, B. J.,Wiethoff, C., & Klein, H. J. (2003). When does the medium matter? Knowledgebuilding experiences and opportunities in decision-making teams. *Organizational Behavior and Human Decision Processes*, 91, 26–37.

Allen,T. J. (1977). *Managing the Flow of Technology:Technology Transfer and the Dissemination of Technological Information Within the R&D Organization*. Cambridge,MA: MIT Press.

Allison, S.T., & Messick,D. M. (1990). Social decision heuristics in the use of shared resources. *Journal of Behavioral Decision Making*, 3(3), 195–204.

Allred, K.G. (2000). Anger and retaliation in conflict: The role of attribution. In M. Deutsch & P.T. Coleman (Eds.), *The handbook of conflict resolution: Theory and Practice* (pp. 236–255).San Francisco: Jossey-Bass.

Allred, K.G., Hong, K., & Kalt, J. P. (2002). Partisan misperceptions and conflict escalation: Survey evidence from a tribal/local government conflict. Paper presented at the International Association of Conflict Management, Park City,UT.

Allred, K.G., Mallozzi, J. S., Matsui, F., & Raia, C. P. (1997).The influence of anger and compassion on negotiation performance. *Organizational Behavior and Human Decision Processes*, 70(3), 175–187.

Ancona,D.G., Friedman, R.A., & Kolb,D. M. (1991).The group and what happens on the way to "yes." *Negotiation Journal*, 7(2), 155–173.

Anderson, C. M., & Camerer, C. (2000). Experience-weighted attraction learning in sender-receiver signaling games. *Economic Theory*, 16, 689–718.

Anderson, J. R. (1995). *Cognitive Psychology and Its Implications*, 4th ed. New York: Freeman.

Argyle, M., & Henderson, M. (1984). The rules of relationships. In S. Duck

& D. Perlman (Eds.), *Understanding Personal Relationships: An Interdisciplinary Approach*. Beverly Hills, CA: Sage.

Argyris, C. (2002). Double-loop learning, teaching, and research. *Academy of Management Learning and Education*, 1(2), 206–218.

Armstrong,D. J., & Cole, P. (1995). Managing distances and differences in geographically distributed work groups. In S. E. Jackson & M. N. Ruderman (Eds.), *Diversity in Work Teams: Research Paradigms for a Changing Workplace* (pp. 187–215). Washington, DC:American Psychological Association.

Aronson, E., & Bridgeman,D. (1979). Jigsaw groups and the desegregated classroom: In pursuit of common goals. *Personality and Social Psychology Bulletin*, 5, 438–446.

Aronson, E., & Linder,D. (1965). Gain and loss of esteem as determinants of interpersonal attractiveness. *Journal of Experimental Social Psychology*, 1(2), 156–171.

Aronson, E.,Willerman, B., & Floyd, J. (1966). The effect of a pratfall on increasing interpersonal attractiveness. *Psychonomic Science*, 4, 227–228.

Arrow, K. J. (1963). *Social Choice and Individual Values*. New Haven, CT:Yale University Press.

Aubert,V. (1963). Competition and dissensus: Two types of conflict and conflict resolution. *Conflict Resolution*, 7, 26–42.

Austin,W. (1980). Friendship and fairness: Effects of type of relationship and task performance on choice of distribution rules. *Personality and Social Psychology Bulletin*, 6, 402–408.

Axelrod, R. (1984). *The Evolution of Cooperation*. New York: Basic Books.

Babcock, L., Loewenstein,G., Issacharoff, S.,& Camerer, C. (1995). Biased judgments of fairness in bargaining. *The American Economic Review*, 85(5), 1337–1343.

Back, K.W. (1951). Influence through social communication. *Journal of Abnormal Social Psychology*, 46, 9–23.

Balke,W. M., Hammond, K. R., & Meyer,G.D. (1973). An alternate approach to labormanagement relations. *Administrative Science Quarterly*, 18(3), 311–327.

Bargh, J. A., Lombardi,W. J., & Higgins, E.T. (1988).Automaticity of chronically accessible constructs in person-situation effects on person perception: It's just a matter of time. *Journal of Personality and Social Psychology*, 55(4), 599–605.

Barnett,V. (2003).The use of information technology in a strike. *Journal of Labor Research*, 24(1), 55–72.

Baron, J. (1988). *Decision Analysis and Utility Measurement. Thinking and Deciding* (pp. 330–351). Boston: Cambridge University Press.

Baron, J., & Spranca, M. (1997). Protected values. *Organization Behavior and Human Decision Processes*, 70(1), 1–16.

Baron, R. A. (1990). Environmentally induced positive affect: Its impact on self-efficacy, task performance, negotiation, and conflict. *Journal of Applied Social Psychology*, 20(5), 368–384.

Barron, L. A. (2003). Ask and you shall receive? Gender differences in negotiators' beliefs about requests for a higher salary. *Human Relations*, 56(6), 635.

Barron, R. S., Kerr, N. L., & Miller, N. (1992). *Group Process, Group Decision, Group Action*. Pacific Grove, CA: Brooks/Cole.

Barry, B., & Oliver, R. L. (1996). Affect in dyadic negotiation: A model and propositions. *Organization Behavior and Human Decision Processes*, 67(2), 127–144.

Baumeister, R. F., Leith, K. P., Muraven, M.,& Bratslavsky, E. (1998). Self-regulation as a key to success in life. In D. Pushkar & W. M. Bukowski (Eds.), *Improving Competence Across the Lifespan: Building Interventions Based and Theory and Research* (pp. 117–132). New York: Plenum Press.

Bazerman, M. H., Curhan, J. R., Moore,D. A.,& Valley, K. L. (2000). Negotiation. *Annual Review of Psychology*, 51, 279–314.

Bazerman, M. H., Gibbons, R.,Thompson, L.,& Valley, K. L. (1998). Can negotiators outperform game theory? In J. Halpern & R. Stern (Eds.), *Debating Rationality: Nonrational Aspects of Organizational Decision Making* (pp. 78–98). Ithaca, NY: ILR Press.

Bazerman, M. H., & Gillespie, J. J. (1999). Betting on the future:The virtues of contingent contracts. *Harvard Business Review*, 77(4), 155–160.

Bazerman, M. H., Loewenstein,G, & White, S. (1992). Reversals of preference in allocating decisions: Judging an alternative versus choosing among alternatives. *Administrative Science Quarterly*, 37, 220–240.

Bazerman, M. H., Magliozzi,T., & Neale, M.A. (1985). Integrative bargaining in a competitive market. *Organizational Behavior and Human Decision Processes*, 35(3), 294–313.

Bazerman, M. H., Mannix, E., & Thompson, L. (1988). Groups as mixed-motive negotiations. In E. J. Lawler & B. Markovsky (Eds.), *Advances in Group Processes: Theory and Research*, vol. 5. Greenwich, CT: JAI Press.

Bazerman, M. H., & Neale, M.A. (1982). Improving negotiation effectiveness under final offer arbitration:The role of selection and training. *Journal of Applied Psychology*, 67(5), 543–548.

Bazerman, M. H., & Neale, M.A. (1983). Heuristics in negotiation: Limitations to effective dispute resolution. In M. Bazerman & R. Lewicki (Eds.), *Negotiating in Organizations* (pp. 51–67). Beverly Hills,CA: Sage.

Bazerman, M. H., & Neale, M.A. (1992). *Negotiating Rationally*. New York: Free Press.

Bazerman, M. H., Neale, M.A.,Valley, K., Zajac, E., & Kim, P. (1992).The effect ofagents and mediators on negotiation outcomes. *Organizational Behavior and Human Decision Processes*, 53, 55–73.

Bazerman, M. H., Russ, L. E., & Yakura, E. (1987). Post-settlement settlements in dyadic negotiations:The need for renegotiation in complex environments. *Negotiation Journal*, 3, 283–297.

Beaman,A. L., Cole,N., Preston, M., Glentz,B.,& Steblay,N. M. (1983). Fifteen years of the footin-the-door research: A meta-analysis. *Personality and Social Psychology Bulletin*, 9, 181–186.

Beersma, B., & De Dreu, C. K.W. (2002). Integrative and distributive negotiation in small groups: Effects of task structure, decision rule, and social motive. *Organizational*

Behavior and Human Decision Processes,87(2), 227–252.

Benbow, C. P., & Stanley, J. C. (1980). Sex differences in mathematical ability: Fact or artifact? *Science*, 210(4475), 1262–1264.

Benson, P. L., Karabenick, S. A., & Lerner, R. M. (1976). Pretty pleases:The effects of physical attractiveness, race, and sex on receiving help. *Journal of Experimental Social Psychology*, 12(5), 409–415.

Ben-Yoav,O., & Pruitt,D.G. (1984). Accountability to constituents: A two-edged sword. *Organization Behavior and Human Processes*, 34, 282–295.

Berkowitz, L. (1972). Social norms, feelings and other factors affecting helping behavior and altruism. In L. Berkowitz (Ed.), *Advances in Experimental Social Psychology*, vol. 6 (pp. 63–108). New York: Academic Press.

Bernieri, F. J. (1991). Interpersonal sensitivity in teaching interactions. *Personality and Social Psychology Bulletin*, 17(1), 98–103.

Bernieri, F. J., Davis, J., Rosenthal, R., & Knee, C. (1994). Interactional synchrony and rapport: Measuring synchrony in displays devoid of sound and facial affect. *Personality and Social Psychology Bulletin*, 20, 303–311.

Bernoulli,D. (L. Sommer, trans.). (1954). Exposition of a new theory on the measurement of risk. (Original work published in 1738.) *Econometrica*, 22, 23–36.

Berry, J.W. (1980). Acculturation as varieties of adaptation. In A. Padilla (Ed.), *Acculturation: Theory, Models, and Some New Findings*. Boulder, CO:Westview.

Berry, J.W., Poortinga,Y. H., Segall, M. H.,& Dasen, P. R. (1992). *Cross-Cultural Psychology: Research and Applications*. New York: Cambridge University Press. Bettenhausen, K., & Murnighan, J. K. (1985). The emergence of norms in competitive decision-making groups. *Administrative Science Quarterly*, 30, 350–372.

Bies, R. J., Shapiro,D. L., & Cummings, L. L. (1988). Causal accounts and managing organizational conflict: Is it enough to say it's not my fault? *Communication Research*, 15(4), 381–399.

Billings,D. K. (1989). Individualism and group orientation. In D. M. Keats,D. Munroe,& L. Mann (Eds.), *Heterogeneity in Cross- Cultural Psychology* (pp. 22–103). Lisse,The Netherlands: Swets and Zeitlinger.

Blau, P. M. (1964). *Exchange and Power in Social Life*. New York:Wiley.

Blount-White, S.,Valley, K., Bazerman, M., Neale, M., & Peck, S. (1994). Alternative models of price behavior in dyadic negotiations: Market prices, reservation prices, and negotiator aspirations, *Organizational Behavior and Human Decision Processes*, 57(3), 430–447.

Bobo, L. (1983).Whites' opposition to busing: Symbolic racism or realistic group conflict? *Journal of Personality and Social Psychology*, 45(6), 1196–1210.

Boles,T., Croson, R., & Murnighan, J. K. (2000). Deception and retribution in repeated ultimatum bargaining. *Organizational Behavior and Human Decision Processes*, 83(2), 235–259.

Bolton,G. E., Chatterjee, K., & McGinn, K. L. (2003). How communication links influence coalition bargaining: A laboratory investigation. *Management Science*, 49(5), 583–598.

Bottom,W. P. (1996). Negotiating risks: Sources of uncertainty and the impact of reference points on concession-making and settlements. Unpublished manuscript,Washington University, St. Louis,MO.

Bottom,W. P. (1998). Negotiator risk: Sources of uncertainty and the impact of reference points on negotiated agreements. *Organizational Behavior and Human Decision Processes*, 76(2), 89–112.

Bottom,W. P., Eavey, C. L., & Miller,G. J. (1996). Getting to the core: Coalitional integrity as a constraint on the power of agenda setters. *Journal of Conflict Resolution*, 40(2), 298–319.

Bottom,W. P., Eavey, C. L., Miller,G. J.,& Victor, J. N. (2000).The institutional effect on majority rule instability: Bicameralism in spatial policy decisions. *American Journal of Political Science*, 44(3), 523–540.

Bottom,W. P., Gibson, K., Daniels, S.,& Murnighan, J. K. (1996). Rebuilding relationships: Defection, repentance, forgiveness and reconciliation. Working paper,Washington University, St. Louis,MO.

Bottom,W. P., Gibson, K., Daniels, S.,& Murnighan, J. K. (2000). Resurrecting cooperation: The effects of explanations, penance, and relationships.Working paper,Washington University, St. Louis,MO.

Bottom,W. P., Gibson, K., Daniels, S.,& Murnighan, J. K. (2002).When talk is not cheap: Substantive penance and expressions of intent in rebuilding cooperation. *Organization Science*, 13(5), 497–513.

Bottom,W. P., Handlin, L., King, R. R., & Miller, G. J. (in press). Institutional modifications of majority rule. Forthcoming in C. Plott & V. Smith (Eds.), *Handbook of Experimental Economics Results*, Amsterdam: Elsevier.

Bottom,W. P., Holloway,J., McClurg, S.,& Miller,G. J. (2000). Negotiating a coalition: Risk, quota shaving, and learning to bargain. *Journal of Conflict Resolution*, 44(2), 147–169.

Bottom,W. P., Holloway, J., Miller,G. J., Mislin, A., & Whitford, A. (2003). Gift exchange and outcome based incentives in principal-agent negotiations.Working paper,Washington University, St. Louis,MO.

Bottom,W. P., Ladha, K., & Miller,G. J. (2002). Propagation of individual bias through group judgment: Error in the treatment of asymmetrically informative signals. *Journal of Risk and Uncertainty*, 25(2), 147–163.

Bottom,W. P., & Paese, P.W. (1999). Judgment accuracy and the asymmetric cost of errors in distributive bargaining. *Group Decision and Negotiation*, 8, 349–364.

Bottom,W. P., & Studt,A. (1993). Framing effects and the distributive aspect of integrative bargaining. *Organizational Behavior and Human Decision Processes*, 56(3), 459–474.

Bradford,D. L., & Cohen, A. R. (1984). *Managing for Excellence*. New York: JohnWiley and Sons.

Brehm, S. S. (1983). Psychological reactance and ocial differentiation. *Bulletin de Psychologie*, 37(11–14), 471–474.

Brett, J. M. (2001). *Negotiating Globally: How to Negotiate Deals, Resolve Disputes, and Make*

Decisions Across Cultural Boundaries. San Francisco, CA: Jossey-Bass.

Brett, J. M., Adair, W. A., Lempereur, A., Okumura, T., Shikhirev, P., Tinsley, C., & Lytle, A. (1998). Culture and joint gains in negotiation. *Negotiation Journal*, 14(1), 61–86.

Brett, J. M., & Kopelman, S. (2004). Crosscultural perspectives on cooperation in social dilemmas. In M. Gelfand & J. Brett (Eds.), *The Handbook of Negotiation and Culture: Theoretical Advances and Cultural Perspectives*. (pp. 395–411). Palo Alto, CA: Stanford University Press.

Brett, J. M., & Okumura, T. (1998). Inter- and intracultural negotiation: U.S. and Japanese negotiators. *Academy of Management Journal*, 41(5), 495–510.

Brett, J. M., Shapiro, D. L., & Lytle, A. (1998). Breaking the bonds of reciprocity in negotiations. *Academy of Management Journal*, 41(4), 410–424.

Brewer, M. (1979). In-group bias in the minimal intergroup situation: A cognitivemotivational analysis. *Psychological Bulletin*, 86, 307–324.

Brewer, M. B., & Brown, R. J. (1998). Intergroup relations. In D.T. Gilbert, S.T. Fiske, & G. Lindzey (Eds.), *The Handbook of Social Psychology*, 4th ed., vol. 2 (pp. 554–594). New York: McGraw-Hill.

Brodt, S., & Thompson, L. (2001). Negotiating teams: A levels of analysis approach. *Group Dynamics: Theory, Research, and Practice*, 5(3), 208–219.

Brodt, S., & Tuchinsky, M. (2000). Working together but in opposition: An examination of the "good cop/bad cop" negotiating team tactic. *Organizational Behavior and Human Decision Processes*, 81(2), 155–177.

Brown, C. E., Dovidio, J. F., & Ellyson, S. L. (1990). Reducing sex differences in visual displays of dominance: Knowledge is power. *Personality and Social Psychology Bulletin*, 16(2), 358–368.

Brown, P., & Levinson, S. (1987). *Politeness: Some Universals in Language Use*. Cambridge, England: Cambridge University Press.

Brown, R. J., Condor, F., Mathew, A., Wade, G., & Williams, J. A. (1986). Explaining intergroup differentiation in an industrial organization. *Journal of Occupational Psychology*, 59, 273–286.

Buchan, N., Croson, R., & Dawes, R. M. (2002). Swift neighbors and persistent strangers: A cross-cultural investigation of trust and reciprocity in social exchange. *American Journal of Sociology*, 108(1), 168–206.

Buck, R. (1975). Nonverbal communication of affect in children. *Journal of Personality and Social Psychology*, 31(4), 644–653.

Buck, R. (1984). On the definition of emotion: Functional and structural considerations. *Cahiers de Psychologie Cognitive*, 4(1), 44–47.

Burger, J. M. (1986). Increasing compliance by improving the deal: The that's-not-all technique. *Journal of Personality and Social Psychology*, 51, 277–283.

Burt, R. S. (1992). *The Social Structure of Competition*. Cambridge, MA: Harvard University Press.

Burt, R. S. (1999). Entrepreneurs, distrust, and third parties: A strategic look at the dark side of dense networks. In L. L. Thompson, J. M. Levine, & D. M. Messick (Eds.), *Shared Cognition in Organizations: The Management of Knowledge* (pp. 213–244). Mahwah, NJ: Lawrence Erlbaum.

Butler, D., & Geis, F. L. (1990). Nonverbal affect responses to male and female leaders: Implications for leadership evaluations. *Journal of Personality and Social Psychology*, 58(1), 48–59.

Byrne, D. (1961). Interpersonal attraction and attitude similarity. *Journal of Abnormal and Social Psychology*, 62, 713–715.

Camerer, C., & Ho, T.-H. (1998). Experienceweighted attraction learning in coordination games: Probability rules, heterogeneity, and time-variation. *Journal of Mathematical Psychology*, 42, 305–326.

Camerer, C., & Ho, T.-H. (1999a). Experienceweighted attraction learning in games: Estimates from weak-link games. In D. V. Budescu, I. Erev, & R. Zwick (Eds.), *Games and Human Behavior* (pp. 31–51). Mahwah, NJ: Erlbaum.

Camerer, C., & Ho, T.-H. (1999b). Experienceweighted attraction learning in normal form games. *Econometrica*, 67, 827–874.

Camerer, C., & Loewenstein, G. (1993). In B. A. Mellers & J. Baron (Eds.), *Psychological Perspectives on Justice* (pp. 155–181). Boston: Cambridge University Press.

Camerer, C. F., Loewenstein, G., & Weber, M. (1989). The curse of knowledge in economic settings: An experimental analysis. *Journal of Political Economy*, 97, 1232–1254.

Cann, A., Sherman, S. J., & Elkes, R. (1975). Effects of initial request size and timing of a second request on compliance: The foot in the door and the door in the face. *Journal of Personality and Social Psychology*, 32(5), 774–782.

Carnevale, P. J. (1995). Property, culture, and negotiation. In R. M. Kramer & D. M. Messick (Eds.), *Negotiation as a Social Process: New Trends in Theory and Research* (pp. 309–323). Thousand Oaks, CA: Sage.

Carnevale, P. J., & Isen, A. (1986). The influence of positive affect and visual access on the discovery of integrative solutions in bilateral negotiations. *Organizational Behavior and Human Decision Processes*, 37, 1–13.

Carnevale, P. J., & Lawler, E. J. (1986). Time pressure and the development of integrative agreements in bilateral negotiations. Journal of Conflict Resolution, 30(4), 636–659.

Carnevale, P. J., & Pruitt, D. G. (1992). Negotiation and mediation. *Annual Review of Psychology*, 43, 531–582.

Carnevale, P. J., Pruitt, D.G., & Britton, S. (1979). Looking tough: The negotiator under constituent surveillance. *Personality and Social Psychology Bulletin*, 5, 118–121.

Carnevale, P. J., Pruitt, D.G., & Seilheimmer, S. (1981). Looking and competing: Accountability and visual access in integrative bargaining. *Journal of Personality and Social Psychology*, 40, 111–120.

Carnevale, P. J., & Radhakrishnan, S. (1994). Group endowment and the theory of collectivism. Unpublished manuscript, Department of Psychology, University of Illinois at Urbana–Champaign.

Cates, K. (1997). Tips for negotiating a job offer. Unpublished manuscript, J. L. Kellogg Graduate School of Management, Northwestern University, Evanston, IL.

Chaiken, S. (1979). Communicator physical attractiveness and persuasion.

Journal of Personality and Social Psychology, 37(8), 1387–1397.

Chaiken, S. (1980). Heuristic versus systematic information processing and the use of source versus message cues in persuasion. *Journal of Personality and Social Psychology*, 39(5), 752–766.

Chaiken, S., Wood, W., & Eagly, A. H. (1996). Principles of persuasion. In Higgins, E.T., & Kruglanski, A.W. (Eds.), *Social Psychology: Handbook of Basic Principles* (pp. 702–742). New York: Guilford Press.

Chakravarti, A., Loewenstein, J., Morris, M., Thompson, L., & Kopelman, S. (2004). At a loss for words: Negotiators disadvantaged in technical knowledge are vulnerable to verbal domination and economic losses as a function of communication. Manuscript under review.

Chan, D. K. S., Triandis, H.C., Carnevale, P. J., Tam, A., & Bond, M. H. (1994). Comparing negotiation across cultures: Effects of collectivism, relationship between negotiators, and concession pattern on negotiation behavior. Unpublished manuscript, Department of Psychology, University of Illinois at Urbana–Champaign.

Chapman, L. J., & Chapman, J. P. (1967). Genesis of popular but erroneous diagnostic observations. *Journal of Abnormal Psychology*, 72, 193–204.

Chapman, L. J., & Chapman, J. P. (1969). Illusory correlation as an obstacle to the use of valid psychodiagnostic signs. *Journal of Abnormal Psychology*, 74(3), 271–280.

Chechile, R. (1984). Logical foundations for a fair and rational method of voting. In W. Swapp (Ed.), *Group Decision Making*. Beverly Hills, CA: Sage.

Chelius, J. R., & Dworkin, J. B. (1980). The economic analysis of final-offer arbitration as a conflict resolution device. *Journal of Conflict Resolution*, 24, 293–310.

Chen, Y., Mannix, E., & Okumura, T. (2003). The importance of who you meet: Effects of selfversus other-concerns among negotiators in the United States, the People's Republic of China, and Japan. *Journal of Experimental Social Psychology*, 39, 1–15.

Cialdini, R. B. (1975). Reciprocal concessions procedure for inducing compliance: The doorin-the-face technique. *Journal of Personality and Social Psychology*, 31(2), 206–215.

Cialdini, R. B. (1993). *Influence: Science and Practice*. New York: HarperCollins.

Clark, M., & Mills, J. (1979). Interpersonal attraction in exchange and communal relationships. *Journal of Personality and Social Psychology*, 37, 12–24.

Cobbledick, G. (1992). Arb-Med: An alternative approach to expediting settlement. Working paper, Harvard Program on Negotiation, Harvard University, Boston.

Cohen, H. (1980). *You Can Negotiate Anything*. Secausus, NJ: Lyle Stuart.

Cohen, R. (1991). *Negotiating Across Cultures: Communication Obstacles in International Diplomacy*. Washington, DC: United States Institute of Peace Press.

Conlon, D. E., Moon, H., & Ng, K.Y. (2002). Putting the cart before the horse: The benefits of arbitrating before mediating. *Journal of Applied Psychology*, 87(5), 978–984.

Coombs, C. H., Dawes, R. M., & Tversky, A. (1970). *Mathematical Psychology: An Elementary Introduction*. Upper Saddle River, NJ: Prentice Hall.

Copeland, L., & Griggs, L. (1985). *GoingInternational*. New York: Random House.

Covey, S. R. (1999). Resolving differences. *Executive Excellence*, 16(4), 5–6.

Cox, T. H., Lobel, S. A., & McLeod, P. L. (1991). Effects of ethnic group cultural differences in cooperative and competitive behavior on a group task. *Academy of Management Journal*, 34(4), 827–847.

Craver, C. (1998). The impact of a pass/fail option on negotiation course performance. *Journal of Legal Education*, 48(2), 176–186.

Crawford, V. P., & Sobel, J. (1982). Strategic information transmission. *Econometrica*, 50, 1431–1451.

Creighton, M. R. (1990). Revisiting shame and guilt cultures: A forty-year pilgrimage. *Ethos*, 18, 279–307.

Croson, R. (1996). Information in ultimatum games: An experimental study. *Journal of Economic Behavior & Organization*, 30, 197–212.

Croson, R. (1999). Look at me when you say that: An electronic negotiation simulation. *Simulation and Gaming*, 30(1), 23–37.

Croson, R. (in press). Game-theoretic and experimental perceptions of deception. In C. Gerschlager (Ed.), *Modern Economic Analyses of Deception*.

Croson, R., Boles, T., & Murnighan, J. K. (2003). Cheap talk in bargaining experiments: Lying and threats in ultimatum games. *Journal of Economic Behavior & Organization*, 51(2), 143–159.

Csikszentmihalyi, M. (1997). *Finding Flow: The Psychology of Engagement with Everyday Life*. New York: Basicbooks.

Cunningham, M. R. (1986). Measuring the physical in physical attractiveness: Quasiexperiments on the sociobiology of female facial beauty. *Journal of Personality and Social Psychology*, 50, 925–935.

Curhan, J. R., Elfenbein, H. A., & Xu, A. (2004). What do people value when they negotiate? Establishing validity for the Subjective Value Inventory of negotiation performance. Working paper, Massachusetts Institute of Technology, Cambridge, MA.

Curhan, J. R., Neale, M.A., Ross, L., & Rosencranz-Engelmann, J. (2004). The O'Henry effect: The impact of relational norms on negotiation outcomes. Working paper, Massachusetts Institute of Technology, Cambridge, MA.

Daft, R. L., & Lengel, R. H. (1984). Information richness: A new approach to managerial behavior and organization design. *Research in Organization Behavior*, 6, 191–223.

Daft, R. L., Lengel, R. H., & Trevino, L. K. (1987). Message equivocality, media selection, and manager performance: Implications for information systems. *MIS Quarterly*, 11(3), 355–366.

Daly, J. P. (1995). Explaining changes to employees: The influence of justifications and change outcomes on employees' fairness judgments.

Journal of Applied Behavioral Science, 31(4), 415–428.

Daly, J. P., & Geyer, P.D. (1994).The role of fairness in implementing large-scale change: Employee evaluations of process and outcome in seven facility relocations. *Journal of Organizational Behavior*, 15, 623–638.

Dawes, R. M., van de Kragt,A. J.C., & Orbell, J. M. (1990). Cooperation for the benefit of us—Not me, or my conscience. In J. Mansbridge (Ed.), *Beyond Self-Interest* (pp. 97–110). Chicago: University of Chicago Press.

De Dreu, C. K.W.,Weingart, L. R., & Kwon, S. (2000). Influence of social motives on integrative negotiation: A meta-analytic review and test of two theories. *Journal of Personality and Social Psychology*, 78(5), 889–905.

Demos, J. (1996). Shame and guilt in early New England. In R. Harre & W.G. Parrott (Eds.), *The Emotions* (pp. 74–88). London: Sage.

DePaulo, B. M. (1994). Spotting lies: Can humans learn to do better? *Current Directions in Psychological Science*, 3(3), 83–86.

DePaulo, B. M., Blank, A. L., Swaim,G.W.,& Hairfield, J.G. (1992). Expressiveness and expressive control. *Personality and Social Psychology Bulletin*, 18(3), 276–285.

DePaulo, B. M., Epstein, J. A., & Wyer, M. M. (1993). Sex differences in lying: How women and men deal with the dilemma of deceit. In M. Lewis & C. Saarni (Eds.), *Lying and Deception in Everyday Life* (pp. 126–147). New York: Guilford Press.

DePaulo, B. M., & Friedman, H. S. (1998). Nonverbal communication. In D.T. Gilbert, S.T. Fiske, & G. Lindzey (Eds.), *The Handbook of Social Psychology*, 4th ed. New York: McGraw-Hill.

DePaulo, B. M., & Kirkendol, S. E. (1989).The motivational impairment effect in the communication of deception. In J. C.Yuille (Ed.), *Credibility Assessment* (pp. 51–70). Dordrecht, The Netherlands: Kluwer.

DePaulo, B. M., Lassiter, G. D., & Stone, J. I. (1982). Attentional determinants of success at detecting deception and truth. *Personality and Social Psychology Bulletin*, 8(2), 273–279.

DePaulo, B. M., & Rosenthal, R. (1979). Telling lies. *Journal of Personality and Social Psychology*, 37(10), 1713–1722.

DePaulo, P. J., & DePaulo, B. M. (1989). Can deception by salespersons and customers be detected through nonverbal behavioral cues? *Journal of Applied Social Psychology*, 19(18, pt. 2), 1552–1577.

Detweiler, R. (1980).The categorization of the actions of people from another culture: A conceptual analysis and behavioral outcome. *International Journal of Intercultural Relations*, 4, 275–293.

Deutsch, M. (1953).The effects of cooperation and competition upon group processes. In D. Cartwright and A. Zander (Eds.), *Group Dynamics* (pp. 319–353). Evanston, IL: Row, Peterson.

Deutsch, M. (1960).The effect of motivational orientation upon trust and suspicion. *Human Relations*, 13, 122–139.

Deutsch, M. (1961).The face of bargaining. *Operations Research*, 9, 886–897.

Deutsch, M. (1973). *The Resolution of Conflict*. New Haven, CT:Yale University Press.

Deutsch, M. (1985). *Distributive Justice:A Social-Psychological Perspective*. New Haven, CT:Yale University Press.

Diehl, M., & Stroebe,W. (1987). Productivity loss in brainstorming groups:Toward the solution of a riddle. *Journal of Personality and Social Psychology*, 61, 392–403.

Diekmann, K. A., Samuels, S. M., Ross, L.,& Bazerman, M. H. (1997). Self-interest and fairness in problems of resource allocation. *Journal of Personality and Social Psychology*, 72(5), 1061–1074.

Diekmann, K. A.,Tenbrunsel, A., & Bazerman, M. H. (1998). Escalation and negotiation:Two central themes in the work of Jeffrey Z. Rubin. In D. Kolb & M. Aaron (Eds.), *Essays in Memory of Jeffrey Z. Rubin*. Cambridge, MA: Program on Negotiation.

Diekmann, K. A.,Tenbrunsel, A. E., Shah, P. P., Schroth, H. A., & Bazerman, M. H. (1996).The descriptive and prescriptive use of previous purchase price in negotiations. *Organizational Behavior and Human Decision Processes*, 66(2), 179–191.

DiMatteo, M. R., Friedman, H. S., & Taranta, A. (1979). Sensitivity to bodily nonverbal communication as a factor in practitioner-patient rapport. *Journal of Nonverbal Behavior*, 4(1), 18–26.

DiMatteo, M. R., Hays, R. D., & Prince, L. M.(1986). Relationship of physicians' nonverbal communication skill to patient satisfaction, appointment noncompliance, and physician workload. *Health Psychology*, 5(6), 581–594.

Dion, K. L. (1972). Physical attractiveness and evaluations of children's transgressions. *Journal of Personality and Social Psychology*, 24(2), 207–213.

Dion, K. L., & Dion, K. K. (1987). Belief in a just world and physical attractiveness stereotyping. *Journal of Personality and Social Psychology*, 52(4), 775–780.

Doise,W. (1978). *Groups and Individuals: Explanations in Social Psychology*. Cambridge: Cambridge University Press. Donohue,W. A. (1981). Analyzing negotiation tactics: Development of a negotiation interact system. *Human Communication Research*, 7(3), 273–287.

Dovidio, J. F., Brown, C. E., Heltman, K., Ellyson, S. L., et al. (1988). Power displays between women and men in discussions of gender-linked tasks: A multichannel study. *Journal of Personality and Social Psychology*, 55(4), 580–587.

Dovidio, J. F., & Ellyson, S. L. (1982). Decoding visual dominance: Attributions of power based on relative percentages of looking while speaking and looking while listening. *Social Psychology Quarterly*, 45(2), 106–113.

Dovidio, J. F., Ellyson, S. L., Keating, C. F., Heltman, K., et al. (1988).The relationship of social power to visual displays of dominance between men and women. *Journal of Personality and Social Psychology*, 54(2), 233–242.

Drolet, A. L., & Morris, M.W. (1995). Communication media and interpersonal trust in conflicts:The role of rapport and synchrony of nonverbal behavior. Unpublished manuscript, Stanford University, Palo Alto, CA.

Drolet, A. L., & Morris, M.W. (2000). Rapport in conflict resolution: Accounting for how nonverbal exchange fosters cooperation on mutually beneficial settlements to mixed-motive conflicts. *Journal of Experimental Social Psychology*, 36, 26–50.

Druckman,D., & Zechmeister, K. (1973). Conflict of interest and value dissensus: Propositions on the sociology of conflict. *Human Relations*, 26, 449–466.

Dubrovsky,V. J., Keisler, S., & Sethna, B. N. (1991).The equalization phenomenon: Status effects in computer-mediated and face-to-face decision-making groups. *Human-Computer Interaction*, 6(2), 119–146.

Duncker, K. (1945). On problem solving. *Psychological Monographs*, 58, 270. Dunn, J., & Schweitzer, M. (2003). Feeling and believing:The influence of emotion on trust. Working paper, University of Pennsylvania, Philadelphia.

Dunning,D., Johnson, K., Ehrlinger, J.,& Kruger, J. (2003).Why people fail to recognize their own incompetence. *Current Directions in Psychological Science*, 12(3), 83–87.

Dwyer, F. R., Schurr, P. H., & Oh, S. (1987). Developing buyer-seller relationships. *Journal of Marketing*, 51, 11–27.

Eagly, A. H.,Ashmore, R.D., Makhijani, M.G., & Longo, L. C. (1991).What is beautiful is good, but . A meta-analytic review of research on the physical attractiveness stereotype. *Psychological Bulletin*, 110(1), 109–128.

Earley, P. C. (1989). Social loafing and collectivism: A comparison of the United States and the People's Republic of China. *Administrative Science Quarterly*, 34, 565–581.

Ehrlinger, J., Johnson, K., Banner, M., Dunning,D., & Kruger,D. (2003). Why the unskilled are unaware: Further explorations of (absent) self-insight among the incompetent. Unpublished manuscript, Cornell University, Ithaca, NY.

Eidelson, R. J., & Eidelson, J. I. (2003). Dangerous ideas: Five beliefs that propel groups toward conflict. *American Psychologist*, 58(3), 182–12.

Eisenhardt, K. M., Kahwajy, J. L.,& Bourgeois, L. J., III. (1997). How management teams can have a good fight. *Harvard Business Review*, 75(4), 77–85.

Ekman, P. (1984).The nature and function of the expression of emotion. In K. Scherer & P. Ekman (Eds.), *Approaches to Emotion*. Hillsdale, NJ: Erlbaum.

Ekman, P. (1992). *Telling Lies: Clues to Deceit in the Marketplace, Politics, and Marriage*, 2nd ed. New York: Norton.

Ekman, P. (2001). *Telling Lies: Clues to Deceit in the Marketplace, Politics, and Marriage*, 3rd ed. New York: Norton.

Ekman, P., & Friesen,W.V. (1969). Nonverbal leakage and clues to deception. *Psychiatry*, 32(1), 88–106.

Ekman, P., O'Sullivan, M.O., & Frank, M.G. (1999). A few can catch a liar. *Psychological Science*, 10(3), 263–266.

Ellemers, N., & Van Rijswijk,W. (1997). Identity needs versus social opportunities:The use of group level and individual level identity management strategies as a function of relative group size, status, and in-group identification. *Social Psychology Quarterly*, 60(1), 52–65.

Ellemers, N.,Van Rijswijk,W., Roefs, M.,& Simons, C. (1997). Bias in intergroup perceptions: Balancing group identity with social reality. *Personality and Social Psychology Bulletin*, 23(2), 186–198.

Ellsworth, P. C., & Carlsmith, J. M. (1973). Eye contact and gaze aversion in aggressive encounters. *Journal of Personality and Social Psychology*, 33, 117–122.

Elsbach, K. D. (1994). Managing organizational legitimacy in the California cattle industry: The construction and effectiveness of verbal accounts. *Administrative Science Quarterly*, 39(1), 57–88.

Englebart,D. (1989, November). Bootstrapping organizations into the 21st century. Paper presented at a seminar at the Software Engineering Institute, Pittsburgh, PA.

Enzle, M. E., & Anderson, S. C. (1993). Surveillant intentions and intrinsic motivation. *Journal of Personality and Social Psychology*, 64, 257–266.

Ertel,D. (1999).Turning negotiation into a corporate capability. *Harvard Business Review*, 77(3), 55–70.

Espeland,W. (1994). Legally mediated identity: The national environmental policy act and the bureaucratic construction of interests. *Law and Society Review*, 28(5), 1149–1179.

Espinoza, J. A., & Garza, R.T. (1985). Social group salience and interethnic cooperation. *Journal of Experimental Social Psychology*, 21, 380–392.

Etzkowitz, H., Kemelgor, C., & Uzzi, B. (1999). *Social Capital and Career Dynamics in Hard Science: Gender, Networks, and Advancement*. New York: Cambridge University Press.

Evans, C. R., & Dion, K. L. (1991). Group cohesion and performance: A meta-analysis. *Small Group Research*, 22, 175–186.

Eveland, J.D., & Bikson,T. K. (1988). Work group structures and computer support:A field experiment. *Transactions on Office Information Systems*, 6(4), 354–379.

Exline, R.V., Ellyson, S. L., & Long,B. (1975). Visual behavior as an aspect of power role relationships. In P. Pliner, L. Krames, & T.Alloway (Eds.), *Advances in the Study of Communication and Affect* (vol. 2: Nonverbal communication of aggression; pp. 21–52). New York: Plenum.

Farber, H. S. (1981). Splitting the difference in interest arbitration. *Industrial and Labor Relations Review*, 35, 70–77.

Farber, H. S., & Bazerman, M. H. (1986). The general basis of arbitrator behavior: An empirical analysis of conventional and final offer arbitration. *Econometrica*, 54, 1503–1528.

Farber, H. S., & Bazerman, M. H. (1989). Divergent expectations as a cause of disagreement in bargaining: Evidence from a comparison of arbitration schemes. *Quarterly Journal of Economics*, 104, 99–120.

Farber, H. S., & Katz, H. (1979).Why is there disagreement in bargaining? *American Economic Review*, 77, 347–352.

Farrell, J., & Gibbons, R. (1989). Cheap talk can matter in bargaining. *Journal of Economic Theory*, 48, 221–237.

Feingold, A. (1992). Good-looking people are not what we think. *Psychological Bulletin*, 111(2), 304–341.

Feller, W. (1968). *An Introduction to Probability Theory and Its Applications*, vol. 1, 3rd ed. New York: Wiley.

Festinger, L. (1950). Informal social communication. *Psychological Review*, 57, 271–282.

Fischhoff, B. (1975). Hindsight does not equal foresight: The effect of outcome knowledge on judgment under uncertainty. *Journal of Experimental Psychology: Human Perception and Performance*, 1, 288–299.

Fischhoff, B., Slovic, P., & Lichtenstein, S. (1977). Knowing with certainty: The appropriateness of extreme confidence. *Journal of Experimental Psychology: Human Perception and Performance*, 3(4), 552–564.

Fisher, R., & Ury. W. (1981). *Getting to Yes*. Boston: Houghton Mifflin.

Fisher, R., Ury, W., & Patton, B. (1991). *Getting to Yes*, 2nd ed. New York: Penguin.

Fiske, A. P. (1992). The four elementary forms of sociality: Framework for a unified theory of social relations. *Psychological Review*, 99(4), 689–723.

Fiske, S. T., & Dépret, E. (1996). Control, interdependence, and power: Understanding social cognition in its social context. In W. Stroebe & M. Hewstone (Eds.), *European Review of Social Psychology*, 7, 31–61.

Fiske, S. T., & Neuberg, S. L. (1990). A continuum of impression formation, from category based to individuating processes: Influences of information and motivation on attention and interpretation. In M. P. Zanna (Ed.), *Advances in Experimental Social Psychology*, vol. 23 (pp. 1–74). New York: Academic Press.

Fleming, J. H., & Darley, J. M. (1991). Mixed messages: The multiple audience problem and strategic communication. *Social Cognition*, 9(1), 25–46.

Foa, U., & Foa, E. (1975). *Resource Theory of Social Exchange*. Morristown, NJ: General Learning Press.

Follett, M. (1994). *Prophet of Management: A Celebration of Writings from the 1920s* (P. Graham, Ed.). Boston: Harvard Business School Press.

Forbus, K. D., Gentner, D., & Law, K. (1995). MAC/FAC: A model of similarity-based retrieval. *Cognitive Science*, 19(2), 141–205.

Forgas, J. P. (1996). The role of emotion scripts and transient moods in relationships: Structural and functional perspectives. In G. J. O. Fletcher & J. Fitness (Eds.), *Knowledge Structures in Close Relationships: A Social Psychological Approach* (pp. 275–296). Mahwah, NJ: Lawrence Erlbaum.

Forgas, J. P., & Moylan, S. J. (1996). On feeling good and getting your way: Mood effects on expected and actual negotiation strategies and outcomes. Unpublished manuscript, University of New South Wales.

Fortune, A., & Brodt, S. (2000). Face to face or virtually: The influence of task, past experience, and media on trust and deception in negotiation. Working paper, Duke University, Durham, NC.

Fox, C. R. (1998). A belief-based model of decision under uncertainty. *Management Science*, 44, 879–896.

Fox, G., & Nelson, J. *Sue the Bastards!: Everything You Need to Know to Go to—or Stay out of— Court*. Chicago: Contemporary Books.

Frank, R. H. (1988). *Passions Within Reason: The Strategic Role of the Emotions*. New York: Norton.

Frank, R. H., & Cook, P. J. (1995). *The Winner-Take-All Society*. New York: Penguin. Fredrickson, B. L., & Kahneman, D. (1993). Duration neglect in retrospective evaluations of affective episodes. *Journal of Personality and Social Psychology*, 65(1), 45–55.

Freedman, J. L., & Fraser, S. C. (1966). Compliance without pressure: The footin-the-door technique. *Journal of Personality and Social Psychology*, 4, 195–203.

Friedman, H. S., Prince, L. M., Riggio, R. E., & DiMatteo, M. R. (1980). Understanding and assessing nonverbal expressiveness: The Affective Communication Test. *Journal of Personality and Social Psychology*, 39(2), 333–351.

Friedman, H. S., Riggio, R. E., & Casella, D. F. (1988). Nonverbal skill, personal charisma, and initial attraction. *Personality and Social Psychology Bulletin*, 14(1), 203–211.

Friedman, R. (1992). The culture of mediation: Private understandings in the context of public conflict. In D. Kolb and J. Bartunek (Eds.), *Hidden Conflict: Uncovering Behind-the-Scenes Disputes* (pp. 143–164). Beverly Hills, CA: Sage.

Froman, L. A., & Cohen, M. D. (1970). Compromise and logroll: Comparing the efficiency of two bargaining processes. *Behavioral Science*, 30, 180–183.

Fry, W. R., Firestone, I. J., & Williams, D. L. (1983). Negotiation process and outcome of stranger dyads and dating couples: Do lovers lose? *Basic and Applied Social Psychology*, 4, 1–16.

Gabriel, S., & Gardner, W. L. (1999). Are there "his" and "her" types of interdependence? The implications of gender differences in collective and relational interdependence for affect, behavior, and cognition. *Journal of Personality and Social Psychology*, 75, 642–655.

Galegher, J., Kraut, R. E., & Egido, C. (Eds.). (1990). *Intellectual Teamwork: Social and Technological Foundations of Cooperative Work*. Hillsdale, NJ: Erlbaum.

Galinsky, A., & Mussweiler, T. (2001). First offers as anchors: The role of perspective-taking and negotiator focus. *Journal of Personality and Social Psychology*, 81(4), 657–669.

Galinsky, A., Mussweiler, T., & Medvec, V. H. (2002). Disconnecting outcomes and evaluations: The role of negotiator focus. *Journal of Personality and Social Psychology*, 83(5), 1131–1140.

Galinsky, A., Seiden, V., Kim, P. H., & Medvec, V. H. (2002). The dissatisfaction of having your first offer accepted: The role of counterfactual thinking in negotiations. *Personality and Social Psychology Bulletin*, 28(2), 271–283.

Gamson, W. (1964). Experimental studies in coalition formation. In L. Berkowitz (Ed.), *Advances in Experimental Social Psychology*, vol. 1. New York: Academic Press.

Gardiner, G. S. (1972). *Aggression*. Morristown, NJ: General Learning Corp.

Gelfand, M. J., Bhawuk, D. P. S., Nishii, L. H., & Bechtold, D. (2004). Individualism and collectivism: Multilevel perspectives and implications for leadership. In R. J.

House et al. (Eds.), *Culture, Leadership, and Organizations: The GLOBE Study of 62 Cultures*. Thousand Oaks, CA: Sage.

Gelfand, M. J., & Brett, J. M. (Eds.) (2004). *The Handbook of Negotiation and Culture: Theoretical Advances and Cultural Perspectives*. Palo Alto,CA: Stanford University Press.

Gelfand, M. J., & Christakopolou, S. (1999). Culture and negotiator cognition: Judgment accuracy and negotiation processes in individualistic and collectivistic cultures. *Organizational Behavior and Human Decision Processes*, 79(3), 248–269.

Gelfand, M. J., Higgins, M., Nishii, L. H., Raver, J. L., Dominguez, A., Murakami, F., Yamaguchi, S., & Toyama, M. (2002). Culture and egocentric perceptions of fairness in conflict and negotiation. *Journal of Applied Psychology*, 87(5), 833–845.

Gelfand, M. J., Nishii, L. H., Holcombe, K. M., Dyer,N., Ohbuchi, K–I., & Fukuno, M. (2001). Cultural influences on cognitive representations of conflict: Interpretations of conflict episodes in the United States and Japan. *Journal of Applied Psychology*, 86(6), 1059–1074.

Gelfand, M. J., & Realo, A. (1999). Individualism-collectivism and accountability in intergroup negotiations. *Journal of Applied Psychology*, 84(5), 721–736.

Gentner,D., Loewenstein, J. & Thompson, L. (2003). Learning and transfer: A general role for analogical encoding. *Journal of Educational Psychology*, 95(2), 393–408.

Gentner,D., Rattermann, M. J., & Forbus, K.D. (1993).The roles of similarity in transfer: Separating retrievability from inferential soundness. *Cognitive Psychology*, 25(4), 524–575.

Gerard, H. (1983). School desegregation:The social science role. *American Psychologist*, 38, 869–878.

Gerhart, B., & Rynes, S. (1991). Determinants and consequences of salary negotiations by male and female MBA graduates. *Journal of Applied Psychology*, 76(2), 256–262.

Getzels, J.W., & Jackson, P.W. (1962). *Creativity and Intelligence: Explorations with Gifted Students*. New York:Wiley.

Gibson, K.,Thompson, L., & Bazerman, M. H. (1994). Biases and rationality in the mediation process. In L. Heath, F. Bryant, & J. Edwards (Eds.), *Application of Heuristics and Biases to Social Issues*, vol. 3. New York: Plenum.

Gick, M. L., & Holyoak, K. J. (1980). Analogical problem solving. *Cognitive Psychology*, 12, 306–355.

Gigone,D., & Hastie, R. (1993).The common knowledge effect: Information sharing and group judgment. *Journal of Personality and Social Psychology*, 65, 959–974.

Gilbert,D.T., Pinel, E. C.,Wilson,T.D., Blumberg, S. J., & Wheatley,T. P. (1998). Immune neglect: A source of durability bias in affective forecasting. *Journal of Personality and Social Psychology*, 75(3), 617–638.

Gilbert,D.T.,& Wilson,T.D. (2000). Miswanting: Some problems in the forecasting of future affective states. In J. P. Forgas (Ed.), *Feeling and Thinking:The Role of Affect in Social Cognition. Studies in Emotion and Social Interaction, Second Series* (pp. 178–197). New York: Cambridge University Press.

Gillespie, J. J., & Bazerman, M. H. (1998). Presettlement Settlement (PreSS): A simple technique for initiating complex negotiations. *Negotiation Journal*, 14(2), 149–159.

Gilovich,T., & Medvec,V. H. (1994).The temporal pattern to the experience of regret. *Journal of Personality and Social Psychology*, 67(3), 357–365.

Gilovich,T., Savitsky, K., & Medvec,V. H. (1998).The illusion of transparency: Biased assessments of others' ability to read one's emotional states. *Journal of Personality and Social Psychology*, 75(2), 332–346.

Glick, S., & Croson, R. (2001). Reputations in negotiation. In S. Hoch & H. Kunreuther (Eds.), *Wharton on Decision Making* (pp. 177–186). New York:Wiley.

Goffman, E. (1959). *The Presentation of Self in Everyday Life*. Garden City, NY: Doubleday.

Goldenberg, J., Nir,D., & Maoz, E. (in press). Structuring creativity: Bringing creative templates to negotiations. In L.Thompson & H–S. Choi (Eds.), *Creativity and Innovation in Organizational Teams*. Mahwah, NJ: Lawrence Erlbaum.

Gottman, J. M., & Levenson, R.W. (2000). The timing of divorce: Predicting when a couple will divorce over a 14-year period. *Journal of Marriage & the Family*, 62(3), 737–745.

Gouldner, A.W. (1960).The norm of reciprocity: A preliminary statement. *American Sociological Review*, 25, 161–179.

Graham, J. L. (1993).The Japanese negotiation style: Characteristics of a distinct approach. *Negotiation Journal*, 9(2), 123–140.

Graham, J. L., & Sano,Y. (1984). *Smart Bargaining: Doing Business with the Japanese*. Cambridge, MA: Ballinger.

Grandey, A. (2003).When "the show must go on": Surface acting and deep acting as determinants of emotional exhaustion and peerrated service delivery. *Academy of Management Journal*, 46(1), 86–96.

Granovetter, M. (1973).The strength of weak ties. *American Journal of Sociology*, 78, 1360–1379.

Greenberg, J. (1988). Equity and workplace status: A field experiment. *Journal of Applied Psychology*, 73, 606–613.

Greenberg, J. (1990). Employee theft as a reaction to underpayment inequity:The hidden cost of pay cuts. *Journal of Applied Psychology*, 75, 561–568.

Griffin,D.W., & Ross, L. (1991). Subjective construal, social inference, and human misunderstanding. In M. P. Zanna (Ed.), *Advances in Experimental Social Psychology*, vol. 24 (pp. 319–359). San Diego, CA: Academic Press.

Griffin, E., & Sparks,G.G. (1990). Friends forever: A longitudinal exploration of intimacy in same-sex friends and platonic pairs. *Journal of Social and Personal Relations*, 7, 29–46.

Gruenfeld,D. H., Keltner,D. J., & Anderson, C.(1998).The effects of power on those who possess it. Working paper, J. L. Kellogg Graduate School of Management, Northwestern University, Evanston, IL.

Gruenfeld, D. H., Mannix, E. A.,Williams, K., & Neale, M. A. (1996). Group composition and decision making: How member familiarity and information distribution affect process and performance. *Organizational Behavior and Human Decision Processes*, 67(1), 1–15.

Guetzkow, H., & Gyr, J. (1954). An analysis of conflict in decision-making groups. *Human Relations*, 7, 367–381.

Guilford, J. P. (1959). *Personality*. New York: McGraw-Hill.

Guilford, J. P. (1967).The nature of human intelligence. *Intelligence*, 1, 274–280.

Gulliver, M. P. (1979).The effect of the spatial visualization factor on achievement in operations with fractions. *Dissertation Abstracts International*, 39(9-A), 5381–5382.

Halberstadt,A.G. (1991).Toward an ecology of expressiveness: Family socialization in particular and a model in general. In R. S. Feldman & B. Rime (Eds.), *Fundamentals of Nonverbal Behavior: Studies in Emotion and Social Interaction* (pp. 106–160). New York:Cambridge University Press.

Hall, E.T. (1976). *Beyond Culture*. Garden City, NJ: Anchor Press.

Hall, E.T., & Hall, M. R. (1990). *Understanding Cultural Differences*. Yarmouth, ME: Intercultural Press.

Hall, J.A. (1984). *Nonverbal Sex Differences: Communication Accuracy and Expressive Style*. Baltimore,MD:Johns Hopkins University Press. Hamermesh,D. S., & Biddle, J. E. (1994). Beauty and the labor market. *The American Economic Review*, 84(5), 1174.

Hamilton,D. L., & Gifford, R. K. (1976). Illusory correlation in interpersonal perception: A cognitive basis of sterotypic judgments. *Journal of Experimental Social Psychology*, 12, 392–407.

Hardin,G. (1968).The tragedy of the commons. *Science*, 162, 1243–1248.

Harinck, F., De Dreu, C. K.W.,& Van Vianen, A. E. M. (2000).The impact of conflict issues on fixed-pie perceptions, problem-solving, and integrative outcomesin negotiation. *Organizational Behavior and Human Decision Processes*, 81(2), 329–358.

Harris, R. J., & Joyce, M. (1980).What's fair? It depends on how you ask the question. *Journal of Personality and Social Psychology*, 38, 165–170.

Harsanyi, J. (1962). Bargaining in ignorance of the opponent's utility function. *Journal of Conflict Resolution*, 6, 29–38.

Harsanyi, J. C. (1990). Bargaining. In J. Eatwell, M. Milgate, & P. Newman (Eds.), *The New Palgrave: A Dictionary of Economics* (pp. 54–67). New York: Norton.

Harvey, J. (1974).The Abilene Paradox:The management of agreement. *Organizational Dynamics*, 3(1), 63–80. © American Management Association International. Hastorf, A., & Cantril, H. (1954).They saw a game: A case study. *Journal of Abnormal and Social Psychology*, 49, 129–134.

Hatfield, E., Caccioppo, J.T., & Rapson, R. L. (1992). Primitive emotional contagion. In M. S. Clark (Ed.), *Review of Personality and Social Pscyhology* (vol. 14: Emotion and Social Behavior, pp. 151–177). Newbury Park, CA: Sage.

Henley, N. M. (1977). *Body Politics: Power, Sex, and Non-Verbal Communication*. Upper Saddle River, NJ: Prentice Hall.

Heine, S. J.,Takata,T., & Lehman,D. R. (2000). Beyond self-presentation: Evidence for selfcriticism among Japanese. *Personality and Social Psychology Bulletin*, 26(1), 71–78.

Higgins, E.T. (1999). 'Saying is believing' effects:When sharing reality about something biases knowledge and evaluations. In L.Thompson, J. M. Levine, & D. M. Messick (Eds.), *Shared Cognition in Organizations: The Management of Knowledge*. Mahwah, NJ: Lawrence Erlbaum.

Hilty, J., & Carnevale, P. J. (1993). Blackhat/ white-hat strategy in bilateral negotiation. *Organizational Behavior and Human Decision Processes*, 55(3), 444–469.

Hochschild, A. R. (1983). *The Managed Heart: Commercialization of Human Feeling*. Berkeley: University of California Press.

Hofstadter,D. (1983). Metamagical thinking. *Scientific American*, 248, 14–28.

Hofstede,G. (1980). *Culture's Consequences: International Differences in Work-Related Values*. Beverly Hills, CA: Sage.

Hoh, R. (1984).The effectiveness of mediation in public-sector arbitration systems:The Iowa experience. *Arbitration Journal*, 39(2), 30–40.

Homans,G. C. (1961). *Social Behavior: Its Elementary Forms*. New York: Harcourt, Brace, Jovanovich.

Huber,V., & Neale, M.A. (1986). Effects of cognitive heuristics and goals on negotiator performance and subsequent goal setting. *Organizational Behavior and Human Decision Processes*, 40, 342–365.

Huber,V., & Neale, M.A. (1987). Effects of selfand competitor goals on performance in an interdependent bargaining task. *Journal of Applied Psychology*, 72, 197–203.

Hui,C. H., & Triandis, H.C. (1986). Individualism-collectivism: A study of cross-cultural researchers. *Journal of Cultural Psychology*, 17, 225–248.

Hyder, E. B., Prietula, M. J., & Weingart, L. R. (2000). Getting to best: Efficiency versus optimality in negotiation. *Cognitive Science*, 24(2), 169–204.

Insko, C. A., Schopler, J., Graetz, K. A., Drigotas, S. M., et al. (1994). Interindividualintergroup discontinuity in the prisoner's dilemma game. *Journal of Conflict Resolution*, 38(1), 87–116.

Isen, A. M. (1987). Positive affect, cognitive processes, and social behavior. In L. Berkowitz (Ed.), *Advances in Experimental Social Psychology*, vol. 20 (pp. 203–253). San Diego, CA: Academic Press, Inc.

Isen, A. M., & Baron, R. A. (1991). Affect and organizational behavior. In B. M. Staw & L. L. Cummings (Eds.), *Research in Organizational Behavior*, vol. 15 (pp. 1–53). Greenwich, CT: JAI Press.

Isen, A. M., Daubman, K. A., & Nowicki,G. P. (1987). Positive affect facilitates creative problem solving. *Journal of Personality and Social Psychology*, 52, 1122–1131.

Isen, A. M., Niedenthal, P. M., & Cantor, N. (1992).An influence of positive affect on social categorization. *Motivation and Emotion*, 16(1), 65–78.

Janis, I. L., & Mann, L. (1977). *Decision Making: A Psychological Analysis of Conflict, Choice, and Commitment*. New York: Free Press.

Jehn, K. A. (1997). A qualitative analysis of conflict types and dimensions in organizational groups. *Administrative Science Quarterly*, 42, 530–557.

Jehn, K. A. (2000). Benefits and detriments of workplace conflict. *The Public Manager*, 29(2), 24–26.

Jensen, M. C., & Meckling, W. H. (1976). Theory of the firm: Managerial behavior, agency costs, and ownership structure. *Journal of Financial Economics*, 3, 305–360.

Johansen, R. (1988). *Groupware: Computer Support for Business Teams*. New York: Free Press.

Jones, E. E., & Gerard, H. B. (1967). *Foundations of Social Psychology*. New York: Wiley.

Jones, E. E., Stires, L. K., Shaver, K.G., & Harris, V. A. (1968). Evaluation of an ingratiator by target persons and bystanders. *Journal of Personality*, 36(3), 349–385.

Kagel, J. (1976). Comment. In H. Anderson (Ed.), *New Techniques in Labor Dispute Resolution* (pp. 185–190). Washington, DC: BNA Books.

Kahn, R. L., & Kramer, R. M. (1990). *Untying the Knot: De-escalatory Processes in International Conflict*. San Francisco: Jossey-Bass.

Kahneman, D., Fredrickson, B. L., Schreiber, C. A., & Redelmeier, D. A. (1993). When more pain is preferred to less: Adding a better end. *Psychological Science*, 4(6), 401–405.

Kahneman, D., Knetsch, J. L., & Thaler, R. H. (1990). Experimental tests of the endowment effect and the Coase theorem. *Journal of Political Economy*, 98(6), 1325–1348.

Kahneman, D., & Miller, D. (1986). Norm theory: Comparing reality to its alternatives. *Psychological Review*, 93, 136–153.

Kahneman, D., & Tversky, A. (1979). Prospect theory: An analysis of decision under risk. *Econometrica*, 47, 263–291.

Kahneman, D., & Tversky, A. (1982). On the study of statistical intuitions. *Cognition*, 11(2), 123–141.

Kaplan, S., & Kaplan, R. (1982). *Cognition and Environment: Functioning in an Uncertain World*. New York: Praeger.

Karambayya, R., & Brett, J. M. (1989). Managers handling disputes: Third-party roles and perceptions of fairness. *Academy of Management Journal*, 32, 687–704.

Keenan, J., & Wilson, R. B. (1993). Bargaining with private information. *Journal of Economic Literature*, 31(1), 45–104.

Keisler, S., & Sproull, L. (1992). Group decision making and communication technology. *Organizational Behavior and Human Decision Processes*, 52, 96–123.

Kelley, H. H. (1966). A classroom study of dilemmas in interpersonal negotiations. In K. Archibald (Ed.), *Strategic Intervention and Conflict* (pp. 49–73). Berkeley, CA: University of California, Institute of International Studies.

Kelley, H. H., & Schenitzki, D. P. (1972). Bargaining. In C.G. McClintock (Ed.), *Experimental Social Psychology* (pp. 298–337). New York: Holt, Rinehart, and Winston.

Kelley, H. H., & Stahelski, A. J. (1970). Social interaction basis of cooperators' and competitors' beliefs about others. *Journal of Personality and Social Psychology*, 16(1), 66–91.

Kelley, H. H., & Thibaut, J. (1969). Group problem solving. In G. Lindzey & E. Aronson (Eds.), *Handbook of Social Psychology* (pp. 1–101). Reading, MA: Addison-Wesley.

Kelly, J. R. (1988). Entrainment in individual and group behavior. In J. E. McGrath (Ed.), *The Social Psychology of Time: New Perspectives* (Sage Focus Editions, vol. 91, pp. 89–110). Newbury Park, CA: Sage.

Kelman, H. C. (1991). Coalitions across conflict lines: The interplay of conflicts within and between the Israeli and Palestinian communities. Working paper series (no. 91–9), Harvard University, Center for International Affairs.

Kern, M. C., Brett, J. M., & Weingart, L. R. (2003). Getting the floor: Persistence, motives, strategy, and individual outcomes in multiparty negotiations. Working paper, Carnegie Mellon University, Pittsburgh, PA.

Kerr, N. L. (1983). Motivation losses in small groups: A social dilemma analysis. *Journal of Personality and Social Psychology*, 45, 819–828.

Kerr, N. L., & Kaufman-Gilliland, C. M. (1994). Communication, commitment, and cooperation in social dilemma. *Journal of Personality and Social Psychology*, 66(3), 513–529.

Keysar, B. (1998). Language users as problem solvers: Just what ambiguity problem do they solve? In S. R. Fussell & R. J. Kreuz (Eds.), *Social and Cognitive Approaches to Interpersonal Communication* (pp. 175–200). Mahwah, NJ: Lawrence Erlbaum.

Kiesler, C. A., & Kiesler, S. B. (1969). *Conformity*. Reading, MA: Addison-Wesley.

Kim, P. H., Diekmann, K. A., & Tenbrunsel, A. E. (2003). Flattery may get you somewhere: The strategic implications of providing positive vs. negative feedback about ability vs. ethicality in negotiation. *Organizational Behavior and Human Decision Processes*, 90, 225–243.

Kipnis, D. (1957). Interaction between bomber crews as a determinant of sociometric choice. *Human Relations*, 10, 263–270. Kivisilta, P., Honkaniemi, L., & Sundvi, L. (1994, July 12). Female employees' physical appearance: A biasing factor in personnel assessment, or a success-producing factor in sales and marketing? Poster presented at the 23rd International Congress of Applied Psychology, Madrid, Spain.

Klar, Y., Bar-Tal, D., & Kruglanski, A.W. (1988). Conflict as a cognitive schema: Toward a social cognitive analysis of conflict and conflict termination. In W. Stroebe, A. Kruglanski, D. Bar-Tal, & M. Hewstone (Eds.), *The Social Psychology of Intergroup Conflict*. Berlin: Springer-Verlag.

Knez, M., & Camerer, C. (2000). Increasing cooperation in prisoner's dilemmas by establishing a precedent of efficiency in coordination games. *Organizational Behavior and Human Decision Processes*, 82(2), 194–216.

Kochan, T. A. (1979). Dynamics of dispute resolution in the public sector. In B. Aaron, J. R. Grodin, & J. L. Stern (Eds.), *Public-Sector Bargaining* (pp. 150–190). Washington, DC: BNA Books.

Kolb, D. (1983). *The Mediators*. Cambridge, MA: MIT Press.

Kollock, P. (1994). The emergence of exchange structures: An experimental study of uncertainty, commitment and trust. *American Journal of Sociology*, 100(2), 313–345.

Komorita, S. S., & Parks, C.D. (1994). *Social Dilemmas*. Madison, WI: Brown and Benchmark.

Komorita, S. S., & Parks, C.D. (1995). Interpersonal relations: Mixed-motive interaction. *Annual Review of Psychology*, 46, 183–207.

Kopelman, S., Rosette, A., & Thompson, L. (2004). The three faces of Eve: An examination of strategic positive, negative, and neutral emotion in negotiations. Manuscript under review.

Kopelman, S., Weber, J. M., & Messick, D. M. (2002). Factors influencing cooperation in commons dilemmas: A review of experimental psychological research. In E. Ostrom et al. (Eds.), *The Drama of the Commons* (pp. 113–156). Washington, DC: National Academy Press.

Kotter, J., & Schlesinger, L. (1979). Choosing strategies for change. *Harvard Business Review*, pp. 106–114.

Kramer, R. M. (1991). The more the merrier? Social psychological aspects of multiparty negotiations in organizations. In M. H. Bazerman, R. J. Lewicki, & B. H. Sheppard (Eds.), *Research on Negotiations in Organizations: Handbook of Negotiation Research*, vol. 3 (pp. 307–332). Greenwich, CT: JAI Press.

Kramer, R. M. (1995). Dubious battle: Heightened accountability, dysphoric cognition, and self-defeating bargaining behavior. In R. Kramer & D. Messick (Eds.), *Negotiation as a Social Process* (pp. 95–120). Thousand Oaks, CA: Sage.

Kramer, R. M. (1999). Trust and distrust in organizations: Emerging perspectives, enduring questions. *Annual Review of Psychology*, 50, 569–598.

Kramer, R. M., & Brewer, M. (1984). Effects of group identity on resource use in a simulated commons dilemma. *Journal of Personality and Social Psychology*, 46, 1044–1057.

Kramer, R. M., & Brewer, M. (1986). Social group identity and the emergence of cooperation in resource conservation dilemmas. In H. Wilke, C. Rutte, & D. Messick (Eds.), *Experimental Studies of Social Dilemmas*. Frankfurt: Peter Lang.

Kramer, R. M., Brewer, M. B., & Hanna, B. A. (1996). Collective trust and collective action: The decision to trust as a social decision. In R. M. Kramer & T. R. Tyler (Eds.), *Trust in Organizations* (pp. 357–389). Thousand Oaks, CA: Sage.

Kramer, R. M., & Hanna, B. A. (1988). Under the influence? Organizational paranoia and the misperception of others' influence behavior. In R. M. Kramer & M. A. Neale (Eds.), *Power and Influence in Organizations* (pp. 145–179). Thousand Oaks, CA: Sage.

Kramer, R., Pommerenke, P., & Newton, E. (1993). The social context of negotiation: Effects of social identity and accountability on negotiator judgment and decision making. *Journal of Conflict Resolution*, 37, 633–654.

Kramer, R. M., & Wei, J. (1999). Social uncertainty and the problem of trust in social groups: The social self in doubt. In T. R. Tyler & R. M. Kramer (Eds.), *The Psychology of the Social Self: Applied Social Research* (pp. 145–168). Mahwah, NJ: Lawrence Erlbaum.

Krauss, R. M., & Chiu, C. (1998). Language and social behavior. In D. T. Gilbert, S. T. Fiske, & G. Lindzey (Eds.), *The Handbook of Social Psychology*, 4th ed. (pp. 41–88). New York: McGraw-Hill.

Krauss, R. M., & Fussell, S. R. (1991). Perspective-taking in communication: Representations of others' knowledge in reference. *Social Cognition*, 9, 2–24.

Kray, L., Galinsky, A., & Thompson, L. (2002). Reversing the gender gap in negotiations: An exploration of stereotype regeneration. *Organizational Behavior and Human Decision Processes*, 87(2), 386–409.

Kray, L., Lind, A., & Thompson, L. (2004). It's a bet! How negotiator relationships and deal importance affect the resolution of differences. Manuscript under review.

Kray, L., Paddock, L., & Galinksy, A. (2003). Temporal framing: How a consideration of past successes and failures affects integrative negotiations. Manuscript under review.

Kray, L., Thompson, L., & Galinsky, A. (2001). Battle of the sexes: Gender stereotype confirmation and reactance in negotiations. *Journal of Personality and Social Psychology*, 80(6), 942–958.

Kreps, D. M., Milgrom, P., Roberts, J., & Wilson, R. (1982). Rational cooperation in the finitely repeated prisoner's dilemma. *Journal of Economic Theory*, 27, 245–252.

Kressel, K., & Pruitt, D. G. (1989). Conclusion: A research perspective on the mediation of social conflict. In K. Kressel & D. G. Pruitt (Eds.), *Mediation Research* (pp. 394–435). San Francisco: Jossey-Bass.

Krishnamurthy, S., Bottom, W. P., & Rao, A. G. (2003). Adaptive aspirations and contributions to a public good: Generic advertising as a response to decline. *Organizational Behavior and Human Decision Processes*, 92, 22–33.

Kriz, M. (1998). After Argentina. *National Journal*, 30(49), 2848–2853.

Kruger, J. (1999). Lake Wobegon be gone! The "below-average effect" and the egocentric nature of comparative ability judgments. *Journal of Personality and Social Psychology*, 77, 221–232.

Kruger, J., & Dunning, D. (1999). Unskilled and unaware of it: How difficulties in recognizing one's own incompetence lead to inflated selfassessments. *Journal of Personality and Social Psychology*, 77, 1121–1134.

Kuhlman, D. M., & Marshello, A. (1975). Individual differences in the game motives of own, relative, and joint gain. *Journal of Research in Personality*, 9(3), 240–251.

Kumar, R. (1997). The role of affect in negotiations: An integrative overview. *Journal of Applied Behavioral Science*, 33(1), 84–100.

Kurtzberg, T., Dunn-Jensen, L., & Matsibekker, C. (2003). When roles collide with reality: Novice attempts at agent-based negotiations. Paper presented at the Academy of Management Annual Meeting, Seattle, WA.

Kurtzberg, T., & Medvec, V. H. (1999). Can we negotiate and still be friends? *Negotiation Journal*, 15(4), 355–362.

Kwon, S., & Weingart, L. R. (2004). Unilateral concessions from the other party: Concession behavior, attributions, and negotiation judgments. *Journal of Applied Psychology*, 89(2), 263–278.

LaFrance, M. (1985). Postural mirroring and intergroup relations. *Personality and Social Psychology Bulletin*, 11(2), 207–217.

Lamm, H., & Kayser, E. (1978). An analysis of negotiation concerning the allocation of jointly produced profit or loss: The roles of justice norms, politeness, profit maximization, and tactics. *International Journal of Group Tensions*, 8, 64–80.

Landy,D., & Sigall, H. (1974). Beauty is talent: Task evaluation as a function of the performer's physical attractiveness. *Journal of Personality and Social Psychology*, 29(3), 299–304.

Langer, E. (1975).The illusion of control. *Journal of Personality and Social Psychology*, 32, 311–328.

Langer, E., Blank, A., & Chanowitz, B. (1978). The mindlessness of ostensibly thoughtful action:The role of placebic information in interpersonal interaction. *Journal of Personality and Social Psychology*, 36, 635–642.

Langner, C., & Winter,D. (2001).The motivational basis of concessions and compromise: Archival and laboratory studies. *Journal of Personality and Social Psychology*, 81(4), 711–727.

Latané, B. (1981).The psychology of social impact. *American Psychologist*, 36, 343–356. Lax, D. A., & Sebenius, J. K. (1986). *The Manager as Negotiator*. New York: Free Press.

Lax,D. A., & Sebenius, J. K. (1997, February 24). A better way to go on strike. *The Wall Street Journal*, Section A, p. 22.

Le Vine, R. A., & Campbell,D.T. (1972). *Ethnocentrism: Theories of Conflict, Ethnic Attitudes, and Group Behavior*. New York: Wiley.

Leavitt, H. (1989). Educating our MBAs: On teaching what we haven't taught. *California Management Review*, 31(3), 38–50.

Lee,W. (1971). *Decision Theory and Human Behavior*. New York:Wiley. Lerner, H.G. (1985). *The Dance of Anger*. New York: Harper and Row.

Lerner, M. (1980). *The Belief in a Just World: The Fundamental Delusion*. New York: Plenum.

Leung, K. (1987). Some determinants of reactions to procedural models for conflict resolution:A cross-national study. *Journal of Personality and Social Psychology*, 53(5), 898–908.

Leventhal, H. (1976).The distribution of rewards and resources in groups and organizations. In L. Berkowitz & E.Walster (Eds.), *Advances in Experimental Social Psychology*, vol. 9 (pp. 92–133). New York: Academic Press.

Leventhal, H. (1980).What should be done with equity theory? New approaches to the study of fairness in social exchange. In K. Gergen, M. Greenberg, & R.Willis (Eds.), *Social Exchange: Advances in Theory and Research* (pp. 27–55). New York: Plenum Press.

Levine, J., & Moreland, R. L. (1994). Group socialization:Theory and research. In I.W. Stroebe & M. Hewstone (Eds.), *The European Review of Social Psychology*, vol. 5 (pp. 305–336). Chichester, England:Wiley.

Levine, J., & Thompson, L. (1996). Conflict in groups. In E.T. Higgins & A. Kruglanski (Eds.), *Social Psychology: Handbook of Basic Principles* (pp. 745–776). New York: Guilford.

LeVine, R.A. & Campbell,D.T. (1972). *Ethnocentrism: Theories of conflict, ethnic attitudes, and group behavior*. New York:Wiley.

Levinson, C., Smith, M., & Wilson,O. (1999). *Guerilla Negotiating: Unconventional Weapons and Tactics to Get What You Want*. New York:Wiley.

Lewicki, R. J. (1983). Lying and deception:A behavioral model. In M. H. Bazerman & R. J. Lewicki (Eds.), *Negotiating in Organizations*. Beverly Hills, CA: Sage.

Lewicki, R. J., & Bunker, B. B. (1996). Developing and maintaining trust in work relationships. In R. M. Kramer, & T. R.Tyler (Eds.), *Trust in Organizations: Frontiers of Theory and Research* (pp. 114–139). Thousand Oaks, CA: Sage.

Lewicki, R. J., & Robinson, R. J. (1998). Ethical and unethical bargaining tactics:An empirical study. *Journal of Business Ethics*, 17(6), 665–682.

Lewicki, R. J., & Stark, N. (1996). What's ethically appropriate in negotiations: An empirical examination of bargaining tactics. *Social Justice Research*, 9(1), 69–95.

Liebrand,W. B.G., Messick,D. M., & Wilke, H., Eds. (1992). *Social Dilemmas: Theoretical Issues and Research Findings*. Oxford, England: Pergamon Press.

Lim, S.G., & Murnighan, J. K. (1994). Phases, deadlines, and the bargaining process. *Organizational Behavior and Human Decision Processes*, 58, 153–171.

Lind, E. A., Kray, L., & Thompson, L. (1996). Adversity in organizations: Reactions to injustice. Paper presented at the Psychology of Adversity Conference, Amherst, MA.

Lind, E. A., & Tyler,T. R. (1988). *The Social Psychology of Procedural Justice*. New York: Plenum.

Lindsley, S. L. (1999, June). A layered model of problematic intercultural communication in U.S.-owned maquiladoras in Mexico. *Communication Monographs*, p. 145.

Linville, P.W., Fischer,G.W., & Salovey, P. (1989). Perceived distributions of the characteristics of in-group and out-group members: Empirical evidence and a computer simulation. *Journal of Personality and Social Psychology*,57, 165–188.

Locke, K.D., & Horowitz, L. M. (1990). Satisfaction in interpersonal interactions as a function of similarity in level of dysphoria. *Journal of Personality and Social Psychology*, 58(5), 823–831.

Loewenstein,G. F., & Moore,D. A. (2004).When ignorance is bliss: Information exchange and inefficiency in bargaining. *Journal of Legal Studies*, 33(1), 37–58.

Loewenstein,G. F., & Schkade,D. (1999). Wouldn't it be nice? Predicting future feelings. In D. Kahneman & E. Diener (Eds.),*Well-Being: The Foundations of Hedonic Psychology* (pp. 85–105). New York: Russell Sage Foundation.

Loewenstein,G. F.,Thompson, L., & Bazerman, M. H. (1989). Social utility and decision making in interpersonal contexts. *Journal of Personality and Social Psychology*, 57(3), 426–441.

Loewenstein, J., & Thompson, L. (2000).The challenge of learning. *Negotiation Journal*, 16(4), 399–408.

Loewenstein, J.,Thompson, L., & Gentner,D. (1999). Analogical encoding facilitates transfer in negotiation. *Psychonomic Bulletin and Review*, 6(4), 586–597.

Loewenstein, J.,Thompson, L., & Gentner,D. (2003). Analogical learning in negotiation teams: Comparing cases promotes learning and transfer. *Academy of Management Learning and Education*, 2(2), 119–127.

Lovallo,D., & Kahneman,D. (2003). Delusions of success: How

optimism undermines executives' decisions. *Harvard Business Review*, 81(7), 56–63.

Lynn, M. (1997). Board games:Those who make it to the top are not usually shy, retiring types, and Cadbury only increases the likelihood of conflict. *Management Today*, pp. 30–34.

Lytle, A. L., Brett, J. M., & Shapiro,D. L. (1999). The strategic use of interests, rights and power to resolve disputes. *Negotiation Journal*, 15(1), 31–49.

Maisonneuve, J., Palmade,G., & Fourment, C. (1952). Selective choices and propinquity. *Sociometry*, 15, 135–140.

Mannix, E. (1993). Organizations as resource dilemmas:The effects of power balance on coalition formation in small groups. *Organizational Behavior and Human Decision Processes*, 55, 1–22.

Mannix, E., & Loewenstein, G. (1993). Managerial time horizons and inter-firm mobility: An experimental investigation. *Organizational Behavior and Human Decision Processes*, 56, 266–284.

Mannix, E. A.,Thompson, L., & Bazerman, M. H. (1989). Negotiation in small groups. *Journal of Applied Psychology*, 74(3), 508–517.

Mannix, E. A.,Tinsley,C. H., & Bazerman, M. H. (1995). Negotiating over time: Impediments to integrative solutions. *Organizational Behavior and Human Decision Processes*, 62(3), 241–251.

Manstead, A. S. R. (1991). Expressiveness as an individual difference. In R. S. Feldman & B. Rime (Eds.), *Fundamentals of Nonverbal Behavior: Studies in Emotion and Social Interaction* (pp. 285–328). New York: Cambridge University Press.

March, R. M. (1990). *The Japanese Negotiator: Subtlety and Strategy Beyond Western Logic*, 1st paperback ed. New York: Kodansha International.

Marlowe,D., Gergen, K., & Doob, A. (1966). Opponents' personality, expectation of social interaction and interpersonal bargaining. *Journal of Personality and Social Psychology*, 3, 206–213.

Marmo, M. (1995).The role of fact finding and interest arbitration in "selling" a settlement. *Journal of Collective Negotiations in the Public Sector*, 14, 77–97.

Martin, J. N. (1989). Intercultural communication competence. *International Journal of Intercultural Relations*, 13, 227–428.

Matsumoto,D. (1996). *Culture and Psychology*. Pacific Grove, CA: Brooks-Cole.

May, K. (1982). A set of independent, necessary and sufficient conditions for simple majority decisions. In B. Barry & R. Hardin (Eds.), *Rational Man and Irrational Society*. Beverly Hills, CA: Sage.

Mayer, J.D., Salovey, P., & Caruso,D. (2000). Models of emotional intelligence. In R. J. Sternberg (Ed.),The Handbook of Emotional Intelligence (pp. 396–420). New York: Cambridge University Press.

Mazur, A. (1985). A biosocial model of status in face-to-face groups. *Social Forces*, 64, 377–402. McAlister, L., Bazerman, M. H., & Fader, P. (1986). Power and goal setting in channel negotiations. *Journal of Marketing Research*, 23, 238–263.

McClelland,G., & Rohrbaugh, J. (1978). Who accepts the Pareto axiom? The role of utility and equity in arbitration decisions. *Behavioral Science*, 23, 446–456.

McClintock, C.G., & Liebrand,W. B. (1988). Role of interdependence structure, individual value orientation, and another's strategy in social decision making: A transformational analysis. *Journal of Personality and Social Psychology*, 55(3), 396–409.

McClintock,C., Messick,D. M.,Kuhlman,D.,& Campos, F. (1973). Motivational bases of choice in three-choice decomposed games. *Journal of Experimental Social Psychology*, 9, 572–590.

McEwen, C. A., & Maiman, R. J. (1984). Mediation in small claims court: Achieving compliance through consent. *Law and Society Review*, 18, 11–49.

McGinn, K. L., & Croson, R. (2004). What do communication media mean for negotiations? A question of social awareness. In M. Gelfand & J. Brett (Eds.), *The Handbook of Negotiation and Culture: Theoretical Advances and Cultural Perspectives and Negotiation* (pp. 334–349). Palo Alto, CA: Stanford University Press.

McGinn, K. L., & Keros, A.T. (2002). Improvisation and the logic of exchange in socially embedded transactions. *Administrative Science Quarterly*, 47, 442–473.

McGinn, K. L.,Thompson, L., & Bazerman, M. H. (2003). Dyadic processes of disclosure and reciprocity in bargaining with communication. *Journal of Behavorial Decision Making*, 16, 17–34.

McGrath, J. E. (1966). A social psychological approach to the study of negotiations. In R.V. Bowers (Ed.), *Studies on Behavior in Organizations* (pp. 101–134). Athens, GA: University of Georgia Press.

McGrath, J. E., & Hollingshead, A. B. (1994). *Groups Interacting with Technology*. Thousand Oaks, CA: Sage.

McGrath, J. E., Kelly, J. R., & Machatka,D. E. (1984).The social psychology of time: Entrainment of behavior in social and organizational settings. *Applied Social Psychology Annual*, 5, 21–44.

McGuire, P. A. (1998,August). Historic conference focusing on creating a new discipline. *APA Monitor*, 29, 1, 15.

McGuire,T.,Keisler, S., & Siegel, J. (1987). Group and computer-mediated discussion effects in risk decision-making. *Journal of Personality and Social Psychology*, 52(5), 917–930.

McKelvey, R.D., & Ordeshook, P. C. (1980). Vote trading: An experimental study. *Public Choice*, 35, 151–184.

McKendrick, J. (1999).The third way: Mitigate, not litigate Y2K beefs. *Midrange Systems*, 12(2), 52.

Medvec,V. H., & Galinsky, A. (2004). The strategic advantages of multiple equivalent offers. Working paper.

Medvec,V. H., Leonardelli,G., Claussen-Schulz, A., & Galinsky,A. (2004). Maximizing outcomes and maintaining relationships: Multiple equivalent offers in negotiations. Working paper.

Medvec,V. H., Madey, S. F., & Gilovich,T. (1995). When less is more: Counterfactual thinking and satisfaction among Olympic medalists. *Journal of Personality and Social Psychology*, 69(4), 603–610.

Meherabian, A. (1971). *Silent Messages*. Belmont, CA:Wadsworth.

Menon, T., Morris, M.W., Chiu, C., & Hong, Y. (1999). Culture and construal of agency: Attribution to individual versus group dispositions. *Journal of Personality and Social Psychology*, 76(5), 701–717.

Messick, D. M. (1993). Equality as a decision heuristic. In B.A. Mellers & J. Baron (Eds.), *Psychological Perspectives on Justice* (pp. 11–31). New York: Cambridge University Press.

Messick, D. M., & Bazerman, M. H. (1996). Ethical leadership and the psychology of decision making. *Sloan Management Review*, 37(2), 9–22.

Messick, D. M., & Brewer, M. (1983). Solving social dilemmas: A review. In L.Wheeler & P. Shaver (Eds.), *Review of Personality and Social Psychology*, vol. 4 (pp. 11–44). Beverly Hills, CA: Sage.

Messick, D. M., & Rutte, C.G. (1992). The provision of public goods by experts:The Groningen study. In W. B.G. Liebrand, D. M. Messick, & H. A. M.Wilke (Eds.), *Social Dilemmas: Theoretical Issues and Research Findings* (pp. 101–109). Oxford, England: Pergamon Press.

Messick, D. M., & Sentis, K. P. (1979). Fairness and preference. *Journal of Experimental Social Psychology*, 15(4), 418–434.

Messick, D. M., Wilke, H., Brewer, M.B., Kramer, R. M., Zemke, P. E., & Lui, L. (1983). Individual adaptations and structural change as solutions to social dilemmas. *Journal of Personality and Social Psychology*, 44(2), 294–309.

Meyerson, D., Weick, K. E., & Kramer, R. M. (1996). Swift trust and temporary groups. In R. M. Kramer & T. R.Tyler (Eds.), *Trust in Organizations: Frontiers of Theory and Research* (pp. 166–195). Thousand Oaks, CA: Sage.

Mikula, G. (1980). On the role of justice in allocation decisions. In G. Mikula (Ed.), *Justice and Social Interaction*. New York: Springer-Verlag.

Miller, G. A. (1956).The magical number seven plus or minus two: Some limits on our capacity for processing information. *PsychologicalReview*, 63, 81–97.

Mnookin, R. H. (2003). Strategic barriers to dispute resolution: A comparison of bilateral and multilateral negotiation. *Journal of Institutional and Theoretical Economics*, 159(1), 199–220.

Moore, D. A. (2004).The unexpected benefits of final deadlines in negotiation. *Journal of Experimental Social Psychology*, 40, 121–127.

Moore, D. A., & Kim, T.G. (2003). Myopic social prediction and the solo comparison effect. *Journal of Personality and Social Psychology*, 85(6), 1121–1135.

Moore, D. A., Kurtzberg, T., Thompson, L., & Morris, M.W. (1999). Long and short routes to success in electronically mediated negotiations: Group affiliations and good vibrations. *Organization Behavior and Human Decision Processes*, 77(1), 22–43.

Moore, J. S., Graziano, W.G., & Millar, M.G. (1987). Physical attractiveness, sex role orientation, and the evaluation of adults and children. *Personality and Social Psychology Bulletin*, 13(1), 95–102.

Moreland, R. L., Argote, L., & Krishnan, R. (1996). Socially shared cognition at work. In J. L. Nye & A. M. Brower (Eds.), *What's Social About Social Cognition?* Thousand Oaks, CA: Sage.

Moreland, R. L., & Beach, S. R. (1992). Exposure effects in the classroom:The development of affinity among students. *Journal of Experimental Social Psychology*, 28(3), 255–276.

Morgan, P., & Tindale, R. S. (2002). Group vs. individual performance in mixed-motive situations: Exploring the inconsistency. *Organizational Behavior and Human Decision Processes*, 87(1), 44–65.

Morling, B., Kitayama, S., & Miyamoto, Y. (2002). Cultural practices emphasize influence in the United States and adjustment in Japan. *Personality and Social Psychology Bulletin*, 28(3), 311–323.

Morris, M.W. (1995).Through a glass darkly: Cognitive and motivational processes that obscure social perception in conflicts. Paper presented at the Academy of Management Meetings, Vancouver, BC.

Morris, M.W., Larrick, R. P., & Su, S. K. (1999). Misperceiving negotiation counterparties: When situationally determined bargaining behaviors are attributed to personality traits. *Journal of Personality and Social Psychology*, 77, 52–67.

Morris, M.W., Leung, K., & Sethi, S. (1999). Person perception in the heat of conflict: Perceptions of opponents' traits and conflict resolution in two cultures.Working paper no. 1360, Stanford University, Stanford, CA.

Morris, M.W., Nadler, J., Kurtzberg, T., and Thompson, L. (2002). Schmooze or lose: Social friction and lubrication in e-mail negotiations. *Group Dynamics: Theory, Research, and Practice*, 6(1), 89–100.

Morris, M.W., & Peng, K. (1994). Culture and cause: American and Chinese attributions for social and physical events. *Journal of Personality and Social Psychology*, 67(6), 949–971.

Morris, M.W., Podolny, J. M., & Ariel, S. (1999). Missing relations: Incorporating relational constructs into models of culture. Paper presented at 1998 SESP conference, Lexington, KY.

Morris, M.W., Sim, D. L. H., & Girrotto, V. (1995). Time of decision, ethical obligation, and causal illusion:Temporal cues and social heuristics in the prisoner's dilemma. In R. Kramer & D. Messick (Eds.), *Negotiation as a Social Process* (pp. 209–239).Thousand Oaks, CA: Sage.

Morris, M.W., & Su, S. K. (1995).The hostile mediator phenomenon:When each side perceives the mediator to be partial to the other. Unpublished manuscript, Stanford University Graduate School of Business, Palo Alto, CA.

Mueller, J. S., & Curhan, J. R. (2004). Emotional intelligence and counterpart affect induction in the context of integrative negotiations. Working paper, Massachusetts Institute of Technology, Cambridge, MA.

Murnighan, J. K. (1978). Models of coalition behavior: Game theoretic, social psychological, and political perspectives. *Psychological Bulletin*, 85, 1130–1153.

Murnighan, J. K., Kim, J.W., & Metzger, A. R. (1993).The volunteer dilemma. *Administrative Science Quarterly*, 38(4), 515–538. Myers, D. (2003).The odds on the odds. *Across the Board*, 40(6), 6.

Myers, F. (1999, February). Political argumentation and the composite audience: A case study. *Quarterly Journal of Speech,* pp. 55–65.

Nadler, J., Kurtzberg,T., Morris, M.W.,& Thompson, L. (1999, February 15). Getting to know you:The effects of relationship-building and expectation on e-mail negotiations. Paper submitted to the 12th Conference of the International Association for Conflict Management, San Sebastián-Donostia, Spain.

Nadler, J.,Thompson, L., & van Boven, L. (2003). Learning negotiation skills: Four models of knowledge creation and transfer. *Management Science,* 49(4), 529–540.

Naquin, C. (1999).Trust and distrust in group negotiations. Unpublished dissertation, Kellogg Graduate School of Management, Northwestern University, Evanston, IL.

Naquin, C. (2003).The agony of opportunity in negotiation: Number of negotiable issues, counterfactual thinking, and feelings of satisfaction. *Organizational Behavior and Human Decision Processes,* 91, 97–107.

Nash, J. (1950).The bargaining problem. *Econometrica,* 18, 155–162.

Nash, J. (1951). Non-cooperative games. *Annals of Mathematics,* 54(2), 286–295.

Nash, J. (1953).Two-person cooperative games. *Econometrica,* 21, 129–140.

Neale, M.A., & Bazerman, M. H. (1983).The role of perspective taking ability in negotiating under different forms of arbitration. *Industrial and Labor Relations Review,* 36, 378–388.

Neale, M.A., & Bazerman, M. H. (1985).The effects of framing and negotiator overconfidence on bargainer behavior. *Academy of Management Journal,* 28, 34–49.

Neale, M.A., & Bazerman, M. H. (1991). *Cognition and Rationality in Negotiation.* New York: Free Press.

Neale, M.A., Huber,V. L., & Northcraft,G. (1987).The framing of negotiations: Contextual versus task frames. *Organizational Behavior and Human Decision Processes,* 39(2), 228–241.

Neale, M.A., & Northcraft,G. (1986). Experts, amateurs, and refrigerators: Comparing expert and amateur negotiators in a novel task. *Organizational Behavior and Human Decision Processes,* 38, 305–317.

Neale, M.A., Northcraft,G. B., & Earley, P. C. (1990).The joint effects of goal setting and expertise on negotiator performance.Working paper, Northwestern University, Evanston, IL.

Newman, M. L., Pennebaker, J.W., Berry,D. S.,& Richards, J. M. (2003). Lying words: Predicting deception from linguistic styles. *Personality and Social Psychology Bulletin,* 29(5), 665–675.

Nierenberg,G. I. (1968). *The Art of Negotiation: Psychological Strategies for Gaining Advantageous Bargains.* New York: Hawthorn Books.

Nisbett, R. E., Krantz,D. H., Jepson, C.,& Kunda, Z. (1995).The use of statistical heuristics in everyday inductive reasoning. In R. E. Nisbett (Ed.), *Rules for Reasoning* (pp. 15–54). Hillsdale, NJ, Lawrence Erlbaum.

Northcraft, G., & Neale, M. A. (1993). Negotiating successful research collaboration. In J. K. Murnighan (Ed.), *Social Psychology in Organizations: Advances in Theory and Research.* Upper Saddle River, NJ: Prentice Hall.

Notarius, C. I., & Levenson, R.W. (1979). Expressive tendencies and physiological response to stress. *Journal of Personality and Social Psychology,* 37(7), 1204–1210.

Notz,W.W., & Starke, F. A. (1987). Arbitration and distributive justice: Equity or equality? *Journal of Applied Psychology,* 72, 359–365.

O'Connor, K. M. (1994). *Negotiation Teams: The Impact of Accountability and Representation Structure on Negotiator Cognition and Performance.* Eugene, OR: International Association of Conflict Management.

O'Connor, K. M. (1997). Groups and solos in context:The effects of accountability on team negotiation. *Organizational Behavior and Human Decision Processes,* 72(3), 384–407.

O'Connor, K. M., & Adams, A. A. (1996). Thinking about negotiation: An investigation of negotiators' scripts. Unpublished manuscript, Northwestern University, Evanston, IL.

O'Connor, K. M., & Arnold, J. A. (2001). Distributive spirals: Negotiation impasses and the moderating role of disputant self-efficacy. *Organizational Behavior and Human Decision Processes,* 84(1), 148–176.

O'Connor, K. M., & Arnold, J. A., & Burris, E. R. (2003). Negotiators' bargaining histories and their effects on future negotiation performance. Working paper, Cornell University, Ithaca,NY.

O'Connor, K. M., and Carnevale, P. J. (1997). A nasty but effective negotiation strategy: Misrepresentation of a common-value issue. *Personality and Social Psychology Bulletin,* 23(5), 504–515.

O'Quin, K., & Aronoff, J. (1981). Humor as a technique of social influence. *Social Psychology Quarterly,* 44(4), 349–357.

Ohtsubo,Y., & Kameda,T. (1998).The function of equality heuristic in distributive bargaining: Negotiated allocation of costs and benefits in a demand revelation context. *Journal of Experimental Social Psychology,* 34, 90–108.

Okhuysen,G., Galinsky, A., & Uptigrove,T. (2003). Saving the worst for last:The effect of time horizon on the efficiency of negotiating benefits and burdens. *Organizational Behavior and Human Decision Processes,* 91, 269–279.

Olekalns, M., Brett, J. M., & Weingart, L. R. (2003). Phases, transitions and interruptions: The processes that shape agreement in multiparty negotiations. Working paper, Dispute Resolution Research Center, Northwestern University, Evanston, IL.

Olekalns, M., & Smith, P. L. (1998). Simple frequency effects? Motivational orientation, strategic choice and outcome optimality in negotiations. Paper presented at IACM, Washington, DC.

Olekalns, M., & Smith, P. L. (1999). Social value orientations and strategy choices in competitive negotiations. *Personality and Social Psychology Bulletin,* 25(6), 657–668.

Olekalns, M., & Smith, P. L. (2003). Testing the relationships among negotiators' motivational orientations, strategy choices, and outcomes. *Journal of Experimental Social Psychology,* 39,101–117.

Ordeshook, P. (1986). *Game Theory and Political Theory: An Introduction.* Cambridge: Cambridge University Press.

Osborn, A. F. (1957). *Applied Imagination.* New York: Scribner.

Osborn, A. F. (1963). *Applied Imagination*, 3rd ed. New York: Scribner.

Osgood, C. E. (1962). *An Alternative to War or Surrender*. Urbana: University of Illinois Press.

Osgood, C. E. (1979). GRIT 1 (vol. 8, no. 1, 0553–4283). Dundas, Ontario: Peace Research Reviews.

Osgood, C. E., Suci, G. J., & Tannenbaum, P. H. (1957). *The Measurement of Meaning*. Urbana: University of Illinois Press.

Oskamp, S. (1965). Attitudes toward U.S. and Russian actions: A double standard. *Psychological Reports*, 16, 43–46.

Paese, P. W., & Gilin, D. A. (2000). When an adversary is caught telling the truth: Reciprocal cooperation versus self-interest in distributive bargaining. *Personality and Social Psychology Bulletin*, 26(1), 79–90.

Palmer, L. G., & Thompson, L. (1995). Negotiation in triads: Communication constraints and tradeoff structure. *Journal of Experimental Psychology: Applied*, 2, 83–94.

Parks, C. D., Sanna, L. J., & Posey, D. C. (2003). Retrospection in social dilemmas: How thinking about the past affects future cooperation. *Journal of Personality and Social Psychology*, 84(5), 988–996.

Paulus, P. B. (1998). Developing consensus about groupthink after all these years. *Organization Behavior and Human Decision Processes*, 73(2–3), 362–374.

Pennebaker, J. W., Hughes, C. F., & O'Heeron, R. C. (1987). The psychophysiology of confession: Linking inhibitory and psychosomatic processes. *Journal of Personality and Social Psychology*, 52, 781–793.

Pennebaker, J. W., & Sanders, D. Y. (1976). American graffiti: Effects of authority and reactance arousal. *Personality and Social Psychology Bulletin*, 2, 264–267.

Peterson, E., & Thompson, L. (1997). Negotiation teamwork: The impact of information distribution and accountability on performance depends on the relationship among team members. *Organizational Behavior and Human Decision Processes*, 72(3), 364–383.

Philip, G., & Young, E. S. (1987). Man-machine interaction by voice: Developments in speech technology. Part I: The state-of-the-art. *Journal of Information Science*, 13, 3–14.

Pierce, R. S., Pruitt, D. G., & Czaja, S. J. (1993). Complainant-respondent differences in procedural choise. *International Journal of Conflict Management*, 4, 199–122.

Pillutla, M. M., & Chen, X. (1999). Social norms and cooperation in social dilemmas: The effects of context and feedback. *Organizational Behavior and Human Decision Processes*, 78(2), 81–103.

Pillutla, M. M., & Murnighan, J. K. (1995). Being fair or appearing fair: Strategic behavior in ultimatum bargaining. *Academy of Management Journal*, 38(5), 1408–1426.

Plott, C. (1976). Axiomatic social choice theory: An overview and interpretation. *American Journal of Political Science*, 20, 511–596.

Plott, C., & Levine, M. (1978). A model of agenda influence on committee decisions. *American Economic Review*, 68, 146–160. Poincaré, H. (1929). *The Foundations of Sciences*. New York: Science House.

Pólya, G. (1957). *How to Solve It: A New Aspect of Mathematical Method*, 2nd ed. New York: Doubleday.

Pólya, G. (1968). *Mathematical Discovery, Volume II: On Understanding, Learning, and Teaching Problem Solving*. New York: Wiley.

Popkin, S. (1981). Public choice and rural development—free riders, lemons, and institutional design. In C. Russel & N. Nicholson (Eds.), *Public Choice and Rural Development* (pp. 43–80). Washington, DC: Resources for the Future. Prentice, D. A., Miller, D. T., & Lightdale, J. R. (1994). Asymmetries in attachments to groups and to their members: Distinguishing between common-identity and common-bond groups. *Personality and Social Psychology Bulletin*, 20, 484–493.

Pruitt, D. G., (1981). *Negotiation Behavior*. New York: Academic Press. Pruitt, D. G., & Carnevale, P. J. (1993). *Negotiation in Social Conflict*. Pacific Grove, CA: Brooks-Cole.

Pruitt, D. G., & Lewis, S. A. (1975). Development of integrative solutions in bilateral negotiation. *Journal of Personality and Social Psychology*, 31, 621–630.

Putnam, L. L. (1983). Small group work climates: A lag-sequential analysis of group interaction. *Small Group Behavior*, 14(4), 465–494.

Quinn, S. R., Bell, D., & Wells, J. (1997). Interestbased negotiation: A case study. *Public Personnel Management*, 26(4), 529–533.

Raiffa, H. (1982). *The Art and Science of Negotiation*. Cambridge, MA: Belknap.

Rand, K. A., & Carnevale, P. J. (1994). The benefits of team support in bilateral negotiations. Unpublished manuscript, University of Illinois, Champaign, IL.

Raven, B. H. (1990). Political applications of the psychology of interpersonal influence and social power. *Political Psychology*, 11(3), 493–520.

Redelmeier, D. A., & Kahneman, D. (1996). Patients' memories of painful medical treatments: Real-time and retrospective evaluations of two minimally invasive procedures. *Pain*, 66(1), 3–8.

Reingen, P. H. (1982). Test of a list procedure for inducing compliance with a request to donate money. *Journal of Applied Psychology*, 67(1), 110–118.

Reingen, P. H., & Kernan, J. B. (1993). Socialperception and interpersonal influence: Some consequences of the physical attractiveness stereotype in a personal selling setting. *Journal of Consumer Psychology*, 2(1), 25–38.

Robinson, R. J., & Keltner, D. (1996). Much ado about nothing? Revisionists and traditionalists choose an introductory English syllabus. *Psychological Science*, 7(1), 18–24.

Robinson, R. J., Keltner, D., Ward, A., & Ross, L. (1994). Actual versus assumed differences in construal: "Naïve realism" in intergroup perception and conflict. *Journal of Personality and Social Psychology*, 68, 404–417.

Robinson, R. J., Lewicki, R. J., & Donahue, E. M. (2000). Extending and testing a five factor model of ethical and unethical bargaining tactics: Introducing the SINS scale. *Journal of Organizational Behavior*, 21, 649–664.

Rose, C. M. (1994). *Property and Persuasion: Essays on the History, Theory, and Rhetoric of Ownership*. Boulder, CO: Westview Press.

Rose, J. B., & Manuel, C. (1996). Attitudes toward collective bargaining and compulsory arbitration. *Journal of Collective Negotiations in the Public Sector*, 25, 287–310.

Rosenthal, R., & DePaulo, B. M. (1979a). Sex differences in accommodation in nonverbal communication. In R. Rosenthal (Ed.), *Skill in Nonverbal Communication: Individual Differences* (pp. 68–103). Cambridge, MA:
Oelgeschlager, Gunn, and Hain.

Rosenthal, R., & DePaulo, B. M. (1979b). Sex differences in eavesdropping on nonverbal cues. *Journal of Personality and Social Psychology*, 37(2), 273–285.

Rosette, A., Brett, J. M., Barsness, Z., & Lytle, A. (2000). Social presence across cultures: E-mail negotiations in the U.S. and Hong Kong. Working paper, Northwestern University, Evanston, IL.

Ross, B. H. (1987).This is like that:The use of earlier problems and the separation of similarity effects. *Journal of Experimental Psychology: Learning, Memory and Cognition*, 13(4), 629–639.

Ross, J., & Staw, B. M. (1993). Organizational escalation and exit: Lessons from the Shoreham Nuclear Power Plant. *Academy of Management Journal*, 36(4), 701–732.

Ross, L. (1977).The intuitive psychologist and his shortcomings: Distortions in the attribution process. In L. Berkowitz (Ed.), *Advances in Experimental Social Psychology*, vol. 10 (pp. 173–220). Orlando, FL: Academic Press.

Ross, L., & Lepper, M. R. (1980).The perseverance of beliefs: Empirical and normative considerations. In R. A. Shweder (Ed.), *New Directions for Methodology of Behavioral Science: Fallible Judgment in Behavioral Research*. San Francisco: Jossey-Bass.

Ross, L., & Samuels, S. M. (1993).The predictive power of personal reputation vs. labels and construal in the prisoner's dilemma game. Working paper, Stanford University, Palo Alto,CA.

Ross, L., & Stillinger,C. (1991). Barriers to conflict resolution. *Negotiation Journal*, 7(4), 389–404.

Ross, L., & Ward,A. (1996). Naïve realism in everyday life: Implications for social conflict and misunderstanding. In T. Brown, E. S. Reed,& E.Turiel, (Eds),*Values and Knowledge.The Jean Piaget Symposium Series* (pp. 103–135). Mahwah, NJ: Lawrence Erlbaum.

Ross, M., & Sicoly, F. (1979). Egocentric biases in availability attribution. *Journal of Personality and Social Psychology*, 8, 322–336.

Ross,W. H., & Conlon,D. E. (2000). Hybrid forms of third-party dispute resolution:Theoretical implications of combining mediation and arbitration. *Academy of Management Review*, 25(2), 416–427.

Ross,W. H., Conlon,D. E., & Lind, E. A. (1990). The mediator as leader: Effects of behavioral style and deadline certainty on negotiator behavior. *Group and Organization Studies*, 15, 105–124.

Roth, A. E. (1993). Bargaining experiments. In J. Kagel & A. E. Roth (Eds.), *Handbook of Experimental Economics*. Princeton, NJ: Princeton University Press.

Roth A. E., Murnighan, J. K., & Schoumaker, F. (1988).The deadline effect in bargaining: Some experimental evidence. *American Economic Review*, 78(4), 806–823.

Rothbart, M., & Hallmark,W. (1988). In-group and out-group differences in the perceived efficacy of coercion and concilliation in resolving social conflict. *Journal of Personality and Social Psychology*, 55, 248–257.

Ruback, R. B., & Juieng,D. (1997). Territorial defense in parking lots: Retaliation against waiting drivers. *Journal of Abnormal Social Psychology*, 27, 821–834.

Rubin, J. Z., Pruitt,D.G., & Kim, S. H. (1994). *Social Conflict: Escalation, Stalemate and Settlement*. New York: McGraw-Hill.

Rubin, J. Z., & Sander, F. E.A. (1988). When should we use agents? Direct vs. representative negotiation. *Negotiation Journal*, 4(4), 395–401.

Rutte, C.G., & Wilke, H. A. M. (1984). Social dilemmas and leadership. *European Journal of Social Psychology*, 14, 105–121.

Sally,D. F. (1995). Conversation and cooperation in social dilemmas: Experimental evidence from 1958 to 1992. *Rationality and Society*, 7(1), 58–92.

Sander, F. E. A. (1993).The courthouse and alternative dispute resolution. In L. Hall (Ed.), *Negotiation: Strategies for Mutual Gain* (pp. 43–60). Newbury Park, CA: Sage.

Saunders,D.G., & Size, P. B. (1986). Attitudes about woman abuse among police officers, victims, and victim advocates. *Journal of Interpersonal Violence*, 1. Savage, L. J. (1954). *The Foundations of Statistics*. New York:Wiley.

Schatzki, M. (1981). *Negotiation: The Art of Getting What You Want*. New York: New American Library.

Schelling,T. (1960). *The Strategy of Conflict*. Cambridge, MA: Harvard University Press.

Schkade, D. A., & Kahneman, D. (1998). Does living in California make people happy? A focusing illusion in judgments of life satisfaction. *Psychological Science*, 9(5), 340–346.

Schlenker, B. R. (1980). *Impression Management: The Self-Concept, Social Identity, and Interpersonal Relations*. Belmont, CA: Brooks-Cole.

Schmitt,D., & Marwell,G. (1972). Withdrawal and reward reallocation in response to inequity. *Journal of Experimental Social Psychology*, 8, 207–221.

Schneider, A. K. (2002). Shattering negotiation myths: Empirical evidence on the effectiveness of negotiation style. *Harvard Negotiation Law Review*, 7, 143–233.

Schneider, S.C. (1997). *Managing Across Cultures*. Upper Saddle River, NJ: Prentice Hall.

Schofield, J.W. (1986). Black and white contact in desegregated schools. In M. Hewstone & R. J. Brown (Eds.), *Contact and Conflict in Intergroup Encounters* (pp. 79–92). Oxford, England: Blackwell.

Schrage, M. (1995). *No More Teams!: Mastering the Dynamics of Creative Collaboration*. New York: Currency Doubleday.

Schwartz, S. (1994). Beyond individualism/ collectivism: New cultural dimensions of values. In H. C.Triandis,U. Kim, & G.Yoon (Eds.), *Individualism and Collectivism* (pp. 85–117). London: Sage.

Schweitzer, M. (2001). Deception in negotiations. In S. Hoch & H. Kunreuther (Eds.), *Wharton on Making Decisions* (pp. 187–200). New York:Wiley.

Schweitzer, M., Brodt, S., & Croson, R. (2002). Seeing and believing: Visual access and the strategic use of deception. *International Journal of Conflict Management*, 13(3), 258–275.

Schweitzer, M., & Croson, R. (1999). Curtailing deception: The impact of direct questions on lies and omissions. *International Journal of Conflict Management*, 10, 225–248.

Schweitzer, M., Hershey, J., & Bradlow, E. (2003). Promises and lies: Restoring violated trust. Working paper, University of Pennsylvania, Philadelphia.

Schweitzer, M., & Hsee, C. (2002). Stretching the truth: Elastic justification and motivated communication of uncertain information. *Journal of Risk and Uncertainty*, 25(2), 185–201.

Schweitzer, M., Ordóñez, L., & Douma, B. (2004). The dark side of goal setting: The role of goals in motivating unethical behavior. *Academy of Management Journal*, 47(3).

Schwinger, T. (1980). Just allocations of goods: Decisions among three principles. In G. Mikula (Ed.), *Justice and Social Interaction: Experimental and Theoretical Contributions from Psychological Research*. New York: Springer-Verlag.

Sears, D.O., & Allen, H. M., Jr. (1984). The trajectory of local desegregation controversies and Whites' opposition to busing. In N. Miller & M. Brewer (Eds.), *Groups in Contact: The Psychology of Desegregation* (pp. 123–151). New York: Academic Press.

Sebenius, J. (2001). Six habits of merely effective negotiators. *Harvard Business Review*, 79(4), 87–95.

Seeley, E., Thompson, L. & Gardner, W. (2003). Power and exploitation in groups: Effects of construal and group size. Paper presented at the Academy of Management Annual Meeting, Seattle, WA.

Segal, M.W. (1974). Alphabet and attraction: An unobtrusive measure of the effect of propinquity in a field setting. *Journal of Personality and Social Psychology*, 30(5), 654–657.

Segil, L. (1999). Alliances for the 21st century. *Executive Excellence*, 16(10), 19.

Selten, R. (1975). Re-examination of the perfectness concept for equilibrium points in extensive games. *International Journal of Game Theory*, 4, 25–55.

Shafir, E. (1994). Uncertainty and the difficulty of thinking through disjunctions. *Cognition*, 50, 403–430.

Shapiro, D. L., Buttner, E. H., & Barry, B. (1994). Explanations: What factors enhance their perceived adequacy? *Organizational Behavior and Human Decision Processes*, 58(3), 346–368.

Shapiro, D. L., Sheppard, B. H., & Cheraskin, L. (1992). Business on a handshake. *Negotiation Journal*, 8(4), 365–377.

Shapley, L. S. (1977). The St. Petersburg Paradox: A con game? *Journal of Economic Theory*, 14, 353–409.

Shaw, M. E. (1981). *Group Dynamics: The Psychology of Small Group Behavior*, 3rd ed. New York: McGraw-Hill.

Shell, G. R. (1999). *Bargaining for Advantage: Negotiation Strategies for Reasonable People*. New York: Viking.

Shell, G. R. (1999, May). Negotiator, know thyself. *Inc.*, p. 106. Sheppard, B. H. (1984). Third-party intervention: A procedural framework. In B. M. Staw & L. L. Cummings (Eds.), *Research in Organizational Behavior*, Vol. 6. Greenwich, CT: JAI Press.

Sherif, M. (1936). *The Psychology of Social Norms*. New York: Harper and Row.

Sherif, M., Harvey, O. J., White, B. J., Hood, W. R., & Sherif, C.W. (1961). *Intergroup Conflict and Cooperation: The Robber's Cave Experiment*. Norman: University of Oklahoma Press.

Sherman, D. K., Nelson, L.D., & Ross, L.D. (2003). Naïve realism and affirmative action: Adversaries are more similar than they think. *Basic and Applied Social Psychology*, 25(4), 275–289.

Sherman, S. J., Presson, C. C., & Chassin, L. (1984). Mechanisms underlying the false consensus effect: The special role of threats to the self. *Personality and Social Psychology Bulletin*, 10, 127–138.

Shirakashi, S. (1985). Social loafing of Japanese students. *Hiroshima Forum for Psychology*, 10, 35–40.

Siamwalla, A. (1978, June). Farmers and middlemen: Aspects of agricultural marketing in Thailand. *Economic Bulletin for Asia and the Pacific*, pp. 38–50.

Siegel, S., & Fouraker, L. E. (1960). *Bargaining and Group Decision Making*. New York: McGraw-Hill.

Silveira, J. M. (1972). Incubation: The effect of interruption timing and length on problem solution and quality of problem processing. *Dissertation Abstracts International*, 32(9-B), 5500.

Simon, H. (1955). A behavioral model of rational choice. *Quarterly Journal of Economics*, 69, 99–118.

Singelis, T. M. (1998). *Teaching About Culture, Ethnicity, and Diversity: Exercises and Planned Activities*. Thousand Oaks, CA: Sage.

Skinner, B. F. (1938). *The Behavior of Organisms: An Experimental Analysis*. New York, London: D. Appleton Century.

Slovic, P. (1962). Convergent validation of risk taking measures. *Journal of Abnormal and Social Psychology*, 65(1), 68–71. Slovic, P. (1964). Assessment of risk taking behavior. *Psychological Bulletin*, 61(3), 220–233.

Snodgrass, S. E. (1985). Women's intuition: The effect of subordinate role on interpersonal sensitivity. *Journal of Personality and Social Psychology*, 49(1), 146–155.

Snodgrass, S. E. (1992). Further effects of role versus gender on interpersonal sensitivity. *Journal of Personality and Social Psychology*, 62(1), 154–158.

Snyder, M. (1974). Self-monitoring of expressive behavior. *Journal of Personality and Social Psychology*, 30, 526–537.

Solnick, S. J., & Schweitzer, M. (1999). The influence of physical attractiveness and gender on ultimatum game decisions. *Organizational Behavior and Human Decision Processes*, 79(3), 199–215.

Sondak, H., & Moore, M. (1994). Relationship frames and cooperation. *Group Decision and Negotiation*, 2, 103–118.

Sondak, H., Neale, M.A., & Pinkley, R. (1995). The negotiated allocation of benefits and burdens: The impact of outcome valence, contribution and relationship. *Organizational Behavior and Human Decision Processes*, 64(3), 249–260.

Spencer, S. J., Steele, C. M., & Quinn, D. M. (1999). Stereotype threat and women's math performance. *Journal* of *Experimental Social Psychology*, 35(1), 4–28.

Sproull, L., & Keisler, S. (1991). *Connections: New Ways of Working in the Networked Organization*. Cambridge, MA: MIT Press.

Stasser,G. (1992). Pooling of unshared information during group discussion. In S.Worchel, W.Wood, & J. A. Simpson (Eds.), *Group Processes and Productivity* (pp. 48–67). Newbury Park, CA: Sage.

Staudohar, P.D. (1999). Labor relations in basketball: The lockout of 1998–99. *Monthly Labor Review*, 122(4), 3–9.

Steele, C. M. (1997). A threat in the air: How stereotypes shape intellectual identity and performance. *American Psychologist*, 52(6), 613–629.

Steele, C. M., & Aronson, J. (1995). Stereotype threat and the intellectual test performance of African Americans. *Journal of Personality and Social Psychology*, 69(5), 797–811.

Steil, J. M., & Makowski,D.G. (1989). Equity, equality, and need: A study of the patterns and outcomes associated with their use in intimate relationships. *Social Justice Research*, 3, 121–137.

Stoppard, J. M., & Gun-Gruchy, C. (1993). Gender, context, and expression of positive emotion. *Personality and Social Psychology Bulletin*, 19(2), 143–150.

Stratton, R. P. (1983). Atmosphere and conversion errors in syllogistic reasoning with contextual material and the effect of differential training. Unpublished masters thesis, Michigan State University, East Lansing. In Mayer, R. E. (ed.), *Thinking, problem-solving, and cognition*. New York:W. H. Freeman and Company.

Strodtbeck, F. L., & Hook, L. H. (1961). The social dimensions of a 12-man jury table. *Sociometry*, 24(4), 397–415.

Stroebe,W., Kruglanski, A.W., Bar-Tal,D.,& Hewstone, M., (Eds.). (1988). *The Social Psychology of Intergroup Conflict*. Berlin: Springer-Verlag.

Stroebe,W., Lenkert, A., & Jonas, K. (1988). Familiarity may breed contempt:The impact of student exchange on national stereotypes and attitudes. In W. Stroebe, A.W. Kruglanski, D. Bar-Tal, & M. Hewstone (Eds.), *The Social Psychology of Intergroup Conflict* (pp. 167–187). New York: Springer-Verlag.

Stuhlmacher, A. F., Gillespie,T. L.,& Champagne, M.V. (1998).The impact of time pressure in negotiation: A meta-analysis. *International Journal of Conflict Management*, 9(2), 97–116.

Suedfeld, P., Bochner, S., & Matas, C. (1971). Petitioners attire and petition signing by peace demonstrators: A field experiment. *Journal of Applied Social Psychology*, 1(3), 278–283.

Sullins, E. S. (1989). Perceptual salience as a function of nonverbal expressiveness. *Personality and Social Psychology Bulletin*, 15(4), 584–595.

Sullivan, B. A., O'Connor, K. M., & Burris, E. (2003). How negotiation-related self-efficacy affects tactics and outcomes. Paper presented at the Academy of Management Annual Meeting, Seattle,WA.

Swann,W.B., Pelham,B.W., & Roberts,D.C. (1987). Causal chunking: Memory and inference in ongoing interaction. *Journal of Personality and Social Psychology*, 53(5), 858–865.

Tajfel, H. (1970). Experiments in intergroup discrimination. *Scientific American*, 223, 96–102.

Tajfel, H. (1979).The exit of social mobility and the voice of social change: Notes on the social psychology of intergroup relations. *Przeglad Psychologiczny*, 22(1), 17–38.

Tajfel, H. (1982). Social psychology of intergroup relations. *Annual Review of Psychology*, 33, 1–39.

Tajfel, H., & Turner, J. (1986).The social identity theory of intergroup behavior. In S.Worchel and W.Austin (Eds.), *Psychology of Intergroup Relations* (pp. 7–24). Chicago: Nelson-Hall.

Taylor, S. E., & Brown, J. (1988). Illusion and well-being: A social-psychological perspective. *Psychological Bulletin*, 103, 193–210.

Taylor, S. E., & Lobel, M. (1989). Social comparison activity under threat: Downward evaluation and upward contacts. *Psychological Bulletin*, 96, 569–575.

Teal,T. (1996).The human side of management. *Harvard Business Review*, 74(6), 35–44.

Tetlock, P. E. (1985). Accountability: A social check on the fundamental attribution error. *Social Psychology Quarterly*, 48, 227–236.

Tetlock, P. E. (1992).The impact of accountability on judgment and choice:Toward a social contingency model. *Advances in Experimental Social Psychology*, 25, 331–376.

Tetlock, P. E., Peterson, R., & Lerner, J. (1996). Revising the value pluralism model: Incorporating social content and context postulates. In C. Seligman, J. Olson, & M. Zanna(Eds.), *The Psychology of Values: The Ontario Symposium*, vol. 8. Mahwah, NJ: Lawrence Erlbaum.

Thibaut, J., & Kelley, H. H. (1959). *The Social Psychology of Groups*. New York:Wiley.

Thibaut, J., and Walker, L. (1975). *Procedural Justice:A Psychological Analysis*. Hillsdale, NJ: Erlbaum.

Thibaut, J., and Walker, L. (1978). A theory of procedure. *California Law Review*, 60, 541–566.

Thompson, L. (1990a).An examination of naïve and experienced negotiators. *Journal of Personality and Social Psychology*, 59(1), 82–90.

Thompson, L. (1990b).The influence of experience on negotiation performance. *Journal of Experimental Social Psychology*, 26(6), 528–544.

Thompson, L. (1991). Information exchange in negotiation. *Journal of Experimental Social Psychology*, 27(2), 161–179.

Thompson, L. (1993).The impact of negotiation on intergroup relations. *Journal of Experimental Social Psychology*, 29(4), 304–325.

Thompson, L. (1995a).The impact of minimum goals and aspirations on judgments of success in negotiations. *Group Decision Making and Negotiation*, 4, 513–524.

Thompson, L. (1995b)."They saw a negotiation": Partisanship and involvement. *Journal of Personality and Social Psychology*, 68(5), 839–853.

Thompson, L. (2004). *Making the Team: A Guide for Managers*, 2nd ed. Upper Saddle River, NJ: Pearson Education.

Thompson, L., & DeHarpport,T. (1994). Social judgment, feedback, and interpersonal learning in negotiation. *Organizational Behavior and Human Decision Processes*, 58(3), 327–345.

Thompson, L., & DeHarpport,T. (1998). Relationships, good incompatibility, and communal orientation in negotiations. *Basic and Applied Social Psychology*, 20(1), 33–44.

Thompson, L., & Fox, C. (2000). Negotiation within and between groups in organizations: Levels of analysis. In M.Turner (Ed.), *Groups at Work: Advances in Theory and Research*. Hillsdale, NJ: Erlbaum.

Thompson, L., & Gonzalez, R. (1997). Environmental disputes: Competition for scarce resources and clashing of values. In M. Bazerman, D. Messick, A.Tenbrunsel,& K.Wade-Benzoni (Eds.), *Environment, Ethics, and Behavior* (pp. 75–104). San Francisco: New Lexington Press.

Thompson, L., & Hastie, R. (1990). Social perception in negotiation. *Organizational Behavior and Human Decision Processes*, 47(1), 98–123.

Thompson, L., & Hrebec,D. (1996). Lose-lose agreements in interdependent decision making. *Psychological Bulletin*, 120(3), 396–409.

Thompson, L., & Kim, P. H. (2000). How the quality of third parties" settlement solutions are affected by the relationship between negotiators. *Journal of Experimental Psychology: Applied*, 6(1), 1–16.

Thompson, L., & Loewenstein, G. F. (1992). Egocentric interpretations of fairness and negotiation. *Organizational Behavior and Human Decision Processes*, 51, 176–197.

Thompson, L., & Loewenstein, J. (2003). Mental models of negotiation: Descriptive, prescriptive, and paradigmatic implications. In M.A. Hogg & J. Cooper (Eds.), *Sage Handbook of Social Psychology*. London: Sage.

Thompson, L., Loewenstein, J., & Gentner,D. (2000).Avoiding missed opportunities in managerial life: Analogical training more powerful than case-based training. *Organizational Behavior and Human Decision Processes*, 82(1), 60–75.

Thompson, L., Mannix, E., & Bazerman, M. H. (1988). Group negotiation: Effects of decision rule, agenda, and aspiration. *Journal of Personality and Social Psychology*, 54, 86–95.

Thompson, L., Medvec,V. H., Seiden,V.,& Kopelman, S. (2000). Poker face, smiley face, and rant" 'n" rave: Myths and realities about emotion in negotiation. In M. Hogg & S.Tindale (Eds.), *Blackwell Handbook in Social Psychology*, vol. 3: Group processes. Cambridge, MA: Blackwell Publishers, Inc.

Thompson, L., & Nadler, J. (2002). Negotiating via information technology:Theory and application. *Journal of Social Issues*, 58(1), 109–124.

Thompson, L., Nadler, J., & Kim, P. (1999). Some like it hot:The case for the emotional negotiator. In L. Thompson, J. Levine, & D. Messick (Eds.), *Shared Cognition in Organizations: The Management of Knowledge* (pp. 139–162). Mahwah, NJ: Erlbaum.

Thompson, L., Peterson, E., & Brodt, S. (1996). Team negotiation:An examination of integrative and distributive bargaining. *Journal of Personality and Social Psychology*, 70(1), 66–78.

Thompson, L.,Valley, K. L., & Kramer, R. M.(1995).The bittersweet feeling of success:An examination of social perception in negotiation. *Journal of Experimental Social Psychology*, 31(6), 467–492.

Thornton, B. (1992). Repression and its mediating influence on the defensive attribution of responsibility. *Journal of Research in Personality*, 26, 44–57.

Tiedens, L. Z., & Fragale, A. R. (2003). Power moves: Complementary in dominant and submissive nonverbal behavior. *Journal of Personality and Social Psychology*, 84(3), 558–568.

Tietenberg,T. (2002).The tradable permits approach to protecting the commons:What have we learned. In E. Ostrom,T. Dietz, N. Dolsak, P. C. Stern, S. Sonich, & E. U.Weber (Eds.), *The Drama of the Commons* (pp. 197–232).Washington, DC: National Academy Press.

Ting-Toomey, S. (1985).Toward a theory of conflict and culture. *International and Intercultural Communication Annual*, 9, 71–86.

Tinsley, C. H. (1998). Models of conflict resolution in Japanese, German, and American cultures. *Journal of Applied Psychology*, 83(2), 316–323.

Tinsley, C. H. (2001). How we get to yes: Predicting the constellation of strategies used across cultures to negotiate conflict. *Journal of Applied Psychology*, 86(4), 583–593.

Tinsley, C. H., & Brett, J. M. (2001). Managing workplace conflict in the United States and Hong Kong. *Organizational Behavior and Human Decision Processes*, 85(2), 360–381.

Tinsley, C. H., Curhan, J. R., & Kwak, R. S. (1999). Adopting a dual lens approach for examining the dilemma of differences in international business negotiations. *International Negotiation*, 4, 5–22.

Tinsley, C. H., O'Connor, K. M., & Sullivan, B. A. (2002).Tough guys finish last:The perils of a distributive reputation. *Organizational Behavior and Human Decision Processes*, 88, 621–642.

Tinsley, C. H., & Pillutla, M. M. (1998). Negotiating in the United States and Hong Kong. *Journal of International Business Studies*, 29(4), 711–728.

Tinsley, C. H., & Weldon, E. (2003). Responses to a normative conflict among American and Chinese managers. *International Journal of Cross-Cultural Management*, 3(2), 183–234.

Tipton,C.A. (1995). Protecting tomorrow's harvest: Developing a national system of individual transferable quotas to conserve ocean resources.*Virginia Environmental Law Journal*, 14, 381–421.

Tornow,W.W., & Pinto, P. R. (1976).The development of a managerial job taxonomy: A system for describing, classifying, and evaluating executive positions. *Journal of Applied Psychology*, 61, 410–418.

Triandis, H.C. (1994). *Culture and Social Behavior* (pp. 29–54). New York: McGraw-Hill.

Tversky, A., & Fox, C. (1995).Weighing risk and uncertainty. *Psychological Review*, 102(2), 269–283.

Tversky, A., & Kahneman,D. (1973). Availability: A heuristic for judging frequency and probability. *Cognitive Psychology*, 5, 207–232.

Tversky, A., & Kahneman,D. (1974). Judgment under uncertainty: Heuristics and biases. *Science*, 185, 1124–1131.

Tversky, A., & Kahneman,D. (1992). Advances in prospect theory: Cumulative representation of uncertainty. *Journal of Risk and Uncertainty*, 5, 297–323.

Tversky, A., & Shafir, E. (1992).The disjunction effect in choice under uncertainty. *Psychological Science*, 3(5), 305–309.

Tyler,T. R., & Degoey, P. (1995). Collective restraint in social dilemmas: Procedural justice and social identification effects on support for authorities. *Journal of Personality and Social Psychology*, 69(3), 482–497.

Tynan, R.O. (1999,August).The impact of threat sensitivity and face giving on information transfer in organizational hierarchies. Paper presented at the Academy of Management Annual Meeting, Chicago.

Ury, W. L., Brett, J. M., & Goldberg, S. B. (1988). *Getting Disputes Resolved: Designing Systems to Cut the Costs of Conflict*. San Francisco: Jossey-Bass.

Uzzi, B. (1997). Social structure and competition in interfirm networks: The paradox of embeddedness. *Administrative Science Quarterly*, 42, 35–67.

Uzzi, B. (1999a). Access and control benefits through embedded ties and network complementarity: The case of midmarket firms and banks. Manuscript under review.

Uzzi, B. (1999b).What is a relationship worth? The benefit of embeddedness in corporate financing. Manuscript under review.

Valley, K. L., Moag, J., & Bazerman, M. H. (1998). A matter of trust: Effects of communication on the efficiency and distribution of outcomes. *Journal of Economic Behavior and Organizations*, 34, 211–238.

Valley, K., Neale, M.A., & Mannix, E. (1995). Friends, lovers, colleagues, strangers: The effects of relationship on the process and outcome of dyadic negotiations. In R. J. Bies, R. J. Lewicki, & B. H. Sheppard (Eds.), *Research on Negotiation in Organizations: Handbook of Negotiation Research*, vol. 5 (pp. 65–93). Greenwich, CT: JAI Press.

Valley, K. L., & Thompson,T.A. (1998). Sticky ties and bad attitudes: Relational and individual bases of resistance to change in organizational structure. In Kramer, R. M.,& Neale, M.A. (Eds.), *Power and Influence in Organizations* (pp. 39–66).Thousand Oaks,CA: Sage.

Valley, K.,Thompson, L., Gibbons, R.,& Bazerman, M. H. (2002). How communication improves efficiency in bargaining games. *Games and Economic Behavior*, 38, 127–155.

Valley, K. L.,White, S. B., & Iacobucci,D. (1992).The process of assisted negotiations: A network analysis. *Group Decision and Negotiation*, 2, 117–135.

Valley, K. L.,White, S. B., Neale, M.A.,& Bazerman, M. H. (1992). Agents as information brokers:The effects of information disclosure on negotiated outcomes. Special Issue: Decision processes in negotiation. *Organizational Behavior and Human Decision Processes*, 51(2), 220–236.

Vallone, R. P., Ross, L., & Lepper, M. (1985).The hostile media phenomenon: Biased perception and perceptions of media bias in coverage of the "Beirut Massacre." *Journal of Personality and Social Psychology*, 49, 577–585.

van Avermaet, E. (1974). Equity: A theoretical and experimental analysis. Unpublished manuscript, University of California.

van Boven, L. & Thompson, L. (2003). A look into the mind of the negotiator: Mental models in negotiation. *Group Processes & Intergroup Relations*, 6(4), 387–404.

van Kleef,G. A., De Dreu, C. K.W.,& Manstead, A. S. R. (2004).The interpersonal effects of anger and happiness in negotiations. *Journal of Personality and Social Psychology*, 86(1), 57–76.

van Dijk, E.,Wilke, H., & Wit, A. (2003). Preferences for leadership in social dilemmas: Public good dilemmas versus common resource dilemmas. *Journal of Experimental Social Psychology*, 39, 170–176.

Van Lange, P.A. M. (1999).The pursuit of joint outcomes and equality in outcomes:An integrative model of social value orientation. *Journal of Personality and Social Psychology*, 77(2), 337–349.

Van Lange, P. A. M., & Visser, K. (1999). Locomotion in social dilemmas: How people adapt to cooperative, tit-for-tat and noncooperative partners. *Journal of Personality and Social Psychology*, 77(4), 762–773.

Van Vugt, M., & De Cremer,D. (1999). Leadership in social dilemmas:The effects of group identification on collective actions to provide public goods. *Journal of Personality and Social Psychology*, 76(4), 587–599.

Van Vugt, M., & Samuelson, C.D. (1999). The impact of personal metering in the management of a natural resource crisis: A social dilemma analysis. *Personality and Social Psychology Bulletin*, 25(6), 731–745.

von Neumann, J., & Morgenstern,O. (1947). *Theory of Games and Economic Behavior*. Princeton, NJ: Princeton University Press.

Vorauer, J.D., & Claude, S. (1998). Perceived versus actual transparency of goals in negotiation. *Personality and Social Psychology Bulletin*, 24(4), 371–385.

Wade-Benzoni, K. A., Hoffman,A. J.,Thompson, L. L., Moore,D. A., Gillespie, J. J.,& Bazerman, M. H. (2002). Contextualizing environmental negotiations: Uncovering barriers to efficient agreements. *Academy of Management Review*, 27(1), 41–57.

Wade-Benzoni, K. A., Okumura,T., Brett, J. M., Moore, D.Tenbrunsel, A. E., & Bazerman, M. H. (2002). Cognitions and behavior in asymmetric social dilemmas: A comparison of two cultures. *Journal of Applied Psychology*, 87, 87–95.

Walster, E., Berscheid, E.,& Walster,G.W. (1973). New directions in equity research. *Journal of Personality and Social Psychology*, 25, 151–176.

Walton, R. E., & McKersie, R. B. (195). *A Behavioral Theory of Labor Relations*. New York: McGraw-Hill.

Weber, M., Loewenstein, J., & Thompson, L. (2003). Of wolves and sheep: Reputation and negotiation performance.Working paper, Northwestern University, Evanston, IL.

Weber, R. J. (1997). Making more from less: Strategic demand reduction in the FCC spectrum auctions. *Journal of Economics & Management Strategy*, 6(3), 529–548.

Wegner, D. M. (1994). Ironic processes of mental control. *Psychological Review*, 101, 34–52.

Wegner,D. M., Lane, J.D., & Dimitri, S. (1994). The allure of secret relationships. *Journal of Personality and Social Psychology*, 66(2), 287–300.

Wegner,D. M., Shortt, J.W., Blake, A.W.,& Page, M. S. (1990).The suppression of exciting thoughts. *Journal of Personality and Social Psychology*, 58, 409–418.

Wegner,D. M., & Wenzlaff, R. M. (1996). Mental control. In E.T. Higgins & A.W. Kruglanski (Eds.), *Social Psychology: Handbook of Basic Principles* (pp. 466–492). New York: Guilford Press.

Weingart, L. R., Bennett, R., & Brett, J. M. (1993).The impact of consideration of issues and motivational orientation on group negotiation process and outcome. *Journal of Applied Psychology*, 78, 504–517.

Weingart, L. R., & Brett, J. M. (1998, April). Mixed motivational orientation in negotiating groups: Convergence and reaching agreement. Paper presented at Society for Industrial Organizational Psychology 13th Annual Conference, Dallas,TX.

Weingart, L. R., Brett, J. M., & Olekalns, M. (2003). Conflicting social motives in negotiating groups. Working paper, Carnegie Mellon University, Pittsburgh, PA.

Weingart, L. R., Hyder, E. B., & Prietula, M. J. (1996). Knowledge matters:The effect of tactical descriptions on negotiation behavior and outcome. *Journal of Personality and Social Psychology*, 70, 1205–1217.

Wellens,A. R. (1989). Effects of telecommunication media upon information sharing and team performance: Some theoretical and empirical findings. *IEEE AES Magazine*, September, p. 14.

White, J. B.,Tynan, R.O., Galinsky, A.,& Thompson, L. (in press). Face threat sensitivity in negotiation: Roadblock to agreement and joint gain. *Organizational Behavior and Human Decision Processes*.

Whitehead, A. N. (1929). *The Aims of Education*. New York: Macmillan.

Whorf, B. L. (1956). Science and linguistics. In J. B. Carroll (Ed.), *Language, Thought, and Reality. Selected Writings of Benjamin Whorf*. New York:Wiley.

Wicklund, R. A., & Gollwitzer, P. M. (1982). *Symbolic Self-Completion*. Hillsdale, NJ: Lawrence Erlbaum.

Wildschut,T., Insko, C. A., & Gaertner, L. (2002). Intragroup social influence and intergroup competition. *Journal of Personality and Social Psychology*, 82(6), 975–992.

Williams,G. (1983). *Legal Negotiation and Settlement*. St. Paul, MN:West Publishing.

Wills,T. A. (1981). Downward comparison principles in social psychology. *Psychological Bulletin*, 90, 245–271.

Wilson,T.D.,Wheatley,T., Meyers, J., Gilbert,D.T., & Axsom,D. (1998). Focalism: A source of durability bias in affective forecasting. Unpublished manuscript, University of Virginia, Charlottesville,VA.

Windschitl, P.D., Kruger, J., & Simms, E.N. (2003).The influence of egocentrism and focalism on people's optimism in competitions: When what affects us equally affects me more. *Journal of Personality and Social Psychology*, 85(3), 389–408.

Woodroofe, M. (1975). *Probability with Applications*. New York, McGraw-Hill.

Woodside, A.G., & Davenport, J.W., Jr. (1974). Effects of salesman similarity and expertise on customer purchasing behavior. *Journal of Marketing Research*, 11(2), 198–202.

Worchel, S., & Austin,W.G., (Eds). (1986). *Psychology of Intergroup Relations*. Chicago: Nelson-Hall.

Wright, S. C., Aron, A., McLaughlin-Volpe,T.,& Ropp, S. A. (1997).The extended contact effect: Knowledge of cross-group friendships and prejudice. *Journal of Personality and Social Psychology*, 73(1), 73–90.

Yamaguchi, S., Okamoto, K., & Oka,T. (1985). Effects of coactors' presence: Social loafing and social facilitation. *Japanese Psychological Research*, 27, 215–222.

Yates, J. F. (1990). *Judgment and Decision Making*. Upper Saddle River, NJ: Prentice Hall.

Yukl,G.A. (1974). Effects of the opponent's initial offer, concession magnitude and concession frequency on bargaining behavior. *Journal of Personality and Social Psychology*, 30(3), 323–335.

Zajonc, R. (1968). Attitudinal effects of mere exposure. *Journal of Personality and Social Psychology*, 9 (monograph supplement No. 2, Part 2).

Zuckerman, M., Blanck, P.D., DePaulo, B. M.,& Rosenthal, R. (1980). Developmental changes in decoding discrepant and nondiscrepant nonverbal cues. *Developmental Psychology*, 16(3), 220–228.

Zuckerman, M., DePaulo, B. M., & Rosenthal, R. (1981).Verbal and nonverbal communication of deception. In L. Berkowitz (Ed.), *Advances in Experimental Social Psychology*, vol. 14 (pp. 1–59). New York: Academic Press.

Zuckerman, M., Koestner, R., & Driver, R. (1981). Beliefs about cues associated with deception. *Journal of Nonverbal Behavior*, 6(2), 105–114.

Referências de mídia impressa e digital

Advertising Age. (Oct. 1, 2001). L. Sanders. Betty Pat McCoy: Senior VP-director of national broadcast, GSD&M, p. S16.

Adweek. (May 1, 2000). M. Larson.Time Warner yanks ABC from 3.5 million cable sets.

Adweek. (June 9, 2003). M. Larson. Atlanta falcon: With his keen business instinct and sharp negotiating skills, Mark Lazarus has soared through the ranks of Turner, p. SR14.

American Bar Association. (2004). Model Rules of Professional Conduct.Accessed May 24, 2004, at http://www.abanet.org/cpr/mrpc/mrpc_toc.html.

Arizona Republic, The. (Jan. 9, 1994). J. Kaplan. Single-offer tactic can be costly, p. E6.

Arizona Republic, The. (Dec. 7, 1999). P. Kossan. Hotel negotiations go nowhere: Marriott won't wait forever, and all parties know it, p. B1.

Ascribe News. (June 5, 2003). Transnational executive education exercise shows Brazilians, Americans must negotiate past cultural difference.

Associated Press. (Sept. 20, 2001). Excerpts from George W. Bush's speech.

Associated Press. (May 16. 2002). M. Gordon. Bankruptcies rise to record level, indication that consumers kept spending in recession.

Associated Press. (Dec. 3, 2002). Doyle, tribes prefer to negotiate tribal compacts as a group.

Associated Press. (Jan. 15, 2003). Bankruptcies rise to record highs.

Associated Press. (Apr. 23, 2003). Challenge: Getting real results from virtual teams.

Augusta Chronicle. (July 12, 2003). M. Mogul. The art of the deal: Professional haggler shares bargaining skills, p. C7.

Australian Financial Review. (Sept. 30, 1998). Managing innovation in the 24-hour laboratory, p. 2.

Baltimore Sun. (May 7, 1991).G. Lewthwaite. Northern Ireland talks deadlock over location, p. 5A.

Baltimore Sun. (Aug. 17, 2003). A. MacGillis.California deal may turn tide in battle for Colorado river water.

Best's Review. (Oct. 1, 2002). L. Goch. Battle of the blues, p. 90.

Bestwire. (July 3, 2002). M. Suszynski. Independence Blue Cross, Pennsylvania hospital agree on contract.

Business 2.0. (Sept. 1, 2002). E. Schonfeld. Second act for a manic CEO, pp. 51–54.

Business 2.0. (Aug. 1, 2003a).O. Malik. And the coolest new PC is made by . . . Best Buy? pp. 47–49.

Business 2.0. (Aug. 1, 2003b). At Starbucks, the future is in plastic, p. 56.

Business 2.0. (Aug. 1, 2003c). How to survive when you've been given up for dead, p. 64.

Business 2.0. (Aug. 1, 2003d). E. Schonfeld & O. Malik. Gulp! pp. 88–95.

Business Wire. (May 22, 2001). CareerJournal.com offers pay and severance package negotiation tips.

Business Wire. (July 30, 2001). Job coaching industry grows in Washington metro area: MyJobCoach offers increasingly popular resource for career changers.

Business Wire. (Dec. 6, 2001). Davel selects INFONXX for directory assistance.

Business Wire. (Dec. 27, 2001). IBEW, CVPS reach deal on three-year contract.

Business Wire. (June 10, 2002). AuntMinnie.com launches SalaryScan compensation research tool for radiology professionals.

BusinessWeek. (Aug. 12, 2002).T. Gutner & M. Hyman. More heat on the masters, p. 75.

BusinessWeek. (Aug. 4, 2003a). S. Reed. Suddenly, the Saudis want to close some deals, p. 51.

BusinessWeek. (Aug. 4, 2003b). S. Rosenbush. Gutsy bet, pp. 53–62.

BusinessWeek. (Aug. 11, 2003a). E. Thornton & M. France. For Enron's bankers, a "get out of jail free" card, p. 29.

BusinessWeek. (Aug. 11, 2003b). R. Berner. Sears: The silent partner who's making himself heard, p. 38.

BusinessWeek. (Aug. 11, 2003c). S. Rosenbush & C. Haddad. MCI is under a new cloud, but it can weather the storm, p. 31.

BusinessWeek. (Aug. 11, 2003d). S. Ante. Blood feud, pp. 50–52.

BusinessWeek. (Aug. 11, 2003e). A. Barrett. Is this banker too brazen? pp. 48–49.

BusinessWeek. (Sept. 1, 2003). B. Elgin. A nasty surprise from HP, p. 80.

BusinessWeek. (Nov. 24, 2003a).D. Henry. A fair deal—but for whom? pp. 108–109.

BusinessWeek. (Nov. 24, 2003b). R. Grover, G. Edmondson, & K. Kerwin.What a difference a phrase makes.

BusinessWeek. (Dec. 1, 2003). Steve Ballmer on Microsoft's future, pp. 72–74.

BusinessWeek. (Mar. 22, 2004). J. Kerstetter. Microsoft versus Linux, p. 14.

Capital Times. (Jan. 1, 2000). S. Kalk. Fine art of negotiating a fact of life, p. 1E.

Century 21 Inc. v. F.W.Woolworth Co., 181 A.D. 2D 620 (NY 1992).

Chicago Sun-Times. (Feb. 10, 1986). Cultural differences can make or break a deal, p. 60.

Chicago Sun-Times. (Oct. 22, 1990). P. Bednarski. When stars need pacts, she's hired, p. 35.

Chicago Tribune. (Nov. 10, 1995). S. Ziemba. American to United:Avoid bidding war, carrier won't draw first in USAir fight, p. 1.

Chicago Tribune. (Aug. 13, 2003). R. Manor. Jewel supermarkets–Union hammer out tentative contract deal.

Christian Science Monitor. (July 29, 2002). F. Hansen. Getting what you're worth: Online salary data helps level the playing field in salary negotiations, p. 14.

Chronicle of Higher Education. (Feb. 9, 2000). S. Carlson. Penn officials use e-mail to negotiate a $10-million gift, pp. 1–2.

CFO Magazine. (Sept. 1, 2001). R. Fisher. Doctor YES, p. 66.

CNN. (Sept. 6, 2001). J. Greenfield. Electronic surveillance: Is it '1984' in the workplace?

CNN. (Mar. 19, 2003).U.S. President GeorgeW. Bush has announced that war against Iraq has begun.

Colorado Business. (Apr. 1, 2001). M. E. Stevens. Companies' perks get creative, pp. 31–34.

Commercial Appeal, The. (July 16, 2003). J. Roberts. Northwestern Airlines, pilots open contract discussions.

Crain's Detroit Business. (May 7, 2001). A. Lane. Perking up perks: Options range from fitness centers to same-sex partner coverage, p. 11.

Dallas Morning News. (Apr. 3, 2003). E.Torbenson. American pilots agree to plan to avoid bankruptcy.

Denver Post. (June 9, 2003).G. Griffin & J. Leib. Flying on fumes: A costly pilots contract, the dot-com meltdown and a failed merger put United in a tailspin and sent executives scrambling to recover, p. A01.

Digital v. Desktop Direct, 114 S. Ct. 1992, 1995 (1994)

Dow Jones Business News. (Dec. 27, 1999). T. Hofmann.The year in review: Media players set torrid pace.

Dow Jones Newswires. (Apr. 22, 2003). J. Kim. Negotiating a sweeter college aid deal.

Economic Times. (Nov. 8, 1999). B. Mishra & N. Sinha. Cross-cultural booby traps.

Feldman v. Allegheny International, Inc., 850 F.2d 1217 (IL 7th Cir. 1988).

Final Offer. (1985). S. Gunnarsson & R. Collison (Directors/Producers). National Film Board of Canada.

Forbes. (Sept. 2, 2002a). B. Condon. Home wrecker, pp. 63–66.

Forbes. (Sept. 2, 2003b) E. MacDonald. Hit man, pp. 46–48.

Fortune. (July 21, 2003). A. Lashinsky. Penguin slayer, pp. 85–90.

Fortune. (Aug. 11, 2003a). J. Useem. Power: The 25 most powerful people in business, pp. 57–84.

Fortune. (Aug. 11, 2003b). J. Birnbaum. The persuaders, pp. 121–124.

Fortune. (Aug. 11, 2003c).D. Rynecki. Field guide to power: Power golf guru, p. 126.

Fortune. (Sept. 1, 2003). P. Sellers.The trials of John Mack, pp. 98–104.

Fortune. (Dec. 22, 2003). C. Loomis. The largerthan- life life of Robert Rubin, pp. 114–124.

Globe and Mail, The. (June 17, 2002).V. Galt. Deal makers share their secrets, p. C1.

Guardian, The. (Jan. 15, 2000). A. Perkins. John Wakeham, Lord Fixit, p. 6.

Guardian, The. (July 17, 2003).O. Burkeman. How I failed to make my millions: Mathematician John Allen Paulos on his disastrous foray into the stock market, p. 8.

Inc. (Aug. 1, 2003a). R.Walker.Take it or leave it:The only guide to negotiating you will ever need, pp. 75–82.

Inc. (Aug. 1, 2003b).D. Fenn. I want my company back, pp. 103–108.

Inc. (Aug. 1, 2003c). C. Cannella.Why online exchanges died.

Independent, The. (Mar. 10, 1999).D. McKittrick. Astonishingly, Mr. Adams and Mr.Trimble share a common aim, p. 3.

International Business. (July 1, 1998). A. Pachtman. Getting to "hao!" pp. 24–26.

Investors' Business Daily. (Sept. 22, 1998). T. Dworetzky. Sports superagent Leigh Steinberg, p. A6.

Investors' Business Daily. (Dec. 11, 1998). T. Dworetzky. Explorer Christopher Columbus: How the West's greatest discoverer negotiated his trips' financing, p. 1BD.

Investors' Business Daily. (Nov. 12, 2003). R. Shaw. Workplace messaging offers rewards, risks.

Kitchener-Waterloo Record. (July 29, 2003). R. Simone. Food workers help WLU trim deficit, p. D8.

Los Angeles Times. (Apr. 23, 1996). S. Howard-Cooper.The odd couple: From beginning, friendship between Buss, Johnson has transcended usual relationship between owner, player, p. 1.

Los Angeles Times. (May, 1998). J. Oldham. Conflict and cookies: Companies coax problems out into the open and use them to make working groups more effective, p. 22.

Machine Design. (Feb. 11, 1999).Tips from a negotiation coach, 71(3), p. 96.

Management Today. (Nov. 1, 1998). J. Davies.The art of negotiation, pp. 126–128.

National Journal. (June 3, 2000).T.W. Lippman. Madame Secretary, p. 1736.

National Public Radio. (Nov. 3, 1995).

National Public Radio. (Aug. 28, 2002) Analysis: Business deal between Great Northern Paper and The Nature Conservancy to protect a quarter-million acres of Maine woods from development.

National Public Radio. (Sept. 23, 2002). In New Mexico, a land management 'experiment.'

National Public Radio. (Aug. 12, 2003). Analysis: Environmentalists critical of President Bush's Healthy Forests Initiative.

New Sunday Times. (June 1, 2003). C. Hong. Tough negotiator, dynamic diplomat with a mission in France, p. 3.

New York Daily News. (June 20, 2003). O. Moritz. First Lady Effa Manley chapter 101, p. 33.

New York Times. (Feb. 6, 1998). S. Elliott. Milk promoters agree to cooperate, p. D17.

New York Times. (Sept. 20, 1998).D. Barboza. Loving a stock, not wisely, but too well, p. 1.

New York Times. (Sept. 3, 1999). A. Harmon. Auction for a kidney pops up on Bay's site, p. A13.

New York Times. (Nov. 6, 1999). R.D. McFadden. Daily News error: $100,000 dreams turn to nightmare, p. A1.

New York Times. (July 16, 2003a). E. Wyatt. Officials reach an agreement on rebuilding downtown site, p. 1.

New York Times. (July 16, 2003b). J. Kahn. As U.S. and North Korea glower, China pushes for talks, p. 3.

New York Times. (Aug. 1, 2003). E. Schmitt. Poindexter will be quitting over terrorism betting plan.

Newsday. (Feb. 2, 1987). F. Fessenden.A man who gets them talking, p. 6.

Newsweek. (Nov. 1, 1999). L. Baguioro. Kidneys for sale, p. 50.

Newsweek International. (Nov. 8, 1999). Back to the (dinner) table.

Orange County Business Journal. (Apr. 21,2003). M. Padilla. Let's make a deal, p. 22.

Orange County Register. (Jan. 6, 2002). H. Quach."Caveman" and conciliator: Sen. Ross Johnson adroitly plays to both sides of the aisle, and sings, too, p. 1.

Orange County Register. (July 5, 2003). M. Fisher.Why do women settle for less: A researcher says female job seekers hate to haggle over pay, p. 1.

Oregonian,The. (Mar. 7, 1991). P. Koberstein. Deal aims to reduce Los Angeles smog, aid NW salmon, p. D1.

Oregonian, The. (Apr. 30, 1996). M. Trappen. Shopping on a shoestring: How to haggle, p. D01.

Oregonian, The. (May 25, 2003). J. Manning & K.Turnquist. Squabble in 'Toon Town, p. A1.

Pantagraph, The. (June 22, 2003). S. Silverman. Divorce mediation gains popularity, p. A1.

Patriot-News Harrisburg. (Jan. 12, 2003). M. Zielenziger. Crazy like a fox and steel-tough, p. A20.

Pentagon Papers. (1971). As published by *The New York Times*, based on the investigative reporting by Neil Sheehan, written by Neil Sheehan [and others].Articles and documents edited by G. Gold,A. M. Siegal, and S.Abt. New York,Toronto: Bantam.

Pittsburgh Post-Gazette. (Aug. 29, 2002). T. Lindeman. Del Monte weighed being bought as it worked on buying Heinz units.

Private Equity Week. (June 9, 2003). L. Aragon. Must see TV: Anchor Bay gets $5M for crystal clear picture.

Record, The. (Mar. 12, 2003). R. Feldberg. Curtains come down on Broadway strike. Reuters. (Aug. 11, 2003). J. Goldfarb.Tough deadline helps Saban's right-hand man ink deal.

Richmond Times-Dispatch. (Feb. 18, 1998). G. Robertson. Creative negotiations pay off, p. J3.

San Antonio Express-News. (Sept. 1, 2003). S. Nowlin. SBC,Time Warner poised to fight over each other's traditional markets.

San Francisco Chronicle. (Jan. 13, 2002).D. Fost. How NBC, KRON deal fell apart: Animosity, mistrust colored negotiations, p. G1. *San Francisco Chronicle.* (Aug. 20, 2003). C. Said. Chris Larsen puts the clout behind state's new privacy bill, p. B1.

Seattle Post-Intelligencer. (May 24, 2003). C. Pope. Boeing lands major deal, p. A1.

Seattle Post-Intelligencer. (July 16, 2003). S. Powell.U.S. scrambles to investigate North Korea's nuclear claim, p. A1.

Seattle Times. (Apr. 4, 2002).D. Postman. E-mail reveals labor's plot to foil I-776, p. A1.

Seattle Times. (Apr. 21, 2002). S. Dunphy. MBAs face a tough market: A master's degree doesn't open corporate doors so quickly, p. D1.

Sequim Gazette. (July 9, 2003).D. Ross. City, Wal-Mart united against county during hearing, pp. A1, A5.

Sequim Gazette. (July 30, 2003a). D. Ross. City council says "yes" to developers, pp. A1, A5.

Sequim Gazette. (July 30, 2003b). D. Ross. County proposes mall traffic solution, p. A7.

Slate. (Jan. 23, 2003). W. Saletan. Enron evasions: Lessons from Ari Fleischer in the art of spin. Accessed December 15, 2003, at http://slate.msn.com/?id = 2061084/.

SOEST. (2004). Raising food fish in sea cages: a Hawai'i first! T. Reid. Accessed January 1, 2004, at http://www.soest.hawaii.edu/ SEAGRANT/special_projects.html/.

South Florida Sun-Sentinel. (July 3, 2003). J. Holland. Hollywood, Fla., backs off pension fund deal for firefighters.

St. Louis Post-Dispatch. (June 10, 1996). M. Shirk. Women go beyond rhetoric, p. 11B.

Star-Ledger, The. (Apr. 27, 1995). E. Iwata. Negotiating skills. © 1995 Newark Morning Ledger Co.

Star-Tribune. (Apr. 1, 2002). P. Schmid. Director: Oldfield planning to leave, AAU official says 'U' coach to move on, p. 1C.

Star-Tribune. (June 14, 2003). N. Gendler. Hispanic home buyers, p. 4H.

Straits Times. (Nov. 21, 1999). L. S. Hua. She's a master of details, p. 42.

Textron v. United Automobile, 118 S. Ct. 1626 (1998).

Time. (Dec. 2, 1985). E. Thomas. Fencing at the fireside summit: With candor and civility, Reagan and Gorbachev grapple for answers to the arms-race riddle, p. 22.

Time. (Dec. 22, 1997). M. Lemonick. Turning down the heat, p. 23.

Times-Picayune. (June 1, 2003). J. Duncan. The name remains the same: Naming rights for Superdome continue to be a hard sell.

Times Union-Albany. (Mar. 2, 2003). P. Grondahl. Different worlds, same side of bargaining table, p. B1.

Times Union-Albany. (Mar. 9, 2003). P. Grondahl. Offering a lifeline at marriage's end, p. CC17.

Toronto Star. (July 14, 1990). A. Cassel. U.S. Indians flex muscles in making treaty claims, p. D5.

Toronto Star. (June 2, 2003). S. Pigg. How a judge's plain speaking saved Air Canada, p. A1.

Training. (Oct. 1, 1999). K. Kiser. The new deal, pp. 116–126.

Tulsa World. (Apr. 25, 2003). K. Kerr. Carty known as tough CEO who smiled, p. E1.

USA Today. (Jan. 5, 2000). B. Slavin. Negotiators clear first bump in Middle East talks, p. 6A.

US Banker. (Feb. 1, 1997). S. Zuckerman. The best damn dealmaker in banking, p. 28.

U.S. Department of Labor. (2002). Number of jobs held, labor market activity, and earnings growth among younger baby boomers: Results from more than two decades of a longitudinal survey (Release No. 02–497). Accessed December 10, 2003, at http://www.bls.gov/nls/nlsy79r19.pdf/.

U.S. News & World Report. (Nov. 1, 1999). K. Clark. Gimme, gimme, gimme: Job seekers don't realize they can ask for more—lots more, pp. 88–92.

Vancouver Sun. (Nov. 1, 2003). Gaborik wild about re-signing with Minnesota, p. S3.

Wall Street Journal, The. (May 12, 1995). M. Pacelle & S. Lipin. Japanese owner seeks court protection for Manhattan's Rockefeller Center, p. A3.

Wall Street Journal, The. (June 9, 1995). M. Pacelle. Japan's U.S. property deals: A poor report card, p. B1.

Wall Street Journal, The. (Jan. 27, 1998). H. Lancaster. You have to negotiate for everything in life, so get good at it, p. B1.

Wall Street Journal, The. (Sept. 22, 1998). J. Lublin. Web transforms art of negotiating raises, pp. B1, B16.

Wall Street Journal, The. (Mar. 19, 1999). K. Bensinger & D. Costello. Art and money, p. W16.

Wall Street Journal, The. (Dec. 2, 1999). J. Pereira & J. Lublin. 'Toys' story: They ran the retailer as a team for years; then, a nasty split, p. A1.

Wall Street Journal, The. (Aug. 12, 2002). J. Bailey. A CEO's legacy: Sons battle in fight for control of Maritz.

Wall Street Journal, The. (Mar. 12, 2003). N. Boudette. Marriage counseling: At DaimlerChrysler, a new push to make its units work together, p. A1.

Wall Street Journal, The. (June 25, 2003). G. Anders. Upping the ante: As some decry lavish CEO pay, Joe Bachelder makes it happen, p. A1.

Wall Street Journal Europe. (Dec. 11, 2003). K. Johnson. Air alliances get stronger: Combination of Air France, KLM will bolster partnerships, p. A4.

Warehousing Management. (Sept. 1, 1998). S. Turpin. Negotiation: A necessary skill, p. 60.

Washington Post. (Nov. 23, 1985). D. Hoffman. Tense turning point at summit; key Reagan-Gorbachev handshake calmed atmosphere, p. A1.

Washington Post. (June 15, 2003). A. Klein. Lord of the flies, p. W06.

Wisconsin State Journal. (June 4, 2002). J. Wilde. Packers turn Freeman loose, p. C1.

Workforce. (Feb. 1, 2003). S. Gale. Memo to AOL Time Warner: Why mergers fail, 82(2), 60.

Índice

A

Abandonar a mesa de negociação, 15
Abertura, 147
Abordagem, 90, 98-111
Acentuação preconceituosa do conflito, 273
Acertos pré-acordo (APA), 84
Aconselhamento a um terceiro, 170
Aconselhamento de terceiros, 171
Acordo
 a qualquer custo, 228
 amizade e mau gerenciamento de, 141
 criativo, 178-183
 negociação entre principal e agente e, 228
 quebra de, 167
 raciocínio dedutivo e, 198-199
 requerido, 30
Acordo obtido, 41-42
 acertos pré-acordo (APA), 84
 estratégia de acerto pós-acordo, 85
Acordos criativos de negociação, 178-183
Acordos integrativos, 79, 85-87
 em negociações transculturais, 260-261
 níveis de, 70-72
Acordos laterais, 70
Adjudicação inquisitória, em negociações transculturais, 255-256
Adjudicação litigiosa, em negociações transculturais, 255
Adjudicação, 101
"Adoçar a boca", 164
Afro-americanos
 profecia auto-realizável e, 152-153

Agentes. Ver negociação entre principal e agente
Agrupamento de questões, 158
Ajuste, em criatividade e resolução de problemas, 188
Alianças estratégicas, 276-277
Alienação da realidade, 7
Alternativas
 avaliação, 18
 brainstorming, 17-18
 ganhos ou perdas, 21
 identificação de, 20
 poder das, 158
 Ver também MASA
Alvo (ponto alvo), 14-15
 ponto de reserva versus, 19
Ambigüidade de gênero, 317
Ameaça do estereótipo, 153
Ameaças, 103
Amigos, negociando com, 140-143
Amizades entre grupos, 241
Amizades, em grupos, 241
Análise de custo-benefício, 177
Análise e feedback pós-disputa, 109
Análise racional, 280-286
Ancoragem
 ajuste e, 188
 em criatividade e resolução de problemas, 188
 negociação ganha-ganha e, 80-81
Anonímia, em dilemas sociais, 288
Aparência
 ameaças a, 52-53
 definição, 52
 salvar a, 52-53
 Ver também salvando as aparências

Aparência física, eficácia devido à, 155-156
Aparência, eficácia devida à, 155-156
 negociações frente a frente versus por e-mail, 314
Apoio institucional, 240
Apreço postergado, 161
Apreço, 130, 161
Aprendizagem
 desempenho na negociação e (figura), 194
 modelo de (figura), 193
Aprendizagem de dois ciclos, 8
Aprendizagem de um único ciclo, 7-8
Aquisição, 62-63
Arbitragem convencional, 109
Arbitragem de aconselhamento, 108
Arbitragem, 26, 64
 aconselhamento, 108
 convencional, 109
 modelos, 109
Arb-med (arbitragem-mediação), 109
Armadilhas coletivas, 289
Arrogância, 6
Arrogância, 6, 43
Aspiração (ponto de aspiração), 14-15
 alta, ser realista, mas otimista, 45-46
 da outra parte envolvida, 27
 ponto de reserva e, 46
Assimilação, 272
Assumir uma perspectiva cultural, 271
Ataque, 13, 51
Atenção seletiva, 191
Atitudes de risco
 diferenças em, 83
Atos de discurso indireto, 216

Atos fraudulentos, 171
Atribuição de temperamento, 134
Atribuições defensivas, 190
Atribuições situacionais, 284
Aumentar o tamanho da torta, 39 Ver também expansão da torta
Aumento do montante, 39
   abordagens de negociação e, 99
   confiança e, 134
   em negociações transculturais, 260-261, 269
   interesses e, 104
   negociação criativa e, 178
Auto-avaliação precisa, 57
Auto-avaliação, 13
   alternativas para questões, 20
   alvo (aspiração), 14
   custos perdidos, 19
   efeitos de propriedade, 24
   identificação de questão, 19-20
   incerteza e, 25
   lamentação, 24-25
   MASA, 13-14
   nível de confiança, 26
   pacotes de acordos, 20-21
   pensamentos antifactual, 24-25
   planilha de, 37
   ponto de reserva, 16-18
   ponto-alvo *versus* ponto de reserva, 19
   pontos focais, 18-19
   princípio da coisa certa, 25
   propensão ao risco, 21-23
Auto-avaliação, 57
Autocontrole, 117
Autodisciplina, 105
Auto-eficácia, 119-120
Auto-engrandecimento, 57
Auto-estima, 60
Auto-monitoram, 156-157
Avaliação da situação, 27-36
   planilha de, 37
Avaliação de alternativas, 17
Avaliação de recursos, 86
Avaliações privadas, 24
Aversão a concessões, 82
Aversão ao risco, 21

B

Barganha
   benevolente, 13
   competitiva, 166
   em negociações transculturais, 255-256
   fortalecimento da posição de, 170
   inflexível, 13
   negociadores inflexíveis, 94-95
   seqüencial, 219

Barganha benevolente, 13
Barganha competitiva tradicional, 166
Barganha competitiva, 166
Barganha inflexível, 13
Barganha seqüencial, 219
Barganhaor (negociador) inflexível, 94-95
Barganhar, 31,78
Blocagem causal (Chunking), 265
Bom astral, 130-131
Bom humor, 130-131
Boulwarismo, 46, 48
Brainstorming, 197
   de alternativas, 16-17
   em negociações multipartites, 212
   regras para, 197
Brainwriting, 218
Buscando risco, 21
   negociações frente a frente *versus* por e-mail, 316
BW/WH. *Ver* negociadores do tipo bandido/mocinho

C

Caça-níqueis, 167
Capacidade de justificar, 66
Capacidade de substituição da comunicação, 148
Capital social, 155
Capitalismo, 143
Capitular, 13
Características de pseudo-status, 152
Características de status primário, 152
Características de status secundário, 152
Carreiras, novas, 3
Causa não garantida, 188-189
Causa, não garantida, 188
Cercas coletivas, 289
Chegar a um acordo pior que a alternativa, 6
"Chunking" causal, 265
Círculo vicioso, 221-222
Circunstâncias atenuantes, 55
Clareza, 111
Classificação, 144
Cláusulas de saída fácil, 229
Clientes, foco nos, 4-5
Coalizões
   definição, 212
   desafios de, 219-224
   estratégias para, 224-225
   resumo, 243
Codificação e memória seletiva, 64
Coerção, 267
Coesão da equipe, 235

Coesão, 235
Colegas, 143
Coletivismo, 247, 249-256
Colocar nos trilhos, 118
Comissão, delitos de, 168
Comitê privado, 215
Comitê, privado, 215
Comparação com outros similares, 56
Comparação para baixo, 56
Comparação para cima, 56
Comparação social depreciativa, 239
Comparação social, 55-57, 96-97, 135
Comparação social, 55-57, 96-97, 135
Compensação não-específica, 180. *Ver também* detecção de mentira
Compensação, não específica, 180
Competências, diferenças em, 83
Competição esportiva, 34
Competição por recursos escassos, 28
Competições, 103
Competidores implacáveis, 61
Comportamento
   antiético, 169-171
   monitorando, 293-294
   princípio do reforço e, 97, 105
   Ver também Ética; Comunicação não verbal; Dilemas sociais; Confiança
Comportamento antiético, 51
Comportamento inflamado, 311
Comportamento social, tecnologia da informação e, 312-318
Compromisso, 73
   consistência e, 160
   escalada de, 299-303
   garantindo, 127
   verbal, 224
Compromissos verbais, 224
Comunicação
   capacidade de substituição, 148
   com clientes, 232-233
   cooperação e, 296
   direta, 247, 259
   eficiência da, 148
   explícita ou tácita, 37
   frente a frente *versus* por e-mail, 305-320
   indireta, 247, 259-260
   informal, perda de, 308
   interrupções na, 214-217
   mesmo tempo, lugar diferente e, 305-306
   modelo lugar-tempo de interação social, 305-312
   multimodalidade da, 148
   na equipe, 235
   Ver também comunicação não verbal; negociações entre principal e agentes; dilemas sociais; negociação em equipe; confiança

Comunicação direta, 247, 259
Comunicação explícita, 37
Comunicação frente a frente, 305-307
    reunião inicial, 318
Comunicação indireta, 248, 259-260
Comunicação informal, perda de, 308
Comunicação tácita, 35
Concessão prematura, 20, 48-49, 71
Concessões bilaterais, 48
Concessões do método "toma lá, dá cá", 48
Concessões iguais, 74
Concessões unilaterais, 48
Concessões, 13
    bilaterais, 48
    iguais, 74
    magnitude das, 48
    oportunidade nas, 49
    padrão de, 48
    prematuras, 20, 47, 72
    risco e, 22
    unilaterais, 48
Conciliação, 267
Concorrência, 3
    dilema social e, 275
    recursos escassos, 28
Condição de compartilhamento de benefícios, 55
Conexão entre partes separadas (Bridging), 179
Conexões da rede de relacionamento, 128-129
Confiança baseada na dissuasão, 123-125, 126
Confiança baseada na identificação, 126
Confiança baseada no conhecimento, 125
Confiança em relacionamentos, 123-126
Confiança imediata, 144-145
Confiança, 307, 313, 319
    baseada na dissuasão, 123-125, 126
    baseada na identificação, 126
    baseada no conhecimento, 125, 126
    construir, 2, 75
    contratos contingenciais e, 182
    desconfiança, 134-135
    estratégias psicológicas para construir, 129-134
    falta de, 134-135
    imediata, necessidade de, 144-145
    importância da, 123
    mecanismos racionais e deliberados para construir, 126-129
    negociação de longo prazo e, 28
    negociações ganha-ganha e, 121-123
    penitência e, 137
    reparando, 135-137

Ver também relacionamentos; reputação
Conflito
    capacidade para, 148
    cognitivo, 127
    conflito de interesse versus conflito simbólico, 239-240
    conflito por consenso, 28
    de poder, 108-109
    emocional, 127
    falso (ilusório), 72
    fórum para, 127
    marcação viesada do, 265
    mesmo tempo, lugar diferente e, 305-306
    simbólico, 237
    transformar conflito pessoal em conflito de tarefa, 127-128
    valores internos, 146
Conflito cognitivo, 127
Conflito de poder, 108-109
Conflito de tarefa versus pessoal, 131-132
Conflito de valores internos, 146
Conflito emocional, 127
    entre amigos e familiares em negócios, 145
Conflito ilusório, 72
Conflito pessoal versus de tarefa, 127-128
Conflito por consenso, 28
Conflito simbólico, 239-240
Conflitos de interesse, 232
    conflito simbólico versus, 239-240
Conhecimento substantivo, 225
Consenso, 66
Consistência, 65
Consórcio, 220
Construindo a confiança: mecanismos racionais e deliberados, 126-129
Construindo, em brainstorming, 197
Consulta, 109
Contraproposta, 47-48
Contratos
    de amarração, 127
    oficiais ou oficiosos, 33
    psicológicos, 295
    Ver também contratos contingenciais
Contratos contingenciais, 181
    alerta, 84
    avaliando viabilidade e utilidade, 183
    benefícios de, 183
    como construtor de confiança, 182
    como um detector de mentiras, 182
    diferenças e, 82-84
    falha em usar, 184

Contratos de amarração, 127
Contratos psicológicos, 293
Contribuindo, 293
Controle
    em dilemas sociais, 286
    ilusão de, 169
    perda de, 228
Convergência de resultados, 98
Conversa fiada enganosa, 51
Cooperação
    benefícios de, 298
    comunicação e, 296
    dilema do prisioneiro e, 278-279
    em dilemas sociais, 289-298
    em negociações transculturais, 251
Cooperação entre firmas, 277
Correlação ilusória, 189
Corte de custos, 179-180
Credibilidade, 111
Criatividade, 172
    ameaças a, 183-192
    avaliação, 196-197
    modelo mental de negociação, 173, 177-178
    teste, 173, 175-177, 202-204
Crítica, 53
Cultura(s)
    como um iceberg, 246-247
    definição, 246
    dimensões da, 247-261
    introdução a, 245
    Ver também negociações transculturais
Custos perdidos, 19, 303
Custos relacionados ao tempo, 32, 33

D

Dança da negociação, 39-42, 310
Decepção, 51, 170
    participação em, por negociadores, 170
    Ver também Ética; detecção de mentira; Mentir
Decisão de aceitação/rejeição, 87
Decisão de aceitação/rejeição, 87
Decisão única, não repetida, 280
Decisões
    aceitação/rejeição, 87
    consenso, 214
Decisões consensuais, 214
Declarações estratégicas, 214
Defeitos, 161
Deixando dinheiro sobre a mesa. Ver Negociação perde-perde
Demandas finais, 45
Dependência mútua, 103

Dependência, mútua, 103
Desabafar, 136
Desafio, 57
Desapego emocional, 225
Descentralização, 276
Desconfiança, 135
Deserção, 134
　custos de, 288
　dilema do prisioneiro e, 278-279
　recuperando-se de, 283-286
Desmembrando ou separando as questões, 79, 85-86
Desvalorização reativa, 14
Detecção da dominância, 280
Detecção de mentiras
　contratos contingenciais como, 182
Determinismo rastejante, 190
Deturpação ativa, 166
Deturpação passiva, 166
Deturpação, 52, 150
　ativa, 166
　declarações estrategicamente, 214
　passiva, 166
Diferenças nas avaliações, 82
Diferenças, contratos contingenciais e, 82-84
Diferencial de poder entre as partes, 36
Difusão de responsabilidade, 232
Dilema do prisioneiro, 275, 278-286
Dilema do ultimato, 287
Dilema do voluntário, 286
Dilema externo (interorganizacional), 293
Dilema interno (intra-organizacional), 293
Dilemas de bens públicos, 289, 292
Dilemas envolvendo duas pessoas. Ver Dilema do prisioneiro
Dilemas interpessoais de escalada, 300
Dilemas multipessoais. Ver dilemas sociais
Dilemas pessoais de escalada, 300
Dilemas sociais, 274, 303
　cooperação em, 292-298
　definição, 275
　dilema do prisioneiro, 278-286
　dilema do ultimato, 287
　dilema do voluntário, 286
　escalada de compromisso, 299-303
　estratégias estruturais para, 292-294
　estratégias psicológicas para, 295-298
　marca de, 289
　negócios como, 276-277
　tipos de, 289-292
　tomada interdependente de decisão e, 277-278
　tragédia do campo comunitário, 288-289

Direitos de baixo custo, 109
Direitos e poder, 109-111
Discriminação, 60
Disparidade na informação, 64
Distância do poder, 257
Distância funcional, 132
Distorção na comunicação, 228
Diversidade cultural. Ver negociação transcultural
Diversidade. Ver negociação transcultural
"Divisão da diferença", 50, 74
Divisão do montante, 313
　abordagens de negociação e, 99
　aumentando o montante, 39
　competidores implacáveis, 61
　comunicação frente a frente e, 307
　em coalizões, 219-225
　em negociações transculturais, 260
　estratégias para, 42-50
　leais, 61
　por gênero, 153-154
　qualidades a serem orientadas para, 65-66
　raciocínio aparentemente não viesado e, 224-225
　santos, 61
　Ver também negociação distributiva
Divisão igual, 49, 68
Divisores do montante, perfis de, 61
Divulgação pessoal, 134, 147

E

Efeito auréola, 138
Efeito bumerangue, 163
Efeito da atração pela similaridade, 129-130
Efeito da mera exposição, 130, 240-241
Efeito da presença física, 131-132
Efeito da proximidade, 131-132
Efeito de eficácia de equipe, 234
Efeito de endurecimento, 191
Efeito de framing, 55, 316
Efeito de O.Henry, 141
Efeito do "fraco que se transforma forte", 313-315
Efeito do contraste, 159-160
Efeito do excesso de confiança, 26, 191
Efeito do falso consenso, 187
Efeito perde-perde, 72
Efeito tridente, 138
Efeitos de culpar a vítima, 60, 190
Efeitos de ligação, 30
Eficácia, 66

Egocentrismo, 7, 254
　mentir e, 51
　persuasão e, 161
　tratamento justo e, 61-65
Elogios, 133-134
Emoções
　agentes e, 230
　contagiosas, 118
　demonstração por e-mail de, 309, 310
　relacionamentos embutidos e, 145-146
　relacionamentos entre principal e agentes e, 225, 227
Empatia, 137
Empenho social, 252, 254
Empreendimento de montante de tamanho fixo, 13
Eqüidade
　definição, 58
　negociações intergrupais, 239-240
　psicológica, 60
　restaurando, 58-60
　Ver também iniqüidade
Equidade psicológica, 60
Equilíbrio perfeito de sub-jogo, 287
Equipes virtuais, 318
Equipes, virtuais, 318
Era da informação, 4-5
Erro da atribuição fundamental, 270-271
Erros de atribuição, 270-271
Erros no aumento do montante, 72-73, 172, 313
Escalada do compromisso, 299-303
Esclarecimento, 136
Escrita solitária, 218
Especialização, 277
Espirais distributivas, 139
Estereótipos, 152-154
　da outra parte, 266
　em negociação intergrupal, 236
Estilo de negociação baseado no poder, 90, 99, 101-103
Estilo de negociação baseado nos direitos, 90 ,99, 101
Estilo de negociação baseado nos interesses, 90, 98, 99, 100
Estilo de negociação de "falar alto e intimidar", 115-117
Estilo de negociação emocional, 90, 111
　cabeça fria, 117-118
　"colocar nos trilhos", 118
　influência de, 118
　negociador negativo, 115, 118-119
　negociador positivo, 114-115, 118

negociador racional, 112, 114
questionário sobre, 113
timing, 119
Estilo de negociação racional, 112. *Ver também* estilo de negociação emocional
Estilo de negociação, 89
　abordagem, 90-91, 98-111
　emoções, 90, 111-119
　inflexível *versus* gentil, 89-90
　motivações, 90, 91-98
Estilo legalista de negociação (baseada nos direitos), 90
Estilo motivacional de negociação, 90, 91-98
Estilo negativo de negociação. *Ver* estilo emocional de negociação
Estilo positivo de negociação. *Ver* estilo de negociação emocional
Estilo racional de negociação. *Ver* estilo emocional de negociação
Estratégia da inveja, 283
Estratégia de acertos pós-acordo, 85
Estratégia de contato, 240-241
Estratégia de perdão, 284
Estratégia de várias ofertas, 79-80
Estratégia dura, inflexível, 283
Estratégia engenhosa, 283
Estratégia legal, 283
Estratégia olho por olho, dente por dente
　eficácia da, 282
　explicada, 282
Estratégias criativas de negociação, 193-201
Estratégias estruturais, 107-108
　para dilemas sociais, 292-294
Estratégias integrativas, 85-87
Estratégias pessoais, 104-107
Estratégias proativas, 10
Estratégias psicológicas
　construir a confiança, 129-134
　para dilemas sociais, 296-298
Estratégias reativas, 10
Estrutura de perda, 21, 299
Estruturação das atitudes, 159
Estruturas incompatível de incentivo, 226-228
Ética, 164
　comportamento antiético, 51
　delitos da omissão e comissão, 168
　estratégias questionáveis de negociação, 166-167
　fraude, 169
　mentira, 45, 51-52, 164-166, 167
　testes para, 170
　viés psicológico e comportamento antiético, 169-171
　"virada", 168

Etnicidade. *Ver* negociação transcultural
Etnocentrismo, 265-266
Evidência, 151
　acordos distributivos e integrativos, 76
　definição (exemplo), 76
　negociações ganha-ganha e, 80
Excedente de barganha, 41
Excedente do negociador, 41-42
Excesso de confiança, 6, 9
Expectativas, diferenças em, 83
Experiência autotélica, 201
Experiência, 9
Expertise em negociação, 234
Expertise técnica, 234
Expertise, 225, 229, 234
Extremismo, 239

F

Faixa, em ofertas, 47
Falácia das taxas básicas, 187
Falácia do jogador, 187
Falência, 4
Falhas em assumir perspectivas, 215
Falsas promessas, 51
Falso conflito, 72
Família, negócios tratados com, 145-146
Fatos fundamentais, 151
　acordos distributivos e integrativos, 76
　definição (exemplo), 76
　mentira e, 167
Favores circular, 212
Favoritismo interno no grupo, 251-252
Favoritismo, 251-252
Fazer concessão, 13, 120
　definição, 68
　entre amigos, 141
　negociações do tipo ganha-ganha *versus*, 73
Fazer um acordo muito ruim, 6
Feedback falho, 6-7
Feedback negativo quanto à capacidade, 193
Feedback negativo quanto à ética, 193
Feedback positivo quanto à capacidade, 193
Feedback positivo quanto à ética, 193
Feedback, 109
　análises pós-disputa e, 109
　ausência de, 308-309
　falho, 6-7
　mesmo tempo, lugar diferente e, 308-309
　negativo quanto à capacidade, 193
　negativo quanto à ética, 193

negociação criativa, 194
　positivo quanto à capacidade, 193
　positivo quanto à ética, 193
　separação de, 307-308
　tipo e método de, 193
Felicidade, 68
Flexibilidade, 3, 196
Fluxo, 201
Foco temporal, abordagens para negociação e, 99
Fórum, 109
Fracionamento, 201
Frame de ganho, 22
Framing
　de resultados, 21
　ganhos ou perdas, 21
　perda, 21
　positivo e negativo, 22-23
Fronteira ótima de Pareto, 71
Funções de utilidade social, 61, 62
Funções de utilidade, 61
Fusões, 62
Futuro
　foco no, 129
　implicações da negociação para o, 99
　viés de fechar portas e, 310-311

G

Gabar, 133
Ganho pessoal, 171
Ganhos/perdas, 22, 23
Generalização, 66
Gênero. *Ver* Homem; mulher
Gerenciar a informação, 217
Gerentes
　concorrência e, 4
　oportunidades de negociação para, 3
Globalização, 5
Greves, tratamento justo e, 65
GRIT. *Ver* Iniciativa Gradual e Recíproca em Redução da Tensão - Modelo (GRIT)
Grupos de laços comuns, 235
Grupos de propósitos comuns, 235
Grupos externos, 241

H

Habilidades e treinamento, 108
Habilidades interpessoais, 234
Habilidades não verbais de poder, 154
　gestos, 162
Habilidades pessoais, 154
Habilidades verbais de poder, 154
Heurística da disponibilidade, 186-187
Heurística da disponibilidade, 186-187

Heurística do tratamento justo, 160
Hierarquia, 247
História da fortaleza, 185
Homens
  divisão do montante por, 153-154
  estereótipos de grupos externos, 241
  habilidades verbais e não verbais de poder, 154
    negociação salarial e, 95, 153
    negociações frente a frente *versus* por e-mail, 314-315
    relacionamentos profissionais e, 143
Horizonte de tempo, 33

I

Identidade
  compartilhada, 319
  comum, busca pelo, 240
  grupos de identidade comum, 235
  mutante, 238
  sociais, relacionamento e, 296
Ideologias, 28
Igual valor, 80
Igualitarismo, 245, 256
Iluminação, na resolução de problemas, 195
Ilusão de controle, 170
Ilusão de superioridade, 170
Ilusão de transparência, 78
Impasse, 53, 139, 179, 226, 313
Impressões, 138
Incentivos, alinhando, 292-293
Incerteza, 22, 25
Incompetência recorrente, 8
Incompetência, auto-alimentada, 7-8
Incubação
  efeitos da, 195
  na resolução de problemas, 195
Índice de fluência, 196
Índice de originalidade, 196
Individualismo, 247-248, 258
Indução reversa, 281
Informação
  compartilhar, 75, 78
  em negociações transculturais, 260-261
    esclarecedoras, 136
    fornecer, 78-79
    mau uso, 52
    pensamento indutivo e, 81
    poder e, 151-152
    procedimentos, 108-109
    Processamento da, 235-236
    tipos de, 151-152
    tipos, 75, 76, 77

Iniciativa Gradual e Recíproca em Redução da Tensão (GRIT)
  modelo, 49, 241
Inimigo compartilhado, 129
Inimigos, compartilhados, 129
Iniqüidade, 59. *Ver também* Eqüidade
Insultos, 52
Integração, 272
Integradores, 155
Integridade de coalizão, 220
Interação social, lugar-tempo
  modelo de, 305-312
Interações do tipo mesma hora, lugares diferentes, 308-309
Interações em lugares diferentes, tempos diferentes, 307
Interações em tempos diferentes, mesmo tempo, 307
Interdependência, 3-4
Interesse próprio *versus* comparação social, 57
Interesses de auto-atendimento, 63-65
Interesses subjacentes
  acordos distributivos e integrativos, 76
  definição (exemplo), 76
  mentiras e, 169
Internet. *Ver também* negociação por e-mail; tecnologia da informação
Interpretação viesada, 215
Interrupção, como poder, 154
Intervenção de terceiros, 35, 109
Intervenção. *Ver* intervenção por terceiros
Intervenções processuais, 106
Intuição, 9
Inventário de valor subjetivo (SVI), 122
Investigações científicas controladas (CSIs), 5, 38

J

Jogo de força, 278
Jogo de perspicácia, 278
Jogo de sorte, 278
Jogos, cooperativos/não cooperativos, 275
Julgamentos egocêntricos, 64-65
Justiça processual, 60
Justiça, processual, 60

L

"Laços pegajosos", 146
Lamentação, 24-25
Leais, 61
Lei Taylor, 30
Leitura dos pensamentos, 141

Liberdade de expressão
  em brainstrorming, 197
Limitações de tempo, 32-33
Limites, definição de, 302
Localização, de negociações, 33-34
Lógica que pareça objetiva, 49
Lógica, que pareça objetiva, 49
Loops de retorno, 108-109

M

Má comunicação, 134
"Maçã podre", 135
Magnitude das concessões, 48-49
Maldição do conhecimento, 215
Maldição do vencedor, 6, 14, 46
Manipulação, 138-139
  de rede do oponente, 166
  do ponto de reserva da outra parte, 52
Marcação, 265
Marginalização, 273
MASA (Melhor Alternativa Sem Acordo)
  acordos distributivos e integrativos e, 76
  aspirações e, 45-46
  conceito dinâmico, 15
  de outros negociadores, 27, 45
  definição e exemplo, 76
  estilo de negociação e, 90-91
  estratégias para dividir o montante, 42-50
  manipulação pelas outras partes, 16
  melhorando, 15, 17, 43
  mentir, 164-165
  negociações entre principal e agente e, 228
  poder e, 150-151
  ponto de reserva e, 16-18
  realidade e, 15
  regra de "se apaixonar" e, 15, 43
  risco e, 22-23
Mau uso da informação, 52
Maximização da utilidade, 122
Mecanismos cognitivos e julgamentos egocêntricos, 64-65
Mecanismos racionais de construção de confiança, 126-129
Med-arb (mediação-arbitragem), 109
Mediação, 108
  em negociações entre culturas, 144
Medo de perda, 8
Melhor Alternativa Sem um Acordo Negociado. *Ver* MASA
Memória de curto prazo, 192
Memória, curto prazo, 192
Mensagem ambígua, 105

Mensagem instantânea, 314
Mentir, 44-45
  aspectos de, 165
  conceitos de negociação e, 165-166
  custos de, 169
  sobre ponto de reserva, 51-52
  Ver também Fraude; detecção de mentiras
Mentira por mentira, 171
Mesa escondida, 26
Mesa secundária, 231
Meta compartilhada, 241
Metas superiores, 295-296
Metas, 54
  abordagens para negociação e, 99
  aspiração e, 46
  comparação social e, 57
  compartilhadas, 241
  comuns, 128
  superiores, 295-296
Miopia, 146
Mix de questões, 27, 86
Minijulgamentos, 108
Mobilidade, 3
Modelagem de papéis, 170
Modelo de "game playing", 177
Modelo de dupla preocupação, 74
Modelo de gêmeo fraternal, 10,
Modelo de motivação mista, 13, 41
Modelo de parceria, 177
Modelo de regateio, 173
Modelo de Shapley, 223
Modelo de tomada de decisão, de negociações integrativas, 85-86
Modelo esclarecido, 10
Modelo híbrido de Raiffa, 222
Modelo lugar-tempo de interação social, 305-312
Modelo mental de jogo de pôquer, 177
Modelo mental, 2
Modelo piramidal, 70-72
Modelo racional de resolução de problemas, 196
Modelos de criatividade, 194
Modo mental, 2
  bloqueios mentais, 154
  modelo mental de negociação, 173, 177
Montante de tamanho fixo, engano da, 173
Mudança e negociação transcultural, 272-273
Mulheres
  divisão do montante pelas, 153-154
  estereótipos e, 152-153, 241
  habilidades verbais e não verbais de poder, 154

negociação salarial e, 95, 153
negociações frente a frente *versus* por e-mail, 314-315
  profecia auto-realizável e, 152-153
  relacionamentos com representados, 230
  relacionamentos profissionais e, 143
Multiculturalismo. *Ver* negociação transcultural
Mundo justo, 189-190

N

Necessidade, 29
Negociação de longo-prazo, 28
Negociação de soma constante, 8, 73
Negociação de trabalho, 28
Negociação distributiva, 38, 78-79, 284
  abordagens de negociação e, 99
  auto-eficácia e, 119
  estilos emocionais e, 112
  estratégias para dividir o montante, 42-50
  qualidades para divisão de, 65-66
  questões freqüentes sobre, 50-53
  tratamento justo, 53-65
  zona de barganha e dança da negociação, 39-42
Negociação em equipe
  desafios da, 234-236
  estratégias para, 236-237
  resumo, 243
Negociação em uma única etapa, 28, 171
Negociação equipe-equipe, 237
Negociação ganha-ganha, 2, 28, 67
  acordos integrativos, 85-87
  aumentando o montante, 39
  definição, 68
  emoções positivas e, 114, 115, 118
  erros no aumento do montante, 72-73
  estratégias eficazes, 74-85
  estratégias ineficazes, 74-75
  gerentes testados para, 5
  modelo piramidal, 70-72
  o que não é, 68-69
  reivindicar, 87
  sensibilidade à ameaça contra a imagem, 52-53
  sinais de, 69-70
Negociação intercultural. *Ver* Negociação cultural
Negociação intergrupal
  desafios da, 238-239
  estratégias para, 239-241

  modelo GRIT, 241
  resumo, 243
Negociação perde-perde, 5, 6, 139
Negociação por e-mail, 307-320
Negociação salarial, 92, 153
Negociação transcultural, 245
  aprendendo sobre cultura, 245-247
  comunicações diretas *versus* indiretas, 259-260
  conselho para, 269-273
  desafios da, 261-269
  estrutura para, 245
  fracassadas, 244
  igualitarismo *versus* hierarquia, 256-259
  individualismo *versus* coletivismo, 247-256
  sucesso em, indicadores do, 268-269
  valores culturais e normas de negociação, 247-261
Negociação, 1
  como uma competência gerencial essencial, 3-5
  convenções que orientam, 35
  cooperativa, 276
  de longo prazo, 28
  definição e escopo, 2-3
  distributiva, 79
  equipe, 26
  etapa única, 28
  explícita, 275
  ferramenta de comunicação e influência, 2
  habilidades, 2
  identificação alternativa, 20
  identificação da questão, 19-20
  ineficazes em, 6
  localização da, 33-35
  mitos, 8-10
  momento certo (oportunismo) de, 309
  múltiplas partes, 26
  não-cooperativas, 275-276
  necessidade, 29
  oportunidade, 29
  prolongando, 87
  quartos de, 78-79
  repetitiva, 28
  situação de disputa, 29
  tácita, 276
  tomada de decisão interdependente e, 277-278
  troca, 29
Negociações cooperativas, 274-275
Negociações entre principal e agente, 225-226
  desvantagens, 226
  estratégias para, 226-230

estrutura incompatível de incentivos, 226-228
  resumo, 243
  vantagens, 225-226
Negociações envolvendo uma única questão, 69, 79
Negociações explícitas, 275
Negociações integrativas, 69, 301
  abordagens de negociação e, 99
  auto-eficácia e, 119
  comunicações frente a frente e, 307
  estilos emocionais e, 112
  Ver também negociação ganha-ganha
Negociações multipartes, 211, 242
  análise, 210-211
  coalizões, 212, 219-224, 242
  definição, 211
  desafios das, 212-217
  entre principal e agente, 225-230, 241
  equipes, 233-236, 240
  estratégias para, 217-219
  intergrupais, 236-240, 242
  relacionamentos com representados, 230-233
Negociações não-cooperativas, 276
Negociações obrigatórias, 108
Negociações por telefone, 308
Negociações privadas, 34
Negociações públicas, 34
Negociações repetitivas, 28
Negociações tácitas, 275, 303. *Ver também* dilemas sociais
Negociador competitivo, 91, 94, 95
Negociador cooperativo, 91-92, 94, 95
Negociador iluminado, 148
Negociador individualista, 91-92, 95
Negociador irracional, 115-117
Negociadores
  com aspirações muito altas, 14
  com baixas aspirações, 14
  competitivos, 91-92, 94, 95
  cooperativos, 91-92, 94, 95
  desempenho de, e informação tecnológica (tabela), 313
  do tipo "a grama do vizinho é mais verde", 14
  iluminados, 148
  individualistas, 91-92, 95
  ineficazes, 6-8
  inflexível *versus* gentil, 89-90
  negativos, 115-117, 118-119
  negociadores inflexíveis, 94-95
  posicional, 20
  positivo, 114-115, 118
  racional, 112, 114
  relacionamento com a outra parte, 54-55

Ver também estilo de negociação
  visão de, 13
Negociadores com aspirações muito altas, 14
Negociadores com baixas aspirações, 14
Negociadores do tipo "a grama do vizinho é mais verde", 14
Negociadores do tipo bandido/mocinho, 49
Negociadores duros, inflexíveis, 89-90
Negociadores gentis, 89-90
Negociadores posicionais, 14, 20
Negócios
  como um dilema social, 276-277
  natureza dinâmica, 3
  números de falência, 4
Negócios feitos em uma única oportunidade, 145
Nível de confiança, 26, 44
Nível pré-consciente, 133
NO-FIST, 85
Norma de compromisso, 295
Norma(s)
  comunitárias, 140
  culturais, 31, 33
  de tratamento justo, 49-50
  sociais, 317
  troca de, 140, 143
Normal Operations with a Financial Strike (NO-FIST), 86
Normas comunitárias, 140
Normas culturais, 31
  símbolos sociais de acordo, 33
Normas de troca, 140, 143
Normas sociais, negociações frente a frente *versus* por e-mail, 316-317
Notificações, 109

O

Oferta final, 52
Oferta inicial
  aceitação, 24
  muito generosa, 46
  ponto de ancoragem, 47
  ponto de aspiração e, 46
  quando fazer, 46-48
  reancoragem e, 48
  séries de fatores, 47
  vantagens de, 47
Ofertas
  absurda, 45
  em acordos integrativos, 87
  envolvendo várias questões, 20
  final, 51
  final, arbitragem de, 26

inicial, aceitação de, 25
lógica que pareça objetiva para suporte, 49
múltiplas e simultâneas, 79-82
número de, 35
pacotes de acordos, 20
ponto de reserva e, 46
rejeitando, 22
retratação, 167
valor de uma, 81
Ver também oferta inicial
Ofertas absurdas, 45
Ofertas envolvendo várias questões, 19-20
Omissão, 168, 169
Opções
  em negociações transculturais, 272-273
  poder das, 150-151, 158
Opiniões sobre tratamento justo, 62
Oportunidade nas concessões, 49
Oportunidade, 29
Oportunismo na negociação, 309
Orientação cooperativa, 74
Orientações motivacionais, 91-94
Otimização, 7
Outros
  avaliação de, 26-27
  interesse e posição de, 27
  MASAs de, 27

P

Pacotes de acordo, 20, 79
Padrão de concessões, 48
Padrões. *Ver* Norma(s)
Papéis principais, 218
Papo furado – conversa fiada, 42, 53, 295)
Papo furado, 133
  eletrônico, 319
Paradoxo de Abilene, 142
Paradoxo de Condorcet, 214
Paradoxos de votação, 213-214
Parafraseando, 106
Paranóia, 317
Partes envolvidas
  aumentando o tamanho, 27-28, 37
  definição, 26
  diferencial de poder entre, 36
  estereotipando, 152-153, 238, 266
  MASA das outras, 151
  monolíticas, 27
  oferta inicial e reancoragem, 48
  outras, MASA manipulação por, 16
  outras, pequisa MASA de, 45
  outras, ponto de reserva de, 52
  pouco poder, 223-224

Ver também Relacionamentos;
Intervenção de terceiros
Partes monolíticas, 27
Participação desigual, 218
Participação igual, 218
Participação, desigual, 218
Participação, igual, 218
Participantes com pouco poder, 223-224
Particularismo, 123
Pedir desculpas, 136
Penitência, confiança e, 137
Pensamento (Raciocínio)
  dedutiva, 198, 201
  indutivo, 81, 201
Pensamento antifactual, 24
Pensamento convergente, 198
Pensamento divergente, 198
Pensamento indutivo, 81, 200
Percepção de meio cheio/meio vazio, 23, 160
Percepção do montante de tamanho fixo, 72-73, 179
Perguntas
  diagnósticas, 75, 77, 78
  sobre tratamento justo distributivo, 50-53
Perigos exógenos, 23
Permissão ambiental de comercialização (TEA), 295
Perseverança na crença, 189
Persistência, 81
Personalizar os outros, 296-297
Persuasão
  rota central para, 157-161
  rota periférica para, 157, 161-164
  valor de oferta e, 81
Pessoas atraentes, sucesso de, 155-156
Pistas de contexto social, 311
Pistas de status, 152, 314
Poder
  aparência física e, 155-156
  da agenda, 158
  das alternativas, 158
  de contraste, 159
  de opções, 150-151, 158
  de pivô, 223
  de tratamento justo, 53-65
  efeitos de, sobre quem tem menos, 156
  em coalizões, 224-225
  em negociações transculturais, 270
  estruturação das atitudes, 159
  fraude e, 169
  habilidades verbais e não verbais de, 154
  hierarquia e, 256-259
  igualitarismo e, 256

iluminado, 148
informação e, 151-152
MASA e, 150-151
negociações frente a frente *versus* por e-mail, 313-315
redes sociais e, 155
status e, 152-154
Poder da agenda, 158
Poder de pivô, 223
Poder do contraste, 159
Ponto de ancoragem, 45, 47
  reancorar, 48
Ponto de referência, 21, 160
  escalada do compromisso e, 300
  na criatividade e na resolução de problemas, 188
  para compradores e vendedores, 24
Ponto de reserva
  de outros, pesquisando, 45
  definição, 16
  desenvolver, passos para, 16-18
  determinar, mas não revelar, 43-45
  em uma zona de barganha positiva, 39-40
  falha em avaliar, 15
  manipular o, da outra parte, 52
  MASA e, 16-18
  mentir sobre, 51-52
  ofertas dentro do, 47
  ponto alvo *versus*, 19
  ponto de aspiração e, 46
  revelar ou não, 50-51
Pontos focais, 18-19
População e demografia mundial, 244
População, mundo da, 244
Posição de barganha, 23
Posição, 151
  acordos distributivos e integrativos, 76
  definição (exemplo), 76
  mentira e, 166
Postura de jogador de pôquer, 112, 114
Postura defensiva, 136
Potencial de conhecimento pessoal, 240
Prazos finais, 32
Prazos finais, 32-33
Precedente, 36
Precificação de mercado, 143
Preço de reserva
  determinando, 16-18
  mentiras e, 166
  pontos focais e, 18-19
Preconceito racial, 240
Preconceito, reduzindo, 240
Pré-disposição, 254-255
Predisposições de tomada de decisão, 182

Preferências
  com relação ao tempo, 83
  compartilhar informação sobre, 75
  diferentes, entre questões, 70
  mentiras e, 164-165
  para resolução de disputas, 255-256, 261
Preferências com relações ao tempo, 83
Preguiça social, 249, 251
Preocupação com a avaliação, 232
Preparação
  auto-avaliação, 13-26, 37
  avaliação da situação, 27-36, 37
  avaliando a outra parte, 27, 38
  empreendimento de motivação mista, 13
  esforço para, 13
  na resolução de problemas, 196
  para negociações de equipe, 234-235
  percepções de montante de tamanho fixo, 13
  planilha de, 37
Preparação de propostas, sistematização, 217
Preparação inconsciente, 161-162

Preparação, inconsciente, 161
Preparando o motor, 161-162
Pressões de tempo, 32-33, 160-161
Prestação de contas, responsabilidade, 231-232
  em equipes, 234-235
Princípio da coisa certa, 21, 23, 25
Princípio da consistência, 160
Princípio da divisão igual, 223
Princípio da eqüidade, 57-58, 223
Princípio da evidência social, 162-163
Princípio do "chato", 117
Princípio do reforço, 97, 162
  comportamento e, 105
  negativo, 117
Princípio do tradeoff, 264
Princípio psicológico da reciprocidade, 78
Princípios, 8
Prioridades, 75, 151
  acordos distributivos e integrativos, 76
  definição (exemplo), 76
  mentira e, 165
Privatização, 294-295
Problema da audiência múltipla, 216-217
Problema da corrente de ouro, 175
Problema da escolha da carta, 174, 199

Problema da seqüência de letras, 175, 203
Problema de Susan e Martha, 176, 204
Problema do barman, 176, 204
Problema do chiqueiro, 176, 204
Problema do colar, 176, 203-204
Problema do conhecimento inerte, 183-186
Problema do decidindo o que apostar, 174, 202
Problema do hospital, 200
Problema do tumor, 184
Problema dos jarros de água, 174, 202
Problema dos lírios d'água, 176, 204
Problema dos nove pontos, 176, 204
Problemas dos palitos, 175, 203
Procedimento de negociação com vários passos, 108
Procedimentos de crise, 108
Profecia auto-realizável, 115, 152-153
Prolongando a renegociação, 87
Promessas, falsas, 51
Propaganda
   comparativa, 289
   genérica, 277
Propaganda comparativa, 289
Propaganda genérica, 277
Propensão ao risco, 21
   risco associado à MASA, 22-23
   risco contratual, 23
   risco estratégico, 21-22
Psicologia reversa, 124, 163
Punição
   preferência por, 268
   princípio do reforço e, 97

Q

Quantidade, em brainstorming, 197
Quantificação, 16
Quebra de acordos negociados, 167
Quebra de confiança, 134
Questões
   agrupamento de, 158
   alinhamento e realinhamento, 178-179
   desmembrar as, 79
   identificação de, 20
   negociações envolvendo uma única questão, 79
   negociações ganha-ganha e, 79, 80
   ocultas, 19-20
   pseudo-sagradas, 264
Questões de alinhamento, 178-179
Questões diagnósticas, 75, 77
Questões legais, 31
Questões ocultas, 19-20

Questões ortogonais, 178-179
Questões pseudo-sagradas, 264-265

R

Raciocínio dedutivo, 198, 199
Rapport, 306, 310, 313, 319
   negociações frente a frente *versus* por e-mail, 314-315
Ratificação, 21, 225, 230
Razão, 7
Reação, 124, 163
Realinhamento de questões, 178-179
Realismo ingênuo, 267-268
Reancorar, 48
Reciprocidade
   poder de, reconhecendo, 99
   princípio da, 104, 132-133
   princípio psicológico da, 78
Recuperação da confiança, 137
Recuperação diferenciada, 64
Recursos, trocados, 123
Redes de relacionamento
   principal-agente e, 225
   Ver também redes sociais
Redes sociais
   manipulação de, 166
   negociações frente a frente *versus* por e-mail, 315-316
   poder e, 155
   tecnologia da informação e, 315-316
   valores e normas culturais, 249-250
Reforço negativo, 117
Reforço social, 162
Regra baseada nas necessidades, 54
Regra baseada no mérito (meritocracia), 143
Regra da eqüidade, 54, 143
Regra da igualdade, 53, 143
Regra da maioria, 212
Regra da unanimidade, 213
Regra de "se apaixonar", 15, 45
Regra de ouro reversa, 170
Regra de ouro, 170
Regras de tratamento justo para situações específicas, 54-55
Regulamentação, em dilemas sociais, 294
Reivindicar, 87-88
Relação causal, 188
Relacionamento de negócios, 126
   desconfortável, 144
   família como parte de, 145-146
   normas dominantes, 250
Relacionamento embutido, 126, 141, 146

Relacionamento pessoal, 126
   amigos, negociando com, 140-143
Relacionamentos colaterais, 231
Relacionamentos com representados (clientes), 227-228
   desafios para, 231-232
   estratégias para, 232-233
   resumo, 243
Relacionamentos, 139
   causais, 188
   colaterais, 231
   com representados, 230-233
   confiança perdida, 135-137
   construindo um, 68-69
   de dependência mútua, 103
   de longo prazo, 74
   dimensões diádicas de desenvolvimento, 148
   embutidos, 140
   fazer um check-up dos, 137
   identidade social construída através de, 296
   negociações ganha-ganha e, 121-123
   negociando com amigos, 140-143
   pessoais, 126
   poder de igualitarismo e, 256
   poder hierárquico e, 256-258
   profissionais, 126
   tipos de, 126
   tratamento justo em, 60-61
   Ver também conflito; negociações entre principal e agente; intervenção de terceiros; confiança
Relações hierárquicas de poder, 256-258
Representação do problema, 178
Reputação de "Maria mole", 138
Reputação de mentiroso-manipulador, 138
Reputação de negociador duro, mas honesto, 138
Reputação legal e razoável, 138
Reputação, 137-139
   fraude e, 170
   mentiras e, 51-52
   Ver também relacionamentos; confiança
Resfriar os ânimos, 106
Resolução de disputa, 255-256
Resolução de problemas
   ameaças à, 183-192
   modelo mental, 177
   modelo racional, 196
   processo de, 195
   testes de criatividade e, 174-176, 202-204

Ver também criatividade
Resultado abaixo do ótima, 40
Resultado de equilíbrio, 280
Resultados
  abaixo do ótimo, 46
  convergência de, 98
  equilíbrio, 280
  ganhos ou perdas, 21
Retratação de uma oferta, 167
Reunião pessoal, 135
Reunindo informação, 235
Rigidez funcional, 190-191
Riqueza, 305
Risco
  concessões e, 22-23
  contratos contingenciais e, 182
  de dilemas sociais, 288
  em negociações por e-mail, 310
  experimentação e, 7-8
  mito de, 9
Risco contratual, 23
Risco estratégico, 21-22
Ritmo, 148
Ritual de cortesia, 310
Rota central para persuasão, 157-161
Rota periférica para persuasão, 157, 161-164

S

Salvando a imagem, 52-53, 225, 230
  em negociações transculturais, 258
  em relacionamentos com os representados, 232
Sanções sociais, 297
Sanções, 293
Santos, 61
Satisfação, 66
Satisficing, 6
Selecionar os termos de cada opção que mais atenderem suas expectativas, 80
Sem avaliação, no brainstorming, 197
Sensibilidade à ameaça contra a imagem (FTS), 52
Sentir-se bem, 68
Separação, 272
Séries de escolhas, 24, 254
Silêncio, durante estágio de oferta, 47-48
Silogismos, 199, 200
Símbolos sociais, de acordo, 33
Simplicidade, 65
Sincronismo interpessoal, 306
Sincronização, 148
Sintonia da mensagem, 228
Sistemas de backup de baixo custo, 109

Situação de disputa, 29
Situação de troca, 29
Situaciosnismo, 254-255
Status
  igual, 241
  negociações frente a frente *versus* por e-mail, 313-315
  poder e, 152-154
  relacionamentos de negócios e, 146
  tipos, 152
Status igual, 241
Sufocamento, 201
Superioridade, ilusão da, 170
Super-racionalidade, 285
Suporte social, 240
Sustentabilidade no longo prazo, 2
Sustentabilidade, 2

T

Tática de rejeição e posterior retratação, 164
Tática para amedrontar, 52
Taxas básicas, 187
Técnica da porta na cara, 116, 164
Técnica de listagem, 163
Técnica do "espelhar e copiar", 130
Técnica do "isso não é tudo", 164
Técnica do pé na porta, 163-164
Tecnologia da informação, 305, 320
  comportamento social do negociador, 312-318
  estratégias de negociação, 318-320
  modelo lugar-tempo de interação social, 305-312
  negociação online, 310-320
Tecnologia. *Ver* tecnologia da informação
Teleconferência, 318-319
Tempo, permitindo, 74
Tentativas
  múltiplas, 280-281
  número finito de, 281-282
Tentativas múltiplas, 281
Teorema da impossibilidade, 214
Teoria dos jogos, 280-283
Teste à luz do dia, 170
Teste da primeira página, 170
Teste em que se decide o que a pessoa na sala faz, 174, 202
Tirando, 292
Tom, 230
Tomada de decisão interdependente, 277-278
Tomada de decisão interdependente, 277-278
Trabalhos, número de, durante anos trabalhados, 3

Tradeoffs envolvendo tabus, 262-265
Tradeoffs, 121
  de questões, 178-179
  de reciprocidade, 212
  em acordos integrativos, 85
  em negociações multipartes, 212
  em negociações transculturais, 262-265
  formulando, 212
  tabu, 262-265
Tragédia do campo comunitário, 288-289
Transferência em nível superficial, 185
Transferência negativa, 191
Transferência profunda, 185
Transferências
  negativas, 191
  nível superficial, 185
  positivas, 192
  profundas, 185
  taxas de, 186
Transferências positivas, 192
Transparência, ilusão de, 78
Tratamento injusto concentrado, 59-60
Tratamento injusto distribuído, 59-60
Tratamento injusto, 59-60
Tratamento justo, 53
  comparação social, 55-57
  egocentrismo, 61-65
  em relacionamentos, 60-61, 62
  greves e, 64
  igualdade, restaurando, 58-60
  interpretações egocêntricas, 63
  justiça processual, 60
  normas de, 49-50
  perfis de divisores de montante, 61
  persuasão e, 160
  princípio da igualdade, 57-58
  princípios de, 54
  regras para uma situação específica, 54-55
  subjetividade, 50
  tratamento injusto distribuído *versus* concentrado, 59-60
Tredeoffs de reciprocidade, 212
Troca mútua de favores, 82
  circular, 212
Troca, 29

U

Ultimatos, 53

V

Valor
  criando, 76

cultural, 247-261
de uma oferta, 81
igual, 80
reivindicado, 76
sagrado, 262-265
Valor reivindicado, 2, 76
Valores culturais, 247-261
Valores sagrados, 262-265
Várias ofertas simultâneas, 80-81
Vários pontos de entrada, 108
Verificação, na resolução de problemas, 196
Vídeo-conferência, 318-319
Viés
  afiliação, 267
  da informação compartilhada, 236
  de acordo, 219
  de fatias iguais, 218-219
  de retrospectiva, 190
  do sincronismo temporal, 309-310
  do status quo, 220
  egocêntrico, 160, 299
  fechar portas, 310
  homogeneidade de outros grupos, 240
  pró-membro interno, 238-239
  psicológico, 169-171
  tomada de decisão, 182
Viés da atribuição sinistra, 311-312

Viés da homogeneidade, 240
Viés da informação compartilhada, 236
Viés das fatias iguais, 218-219
Viés de acordo, 6, 43, 219
Viés de afiliação, 267
Viés de confirmação, 6
Viés de fechar portas, 310-311
Viés de homogeneidade do outros grupos, 240
Viés de retrospectiva, 190
Viés do chato ou do "quem reclama mais, leva"
Viés do sincronismo temporal, 309-310
Viés do status quo, 220
Viés egocêntrico, 63, 160, 299
Viés pró-membro interno, 238-239
Viés psicológico, 169-171
Vigilância na tomada de decisão, 231-232
Visão compartilhada, 128
Visão de túnel, 217, 302
Visão, compartilhada, 128
Votação estratégica, 214
Votação, 212-214

W

WH/BH. *Ver* negociadores do tipo bandido/mocinho

Z

Zona de acordo. *Ver* zona de possíveis acordos
Zona de barganha negativa, 39-42
Zona de barganha positiva, 39, 40
Zona de barganha, 39-42
Zona de buffer, 230
Zona de possíveis acordos (ZOPA), 39, 226
ZOPA. *Ver* Zona de possíveis acordos